शक्ति चरित

SHAKTI CHARIT

पं० महेश देवलिया

ZORBA BOOKS

ZORBA BOOKS

Publishing Services in India by Zorba Books, 2019

Website: www.zorbabooks.com
Email: info@zorbabooks.com

Author website: shrisadguruvijayni.com

Print Book ISBN: 978-93-88497-41-1
E-Book ISBN: 978-93-88497-51-0

Zorba Books Pvt. Ltd.(opc)
Gurgaon, INDIA

DEDICATIONS

Book is dedicated to Shri. Sadguru Maharaj

लोक कल्याणार्थ देव गुरू भगवान सिद्द महाराज जी
को सादर समर्पित

पं० महेश देवलिया
सदगुरू बिजयनी दरबार
ग्राम मगरवारा जिला झाँसी (उ०प्र०)

गं गणपतये नमः, गौं गौर्ये नमः, गुं गुरवे नमः, ऐं सरस्वत्यै नमः

।।श्री सत् शक्ति सुहावनी जयते।।

ABOUT THE AUTHOR

पं० महेश कुमार देवलिया ग्राम मगरवारा जिला झाँसी (उ०प्र०)

पिता श्री	-	पं० श्री राजाराम देवलिया
माता श्री	-	श्रीमती लाड़कुंअर
पैत्रिक निवास	-	तरीचर कलाँ जिला टीकमगढ़ (म०प्र०)
निवास	-	मगरवारा जिला झाँसी (उ०प्र०)
जन्म दिनांक	-	27 जून सन् 1956
प्राथमिक शिक्षा	-	ग्रामीण विद्यालय से
उच्च शिक्षा बी०ए०	-	महाविद्यालय निवाडी टीकमगढ़ (म०प्र०)
बचपन	-	अर्थाभाव में माता पिता के अत्याधिक प्यार एवं संरक्षण में ब्यतीत हुआ।
जीवन स्तर	-	सादा जीवन उच्च विचार के सूत्र से पूर्ण प्रभावित रहा।
रूचि	-	देव गुरू भगवान शिद्ध की दया से आध्यात्मिक साहित्य के चिन्तन में समय विताना।

साहित्य प्रेरणा श्रोत-कविवर श्री सुमित्रानन्दन पन्त जी की कवितायें।

सूक्ष्म जगत के चिन्तन की प्रेरणा	-	7 वर्ष की आयु में स्वमति से श्री हनुमान हरि की पूजा साधना।
साहित्य रचना प्रारम्भ	-	12 वर्ष की आयु से माता सरस्वती की कृपा रूप कविता लेखन एंव माता जगदम्वा की इष्ट देवी के रूप मे प्राप्ति।

संकल्पशक्ति में द्रणता	- सहपाठी बन्धु एवं अपनो के द्वारा आलोचना से सहनशीलता एवं अपने इष्ट के प्रति पूर्ण समर्पण के भाव मेरे जीवन के लिये अत्यधिक द्रण एवं सार्थक शिद्ध हुये।
शक्ति चरित रचना	- 17 वर्ष की आयु में रामायण की भाषा शैली में 6 खन्डो में माता जी के लीला चरित्रौ का आध्यात्मिक चित्रण।
शासकीय सेवा काल	- 31 अक्टूवर सन् 1981 से 30 जून 2016 तक म० प्र० में कृषि विभाग की शासकीय सेवा में रहा।
सेवा काल की आध्यात्मिक घटनायें	- म० प्र० के टीकमगढ़ जिले के विकास खन्ड जतारा में कुन्ड पहाडी स्थान पर एक महान योगी जी द्वारा योग दीक्षा देकर सूक्ष्म जगत की शक्तिओं का अनुभव कराया। सन् 2004 में ग्राम मगरवारा की पहाडी पर गुफा में स्वयंभू प्रगाट्य माता विजयनी के दर्शन हुये। जो आज विजनी दरवार के रूप में मेंरा साधना स्थल है।
शक्ति प्रतिष्ठा परिवार	- यह एक ऐसी संक्षिप्त साधना पघति है जिसे अपना कर किसी भी सम्प्रदाय का सज्जन अपने इष्ट की शक्ति को अपनी भाषा में अपने परिवार में प्रतिष्ठित करके अपनी मनोकामना पूर्ण करने में समर्थ हो जाता है।
साहित्यक रचनायें	- (1) शक्ति चरित (2) ज्ञान सूत्र दोहा शतक (3) शक्ति प्रतिष्ठा परिवार (4) शक्ति यन्त्र दरवार पूजा (5) शक्ति कीर्तन (6) भजन भाव पद (7) चेतावनी ज्ञान पद (8) बन्दना कविता संग्रह (9) अन्य अनेको मन की भाव पूर्ण कवितायें।

बर्तमान में ग्रहस्थ होते हुये भी सन्यासी जैसे जीवन का आनन्द ले रहा हूँ यह मेरे सद्गुरू की दया एंव माँ की कृपा है। मेरा जीवन परिचय विस्तार से शक्ति चरित्र के प्रारम्भ में बर्णित है।मेरे वारे में बही से ज्यादा जाना जा सकता है।

पं० महेश देवलिया

दिनाँक 4 अप्रेल सन् 2018 बुधवार

सदगुरू सहित माता बिजयनी कृपा

सर्वप्रथम शक्ति चरित रचनाकार श्री गुरूजी के बारे में मुझे मेरे परिवार वालों ने बताया और मेरे मन में उनसे मिलने की जिज्ञासा जाग्रित हुई। मैं समय निकालकर मुम्बई से उनके निवास स्थान मगरवारा पहुँचा। गुरूजी बहुत ही साधारण सीधे स्वभाव वाले हैं। वे मुझे पहाड़ी पर बने आश्रम में ले गये और वहाँ एक प्राकृतिक गुफा में स्वयंभू प्रगट हुई शिला पर माताजी के दर्शन कराये। गुफा के बाहर श्री गुरूजी द्वारा एक मन्दिर निर्माण कराया है जिसमें उनके सद्‌गुरू भगवान एवं शिवलिंग की प्राचीन प्रतिमा विराजमान है। उनके दर्शन का सौभाग्य भी मुझे मिला। मन्दिर के नीचे साधना कक्ष है। गुफा एवं साधना कक्ष में गुरूजी घन्टों साधना करते हैं। लेकिन साधना मन्दिर के पुजारी की तरह नहीं बल्कि बहुत ही साधारण तरह से जिसमें दिव्यता दिखाई देती है, दिखावापन नहीं होता है।

मुझे पता चला कि गुरूजी शासकीय सेवा में कार्यरत भी हैं जो साधना के साथ-साथ शासकीय सेवा और अपने परिवार की जिम्मेदारी भी पूरी तरह लगन और निष्ठा से निभा रहे हैं। उनके तीन उपदेशों से मेरे जीवन और कार्यशैली में बहुत परिवर्तन आया है।

1. अच्छा सोचो अच्छा अवश्य ही होगा।
2. प्रतिदिन अपने इष्ट का ध्यान अवश्य करें इससे अन्तरआत्मा की जागृत अनुभूति होती है। एकाग्रता से शक्ति बढ़ती है और मन को शान्ति मिलती है। जिससे सुख मिलता है।
3. एकाग्रता से प्राप्त हुई शक्ति से किया गया हर काम अवश्य सफल होता है।

गुरूजी पर माताजी की असीम कृपा है ऐसा मैंने पूर्ण अनुभव किया है।

Mr. Anand Belgeri
Mumbai

मेरे निवेदन करने पर गुरूजी मेरे निवास मुम्बई पधारे। उनके आने से मुझे बहुत सुख मिला। मुम्बई में मैने अपने परम मित्र श्री आनन्द जी को गुरूजी से मिलवाया। मेरे ही भाँति आनन्द जी भी बहुत प्रभावित हुये।

प्रसंगवश श्री गुरूजी ने हम दोनों को अपने द्वारा 17 वर्ष की आयु में रची गई शक्ति चरित रचना के बारे में बताया। और हम दोनों को ग्रन्थ दिखाया। हमें ग्रन्थ बहुत ही चमत्कारी जनकल्याण हेतु प्रभावशाली लगा। गुरूजी की अनुमति से हम दोनों ने इसे प्रकाशित कराने के लिये प्रयास करने का निश्चय किया। परिणाम स्वरूप गुरूजी द्वारा हम लोगों को निर्णय लेने के लिये अधिकृत कर दिया।

श्री आनन्द जी ने ज़ोरबा बुक्स पब्लिकेशन से सम्पर्क किया और लम्बे विचार विमर्श के बाद ज़ोरबा बुक्स पब्लिकेशन ने इस आध्यात्मिक ग्रन्थ को प्रकाशित करने का भार अपने ऊपर लिया, इसके लिये हम दोनों ज़ोरबा बुक्स पब्लिकेशन के इस जनकल्याणमयी पुण्य कार्य के प्रति हृदय से आभारी हैं। उनके प्रति हमारी बहुत-बहुत शुभकामनायें।

जय श्री माँ बिजयनी दरबार!

Ravikant Soni
Mumbai

Mr. Anand Belgeri
Mumbai

-गं गणपतये नमः, गौं गौर्ये नमः, गुं गुरवे नमः, ऐं सरस्वत्यै नमः-

।।श्री सत् शक्ति सुहावनी जयते।।

-शक्ति चरित ग्रन्थ परिचय-

शक्ति चरित ग्रन्थ की रचना जो कि रामायण की भाषा शैली में है दिनांक 28 मार्च सन् 1974 गुरूवार से प्रारम्भ होकर 3 वर्ष 2 माह 13 दिन में पूर्ण हुई इसकी प्रेरणा सद्गुरू भगवान शिद्ध की कृपा से जव में 17 वर्ष की उम्र का था तव प्राप्त हुई। ग्रन्थ 6 खन्डो में है। और 700 प्रष्ठो का है।

उक्त ग्रन्थ मे आद्या शक्ति परमेश्वरी के विभिन्न रूपों के लीला चरित्र हैं जो कि शप्तसती ग्रन्थ को मूल आधार मानकर देवी भागवत सहित अन्य पौराणिक माता जगदम्वा से सम्वन्धित कथाओं का समावेश किया गया हैं। जो साधारण जन संस्कृत भाषा का ज्ञान नही रखते हैं इस कारण से वे सप्तशती ग्रन्थ का सीधे लाभ उठाने में असमर्थ रहते हैं। ऐसे उन सर्व साधारण के लिये यह शक्ति चरित रामायण की भाषा शैली में अभूत पूर्व पुण्यलाभ अर्जित करने के लिये एवं अपना एवं अपने परिवार सहित सम्पूर्ण जगत को कल्याण मय सुखदाई जीवन जीने के लिये अति उत्तम साधन हैं।

ग्रन्थ का मूल उद्येश्य इस विकारी संसार में चित्त में रमे हुये विकारों को विकार रहित वनाकर मन को स्थूल जगत से आध्यात्मिक जगत में प्रवेश पाकर सूक्ष्म जगत के स्थाई रूप से वास्तविक सुख के स्वरूप को प्राप्त करना एवं लोकिक जगत का सुख प्राप्त करके परलोक के सुख को सुरक्षित रखना हैं। शक्ति चरित का यह आध्यात्मिक ग्रन्थ रचना समय से आजतक लगभग 43 वर्ष से सद्गुरू भगवान शिद्ध की अमानत के रूप मेरे पास सुरक्षित रखा रहा।मैं अपने देव गुरू से प्रश्न नही कर सकता इसलिये इसको अभी तक जन कल्याणार्थ प्रकाश में लाने में मैं असमर्थ रहा। इसका कारण तो वे स्वंय जानते होंगे। अव सूक्षम जगत से सद्गुरू देवादेश हुआ है। इसलिये मैने प्रयास प्रारम्भ किया हैं। परिणाम क्या होगा इसे मैं नही जानता। प्रयास करना मेरा काम है और मैं कर रहा हूँ। आगे सद्गुरू भगवान का वरद हस्त मेरे सिर पर है और माता विजयनी की कृपा मेरे साथ है। ऐसा मेरा अटूट विश्वास हैं।

पं० महेश देवलिया

।।परम पूज्य गुरूदेव भगवान श्री शिद्ध महाराज की जय हो।।

-शक्ति चरित रचना से सम्वंधित मेरे जीवन की घटनाओ का चित्रण-

गं गणपतये नमः, गौं गौर्ये नमः, गुं गुरवे नमः, ऐं सरस्वत्यै नमः

।श्री सत् शक्ति सुहावनी जयते।।

-माता अम्बा विजयनी गुफावारी की जय हो-

सर्व प्रथम मैं उन अनन्त अलौकिक दिव्य शक्ति से परिपूर्ण समस्त शिद्धियो के भन्डार सदा दयालुता के गुण बाले क्षमा शील परम पूजनीय भगवान श्री शिद्ध महाराज के श्री चरणो की रज अपने सिर पर धारण करके उनके बरद हस्त से रोमान्चित होकर प्रशन्न चित्त मन से मैं अपने वचपन से लेकर आज तक के उस अतीत की प्रमुख घटनाओ का सत्य एवं वास्तविक स्मर्ण करने की स्थिति में हुआ हूँ। जिनका सम्वन्ध अभी से लगभग 43 वर्ष पूर्व रचित शक्ति चरित ग्रन्थ की देश काल और परिस्थितियों सें जुडा हुआ है। मैं अपने पूर्व जन्मो को तो कदापि ही नही जानता हूँ, लेकिन इतना आन्तरिक अनुभव करने की स्थिति में अवश्य हूँ, कि मेरे पूर्व जन्म के किसी पुण्य प्रभाव से मेरा जन्म भारत भूमि पर उ० प्र० राज्य में जनपद झाँसी के ग्राम मगरवारा के व्राह्मण परिवार में अषाढ कृष्ण पक्ष चौथी तिथि तदनुसार सम्बद् 2013 दिनांक 27-6-1956 को अपनी माता पिता के प्रथम सन्तान के रूप में हुआ। पिता श्री राजाराम जी एवं माता श्री ममतामई लाडकुँवर जो कि उस समय अत्यन्त आर्थिक अभाव से जीवन यापन कर रहे थे। मूल रूप से परिवार मध्य प्रदेश के जनपद टीकमगढ के ग्राम तरीचर कलाँ का मूल निवासी है। एक लम्वे समय तक आर्थिक अभाव से संघर्ष मई जीवन में उन्होने मुझे किसी भी प्रकार की कमी का अनुभव नही होने दिया।

मेरा मन बचपन से ही विद्यालयीन शिक्षा ग्रहण करने में कम लगा करता था।इसके विपरीत मेरे समय की अधिकतम व्यस्तता प्रारव्ध वश स्वतः ग्रहीत माता सरस्वती के ध्यान एवं स्मर्ण में बनी रहती थी। हालांकि संयोग वश बी०ए० पास होने तक किसी भी परीक्षा में फेल नही हुआ हूँ। माँ वीणा बादिनी की कृपा कैसे और किस रूप में हुई यह तो मेरे अनुभव में नहीं है, लेकिन उस समय जब मेरी वाल्य अवस्था काल था, श्री हनुमान हरि के चरणो में मेरा समर्पण मुझे माताजी को इष्ट रूप से अन्तरमन

में बिराजमान करने का जो सौंभाग्य मिला वही से शक्ति चरित ग्रन्थ के रचना की भूमिका तैयार हुई।

सद्गुरू भगवान शिद्ध देव ने उसी कालावधि में मुझ जैसे औगुणी में कौन सा गुण देख कर मुझे शिष्य रूप में दीक्षा देकर मुझ पर अत्यन्त कृपा की यह भी मैं नही जान पाया। शिष्य रूप में स्वीकार करने के बाद भी उन्होने मुझे न तो कोई आभास होने दिया और न ही गुरू रूप में होने का कोई संकेत दिया। इसमे क्या रहस्य था, उस समय तो मेरी समझ से परे था, लेकिन आज इस भूमिका लेखन में जो स्पष्टीकरण शिद्ध हुआ है। उसे मैं अपनी जिज्ञासा और सद्गुरू की आज्ञा मानकर सार्वजनिक कर रहा हूँ।

शक्ति चरित ग्रन्थ की रचना अशुचि अवस्था में वाणी से उच्चरित एक ऐसे छन्द से प्रारम्भ हुई जो महा सरस्वती के वैदिक मन्त्र का अनुवाद था। इसे मैने जव पास के कस्वे रानीपुर में चल रहे रामचरित मानस सम्मेलन में पूज्य श्री रामप्रसाद शास्त्री जी निवासी फैजावाद को दिखाया तो उन्होने ही मन्त्रानुवाद कहकर आशीर्वाद के रूप में-आगे वढो, साधना करो, सफलता मिलेगी, ऐ तीन बाक्य अपनी अमृत मयी वाणी से मन्त्र रूप प्रदान किये, उन्हे शत शत प्रणाम। उक्त तीनो बाक्यो को मान कर ही मैंने अपनी दैनिक जीवन चर्या निर्धारित करली। इस घटना कृम से ग्लानि से भरा हुआ मेरा मन अपने आप में अपराध वोध का अनुभव करते हुये मॉ के प्रति क्षमा प्रार्थी बना और द्रण निश्चय वान हुआ। कि जब अशुचि अवस्था में माँ ऐसी कृपा कर सकती है, तो शुचि अवस्था में माँ और अधिक कृपा अवश्य करेगी। यद्यपि यह मेरा साधारण ज्ञान था,माता जी की दृष्टि मैं ऐसा कोई भेद होता ही नही है परिणाम स्वरूप माता श्री की कृपा वर्षा से रचना प्रारम्भ हुई- चौपाई- सम्वद् वीसह सौ इक्तीसा, लेखनि चलिहु दरश कर कीसा।

चैत्र शुकल पन्चम गुरूवारा,मात मोहि कलियुगहि उवारा। मेरे लिये यह सब अत्याधिक आश्चर्य का विषय था कि यह सव कैसे हो रहा है, केवल इतना प्रत्यक्ष अनुभव होता था कि कोई अद्रश्य दैवीय सत्ता मेरे कानो में बोल रही है। और मैं लिख रहा हूँ, क्योकि यह सब मेरे अधिकार में ही नही था।

दोहा - नहिं सोचत बैठत लिखत,लिख अस आछौ देहु।
कहहु कवन विध कोउ कह,जिन मातहि पद सेहु।।

सामान्यतया इसके पीछे एक कारण अवश्य था,जो उस समय मुझे समझ में आया था। कि कविराज पूज्य श्री सुमित्रानन्दन पन्त जी का चित्र एवं उनकी कवितायें मेरे अन्तर मन की गहराई में जाकर मुझे रोमान्चित करके कविता जैसी पंक्तिया गुनगुनाने के लिये विवश कर देती थी, इसलिये मैं ऐसा मान सकता हूँ कि इस क्षेत्र में प्रारम्भिक प्रवेश के लिये केवल वे ही प्रेरणा श्रोत रहे है। उन्हे कोटि कोटि नमन। इसी बीच में सद्गुरू भगवान की मेरे प्रति दयालुता से परिपूर्ण रहस्य मय लीला ने मेरे जीवन को एक नया मोड देते हुये मुझे दिनांक 28 जून सन् 1974 को श्री मती रामकुमारी जी के साथ पाणिग्रहण संस्कार बना कर ग्रहस्थ आश्रम में प्रवेश करा दिया जव कि शक्ति चरित की रचना प्रारम्भ हुये 28 मार्च सन् 1974 से अभी ठीक तीन महीने ही बीते थे। पत्नि के साथ आर्थिक अभाव की पराकाष्ठा में जीवन बिताना कितना कठिन था, मेरे लिये तो प्रार्थना करने के अलावा कोई चारा ही नही था। परीक्षा की घडी थी, ऐसे संकट कालीन समय में पत्नि ने वास्तविक धर्म पत्नि की भूमिका निभाई और मुझे प्रेरित करके अत्यधिक प्रोत्साहित किया। और मेरा मनोवल बढाया। ऐसा उस समय विशेष रूप से हुआ जव एक दिन पत्नि प्रेम से विचलित होकर शाम को ही पत्नि से मिलने के लिये उनके मायके चल दिया और देर रात बस से उतरा वहाँ से उनका गाँव लगभग 4 किलो मीटर था। जहाँ पैदल ही जाना था,और मैं चल दिया। कच्ची रास्ता से अधिक परचित न होना और अंधेरे के कारण मैं रास्ता भटक गया। काफी समय बाद मुझे भृम के साथ विश्वास हुआ कि मैं भूतों द्वारा भटका दिया गया हूँ। थके होने के कारण सुवह की प्रतीक्षा में वही लेटने को विवश हो गया, पहले तो बहुत डर लगा फिर कब मुझे नींद आ गई इसका पता ही नही चला। रात्रि के अन्तिम प्रहर में कुछ लोगो के भूत-भूत चिल्लाने से मेरी नींद खुली तो मैने देखा कि सूखी लकडियों से भरी बैलगाडी खडी थी, और दूर से रोने और चीखने की आवाजें आ रही थीं। मुझे और अधिक भय लगा मैं उठकर बैठ गया इसी बीच और अधि

ाक लोग मेरी ओर आये। मैने दूर से बहुत साहस करके अपना परिचय देना प्रारम्भ किया तब वो लोग शान्त हुये और उस स्थान को शमशान बताकर सहानुभूति से मुझे सही रास्ता बताया। सूर्य उदय के पूर्व ही मैं यथा स्थान पहुंच गया और अपनी आप बीती सुनाई। यद्यपि इस घटना से मेरा मन पहले से ही ग्लानि से भरा हुआ था फिर भी मेरी पत्नि ने मुझे सचेत करते हुये कहा-आपको ऐसे माँ की महिमा गायन शक्ति चरित के रूप में करनी है आप स्वंय ही समझ लीजिये। इस वाक्य से शक्ति चरित रचना के प्रति मेरी दृणता और अधिक हो गई। इस प्रसंग को स्मर्ण करने का यही

अर्थ है कि मुझे अपनी धर्म पत्नि का इस पुण्य कार्य में भरपूर सहयोग मिला। गरीवी के कारण मेरे पूज्य पिता श्री को मुझसे कुछ कमाने की अपेक्षा थी। जिससे बे मेरे लेखन सम्बन्धी क्रिया कलाप से निराश रहा करते थे। उन्हे लगता था कि कही लडका सन्यासी न हो जावे। इस विषय में मेरी माँ भी बहुत चिन्चित थी। यथा-

चौपाई- देयहि जोर होइ सन्यासी, जिन कराहु सुत आपन हाँसी।
नहि अजान वश जानत ताता, अश्रु डार सुइ रोकत माता।।
कहवहुं स्वंय मात पद कौला, रहहुँ आगि मुहि जीवन जौला।।

यह सब सद्गुरू भगवान और माँ की कृपा थी कि उन्हें विश्वास हुआ और ग्रन्थ रचना का कार्य सुचारू रूप से चलने लगा। मुझे पता नही था,कि जव तक यह कार्य पूर्ण नही हो जायेगा तव तक जीवकोपार्जन का साधन मिलना असम्भव है, इसलिये मैं अज्ञानता बश अनावश्यक प्रयास करता रहा और असफल होता रहा। श्री शम्भू दयाल दीक्षित जी जो कि मेरे मामा के लडके है जो सहपाठी मित्र और अग्रज भ्राता श्री के नाते उस समय मेरी गरीवी से बहुत चिन्तित रहा करते थे, चूकिं वह सम्पन्न परिवार से थे, इसलिये मेरी गरीवी दूर करने के लिये मेरी लेखन कार्य के प्रति बढती हुई रूचि की प्रवल आलोचना किया करते थे। और मुझे अपने समान सम्पन्नता प्राप्त करने के लिये धन कमाने को व्यंगात्मक वाणी से प्रेरित किया करते थे, लेकिन उस अद्रश्य सत्ता ने मुझे इस संकल्प से डिगने नही दिया-

चौपाई - जीवन रथ पथ तुहि श्री ओरा,
खींचहि शारद वुधि रथ मोरा।।

यह सत्य है कि निर्धनता तो ग्रहस्थ के लिये सबसे वडा दुखः होता है,लेकिन विषम परिस्थितियो में भी अनुकूल परिस्थियाँ वनी रहे यही तो माँ जी की कृपा हैं।मेरा एक मात्र छोटा भाई भगवत नारायण है। जिसकी उम्र उस काल में 12 वर्ष रही होगी। प्रकृति प्रदत्त उसे केवल मेरी आज्ञा पालन के ही संस्कार मिले जो निरन्तर मजवूत होते आये है। मेरे प्रति उसके भ्रात्र प्रेम का एक अदभुत प्रसंग मेरे स्मर्ण में है जिसका वर्णन करना मैं बहुत आवश्यक समझ रहा हूँ। उसी समय एक दिन की बात है। घर में भोजन की व्यवस्था नही थी। सुवह पिता श्री ने मुझ से तरीचर कलाँ मैं एक बोरी

ज्वार रखी होने की बात कहकर वहाँ से साइकिल से ले आने को कहा। मैं तैयार हुआ तव तक माता जी ने कही से व्यवस्था बना कर 6 रोटिया बनाई और 2 रोटिया मेरे भाई को देकर बोली कि वेटा तुम 2 ही खा लेना भइया को साइकिल चलाना है वह वहाँ पहुंच कर 4 खालेगा।इस प्रकार जव वहाँ पहुंच कर मैने कपडे की गांठ खोली तो 6 रोटी देख कर मुझे कैसा लगा यह तो वर्णन मैं नही आ सकता भाई को भूखा अनुभव करके मैने विना रोटी खायें भूखे ही शीघ्रता से बोरी लेकर वापिस आया और विना देर किये अपने भाई को भोजन कराकर अत्यधिक सुख का अनुभव किया। आटा तैयार हुआ। भोजन बना और पूरे परिवार ने भोजन किया।इसके बाद ऐसा समय कभी नही आया। रचना के दौरान उक्त प्रसंग कचोटता जरूर रहता था। सार्वभौमिक परिवार की आवश्यक्ता अनुभव करके सद्गुरू ने मेरे माध्यम से जीवकोपार्जन के लिये यह प्रार्थना कराई- यथा

छन्द - सत पन्थ प्रेरनि मीत जीतन इन्द्रि हिय वुधि रूपनी।
सनमान मन मर्याद बादनि वीण खोलनि मूकनी।।
धन कोस राजस होष मद माँ मोह मोहनि मम भली।
मुहि हेतु जेतिक जीव जीवन जोर सुइ सुमतिह गली।।

इस प्रार्थना के स्वीकार किये जाने का परिणाम आज हमारे परिवार के सामने है। स्वर्ग तो मैंने देखा नही है शास्त्रो एवं पुराणो के अनुसार साधु सन्तो के श्री मुख से सुना अवश्य है इसलिये मैं यह कह सकता हूँ। कि स्वर्ग जैसा सुख ही मेरे परिवार में है। रचना से जुडे हुये घटना कृम तो और भी है लेकिन वे अनावश्यक होने के कारण उनका वर्णन मैं उचित नही समझ रहा हूँ। रचना करने का न तो समय निश्चित था और न ही कोई स्थान जब सद्गुरू भगवान और माता जी की कृपा होती थी तव मुझे लिखना ही पडता था। इसका कोई अर्थ नही था कि मैं कैसी स्थिति में हूँ। इसलिये इस की रचना घर, खेत, खलियान एवं जंगल में की गई, इतना अवश्य था कि उस समय मैं इस भौतिक जगत में हमेशा वेसुध ही रहा हूँ। इस सम्बन्ध में मुझे एक प्रसंग समर्ण है जो इसकी प्रमाणिकता को शिद्ध करता है।यह घटना उस समय की है जव मुझे पुत्र प्राप्ति हो चुकी थी। बालक पालने में सोया हुआ था मेरी पत्नि मुझे बालक का ध्यान रखने की वात कह कर चली गई और अपने ग्रहस्थी के काम में लग गई। रचना करने का समय आया और मैं एकाग्र चित्त से लिखने वही पास में बैठ गया

उसी दौरान बालक जाग गया और खिसक कर उसने अपना सिर पालने में बाल क्रीड़ा करते करते फसा लिया सिर पालने से नीचे लटकने के कारण वह जोर जोर से चिल्लाने लगा। मुझे इसका कोई आभास नही हुआ। चिल्लाना सुन कर मेरी माताजी दौड कर पालने के पास आई और मुझे बहुत वुरा भला कहती हुई मारने तक को झपटी और बच्चे को सुरक्षित निकालकर अपनी छाती से चिपका लिया। देखने मैं मेरी गलती थी इसलिये में शान्त रहा और अपनी मजबूरी भी उन्हे नही बता सका। उनका क्रोध शान्त हुआ और फिर सव कुछ सामान्य हो गया।

3 वर्ष 2 माह 13 दिन में माँ की महिमा शक्ति चरित के रूप मैं मेरे परिवार के मूल निवास तरीचर कलाँ में सम्पन्न हुई। इसके कुछ समय बाद चैत्र मास की नव दुर्गा प्रारम्भ होने वाली थी।सद्गुरू का निर्देश हुआ कि वही ग्राम से 2 कि.मी. की दूरी पर भगवान भूत भावन पालेश्वर महाराज के प्राचीन मन्दिर में उनके समक्ष नव रात्रि में गायन करो इससे मुझे भी बहुत प्रशन्नता मिलेगी। निर्देशानुसार मैंने गायन किया।तत्पश्चात आदेश मिला कि अब इसे मेरी धरोहर मान कर सुरक्षित रख दो विना प्रश्न किये मैने केवल आदेश का पालन किया। देव गुरू के समस्त आदेश कानों में सुनाई देने वाली रहस्य मय ध्वनि के ही होते रहे है।आज भी उनका अनुभव होता रहता है। शक्ति चरित रचना के वाद एक वार फिर मेरा मन सन्यास मार्ग की ओर प्रवृत होन के लिये उत्सुक हुआ तव सद्गुरू भगवान ने रचना के अन्तिम भाग के इस आदेश का स्मर्ण कराया।

चौपाई - जाहि पार विन श्रम भव सागर, आदर कृत आदर्श उजागर।
कृत यह विना साधु शिध प्रेरे, कोटि यतन कर सफल न हेरे।।
सुइ सव भाँति साधु कै सेवा, उचित प्रथम आशीषहि लेवा।
कारज बहुर जगत के नाना, करहि जान हित अनहित ज्ञाना।।

अन्त में - जगत गुरू शिव कीन्ह सनेहा, अति कर हेतुक फेरिहु गेहा।
फिरिहु अजान मीत झुंझलाना, उपजिहु सहज हिदय में ज्ञाना।।

जीवन के प्रथम चरण में की गई रचना के बाद जो हिदय में ज्ञान प्रगट हुआ उसका अर्थ यही था कि अब परिवार के भरण पोषण के लिये प्रयास करना आवश्यक है।

प्रयास कहाँ कहाँ किया यह तो अप्रसांगिक है। बास्तविक्ता यह है कि जव सद्गुरू देव की दया से अच्छा समय आया तव मैंने माता श्री जगदम्वा के मन्दिर में श्री मद् देवी भागवत का गायन किया।यह मेरा संकल्प मेरी जीवकोपार्जन से सम्वन्धित था परिणाम स्वरूप 6 महीने के भीतर ही मैं कृषि विभाग की शासकीय सेवा में पदस्थ हो गया। शासकीय सेवा के दौरान जो कुछ साधना वन पडी करता रहा।

सेवा काल में म.प्र. के जनपद टीकमगढ के विकास खन्ड जतारा में कुन्डपहाडी के पास एक उन महान सन्त की कृपा प्राप्त करने का सौभाग्य मिला जिन्होने मुझे योग विद्या से सूक्ष्म जगत में प्रवेश करके सूक्ष्म जगत का अनुभव और देव देहधारी सद्गुरू महाराज के दर्शन करने का अभ्यास कराया। साथ ही सचेत किया कि वेटा डरना नही प्रवेश कर जाना सव कुछ मिल जायेगा। यदि तू डर गया तो कृम टूटने के कारण झटके के साथ वापिस स्थूल जगत में आ जावेगा। इसलिये घर पर अभ्यास करते समय अपनी पत्नि को एक लोटा जल के साथ अपने पास विठाये रखना और मेरे वताये अनुसार पत्नि को समझा देना। निर्देशानुसार मैने अभ्यास किया। आन्तरिक क्रिया से सूक्ष्म जगत में सद्गुरू भगवान के दर्शन तो हुये लेकिन उनके हाथ से दिये गये आगे जाने के आदेशानुसार जव मैं एक तिकोनी गुफा के द्वार पर पहुंच कर उसमें प्रवेश के लिये पहला कदम आधा ही आगे बढा पाया था कि एक नाग देव ने जोर से फुस्कार कर अपना फन उठाया और धरती पर पटका मेरा डर जाना मेरे लिये स्वभाविक था। पत्नि द्वारा मुझे अति शीघ्र सामान्य स्थिति में लाया गया और सव ठीक हो गया। लेकिन मैं असफल हो गया।

शाम को जव मैं उनकी सेवा मैं उपस्थित हुआ तो वे दूर से ही क्रोधित दिखे और बोले तू तो अपात्र है, जव तू डर गया तो अब मेरे पास क्यो आया है। चल हट यहाँ से। मैने दीन दुःखी होकर उनके चरणो में अपना माथा रख दिया। और उन से वार वार प्रार्थना की तव वे कुछ शान्त होकर बोले ठीक है अब तू प्रतिक्षा कर स्थूल जगत में तुझे इसी के समतुल्य स्थान मिल जायेगा। वहीं तू साधना करना। अच्छा है। जाओ। मैं वापिस आ गया और फिर वाद में बहुत खोज करने के वाद आज तक उनके दर्शन सुलभ नही हुये।

उस समय से लगभग 14 वर्ष बाद एक दिन जव मैं अपने सहयोगी श्री स्वामी प्रसाद यादव के साथ वैशाख के महीने में मगरवारा ग्राम के पीछे की पहाडी पर बैठा था जो झाडी वाले महादेव के नाम से जानी जाती है। वहाँ सद्गुरू प्रेरणा से दिखाई

देने बाली एक अंधेरी सकरी गुफा में अन्दर जाने के लिये प्रयास करने का अचानक मन वना श्री यादव जी की इक्षा न होते हुये भी हठ पूर्वक उनका सहयोग लिया। निरीक्षण करने पर पाया कि गुफा के बीचो बीच कठवर वृक्ष की मोटी मोटी जडे गुफा के अन्दर जाने को रोके हुये थी।

मैंने घिसट कर अन्दर जाने का साहस जुटाया तो पूर्व में घटित हुई नागदेव की घटना प्रत्यक्ष रूप से मेरे सामने घटी और वे नागदेव गुफा में ही चले गये। सूक्ष्म जगत की उस घटना को स्थूल जगत में घटती हुई देख कर मेरे मन से भय पूरी तरह समाप्त हो चुका था। और मैं रोमान्चित होकर प्रवेश कर गया। सहयोगियो के साथ गुफा को बैठने योग्य बनाया प्रगट हुये जल के एक छोटे से श्रोत के लिये जल संचय की व्यवस्था की उसी जल से आचमन करके साधना जैसी बनती रही सो वेसी करता रहा। विशेष तोर पर गुफा के अन्दर सामने एक तिकोनी शिला पर अपनी दृष्टि स्थिर करके माताजी के दर्शन के लिये अपना ध्यान केन्द्रित रखने का प्रयास किया करता था।

उसी कालावधि मैं देव रूप उन नाग देव की प्रेरणा से पास ही एक छोटे से सूखी पत्तियो से भरे हुये कुन्ड की सफाई करने पर सद्गुरू भगवान श्री शिद्ध महाराज एवं भगवान शिव की प्रतिमा के दर्शन हुये।और उन्हे उसी स्थान पर विराजमान करा दिया गया।इस से मुझे अत्यधिक आन्तरिक आनन्द की अनभूति हुई। सन् 2004 की सावन की पूर्णिमा को जव गुफा के कुन्ड से ऊपर शिखर पर बने नबीन मंन्दिर मैं शिवजी की प्राणप्रतिष्ठा के लिये अभिषेक हेतु जल ले जाया गया।उसी समय दो घटना कृम घटे एक तो जल अद्रश्य हो गया और दूसरा मेरी ध्यानाबस्था वाली माँ की आकृति सामने तिकोनी शिला पर प्रगट हो गयी। जल का अद्रश्य होना तो प्रत्यक्ष था लेकिन आकृति के दर्शन होने की वात कोई स्वीकार करने को तैयार नही था। मेरी उन इष्ट देवी का मैं दर्शन करने वाला प्रथम कृपा पात्र बना। मैने सद्गुरू के चरणो मैं माथा नवाकर शुद्ध घी एवं सिंदूर से हो रहे दर्शन के अनुसार माताजी की आकृति चिन्हित की। अब आज उनके दर्शन के लिये किसी भी प्रमाण और तक्र की आवश्यक्ता नही है। उनके दिव्य दर्शन गुफा के वाहर से भी बडे आराम से सुलभ है।

आज जो कुछ मेरे परिवार में है और व्यक्तिगत तौर पर मेरे पास है वह उस दरवार के लिये तो न के बराबर है लेकिन मेरे लिये मेरी कल्पना से भी बढकर सव

कुछ है। मैं दो भाई और मेरी एक छोटी बहिन है। जो अपनी ससुराल मैं मेरे जैसे ही सुखी है। हम दोनो भइयो के एक एक पुत्र सन्तोष कुमार और हितेश कुमार है वो दोनो आज्ञा कारी ग्रहस्थ है। मैं ग्रहस्थ मैं रहते हुये भी एक सन्यासी जैसा जीवन जी रहा हूँ। इसमे मेरे भाई ने मुझे परिवार के समस्त उत्तरदाइत्वों से मुक्त रखा और पुत्र सन्तोष कुमार भी आज मुझे पूर्ण स्वतन्त्र किये हुये है। सभी प्रकार की सुख सुविधा एवं स्वतंत्रता मेरा परिवार मेरे लिये पूर्ण सेवा भाव से उपलव्ध कराता आया है। यह सब दैवीय सत्ता की दया दृष्टि का ही परिणाम है।

अव उस शक्ति चरित ग्रन्थ को जन कल्याणार्थ प्रकाश मैं लाने का समय आया इस लिये श्री गुरूदेव का आदेश हुआ (प्रयास करो) 43 वर्ष तक सुरक्षित रखी हुई उस धरोहर पाण्डुलिपि को कम्प्यूटीकृत करके प्रिन्ट निकालने का कार्य मैने अपने भतीजे हितेश कुमार जी को सोंपा उस ने बहुत महनत करके 6 महीने मे तैयार किया। कुछ महीनो वाद जबकि मैं सेवानिवृत हो चुका था। विजयनी दरवार मैं गायन करने का निर्देश प्राप्त हुआ। एक छोटा सा समारोह आयोजित कर माँ की महिमा की इस रचना का गायन किया गया और इस से आगे प्रयास करने की दिव्य ऊर्जा मुझे प्राप्त हुई सन्तोष कुमार जी के मित्र श्री जयप्रकाश जी शस्त्री जो मेरे प्रति अत्यधि ाक सम्मान रखते है उनकी इस ग्रन्थ के प्रति रूचि और इस के प्रकाशन की प्रेरण ाा मेरे लिये अत्यधिक महत्व पूर्ण शिद्ध हुई। इसी के परिणाम स्वरूप जनवरी 2018 के द्वितीय सप्ताह मैं जब मैं सपत्नि धीरेन्द्र कुमार सोनी निवासी सीरोज जिला विदिशा के साथ मुम्बई गया वहा धीरेन्द्र के छोटे भाई श्री रविकान्त डिप्टी मैनेजर के निवास पर एक सप्ताह रूकने का अवसर मिला भाई रवि जी ने अपने मित्र श्री आनन्द बी बेलगिरि मुम्बई प्रोप्राइटर एपेक्स फ्राइट एन्ड लोजिस्टिक्स से सम्पक्र करवाया। ग्रन्थ का अवलोकन करने पर वे दोनो बहुत प्रभावित हुये और इसके प्रकाशन कराने मैं दोनो ने अपना भरपूर सहयोग देने का विश्वास दिलाया। उन दोनो का मेरे प्रति सम्मान और ग्रन्थ प्रकाशित कराने मै व्यवहारिक लगन निष्ठा एवं कर्मठता इस बात को शिद्ध करती है। कि सद्गुरू भगवान की दया और आद्याशक्ति परमेश्वरी की कृपा इन दोनो पर अवश्य है। मैं इन दोनो को इस पुण्य लाभ देने बाली पवित्र रचना को प्रकाशित कराने के प्रयास का पूर्ण श्रेय देते हुये उन के सपरिवार सुखमय जीवन की माताजी से प्रार्थना करता हूँ जिन्होने मुझे विना मागे सवकुछ दिया है। अन्त में मैं धीरेन्द्र भाई का विशेष आभारी हूँ जिन्होने इसके प्रकाशन

के लिये सम्पक्र सूत्र जुडवाने मैं मेरा सहयोग किया। सद्गुरू की दया उन्हे सपरिवार हमेशा मिलती रहे।

ग्रन्थ कैसा है, इसमे क्या है और इस का प्रभाव कैसा है यह तो आने बाला समय ही शिद्ध करेगा। इसके लिये मेरे पास वाणी नही है।

सद्गुरू सहित श्री माँ चरणो मैं समर्पित
फाल्गुन कृष्ण पक्ष पूर्णिमा गुरूवार
सम्वत् 2074 दिनांक 01-03-2018

पं० महेश देवलिया

शक्ति चरित की प्रसंग सूची

प्रथम सोपान - ज्योति सोपान

द्वितीय सोपान - प्रतिष्ठा सोपान

त्रतीय सोपान - शक्ति सोपान

चतुर्थ सोपान - दृष्टि सोपान

पंचम सोपान - सत्य सोपान

षाष्टम सोपान - विजय सोपान

इति शुभम्

।।आरती श्री शक्ति चरित की।।

आरति श्री शुभ शक्ति चरित की, ज्योतिर्मय हिय जीह झरित की।
साजति सद गुन सुमति सुहावनि, राजसि गुन रज रूप लुभावनि।
गुन तम तामस भोरि भयावनि, तत्व त्रिविध जुर जोति जरित की।
निगुन सगुन औगुन गुन पूरन, माँ ममत्व महिमा मय मूरन।
सुर नर असुर ऋषी मुनि क्रूरन, हेतु सवन्ह सन्ताप हरित की।
चिन्तन चरित चकितमन चन्चल, विजित मीत नित गति कृत छन्चल।
सुवश श्वांस शांती पर अन्चल, दया मयी प्रति प्रानि परित की।
माँ अनादि अन्तर विचरित की, शक्ति विविध बहु रूप धरित की।
भोगनि गुन भण्डार भरित की, सुत महेश हित तरी तरित की।
आरति श्री शुभ शक्ति चरित की।

।।श्री गणेशाय नमः।।

।।श्री सत् शक्ति सुहावनी जयते।।

।।गं गणपतये नमः गौं गौर्यै नमः ऐं सरस्वत्यै नमः।।

(प्रथम सोपान - ज्योति सोपान)

छन्द - जिह वाणि पावन सुखद शीतल गंग सम सुन्दर हुयै।
सुर यूथ ध्याय उहि गाय मम तर पितर सुर पुर गुयै।।
असि मात उर प्रगटाय मेघा अगनि मम जाग्रित करै।
ज्ञान अगनि शीतल करन वरूण रक्ष मुहि प्रेरित करै।।

दोहा - ब्रस्म इन्द्र मिल पवन संग, मात हृदय हरषाय।
गणपति गौरी आव हिय, दया दृष्टि बरसाय।।

सोरठा - गणपति गौरि गणेश, दोष रहित भूषन सहित।
प्रभु बिनबउं गज भेष, गूढ अरथ मृदु छन्द हित।।

दोहा - नाम लेह जिह बनत प्रिय, दोष रहित शुभ ग्रन्थ।
उनहि विष्णु पद झुक कहहु, देहु दिखा प्रभु पन्थ।।
सकल श्रष्टि रचना करन, वुधि पति विधि हरि अंश।
शक्ति चरित मम हुय सफल, दोष द्वेष कर ध्वंस।।
जगत गुरू प्रभु विजित मन, सकल सुलक्षन पूर।
दै अशीष दो अभय बर, धरहु माथ पद धूर।।

सोरठा - विनती मोरि बिशेष, श्री शारद अरू उमा पहि।
देहु मात उपदेश, आव उचित हिय आसनहि।। ।
गुरू पद माथ झुकाय, कहहुं गाय जननी चरित।
हो मुहि आप सहाय, पुनि पुनि कह कर जोरहु।।

चौपाई - बन्दहु गुरू पद सदा सुहावन। चित चढाउं चंचल हरषावन।।
मन कुपन्थ गति गुरूहि प्रतापा। रूकै हिलक हिय मिलै सुभाँपा।।
श्री गुरू पद प्रिय अति मुहि लागे। द्रग दर्शन नहिं बदे अभागे।।
प्रकृति प्रेम रस पूरित स्वामी। दो आशीष बनहु अनुगामी।।
जग उपहास सहन मम होऊ। आप बियोग सहत द्रग रोऊ।।
मुहि अभाग बस यहि संसारा। बिन गुरू दर्शन जीवन गारा।।
परचित प्रभु नहिं आप हमहि ते। जुरौ शिष्य यह पूर्ण तुमहि ते।।
पद धर माथ मनावहु तोही। कर निर्मल लघु मति अति मोही।।

दोहा - सुमरहु चित दै पद कमल, गुरू अग रख यह शीश।
रहय मात पद प्रीत अति, धर कर देहु अशीष।। (1)

चौपाई - शरद पून शशि सम मति मोरी। विकस बिबेक संग बुधि जोरी।।
पुनि पुनि कहुं प्रभु चरन तुम्हारे। यह अनाथ उर रहय हमारे।।
कुशल सत्य कवि प्रकृति प्रेम के। अभय आशीष देहु नेम के।।
जय श्री गुरू कलि दोष नशावन। सत साहित्य श्रवन मन भावन।।
प्रतिविम्ब पुलकित हियहि हमारे। गावहु गुण प्रिय सुखित तुम्हारे।।
अब कर नहिं प्रभू नेकु विलम्बा। गह मुहि वांह देहु अवलम्बा।।
सुन जिह साहित सुखमय सुन्दर। भयउ प्रकाश मिटौ तम अन्दर।।
निरख विम्ब शुभ सन्तसमाना। झुकौ नेह वश चरन अजाना।।

दोहा - श्वेत केश शोभित विपुल,पवन भाल फहराहि।
चितबन तिरछी पुलक उर, पलक अधर फरकाहि।। (2)

चौपाई - गुरू पियूष चितवन मम ओरा। शतशत भाग उदित अब मोरा।।
विम्ब अंग प्रति दिह उपदेशा। प्रगट स्वरूप जु होयहिं शेषा।।
अस गुरू तजहुं न कबहूं सपने। देख द्वेषि गन तन लग कंपने।।
बिचलित करन धाय करि क्रोधा। झुकिहु जबहि चली नही योधा।।
गुरू पद प्रकाश हिदय बिच भयऊ। अन्तर जाग तिमिर अग गयऊ।।

मिल मन भयउ सुआतम संगा। शुद्ध हिदय जिम पावन गंगा।।
अस प्रिय पबित शुशोभित हियते।। करहु प्रनाम तोहि मैं जियते।।
देहु आशि मम गुरू हितकारी। मात चरित रति विपति बिडारी।।
लिख लिख जननी चरित अपारा। कबहुं न पाहि मात किह पारा।।
देवि दया कछु गुरू आशीषा। मति अनुरूप लिखहुं धर शीशा।।
अति उत्साह देहु गुरू प्यारे। हरहि दोष काव्य किह सारे।।

दोहा - सुत सुमित्रहि शेष जग, नर स्वरूप जगदीश।
धरहि धरन तज नारि किह, गुरू पद रहि यहि शीश।। (3)

सोरठा - झुक कर करहुं प्रणाम, प्रिय प्रशन्न हिय विम्बकिह।
करहुं जगत महि नाम, सुमर मात रचि साहितै।। (क)

चौपाई - सकल जगत अगि जोरहु हाथा। सुजन दुजन दुऊ होबहु साथा।।
सत पालक द्विज बेदहि पाठी। पार उतार मुहि कलि अघ घाटी।।
पूरित नेह सन्त सह पाठी। कथा लिखन जिह पढयहि पाठी।।
उनपद झुक मैं भयउ कृतज्ञा। गाय गाथ नित करहहु जग्या।।
दुर विचार पुन जे जन रखही। उन तिह मिलह मोहि अति सिखही।।
कथा निन्द हरषत उर मांही। सांच वचन जनु बनहि सुहाही।।
उन सम जगत प्रेमि नहिं कोऊ। निन्द बाह्य अन्तर सुख जोहू।।
मान जताय जगायसि माना। मात सुमरि अनुसुनि सुन काना।।

दोहा - सुजन प्रेम प्रेरित करहि,निन्दित कथा सुहाय।
मात मुनीमहि मैं लिखहु, सकल जगत मन भाय।। (4)

चौपाई - बैठ रसानहि भाखत जैसा। सुनहु सकल लिखतहि मैं वैसा।।
अब कहुं कवन भांति किहशंका। बजत जगत हिय मातहि डंका।।
बचे न किन्तु निन्दभय बेदा। मनुज मूढ जनु या वुधि मेधा।।
किह विधि कौन जगत मुहि ग्रंथा। लोकहि बढहि प्रसिद्धहि पंथा।।
चरित अपारहि शठ उर शंका। मिटत हटत तम उदित मयंका।।

शशि शीतल अस्ताचल गयऊ। नखत दाव तुरतहि प्रगटयऊ।।
प्रात अरूण जब मध महि आवै। होहि भसम पुनि पक्षहि जावै।।
मात सूझ जीवित मैं जाना। शठ किह आग चुपहि सनमाना।।
एक अशीष एक कर निन्दा। मिलत मोहि सुख दोवहु जिन्दा।।
इक तै प्रेरित इक तै चिन्तन। करहुं कथा अग मिलहि न अन्तन।।

दोहा - मुहि कुउ प्रभुता देहु नहि, भाखत भुजा उठाय।
पापी दोषी दोष हित, मुहि समान जग नाय।। (5)

चौपाई - जन तिय जानत मुहि प्रियग्रामा। कुलहि कुलीन जनम उचनामा।।
करम नीच सूद्र सम करही। कहहु संत किम सेवक तरही।।
बाल उमर अभि मातहि खीची। सीच हिदय वुधि कीनहि ऊंची।।
कलियुग ग्रसतन मनहि मनोजा। रखत विचार ऊंच वुध रोजा।।
मात अपन कलि आपनि ओरा। खीचत मन संग बलहि न थोरा।।
कलियुग वोहि जेहि लिह श्वासा। प्रमुख प्रहार विषय अरू मांसा।।
पहुंच हियहि करत जिह भ्रष्टा। कलि दूरहि नहिं कोवहु द्रष्टा।।
जिह परतन्त्र सवन्ह यहि जाला। निकरत परत मोहि अति पाला।।
भखत मांस मदिरा प्रिय हांसा। ऊंच नीच संग करत विलासा।।
पायहु नेकु मनुज सुख शारद। पुजत जगत महि बन किह नारद।।

दोहा - रात आचरण कर स्वयं, देय देब सन्देश।
तिलक लगा करि कपट उर, नित बदलत निज भेष।। (6)

चौपाई - कितन बचत मैं बच नहिं पावत। कलि अनुचर मुहि विवश मिलावत।।
कलम चलात उठत हिय शूला। लेखनि तजति मिलत कलि फूला।।
मात पिता जनु निज विपरीता। कहहु मात कैसी यहि रीता।।
मात गात गुण शोभित गाथा। गान देत नहिं रोकहि हाथा।।
देहि जोर होइ सन्यासी। जिन कराहु सुत आपनि हाँसी।।
नहि अजान बश जानत ताता। अश्रु डार सुइ रोकत माता।।

कहत स्वयं मात पद कौला। रहहुं आगि मुहि जीवन जौला।।
निर्भय होइ देहु बर ऐहू। रहहि मात पद माथा ऐहू।।
भ्रात अग्रन्य शम्भु प्रिय मोहू। मांग महेश अनुज बर तोहू।।
मत अपारहि चरित अनन्ता। लिखौं अशीष पाय प्रिय पन्ता।।

दोहा - हरष हिदय अजहूं उछल, पुनि पुनि कंठ मिलाय।
पुलकित उर अग्रज अनुज, मिल जग चहल मचाय।। (7)
चौपाई-हियमिल होलि काल कल्याणी। अग्रज अनुज कन्ठ इक वाणी।।
प्रेरक ईंधन आशिष सुलगा। उर प्रगटित जाग्रित अति तिलगा।।
जीवन रथ पथ तुहि श्री ओरा। खींचहि शारद बुधि रथ मोरा।।
नेह नेम कर नयन अधीना। अति श्रम तै तन डार पसीना।।
द्रग अग देखहु श्री अति सुन्दर। आशि शक्ति तुहि वुधि मम अन्दर।।
बहइ गुलाल हिदय कर शीतल। हुय प्रतीत रामानुज भूतल।।
उर लगाय शीतल कर छाती। आशिष रूप देहु बुधि धाती।।
कहौ मोहि तै कर अति प्रीती। रहइ लेखनी जगती जीती।।
प्रेरित जगत सुमंगल गाथा। मात दया लिखहौं निज हाथा।।
अनुजहि आहु लगावहु जियते। तज तुम करौ नेह मैं किय ते।।

दोहा - होत बिलम्ब अब मोहि अति, धाय नियर परिवार।
भगनी भ्राता मात पितु, कहौ वढहु तम फार।। (8)

चौपाई - रिस्तेदार सहित परिवारा। मम अनुकूलहि होहु उदारा।।
बिधिह यथा क्रम प्रिय पुरवासी। करहु नेह छूटहि कलि फांसी।।
पुन अग चलत मिलौ कलि ठाडौ। देखत रिसहि बोहि मैं ताडौ।।
तज शठ सुपथ तोहि हिय शूला। देव मनुज मुहि सब अनुकूला।।
अस सुन बचन विहंस कलिकाला। कहत बजावत विरथहि गाला।।
जीबित जिह किह लेयहि श्वांसा। पडी मोरि तोयहि सुन पाँसा।।
यहि युग बचिहु न मुहि तै कौऊ। देव द्रवित जु तुम पर होऊ।।

सत्य सुझाव सूझ सुन तोई। वढहु अगारि मनावहु मोई।।
सुन हित वचन लगे प्रिय मोकू। पहुंच प्रनाम जाहि प्रभु तोकू।।
सत्य सपथ लै सुन्दर बानी। कहउं प्रथम कलि कथा बखानी।।

दोहा - मात कथा मैं थिर रख्यो, कलि आयषु विस्तार।
युग गुण कह संक्षेप महि, जिम हित होइ हमार।। (9)

चौपाई - जिह मुख धरम बिपुल अघ कोषा। क्रपण नाइ निधि संचित पोषा।।
पर तिय चितबन जिह किह लोचन। नहिं उकाश शुभ अशुभहि सोचन।।
पाप प्रवृति सुख चित्त समाही। विलखत जन जिय दुक्ख उठाही।।
भखत मांस पीवत अति मदिरा। झूमत विषयी सुर कर निदरा।।
उपजत लोभ घ्रणा तैं द्वेषा। तिह रिस पोषित भव यहि कोषा।।
जताय प्रभुत बशहि सव राखे। विरले बचे वीर सुत माँ के।।
यहि कलि फन्दहि कठिन कराला। जानत जीव फसे सव जाला।।
मरणासन व्रध तजहि न कामा। उपजत बाल कहत नहिं रामा।।

दोहा - बाल ब्रद्ध युबकहि सवहि,कलि मित पीडित काम।
बचे बोहि जिह किह सदा, मात आंगुरी थाम।। (10)

चौपाई - राज प्रभाव मोहि अति व्यापा। तिय बिलोक शीतल तन कांपा।।
मानय भ्रात अग्रन्यहि नाता। छुअत सुकाल पैर सुख पाता।।
और काल उठ बैठ कुसंगा। भ्रात कहत मित वातहि नंगा।।
कहंहु कबन बिधि मैं सुख पाई। सुत भीतर पितु बाहर जाई।।
देखय भ्रष्ट करम कर कन्या। चिन्ता अगनि जरत मर जन्या।।
भगनी ओट तैं भ्रात शिकारा। करत अनीति अपन परिवारा।।
अवनी प्रगट एक प्रिय लडकी। भावी कडक फैसन तै भडकी।।
उमर बाल बिकसहि जिह छाती। पती मिलन चिन्तन दिन राती।।
दायज सोच सुकन्य विवाहा। नहिं सुकाल जाबत बर राहा।।
आत्म हतन या पुन अनचारा। रहय सिवाय न कौनहुं पारा।।

दोहा - करम निक्रष्ट भ्रष्ट हुय, होयहि जगत मंझार।
कलि सुख पावय अति हरष, गावय व्रह्म कुमार।। (11)

सोरठा - बची न कोई अनीत, जो न होइ यहि कलियुगहि।
टूटि मैड किह रीत, फिरय स्वछंद सब बाल ब्रध।।

चौपाई - धरम राज जित नीतहि माना। कलि अनीति उत जानहु दाना।।
कितलौ कहौं गाय कलि करमा। निज हित जनु विनवौ उहि धरमा।।
फंद फसो मांगहु निज पन्था। कटहि पाप प्रिय वनहि सुग्रन्था।।
तज मुहि देहु हिदय कर क्रोधा। झुकत तुम्हार अग अतुलित योधा।।
मात पूत मैं जग महि तुच्छा। तज मुहि मारग दो यहि भिक्षा।।
चरित अपार विफल नहिं होए। कहत कथा कलि दृग मुहि रोए।।
जग जन जानत सव कलि काला। कहौ न समुझय जिम यह हाला।।
हिदय प्रीत मुहि सब तैं होई। जगत जीव जन्मे जित सोई।।
झुकत विनय कर अति अनुरागा। कलियुग तजत उदित मम भागा।।
जगत जतावहु नेह अखन्डा। करहुं प्रगट मेघाग्नि प्रचन्डा।।
प्रथम विंहस फिर कर अति दाया। क्रम क्रम हट कलि कालहि साया।।
तन मन खींच मदन दुविचारी। जावत दूर क्रोध कुबिचारी।।
हीय विचारत होयहि भूला। रिसतन कल्पन झूलय झूला।।

दोहा - कर बन्दन आयषु लहहि, करत जगत उतपात।
मात चरित कौ ग्रन्थ पढ, तरत पातकी पात।। (12)

चौपाई - दई आश अब होयहि काहा। समझु न आहि कछुक मुहि राहा।।
बहु विधि सोच करत कलि रोजा। अजहुं उपाय सरल इक खोजा।।
बिगरौ कछु नहिं अबही खैरा। होय जहाँ नहिं यहि किह चैरा।।
सुख सन रहौं वहाँ मैं जाई। रहहुं न वहाँ जहाँ यह गाई।।
कलि अवगुण संक्षेप बखाना। हाल समझ साधारण जाना।।
जगत बीच ऐसउ नहिं कोऊ। कलि नहिं परचित होयहि जोऊ।।

जन्मे जीव जितन यहि भूपर। जग हित हो अनुकूलहि मो पर।।
कलि चित व्रति जिह वन्दन वदली। कथा लिखन सुनभागी पगली।।
लिखतन हटत पिशाचनि पूरा। पढतन पूर न आयहि धूरा।।
लगिहु प्रथम अभि कलि किह चरना। कलि प्रकोप तब होयहि मरना।।

दोहा - निरख अनी विकराल कलि, उठत हियहि तूफान।
आपन हित महि जगत हित, मात चरित सनमान।। (13)

चौपाई - कृपा पाइ कलि मैं सुख लीना। बढत अगारि निशाचर चीना।।
सुर अरू असुर पूर विपरीता। नीतहि देव निशाच अनीता।।
तन लच्छन सम गिनवहुं दोऊ। दया एक दूसर दुःख होऊ।।
देव विचार दया किह खाना। देखत दुःखित मोहि अति जाना।।
हियहि लगाय अंक बैठावा। शुभ अशीष वर मोहि पठावा।।
सुमर देव तुम जाहु निशंका। मात चरित लिख पीटहु डंका।।
इहां आइ कछु औरहि पावा। कलम उठाय चरित कलि गावा।।
असुर विलोक अनेकन्ह धाये। तजौ मोहि कलि अनुचर पाये।।

दोहा - मांस अहार मदिरा त्रषहि, बुझत जेहि जन जान।
निज मति बुधि जन सुमझय, असुर उनहि अनुमान।। (१४)

चौपाई - असुर प्रव्रति हिदय किम होऊ। कहहुं गाय अगारहि सोऊ।।
अस्त्र प्रथम कलि समुझहु मांसा। मदिरा प्रबल मोह कै पासा।।
पहुंच अहारहि हिय कर भंगा। करत विछेद आतम मन संगा।।
मन स्वछन्द कर जो प्रिय साधू। वनत असाधु बिबेक अगाधू।।
मन कर मानत कलियुग प्रेमा। रखहि बांध बुधि मानुष तेमा।।
बिलग हृदयतै हुय मन चंगा। चलिहु निकट कलि जिम जन नंगा।।
मनहि पाय कलि मदिरा छाकी। विषय इच्छ जाग्रित भइ ताकी।।
समझ सुकाल मनोज पठावहि। वेगहि आहि प्रभाव दिखावहि।।

दोहा - चढत मदन झूमहि बदन, नहिं शुभ अशुभ विचार।
अविरल वढत कुमारगहि, लोभ घ्रणा विस्तार।। (15)

चौपाई - मद छाबत तन भयउ कुरंगा। इन्द्रिन मन उन सहित दुरंगा।।
इत उत चित कर वेग प्रहारा। करत दाव हिय अशुभ अहारा।।
खुलौ कुपथ कलि राजहि सवको। बढत सुपथ वहि धावत कब को।।
कैसउ असुर होइका लैना। जननी चरित लिखत जिय चैना।।
हित अवलोक खलन्ह पहि आयो। लाग तुम्हार कछु गाथा गायो।।
एक वार नहिं माथ अनेका। दुष्ट अगारि जानहु मैं टेका।।
मोहि अकेल तजहु तुम वेगा। सबन्ह अशीष तुमारहु तेगा।।
पाइ धाय निर्विध्न संसारा। हो हित पुनि तुम उतरहु पारा।।
करत कुकर्म पढत यहि ग्रन्था। समझ सांच गति मिलहि सुपंथा।।
मात चरित सुर असुरन्ह प्यारा। दुउ तै पूजित वरनहु सारा।।

दोहा - देव पवित अति अम्व जनु, पूजत सरल सुभाय।
असुरन वलि दै भूत जन, खाबय और खिलाय।। (16)

चौपाई - देव हियहि नहिं यहि स्थाना। कारन सहित सु करहु बखाना।।
लागि सभा देवन्ह जन सोचा। दै निज निज मति कारन खोजा।।
नहि वलि लेवत कवहुं भवानी। कहत उछल कर पवित बखानी।।
मम हित लाग प्रगट भै माता। हरि तेजहि दुति दामिन गाता।।
अंश शक्ति जिह छाय विरंचा। तपी ऐसु विधि रचनि प्रपंचा।।
पाय तेज शिव रिस अति वाढी। क्रोध अधीन जीभ बहु काढी।।
करत क्रोध मन बदन विशाला। लाल भयौ तन चिन्तन काला।।
मिलत लाल संग भयउ कुरूपा। लाग भयंकर मुख जिम कूपा।।

दोहा - निरख निशाचर जानियहु, लेवत वलि मुहि मात।
मांस खाय देवन कहत,किम वैकुन्ठहि जात।। (17)

चौपाई - अस्थि चूस पीय अरू रक्ता। हरि हिय जाय विकल हुय भक्ता।।
पुन प्रिय पवित विष्णु कै देहा। जाय नशाय कालिका लेहा।।
तेज जात पुनि व्रह्म महेशा। होयहि असुर विकट निज भेषा।।
चलै श्रष्टि किम कहउ सुरेशा। जानहुं पवित कुरूपहि भेषा।।
समझ थोरि महि बहुतन देवा। हरष हिदय किय मातहि सेवा।।
देवि भक्त पंडित कलिकाला। नही वजावहि विरथहि गाला।।
जानहु मानय असुर न कवहू।। उलट सुरन्ह किह झगडहि सवहू।। ।
कहहु अगारि करहु विस्तारा। जन वहि असुर न पाबहि पारा।।

दोहा - सब हित लिखहु समझ सब, असुर हिदय अनुमान।
कलि पूजा कर कालि जनु, किम मन करत गुमान।। (18)

चौपाई - देवि हमारि हमहि अति प्यारी। देखहुं समर भूमि द्रग फारी।।
काला वरण भंयकर रूपा। होत अंधेर देख जहं धूपा।।
जीभ निकार हीम हुंकारी। रकत पियत मुख पुनि फुन्कारी।।
रूधिर रंगित फरसा अरू खप्पर। क्रोध अगनि धावत लै थप्पर।।
कर कृपाण इक इक मैं माथा। मुन्डन माल कन्ठ मिह साथा।।
कहत अगारि लगति मुह लाजा। अभछ अहारहि अपन अकाजा।।
लघुमति करहि देवि कै दोषिन। बुधि जन पाल रूधिर किम पोषिन।।
निरख कुरूप भेष अनुमाना। अपन समान मात किह जाना।।

दोहा - भेष अमंगल पवित उर, धरय देब हित लाग।
समुझहि असुर सुसंगहि, सत्य भेद पिक काग।। (19)

चौपाई - भलइ जदपि हो आसुरि देबी। कलि प्रभाव सुर असुरन्ह सेबी।।
हाथ मिलाय करहुं मैं बिनती। करहु मात मुहि मूढय गिनती।।
सत सारहि सुन ऐही वाता। नहिं कुप्रसंग यहि माथहि आता।।
होयहि तो हित लागहु माथा। चित तज विनती गावहु गाथा।।
हियहि वसहि वहि निर्मल जननी। अगम चरित वुधि जन जिह बरनी।।

महातपी सुर सुर पति यूथा। गावत ऋषि मुनि मनुजहि जूथा।।
धारनि वीण कमन्डलि माला। बेद कहत मुख खुलत बिशाला।।
दमक लिलार अरू तिरछे नयना। माथहि ताज साज का कहना।।

दोहा - सब विधि समरथ जो जननि, सुर हित रूप कुरूप।
धरत देख काली कहत, ध्यावत सुर नर भूप।। (20)

चौपाई - माता शबद लगावहि सवही। ग्रहन पूत कह जग महि हमही।।
सब विधि मातपूत कै रक्षक। कहहु कबन विधि पूतहि भक्षक।।
जगत बीच रह योनि अनेका। सबहि मात पूतहि कर देखा।।
भयो न कलिविचि यहि अनचारा। तब सव तेज चमक वह सारा।।
हिदय भरम सब विधि कर भंजन। माता सुमर उरहि कर मंजन।।
काली समझ सुरन्ह किह तेजा। माथ नवाइ कहहु सुख देजा।।
बहु विधि समझ तोहि हितकारी। संकट समय सुरहि पुकारी।।
पुन पुन कहत मात तै पविता। बनहि हमार सुसुन्दर कबिता।।

छन्द - कबिता करहु पद नाय माथहि, देव जस बिनती जनी।
धर भेष रोष कुरूप सोहत, पूत हित माया वनी।।
उठ खन्ग खप्पर कोप धर कर, जीभ जिम लामी कढी।
भाषा रूचिर कर कथा महेशा, जिम सिंहनी दुर्गा चढी।।

दोहा - कर भरोस उर सरस्वती, बुधि चित पूरहि पाय।
रूपहि रूप जननी इकहि, जान दुजन बिलगाय।। (21)

सोरठा - प्रथम सुधा हिय धार, चेतन हित डारहि सुतहि।
पुनि वुधि पावक जार, पवन प्रेरि प्रगटावतहि।।

चौपाई - बीचहि जगत तुमहि सत माना। फैल अलोक लोक तिहु जाना।।
दिव्य देवि द्वीप महि विचरत। देख जिहहि तन मन मुनि विसरत।।
सह वैकुन्ठ जहं करत निवासा। दिव्य द्वीप महि शिव कैलाशा।।
श्रष्टि रचयता व्रह्मरू नारद। किलकत जहां सदा शुभ शारद।।

सुर पति सहित जहाँ सब देवा। सुख अति पाय करत बहु सेवा।।
ऋषि मुनि और तपस्वी ज्ञानी। जिह किह लोक बसत सबदानी।।
मनुजहि तुक्ष चली वहं काहा। रहयहि वहां मिलै जहं चाहा।।
शोभा नेह न बरनी जाबे। करय स्वयं सो करनी पावै।।

दोहा - श्रष्टि संचलित जिह जननि, सबनि भांति संन्तोष।
होत अनीत धावहि तुरत, नीतहि अति कर रोष।। (22)

चौपाई - एकहि मात पुनहि विलगाही। जिहविधि जैसहि जवहि ध्याही।।
प्रगटत बोहि काल वहि रूपा। दुष्ट दलित राजहि दैं भूपा।।
धर श्री रूप निधन धन दीना। विछुरत तुरत होय वंह खीना।।
नेह सत्य अरू बुधि कै इच्छा। शारद रूप देवि दै दिच्छा।।
जिह जन होयहि जैसी वान्छा। सेवहि पद भर पूर अकांक्षा।।
आदि शक्ति शुभ खल कुल घालक। प्रगटे वीर विष्णु जग पालक।।
रचना करत प्रगट भैं व्रह्मा। श्रष्टि संहार करत शिव शिम्बा।।
स्वंय करत न बन्दन काहू।झुकत सकल बुधि निधि सब पाहू।।

सोरठा - धरत हियहि सत धीर, लोक लोक बढ देख सब।
हरत सकल सब पीर, नेह नेक कर मात असि।। (23)

चौपाई - त्रेता मांह परम सुख धामा। श्री पति अंश प्रगट भै रामा।।
जिन मर्याद वेद गुण भाखे। सरल सुभाय शरण रिपु राखे।।
राज भवन तज विपिनहि आऐ। सन्त अपार चरित वहु गाऐ।।
गये रहे जब जीतन लंका। रहत निशाचर बीर निशंका।।
चित ब्रति शान्त सरल रघुवीरा।करत न क्रोध धीर गंभीरा।।
दस मुख देह तामसी क्रोधी। रिसहि राम न कबहूं सोधी।।
खलन्ह दया कर देवन्ह देखा। खिंची लिलारहि दुःख कै रेखा।।
देव दुःखी जनु मन रघुनाथा। वंध मर्याद विहंस कपि साथा।।

दोहा - बिहंस बैठ एकाग्र चित, आदि शक्ति जय अम्ब।
लेवत हँसत परीच्छहि, प्रगट कालि जगदम्ब।। (24)

चौपाई - गरजत गूंजत गगन हुंकारी। रिस भर श्वांस हिदय फुंकारी।।
रूप विलोक जोर कर कहही। भेष मात अस मोहि न सहही।।
बंधी मेड मरजाद हमारी।कलि जन दोषित कहहि अगारी।।
सुनहु मात आवहु कछु रूपा। जिम जित मरय लंक किह भूपा।।
थोरिक रूप सुखित अति सुन्दर। गई भवानि श्वांस उर अन्दर।।
धीर गंभीर कुपित भय रामा। बिहंस बिहंस खल मारिहु धामा।।
अन्तहि मार स्वयं लंकेशा। तज रिस मात धरिहु शुभ भेषा।।
जगत प्रशिद्ध देव सब जाना। थोरिक रूपहि हमहि बखाना।।

दोहा - जो जन जानत लेहि बलि, किलकत मात हमार।
सुइ सुमरहि जगदम्ब पहि, होबहि भलहिं तुम्हार।। (25)

चौपाई - एक पत्नि व्रत नित सत प्रेमा। रख रघुनाथ हिदय अति नेमा।।
संयम देहु हमहि शुभ चारा। नारि विम्व तज रावन मारा।।
निज तिय भरहुं अपारहि नेहा। औरहि तिय निरखहु माँ देहा।।
सिय सम सती जगत नहिं कोऊ। भयहु सतीत्व पत्नि व्रत मोहू।।
संयम नियम व्रह्म बर देहै। ज्ञान तरी भव शारद खेहै।।
आषुतोष मृत्युंजय स्वामी। जगत गुरू प्रभु अन्तरयामी।।
टूटि समाधि खोल शिव लोचन। देखत भयो मदन मन मोचन।।
रक्ष कबच राखहु जिम गंगा। व्यापत भसम उडत अनंगा।।

दोहा - बहु बिधि सबपहि पाय परि, पुलक हियहि रोमांच।
देव अशीष न दोष दिह, आहि न मोयहि आंच।। (26)

चौपाई - सकल भाँति आपहि कर रक्षा। बैठ सुसंग लेहि बहु शिक्षा।।
पुन पुन ध्यान करहु बहु भाँती। पूजत जोर करहि सुर पाँती।।
तीसहि तीन कोटि सन देबा। सहित सुरेन्द्रहि कर बहु सेवा।।

सुर हित हरत ईश महि भारा। जित हरि लिये लये अबतारा।।
सबपहि झुकहुं धरहुं महि शीशा। करहु कृपा बस अब जगदीशा।।
असुरहि सहित सुरहि अनुकूला। सो मुहि लाग बिसारहु भूला।।
जो जिय जानत अपन गंवारू। बैठ तनकि निज चित्त संभारू।।
जननी चरित गुलावहि फूला। लो रस स्वाद तजहु भय शूला।।

दोहा - लखि स्वारथ निज मन्द मति, हँस तोरहि तिय लाज।
सन्त सुक्रत तन तुलनय, लेय सुगन्ध शुभ काज।। (27)

चौपाई - गुरूपद नवहु कहहु निज दोषा। शठ जन शान्त करहु जिन रोषा।।
बेदरीत नीतहि जिह जानी। श्रवनत दोष दुराय भवानी।।
व्यापक लोक लोक महिं अम्वा।रहत अजान जान सब दम्भा।।
लघुमति मोरि म्रगहि समाना। ग्रीषम चमक बारि दै प्राना।।
पावक छुवत जान तन दाहा। कलि ग्रस राख सुशीतल राहा।।
धर पद बाढत कुमग अगारी। झरतन राख अगन पद जारी।।
बहु विधि ठुकरय मूढ न माना। हितय लौन जनु जारय साना।।
पुन जो गति सुन भई हमारी। देवहीन हिय जनहु सुरारी।।

दोहा - नेह पांश डारय जननि, जिय लख पतन हमार।
खीचत जबरन मोहि तन, मन जावत कलि मार।। (28)

चौपाई - मधुकर आत्म मनहि धुन मानी। पंकज पुलक यामनी रानी।।
उच कुल निरख पवन बहु प्रेरा। उठत सुकाल हिदय मन हेरा।।
चुन चुन सुमन सजायसि थाली। चली सुकामिन पूजन काली।।
बहत बयार उडत तन आंचल। यौवन पूर मनहुं गज सांकल।।
पुलक रोम उर अधिक उछाहा। भेदी मनहि न भायहु राहा।।
करत शोर सुन्दर विपरीता। धायो कर कलि मारहि प्रीता।।
छेकहु जाय करहु जग ध्वंसा। पाय प्रतिष्ठा विक्रत कुमंसा।।
पंकज पंखरू सुमति अलोका। बुधि रस पूर हरत सब शोका।।

दोहा - कलि पंकहि पंकज नियर, विषय पिपासा पूर।
हियहि प्रहार वैरहि उडत, अशुभ अकाजहि धूर।। (29)

चौपाई - हिय राजिव तन सर विकसाना। चितय गुनी चिन्तन कर ज्ञाना।।
कलि रति पूरित पंकज पासा। चंचल मति जग कारन नाशा।।
विकस करहि आकर्षित सवही। परि कुसंग मन मानहि रंगही।।
जेहि न संगति साधुन्ह करही। कुमति तेहि गति नरकहि परही।।
मीत विषय सुख क्षनिक संसारा। पुन दुःख पावत मनुज अपारा।।
दुःख मय प्रथम हिदय कृत नीता। सत्य अन्त सुख पूरन जीता।।
लखहि सुजन जग उभय प्रशूना। मति जड अन्ध एक सुख दूना।।
भव बाटिक कलि कागहि हूका। अरू सचेत कर हुय पिक कूका।।

छन्द - पिक कूक सुन कलि हूक झूमत, झांक झुक विषयावनी।
विष धूर बुध भर पूर दाव, दुरगन्ध कमलासनी।।
बिच बाग दिखय दल दोउ कमल, कबन बिधि कौनहि रहौ।
मधुकरहि महेश सोचत सकुच, सुन मुकुति मातहि गहौ।।

सोरठा - मन असम्भ उत थाम, जित रोकहि यहि श्वासगति।
सुमर सुखित हरि नाम, साधु बढत अग विजित मन।। (30)

चौपाई - ठिठक होइ वश कलि कुविचारी। फेरि बहोरि उलटकर सारी।।
का जिय जान हठहि मुहि खीची। नहिं जानहु मन किह बिध सीची।।
सत्य वचन जानहु सब मोरे। जानत बहुत लिखहु बहु थोरे।।
धाय चलो सुन मैं मन साथा। रहा बहोर मात शुभ हाथा।।
शिशु पन तै कलि कर मुहि पकरा। झगड छुडायहु कलि किह ठुकरा।।
पड कुसंग रह कामहि पासा। मात दुखित कलि बहु फिर हाँसा।।
दोष न देख देख गुण ऐका। कुल कुलीन अबलोकहि नेका।।
दोष दुराय कर गुणहि प्रचारा। पकर काम कलि धरनि पछारा।।

दोहा - जित नीचय मैं कर करम, धरम न एक दिखाय।
शतविरंच लौ सौ जनम, गिनह न दोष लखाय।। (31)

चौपाई - कहन चहहु औगुन जो पूरे। मिलहि न कागद रहहि अधूरे।।
सुजनहि करहि ऐहि अनुमाना। सूद्रहि नीच अधोरिह खाना।।
गदगद पुनहि मोहि उर लाई। जीवन नीर छटत मल काई।।
सरल सुभाव जननि असतोरा। कलि अघ ओघ लिपत मन मोरा।।
चितवन तिरछि जाग्र तन मारी। जरिहु पाप उर भयउ सुखारी।।
भलहि खीच तुहि मुहि निज ओरा। झटक मनोज रूपहु बहु थोरा।।
अन्तरहि सूझ सुझाय भवानी। हिय लगाय विहंसत जग रानी।।
चरित अपार आदि नहिं अन्ता। बोलहुं लिखहु पाय पथ पन्ता।।

दोहा - यहि कारन बन्दनि करसि, सबहि आग कर जोर।
निज सुत जानहु नारि सब, करहु कृपा किह कोर।। (32)

चौपाई - कालि रूप सरस्वती निहारा। जिह सुमरत अघ ओघहि छारा।।
कालि दशा निन्दित कर देखी। देतअजान बलि लेबत लेखी।।
मात विचार फार द्रग देखा। भाग हमार सुतहि मुहि लेखा।।
शारद कालि फरक नहिं जानी। खल बध बिलगहि एक भवानी।।
शान्ति श्वांस लिह कह सुन वेटा। सुनत बचन म्रदु चरनन लेटा।।
लिखहु चरित कर पवित अपारा। सूद्र सहित सब उतरहि पारा।।
कलितन दाह विनय तै छूटा। असुर अनंग द्वेषकर रूठा।।
सबहि जोर कर लीन्ही दाया। निर्भय भयउ दूर कर माया।।

दोहा - नहि सोचत बैठत लिखत, लिख इत आछौ देहु।
कहहु कबन विधि कोउ कह, जिन मातहि पद सेहु।।
शारद गणपति दोउ प्रिय, हो बुधि सदन अपार।
ध्यावत माथ नवाइ किह, कर शुभ वाणि हमार।। (33)

चौपाई - ऋतु बसन्त सन्तन सुखदाई। चरित लगाइ पंक्ति वहु गाई।।
चैत शुकल पन्चम गुरूवारा। मात मोहि कलियुगहि उवारा।।
सम्वत बीसह सौ इक्तीसा। लेखनि चलिहु दरश कर कीशा।।
सबहि भाँति हित निज अबलोका। वाढत जितन हरत उत शोका।।
गुरू पद शीश नाय अब आगे। गुरिया चरित पूर मैं तागे।।
शत शत भाग दये मुहि माता। कबि किह आयषु दई विधाता।।
शक्ति चरित कबि जनहु महेशा। आंक चरित जग देहि संदेशा।।
कलि बिच देवि चरित जिम होऊ। कहहु प्रवन्ध अगारहि सोऊ।।

दोहा - ऋतु बसन्त जननी चरित, जनु पिक आत्म महेश।
म्रदु कंठहि उचरत बहुत, फैलत जगत संदेश।। (34)

चौपाई - आदि कहत कवि आयहु अबलौ।नित नव भाख अपारहि जबलौ।।
यामनि चौथ पहर अति शोभा। विषयी झूम सन्त मन लोभा।।
प्रारम्भ भाग सुजन यहि जानी। हित कर दोउ खलहि हो ज्ञानी।।
सुनहि गाथ कलि लोटहि कामी। नित नव सीख भरहि बुधि हामी।।
आलस मनुज कठिन छंद लागे। हरष होइ जिम रवि नभ भागे।।
सुनत कूक पिक उठहिय हूका। पुलक संत तन आनन मूका।।
दोषित दोष रहित हिय खींचा। लोचन डार अश्रु हिय सींचा।।
पूरित हिदय हरष पढ पूरा। जनहु प्रचारक खल तज धूरा।।

दोहा - पढहि सन्त मृदुवाणि तिह, त्रिबिधि समीर सबार।
जाय जाग सोबत उठहि, जागत तजइ कबार।। (35)

चौपाई - पुलक समीर हिलक उठ गाथा। विहंग गात गावत रह साथा।।
तज अगारि अरू पाछहि शंका। करबहि पाठ विहंग जनुबंका।।
करत उपेक्षित शठजन देखी। दूति राज ऋतु रूपहि लेखी।।
भाख अशोभनि मूक असुन्दर। करवहि प्रेम गिरत नहिं अन्दर।।
शुक संग शारद नीचय ऊपर। जात अकाश आत पुन भू पर।।

हरित स्वरूप चहल अति शोभा। निरख हितैषि कबिह मन लोभा।।
प्रेर प्रचार हरित पित पाता। आवत लहर निकट पहि माता।।
झूमत पहल बसन्त नहिं बदले। जानहु तिनहि महा खल पगले।।
दिनकर ग्रीषम अगनि प्रचन्डा। झुकत झकोर तुफानहि खन्डा।।

दोहा - भानु उदय जनु ग्रन्थ महि, प्रगटत शारद माय।
रकत वरन मुख सुखद जन, फूल पलासहि आय।। (36)

चौपाई - देवि प्रसंशक पुहुप अनेका। हित कर जान गणहि सिर टेका।।
होत कुपित रवि पावक जारा। उठ धाबत खल पात बिदारा।।
करहि देबि स्तुिति बहु भांता। कोयल कूक हाँक पितु माता।।
मात चढाइ चित जानहु हंसा। बगुला भगति करहि सुइ फंसा।।
निरखत नेह करत सब पाही। बढत अगारि हँसत नभ मांही।।
पुन पुन झुक पुन करत प्रनामा। सुमन पराग परत हरि नामा।।
घट पराग पाकहि यहि जादा। हरि मधुकर आ लेयहि स्वादा।।
ऐसहि सन्त बसन्तहि फूला। करत प्रचार मिटत बलि रूला।।

सोरठा - गेहु ढूठ बलि रूल, सुजन जोत चिन्तन मिटय।
मात दोष भय शूल, गूढ अरथ समुझत कढय।। (37)

चौपाई - लोचन लागि असल किह वारी। उठय सुजन बुधि पावक जारी।।
भ्रमर मनुज पुहुप प्रति दोहा। गुन गुन गाइ चरित तज कोहा।।
करत पान रस प्रीत बढाई। मनुज सिंगार उर सुमर गढाई।।
सुनत प्रचार कीटवहु धावत। मदन चढाहि मन उरहि दबाबत।।
मात चरित सुन ऐसु बसन्ता। आश्रहि सबहि खलहि शठ सन्ता।।
कामी पुरूष पुहुप कर प्रीता। पुहुपहि सुजन सीख अस रीता।।
मात नेह रस मानहि ज्ञानी। कामिन सोह कामि नर जानी।।
दोनउ भाव ग्रन्थ महि गूढा। पढत प्रीत बढ मूढहि कूडा।।

दोहा - शक्ति चरित छाया सुखद, गूढ अरथ चौपाय।
मूढ उपरी सुख लहै, द्विज भीतर हरषाय।। (38)

चौपाई - जिम नव नीम पात करूलागे। पचत प्रचार लाभ प्रद लागे।।
जननि कथा जग जानउ ऊसी। मृदु हिम स्वाद लेय जित चूसी।।
सुखद लागि सब आमहि मौरा। यह तर रूकत परत तन फोरा।।
चहह मनुज मन वाह्य अनन्दा। मृदु रस रोग रूप झर फन्दा।।
जीवन गार मालि रस लेता। सोवत जाग ऐहि तरू सेता।।
आम्र शाख ऐसहि पिक बैठी। गावत चरित स्वामनिह रूठी।।
दिनकर शक्ति अधर्मी पाता। करत कोप तरू होत निपाता।।
निरख विकार नव कोमल पाती। दुरी हरष हिय तन मद माती।।

दोहा - मात चतुर पहि अधिक हुय, क्रोध अनल खल जार।
भक्त पात नव रखत पिक औरहि पातहि छार।। (39)

चौपाई - सुक्रति पुरूष परि पूरन ज्ञानी। देहहि लाभ स्वयं सह हानी।।
सुनहि न और कबंहु यहि निन्दा। जीवित चरित गाय रहि जिन्दा।।
माँ कह कोप प्रकृति सिंगारी। झरत पात चर चर चिंगारी।।
मध्य भाग जानहु यहि चरिता। बही खलन्ह रूधिर भर सरिता।।
करत कोप तन ढुरत पसीना। बिलखत खल बिन जल जिम मीना।।
करहि जेहि पर मात प्रहारा। चूर होत तन थर थर सारा।।
यहि विधि असुर हीन कर अबनी। देवहि धरम प्रतिष्ठा अपनी।।
बिहंसत करत बिजय कर घोषा। शान्ति सुघा कर शीतल रोषा।।

दोहा - चरित ऐहि सांझहि जनहु, बिचरत निर्भय देव।
फूल फलहि झूमहि विटप, पिक बसन्त किह सेव।। (40)

चौपाई - चंचल सांझ समीर सुशीतल। प्रेरित बहय सन्त कर भूतल।।
पश्चिम भानु गबन जव कीन्हा। झरित नेह नव पातहि चीन्हा।।
विहंस नेक गम्भीर सुभाऊ। कहहि मनहु निर्भय वसि राऊ।।

मन्द अलोक दै चमकत किरना। दमकि पात नभ चूमत हिरना।।
रक्तिम मन्जित सुमन पलासा। झरत कोप तज मन्द प्रकाशा।।
अगनि लपेट उठत तूफाना। भयउ शान्त सुइ चरित बखाना।।
हरषहि देव कहहि जय माता। असुर मार सुर धरम बिधाता।।
प्रगटत असुर बेग कर धाती। मारत स्वयं निजहि गुन गाती।।

दोहा - सब विधि हितकर है सवहि, गायहि लै रूचि चाख।
जुइ अपनायहु सुइ भलौ, कर प्रबन्ध मैं भाख।। (41)क
मूढ महेश न जान कछु, बस भरोस जगदम्ब।
जित बोलत हुय उत कहत, करत दोष छल खन्ड।। (ख)
भूत प्रेत योगनि विकट, सकल सुनहु चितलाय।
रहहु दूर मूकहि गुनहु, तरहु सुनहु यहि गाय।। (ग)

चौपाई - धरम परस्पर जलत ईर्षा। जन मन मानत और नीरसा।।
किन्तु जननि जो जग जन बीचा। पुजित समान ऊंच अरू नीचा।।
पुनि निन्दित कर किम दम होई। निर्भय भयउ विचारहि सोई।।
सत पालन अरू जीवहि दाया। धरम सार निश्चय मुखमाया।।
सकल धरम अस नीति बखानी। सबहि प्रतिष्ठित माँ जग रानी।।
मति अनुरूप कहहु मैं गाई। मेटहु धरम परस्पर खाई।।
रतन जटित मन्दिर माँ नांही। तजहु कोह बिचारहु मांही।।
भगत कंठ मृदु गूंजहि जांहा। धुवन घंट गूंजन चह जांहा।।

दोहा - गूंजत अजहुं उत सुनव, करूणिक बलि मैं मार।
कहहु कबन बिधि देबि रह, समझ सत्य कहु सार।। (42)

चौपाई - मात शुसोभित आंगन आजू। रूधिर धार वह कहत अकाजू।।
चन्दन मिश्रित सलिल सुगन्धा। जगह बहत सुन मांस कुगन्धा।।
किह विधि असुरहि कौन उपाऊ। बलिदै पूज मांस खुद खाऊ।।
बलि अबलोक मात चढ बाहन। मन्दिर बाहर जात दयावन।।

करूणिक विहंस उरहि अति सोचा। निकरिहु बाहर कलि किह रोचा।।
रहै देबि बस अब तौ वांहा। शुद्धहि पूज भगत रहि जाहा।। ।
मन्दिर भृष्ट करत अब दुष्टा। माँ विपरीतहि कृत्य निकृष्टा।।
चित दिय गाउ हरष सव भाँती। निरख दूर पापहि किह पांती।।

दोहा - सोचत उर महि ऐहि विधि, करहु मात गुण गान।
अम्ब द्वार सुन गाय कहि, आय मिलय सुख खान।। (43)

चौपाई - जिह तन दाह कुपित माँ काँपी। जडचेतन जग बीचहि व्यापी।।
रूप यथारथ निरगुन माना। बिहंसत पुलक फैल महि ज्ञाना।।
कर पद कल्पन कर सुख पाऊ। कारन सहितहि सबहि सुनाऊ।।
निरगुन रूप धसह बह ज्ञानी। पूर बिराग भगति निज जानी।।
मात अरूपहि सिन्धु अथाहू। मिलत थाह जित भीतर जाऊ।।
अविरल बहुर चिन्त तन लागी। जारइ बदन पाय बड भागी।।
नेक चूक पुन सुन तट लागे। मन अरू मदन बिजित जन भागे।।
सब बिधि सब महि तक शुभ रूपा। नम्र धार उतरहु भबकूपा।।

दोहा - विषय फांस फंस मन्द मति, जकडिहु मूढ महेश।
कलि मन आयुष कर करम, कुल उच सूद्रह भेष।। (44)

चौपाई - सीमित रूप असीमहि चरिता। जनु सुखमान तरहि कलि सरिता।।
सगुन स्वरूप कर सीधहि बिनती। करत मूढ मुहि निगुनहि गिनती।।
अंग अंग अबलोकहि नयना। करत प्रत्यक्ष शिद्धि जिह चयना।।
बाणि पबित पुलकित हिय बासी। बदन रूमांच होय बुधि राशी।।
जड प्रकृतिह कर उन्ह अनुमाना। मुख अनुभूति शुभित सुख माना।।
सांझ सुबह जनु सुन्दर ताई। टेकत माथ सुखित भई माई।।
सगुणहि मात मनहि सुखदायक। मदनहि रक्ष शरण सब लायक।।
निज उर रूप देख दुःख हरनी। सब बिधि समरथ माँ सुख करनी।।

छन्द - सुख करनि रूपनि सगुण सुन्दर, गीत गुन सुबिधा रही।
जिह दरश हरषिहु हीय हुलकन, छलक रस रसना बही।।
सत शक्ति कृपा भक्ति चरनहि, शरण मति विस्तृत भई।
करिदाय शिवकह माय पावन, गाय सुइहित गति लई।।
गुरू आशि पांस कलि काट कालि, वर लेय निर्भय भयउ।
बन्दहु आदि कवि ईश महेश, मुनि मारकन्डहि गहउ।।
सुन मुनि प्रथम व्रह्म बाणि जनु, देह देवि कबचहि बची।
रख लाज काज बनाय आजहि, गाउ गाथ रक्षहि शची।।
बिधि बेद पुरान भाखय सन्त, गाथहि गाय उतारहू।।
सुख लेहि सुरूप बिलोक सुख, दात बुधि जानह गहू।।
कलि दोष कामहि रोष कोषहि, दोष शठ ना गावही।
प्रभुतहि मोहि चढाय समानहि, पद महेश ना भावही।।
हित जान आपन भाग ऊवहि, काग रूप पिक कूकौ।
सुन कर विचार सुजन सुधारहि, हित मातहि जहं चूकौ।।
इक कूप विशाल ग्रहस्थ फँस, जल जीव असीम बकौ।
कुल देख शोकित खीच तउ, जस जगदम्ब पहि जा सकौ।।
ऊषांक पंक नाशनि शंख, गदा चक्र खडगहि लहै।
हित देब देख दुर्गा सुरूप, रूप काली सुतहि चहै।।
पूर लंकार शोभ हुंकार, दिह मधु कैटभ मारनी।
झुकत अनाथ सनाथ मात पद, महेश पूत तारनी।।

दोहा - चन्ड मुन्ड रिपु चन्डिका, प्रगट देवि रिस हीम।
अंग अंग मुहि रक्षहहि, प्रनवहु ओम क्लीम।। (45)
बाणि कहत लागहि असत, सत सिध जानहु गाय।
जित कुल रहि उत ऊंचबन, माँ सेवहि सुख पाय।। (क)

सोरठा - मात दया अबलम्व, पुलक प्रेर नेहहि कहहु।
ऋषि विनवौ श्री व्रह्म, मुनि पद माथहि नाउ निज।। (ख)

चौपाई - जिह पर कृपा महा शिव करही। ते नर तर भव सिन्धु न परही।।
तेहि शरण मुनि जीतिहु काला। भये अमर अग चले सुचाला।।
सेवत चरन मात शिव केरे। औरहि दूज न सपने हेरे।।
शम्भु शक्ति चिन्तन गुन गाना। करहि बैठ एकहि हिय ध्याना।।
कलि कुचाल कृत जग अबलोका। व्यापिहु हिदय मुनिहु अति शोका।।
दुःखित प्रानि लख कलिह चपेटा। कृत फल भोग कुसंगहि भैटा।।
दयावान दुःख देख न जाबा। चित अति खिन्न शिवहि पहि आवा।।
करन दूर दुःख पूछ उपाऊ। सुन कृपालु शिव कह हिय लाऊ।।

दोहा - जाहु व्रह्म पहि होई हित, सुन मुनि परसे पांय।
आयषु धर सिर हरष चल, करूविधि दर्शन जाय।। (46)

चौपाई - सुमर शम्भु पद सुन्दर काला। गयु मुनीश गाबत सत चाला।।
जाय विरंच कर सबविध पूजा। नावत शीश बैठ बिधि पूछा।।
शिव कर किये निडर मुनि तोहू। कारन कबन आय पहि मोहू।। ।
आषुतोष पक्षहि जिह जीवा। श्री शारद बढ तज निज सीवा।।
भांति सकल सुखी शिव दासा। उमहि पूज छूटहि कलि पाँसा।।
समझ हितैषि छाड छल छोहा। मोरि अशीष कहहु किम मोहा।।
सुन अस बचन लाग मुनि चरना। गद गद कन्ठ कहत सुख शरना।।
नाथ कहहु जस तस लग शोभा। सुन मृदु बाणि हरष मन लोभा।।

दोहा - शिव दाया दीरघ उमर, शिम्ब पूज वुध लीन।
रचत प्रपंच पुनि देखहहु, अजु महान यहि दीन।। (47)

चौपाई - सब कछु जान रहहु उर मांही। पुन कह नेकु न दोष दुराही।।
जीतय काल गाल अब बाजे। उर्जित वीर्य खौल तन साजे।।
सुनहु नाथ नहिं रहहि भरोसा। कलि अगारि आवत अध कोषा।।
द्रग इक ओर मनहि इक ओरा। भागत अहित होत सुन मोरा।।
निमिष अगार न रहि विश्वासा। कर पद कुपथ जाइ तन नाशा।।

रहहि अंग थिर मन रहि चंचल। मन थिर कबहु अंग कलि संकल।।
ऐहि देख सब सुन मम स्वामी। कहहु उपाय छिपय अति नामी।।
कहत भरय द्रग टेकहि माथा। निरख नेह तन फेरिहु हाथा।।

दोहा - जिन कर पकरिहु भाग लिपि, उन कर मुनिह उठाय।
खल सकुचय हरषय सुजन, बिधि कह जय जग माय।। (48)

चौपाई - रोकत लोचन नीर विरंचा। करिहु सनेह बिलोक प्रपंचा।।
मुनि हित समलित जग हित सारा। देवि कबच कहि दीप उजारा।।
पुन बहु भाँति शान्ति मुनि दीन्हा। जोकछु कहहु सुनहुं हित चीना।।
जस विधि सुनमुनि कबच पियूषा। भयु न भीत अहि कलि किह फूसा।।
निर्भय हेतु अजहु मति छोटी। गाबहु तन मन कसय कसौटी।।
करन दूर दारूण दुःख भारी। अंशनि सत नव दुर्गा प्यारी।।
सुर सेबत उर अति सुखदाई। कहत बखान बेद मुख गाई।।
शैल सुता शुभ सुन्दर भेषा। प्रनबहुं प्रथम शक्ति तम केशा।।

दोहा - सब हित कारन सुख करनि, आषुतोष अर्घाग।
सुर हित कर कोपहि बदन, धर धाबत कर सांग।। (49)

चौपाई - होय कुपित शिव श्रष्टि संघारे। रिस बस नहिं निजभेष संभारे।।
देबन्ह हेतु देबि निज अंशा। बढ किह कोप दयो कर पंसा।।
रिस पावक भर शीतल क्रोधा। वाणि दया शिब निजतन शोधा।।
शैल सुता अस उमा कहाही। जोरहु हाथ परस पद पाही।।
देवि दुतीय प्रिय ब्रह्म चारणी। मात खास मुहि भाग कारनी।।
करत नित्य जो व्रह्म अचारा। ऐसी गिरा पार किन पारा।।
बिधि संग बैठ भाग निर्माता। सकल भांत मोरिह पितु माता।।
जिह बान्छहि प्रभु भयु बनबासू। बेद बखान नेति कह जासू।।

दोहा - लघु मति क्षन फैलहि जगत, जिम घन सावन मास।
बरसय सरसय सीच सुत, अस विनबहु वुधि राश।। (50)

चौपाई - तीसरि चन्द्र घन्ट माँ शोभे। कोटि अंनगहि अंगहि लोभे।।
बिधुतन तुल्यबदन छवि धामा। गुन मय शक्ति पुजित जग नामा।।
जिह सम सुन्दर उपमा नांही। थकित भये हरि खोजन चाही।।
पुन पुन सोच बैठ धर माथा। हेरि तके हरि रीतहि हाथा।।
सब विधि शीश टेक गुन गाऊ। गावत गाथ शारदहि पाऊ।।
प्रेर पूर चितवन प्रिय जाकी। जयति जयति जय बोलउ ताकी।।
कूष्मान्ड चौथहि जग रानी। बिनवहु नाम अभद्र भवानी।।
शक्तिन अंश देव हितकारनि। दोष रहित जग पालक प्यारनि।।

दोहा - नाम मात्र बस दैत्य प्रिय, पूजत जनु कुल देवि।
पशु बिन नाथहि मनुज जग, नहिं जानहि सुर सेवि।। (51)

चौपाई - शुभ विशेष पांचय जग जननी। श्री स्कन्द अम्ब सुख करनी।।
तनमय भजन गाय नर नारी। बुधि पावक रति मय मति जारी।।
शान्त प्रकृति शोभित माँ रूपा। तरहि सुमर जन कलि भव कूपा।।
पुलकित हिदय नेह तन कांपा। योगी यती सती सव जापा।।
मोरि हितैषि पुन सो का कहही। सब तज सुखद शरण मैं रहही।।
जो नहिं जान बताबहु बोही। औगुण दोष जान सव मोही।।
शोभित भूषण रौव तिलोका। सुमरत हरत मात सव शोका।।
जिह सिधि यश जग मांहि प्रकाशा। करय बखान कहा यहि दासा।।

दोहा - औगुण निरख अजान वन, गुण लै पीठ प्रशंश।
खीचहि मात महेश किह, हुय पथ बाधा ध्वंस।। (52)

चौपाई - ऋषि कात्यायनि सुता मयाबी। जग हित प्रगट जान सब भावी।।
नाम सुनत जिहि काँपहि असुरा। षष्टम मात दया कलिठुकरा।।
अंश शक्ति ऋषि कन्य सुरूपा। पुजित विचर कर चरित अनूपा।।
सकल खान सुख जिम मणि कोषा। सुमर अलोक लोक तिम होषा।।
करन चहहु स्तुति बहु भांती। हिलक भाव भर बह उर जाती।।

अस जननी कलि तारनि रानी। मुहि हितकारन आउ भवानी।।
बन्दहु पद पुन सप्तम माता। देवरू दानव हिरदय ज्ञाता।।
जैसहि भेष जनहु तस नामा। रूप अमंगल मंगल धामा।।

दोहा - खल कुल घालक रातफिर, माँ दायनि सुख खान।
काल बरन कोपहि जननि, कालिरात सुर मान।। (53)

चौपाई - केश विडारहि मारहि दुष्टा। भारी छनक बदन बल पुष्टा।।
दैत्य पूज मानहि जिहि असुरी। वलि हित हतै बापुरी बकरी।।
उन शठ जडमति गिरा सुहाये। बलि बिन जान मात सब भाये।।
पुन बिनवहु बिनतीकर जोरी। अष्टम मात महा शुभ गौरी।।
सुन शिव डमरू घुन भइ लीना। तोहि दया बिन सुन जग हीना।।
करूण पुकार करत सुर हाहा। बहु धर रूप धाइ शुभ राहा।।
आरति गावत हरत त्रितापा। जीवन शतशत कटत कुपापा।।
झंक्रित डमरू लोक झंकारे। असुर भसम सुर धरम हुंकारे।।

दोहा - आदि शक्ति मंगल करनि, सुख पूरित शुभ गात।
बन्दहु दुर्गा शक्ति नव, सिद्धि दात जग मात।। (54)

चौपाई - नाशनि विपति निवारन कष्टा। सुमरन किये न होइ अनिष्टा।।
आश्रय गहउ सुखद माँ शरना। राखहि अंक पंक नहिं परना।।
अस जननी जिह सब कर पूजा। नहिं तिलोक तुम सम कुउ दूजा।।
पूजत देहि असुर बरदानू। पदरति देहि मिटह अभिमानू।।
जिह जननी शिधि दायनि नामा। पूजत पूर होइ सब कामा।।
दीन हीन सब भाति अनाथा। अंचल पटतरि करहु सनाथा।।
अम्ब आदि जो जगत अधारा। तिह बहु रूप सौप तन सारा।।
निरभय लोकहि शोक नशाऊ। बलि रहितहि शिध तोह दिखाऊ।।

दोहा - जस अबसर तस रूप धर, करत स्वयं गुण गान।
आदि शक्ति शारद सुरस, देहि सुजन बुधि दान।। (55)

चौपाई - समझ सुअवसर कर चतुराई। निरखहु किह बिधि करहि भलाई।।
देब काज हित कर सब भांती। धर्म प्रतिष्ठित सुर मद माती।।
नीत जान जिय निज रिस हीमा। पावक प्रगट क्रोध तज सीबा।।
रूप भयावन तामस भाबा। आगहि चन्ड मुन्ड धर चाबा।।
राखहि लघुमति मनुज अजाना। बलि दै दोषिन नरक विसाना।।
प्रेत सवार देवि चामुन्डा। कोपहि काटहि लोटहि रून्डा।।
बाहन महिष शोभ बाराही। भूषन सहित एन्द्रि गज जाही।।
राजति गरूण पूज भर पाहे। जननि वैष्पवि विष्णु सराहे।।

दोहा - अंश महेश माहेश्वरि, वृष वाहन माँ गौरि।
बन्दहु चरन अनाथ मै, आउ महेशहि पौरि।। (56)

चौपाई - सोहति मयुरासन कौमारी। घटा घोर कर शोर सबारी।।
घन तम निरख पसारहि पंखा। गरजत मेघ मनहु बज शंखा।।
तिमिर तले अहि खल वौराये। बोलहि पुलक खोज मुखखाये।।
जिह मयूर इत कठिन कराला। तिह माँ कोप कबन कह हाला।।
तन सुकुमार नाम कौमारी। बिधु आनन शोभित सुर प्यारी।।
विष्णु प्रिया श्री लोकहि माया। ग्रसहि चराचर दासहि दाया।।
पाबत जेहि यती अरू योगी। तजविराग जग होयहि भोगी।।
कर गह अरूण कमल अति प्यारा। सब बिधि सुखित निधिह अपारा।।

दोहा - कमलासन हाँसह जननि, करहिनमन सब चाह।
मात शारदहि पाय सुख, उपत मिलय निधि राह।। (57)

चौपाई - बैल विराजनि रूपहि श्वेता। ईश्वरि नाम डटहि रण खेता।।
हन्सारूढ व्राहिम जगदम्वा। साजित भूषण शारद रम्भा।।
जिह साजत सुन प्रकृति लजाई। भूषन तन छवि देख थकाई।।
छटा निरख छवि निजहि प्रशन्सा। मति सत आदि शकति कर अंशा।।
पुन विशेष मैं जिह कर पूजा। मति अनुरूप न जानहु दूजा।।

कालि शारदा अरू शुभ गौरी। एकहि रूप भाल दिय रौरी।।
जिह आश्रय लय हरि हर व्रह्मा। शारद जननि जान प्रिय अम्बा।।
जबरन खीचिहु परवश गयऊ। यहि तै पूजित मुहि तै भयऊ।।

दोहा - एक रूप प्रगटहि रथहि, अलग अलग आरूढ।
खल बध कर रह एक पुन, बिलग जान रह मूढ।। (58)

चौपाई - अन्तहि एक तिलोक मंझारी। मार असुर सुर करहि सुखारी।।
महा घोर माया बल राशी। विकट पराक्रम प्रगटहि फाँसी।।
जो सुख देहि फांस निज दासा। देइ सुरारि दारूण दुःख फांसा।।
रौद्रहि रूप धरनि तिरशूला। निरखहि कोप असुर हिय शूला।।
कर अनेक धर आयुध भांती। मारत लागि खलन शब पांती।।
रकत लसित लग अस्त्रहि शोभा। तन फुहार पर भ्रम भव मोभा।।
उर लगाइ सुइअंक विठारा। सरल सुभाव कहि चरित अपारा।।
सुनत हरष मैं गायु प्रसंगा। संकट परय रहहि सुर संगा।।

दोहा- दीन हीन किह मात शुभ, रीति नीति जनु वेद।
पैर पडत पीरहि मिटत, हटय दोष उर खेद।। (59)

चौपाई - दिश प्राची प्रिय प्रात सुहानी। रक्षहि माँ मुहि एन्दरि रानी।।
अगनि कोन कर किरपा जननी। शक्ति अपरमित पावक परनी।।
वाहन महिष देवि वाराही। दिश दच्छिन तै मोहि रखाही।।
नृत्य कोन माँ धरनि कटारा। रखहि शरन सुख दैन अपारा।।
सलिल स्वरूपनि वारूनि देवी। रच्छहि पश्चिम सुर नर सेवी।।
मृग बाहनि माँ कोण समीरा। चंचल मति थिर हर कलि पीरा।।
दिश उत्तर कौमारी माता। प्रेरहु सुमरहु पद दिन राता।।
निजसुत जान कोन ईशाना। राखहि दुर्गा देहि ठिकाना।।

दोहा - शूल धरनि हिय करनि सुख, हारनि दुःख जगदम्व।
राखहु पद रति देहु मुहि, जिअहु तोहि अवलम्व।। (60)

चौपाई - अम्वर व्रह्मा सुन पितु मोरा। शारद स्वामि चितय मुहि ओरा।।
जननी सुमर निडर जग माही। टरत गगन तै विपतहि छांही।।
ऊपर अवनि अम्व धर चरना। सुख दै वैष्नवि राखत शरना।।
यहि विधि दसहु दिशा सुख दायनि। आदि मात अंशनि मन भायनि।।
शव सवार चामुन्डहि क्रोधा। रोकहि आंच मदन कलि योधा।।
पुलक हिदय कर गात रूमान्चा। शारद दया अंग तन नान्चा।।
बन्दहु देवि बिबिध यहि भांति। बासनि हिय एकहि दिव कांती।।
स्वर मृदु उचरय जननी जय जय। पावन पद पूजहु मति निरभय।।

छन्द - निरभय सकल शरीर पीर हर, हीय नीर नेहहि बहै।
जननी जया अगारि आजुकर, मिपिछार बिजया रहै।।
आनन अजिता सिता समानहि, मात छवि बामहि रहै।
दायहि दीन अनाथ अपरजित, देबि सुख दुन्दभि दहै।।

सोरठा - देबि उघोंतनि चोटि, करय सुमारग फकर कर।
पूत बनउ ऊंच कोटि, खोटि बात लातहि दवहि।। (क)

दोहा - आषुतोष बामहि उमा, होइ प्रगट व्रह्मान्ड।
धरहु शीश शीशहि रखहि, जान जगत सुखकान्ड।। (61)

चौपाई - सज्जित धार माल जग रानी। शक्ति आदि जगदम्ब भवानी।।
जिम कुंजर फल सड नहिं देता। अधिक खरावहि दामहि लेता।।
तिम सुन मात जोर कर कहहू। रखहु कपाल बीज नहिं विगरू।। ।
जिह यश हांक तिलोक मंझारी। अस यश्वनी दुइ भौंह रखाही।।
देवि त्रिनेत्रा भौं मघ भागा। इम राखहि जिम मालिन बागा।।
का विशेष कहु आँखन देखी। कृत बिचित्र कलियुग जग शेखी।।
कलि वश होइ लखहि संसारा। मति कर भाव काम गति सारा।।
रूकहि न रोकय काम विगारे। अस कुसमय माँ तोहि सहारे।।

दोहा - तीन नयन जननी हितू, तोहि तजत नहिं ठौर।
लोचन लोकहि पद चितहि, देहु मात बर धौर।। (62)

चौपाई - नाशिक होइ शोभि हिय द्वारा। करहि प्रवेश सकल तन जारा।।
सुइ माँ यमघना आपहि दाया। रहहि सुरक्षित मोरिह काया।।
रच्छहु नाशिक रन्ध्र हमारे। जाय न कलि मित यहि प्रियद्वारे।।
मात दया परिपूरन वायू। कर प्रवेश पुलकित गुन गाऊ।।
लोचन बीच शांखनी माता। तीनहि रूप त्रिकालहि ज्ञाता।।
श्रवनन दया करहि माँ काली। रूप कुरूपहि तन छा लाली।।
कोमल गोल कपोल प्यारे। जननि शंखनी रखहि हमारे।।
शीतल सुखद सुगन्धारानी। नाशिक नीति वयारहि दानी।।

दोहा - अधर ऊपरौ चर्चिका, नीचौ कला पियूष।
अम्ब शरन सुख दैन जिय, रहह दूर युग फूंस।। (63)

चौपाई - बीणा बादि शारदा माई। राखि रसान गूंज मन भाई।।
दन्तनि पांत मात कौमारी। रक्षित करय मयूर सवारी।।
कन्ठ सुकोमल जीव कपाटा। सौपहुं चन्डि मैल कलि छांटा।।
कोमल अंग जु क्षनहि नशाही। भय कर रूप सौंप पर पांही।।
चित्रघन्ट घन्टिका घिटकी। आश्रय सवल पाय जग लटकी।।
कोमल तालु महा हरि प्यारी। माया वली सींच सुख क्यारी।।
मन वान्छित फल दै कामाक्षी। ठोडी राख सत्य हिय साक्षी।।
सर्व मंगला रूप सुशोभा। रक्षित वाणि गूंज मन लोभा।।

दोहा - कालि रूप काला बरन, कला चतुर विज्ञान।
मर्दन महिषासुर करनि, दै गरदन सनमान।। (64)

चौपाई - धनु धारनि दुर्गा कल्यानी। रखहु पीठ कर फेर भवानी।।
देहु सुनीति प्रीत माँ तोही। मृदु स्वर कन्ठ सदा रहि मोही।।
कन्ठ नली नल कूबरि जननी। रखहि नीति पथ सत रस सननी।।

कर कृपान माँ साजहि ऐसे। झरना झरत किरन पर जैसे।।
सुर प्यारी अस रक्षै कन्धा। धारनि वज्र बाहु रह फन्दा।।
दन्डनि जननि राख दुउ हाथा। अजहु अनाथ झुकावहु माथा।।
मात अम्बिका अंगुली राखै। प्रति क्षन अंग सौंप विधि भाखै।।
सकल नखन भूलेश्वरि माता। आश्रय देहि पूर बल दाता।।

दोहा - शक्ति कुलेश्वरि कोख किह, स्तन दुउ महा देवि।
शोक बिनाशनि राख मन, कर जोरहु पद सेवि।। (65)

चौपाई - ललिता मात जैसि तस शोभा। सेबत सुर नर मुनि मन लोभा।।
मांस पिन्ड उर रूधिर सुहाये। नील लोहु मिल लाल बनाये।।
पूर शरीर केन्द्र इक कोमल। थिरगति होत परत तन शीतल।।
ऐसउ अंग सौंप उपयुक्ता। ललिता राख रूप शुभ रक्ता।।
शूल धरनि हारनि सन्तापा। मारहि असुर नशावनि पापा।।
क्षुधा त्रप्ति हित सौंपहु पेटा। हुइ निश्चिन्त सुमायनि बेटा।।
यामनि नाभि सुरूप सयानी। विनवहु रच्छि जगत यश जानी।।
गुह्यस्थान गुह्येश्वरि अम्वा। देहि शरन चरनन अबलम्वा।।

दोहा - लिंग कामनहि पूतना, पूत समझ अनजान।
सुर स्वामिन नाथह सबहि, राखहि नेमरू मान।। (66)
रूप भयावनि कोप माँ, वाहन महिष कराल।
मल मग राखहि मात असि, चलहु सुनीति सुचाल।। (क)
आदि माय श्री भगवती, रख कटिमम सुकुमार।
शरन तिहारी मात मै, तन कर फेरहु प्यार।। (ख)

चौपाई - विंध्य निबासनि कलुष नशाबनि। रक्षा करहि घोंटु माँ ज्ञाननि।।
सब सुख दैन विपुल बल शाली। जांघ सौपु जस तालहि नाली।।
नर सिंहनि रिस रूप सकारा। रखि टकुनावन दया अपारा।।
पद तरि भाग तैजसी माता। रच्छहि प्रीत तिलोकहि ज्ञाता।।

अंगुरि पद श्री धरनि माया। स्वामिन सकल करहि मुहि दाया।।
शान्त प्रकृति थल बासनि गौरी। तलुबे रच्छ हंसाबनि भोरी।।
दंष्ट्रा देबि संभारनि श्रष्टी। द्रबहु नखन कर किरपा द्रष्टी।।
ऊर्ध्व केशनी केश संभारे। सुर दयनीया दनुज हुंकारे।।
रोमहि तन प्रति छेद अनाथा। करू कुमारि माँ एहि सनाथा।।
निज तन चाम बगीश्वरि माता। सौंपहुं जान सरल शुभ गाता।।

दोहा - रक्त मांस मज्जा बसा, साध अस्थि तन ढाँच।
शिव अर्धागनि नेह कर, राख सती जिम सांच।। (67)

चौपाई - काल यामिनी उदरहि आंते। अरू मुकटेश्वरि जनु पित पांते।।
पघ्मकोष पघ्माबति माता। कफ चूडामणि शोभित नाता।।
ज्वाला मुखी महा नश जाला। करहि प्रीत राखहि जस माला।।
पूरन सन्धि अभेध्दा जननी। वीर्य विरंच गाय सुख करनी।।
माँ छत्रेश्वरि मम तन छाया। रच्छित करय बिबश रह माया।।
धरम धारनी शक्ति स्वरूपी। मन अभिमान शान बुधि रूपी।।
प्राण अपान व्यान उदाना। वज्र हस्त अबलोक समाना।।
प्रिय मम प्रान शोभना देबी। देव दनुज कल्याननि सेबी।।

दोहा - रूप गन्धरस शव्द मम, राखहि योगनि माय।
सब विधि पावन बलि रहित, सुन शठ सकुच ठिठाय।। (68)

चौपाई - सत गुण रज अरूतम गुण तीना। राखि नरायनि जनु मुहि दीना।।
बर ते कर चिर आयु बराही। उठा कृपा करि हिदय समाही।।
सब विधि पूजित धरम हितैषी। मात वैष्नवि रच्छहि ऐसी।।
श्री यश निधि बिद्या अरू कीरती। चक्रणि जननि व्रद्धि कर प्रेरती।।
गौत्र इन्द्रानी पशु धन चन्डी। महा श्री सुत राजिव डन्डी।।
रखय सुरक्षित करइ सनाथा। शीश झुकाउ जोर दुउ हाथा।।
भैरवि देवि भार्या मेरी। निरभय करहु जाननिज चेरी।।
मग पग देत सुपथा भवानी। वर दै चित सुख सान सयानी।।

छन्द - चित सुख सान भवानि आपति, आय पथ पूरन हरी।
बुधिधाम शारद नाम सुन्दर, चलौ गह क्षेमा करी।।
नृप द्वार अनुग्रह कोट अगार, ओट गह माया रहै।
बिजया बिजित भवानि महेशहि, दीन दया पूरी रहै।।

दोहा - कबच शेष रह अंग कहुं, अघ नाशनि सुख पूर।
पुलक जयंति कर प्रीत बढ, चूर करहि मति कूर।। (69)

चौपाई - बिधि कह रूकय नयन जल छाये। मुनि सुन मूक जगत मनभाये।।
सुनहु मुनीश ईशधर ध्याना। सत्य स्वरूप प्रगट जग नाना।।
शक्ति एक प्रकृति सत सुन्दर। व्याप्त व्रह्मान्ड जीव उर अन्दर।।
निगुनी निराकार मैं व्रह्मा। प्रीतहि प्रकृति सत्य सिध अम्वा।।
अस उत्कृष्ट कोटि बुधि प्रानी। अगम हिदय सत समुझहि ज्ञानी।।
सत्य सकार शक्ति चल श्रष्टी। अचरज मूढ जान दिबि दृष्टी।।
पुन विशेष रह तुम शिव दासा। निर्भय अमर न पर मृतु पांसा।।
कहिउ तदपि हित देख तुम्हारा। प्रीत हिदय लख कबच उचारा।।

दोहा - चचंल स्थिर कर अबहि, सुनहु महात्म प्रबन्ध।
ओट तुमारहि जगत बिच, फैलहि सत्य सुगन्ध।। (70)

चौपाई - सुन मुनि जदपि उपासक शंकर। श्रष्टि संघारन बीर भयंकर।।
महा मृत्युंजय मंगल धामा। भगत हिदय रूच शिव शुभ नामा।।
नाग अभूषन तन मृग छाला। अर्ध कला धर सोहहि भाला।।
दीन हितैषि हर दारूण पीरा। हरषहि सन्त लगावहि भीरा।।
उमा नाथ अस जग गुरू भोला। खोलहुं भेद कबहु नहिं खोला।।
कारन यही बोहि सत जाना। प्रीत अधिक कछु अचरज माना।।
अब सब शंशय तजहु मुनीशा। कहहु सत्य सुमरहु जगदीशा।।
मृत्यु बिजय महा मुनि ज्ञानी। होयहि मृषा न तोयहि हानी।।
अस मृदु बचन सुनत मुनि हरषे। पुलकित हिदय नयन जल बरसे।।
चुप रह अब लौ सुनय गंभीरा। आषुतोष गुन सुन तज धीरा।।

दोहा - बोलहि उछल सनेह बस, बोल सकह नहिं बाणि।
ध्यान मगन मिल ऐसयहि, नीर मिलय जिम खाडि।। (71)

चौपाई - पुलक विरंच कर वहु उघोगा। तोरिहु ध्यान जान संयोगा।।
टूटि समाधी मुनी अकुलाने। बीत बसन्त जिम पिक दुःख माने।।
इत उत चितय रटय शिव नामा। मनु वौराय पलट व्रह्म धामा।।
बिधि भय बिबश निरख मुनि प्रेमा। पुनहि बखान धीर शिव नेमा।।
तब हुय शान्त सुनय मुनि मूका। बहुर सनेह मन्त्र बिधि फूंका।।
बशीभूत चिरजीबहि माथा। झुको अजानहि जान अनाथा।।
भांति सकल मंगल जब जाना। वृह्म बचन बोलिहु तब ज्ञाना।।
देखि प्रीत शंकर महि तोरी। भई आज लघु मति सुन मोरी।।

दोहा - कबच न आयहु नाम शिव, कारन हरष न होय।
कहहु सत्य शंसय हरहुं, दोष न देयहु मोय।। (72)

चौपाई - सरल सनेह बचन सुन बिधि के। बोल मुनीश कृपण शिव निधि के।।
श्रष्टि भाग कर लेखनि प्रेरे। बहुर जीब सब चरनन चेरे।।
रहि निवास हरि नाभि कमल पर। झुक गुन गावत सकल चराचर।।
जानहु जदपि नाथ सव हाला। पूज महेश कियो बश काला।।
अन्तरयामि स्वामि जग धाता। पूछिहु पुनहि त्रिकालहि ज्ञाता।।
सुनहु नाथ पुन निज सुख हेतू। कहहु सत्य सुमरहु वृषकेतू।।
आप दीन मुहि अति लघुआयू। दीरघ अजहूं दया जरायू।।
ओट प्रनाम चतुरानन दाया। कह चिर जीव शिवहि उरलाया।।
जगत बीच जडचेतन देखा। प्रगटत तत्व महा शिव लेखा।।
पुलक रोम प्रति प्रीतहि मोरा।रहि शिव लीन जितय उतथोरा।।

दोहा - नाथ सुनहु न अंग कछु, ऐसउ मोह दिखाय।
जहाँ न शंकर बास कर, कहु किम देवि समाय।। (73)

चौपाई - अंग अंग सन जुर शिव नाता। कौन जतन समुरौ बहु माता।।
हिय रसान अरू नयनन बीची। बसय महाशिव अमरत सीची।।
बहुत कबच बिच नाना देवी। नाथ न आव नाम नहिं सेबी।।
उर भ्रम यही जान मम स्वामी। शंसय मेट मैं शिव पथ गामी।।
शक्ति रहस्य शिव भेद अगूढा। कहहु बुझाय जान मुहि मूढा।।
बात बढी अति भार स्वरूपी। एकहि जननी रूप अरूपी।।
शिव तज बदन न तिल स्थाना। किमयहि देवि विठारहु ज्ञाना।।
जान रहस मैं होउ कृतारथा। पूजहुं जननी आदि यथारथा।।

दोहा - पुलक बदन कर जोर मुनि, अस कहि माथ झुकाय।
बैठे चुप हुय रोक चित, उठ बिधि हिदय लगाय।। (74)

चौपाई - निज अशीष पुन कर धर शीशा। दई विरंच हँस लीन मुनीषा।।
कथा पुरान नाना बहु भाँती। कहत बुझाय भ्रान्ति मन घाती।।
सुनहु वत्स सत्य जग बीचा। जीवन धन्य प्रेम तरू सींचा।।
मूर सहित पुन तरू फल फूला। शिव सन सौंप मेट मृतु शूला।।
करन दूर अब मन भ्रम भारी। शारद सुमर दीप बुधि जारी।।
इक चित रूक हिय बासनि हाँसे। गूढ रहस्य तत्व सत फांसे।।
बहुर तुम्हार भ्रम अति उपयोगी। करत प्रयत्न अजानहि योगी।।
ऋषि मुनि देव तपस्वी ज्ञानी। रहहि अजान सकल जग प्रानी।।

दोहा - शक्ति सत्य जग बीच जनु, सकल सुनहु विस्तार।
बिबिध उपासक मेट भ्रम, करहि अम्ब सन प्यार।। (75)

चौपाई - करहि न मृत्यु प्रतीक्षा कबहू।। बेद नीत द्विज जानहि जगहू।। ।
कारन यही काल बल शाली। विजित तिलोक भक्ष भर थाली।।
इन्द्रि सहित कर मन बश योगी। निर्भय रहसि मृत्यु भय रोगी।।
भू पति सैन संग रण खेता। जीतहि राज लोक यश लेता।।
किन्तु काल पर करन चढाई। गयु न कोउ निज भुजा बढाई।।

झुके मौत अग ऋषि मुनि देवा। तुक्ष मनुज खल कामी सेवा।।
अबनि आय अच्युत कर लीला। टिके न देह धर कुटुम कबीला।।
ज्ञान नयन मुनि खोल विशाला। हिदय विचार जान बलकाला।।

दोहा - विश्वनाथ पद प्रीत कर, प्रथम बार मुनि तोह।
पलट लेखनी लोक महि, मृत्यु बिजी निरमोह।। (76)

चौपाई - अब मुनीश मन कर अनुमाना। सत्य विलोक ध्यान भगवाना।।
लिपि हमार तुहि लिखहु लिलारा। शिव बर उमर वारि पितु प्यारा।।
पूरव जनम पुण्य कछु जागे। कर प्रनाम ऋषि संग तुम लागे।।
हरि अगार झुक टेकिहु माथा। चिरंजीव कह कियो सनाथा।।
मुहि अशीष लै गह हर चरना। बिधि लखायु राखिहु सुख शरना।।
ऐक दिवस रह बस तुहि शेषा। चिन्तित जग गुरू बदलिहु भेषा।।
बोले बचन सरल शुभ नीके। सुन सुत भवन जाउ शिव जी के।।
बिन अहार तब तुम शिव पूजा। कियो ध्यान मन जान न दूजा।।

दोहा - भानु रश्मि रक्तिम सुखद, पबन संग शुभ सांझ।
सोहहि शक्ति समाधि शिव, सत्य नेह हिय मांझ।। (77)

चौपाई - जीवन अबधि बीति तत्काला। मृत्यु पांस धर आयहु काला।।
कुपित बदन कम्पित मन साथा। भय सन सकुच साथ मृतु हाथा।।
बहुर कोप कर काल कठोरा। ठोकिहु दन्ड बढिहु जिम वौरा।।
रकत लसित भृकुटी भय कारी। महापांस तक कन्ठ मझांरी।।
फैंकी तुरत चली जिम व्याली। मनहु फुंकार सांझ भइ काली।।
उगलत गरल गिरी चहुं ओरा। परिहु धरनि हित भयउ निहोरा।।
इह किह पैल काल जब देखा। शिव सन लिपट मेट मम लेखा।।
प्रतिमा काठ उरझि मुनि बेली। खैचत खिचत न अस लग फैली।।

दोहा - शान्ति सदन सत चिन्तनहि, हरत अनेकन व्याधि।
समदर्शी सोहत मगन, जो शिव सदा समाधि।। (78)

चौपाई - अस जग पूजित गुरू महादानी। सुन्दर सत्य जपत शिव ध्यानी।।
क्रोध अनल जिह हिय नहिं वासा। शान्ति सिन्धु उमडत तउ प्यासा।।
सरल सुभाव प्रभु मंगल धामा। रहत सन्त शुभ सुन्दर नामा।।
देव दनुज जिह सेबक दोऊ। देत अभय बर लौट न कोऊ।।
सततरू पालक शंकर ऐसे। कुपित काल अग जावहि कैसे।।
किन्तु अभय बर दीरघ आयू। हिदय विचार ईशचित लायू।।
सुनहु मुनीश कोमल चित स्वामी। हिंसा रहित सुसतपथ गामी।।
पावन गंग भाल भर शोभा। विषधर कन्ठ अनेकन लोभा।।

दोहा - शिव चित सहसा सोच अस, नेकु बिलम्व बर झूठ।
परहु होइ उपहास जग, सह न सकहु यहि रूठ।। (79)

चौपाई - भयउ भंग गम्भीर सुभाऊ। सोचहि जिन किह बेद न पाऊ।।
श्रष्टि संघारक शिव बलशाली। शान्ति समाधि मगन महाकाली।।
अतुलित तेज काल प्रति प्रानी। भंति भली सब समुझहि ज्ञानी।।
शठ अरू सुजन ऋषी मुनि योगी। बचे न एक बंधे सब भोगी।।
मात्र मृत्युंजय शक्ति अधारा। सुमर तेज डट काल पछारा।।
भई परास्त मृत्यु महा पाँसा। भयउ मृत्युंजय नाम प्रकाशा।।
काल जीत निर्भय शिव भयऊ। माँ प्रशन्न आदिह तब कहऊ।।
सुन सुत श्रष्टि संघारन नामा। भावी काल अन्त तुहि कामा।।

दोहा - कुपित रूप धर ध्यान जब, झुक झुक मोहि मनाय।
कहहु सत्य आबहु तुरत, विगरत काम बनाय।। (80)

चौपाई - बोली पुलक बहुर बर धात्री। शान्ति स्वरूप सदा रहुं छाती।।
सत्य सरल शंकर अनुकूला। प्रेम प्रचारक मलय दुकूला।।
गिरि कैलाश शिला बट छांहा। बैठ समाधि सुन्दर लग तांहा।।
पूरित हिदय अहिंसक प्रीती। दान नीति फैलहि जग कीरती।।
भागिहु क्रोध बिलोक सुभावा। तज रिस स्वयं दूर शिव भाबा।।

हिम तैं निकस सरस अरू शीतल। चलय शंदेश शान्ति लह हीतल।।
अर्पित बेलि पत्ति द्विज शापा। क्षन महि हरत सहित तिर तापा।।
चन्दन मिश्र सलिल शिव ऊपर। प्रात चढाइ बढय सत भू पर।।

छन्द - भू पर बढय सत पथ चढइ शिव, सुखद चित्त सुहावना।
सेवा करहि सेबक तरहि भव, पाय निज शुभ कामना।।
आशीष मिलय उर टीस मिटय, पाय भगति मन गावही।
सोचत महेश बिधि कौन बचय, मृतु लाल मम खाबही।।
उर बीच शंकर सीच शारद, धार डार सुधा वहै।
छवि बाम सोहहि रूप मोहहि, शैल सुकन्य माया रहै।।
बट छांह शीतल शान्ति सुन्दर, सत्य शिव सुख राजही।
सुन सन्त सेबक सान सनेह, हिदय महेश गुन गावही।।
बर देइ निर्भय आयु चिर कर, नाथ समाधि बैठे लगा।
अकुलाय काल यहि माथ नाय, मुनि जान लिपटिहु सगा।।
चित भंग हुय मन संग माया, निरख मृतु द्वारहि खडी।
बिधि लेख आयषु पांस महेश, मुनि दूर मन्दिर पडी।।
थिर होइ गंभीर बिचार हार, मन मान शोकित भये।
कोपहि करहु बिध लेख बिरोध, नहिं बचन अब मृषा भये।।
पुन सोच शिव अस होत चुपमुहि, सन्त काल चबावहै।
इत कूप खाइ उत देख शम्भू, जोर कर माया गहै।।

दोहा - करय प्रीत चित एक कर, माँ मम विपति विडार।
रहहि अमिट बिधि लेखसत, बचन न झूठ हमार।। (81)

सोरठा - करइ अनाथ सनाथ, पुलक प्रेर सेबक भजय।
शिव अजु स्वंय अनाथ, आदि भवानि सुमरय सुखद।। (क)

चौपाई - जय मम आदि यथारथ माता। जय त्रिदेव त्रिकालहि ज्ञाता।।
जय जय श्रष्टि संचालन शक्ती। जय जय कहत देहि निज भक्ती।।

जय सुख सिन्ध दया किह देवी। जय जग पूज पूर सुर सेवी।।
जय जननी सुख दुख तुहि प्रेरे। जय जिह सकुन सुमंगल चेरे।।
जय जग पालन करन भवानी। जय जय अन्त संघारनि रानी।।
जय तिन लोक ओम पैसारा। जय तिह बास विष्णु सब प्यासा।।
जय शीतल शुभ सत्य सयानी। जय स्वरूप मोहित जग प्रानी।।
जय तुहि कोप रूप महा काली। जय श्री रूप निधन दै पाली।।

दोहा - जय बुधि दायनि रूप शुभ, जय शारद बिधि बाम।
जय आयषु जय शक्ति जिह, जय जय जय सुख धाम।। (82)

चौपाई - जय श्री रूप मोहिनी माया। जय कलि पांस काट करिदाया।।
जय हिय बासनि नाशनि पापा। जय त्रिदेवि मेट त्रितापा।।
जय सुर तेज तत्व इक गूढा। जय बश राखनि चंचल मूढा।।
जय अनन्त त्रन त्रन तू व्यापी। जय मृतु हेरि कुपित माँ कांपी।।
जय परि पूर शान्ति सुख कोषा। जय करि कोप देख मुहि होषा।।
जय माँ आदि सुशोभित भेषा। जय यश तेज झलक मुख केशा।।
जय त्रिकाल भावि त्रिजननी। जय चित शुद्ध टेडि खल हननी।।
जय जग पूज एक बहु रूपा। जय सर्वज्ञ किलक छाँ धूपा।।
जय कर बिजय करत जय घोषा। जय सुर धरम कोष प्रिय पोषा।।
जय कह हरषत गाबत सन्ता। जय अस मात मिलय नहिं अन्ता।।

दोहा - जय नाशनि दुर्गति दुःखित, जय पोषनि सत नेह।
जय दुर्गे जय दास हित, जय जननी बिनु गेह।। (83)

चौपाई - स्तुति करत जोर दुउ हाथा। प्रीत बढत शिव सोचिहु माथा।।
आबहि हिदय मात कर कोपा। कठिन कराल लरनि पद रोपा।।
छुके शक्ति छवि पद अग व्याकुल। सुमरत जेहि दलन दैत्याकुल।।
पुलकित प्रेम हिदय अस हुलका। चलियु उमड वढ लोचन छलका।।
फडके अधर विरौनी फैली। आनन विहंस वदन माँ मेली।।

निराकार शिव स्वयं न दूजा। सत्य अरूप सकारहि पूजा।।
भई प्रशन्न दुःख दशा निहारी। प्रथम विहंस पुनदै किलकारी।।
मात कुपित छाबत हिय बीचा। कोप अगनि शिव बल घ्रत सींचा।।

दोहा - कृम कृम विक्सित कोप असु, भानु चढत जस धूप।
अस्त्र सहित तन तुरतय, बैठि भयावनि रूप।। (84)

चौपाई - मात दया सुर शक्ती जागी। चिन्ता चिन्तन मिश्रित लागी।।
बल अति बढिहु मात असवारी। छावत कोप कुरूप हुंकारी।।
चलत बाढ सम बल तन आवा। सुमर सत्य हिय अग रिस छावा।।
बेगि उठाइ कर जकड त्रिशूला। लोहु लसित मुख कोप अकूला।।
गह मुनि वाँह प्रथम निज ओटा। किये महा शिव जनु परकोटा।।
पुन अस गूंज गरज गइ गगना। मनहु माघ घन घोष भयवना।।
धाये तुरत तेज परि पूरा। कोप तुफान काल त्रन धूरा।।
जिह जननी प्रेरित सब लेखा। वह सकार शिव ऊपर देखा।।

दोहा - काल बदन कम्पित भयउ, बिलख बीच शिव रोष।
टिका न क्षनइक सन्मुखहि, फिरो व्याथित बिन होष।। (85)

चौपाई - मात्र मृत्यंजय एक हुंकारा। व्यथित काल हा त्राह पुकारा।।
अकुला चरन गहत पुनि तेजा। दै दारून दुःख दूरिहि भेजा।।
नाथ नाथ शिव नाथ अनाथा। कहहि कराल जोर दुउ हाथा।।
बोलन चहहि बोल नहिं सकही। भयसन सकुच मनहि मन रखही।।
गति अस त्वरा कोप शिव बढही। जिम घन वरस सलिल भू बढही।।
सरिता वाढ कूल कई ग्रामा। विलख निरख जन जीवन धामा।।
ऐसहि काल आज भय भारी। कुपित वाढ निज नाश निहारी।।
बहु धर धीर बहुर शिवशक्ती। सुमर मृत्यु मन मांगहि भक्ती।।

दोहा - जय शक्ती जय सुखद शिव, जय जय जय तुहि तेज।
नाथ न जानहु कारनहि, किम मुहि वापिस भेज।। (86)

चौपाई - भय सन नयन अश्रुभर कोरे। ठाडा काल सकुच कर जोरे।।
मृत्यु पांस अरू दन्ड कराला। सौपें शिवहि शीघ्र नत भाला।।
रूप भयंकर शंकर साजे। दुति त्रिशूल दामिन घनगाजे।।
काल आज अस सोच डराही। मनहु माघ कृषि उपल नशाही।।
अति पछतात ढिठक निज भूला। पथ विचलित बुधि जनजस कूला।।
महा मृत्युंजय क्रोध मंझारी। कांपहि जीभ न सकहि पुकारी।।
निज सर्वस्व माथ कर नीचे। झुका धरनि महि लोचन मीचे।।
काल कठिन तडफइ इह भांती। दावानल जिम पशुतरू पांती।।

दोहा - शिव शक्ती सुर तेज बिच, भयउ काल अति दीन।
प्रभू तब तेज संभार कर, कोप शांन्त कर लीन।। (87)

चौपाई - महा प्रकृति तज कोपित भेषा। हुइ विलीन हिरदय शिव शेषा।।
पवन प्रहार उडत अति राखा। ढंका अंगार दमक विधि भाखा।।
ऐसु जगय स्मरन अतीता। रूकय सोच शिव सुर प्रिय नीता।।
आये शरन न मारहि देवा। दै सर्वस्व करइ जो सेवा।।
विक्सय शान्ति प्रकृति कैलाशा। काल समय मन बांधिहु आशा।।
खोलत लोचन मिचिहु तुरन्ता। लागी चकाचौध नहिं अन्ता।।
धीरज धरय बहुर मन माही। अति अकुलाय परसि शिव पांही।।
मृत्यु सभीत सुमर शिव मनही। कहिहु बचन अस शीतल तनही।।

दोहा - गूढ तत्व पूरित परम, सत तरू सीचन हार।
प्रेर तेज त्रिभुवन मनहि, गूढ कोप कहु सार।। (88)

चौपाई - सुनहु नाथ का कहहु अगारी। अन्तर व्यापहु लोक मझांरी।।
बिधि आयुष सुन सत्य बताहू। कुगति होइ यदि नेकु छिपाहू।।
महा प्रकृति हुय कोपित आगे। करइ भसम सौभाग्य अभागे।।
यहि शिशु कपाल लेख बिरंचा। लिखी आयु लघु मध्य प्रपंचा।।
असि कारन आयुष बिधि दीन्हा। आया आप विरोधहि कीन्हा।।

भगत हेतु अनहित कर अपना। निर्भय सोबय जागत सपना।।
मृत्युपांस असफल मम भयऊ। वृह्म उलंघन किम मैं सहहू।।
आज्ञा प्रकृति विरंचहि पदबी। बैठा लेख अमिट लिख सदबी।।

दोहा - श्रष्टि संघारन आप हुय, रचनि प्रपंच बिरंच।
पालय जगदा धार प्रभु, जिम लोभी मणि कंच।। (89)

चौपाई - तिरसुर पाल नेह अरू सत्या। करय करम निज पुलकय प्रित्या।।
करसि कोप अजु बिधिहि अबज्ञा। कीन नाथ किह कारन अज्ञा।।
जान अजान मोहि अति दीना। शंशय हरहु जगत हित चीना।।
आगे और न कछु कह पाऊ। हिदय रूमांच इच्छित सिर नाऊ।।
प्रीत करत पुलकित मन हरषा। शारद सुखित अमिय रस बरसा।।
भीगत मन कम्पित तन शोभे। शिव हिय शारद मृतु जन लोभे।।
मृत्यु ठिठक सकुचय निज चूका। वान्छा कर्ण काल मुख मूंका।।
देखा रूप अबहि चित नयना। सुमर सत्य बोले प्रभु बयना।।

सोरठा - बोले वचन गंभीर, पीर हरन माँ किह सुमर।
सुनहु हिदय धर धीर, गूढ तत्व भेदहि सुखद।। (90)

चौपाई - जिह उर मात बाम महा माया। वास वाणि वुधि दायनि दाया।।
बोलत वयन खुले अध नयना। कठिन कराल सुनय जिय चयना।।
सन्मुख छाडि बगल गहि बैठा। नेहरू नेम निरख कलि ऐठा।।
सब बिधि शान्त हिदय निज जानी। बोले सुमर शारदा दानी।।
सुनहु कराल काल तुहि नामा। जीव हतन बिध आयुष कामा।।
आदि तत्व प्रगटित अबतारा। करत काल निज तुमहि पुकारा।।
होयहि नाश जबहि खल बंशा। माध्यम तोर मिलय सत अंशा।।
बधे न धीर नेकु तुहि आगे। झुके अजान जान सब भागे।।

दोहा - सत्य कहहु सहमति हमहि, काल गाल बलशालि।
देव रसान निकरत नही, मिथ्या वाणि कुचालि।। (91)

चौपाई - सेवक बहुर आज सुन मेरा। नाता प्रथम पुत्र प्रति घेरा।।
यहि के पिता तपस्वी माता। पूजा कीन्ह जान मुहि दाता।।
पुन प्रशन्न सुत याचन कीन्ही। करत प्रीत हंस पूरी कीन्ही।।
कारन किन्तु एक अति भारी। जिउ सुपुत्र लघु माँ पितु प्यारी।।
दई सुपुत्रहि विप्रहि मांगा। द्वादस बरस आयु बढ भागा।।
पुन आशीष स्वयं विधि दीना। चिरंजीव श्री पति सुन कीना।।
दयउ स्वयं आशीषहि श्रष्टी। सत्य किन्तु लघु मोरिह दृष्टी।।
समुझहु काल कहा तुम नेमा। सीधे सरल आन्तरिक तेमा।।

दोहा - रहहि तत्व अति गूढ बहु, नीति विरूद्ध न एक।
कारज कर अवसर नही सोच सकहु किम टेक।। (92)

चौपाई - आदि नीति नहिं जानहु तुमही। गूढ गंभीर परे रह हमही।।
सुरसरि सलिल अमल अस नीता। मैला मिल संग तदपि पुनीता।।
ऐसहि प्रकृति बीच सत रूपा। विस्त्रित सिन्धु समान अनूपा।।
सत्य नीत मति अमित सुहानी। वाह्य विरोध जान हिय ज्ञानी।।
सुमरन करत मिटत भ्रम भारी। जानहुं जधपि हमहि पुकारी।।
बिना सोच पुरवय मन वान्छा। हिय प्रकाश बुधि दायनि लांछा।।
द्वादस मास बरष मृतु लोका। गूढ अरथ सुन गुन तज शोका।।
सत त्रेता द्वापर कलि काला। युग जुर जोर चतुर्युग काला।।

दोहा - इक हत्तर गुन चतुर्युग, मन्वन्तर सुन एक।
यासे चौदह कलप बिच, जनहु वृह्म दिन एक।। (93)

चौपाई - वासर एक व्यतीत बिरंचा। होहि महा भब प्रलय प्रपंचा।।
लागे समय निशा महि इतना। बीता दिवस बीच बिधि जितना।।
इह विधि आयू विधि शत शाला। होइ लीन व्यतीतहि काला।।
वाणि नाथ जब दसबन वीते। समझहु दिवस एक शिव रीते।।
आयु हमार शत बरस प्रमाना। द्वादस बरस ऐसु शिशु ज्ञाना।।

बिकसय धरनि धीर धर जीबै। नित नव प्रेम सुधा रस पीवै।।
मन अति लजित सुनत शिव वानी। काल हिदय भरगयउ गलानी।।
गह पद सकुच बहुत अकुलाना। माथ झुकाय जोर कर माना।।

सोरठा - बोला काल कराल, क्षमहु नाथ अपराध बढ।
सत्य सुनीति विशाल, जानहुं मैं नहिं गूढ बहु।। (94)

चौपाई - अस बिधि आयुष लै शिव पांही। गह निज अस्त्र लौट मगमाही।।
गयउ काल मुनि मन मुस्काना। प्रेम बिभोर लगा शिव ध्याना।।
शक्ति सत्य सुन शान्ति सुरूपा। फैली वहाँ शिशिर जस धूपा।।
ग्रीषम भाव कुपित जो घामा। अंग जराइ त्रषित हिय धामा।।
मुनि हिय शिशिर धूप शिव दाया। प्रेम बिलोक विवश रह माया।।
नेह अपार नीर मुनि मीना। किलकय सहस सत्य शिव दीना।।
प्रेम अश्रु पुलकित मन भीगा। बैठ एक चित पीट न डीगा।।
शिव छवि निरख झुकाइहु माथा। स्तुति करत जोर दुउ हाथा।।

छन्द - जोरहि हाथ माथहि मुदित मन, मुनि नाय स्तुति करी।
फरकहि अधर उचरय बयन, मृदुनीर नयनन हित तरी।।
मुनि सुनहु ध्यान धर पार परसि, शिव फेर कालहि दयो।
लोचन लाल बिभोर प्रेम भर, कहहि बिरंच निर्भय कियो।।

दोहा - सुनत हिदय मुनि हरषिहु, करत सत्य शिव गान।
भये विवश विधि प्रेम वश, शान्त सजीव रसान।। (95)

चौपाई - हिय सुख मान मुनी निज माथा। नायु झुकाय सत्य विधि नाथा।।
मुनि हिय नेह बाढ अस आई। मनहु कोटि भर सुरसरि जाई।।
बाढ पुनीत तेज महा पानी। बहइ बीच डूवहि विधि ज्ञानी।।
शिव मन भाव विरंचहि गावा। तत्व अरथ सब मुनिह सुनावा।।
बिधि सुनाय भयु मुर्छित प्रेमा। किन्तु दशा मुनि वरनत नेमा।।
शत बिधि बाम गाय मन थाकी। रही मूक विस्तृत हिय जाकी।।

जान रहस्य तत्व अति गूढा। ऊपर नीति नेह विच बूढा।।
जिअन नाव केवट शिव खेवा। तरहि आधि वाहर अध सेवा।।

दोहा - जानत मंगल काज निज, मुनि शिव सुमरन सत्य।
बोला बिधि सन वचन इम, सुनहु नाथ मम तथ्य।। (96)

चौपाई - निज हित सुन कर करम कृतार्था। भये जान यहि आदि यथारथा।।
समझ अजान नाथ मुहि आपा। मेटिहु सकल मोरि भ्रम तापा।।
शिव दाया माया मुहि प्रेरी। सनी सनेह नेहनि पुन फेरी।।
नाथ तृषित मैं भयउ पपीहा। आनन श्वांति झरय घन जीहा।।
प्यास बुझाय बहुर अति प्यासा। जात नखत रह केबल आशा।।
लागिहु भय अस मुहि बस एका। रूकहि श्वांति यहि जनहि अनेका।।
नित हित पूज विविध भव देवा। मानहि इष्ट छाड सत सेवा।।
माँ किह चरित श्वाति समाना। सन्तहि चातक पियहि गुमाना।।

दोहा - कलि महि भगतन आश इम, लागे अबसर श्वांति।
बरस सन्त कब बुझय मन, त्रषा किचातक भांति।। (97)

चौपाई - मूढ मनुज रट पी पिव पीवा। रट ध्वनि श्वाति जात त्रष जीवा।।
बुझय न त्रषा मिलय बिन श्वाती। बिन चित टेर चातकहि भाँती।।
बहुजन रहहि ऐसु कलि बीचा। होयहि प्रेम सलिल रच कींचा।।
करयहि प्रेम करत ध्वनि घोरा। अबसर पाय चूक जड थोरा।।
अधमारे मन कर उर इर्षा। बैठत दोष देहि सत नीरसा।।
केवल एक ऐहिभय मो को। रहियु सताय देय दुःख मन को।।
जग हित हौन विविध सुर सेबी। किह बिध पूज शक्ति सत लेबी।।
कारन सेवक मैं अषुतोषा। अब जानिहु सत जनु निज दोषा

दोहा - शक्ति स्वरूप पूजहि शिवहि, जानु समझ शिव सत्य।
रहहि सत्य हिय बीच शिव, आदि प्रकृति शुभ सत्य।। (98)

चौपाई - समझा नाथ सनेह तिहारे। सकल न जान जन काम निहारे।।
जग हित करन मात प्रिय गाथा। गावहु नाथ सुनंहु धर माथा।।
नाथ कहहु कर भाषा सीधी। कलि जन जान न औरहि बीधी।।
तुहि आयुष शिव कृपा महाना। शक्ति प्रताप जग देहु प्रमाना।।
करहु दया मैं शरन तिहारी। कहहु सत्य मुहि निजहि निहारी।।
भयउ शान्त कह धर पद शीशा। द्रग भर आयु रूमांच मुनीशा।।
अस अबलोक नेह बिधि पुलके। बोले वचन नयन जल छलके।।
दुउ कर लिये लयो उर लाबा। जय सत कहत विरंचहि भाबा।।

दोहा - मुनि मन चित अरू आत्मा, सत्य प्रकृति बश मांहि।
सीचंय जीवन बेलि बिधि। फूल फलय जग मांह।। (99)

चौपाई - मुनि मन प्रीत हिदय अनुमाना। सत्य प्रताप शक्ति बिधि जाना।।
तब बहु बार मनहि मन हरषे। मुनि जिय अमिय सत्य पिव तरसे।।
सत परिपूर शक्ति हिय वासा। निरख सनेह मुनि भ्रम तब नाशा।।
मतिसन कही बहुर जग हेतू। चाहहि सुनन तत्व वृष केतू।।
मुनि अति चतुर सरल सुन भाखा। चहहि प्रेम भर लोचन राखा।।
हिदय विचार तब रचनि प्रपंचा। जानहि धन्य निज सत्य बिरंचा।।
सत्य शक्ति प्रति विधिह कृतज्ञा। भये विलोक पूरित मुनि सत्या।।
मुनि किह प्रथम लाइ निज छाती। बोले बहुर राख मन घाती।।

दोहा - धन्य धन्य मुनि धन्य तुम, धन्य धन्य तुहि जन्य।
जो जन्मिहु अस पुत्र प्रिय, प्रीत प्रकृति सन धन्य।। (100)

चौपाई - निज भ्रम मेट जु न चाहहि भोगा। जग हित सरल सत्य बिच लोगा।।
समुझहि हित बढ हित संसारा। चाह सुखित नर उतरहि पारा।।
उहि जननी अस जन्मय पूता। होइ सुपूतनि पूत प्रशूता।।
लोक मनुज हित देख तिहारा। भाषा सरल कहहु विस्तारा।।
जननी चरित नियम सत सांझे। मात्र प्रकृति अटल जग मांझे।।

जिह अति पावन चरित सुनीता। नेक अनेक कोप बिच प्रीता।।
शिव वर प्राप्त असुर महा योधा। हिय गुयु मांस अनीतहि शोधा।।
मदिरा पीय कुवुद्धिहि कामा। करइ ग्रहण करि गहन कुकामा।।

दोहा - सुर नारिन दै त्रास अति, भय सन भागहि देव।
शिव वर सुर पति जीत नहि, व्यथित आदि किह सेव।। (101)

चौपाई - सुरन्ह कोप तब प्रगटी माता। कोपित स्वयं सुनीतहि ज्ञाता।।
असुर मार सुर निर्भय कीनी। शिव बर राख भगत हिय चीनी।।
काम क्रोध लोभित बहु दनुजा। मारसि नीति निडर सुर मनुजा।।
काला बरण सुकाली नामा। पडिहु प्रकाश नीति सुख धामा।।
स्तुति सन पूजित सुर देबी। माथ झुकाय मुनी मति सेबी।।
शीश झुकाय कीन परनामा। जोरत हाथ लेहि शुभ नामा।।
माँ किह कथा नीति प्रिय जननी। ऐसु कहहुं सुमरहु खल हननी।।
माँ सन प्रीत करन विधि बोले। जग हित सुनन मुनी दृग खोले।।

छन्द - दृग खोल मुनी मन सोच सुनय, अन्तर मन जागरति भई।
भांति बहु कर पांति कथा विधि, कहत क्षण नव नव लई।।
जननी चरितहि पियूष पीबहि, प्रीत कर विधि बानिसौ।
शारद सुमर कह कथा महेशा, जस गाय विधि आन सौ।।

दोहा - भाषा सरल सुबोध, खोलन लागे भेद सब।
आदि सोइ अनमोल, दास महेश बांटहि जगत।। (102)

चौपाई - ऐही कथा महा ऋषि मेघा। कही सुरथ सन जिम खल बेधा।।
बैश्य समाधि सुनी मन लाई। ऋषि बहु भांति शिष्य सन गाई।।
सुनत खुले मुनि ज्ञान कपाटा। पायो सुरथ राज धन पाटा।।
शिष्य सहित सुन बैश्य समाधी। पूजित स्तुति साधन साधी।।
दर्शन पाइ मोह अति छूटा। पाबत मोंक्ष मात सुख लूटा।।
स्तुति कर सुर निर्भय भयऊ। मनुज पूज सुख सम्पति लयऊ।।

जानत बुधि जन द्विज नहिं जाने। गूढ अरथ सन तत्व बखाने।।
जननी चरित सुनत नहिं मिलही। गावहि बिप्र चुपय बहु भलही।।

दोहा - अति दुर्लभ यहि शूद्र किह, मिलत सुखी सुर बीच।
यहि सोचत मम खेद हिय, वाढत मन मल कीच।। (103)

चौपाई - बर्षा बिगत भानु जस कीचा। सोखे शरद सुधा महि सीचा।।
तस मुहि मैल हिदय मन गैला। कलि पोषित तन भूपहि फैला।।
दिनकर शरद कृपा माँ रश्मी। सोखहि पंक अंक सुख भस्मी।।
विक्सय बुद्धि अमिय मन पूरा। कुल कुलीन मन मानहि चूरा।।
यघपि द्विज मैं बेद विहीना। सूद्र करम कर लक्षण हीना।।
बिप्र सुलक्षण एक न मोरे। नीच कहहु जित उत मैं थोरे।।
मिथ्या बोलि दम्भ किह ओटा। पुजत जगत कर पर तिय चोटा।।
मात पिता सन कह कटु बाक्या। सीख टार भ्रकुटी चढ आज्ञा।।

दोहा - पढहि ग्रन्थ मुहि कहहि कबि, लोक मध्य नर नारि।
प्रफलउ जड मति सोच उर, सत्य लजति मन मारि।। (104)

चौपाई - कपट मित्र सन निज लघु हेता। स्वारथ शिद्धि करत कलि सेता।।
मुहि तिय सती साध्वी नारी। करत प्रीत अति पति पर प्यारी।।
जगत बीच जन कलि अघ दाहा। छूटत मुक्ति अनेकन राहा।।
पूरी राह मोहि दुःख शूला। मुक्ति कपाट दूर बिन कूला।।
तैरइ कोउ तरी सन कोऊ। उतरइ पार आत्म बल होऊ।।
लै हरि नाम कथा शुभ सुनकै। तरइ प्रीत कर प्रेमनि बन कै।।
तरत कोउ कर करम सन्तोषा। लै परिणाम अमर पुर पोषा।।
पर भल कोउ कोउ कर दाना। तरयहि कोउ शक्ति सत ज्ञाना।।

दोहा - राह बहुत बिन श्रम सतै, कितलौ कहौ बखान।
एकइ गुण सत तरइ भव, कलि अघ सिन्ध महान।। (105)

चौपाई - मुक्ति हमार न पथ कुइ ऐसा। पावहि जीत चलइ मन जैसा।।
यहि कारन सोचहु हिय खेदा। जानहि हिदय मनहि मन भेदा।।
मोह पांश पथ दुःख मय शूला। देखत प्रीत बन्द कलि फूला।।
सहतहि कष्ट चलत पद सूजे। जग उपहास हास्य मन पूजे।।
हिदय गलानि मुक्ति पथ खोजा। सोच सुचिन्तन गाबत रोजा।।
सहसा शीतल सुखित बयारा। सांझ समय कर हिदय प्रहारा।।
कर्ण प्रबेश रूमान्चित बदना। कम्पित शान्त अमल हिय सदना।।
चित चंचल लोचन बहकाबा। कलि अरू काम हिदय मद छावा।।

दोहा - अन्तर हेरहि अन्त किह, अन्त न चंचल भाग।
लखय बुद्धि सद लाभ द्रग, मूढ हास्य अति लाग।। (106)

चौपाई - बास रसान शारदा जानी। बासनि हिदय शक्ति सत ज्ञानी।।
मन प्रेरित लोचन कलि राजा। फिरत स्वछन्द काम अति साजा।।
भूप विरौध राज तज जावै। चंचल किन्तु हिदय नहिं आबे।।
हिदय विरोधहि सत्य प्रकाशा। अन्तर जाग दूर कलि पांसा।।
लोचन झुके शक्ति छवि देखी। मन अकुलान प्रीत अति लेखी।।
सत्य जोर दृग शक्तिह भाला। कामिन पलट प्रकृति कै पाला।।
मन वश मीत हिदय कै भयऊ। मुक्ति उपाय जान मन लयऊ।।
प्रेम तृषा सत कथा महेशा। कहि बुझाय जग देहि संदेशा।।

सोरठा - गाय चरित रस पीय, पीबहु पीडित प्यास पुन।
लागी राहइ जीय, त्रषित मरहुं अन्तर तरहु।। (107)

चौपाई - मोक्ष राह मन पीडित शूला। जारति कोप बरस सुख फूला।।
कल्पित मुक्ति द्वार मन माही। मिलय खुला हिय हरष समाही।।
सुर हिय धाम शक्ति सन छाबा। नीति दया गिर धरम सुभाबा।।
सत्य सफेदि पुती दीबारा। छाबत तेज शक्ति उजयारा।।
जिह मध क्रीडित प्रेम पियारा। हियबश केलि इन्दि मन हारा।।

बीच सप्रीत बासना नाही। नाशिक पथ कलि कलुष नशाही।।
माछर रोग मूर मन माखी। गेह नांहि जिह देबन भाखी।।
पूरि शक्ति अन्तर अनुकूला। मन मिल खाड हिदय जस घूला।।

दोहा - सत्य देव सुन्दर सदन, शक्ति सुलक्षण पूर।
तेज हिदय बिच जान सुर, सत्य कृत्य मति घूर।। (108)

चौपाई - दोष रहित श्री पति हिय धामा। सत परिपूर शक्ति भल नामा।।
लोक लोक सब करत निवासा। प्रेरित शक्ति प्रीत सत आशा।।
सहत सुनीति धरम कै दाया। निबसत मात हीय मन माया।।
विषय रहित जो प्रीति पिया से। राम रूप बन खोज सिया से।।
जोहरि स्वंय नेह कर नित्या। शीश नाय संध्या कर सत्या।।
बिन शक्ती सुन सत्य अपूरा। सत्य शक्ति हिय हरि परि पूरा।।
हरि शक्ती सन ईश अनादी। प्रकृति व्याप उन बासहि आदी।।
बिलय प्रताप सत्य भू व्यापा। प्रकृति अरूप जान जन जापा।।

दोहा - भगत हेतु हरि रूप धर, प्रगटत बिबिध स्वरूप।
सुइ हितैषि अन्तर हिदय, आबत नीति अरूप।। (109)

चौपाई - मंगल धाम नाम भगवाना। श्री पति रूप शक्ति मन जाना।।
रूप चतुर्भुज बन्दहि ज्ञानी। आदि जान जन नेति बखानी।।
मैं भी प्रकृति पूर हरि जाना। ईश अनन्त अनादिह माना।।
श्याम रूप बन्दहु छत शेषा। क्षीर शयन शोभित हरि भेषा।।
त्रिभुबन पालक अरू सत ध्याना। श्री आकर्षन बाम निधाना।।
होबत क्रुद्ध ग्रसत मन मूढा। लालच लोभ नाशमणि चूडा।।
बन्दौ माया पति हिय प्रेमी। नीति अजन्म सत्य नित नेमी।।
व्याप रूप सर्बत्र समाना। पूरित हिदय पुजत सत ज्ञाना।।

सोरठा - बन्दौ बहु औतार, भगत हेतु दुष्टन दलन।
प्रगहत पार अपार, भार हरनि भू किह कलुष।। (110)

चौपाई - राम रूप बन्दौ मर्यादा। सिय हिय स्वामि करत सुर बादा।।
पूर करत पुनबहु रघुबीरा। शील सुभाव गुणी मति धीरा।।
सत संकल्प विकल्प न होई। अस रण धीर सत्य मति सोई।।
अनुजहि सहित राम कर संध्या। शीश नाय झुक सत्यहि बन्दया।।
पूज अद्रश्य शक्ति गायत्री। छाबा सत्य तेज तब क्षत्री।।
शान्त कोप शीतल मन भाबा। क्रोधित रूप बिहंस मन लावा।।
शंकर भगत राम हिय अंशा। सत्य बीच जिह जीबन फंसा।।
दनुज राम रावण शिव दासा। देव जीत बांधहि मृतु पाँसा।।

दोहा - देब दुखित जनु शक्ति हरि, प्रगटी राम स्वरूप।
तत्व गूढ अति नीति सन, मारसि लंकहि भूप।। (111)

चौपाई - हिय सनेह बन्धन मर्यादा। सत्य प्रकाश भव्य अति ज्यादा।।
शान्त रूप शोभित सिय स्वामी। सत्य प्रकृति पथ प्रीतहि गामी।।
अन्तरयामि शक्ति सिय रामा। बन्दहु शील शान्ति गुण धामा।।
रथारूढ सत सर सारंगा। बैठत शक्ति रूप वल संगा।।
शान्त बदन आनन प्रभु कोपा। कोपित विहंस लरनि पद रोपा।।
अस रणधीर राम शुभ नीती। पुन पुन प्रनबहु मोहि सप्रीती।।
भगत प्रशून भ्रमर जो ईशा। खोजत रिपु हिय प्रेम ऋशीषा।।
श्यामल रूप शान्त प्रभु ऐसे। करहु प्रीत मीनहि जल जैसे।।

सोरठा - बन्दहु राम सुजान, बालरूप बल तरून सम।
विक्सय सत गुण ज्ञान, मेट सुमर आबागमन।। (112)

चौपाई - अजर अमर अंतर हिय जीबी। जीबन मरन देह तज लीबी।।
भाखत वेद सुना मैं जानी। मृदु रसान गाबत जग ज्ञानी।।
गीता बीच तत्व अति प्रेमा। भाषा कृष्ण अतुल निज नेमा।।
तज मर्याद तेज हरि रूपा। तारिहु नेह गोपि भव कूपा।।
सत्य नेह बल अंगुलि शक्ती। गिर घर दै वृज ग्वालिन भक्ती।।

अर्जुन सारथि कृष्णा सनेहा। गान्डबि कोप धरम सत देहा।।
नेह नीति कोपित अति सत्या। भीषम शत्रु व्रद्ध बहु प्रित्या।।
मरण काल सर शैया साधी। शक्ति प्रताप दूर सर व्याधी।।

दोहा - सत्य नेह बल नीति सन, पान्डव कृष्ण समेत।
लै शिक्षा बहु प्रीत किय, भीषम भये अचेत।। (113)

चौपाई - मोर मुकुट मुरली धर श्यामा। प्रकृति प्रेम राधा रहि वामा।।
रूप सकार सुमर निज तेजा। फारा कंसहि कुमति कलेजा।।
बन्दहु श्री पति अंश मुरारी। प्रेम प्रकृति मोहनि जिह प्यारी।।
नेह मृकुन्ड जेहि शिव पूजा। श्यामल अन्तर तत्व न दूजा।।
जीतिहु काल सुखित भयु शरना। रहा मेट जीवन अरू मरना।।
महा प्रेम बन्दौ मैं नेमा। राधिक स्वामि बास बिच जेमा।।
सत्यहि बीच ऊंच बिन मेडा। नेह सिन्धु मोहहि मन हेडा।।
ऊंच निकृष्ट सत्य अरू झूठे। डूबत सुखद लेय सुख रूठे।।

सोरठा - बन्दहु श्यामल प्रेम, नित नव उमगत सत लहर।
लागी राहत रेम, धोय बदन मन भव तरय।। (114)

चौपाई - शिव पद प्रनबहु मैं धर शीशा। दान नीति विस्त्रित जगदीशा।।
उमा हिदय अन्तर जिह बासा। शिव शक्ती सत नीति निबासा।।
प्रीत प्रतीत जगत जन दोऊ। जानहि द्वार पुकारय सोऊ।।
सत्य सनेह शक्ति अति नीती। पालक धरम जान जग रीती।।
जिह अर्धागंनि सती सुनारी। कोपित रूप हिदय शिव प्यारी।।
कोप त्रिशूल उमा हिय काँपा। काल कराल काल मन भांपा।।
शोभित शान्त स्वरूप शरीरा। धुन डमरू चढ मलय समीरा।।
पीर हरत प्रातहि सुख सांझे। आवत भ्रमण हिदय मन मांझे।।

दोहा - प्रीत करत मन पुलकय, चिडिचिड दिवस उचाट।
यामनि रिस बश हीय पहि, लागत कलि मन हाट।। (115)

चौपाई - उमा सहित शिव गिर कैलाशा। प्रनबहु सत्य स्निग्ध प्रकाशा।।
नीलकंठ कामारि समाधी। जाग्र मृकुन्ड कीन निरव्याधी।।
रूप प्रशन्न अभय बर दीना। बन्दहु रूप बोहि हित चीन्हा।।
तिरलोचन जिह सोह लिलारा। सुरसरि भाल कलाधर प्यारा।।
महा सती मृदुमति प्रभु नामा। शोभित उमा शान्ति सुख धामा।।
कोपित रूप कुरूपहि काली। दनुज हतन देबन्ह हित पाली।।
बन्दौ नीति शक्ति सुर प्यारी। होबहि भांति सबहि हितकारी।।
अस शक्ती शिव हिय तन कांपी। नीति प्रकृति मात्र सुर भांपी।।

दोहा - बन्दौ उमा महेश, नाथ यथारथ प्रीत मति।
सेबत बाढ हितैष, आबत भगतन्ह सुखद हिय।। (116)

चौपाई - राम भगत बन्दहु हिय हेरे। शील सुभाव शान्ति सत चेरे।।
शिव सेबत चह सत्य सनेहा। प्रगटे त्रेताधर कपि देहा।।
सिय हिय वास बांध व्रत नेमा। सत्य सनेह भाव सन तेमा।।
आये सरल शील वश सानी। शन्ति स्वरूप शक्ति शिव जानी।।
कारन ऐहि नेति कह छाडे। राम भगत बन दैत्य पछाडे।।
आगे राम चरित बिचबीरा। नाम भयउ हनुमान सुधीरा।।
भगत हेतु शिव देह कपीशा। धारिहु पूज राम सत ईशा।।
अस कपीश रघुनाथ प्रतापा। मारिहु दैत्य नारि उर कांपा।।

सोरठा - बन्दौ शिव सत दास, रूप महा मति धीर कपि।
प्रीत करत मृतु पांस, टूटत निर्भय महारण।। (117)

चौपाई - बाणि स्वामि बन्दौ बहु भांती। चतुरानन बिधि वेद संगाती।।
तप आश्रय जिह हरि आधारा। नाभि अरूप स्थिर आगारा।।
सत्य नीति संचालित नेमी। संयम शुद्धि बुद्धि हिय प्रेमी।।
जिह लिपि अमिट भाल लिख प्रानी। बेद बखान नीति जनु ज्ञानी।।
सत प्रेरित प्रेरी सब योनी। सुख दुःख घटित जीब जन हौनी।।

अशगुन होइ अमंगल काजा। लेख बिरंच करम जन साजा।।
सत्य प्रकाश शगुन सुख कारी। प्रेर प्रीत मति धरम अगारी।।
हेर हरष पुलकित बिधि बामा। निज हिय सुमर सोच हित कामा।।

छन्द - हित काम सोच बिधि वाम नाम सुख बाणी गुनी।
बासनि रसान मन मान महा मन प्रीत अन्दर जुडी।।
पित वृह्म बन्दौ सुमर हितैषि मात हिय बुधि दायनि।
सानहि सनेह हंसनि रसान ध्यान धर माँ गायनी।।

सोरठा - बन्दहु नाम अनेक, कसे कसौटी प्रीत सत।
निर्मल वुद्धि विवके, विनबत जीवन बीच हुय।। (118)
बन्दौ शैल सुकन्य, आषुतोष बामहि पुजित।
मार सुपालक जन्य, जग जननी आदी महा।। (क)
प्रनबहुं हंस सवार, हिय बासनि हांसनि जननि।
शिद्धि बुद्धि सत प्यार, सुमरत आबहि हरष जिय।। (ख)

चौपाई - एक बार पुन मैं धर शीशा। गुरू गणेश शारद जगदीशा।।
बिनबहु आदि शक्ति सह काली। करन नाश निज कुमति कुचाली।।
जो नर रूप ज्ञान गुण खाना। ईश प्रगट सत मन अनुमाना।।
अस गुरू मोर अपरचित हेतू। बिम्ब बिलोक बली मन चेतू।।
चितबन कृपा जेहि हिय हेरी। जाग कबित्व खुलीमति मेरी।।
पद बिनबहु मैं सकुच सनेहा। कलिग्रस देह नेम नतु नेहा।।
गुरू साहित अरू अन्तर छाहा। प्रेरा मोह मीत मन मांहा।।
नाय माथ गुरू पदहि सरोजा। शुभ आशीष शान्ति मति खोजा।।

दोहा - बहु बिधि बिनवौ बुधि सदन, पूजित प्रथम सुदेब।
गूढ अरथ भाषा सरल, बरनउ सुमरहि देव।। (119)

चौपाई - बार बार पद बन्दहु माता। शारद पीति प्रेमि मनपाता।।
माँ सन सेबक नाता नांही। मात कहत सुत मनहि जनाही।।

जानहु स्वयं न का जिय जाना। खीचत खुले हिदय दृग नाना।।
मृदु वाणी हिय संयम साजे। माँ छवि छार धातु मन मांझे।।
कर बहु भांति प्रीत कर फेरा। मन पुलकित अनुभव हिय हेरा।।
आयषु दीन्ह हरष मैं मानी। जो कछु भाख लिखहु हित जानी।।
क्रम क्रम ग्रन्थ महा यह रचना। रचत महेश कहत माँ बचना।।
मैं मुनीम माँ धनिक हमारी। बोलत वाणि हरष लिख सारी।।

दोहा - होय हास्य यदि लोक महि, दूं न नेकु निज दोष।
मैं नहिं यह वाणी रचिहु, रचौ सुजैसी पौष।। (120)

चौपाई - बन्दौ बहुर सती सह स्वामी। सत्य वृती व्यापित हिय गामी।।
उमा नाथ जग नाथ पुनीता। सेवक जान पेल सुर रीता।।
पाय दया मैं गाबहु गाथा। सरिता सत्य बहै महि साथा।।
मंजन करय बाणि शुध होई। हिय मन बदन धोय लै कोई।।
मात कथा सरिता सब प्रीते। मिल बहु घाट नीर सत नीते।।
कल कल अमल गंग सम रीता। वुद्धि प्रेरि मोहनि मन जीता।।
मन कुबिचार बदन कै मैला। धोय पुनीत नीर सत फैला।।
बुधि जननी मन्जन शुभ बाणी। करत नहाय बदन हिय ज्ञानी।।

दोहा - करय शुद्ध तन धोय मल, जड मति मनुज विमूढ।
व्रह्म काल नहिं ध्यान कर, जानय अरथ न गूढ।। (121)

चौपाई - बन्दौ सुर सरि शक्ति समीरा। संयम मिलय सु पुष्ट शरीरा।।
हिम गिर मूर मिश्र जिम गंगा। तिम यह चरित औषधन संगा।।
शैल महा बिनवौं यहि भांती। कोपित शक्ति किलक जहं कांती।।
नाम प्रताप सु सुमिरन शोभा। मन कुबिचार मेट उर लोभा।।
सत्य प्रेम प्रिय पोषित नामा। सुमरन जासु पवित गुण धामा।।
उचरत जेहि अहिंसा नीती। म्रदु स्वर झरय स्वाद सप्रीती।।
लोक प्रशंसित मंगल कारी। पावन गीत सकल भय हारी।।

सुमरन जेहि जाग जन पौरष। बाहु बीर्य मय फडकय नस नस।।
दुष्ट दलन कर पुष्ट शरीरा। निर्भय बसय सुसमरथ धीरा।।
ऐसु नाम सुर नर मुनि कोई। होयहु काहु सु सुमरय बोही।।
बास प्रकृति कर कला अनेका। जानहु किन्तु शक्ति सत एका।।

दोहा - जो न जपहि अस नाम शुभ, नित रत क्रूर कुकाम।
दैत्य कहहु मैं जदपि वह, बिप्र कोटि कुल नाम।। (122)

चौपाई - नाना नाम तत्व इक भेदा। सह त्रिदेव बिप्र अरू बेदा।।
बर्णित सुजन बेद मुख बाणी। तत्व अनेक भेद कल्याणी।।
कोपित नीति शक्ति संग सत्या। धधकय निरख अनीति कु कृत्या।।
तत्व एक भल अनभल दोऊ। प्रगटहि सकल जगत जित होऊ।।
सुनहु सुजन मम कोमल बाणी। मात पिता तुम सुत निज जानी।।
तत्व प्रेम मय शक्ति प्रभावा। आदि स्वरूप निरूपन गावा।।
मात बचन निज मति मैं कहहू। जानहु जदपि सकल तुम सबहू।। ।
तोतरि बात मात पितु आगे। पोंषित अंक कहहु बढ भागे।।
सत्य झूठ मैं जानहु नाही। बोलहु किन्तु ग्रसय माँ मांही।।
सत्य दीप प्रिय शक्ति प्रकाशा। बहु घर रूप प्रगट लै आशा।।

दोहा - ईश तीन सम ख्याति तै, तत्व एक आधार।
श्रष्टि चक्र रचना हरन, पोषित रूप सकार।। (123)

चौपाई - आदि तत्व त्रन त्रन बिच व्यापा। मति अनुरूप रूप मैं भाखा।।
अबिरल जोति जलत जिह खेला। बहत बयार जदपि बिन तेला।।
बिकस प्रकाश अनन्त अपारा। पावन तेज सुखित साकारा।।
जो न पुरूष पर पौरष पांही। कामिन नांहि सुलक्षन मांही।।
जानहु रूप सत्य नर ऐका। तेज शक्ति कामिन सत नेका।।
भेदहि दृष्टि बिलग बिच श्रष्टी। एकहि किन्तु नाम बल पुष्टी।।
जिम मणि एक भवन उजयारा। शक्ति किरन तिम छाय अपारा।।
जासु किरन जित मिल मणि दीपा। पाय प्रकाश पूर सिंधु सीपा।।

दोहा - ऐसहि जानहु देव गण, छोट खोट बड भेद।
जित शक्ती जा पहि हुयै, ऊंच नीच मन खेद।। (124)

चौपाई - बन्दित जननि प्रीत मैं करही। कथा हेतु गुरू पद सिर धरही।।
पूरब पुन्य समय अति सुन्दर। जान हितैषि मात मन अन्दर।।
रूच रूच कहहु सुमंगल गाथा। कही बिरंच जैसि मुनि साथा।।
पुन निज मति मुनि मात स्वरूपा। रचिहु ग्रन्थ तारिहु भव कूपा।।
पुन पुन टेक मात पद शीशा। भाखिहु मेधा महा ऋषीषा।।
हाथ जोर कर सुरथ समाधी। पुलकित हिदय सुनिहु तज व्याधी।।
पावन चरित ऐसु हित अपने। सवहि सुनाहु मेट भ्रम सपने।।
निजमति कहहु भाख मृदु सादा। सुरथ समाधि ऋषी सम्बादा।।

छन्द - सम्बाद शोभा भांति भूपति, राज वैभव यश कहौ।
ग्रह मोह साधु समाधि छोड, बिधि कौन विपनहि रहौ।।
ऋषि राज मेघा ज्ञान गौरब, गूढ अति पूरित हिया।
जग जीव हेतु मानव महेश, मन चैन पाबहि जिया।।

दोहा - शान्त सुखित सत रस सलिल, प्रेम पूर अनहाय।
बरनहु माँ किह चरित शुभ, मति अनुरूप सुहाय।। (125)

चौपाई - भूपति सुरथ स्वरोचिष बीचा। चैत्र बंश मन्वन्तर सीचा।।
भई भविष्य अष्टम मनु ख्याती। मंगल करन कथा बहु भांती।।
भांति एक निज मति मैं कहहू। जिह बिधि जगत मात यश लहहू।।
जन प्रिय शोक रहित रण धीरा। पालहि प्रजा पुत्र बत बीरा।।
प्रतिनिधि प्रथम सचिब चतुराई। साहस शौर्य नीति बिपुलाई।।
बिस्त्रित राज व्यबस्थित नीती। गुणहि प्रकाश जीत नृप प्रीती।।
धीरज धरम सत्य ब्रत नेहा। एकहि चक्र छत्रपति गेहा।।
भूपति सचिब बीच ब्यवहारा। एक एक बढ मित्रहि प्यारा।।

दोहा - अस यश्बी भूपति सदन, गढ विचित्र इक गूढ।
सदा सुरक्षित शत्रु तैं, सकइ न कोबहु ढूड।। (126)

चौपाई - जागइ नित्य भूप भुनसारे। अस्त व्यस्त निज वस्त्र संभारे।।
छोडत सेज जोर दउ हाथा। सुमरइ ईश टेक महि माथा।।
बिन बिचार मन पाबन जीवा। शिथिल शरीर शान्ति सुख सीबा।।
अति रहस्य मय चित्त गंभीरा। कीचर शेष सूख दृग नीरा।।
घूमय बिधिवत प्रात प्रमाना। सो सब माथ भूप रख जाना।।
लेयहि सुख सन सुधा समीरा। मांजहि हिदय प्रेम भर नीरा।।
मन निर्मल हिय अति सुख पाबै। हरषित बदन सुखित सर आबै।।
तन रूमांच मन भर अति प्रीती। शौच जाय जस बैदिक रीती।।

दोहा - नित्य काम तै निपट नृप, बाल अरूण रंग लाल।
निरखै हंसमुख जोर कर, जीबै सुख सुन भाल।। (127)

चौपाई - स्वस्ति बचन नित सुनहि नरेशा। सोचहि सचिव सहित पुन देशा।।
बादहि दिबस राजहित जैसा। जन सुधार भूपति कर तैसा।।
राजनीति निर्मित बिधि नियमा। मित्र मन्त्रि सन कह जो जिय माँ।।
सोच सचिव जन हित मन मांही। सोघन सहमति दै रह छांही।।
दिवस काम कर निश्चित सारा। पंन्च यज्ञ बिधि अल्प अहारा।।
करहि भूप दै सब किह भागा। गौ द्विज श्वान भीख अरू कागा।।
मांझ दिवस महि बैठहि राजा। हरष घोष जन हित सब साजा।।
बीच सभा सचिबन्ह अनुसारा। बुधि गुण भूप लगह सब प्यारा।।

दोहा - करय नित्य पुन साझ तक, अस नरेश शुभ काम।
धरनी बिखरो यश मनहु, उगत भानु किह घाम।। (128)

चौपाई - सांझ समय कर सुरथ सबारी। घूमन जाइ नित्य फुलवारी।।
सर बिचित्र अरू उपबन शोभा। देखहि सुखित नित्यमन लोभा।।
मंजन करहि सरोवर मांही। हिय पंकज मन भ्रमर समाही।।

तन पुलकित चित एक बिचारै। बैठ दूर्वा हिय दृग फारै।।
कृत्य कुक्रत्य दिबस किह सोचहि। करहि प्रायश्चित अन्तर पौचहि।।
होबत अस्त भानु रंग बीचा। पुहुप पराग महक हिय सीचा।।
प्रेम सलिल भर हिदय तलाबा। सत्य समीर नाशिकिह आबा।।
उठहि तरंग बदन टकरानी। मन हुलास असह सर आनी।।
निर्मल होय मेल हिय संगा। पाप कटइ जिम जावहि गंगा।।
यहि बिधि रोज मन मनुज नहाना। निर्मल करय भूप बिधि नाना।।

दोहा - कर सन्ध्या नित नियम तैं, धर धरनी निज माथ।
पाइ प्रकृति आशीष वह, लौटहि सचिबन्ह साथ।। (129)

चौपाई - संयम नियम ध्यान मन ज्ञाना। आबहि निशा सोच अनुमाना।।
दूजे पहर घरम हित वाणी। मृदु स्वर संग सुनइ कल्यानी।।
जीवन हेतु पोष उर प्रेमी। जाइ प्रिया पहि बैठहि नेमी।।
बोलइ बचन रिझावहि रानी। सनी प्रेम सन सुनय सुबानी।।
जन हित सोच अन्त कर शयना। देखहि स्वपन पाइ जिय चयना।।
चौथे पहर नित्य बिध कामा। लागे करय फेल जग नामा।।
पर स्वारथि पौरष महि पाला। कीरत बेलि बढी तत्काला।।
भयउ नाम धरणी इक राजा। पाबहि प्रजा शन्ति सुख काजा।।

दोहा - सुख काज लाज जन हेतु राज, अस नीति निर्मित करी।
भर प्रेम फांसय पांस आशा, हिदय कर खेबहि तरी।।
पाबहि विरोध जहां प्रतिशोघ, दै शान्ति अति प्रीत सौ।
भाखय गूढ मदु बाणि मिलाय, निज ओर सत नीत सौ।।

दोहा - गढ तै रक्षित भूप तन, तन रक्षै हिय धाम।
कलि वैरी इन्द्रिन बिलग, अन्तर सुख विश्राम।। (130)

चौपाई - बिस्त्रित राज व्यबस्थित पूरा। भयउ विरोध किन्तु कछु कूरा।।
अन्तर धधक सुलग भइ आगा। जानत नांहि जदपि वह जागा।।
बिध्वंयनि कोला किह राजा। होयहि मुक्त चाह निज राजा।।

दीन्ह अस्वीकृति कर नहिं दीन्हा। भूपति सुरथ बाध्य तब कीन्हा।।
चारहु नीति सन्धि हित राहा। अति उधोग असफल हिय दाहा।।
अगनि विरोध प्रज्चलित यहि भांती। चलय बयार बारइ जिम पांती।।
बाढिहु बैर बिबश तब भयऊ। प्रतिक्षण सबल विरोधहि गयऊ।।
जानिहु नांहि खैर अब भूपा। ठानिहु युद्ध बदल निज रूपा।।

दोहा - लै चतुरांगनि सैन संग, छांडिहु सुखद निकेत।
बल प्रताप बैभव निरख, गयउ बीच रण खेत।। (131)

चौपाई - पौरष गयउ जाग वश भावी। अबसर पाय भयउ मन हावी।।
दूसर पुन्य प्रताप प्रभावा। निज कल्यान हेतु मद आवा।।
कोप समीर बदन तरू कांपा। पतछड भयउ नियम मैं भांपा।।
दाहित हिरदय उगल लू श्वासा। बुद्धि विवेक टूट प्रिय पांसा।।
बैरी नाश घात लग बैठो। चोट खाय बच अहि जिम रूठो।।
बिना सोच चिन्ता सब छाडी। खेतहि बोलि गोलि सम काडी।।
दुश्मन हिदय चोट अस लागी। धदकत धुआं छाड भइ आगी।।
अवसर लाभ लेन अति सोचा। एकहि एक पूछ वुधि रोचा।।

दोहा - विप्र पूज इष्टहि सुमर, लै थोरिक अति सैन।
धैर्य धरम साहस सहित, डटे कहत कटु बैन।। (132)

चौपाई - सकिहु न जान भेद अनजाना। बाढिहु सुरथ रोष अभिमाना।।
कोप मयी कौशल रणबीरा। बेग बिजित प्रगटाय शरीरा।।
कीनिहु छाड तेज अति बाना। वर्षा मनहु बुन्द धर नाना।।
आई धरनि गरज ललकारा। बाढिहु कोप सलिल रण नारा।।
चमक कृपान दामिन सम दम के। खोलिहु इन्द्र मनहु पट घन के।।
कोपित वाढ बीच रण भारी। बैरी घास लेइ वह सारी।।
मति हमार अनुचित यह कोपा। उतरिहु वाढ धास पद रोपा।।
गति अति त्वरा रोष जल भागे। ऊपर चलिहु घास तट लागे।।

दोहा - कोप नीर अति नेम बिन, आगे भयउ बिलीन।
बिखर घास पुन एक हुय, टूटिहु भूपति चीन।। (133)

चौपाई - नीति कला कौशल चतुराई। बिप्र अशीष सैन संग पाई।।
गुरू पद माथ टेक बर पाया। कीनिहु युद्ध आश तज काया।।
पाय बिराग सुरथ यहि हेतू। भूप कुजोग बैरि हित चेतू।।
तुरतहि तभी नेम अरू नेहा। लीनिहु बैरि जीब जिम देहा।।
कीनिहु क्रोध सुरथ बरसा सा। उतरत वाढ तजइ जय आशा।।
आदर कीन क्रोध जब वाढा। भये शान्त अरि हित तब काढा।।
निर्वल भयउ सुरथ यहि भांती। वैरी सवल युद्ध दिन राती।।
ठानिहु मन तन तेज निकारा। हार हिदय तब भूप बिचारा।।

दोहा - खेत मांझ नहिं हेत अब, विजय न लागइ हाथ।
दै सुराज कर सन्धि शुभ, फिरौ सुमन्त्रिन साथ।। (134)

चौपाई - बिजित बिध्वंसनि कोल नरेशा। हारिहु सुरथ लौट निज देशा।।
सोच हिदय मन भरिहु निराशा। भई गलानि देख जग हाँसा।।
लागिहु करन बहुर निज राजा। चित उदास कीनिहु नित काजा।।
नहि प्रबन्ध अब शासन बैसा। बीते दिवस पूर्व रह जैसा।।
शासन तरी बिरोधहि छेदा। भयउ नीर भर जानिहु भेदा।।
खेवन हार चित्त संग छोडा। अनुशासित वंधन वंध तोडा।।
डूबहि नाव विवश अकुलाना। हारिहु राज भूप तब जाना।।
अस बिलोक चंचल नृप दूजे। हेतु बिजय मन इष्टहि पूजे।।

दोहा - बहुर बन्दि कर गुरू चरन, थोरि थोरि बहु सैन।
धाये धाबा बोल नृप, रण कीनिहु दिन रैन।। (135)

चौपाई - आयहु बाह्य बिपति दुःख हाबी। सुख संजोहि अन्तर गति भावी।।
बहुर युद्ध कीनिहु इक बारा। किन्तु हौनिबश नृप पुन हारा।।
घेरिहु दुर्ग जीत गढ गूढा। भये बिजित शठ चंचल मूढा।।

जानिहु उचित सुरथ हित अपना। प्रान लेन निश्चित गढ रहना।।
सुखित कोप सब निज आधीना। मन अनुमान हिदय हित चीना।।
भागिहु भूप शान्त मन चुपके। अश्व सबार चला मग छुपके।।
बिपिन बीच भटकय वश भावी। सोचह भाग कुजोग खरावी।।
हित कल्यान हौन चंह ज्ञाना। अति पछतात भूप अनजाना।।

दोहा - क्षुधित त्रषा व्याकुल नृपति, जान कुगति बिध लेख।
गयउ भांति यह भटक बन, निज कुसमय हिय देख।। (136)

चौपाई - भेष बिकृत आनन कुम्लाना। भोजन हेतु खोज बिधि नाना।।
लागिहु करन प्रान्त जन हीना। जोरिहु हाथ अन्त हुय दीना।।
त्रन त्रन व्याप नाथ भव पोषा। दे अहार जीबइ शठ मोसा।।
उदर क्षुधा हिय पीर पुकारा। सत्य लगन मन आश हुंकारा।।
प्रेरिहु शक्ति प्रेम भर भारी। धीर वँधायु शान्त हरि प्यारी।।
उर ते उडी शीत मृदु श्वासा। बिचरियु गूढ अरथ बढ आशा।।
ऊचे चढा सहियु तन कष्टा। भरा सलिल निर्मल सर दृष्टा।।
गिरि घेरे मोहे तरू छाया। क्षन सुख रूकत बढत सर दाया।।

दोहा - खाय बिटप फल सोच सब, कियो तुरत प्रस्थान।
पहुचौ लहरै माँह सर, कर जित नीरहि पान।। (137)

चौपाई - मेटिहु क्षुधा खाय फल मीठे। नीरहि त्रषा त्रप्ति हिय रूठे।।
शीतल सुखी श्वांस भर आई। पुलकित बदन शान्ति मति छाई।।
अनुपम कृपा ईश कर मानी। शक्ति अद्रश्य आतम सुख जानी।।
अनुभव प्रगट प्रेम सुख भयऊ। शीतल छांह सोच सब लयऊ।।
व्रह्म तत्व तन तेज प्रकाशा। मेधा क्षेत्र प्रेम भर फांसा।।
कर अनुमान भूल जित चूका। बैठिहु शान्त रहिहु मुख मूका।।
पूरव भाँति बहुर हिय भांपा। जन सुख सचिव सोच ग्रस मापा।।
किह विध दुष्ट राज अब करही। फांसिहु फन्द बिबश जन रहही।।

दोहा - बहु बिध सोचय राज हित, मैं स्वारथि कर पाप।
बन भागिहु तज देश जन, सचिव दुखी सुख आप।। (138)

चौपाई - भूपति हीन हिदय निज जाना। छोडिहु राज हेतु हित प्राना।।
पौरष रहित क्षत्रि किह कामा। निरख अनीति बैठ चुप धामा।।
हँसे जगत नाम कुल डूबै। जन दुःख आह विपति तन ऊवै।।
पौरष पूर्ण क्षत्रि बस मांही। सोचहि मौत सुनीति सराही।।
स्वारथ हेतु भाग मम नीचा। सोखिहु तेज भयउ फंस कीचा।।
पावहु राज बहुर नित भांती। सेवहु नियम नेम कर छाती।।
करहु सुखी जन जीवन भावी। नहिं नरेश पद भावहि हाबी।।
पुन पुन सोच रूचै कछु नाहा। जीतहु राज कौन बिधि कांहा।।

दोहा - तज दीनिहु प्रन प्रान हित, देश दुखित अपमान।
सहहुं सोच सब एक रहि, हिय भर गयउ गलान।। (139)

चौपाई - निज विचार खोयहु तन भेषा। देश दुःखी लागी हिय ठेसा।।
देखिहु मन्त्र मुग्ध सम तप सा। परखिहु मनुज एक दुःख निज सा।।
जांचत भाव रहियु जो पैला। ठाडौ ओट गहियु इक शैला।।
काया दुःखी छाह इक तरू की। स्थिर डुलै पांति चंचल की।।
तम मलीन छन छन लघु तेजा। दीखै बदन अन्ध पुन लेजा।।
क्षुधा त्रषा सब तरू सर दाया। मेट मित्र सम मोहित पाया।।
सिन्धु अथाह हिदय बिच भूपा। डूवय उखर सोच मुख चूपा।।
उठत हिलोर उछल मन आबा। लोचन खुले देख भय पाबा।।

दोहा - मन जानिहु यह गुप्त चर, दुश्मन दुष्ट नरेश।
भेजिहु खोजन चाह मुहि, मारहि मो निज देश।। (140)

चौपाई - अस सोचत भर हिय दृग क्रोधा। भ्रकुटी चढी चितय अबरोधा।।
कह कटु बचन काल सम हेरा। फडकिहु वाहु तुरत मन प्रेरा।।
आकुल भयउ निरख नर ऐसे। भूखे बाघ बीच मृग जैसे।।

धीरज धरय बहुर तन काँपै। हीन दशा दुःख भूपति भाँपे।।
खोलिहु भेद लेय कुल नामा। बिपति फाँस फँस छोडिहु धामा।।
तुलना हिदय तोरि मैं कीनी। मो सम दशा पाय तुहि चीनी।।
नाम समाधि बैश्य मुहि बन्शा। हौहु नरेश नीति सत अंशा।।
ऐसा कहय सन्धि हित हाथा। बैश्य बढाय क्षमा कर नाथा।।

दोहा - सुन मृदु ऐसे वचन हित, कर दृण मन विश्वास।
शान्त कोप कर प्रेम बहु, कीनिहु नृपति अभास।। (141)

सोरठा - छलकत लोचन दोउ, पुलक बदन प्रेमहि जुरे।
कहहु सत्य हित सोउ, भेद पूर पूछहि सुरथ।। (क)

चौपाई - गाथा प्रथम भूप निज कहही। मित्र हमार बाँट दुःख लहही।।
पुन धर धीर बहुत कर प्रेमा। दुःखित कथा पूछिहु सुख नेमा।।
कर विश्वास मित्र मुहि मानी। कहहु सत्य दुःख घट कह जानी।।
भेद हिदय मित्रहि मन मांही। रह सीमित सीमा हित नाही।।
भाखहु सरल गूढता त्यागी। जो हितैषि बन मम सहभागी।।
नहि दुःख बाट दुःखी मुह कीने। कीनिहु सुखी सोइ सुख चीने।।
भये बिभोर भाव बिच बहये। कपट हीन कृत्यहि सब कहये।।
देखी दशा सत्य छल हीना। हिदय समाधि बिमल अस कीना।।

दोहा - नीर हीन मानहु दुखित, पाय मीन सर चैन।
बोलिहु नीति सप्रेम तब, कथा स्वयं मृदु बैन।। (142)

चौपाई - सोचित सत्य भूल स्वीकारा। जीवन धन्य जनम संसारा।।
भयउ नरेश सुनहु मम कहना। देश हितैषि सुखद दुःख सहना।।
मैं अभाग निज ग्रह लघु गाथा। हिय बिराग भर मोहित साथा।।
नारी सुत अरू बहू सयानी। मानिहु प्रथम बचन हितसानी।।
आदर कीन बहुत सुख दयऊ। आयुष मांग काज प्रति करयू।।
होइ सफल पुलकउ मैं मांही। सुत सुख आश छेक तप राही।।

पढिहु प्रभाव जगत जिह चाला। सुत बिकास क्रम क्रम गति काला।।
मैं निज नियम प्रेम भर भारी। पूरव भांति जान हित बारी।।

दोहा - रहिउ अडी निज सीख दैं, भयउ उलट परिणाम।
सह न सकिहु मैं बृद्ध अति, बृद्धि घृणा दुःख-धाम।। (143)

चौपाई - टूटिहु मोह सोच कछु करहू। भयउ बिराग मोह मन भरहू।। ।
देखन चहहु सुखी परिवारा। जदपि सुखी मैं ईश अधारा।।
आयहु बिपिन सोच सुत नांही। यासे घर सुख सपने नाही।।
किह बिधि करय नित्य अबकाजा। सोचहु दुःखद हिदय मुहिलाजा।।
सुनहु नरेश समझउ सब हाला। माया मोह काम ग्रह जाला।।
ग्रह कइ ग्राम ग्राम कइ देशा। बने भूप बुधि दायनि भेषा।।
आप नृपति मैं प्रजा तुम्हारी। भांति कौन मानह सहचारी।।
भूपति कही तबहि समुझाई। सम दुःख बुधि जन मित्र बुझाई।।

दोहा - चतुर कला मय वाणि सुन, पुलकिहु मनहि समाधि।
भूपति मति अनुरूप तब, कहियु बचन हित साधि।। (144)

चौपाई - ओ मम मित्र तोहि अनुमाना। मैत्री सबल निबल नहिं जाना।।
सब बिधि निबल हीन तू सोचे। जान जदपि अनुभव मैं ऊंचे।।
सत्य भेद सीधे अब कहऊ। निज मति प्रगट बहुर मैं करहू।।
सुनत बचन अस कर चतुराई। बोलिहु वैश्य सरल गहराई।।
बाणिज बीच चतुर जग जानिउ। बिधि आज्ञा पोषण कर मानिउ।।
मिथ्या बोलि दीन मृदु वाणी। छल अरू चतुर स्वार्थ हित काढी।।
कर समाज सेवा अस करमा। पूजहुं प्रेम श्री निज धरमा।।
क्षत्री आप भुजा बल भूपा। रक्षहु जगत शौर्य यश रूपा।।

दोहा - निरखौं बैभव मद कबहु, सकौ न छांट मन मैल।
मैं तिनका तुहि कोप के, जरहुं एक क्षन पैल।। (145)

चौपाई - गूढ नीति मय बचन समाधी। कहियु अनेक भूप हित साधी।।
बिपति बीच दुःख दौनो एका। मेटहु सकल मयत्री नेका।।
सोचत किन्तु कछुक मन मांही। आप नृपति मैं जन कहुं नांही।।
नृप सम लाग मयत्री नाता। एक एक बढ मिट सुख पाता।।
लीनिहु हाथ थाम चतुराई। प्रान बचाय कीन सिबकाई।।
आप नाथ मैं अबहि अनाथा। जानहु जैसु करहु मुहि साथा।।
अति कटु सत्य मृदुहि रसाना। दीन जताय भांति कह नाना।।
भूपति सुना सोच अस परयू। भूली व्यथा अन्त अस कहयू।।

दोहा - नीति यथारथ प्रीति मुहि, मित्र बनहु बिन सोच।
हाथ गहियु अब ग्रह हिदय, रहै न जीबन सोच।। (146)

चौपाई - क्षत्री बचन प्रान तै प्यारे। सो तुहि लाग देहु मैं हारे।।
राखहु निज मति बल अरू नीती। हित मय प्रेम मित्र सम जीती।।
कारण सही तोहि समझाऊ। जिह बिध प्रीत विवश मन भाऊ।।
ऐसी नीति भरी जिह बीचा। मृत्यु तिहार सुनी मैं सीचा।।
कौशल कला चतुरता प्रेरी। सचिव समान मोर मन हेरी।।
करी ऐसु कर हिदय प्रहारा। जिम घन बरस बुझय अंगारा।।
सपथ सत्य शक्ती कर आगे। इक्छा स्वयं कहहुं सुख लागे।।
अन्तहि मूक मयत्री हेता। भयऊ भूप मित्र सुख लेता।।

छन्द - सुख लेय नीति शुभ सेह, भूप हित चैन जिह देयही।
सुन बैश्य सनेह बिलोकदशा, मन जान भ्रम मेटही।।
गद् गद् बदन काँपय मगन मन, मीत हिय प्रीतहि जुरे।
अन्तर एक देखहि दोउ पथ, सुख शोभा एकहि मुरे।।

दोहा - प्रेम सलिल बरसिहु बदन, आबत हिय सर बाढ।
लघु सर दै बिस्तार मिल, कर सम सीमा काढ।। (147)

सोरठा - थके गगन पथ भानु, गीत प्रकृति गावहि विहंग।
उठे दोउ जन जानु, प्रात मयत्री सांझ मंह।। (क)

चौपाई - शयन हेतु सुन्दर स्थाना। खोजत चले सोच निज ज्ञाना।।
सन्ध्या प्रथम सरोबर तीरा। कीनिहु दोउ धोय तन नीरा।।
साधन हीन बहुर मन प्रेरा। मात्र किन्तु हिय सत रट हेरा।।
छाई शक्ति अन्त परिणामा। सन्ध्या करम कियो जस धामा।।
पुन अनुमान चतुर पथ आगे। सोचत कछुक बढे बढ भागे।।
साधु भेष मानुष इक देखा। आवत निकट भाग दुउ लेखा।।
हाथ कमंडल तन ढक छाया। वृह्म तेज तन निकर विशाला।।
गुरू आयुष जो धर सिर पांही। सन्ध्या हेतु लेन जल जांही।।

दोहा - गति गंभीर चित गूढ मय, शान्त सुधीर सुभाव।
भांपिहु निजमन भूप दुःख, कृपा महर्षि प्रभाव।। (148)

चौपाई - पास पहुंच आश्वासन दीना। दोबहु रोक जाय जल लीना।।
लौटिहु बहुर भांति बहु कहयू। लै दुउ साथ आश्रमहि गयऊ।।
अति सुख मान मित्र सह राजा। हिदय सराहत शिष्य सुकाजा।।
परिचय प्रथम राह गुरू दयऊ। आश्रम सहित अन्त निज कहयू।।
गुरू पहि जाय झुको धर शीशा। दयउ उठाय अशीष ऋशीषा।।
पूछिहु ऋषी गूढ तब बयना। बोलिहु सुखी नीर भर नयना।।
छिपा न कछु श्री गुरू मैं दासा। जदपि अजान सुना ऋषि हँसा।।
आयषु लेय तुरत चल आवहु। भाग बडे परहित मुहि भाबहु।।

दोहा - भूप बैश्य सह शिष्य जब, लौटिहु गुरू पद पास।
सन्ध्या हित तबही तुरत, उठिहु ऋषी लै आस।। (149)

चौपाई - आवत देख कहिउ ऋषि ऐसे। झुलसे बिटप परिपु जल जैसे।।
दर्शन कियो दूर तै नयना। धरनी परियु धन्य सुन वयना।।
जीवन सफल दोउ अब जाना। बन्धन प्रेम जोर दृण साना।।

दिव्य दृष्टि चितवन ऋषि हेरी। सुमरन शक्ति अशीषहि प्रेरी।।
सन्ध्या समय मूल्य मन जाना। सो सन शिष्य कहियु बहु नाना।।
प्रेमहि प्रथम जीत जिह चाली। धीरज बहुर देहु बल शाली।।
सादर शान्त नीति सन देहू। कारण दुःखी बिपति बिच एहू।।
भोजन बहुर व्यबस्था करयू। करहु वैसु जैसहि सुख भरऊ।।

दोहा - शयन हेतु आसन सुखित, कर पुनि ऐसु प्रबन्ध।
आयहु जौ लौ लौट यहि, करहुं शक्ति सन सन्ध।। (150)

चौपाई - यहि विधि कहियु गये ऋषि नाथा। आयषु शिष्य लीन निज माथा।।
कियो प्रवन्ध प्रेम भर ऐसा। रखय नरेश हिदय मति जैसा।।
छाडिहु सांझ निशा तम धरनी। मोहित भयउ भूप निज करनी।।
नित कर करम ऋषी तब लौटे। आदर कीन हरष पुन भेटे।।
धरनी परा भेष ऋषि देखा। कीन प्रनाम प्रेम चित लेखा।।
सुमरन सत्य कृपा माँ शक्ती। भूपहि कहहि नीति सन भक्ती।।
बैठे ऋषी एक सुख आसन। पावन कुशा पाप कर नाशन।।
घेरिहु शिष्य सखा सह भूपा। मेधा महा गूढ मुख चूपा।।

दोहा - ऋषि त्रिकाल ज्ञाता गुणी, जानिहु अवसर मांह।
तन पुलकियु प्रेमहि हुलक, गयउ छलक बिधु छांह।। (151)

चौपाई - हिय कर शीतल सरल समीरा। बही रूमांच सकल हर पीरा।।
शान्त प्रकृति यामिन बिच जानी। अनुभव कियो गूढ मृदु ज्ञानी।।
बन विहंग हिसक पशु भारी। सोवहि गुफा सुखी भयकारी।।
नीतहि गूढ अहिंसक प्रीती। सेवहि शक्ति क्षेत्र नित जीती।।
शारद सुमर सरल मृदु वानी। भांति सवहि हितकर सब जानी।।
बोलिहु ऋषी शीश निज नायउ। गूढित तत्व रहस चित लायउ।।
कारज तोहि जननि जो प्रेरा। अस विचित्र अनुभव हित तेरा।।
कर भरोस मोहित जिह भयऊ। आनन देख जान मैं लयऊ।।

दोहा - कहहु सोइ क्षन ऐहु अब, छाडहु छल हिय छोहु।
सुन मैं मति सन सत्य सुख, कहु दुःख मेटहु तोहु।। (152)

चौपाई - निज हित लाग बचन नृप सुनयू। भाग उदित अनुभव मन जनयू।।
पुलकित हिदय पुन्य अति माना। थोरिक रूप कथा कह नाना।।
आंकिहु मूल्य समय उपयोगा। ऋषि असीम सद्ज्ञान संयोगा।।
पूछे प्रश्न बहुर मन लाई। मोहित तनहि मती जस भाई।।
निज हिय बात पदहि मन राखू। जानहु स्वामि यासि हित भाखू।।
मन हमार मोहित निज देशा। भूलहि सोच विक्रत भयु भेषा।।
झेलहुं बिपति धीर धर जीया। सुर प्रतिकूल प्रकृति मनु कीया।।
मेहित प्रथम बहुर अकुलाना। प्रेरहि प्रकृति काल बल जाना।।

दोहा - नाथ सुनावहु मोहि वह, नीति कथा समुझाय।
जानहुं जदपि बिरोध कर, शक्ति सत्य सन भाय।। (153)

चौपाई - कहहुं न अधिक रहहुं चुप मांही। कारण ऋषी छुपिहु कछु नाही।।
जानिहु समय बणिज कछु बोला। थोरिक रूप भेद बहु खोला।।
मोहित भयउ भांति जिह नीती। जानन चहहुं बीच सह प्रीती।।
अन्तर सुमर सुना ऋषि मेघा। निज मति सरल शान्त सर बेघा।।
जानिहु बहुर जगत हित भारी। पूजित प्रेम कथा बिस्तारी।।
सुरथ समाधि ओट तिन लोका। फैलय कथा मेट सब शोका।।
सुख दुःख अशुभ शगुन शुभ नामा। कोप मांह मंगल जनु धामा।।
भांति बहुर हितकर सब जानियु। सुमरिहु कथा मात मन मानिउ।।

दोहा - मन जीतिहु ऋषि इन्द्रि सह, सीचिहु हिदय सप्रेम।
कर पवित्र नीतहि पुलक, तन राखिहु निज नेम।। (154)

चौपाई - मंगल खान कथा मृदु वानी। आदि नीति अन्तहि हित जानी।।
लागे कहन बहुर समुझाई। जीवन धन्य जनम सुख गाई।।
भूपति सुनहु नीति प्रिय जननी। बोले ऋषी सुमर खल हननी।।

जिह माँ कृत्य दोष बिन जाने। निन्दित कछुक दुःखी नर माने।।
सो मैं सत्य जतावहु तोही। कर प्रबन्ध भाखहु हित मोही।।
नीति नियम जनु गूढ अपारा। नेति बखान विप्र कह हारा।।
स्वंय त्रिसुर तिर लोक मझारी। जोरे अन्त हाथहिय हारी।।
निज मति मनुज हेतु मैं सोई। आयुष नीति कथा कहुं बोही।।

दोहा - जिह महि पूजित मात जग, कर कारज हित साध।
करय बिरोध निन्दहि कछुक, रहहि दुःखी विच व्याध।। (155)

चौपाई - अन्तर बास बोल मति जैसी। बिन भरोस आलस ग्रस तैसी।।
देव मनुज मुनि यघपि ज्ञानी। टूटहि नियम उठावहि हानी।।
प्राण पवित प्राणी निज करमा। बीच विपति बिलखय तज धरमा।।
क्षन सुख भोग मनहि व्यभिचारा। नीति विरोध असुर आचारा।।
आलस रूप मोहनी माया। लोचन ग्रसित नींद वश काया।।
प्रेरहि शक्ति अन्त हिय राखी। पाय सुसंग तुरत सुख भाखी।।
शक्ति नीति सुन्दर प्रिय मांही। कलि ग्रस मीत सुजाइ नशाही।। ।
निज मति मात प्रभाव सुभाऊ। हिय सन सुमर जीभ सन गाऊ।।

दोहा - जिह आयुष पौरष बढय, कर हाथन सुइ काम।
चित सोचय अनुचित उचित, फैलइ जगत सु नाम।। (156)

चौपाई - मन वश करन जननि विश्वासा। योनि सकल जीवहिं जित आशा।।
आलस मेट मीत हिय भावा। कथा प्रथम सोमात प्रभावा।।
मति सन मात बचन मैं गांऊ। परम पिता मोहनि चित लाऊ।। ।
पालय श्रष्टि पुजय निज नियमा। शक्ति अंश वासन सव जियमा।। ।
शक्ति अद्रश्य जेहि प्रभू आपा। नावहु शीश समझ नित जापा।।
जिह वल विविध रूप धर धरनी। भू किह भार हरहु निज करनी।।
निर्भय कियो सन्त सुख दीनो। व्यापहु जगत स्वयं मैं चीनो।।
राखहु हिदय सबल वल शक्ती। पालहु नीति सत्य सन भक्ती।।

दोहा - जिह सन्ध्या कर जोर निज, नित नावहु पद माथ।
सुइ जननी आदिह कथा, कहहु प्रेम सुख साथ।। (157)

चौपाई - श्रष्टि अधार पालन श्री स्वामी। नावहु माथ भगत हिय गामी।।
मात कथा प्रभुता अति तोही। वाढय जगत सकल हित होई।।
कारन कथा हिदय तुहि गावहु। सो सवार शक्ती सत पावहु।। ।
माया महा अंश लघु वामा। ग्रसित नींद तन मोहनि नामा।।
माँ हित हेतु द्रवहु मुहि दाया। सुयश प्रसार प्रीत वश काया।।
क्षमहु नाथ माँ सुत मुहि हेरो। जननी दया तोहि पद चेरो।।
आयुष देहु कृपा कर ईशा। शक्ति सत्य गाबहु धर शीशा।।
निर्भय हृदय पुलक हरि कीन्हा। लोचन वारि छलक वर लीन्हा।।

छन्द - वर लीन लोचन वारि सु चीन, मन जीय प्रेमहि भरो।
जननी सुरूप सुख दाय विम्व, विधि देख अनुभव करौ।।
छवि मात भांत वहु जान हेतु, मन सान मुनि सौ कही।
मन मोह मेटन भेंट भू पति, रूप माँ मेधा कही।।

दोहा - कथा सोइ शंशय हरन, आयुष जननी पाय।
जग जीवन हित हेतु निज, सुत महेश हरषाय।। (158)

चौपाई - आयषु नीति प्रकृति सत करमा। प्रेरिहु खेंच मोह शिव धरमा।।
जननी कृपा कोप हिय आवा। खुली समाधि लोचन रिस छावा।।
दिव्य दृष्टि मति सन कैलाशा। देखिहु सकल चराचर रासा।।
विचलित श्रष्टि विलोकी स्वामी। जानिहु जदपि सकल हिय गामी।।
रौद्र रूप धर कर सन्सारा। लै तिरसूल सकल सन्घारा।।
जननी कोप रोप हिय नाथा। श्रष्टि शून्य कर टेकिहु माथा।।
अन्तर विहंस कोप अरू माया। खैची सकल कीन्ह अति दाया।।
सत्य शक्ति नियमित विस्तारी। प्रगटिहु प्रलय प्रकृति चिंधारी।।

दोहा - श्रष्टि जीव जीवन रहित, भये हिदय हरि लीन।
नीर सकल फैलिहु जगत, क्षीर शयन तव कीन।। (159)

चौपाई - शक्ति दया पोषित हरि शयना। सत अधार वाणी मृदु वयना।।
बाम भाग माया श्री जननी। शोभै सुखद लोभ गुण करनी।।
शेष शयन सुन्दर भुज चारी। रूप प्रलय देखहि भय हारी।।
सत्य तेज आनन चहुं ओरा। दमकै सहित नीति दृग कोरा।।
प्रकृति प्रेम लहरय हिय मांही। महा प्रभू ऐसे चित लांही।।
चिन्तन करय प्रकृति सन आदी। तत्व नीति निज हियहि अगाधी।।
पावहि प्रेम पुलक मुस्काने। निज अनुकूल नीति मन जाने।।
जोरिहु हाथ माथ निज नाया। वासनि हिदय प्रीत चित लाया।।

दोहा - बोले बहुर सप्रेम हित, वाह्य रूप मुख मूक।
तन निरमल अंतर चहल, विन जाने कछु चूक।। (160)

चौपाई - हरि अनुकूल व्याप हिय नीती। पूजित नियम विश्व परनीती।।
आदि प्रगति गति अटल हितैषी। जो जस सोच लगय जस तैसी।।
महा जननि जानिहु हरि वीचा। हिय सर शान्त परियु कछु कीचा।।
सो माँ शीतल कृपा समीरा। लहरियु दया प्रेम भर नीरा।।
सुखी तरंग छानिहु मल छांटा। भगत हेतु भूलिहु कढ काँटा।।
श्रवनन तट लागिहु हिय मैला। भयउ अमल हिय मल तट फैला।।
मात दया कीनी सुख शोभा। पेलिहु प्रेम मोह मन लोभा।।
कर्ण मेल मेलिहु गुण खानी। रूपनुरूप शक्ति निज प्रानी।।

दोहा - भये प्रगट क्रोधित तुरत, दैत्य वली अति दोउ।
जन्मत जननी कर तरूण, मधु कैटभ कह सोउ।। (161)

चौपाई - स्वामि अंश श्रवनन सन दुनुजा। प्रगटे दोउ रूप धर मनुजा।।
फेरिहु दृष्टि दिशा चहुं ओरा। देखिहु सलिल धरनि प्रति कोरा।।
शून्य प्रकृति थिर जानिहु जन्या। चंचल मात्र रूप लख कन्या।।

शौर्य सुरूप विम्व प्रभु छावा। नींद ग्रसित मोहित मन भावा।।
दूरहि फिरो भटक अति दोऊ। खोजिहु बहुत जोरि नहिं कोऊ।।
दानव प्रवृति वदन पहिं जोशा। भयु न शान्त वाढिहु वहु रोषा।।
भुज उठाय गरजिहु तव भारी। गूंजिहु गगन दैत्य वल धारी।।
दाहित हिदय करन झंकारा। सुनी विरंच विपति हुन्कारा।।

दोहा - ध्यान रहित हो वृह्म तव, शक्ति सुमर चहुं ओर।
देखिहु सोच सशंक हिय, दैत्य करहि जहं शोर।। (162)

चौपाई - शक्ति नीति श्री पति पहिं छाई। मोहनि पांश विवश हरि भाई।।
अति सभीत विधि तुरत विलोका। मोहित मीत हिदय हरि रोका।।
कठिन काल आक्रति दुउ देखी। आवत विपति विरंचहि लेखी।।
रक्तिम नयन भरिहु जिह क्रोधा। देखिहु व्रद्ध तपी इक योधा।।
भये चकित मुख चार विलोकी। जन्य नाभि पंकज पहिं रोकी।।
सोचहि दोउ परस्पर कहही। जोरि लागि मिलहौ कुउ नहही।।
तप किह वली एक बश ऐहू। सो अव तुरत भक्ष इह लेहू।।
जरा वदन जीतहि नहिं मोही। मेटहु क्षुधा तपी तन हौही।।

दोहा- मति दानव लधु हेतु हित, सुर मति पर हित लाग।
सो प्रसार पावहि सकल, उदित ज्ञान रवि भाग।। (163)

चौपाई - जगहित हेतु मती विध फैली। शक्ति सुनीति वाम हिय मेली।।
तप प्रभाव तन तेज विशाला। जरा रूप जानहिं सव हाला।।
शक्ति कृपा मोहित हरि भयऊ। मैल रूप दानव प्रगटयऊ।।
हरि हितैषि जननी क्षन एहू। दुःखद दोष हर सुख सन सेहू।।
विन हरि हाथ मरय न दोऊ। अन्तहि दया आदि विन कोऊ।।
नाहहि जगत जगावहि जोही। करहुं विनय जानहु हित सोई।।
भाखिहु वेद भांति जिह नीके। सुइ हित लाग जोर कर हीके।।
मोहनि नाम आदि गुण गाना। लागिहु करन वाणि सह ज्ञाना।।

दोहा - सुख शोभिन हिय गामनी, ज्ञाननि नाम अनेक।
जग प्राणी प्रति प्रेम महि, सुत चित हेरहु नेक।। (164)

चौपाई - शक्ति अंश शीतल सुख सोहनि। माया महा मीत हरि मोहनि।।
स्थिति जगत नीति निज नेका। पोषनि अन्त हतन सत एका।।
सकल प्रभाव ममता मय जीहा। पुत्र प्रेम परचित पय पीहा।।
जोरहु हाथ मनावहु चरना। विपति निवारनि निर्भय शरना।।
जानहि जदपि हाल विन भाखे। सुतहित विंहस चूक तज राखे।।
सुइ मैं आज अपन करतूती। भाखहुं हरष रमाय विभूती।।
सुत निज जान क्षमहु सव चूका। नीतहि बचन कहहि कटु सूका।।
बन्दहु चरन सुमर हित अपने। जासु कृपा आपति हर सपने।।

दोहा- जय हरषनि बासनि प्रकृति, जय आकर्षिन मात।
जय जननी नाशनि कुगति, जय मोहनि बहु भांत।। (165)

चौपाई - जय सुख सोहनि हरि तन मोहै। जय जग व्याप भांति बहु सोहै।।
जय जय शक्ति अंश गुण करनी। जय मोहित मोहनि भय हरनी।।
जय निज सुत सन्तन हित कारन। जय भूभार हरन खल मारन।।
जय हित रूप कोटि छवि कामा। जय जग मांझ पुजित बहु नामा।।
जय सत नीति आदि पथ गमनी। जय तिर ताप हरनि प्रिय जननी।।
जय जिह कृपा सकल जग जीवै। जय ध्वनि जेहि प्रेम रस पीवै।।
जय तरूनी मोहनि श्री माया। जय तुहि कृपा सकल शुभ पाया।।
जय सुत हेतु करनि हित अम्बे। जय सुइ चहहु दया जगदम्वे।।

दोहा - जय माँ जीवन तोहि पद, जय जाननि हिय भेद।
जय प्रेमनि चितवन चितव, जय मेटनि सुत खेद।। (166)

चौपाई - जय जन जीवन जानन भावी। जय सुमरन दारिद दुःख जावी।।
जय गुण खान ज्ञान परि पूरी। जय प्रिय मेटन माँ सुत दूरी।।
जग जग व्याप चलावन श्रष्टी। जय हित सकल दिखावन दृष्टी।।

जय हित दीप जलावनि अम्वा। जय झन्कार दूर छल दम्भा।।
जय निज प्रेम भिगावनि जीहा। जय तिरताप हरन सुख दीहा।।
जय हिय प्रीत मात मम जाननि। जय सत नीति प्रेम पथ गामिन।।
जय त्रिजग प्रेरनि सुत हेरी। जय माँ नीति सिखावनि मेरी।।
जय मम आदि शक्ति हिय धामा। जय माँ एक श्रष्टि बहु नामा।।
जय प्रगटहु जानहुं मैं भेदा। जय दृष्टहु पथ मेटहु खेदा।।
जय मुहि शरण देहु यहि भय ते। जय ढक अंचल हरषहु जय तै।। ।

दोहा - जय मोहनि बन्दहु चरन, जय हर माया चीर।
जय जीवन हित शक्ति मम, जय माँ पुलक शरीर।। (167)

चौपाई - विधि चित विवश इन्द्रि सह मांही। भयउ एक आपति भय नांही।।
अति प्रशन्न स्तुति हिय वानी। आवहि जीय अधर मिल सानी।।
अन्तर प्रेम छलक द्रग आवा। पुलकित भयउ वदन सिर नावा।।
हूक हिदय सन शक्ति प्रभावा। निरख अगार रूप बहु भावा।।
जानिहु सुखी जीह निज ज्ञाना। नयन सफल सुमरिहु बहु नाना।।
अति सप्रेम सोहनि श्री जननी। दिव्य रूप मोहनि खल हननी।।
प्रेरिहु रूप हरनि सव शोका। प्रगट मात वस विधिह विलोका।।
पूरन चतुर चुतुर्मुख ज्ञानी। रहिहु मूक माया सब जानी।।

दोहा - सकल चतुरता मात प्रिय, जानिहु विध हिय प्रेम।
वान्छित वर दै भय हरनि, सीचिहु सुत चित नेम।। (168)

चौपाई - जीव सकल पालय जग जननी। जयति मात हरि हिय मल हरनी।।
जो माँ सदा सवहि निज नीती। करहि प्रतिष्ठित गूढ स प्रीती।।
सुइ अब कियो शान्त हरि हियरा। खेचिहु मोह अलस निज जियरा।।
हरि हिय दया नीति इम आई। वर्षा छटी शरद जनु आई।।
नयन खोल हरि तनहि चिताये। शरद पून शशि मनु उग आये।।
शून्य श्रष्टि पहिं प्रलय प्रभावा। देख चतुर्भुज चित निज लावा।।

भाव सरल कर संयमित बानी। सुमरिहु नाम सुशक्ति भवानी।।
नयन पवित्र प्रीतहि तिय देखा। कर सप्रेम अंकहि श्री लेखा।।
झुके जगत पति रूप अकारा। शक्ति अद्रश्य सकल उजयारा।।

छन्द - उजयार सकल विन दीप रूप, मल नांहि कहु पांवही।
अति सोच हिय हरि मान अचरच, जान कौनहि ध्यावही।।
मूंदहि नयन खोलहि बहुर कर, थिर अयन सोचित भये।
हुन्कार पुन झन्कार क्रन्दन, नाथ पथ मोडिहु नये।।

दोहा - अति सतर्क चित चितय प्रभु, देखी दशा विरंच।
बहुर बिलोके असुर दुउ, कोपित शून्य प्रपन्च।। (169)

चौपाई - विचलित विष्णु विचारिहु मांही। चिन्तन आदि अवहि हित नांही।।
जो बुध जीव वीर सत धारी। देखहि दुखित सन्त महतारी।।
निज हितैषि द्विज धेनु अनाथा। तजइ एहि पूजहि जो नाथा।।
सो अद्रश्य मुहि नीति सुझाई। पावहि इष्ट स्वप्न मैं नांही।।
नीति प्रथम प्रिय बुध वल वीरा। मैंटिह सकल हितैषनि पीरा।।
कर खल दमन बहुर बहुं भांती। विजित नीति सत कर थिर कांती।।
अन्तहि ज्ञान ध्यान चित एका। खोजहि ईश सु चिन्तन नेका।।
सत पथ नीति भरोसनि द्रणता। विन भ्रम सफल सोच वश जडता।।

दोहा - अति विलम्व नहिं शीघ्र वहु, विन समझे कर काम।
खरा न उतरय एक हिय, डूवइ जगत सुनाम।। (170)

चौपाई - मृदु स्वभाव श्री पति मुस्काने। क्षीर सिन्धु सन प्रभु कछु जाने।।
पावन हिदय बदन अति कोमल। दुउ वल क्रोध उफानहि खल।।
सोची प्रथम रूची अस नीती। शान्ति अस्त्र छाडिस कर प्रीती।।
अमर सुधा घट धर निज हाथा। विष वोझन जीतन खल नाथा।।
उठे देख शोभिन श्री ओरा। धन्यहि भाग उदित भा मोरा।।
छायहु नयन शान्ति साकारा। करिउ प्रनाम ईश आकारा।।

प्रेम वानि प्रभु खल दुउ प्रेरे। दानव क्रोध भंग कर टेरे।।
जो यहि काल भरे रिस ठाडे। देखे दशा चार मुख गाढे।।

दोहा - मधुर प्रीत मय बचन सुन, अट्टट हास कर जोर।
देखिहु इक श्यामल मनुज, आयहु पहिं बहु धौर।। (171)

चौपाई - असुर प्रवृति पा खल उक्ताने। तमोगुणी हँस मुख मन जाने।।
वृद्धानन सम श्यामल हाथा। जोरी सम अब बढिहै गाथा।।
बोले प्रथम दोउ इक संगे। एकहि एक दाव रण रंगे।।
होउ तुरत उघत रण हेतू। मैं सचेत चेतहु जल खेतू।।
आनन शान्त मूक प्रभु सुनयु। बोले वाद प्रथम बहु गुनयू।।
बली दोउ तुम विजय तुम्हारी। त्यागहु रण मद हार हमारी।।
शान्ति धरहु धर सुन्दर भेषा। मुहि आशीष चलहु तरि शेषा।।
मैं तुहि देहु सीख शुभ नीकी। अंशनि सुत असुरी कढ जीकी।।

दोहा - सुन बोले दानव प्रवल, विन सोचे बहु तेज।
जिम ज्ञानी बहु ज्ञान कह, भांड न छाडहि सेज।। (172)

चौपाई - कैटभ प्रथम कोप कर कहयू। श्यामल मनुज मीत मृतु भयऊ।।
सन्धि हेतु निर्भय कर हाथा। दैन्य लकीर न देखिहु माथा।।
निपुन पिता समरथ सुत कोपा। देखहि सहम दैन्य पथ रोपा।।
जन्य हमार जदपि तुम होहू। छाडिस सोच ऐहि सुन तोहू।।
चाहहु शान्ति विहंस मद राहा। कोप अगनि हँस ग्रत दै दाहा।।
वैसे पिता जाहु निज धामा। वाद तुम्हार चलय मुहि नामा।।
मधु यह सुनय हरष सुखमाना। भ्राता कथन पुष्ट कर नाना।।
कैटभ भ्रात विकट बल शाली। अनुचर स्वयं वलहि लघुपाली।।

दोहा - शान्ति दूत सुन बचन अस, विहंसे प्रभु मन मांह।
जानय जघपि नाथ सव, प्रीत सुनीती छांह।। (173)

सोरठा - मन महि कीन प्रनाम, बोले हरि आयषु जिह।
वुध शोभय चित धाम, हिय विरंच पुलकय मनहि।। (क)

चौपाई - हरि अस कहिहु मनहु खल हौनी। चेतहु कह गति वाम विरौनी।।
काल हितैषि हमहि सो जाना। सुत सुइ असुर विलग मैं माना।।
मानहु पिता तदपि तुम मोऊ। शान्ति सीख टारिहु रिप होऊ।।
असुरहि सीख अरू जडहि विवादा। दन्डहि नीत अन्त चुप साधा।।
अजन्म अनादि श्रष्टि वश मांही। मारहु तुमहि शरण कहुं नाही।।
नीति धरम हरि वहु धमकावा। वार बहुर दुष्टहि समुझावा।।
असुरनि चित इक चढी न वाता। उलटे कुपित कंप कर गाता।।
बोला मधु व्यंगन कर हाँसा। ब्रह्म सहित तुहि करहौं नाशा।।

दोहा - सुन वाणी श्री पति सकुच, देखिहु शान्ति सकार।
झुका तनहि सिर थिर भये, लये अस्त्र भुज चार।। (174)

चौपाई - नाथ प्रथम तन अति तप तेजा। कीनिहु सवल शयन सत सेजा।।
विधि तन वार बहुर प्रभू देखा। जरा त्वचा योगहि जिह लेखा।।
आदि नीति अन्तहि हिय जानी। करिहु प्रणाम मनहि मन ज्ञानी।।
कृपा जेहि प्रेरहि हरि कोपे। सुइ श्रम विन्दु झलक द्रग रोपे।।
बदन भयंकर गर्जत भारी। रूपहि जनु मृतु हेर पुकारी।।
विकृत भेष हरि ऐसहि भयऊ। असुरहि पलक मात्र वस खुलयू।।
विस्मित भयउ देख खल ऐसा। आधे क्षनहि आध तन कैसा।।
एकहि एक गरज मिल धाये। हरि माया खल नियर न पाये।।

छन्द - नियरहि निरख खल दूर हरि, थिर पाय माया धावही।
हरि वाम लीला मेलि असुरन, खेल खेतहि पावही।। ।
प्रभु शान्त हँस मुख भ्रान्त, खल अस क्रोधित भये।
चित गूढ सुन मुनि सोच महेश, विधि जान गावत भये।।

दोहा - मधु कैटभ यहि भांति रण, कोप फिरे तिर लोक।
वरस सहस्त्र तीनह गये, टोकिहु हरि तव रोक।। (175)

चौपाई - कोपित भये रनहि कटु वानी। वोले नाथ अन्त उन्ह जानी।।
नीति कुमति लधु सुन खल तोही। भटिकिहु सकल भ्रमहि सन मोही।।
मोसन सकल श्रष्टि जग प्रगटी। मैं विभिन्न मोयहि सव लिपटी।।
सुमरन नाम सु ईश कहाही।। मो अगार सुन शून्यहि नांही।।
दोवहु मात्र हिदय मुहि मैला। नाशहु तोहि बलहि भुज फेला।।
मैं गिर तुम रज जानहु वोही। लघु झकोर मारहु सुन तोही।।
कालहि सम खल सुन असवानी। करहि विवाद हरष हितजानी।।
अन्तहि उठे अतीतहि ध्याना। लीन्ह अशीष विजय करमाना।।

छन्द - जय मान ध्यान कर ज्ञान धाये वार खल माया मिटी।
कर कोप रोप हिय हाथ साथ जुर दोउ शक्ती जुटी।।
करहहि प्रहार मार बहु वार दानव दोउ कोपित भये।
खेतहि नाथ खन्डहि महेश हरि कोप सोचित भये।।

दोहा - करहि प्रहार हरि कोप कर, खन्डित सव रण मांहि।
रहइ सुरक्षित दैत्य दुउ, आदि नाथ जिह छांह।। (176)

चौपाई - मोह मुक्त श्रीपति खल देखे। भूलहि मूक अन्त हिय लेखे।।
बहु रन रूप चतुर्भुज स्वामी। कियो सोच हिय अन्तरयामी।।
दिव्य दृष्टि श्रष्टि जिह प्रेरा। देखिहु शक्ति खलन्ह तन घेरा।।
चकित प्रथम स्तुति पुन कीनी। अन्तर हिदय हुये चित लीनी।।
स्वामिन शान्ति सु सत्य प्रतापा। अन्त रहित वासनि सव आपा।।
दया तुरत निरमल हिय जोती। निज प्रभाव प्रगटहु हित होती।।
मैं अनाथ नाथनि तू जननी। देहु दिशा पन्थन्ह खल हननी।।
क्षमहु चूक वढ सुत निज जानी। विन तिहार माँ खल नहिं हानी।।
सन्त हितैषनि कर्मनि कर्मा। व्यापी सकल विश्व जित धर्मा।।

वली दोउ दानव बल तेरे। निर्मित जेहि वदन मल मेरे।।
सो यहि भांति काल सम दीखे। संकट मोहि काल सम चीखे।।
मोहनि रूप तुरत खल मोहो। हरहु ऐसु सुइ हित मुहि होहो।।

छन्द - हित होय भांति जिह मात मोहि सुर आय तुरतहि करौ।
मृदु वानि मन्त्र सह जाप सुन शिद्धि देय निर्भय करौ।।
गुण खान अम्ब सुन गान देवि हरि हेतु प्रगटन भई।
अंसुरहि मोह महेश सोहहि रूप माँ प्रिय योगहिं लई।।

दोहा - मधु कैटभ मोहनि ग्रसे, हिय हरषय अति दोउ।
बहु प्रशन्न बोले तवहि, बर मांगहु जो सोउ।। (177)

सोरठा - दशा जगत पति हीन, असुरहि वल पायहु सवल।
अन्त हिदय हरि चीन, बुधि मय चित कीनिहु सवल।।

चौपाई - मूढ ग्रसित निशचर प्रभु जाने। निज हित हेतु सुखित अनुमाने।।
कीनिहु नाथ व्यथित हिय हरषे। सूखा परिहु मनहु जल बरसे।।
वासनि पदम विराजनि जीवा। सुमरिहु श्री पति तज निजसींवा।।
संयमित वाणि पुलक तन कहयू। सुनहु वीर चाहहु तुहि क्षयहू।।
कारन काल नियत गति रोजा। बीते व्यर्थ क्षनहि मन खोजा।।
वरष सहस्त्र पन्च यहि भांती। वीते यहहि मिलिहु न शांन्ती।।
सो मुहि हाथ मरहुं अव दोऊ। करहुं उद्धार मिलउ मम सोऊ।।
शान्ति सुगति मुनि पथ मुहि धामा। आवहु अवहि सुयश जग नामा।।
बोले बिहंस मरम सुन कर्मा। करहु तात चाहहु जस धर्मा।।
एकहि चतुर कही इक वाता। सलिल हीन थल मारहु ताता।।

छन्द - मारहु तात मुहि गात फारहु हीन जल जहं पावहो।
सुन ईश भेष कर रोष आदि हर दोष जननी लहौ।।
कालहि कि काल कर रूप द्वीपहि जांघ फेला दयौ।
कर लपेट भेटहि दोउ दाविहु जांघ धर फारत भयो।।

दोहा - चीखे मरतहि वार बहु, छांडे अन्तहि प्रान।
तन फैकिहु हरि नीर महिं, कीन खलहि कल्यान।। (178)

चौपाई - हरि किह कोप जोति हर लीनी। चिन्तन शील चित्त प्रभु दीनी।।
सुइ कर शुद्धि बदन मल धोया। अन्तर मांह मांझ जग खोया।।
शान्ति श्रमहि भ्रम भय तज भारी। बैठे विधिह पांहि भय हारी।।
आदि नीति गति विधि मन जानी। सुइ चित हरष कहियु अस ज्ञानी।।
सुनहु ईश जग पोषन कर्ता। हिंसक भयउ जदपि सव भर्ता।।
वरतहि जदपि गुणहि गुण करमा। नाम अहिंसक पोषण धरमा।।
असुरहि बध विन नहिं तुम कोऊ। सकल जु कर सु समरथ होऊ।।
तुम सन सुइ वध हितकर जाना। करहु नमन स्तुति सत नाना।।

छन्द - स्तुति भांति बहु ज्ञान ध्यान धर जोर कर गावहो।।
जग नाथ सुन अस वाणि कह कल्याणि अश्रु छलक दहौ।।
शिशु भांति प्रीत कर पांति हाथ हरि जोर गावत भये।
मृदु भाव मेटनि हिंस काटनि फंद सुत भावत लये।।

दोहा - शक्ति सुनीति निर्गुण प्रगट, प्रीत प्रभावहि गूढ।
सुमरहुं सन्त हितैषनी, वढ अचरज बहु मूढ।। (179)

सोरठा - गावहु चरित पुनीत, नर उतरइ भव सिन्धु तट।
सुमरहि सत्य सुनीत, बेद जननि जय देवि जय।। (क)

छन्द - जय देवि सेवहि लोक पूजहि शोक हर खल मारनी।
सम भाव व्यापहु अम्व जय जगदम्व सुत हित कारनी।।
ज्ञाननि मात अरूप प्रभावहि प्रेर जग संचालनी।
शुभ रूप शोभय सन्त सुत हित जय दुःख टालनी।।
जय योग धारनि प्रान चारनि लाल निज भव तारनी।
तेजहिं पुंज गमनहि कुंज व्यापहि सकल जियावनी।।

जय माल महा मम भाय भोग सब भोग निर्द्वनदनी।
ज्योर्तिज्योति अनन्त मात मम देव तिर सह सुर वन्दनी।।
- जय कोप हिय अघ कीच तेजहि भानु सोखहि प्रेमही।।
असि मात प्रिय शुभ गात लोभहि माथ शत शत नावही।। ।
बल जेहि मारहु दुष्ट धारहु रूप बहु जय बोलही।
भूभार हारनि हेतु महेश रूप मुहि प्रगटाव ही।।
- जिहि प्रेम करूना नेम पूंजहि लोक तिरसुर लोकही।
सुइ अम्व खान गुन ज्ञान नामामि पद सिर रोपही।। ।
निर्दोष कर जिय मोहि रोपहु दीप सत सुन्दर दया।
ज्ञान नयन नमामि शत शत आहु हिय मन्दिर नया।।

दोहा - जय वहु नामनि वहु गुणहि, जय वासनि वहु धाम।
जय वहु रूपहि शक्ति दै, प्रवशहि अन्त तिनाम।। (180)

चौपाई - बुधि पति भांति वहुर महा माया। बन्दहि वेद जननि दिवि छाया।।
पुलकहि वदन नयन जल छाया। इन्दु रूमान्च विजित चित पावा।।
चातक भांति चतुर्मुख प्यासे। श्वातिह प्रेम त्रप्ति विधि भासे।।
जानिहु प्रेम विधिह द्रग खोले। चित परिपूर शान्त विन डोले।।
माया पति स्थित शिशु भांती। जो नव जात शोभ दिव कांती।।
पीडित क्षुधा करय वस क्रन्दन। सुइ हरि दशा हीन लघु वन्धन।।
जानिहु प्रेम हिदय हरि जननी। श्रद्धा वेद विधिह खल हननी।।
नियम नेति माँ विधि पहचाना। मात्र अधर हरि उच स्वर गाना।।

दोहा - सुन जननी प्रगटी गगन, शक्ति प्रकाश समूह।
बदन विरंच रूमांच थिर, हरि तन कांपिहु रूह।। (181)

चौपाई - भानु कोटि घुति विन्दु समाना। सिन्धु विलग मनु लघुहि विधाना।।
तेजहि रोम कोटि वाँ भागा। उपमा वहुत और लघु लागा।।

पावन गिरा हरष हिय करनी। प्रेमहि भई भ्रमहि विधि हरनी।।
माया स्वामि सुनहु मम वानी। हिय निर्दोष कीन सुत जानी।।
चतुरानन हित नीति निपुनता। भई प्रतिष्ठ वृह्म निर्गुनता।।
श्रष्टि रचन पोषन हित दोऊ।करहु घोर तप चित धर मोहू।।
श्रष्टि संघार शिव अचल समाधी।जाहु जगा सीखहु तज व्याधी।।
ऐसु प्रथम पुन प्रेमहि लेहू।अन्त हितैषनि मैं वल देहू।।
सुर कर श्रष्टि रचन मुहि शक्ती।पोषण कर दृण नीतिह भक्ती।।
सुन अस वृह्म भयउ गम्भीरा।करिहु प्रणाम हिदय हरि हीरा।।

दोहा - तन पुलके छलके नयन, चित तेजहि परिपूर।
भयउ अद्रश्य अम्वर अमल, हरि विधि जानिहु मूर।। (182)

चौपाई - अति प्रशन्न प्रभु संग विरंचा। चले तुरत सुन रचनि प्रपंचा।।
शिव समाधि पर्वत कैलाशा। शोभे जनु घर दीप प्रकाशा।।
ऊपर शिखर पन्च वट सुन्दर। तरि इक शिला ऊंच हिम मन्दिर।।
शून्य प्रकृति शिव शान्ति सकारा। शक्ति दया प्रस्फुटित वयारा।।
विष्णु विरंच निरख सिर नावा। भांतिह बहुर सुयश शिव गावा।।
शीतल शान्त सुखी निज पाये। दीप अद्रश्य प्रकाशहि जाये।।
प्रथम प्रनाम स्वयं हरि कीना। बहुर विरंच माथ महिं दीना।।
खुलहि समाधि जागहि शिव अवही। विनती बहुर हेतु कर तवही।।
मंगल धाम अमंगल भेषा। सोहहि लिपट कन्ठ सिर शेषा।।
जयति महा शिव मीत अकामा। शक्ति महा शोभित जिह वामा।।

छन्द - जिह वाम धाम गुण ज्ञान नाम शिव ध्यान प्रनवहु प्रिया।
सुर सन्त असुरहि अन्त हेतु जय पद आश्रय लिया।।
जिह लोक प्रसिद्ध सुयश सव सिद्ध सुइ मुहि अपनावहौ।
यहि शक्ति अदेश भेष धर अस देश तुहि आवहि रहौ।।
सिर गंग भसम रम अंग श्याम शरीर शौभै अती।
दूजहि इन्दु झलकहि भाल कराल काल कन्ठहि रती।।

वाघहि त्वचा लपेट कटि घट घट वास शिव जानयो।
सत्यहि प्रताप महेश सामाधि म्याद महिं प्रभु जागयो।।

सोरठा - जागइ गुरू जय ईश, श्रष्टि संघारन स्वामि जय।
मृत्यु विजी जगदीश, नावहु सिर जागहुं अवहि।। (183)

चौपाई - भांति बहुर यह पद धर शीशा। प्रनवहि शक्ति सहित जगदीशा।।
देवि कृपा प्रगटित शिव माँही। लोचन खुले चिते पर नांही।।
बहुर प्रनाम नाम कह अपने। कीनिहु दोउ प्रीत तन कँपने।।
सुइ सुन शिव तव तुरत चिताये। मिले प्रशन्न जनु प्रेम लताये।।
विस्त्रित शिला हिमासन दीना। हरषे बहुर बैठ सुख लीना।।
शंकर स्वयं समहि सम बैठे। प्रीतिह नीति विवश सुर रूठे।।
निज सह दोउ देव सम जाने। प्रेमहि बहुर वचन मृदु साने।।
पूछी छेम कुशल कर वाता। कारन कौन आय कहु ताता।।

दोहा - हरि वोले सहमति विधिह, प्रेम पुलक गम्भीर।
अन्तरयामि आपहि स्वयं, हिय भर श्रष्टिह भीर।। (184)

चौपाई - आदि प्रकाश सत नीति प्रतापा। भाव दया विन छल हिय आपा।।
कृपा प्रेम सव क्षेम कुशलता। शक्ति कवच ढक मिली सफलता।।
पुन मधु कैटभ कह इतहासा। अन्तहि वध लै ज्योति प्रकाशा।।
आदिह अन्त कथा हरि कहही। शिव सव सोच शान्त चित सुनही।।
विधिह सुकाल हरि कहन जतायो। तप विधि सीखन मात पठायो।।
हेतु हमार सुइ निजिह प्रभावा। गावहु नीति पुनीतहि भावा।।
शक्ति अनुग्रह हित हम जानी। आये सोइ प्रीत हिय मानी।।
बहुर जोर कर सुयश वखाना। विंहसे मनहि विरंचहि ज्ञाना।।

दोहा- सुन अस शंकर देख चुप, राख हिदय पहिं हाथ।
झुका वदन पुन अकड बहु, कीन मनौती माथ।। (185)

चौपाई - जिह सिर सोहहि इन्दुर गंगा। मोचन क्रोधहि गरव अनंगा।।
शिव सुइ हिरदय ज्योति जगाई। जननि प्रनाम प्रीत चित लाई।।
चिन्तन चेत मनहि मन ज्ञाना। घोकिहु भांति बहुर हित नाना।।
विष्णु विरंच स्थिति शिव देखी। उद्यत रहस्यहि सुनन विशेषी।।
दानी अतुल विपुल वल शाली। वोले शिव जीतन निज चाली।।
आदि अम्व जिह जननी दाया। निर्भय देव हमहि यह माया।।
शोभनि वही प्रबिष चित तीनो। सुइ इह श्रष्टि समहि सव चीनो।।
मुहि तन चित हिय मांह प्रभावा। भाँति जेहि प्रगहय अति भावा।।
गावहु सोइ सुनहु सुर दोई। अन्तहि हित तीनहु वहु होई।।
श्रष्टि संघार हित वल जिह कोपा। पायहु नीति तपहि पद रोपा।।

दोहा - सुइ जानहुं तप विधि सकल, सुन यह कथा प्रसंग।
अन्त करहुं मैं तप स्वयं, चलहुं तुम्हारे संग।। (186)

चौपाई - विधि सम कहुं जद्यपि तप नांही। आयुह मात्र मोरि हित छांही।।
जननि हितैषि भेजिहु हित जानी। मात कथा सुइ वरनउ वानी।।
एक वार यहि रह सँग बामा। चर्चा करहि रूप हरि रामा।।
हरषिह मन सहसा तन काँपा। तियहि भाव हिय हेरहि भांपा।।
सकुचा तुरत सन्मुखहि विलोका। कन्य एक प्रगटी मुहि लोका।।
बरन गौर सुगठित शरीरा। तेजहि पूर हरन सव पीरा।।
तेज असह निरखिहु दृग मीचे। तवहि ज्योति दिवि सह इह सींचे।।
कर साहस तव कर हम जोरे। पूछे वोहि कहिहु सुन भोरे।।

दोहा - आदि प्रकृति मैं अन्त विन, प्रगटी हित जनु तोहि।
श्रष्टि चक्र पथ भ्रष्ट हुइ, नष्टहु सुइ निज मोह।। (187)

चौपाई - ऐसा सुना सवहि सत जाना। हाथ जोर नायहु सिर नाना।।
बोला पुलक तबहि हिय जानी। निजिह स्वभाव सदाहित प्रानी।।
श्रष्टि संघार हित कालहि कोपा। चाहिय अवश सु मुहि नहिं रोपा।।

बिना कोप कहु अस विधि कौना। पायहि जिह कर प्रलय विछौना।।
शीत जलज हिय शान्ति वयारा। दाहहि अगनि कोप जरि प्यारा।।
सुइ हित कारनि देवि दयालू। लोग कहहिं मुहि भगत क्रपालू।।
सोवहु अम्व कहहु हिय वाता। सोचिहु स्वपन नाहिं अस माता।।
आगे आदि अनन्तहि जननी। भ्रम मेटनि भेंटनि कर करनी।।

दोहा - प्रीत बचन सुन मात अस, शिला हिमांचल बैठ।
मैं बैठिहु पुन तर चरन, करन अम्व हिय पैठ।। (188)

चौपाई - ज्ञाननि नीति शान्त शुभ आनन। देखिहु वाम स्वतः पहि जानन।।
तेज स्वरूपनि थिर चित भाला। विचरत रहै वाणि वुध ताला।।
गुथे केश लिपटे सुर सांधे। रोमहि लोक अनेकहि वांधे।।
नयन दोउ देखिहु हरि वृह्मा। ज्योति जगित प्रगटित तन रम्भा।।
झन्क्रित झांकि स्वयं लघु देखी। तीसर द्रग मीचिहु सुत पेखी।।
नहि अचरज सह वामरू माया। विचरय स्वछन्द हियहि शत काया।।
शान्त प्रीत प्रिय नयन विलोका। नाश स्वयं भ्रम चित तन रोका।।
जानिहु सकल मनोवृति माथा। बोली आदि फेर तन हाथा।।

दोहा - चुप बैठिहु सुन वानि मम, जनम कथा कहुं तोहि।
सुर मिलहै तीनहु जवहि, तव वल पायहु मोहि।। (189)

चौपाई - मात्र अबहि स्थिति तुहि मोही। कहहु प्रभाव जौन विधि जोही।।
विध कारज रचना जस श्रष्टी। हरि पालय कर किरपा दृष्टी।।
हेतु संहार तस तोयहि जायो। औरहि काल भाव म्रदु भायो।।
तुम सम सरल कही कुउ नांही। अन्तहि काल करालहि छांही।।
यासे करहु रूपमुहि ध्याना। इक चित शक्ति नीति भगवाना।।
हियहि लगाय प्रथम तिरशूला। सिर धर पुन भर कोप निकूला।।
मैं अद्रश्य खेचहु तुहि मोहा। ममता मिटै भरै मुहि कोहा।।
वेद विधान हरि बहुत प्रमाना। जांचिहु गाय कथा मुहि ज्ञाना।।

आवइ जव तव देहु बुझाई। सह दुउ देव मिलय तुहि भाई।।
छाडिहु सोच क्षमा वहि सो है। धारय नीति सवल जो हौ है।।

दोहा - कहा जैसु मैं तोहि सन, करहु तुरत तुम वैस।
अन्तर तुहि कोपहु तुरत, प्रगटहु जस चह तैस।। (190)

चौपाई - बार बहुर तब शिशु सम वाता। कीन्ह अनेक प्रश्न तनु माता।।
कौशल कला शक्ति निज ज्ञाना। वहु समुझाय वेद विधि नाना।।
मेट सकल भ्रम मैं सिर नावा। दीन अशीष निज अतुल प्रभावा।।
कह शुभ आदि अनन्तहि रूपा। लीनिहु यहि विधि अद्रश सुरूपा।।
भांति अनेक चिन्तन चित मांही। चेतहि दिव्य ज्योति प्रगटाही।।
भव विचलित देखन तन सिहरा। भानु उदित मनु मेटन कुहरा।।
जागा भाव हरन भू भारा। सन्तन हित भक्तन मन प्यारा।।
आसन तज प्रेरिहु वल शांती। वाहर गुहर आय सह कांती।।

दोहा - भव चकृहि विचलित तवहि, दिव्य नयन सन देख।
विप्र सन्त सुर धेनु गति, अन चाहहि मति लेख।। (191)

चौपाई - भसमि रमा रट रामहि रामा। जानिहु नीति शक्ति शुभ कामा।।
लै त्रिशूल तवहि चल वांहा। शीतल प्रकृति किलक रह जांहा।।
शिला एक विस्त्रित हिम सानी। बैठा वोहि मान मृदु वानी।।
कोटिक रवि सम दमक त्रिशूला। सन्मुख रखा समझ अनुकूला।।
वामहि जगह बगल महिं दीना। वांधिहु जटा कसिहु दृण सीना।।
बिन संकोच हिदय भ्रम मेंटा। शक्ति अद्रश्य मन घेरिहु भेटा।।
सहसा शक्ति ममत्वरू दाया। आसन हिया छांड मिल छाया।।
प्रगटी विलग मिली यहि भांती। जैसु सलिल घट सिन्धु समाती।।

दोहा - तुरत चमत्क्रत चमक सन, दहकत द्युति अंगार।
आयहु पंहि नहिं देख सुध, दमकिहु हिय आगार।। (192)

चौपाई - कोप त्वरा वदनहि इम आनी। वरसहि वढय जलज जिम पानी।।
सुनहु सु सन्मुख सत्य प्रतापा। जानहुं स्वयं भरम भव आपा।।
नहि शोभै कहतन विस्तारा। विसरिहु सुध वढ क्रोध अपारा।।
लै त्रिशूल दूसर कर डमरू। प्रथम झंकार कोप कस कमरू।।
गगन गूंज जग महिं ध्वनि व्यापी। प्रलय प्रकोप स्वयं भू भांपी।।
तनहि लोक हिय कोप अँगारा। शक्ति पवन प्रेरहि श्रंगारा।।
ताव जेहि तिर लोचन देखा। रक्तिम रंगी भाल धू रेखा।।
पद इक ऊंच तरहि धर दूजा। शक्ति प्रकोप हिदय द्रण सूजा।।

दोहा - अस्त्र तेज दमकी प्रकृति, बीच सकल वृह्मान्ड।
मनु प्रगटे संग एक सव, कोटिक पावक कान्ड।। (193)

चौपाई - झपट गहिहु कर जकड त्रिसूला। भगत सुखी निशचर हिय शूला।।
विप्र धेनुरू ईशहि आशी। देह तजित हिय मांह प्रकाशी।।
दावागनि प्रगटनि जिम पैला। छाडहि वन सगुनी संग छैला।।
तिम मुहि दास आस कर मोरी। भये सुखी तज देह झकोरी।।
निश्चय कर नाशन भव योनी। उद्यत छलकिहु कोप विरौनी।।
वेग चला देखिहु नहिं वामा। कोप अगारि विसरिहु तक रामा।।
रूप भयंकर कन्ठ भुजंगा। केशहि चाँप इन्दु अरू गंगा।।
धरनी पद धरतन लट छांही। तम फेला मेलिहु प्रगटाही।।
दिवि प्रकाश वस खलन्ह निराशा। जांचिहु मरन काल मृतु पांसा।।

दोहा - धरनी फैलिहु कोप अस, घन बरसे इक धार।
वचे न कोवहु भींग सब, तिम नाशहु सब मार।। (194)

चौपाई - नाशनि श्रष्टि रूप प्रलयंकर। महि नभ व्यापिहु कोप भयंकर।।
एक अंगार जिम फूंकहि गांजा। नाशहि तिम मनु भूमहि मांजा।।
थिर त्रिशूल कर उगलय तेजा। त्रन सम भसम भयउ सव भेजा।।

हरि हिय लीन तवहि सब कीनो। नाश विपति आश्रय भव दीनो।।
पर मुहि कोप शान्ति नहिं मिलही। क्षनप्रति क्षन दाहय हिय जलही।।
अगनि लपेट छाडय रिस नयना। कोपहि कहह दन्त रह वयना।।
जिम अति आँच लोह पिघलाही। तिम वह कोह तनहि वह जाही।।
अगनि कान्ड ईधन भर वाढे। सह चन्दन सब वर बिन लाडे।।

दोहा - बैसहि कोप हमार बढ, बिन चाहहि बिन लेख।
धाबा तुरतहि लोक सुर, जुर ईधन यह देख।। (195)

चौपाई - कम्पित सुर कुल नारिन त्रासा। रिस लपेट लग तपन पिपासा।।
व्यथित बिचार सुर देवि प्रकोपा। भये भीत तक निज पुन लोपा।।
केश बिखर श्रम भरय बिरौनी। तीसर नयन अनिष्टहि हौनी।।
कोटिक काल उदित रवि ज्वाला। सुइ त्रिशूल थिर उगलय व्याला।।
प्रति रोमहि अति कोपहि रश्मी। प्रजुलित मन दमकय तन भस्मी।।
स्वयं सुभाव पहुची तन लपटे। लोक अमर सुर विलखय झपटे।। ।
व्याकुल देब बैठ सब कहही। विन हरि शक्ति विपति नहिं हरही।। ।
सुनहु देव देवन्ह हिय मांही। स्तुति सिवा और कछु नांही।।

दोहा - धर धीरज सुइ सोच अस, भक्ति सहित कर जोर।
करूना गायन नाम प्रिय, गाय करहि माँ गौर।। (196)

चौपाई - हित विलम्व अति जानहु नांही। थोरिक प्रगट प्रेम हिय पांही।।
पुलकित मन देवन्ह सब भयऊ। जननी ज्योति गिरा सुन लयऊ।।
करहु सोइ कारज हित तोरे। निर्भय रहहु देव गुन मोरे।।
सुनु श्री पति अरू रचनि प्रपंचा। नीतिह गूढ प्रकृति हिय मंचा।।
रूप भयंकर दाहइ कोपा। देखिहु आदि वाढ विन खोपा।।
क्रोध विजित ममता मय जीहा। जननी नेति नीति निज पीहा।।
सुइ मुहि हेत सुरन्ह हित शांती। देवन्ह अम्व चली जहं कांती।।
गिरहि समाधि योगहि थिर वामा। धरइ चित्त स्वामिह सह नामा।।

दोहा - सोइ जगाइहु शक्ति निज, आदि प्रकृति जगदम्व।
लोचन खोले तिय तवहि, कहियु अम्व आरम्भ।। (197)

चौपाई - शोभनि सुता तजहु यहि भेषा। कोप असह शिव वढ सुर देशा।।
क्षनहि विलम्व अनहित सुर भारी। छाडहु भृम मैं मैटन हारी।।
सिन्धु वीच घट सलिल समाहै। समझहु परहि जांच कछु नाहै।।
मानहु तुरत कहहु मैं जैसा। जानहु मैं कहयू फिर वैसा।।
जदपि तवहि भ्रम सती समाना। अन्तर गमनि अम्व सब जाना।।
गतिह त्वरा तब रूप दिखावा। शम्भु सती सह हिरदय पावा।।
अचरज जान कहिउ अस वानी। क्षारू क्षमहि कोपहि शिव तानी।।
धारहुं तोहि पुनहि प्रगटाहू। नीति पुनीत कुपित तन छांहू।।

दोहा - सुत नाता ममता जननि, प्रतिनिधि मोर विधान।
तिय मर्यादा तोड नहिं, नीति सुगम अपमान।। (198)

चौपाई - वामहि सुना तुरत भ्रम मेंटा। आंचल पट कटि खौंस लपेटा।।
कीन प्रनाम आयुष धर शीशा। सुमरिहु मनहि स्वामि जगदीशा।।
चित एकहि नयनन टक एका। रही विलोक आनन माँ नेका।।
भाव हियहि जननी सब तानी। तुरतहि तवहि त्वरा गति आनी।।
बहुर भवानि भीतर हित भटकी। गइ समाय कोपहि तर तटकी।।
मुहि सम कोप समा सम भरयू। प्रेरिहु नीति पवन तन जरयू।।
रक्तिम वरन विशालहि देहा। गरजी अम्ब तियहि हिय गेहा।।
विखरे केश प्रलय जनु उमडौ। हिय हुँकार जीयहि तिय घुमडौ।।

दोहा - दिव्य ज्योति कर नयन तिर, गरज गगन हुंकार।
आयुष जननी पाय तव, भई प्रगट फुंकार।। (199)

चौपाई - तन श्यामल हर रूपहि काला। रक्तिम रूप तियहि इह व्याला।।
जस शरीर तस धर तन वसना। सज्जित शस्त्र वसिय जिय रसना।।
रूप भंयकर गरजन शोरा। मानु वधिर दिक तनहि सकोरा।।

आनन प्रथम सुरहि सन्तोषा। दीनिहु बहुर सप्रीत भरोसा।।
कोपी बहुर शिवहि वल हीया। मुहि सन प्रगटौ विस्त्रित जीया।।
बदनहि पूर प्रलय मैं देखा। कोह पूर अचरज कछु लेखा।।
भयु हिय भव महिं कोपित शंकर। सुन नृप जैसु तवहि प्रलयंकर।।
प्रलयहि घन दुउ नयन विशाला। कोपहि आग झरहि जल जाला।।
दाडहि हिम गिर दन्तन भारी। उछलय सलिल मिलय किलकारी।।
दिव्य बदन फैला कहं पाई। कह न सकहु सच मति सकुचाई।।

दोहा - पहि आये तन तेज सम, कहहु सार समवीर।
एकहि इक वढ जान जिय, मिलै मित्र रण धीर।। (200)

चौपाई - ओटहि अजर अमर अविनाशी। शक्ति प्रीत कोपहि सम राशी।।
सहिहु न तेज कोवहु कुह पांही। मींचे नयन सहज सुख पांही।।
बीच चक्राचँध दोवहु मांहा। तेजहि पुंज प्रगट दिव पांहा।।
विन आश्रय प्रजुलित जो जोती। मांझहि वोहि सुरूप चकोती।।
गायन शान्ति म्रदुहिं झन्कारा। जिब्हा पंच प्रीत गुन्जारा।।
सत्य कहहु सुन कहा प्रशन्सा। करहु थोरि मति एकहि फंसा।।
रूप अलौकिक अस गुण खाना। देख सहज तज निजहि विधाना।।
भयउ शान्त शीतल मुहि कोहा। ऐसहि घटा तियहि हिय मोहा।।

दोहा - तेजहि तेज बुझाय कर, उदित दया कर भान।
सोखिहु पुन दै शान्ति जल, तेज अमिट कर ज्ञान।। (201)

चौपाई - खोलन चांहि नयन नहिं खुलही। भय सन सिमट अद्रश हुय पलही।।
अन्तरयामि जाननि हिय वाता। जानिहु सकल अंश वट माता।।
तेजहि भाग आध मम आयो। सिमटिहु उमा हियहि सम जायो।।
विहंसे तवहि विलोकी दाया। खोले नयन लखी निज काया।।
शान्ति सुगम छा प्रथम शरीरा। भाल उदित भा तेज गंभीरा।।
भान्ति बहुर भय मेटनि जीहा। सन्मुख चितय चेत चित लीहा।।

शीतल शान्ति जुरे कर पावा। नाये सिर मुहि चरन चितावा।।
चूकहि धरा शीश सत पाया। चित अतीत चिन्तित बहु लाया।।

दोहा - प्रेमहि प्रीत अशीष दै, डारिहु कन्ठहि वांह।
भ्रम मेटिहु तव वाम मम, जुरे हिदय सम राह।। (202)

चौपाई - कर निभर्य सुर वन्दित जोरी। आये मिल यहिं नीति झकोरी।।
बैठे दोउ प्रीत कर संगा। पूछिहु तवहि अतीत प्रसंगा।।
जान समय शुभ कथा अतीता। कहिहु उमा सव नीति पुनीता।।
अति सुख मान सुनी सव गाथा। बहुर बन्दि धर धरनी माथा।।
आदि मन्त्र रामहि दिव शक्ती। नावा शीश अचल तन भक्ती।।
प्राणायाम प्रथम तव कीना। सहमति बाम समाधिह लीना।।
बहुर उमा थिर चरनन ज्योती। बैठी हिदय भव्य सम होती।।
अविरल अचल रहिहु मैं तवते। पायहु दया ज्ञान वल जव ते।। ।

दोहा- सुइ समरथ सुन मैं भयउ, देहु विधिह उपदेश।
श्रष्टि लोप हुय वृह्म क्षन, भयउ विकृत हिय भेष।। (203)

चौपाई - सो सव कहहु सुनहु धर ध्याना। चरित पुनीत प्रभावहि ज्ञाना।।
चारहु वरन पवित्रहि हीया। जोरहि दै कर तपसी जीया।।
लोक हितैषि मंगल कर भावी। भाव समहि भव पारहि जावी।।
सुइ अति सुखद सुरन्ह सह ईशा। इक कर मोक्ष दरश जगदीशा।।
मेधा कहहि भूप सुन ऐसे। सुगम तपी तन पावहि जैसे।।
विधहि प्रंसग मुनी सन कहयू। एहू सुना शिवहि सन पहयू।।
बोले पुलक शिवहि यहि भांति। सुनहु ईश पावहि जिह कांती।।
प्रेरहि प्रथम सोइ गुरू होई। श्रद्धा भक्ति सुनीतिह सोई।।

दोहा - नीतहि सुन गुरू ज्ञान प्रिय, मान सकल विश्वास।
झुक चरनन पुन जोर कर, करय सु जैसि पिपास।। (204)

चौपाई - देवहि हमहि करहिं इह प्रेमा। अनुचर भवहि होइ हिय नेमा।।
निर्जन शान्त चोटि थल ऊंचा। चुनय बहोर शुद्ध तरू नीचा।।
सलिल प्रयुक्त प्रचुर जहं छाया। सोयहि मान करइ तप तांहा।।
साधन वाह्य यज्ञ सम नांही। आत्म होम हवनादिक पांही।।
सत्य वृती धीरज अनुगामी। श्रद्धा भक्ति शक्ति सन कामी।।
करय प्रीत चित एकहि ध्याना। पंच मुखी जननी हिय नाना।।
आसन ग्रहण प्रथम परनामा।करइ जोर कर माँ गुण धामा।।
आवन बहुर सलिल कर दाया।क्षारहि हिलर मांझ मन काया।।

दोहा - कर पवित्र मन मांहि तन, दिव्य द्रगहि अवलोक।
पुन क्रिया कर कुम्भ कटि, प्रानहि अन्तर रोक।। (205)

चौपाई - धरइ ध्यान खोलइ हिय नयना। स्तुति हुलक अधर रह वयना।।
कर विश्वास शरन गहि आशा। प्रेमहि त्रप्त अन्तरहि प्यासा।।
क्रम क्रम वार नियम रोजाना। सादर पूज मानसिक ज्ञाना।।
हिय पंकज मन मुधुकर वांधे। संयम स्वाद रसहि तन राधे।।
करय अभ्यास प्रीत पुलकाहीं। मात्र चितय माँ सम कुउ नांही।।
व्यापित सवहि सु द्रष्टि विलोके। काल वढाय प्रान अति रोके।।
बेद जननि मन्तर महिं आदी। जपहि रमाय भ्रमर कर आदी।।
अन्तहि आसन अन्तर एका। इन्द्रिय वैर वांध रह नेका।।

दोहा - काल कछुक बीते तवहि, होंय इन्द्रि हित मांह।
पावहि शुभ मन हरष हिय, शक्ति विटप सुख छांह।। (206)

चौपाई - ऐसु तपी मूरत सम वदना। वैठि उजार सत्यहिय सदना।।
विसरे स्वयं तवहि सुध जवही। तपारूढ जानहु उह तवही।।
अविरल एहि दिवस कछु वीते। नयन वली दिव चंचल जीते।।
विस्त्रित हिय सत आनन छांही। चक्रहि माहिं मात प्रगटाही।। ।
तेजहि तप तन मन्त्र प्रभावा। रोमहि प्रगटत बदन सुभावा।।

धीरज धरम नीति आरूठा। रहै अखन्ड जीत मन मूढा।।
विन चाहे लोचन जव खुलही। जानहु तवहि दरश माँ मिलही।।
पाय दरश मेटन दुःख यौनी। सत पद प्रीत सु तेज विरौनी।।

दोहा - छाय शक्ति सहवै नयन, पुलकय जननि निहार।
चरनन चित दै प्रीत कर, विन श्रम उतरय पार।। (207)

चौपाई - सुर नर असुर ऋषी मुनि योगी। कर तप ऐसु मिलय मो भोगी।।
हम कर एहि मिलय माँ माही। हिय वासनि वासहुं मैं छांही।।
गूढ रहस्य पूरन नहिं आवै। सोई झुकहु कथा हरि भावै।।
भयउ प्रेम प्रेमनि हिय नेमी। प्रेरहि पुलक स्वयं कह तेमी।।
चलउ दोउ मैं संग तुम्हारे। भये उदित सुन भाग हमारे।।
आयहु तुमहि सु पूछ प्रसंगा। धन्य कियो कर मो मन भंगा।।
नाथ उमा कह कथा वहोरी। सुन मुनि प्रेम सुनी कर जोरी।।
करिहु ध्यान अन्तहि कर धन्या। जैसी हुलक वसी हिय जन्या।।

दोहा - हरषे रोमहि कम्प सुख, सुना वृह्म सह नाथ।
जगद गुरू जय ईश कह, धन्य हमहि सत साथ।। (208)

सोरठा - सीचे अश्रु कपोल, हिय सर उठ जीयह रहियु।
बिचरे तीन खगोल, रचना पोषन भव हरन।। (क)

चौपाई - तीनहुं उठे गाय मृदु वानी। चले सप्रीत जननी हिय जानी।।
सहमति बाम मनहि सिव पाई। विध हरि प्रथम योग हिय छाही।।
सुइ कर नीतहि प्रीत प्रशन्सा। जानिहु शक्ति जोति दिव अंशा।।
गिर हिम धाम गुहर पथ गयये। प्रति सुर पाछि दोउ अग लयये।।
अति प्रशन्न कछु अचरज नांही। क्रपा पिछारि शक्ति अति पांही।।
बाहर सिखर भाव सम ठाडे। मिल कर भये दिव्य सत्य गाढे।।
फिरे उतंग खोजन थल पानी। पासहि प्राप्त प्रचुर हित जानी।।
शीत झकोर आयषु सन्देशा। सत अनुमान वांध सिर केशा।।

दोहा - तीनहुं ज्ञाता वेद विधि, किये सोइ स्नान।
हुय पवित्र सब भांति सर, फिरे गाय गुन गान।। (209)

चौपाई - तप विधि जैसि प्रथम दुइ सुनई। आयषु शिव सह बैठहि गुनई।।
शंकर स्वयं मनहि वहु भावा। पूजहि सुमर सप्रीत प्रभावा।।
तरू तरि शिला छांह घन पाई। विस्त्रित स्वच्छ भांति बहु भाई।।
आसन लगे बने तिर कोना। देवहि देव सु सन्मुख मौना।।
मृदु स्वर शान्ति सुशीत वयारा। आंचल छोर परा मनु प्यारा।।
अध खुल नयन धरिहु कर तूमा। विध कर प्रगट गंग जल झूमा।।
कर शुधि मांह बचन कह श्वस्ती। लघु स्वर उचर मनहि हिय मस्ती।।
शोध जलज अन्तर कर अमला। मन मधुकर खेचिहु खिल कमला।।

दोहा- अंग न्यास कर पंखुरी, सिमट जुरी जनुरात।
रस चूसय थिर पाय सुख, हिलर मांह तिर गात।। (210)

चौपाई - प्राणायाम ज्ञान गुन नामा। गावहि खेंच सु प्रान प्रनामा।।
चंचल ओट करिहु थिर भाला। आदि रूप भर गान सुकाला।।
हिय सर तट रह जीय निकेता। अन्तर वाह्य शोध चल चेता।।
साधक प्रचुर मानसिक पूजा। लागिहु करन स्वयं नहिं दूजा।।
निजहि प्रकाश दीप सत रोपा। जोतिह थिर वढ तेज अनूपा।।
जननि ध्यान धुम मन्त्रहि पेंचा। वढा प्रकाश पंखुरि प्रति खेंचा।।
भयउ प्रकाशित अन्तर धामा। बाहर चला करन शुभ कामा।।
आनन घेर चली दिवि राशी। जाग्रित तेज कान्ति गुन दासी।।

दोहा - जगमग जागय तेज मुख, भये सुखी करतार।
अविरल तेज प्रताप वढ, मिलिहु हिदय बहु प्यार।। (211)

चौपाई - बोले ऋषि सुन भूप सुहाये। तपारूढ लोचन भर आये।।
नाहिं विलग जननी तिर देवा। अन्तर पहुच प्रगट कर सेवा।।
सीमहि तेज त्वरा तिन ओरा। वाढिहु बीच गयउ मिल कोरा।।

रूचि अनुकूल रूप वन भयऊ। तेजहि प्रगट शान्ति क्षन लयऊ।।
सत्य दीप जिह नाहि अधारा। आयहु वाह्य सु बैठ मंझारा।।
अनुभव हिदय भयउ तव शांती। लोचन विकल खुले रह भांती।।
सन्मुख माँ तीनहु तव पावा। प्रीतहि पुलक स्वरूपहि भावा।।
अकुला चरन परे पुन बहुही। साथहि एक हियहि माँ लहही।।

दोहा - मोहनि यौवन गठित तन, तेज मांहि प्रगटाय।
शान्ति स्वरूपनि जननि शुभ, सोहनि सुखद लखाय।। (212)

चौपाई - पंच मुखी जननी भुज दूने। प्रेमहि प्रगट रूप अन होने।।
आसन कमल मूर सुर सीचे। तीनहु सुर पंखरि माँ मीचे।।
सज्जित अस्त्र सु वेद पुराना। दमकइ तेज रूप बहुनाना।।
माया वानि उमा तिर पाँती। तरि प्रशून लालइ रस काँती।।
कछु नहिं ऐसु न पावइ जोही। बहुत कहइ थोरी रह मोही।।
चमक किरीट माँ मधुकर फूला। रहइ समाइ जदपि विन कूला।।
सेवहि सवहि ईश भव प्रानी। सुइ हित हेतु जननि अगवानी।।
ईशहि परे रहइ जग जीवा। भांति कवन समझे रह सींवा।।

दोहा - प्रेमहि इक टक खोल द्रग, जननी रहे विलोक।
तीनहु सुधनिज भूल महि, झुके थिरहि तन रोक।। (213)

चौपाई - बैठी शान्त नीति गुन खानी। वार वहुर लेयहि हिय सानी।।
विचरन मांहि जननि प्रति जीवा। शिशु हिय सत्य सुद्रण कर नीवा।।
जानय सकल प्रगट जो मांही। सत्यहि सोइ छिपिहु कछु नांही।।
हरि हर व्रह्म हिदय गुन वाता। परिचित भई सकल सव माता।।
श्रद्धा भक्ति शान्ति सत धीरा। जानय प्रकृति प्रथम तन पीरा।।
तज दुःख शवद सि आखर पैला। मात विसर्ग मुडय सुख गैला।।
परे पुनहि पद करहि विचारा। अम्वे जान विवश शिशु प्यारा।।
एकहि वार हिदय बहु लायो। संगहि अंश वानि स्वर छायो।।

दोहा - भीगे डूवहि प्रीत सर, पुलके शीत रूमान्च।
नीतहि जननी जान हिय, पाय लगे पद सांच।। (214)

चौपाई - तिरछे नयन विहँस माँ जाना। अधरन्ह स्वर गूंजिहु वुधि ताना।।
आयषु शान्ति अशीषहि साथा। ममता मात उठाइहु हाथा।।
अंचल पट ढाकिहु तिर शीशा। सुइ चित प्रीत प्रशन्नहि ईशा।।
प्रकृति प्रशून आनन चहुं लाजे। तेजहिं चारू दमक सव साजे।।
केशनि राशि विखर तम काँधे। अन्तर ज्योति प्रकाशहि वाँधे।।
समरथ सवहि हितैषनि सर्वा। प्रगटी जननि भरनि सत गर्वा।।
जिह वल क्षनहि घटय दुःख भारी। पाय सहज वान्छा नर नारी।।
ऐसी मात प्रगट मो आगे। भई धन्य कर भागहि जागे।।

सोरठा - हरि हर और विरंच, नेकु कहत अँसुवन तरै।
लेय चितय हिय मंच, करय प्रतिष्ठित जोर कर।। (215)

चौपाई - वुधि पति दशा निरख नहिं जावे। मनहि प्रशन्स अंश दिव आवे।।
स्तुति हेतु करहि मन भारी। प्रेमहि विसर वाणि निज प्यारी।।
आनन सुखित विलोकहि व्रह्मा। लोचन छाय छवी जगदम्वा।।
जननी जय वस जीभ गुंजारा। प्रेमहि रस असुँवन वह धारा।।
प्रेम प्रकृति तज और अलावा। विध हिय नांहि सु सत्य सुनावा।।
जस छवि जननि निजहि पहि लहही। विध तस रूप समहि सव सहही।।
द्रगहि विलोक कवहुं छवि छांहा। चेतन चक्षु क्षनहि महिं राहा।।
निरगुन व्रह्म तत्व सत आदी। प्रगटी नीति सु शक्ति अनादी।।

दोहा- सोचहि स्तुति प्रीत कर, भरइ सोइ द्रग ताल।
कन्ठ रूँधय रसना विकल, कह न सकहु कछु हाल।। (216)

चौपाई - पालक जग स्वामी श्री ईशा। उठहि तुरत पर तरूनहि शीशा।।
दीन दशा मोहित मन भयऊ। सत्यहि रूप छविह वहु पहयू।।
दिव्य रवी रशमी इक अंशा। प्रवशी निजहि सु भक्ति प्रशंसा।।

अचरज गयउ भयउ विश्वासा। वाढी हिय पद प्रीत पियासा।।
हरि मधुकर धुन पदहि प्रशूना। लै रस गुंजर वढय क्षन दूना।।
बैठिहु हठहि भ्रमर तज भावा। अन्तर त्रप्त अन्त नहिं पावा।।
वाह्रय पियास पलहि पर प्राना। गयउ समाय अनादिह ज्ञाना।।
श्यामल रूप रहित मल जीया। प्रीतहि विसर पवित रस पीया।।

दोहा - स्तुति गुँजरन मूक हुय, मनहि प्रशन्सहि जोर।
चित चेतन अवलोक दिव, भयउ न खाली कोर।। (217)

चौपाई - शम्भु स्वयं सब जान अतीता। पैल समाधि परस गुण नीता।।
सुइ कछु भाव मनहि नहिं वरना। चित गंभीर चुप लागिहु चरना।।
भावनि जिय जननी हिय भावा। उमा कान्त जानहि सिर नावा।।
शान्त प्रकृति चिन्तन सत सोचा। रहे समाधि विकल वढ रोचा।।
भावनुकूल प्रगट आकारा। सत्य ज्योति थिर शक्ति सकारा।।
दिव्य रूप सोहनि सत आगे। माँ सुत प्रीत प्रगट पद लागे।।
भये विकल सकुचत तक रूपा। आंचल तरे सहम रह चूपा।।
प्रेमहि करहि मनहि गुन गाना। कछुक कटू पर नीतहि ज्ञाना।।

दोहा - अन्तर बाहर शान्ति शिव, जिम सुख नीरहि मीन।
अगम परे नहिं होय मन, कैसहु कवहु मलीन।। (218)

चौपाई - मनोभाव तीनहु सन प्रीती। जानी अम्व सकल हिय जीती।।
बोले नाहि जवहि कुछ देवा। अन्तर बैठ चितय कर सेवा।।
जानी तवहि जननि हिय वाता। विंहसी बहुर पुनीतहि नाता।।
भई प्रशन्न वोले तव ऐसे। राज प्रकृति कूकी पिय जैसे।।
शान्ति धरहु धर ज्ञानहि धीरा। प्रेमहि पुलक हरौ तन पीरा।।
सुत हमार लोकेश्वर ईशा। जानिहु जगत नवाइहु शीशा।।
सुनहु देव मैं करम वखाने। जो जस प्रीत सुलायक जाने।।
मैं प्रशन्न प्रेमहि भयु तोही। मांगहु अन्य वान्छ वर मोही।।

दोहा - कह यह नीतहि प्रीत सन, वार बहुर चित लाय।
चेतनि आँचल तरि करियु, दीपहि ज्ञान जलाय।। (219)

चौपाई - मृत्यु विजी शिव सरल सुभावा। धर मन धीर सुना ऋषि गावा।।
प्रेमहि विकल समहि सुर जाने। सहमति पाय सवहि सन्माने।।
चित अति गूढ ज्ञाननी माया। जाननि मात्र विवश शिव काया।।
वांधे भाव न कछु वढ वानी। बोले सहज सरल मृदु वानी।।
छिपिहु न कछु पूछिहु पर ऐसे। रहे अजान जान सव जैसे।।
रहहु मौन जद्यपि तू जाने। कहहु झूठ किम हेतहि माने।।
सत्य सरल सुन ऐही वाता। दर्शन मिलै भाग वढ ज्ञाता।।
सुन कछु और न वान्छा मोही। आँचल दया छांह सुख होही।।

दोहा - आगे जननी तोहि मति, मैं मानहुं धर शीश।
जस आयहु रूच मेट तस, रहहि शरन तिर ईश।। (220)

चौपाई - वेदहि अम्व हियहि तिर गमनी। जानिहु सकल तनहि त्रन रमनी।।
प्रेमहि बहुर विलग सव जाना। विहंसी अधर नयन सुख साना।।
यहि बल वरन दशा सुर देवा। वनय न वरनत पारहि खेवा।।
बोली पुनहि घोर रस प्रीती। गूढ नीति मोहनि मन जीती।।
मैं प्रविशी अन्तर तिर तोही। व्यापे भाव समहि सव मोही।।
तज तुम विलग कहूं मैं नाही। सत परिपूर परे तुम छांही।।
गूढ स्वयं जो भ्रम निज आने। भटके वोहि चितय कछु जाने।।
मैटन सोइ पन्थ मैं जानी। प्रविशो हमहि प्रीत पहचानी।।

दोहा - कह यह माया विस्तरी, व्यापी रूप वढाय।
छाया निज आगे रही, मोहहि सुरहि चढाय।। (221)

चौपाई - घोष गगन दुन्दभि दिक काँपे। नाम जपत देवहि सव भांपे।।
लोचन मिचे पलहि अध खोले। भय कछु नांहि रहे थिर डोले।।
देखिहु तुरत चेत छवि धामा। प्रगट विमान लिखे शुभ नामा।।

रतन जटित झालर झल मोती। मांझइ ऊच दीप सत जोती।।
जो रथ सदा सभी भव पावै। इष्टहि पूज प्रीत चढ जावै।।
सुनहु मुनी सुर सरल बखाना। भूले शिवहि समाधिह ज्ञाना।।
हरि हर तभी हमहि सन कहयू। मैं सिर टेक शिवहि सन नयऊ
कहिहु तुरत तव भेद बतावा। निपटौ त्वरा सु गूढ जतावा।।

दोहा - सुन बोले मुनि सोच तव, भेद सरल हित लोक।
कहहु नाथ मैं टेक सिर, रहहु वानि हिय रोक।। (222)

चौपाई - सब हित सुना विरंचहि भाषा। प्रेमहि कहियु कछू नहिं राखा।।
रथ शुभ ऐसु सरल सव पांही। सोचहि समझ सु दुर्लभ नांही।।
जद्यपि सुर पावहि इह नांही। भर मद पूर चलइ पर छांही।।
सो सुन सरल नियम जस नीती। बैठ विमान वढय सत प्रीती।।
होयहि वरन कैसु का लैना। निःछल प्रेम प्रगट जिय चैना।।
योनी सकल प्रान प्रिय प्रेमा। धुरी सवल जानहु नित नेमा।।
दृणता शान्ति सु मात प्रतापा। करय विषाद समानहि आता।।
चाका ऐहि समर्पण करमा। भाव समहि सव सुन्दर धर्मा।।

दोहा - क्रोध विजित होवहि सवल, क्षमा नीति रच ढांच।
पाटिहु संगति साधु सन, रहित कुमति किह आंच।। (223)

चौपाई - श्रद्धा भक्ति शान्ति विश्वासा। चारिहु लाठ परी माँ पांशा।।
चादर सोइ जननि दिवि छांहा। दाया रहै मिलै कछु नांहा।।
रतन जडे झालर जिह मोती। माया सुख मोहनि हिय जोती।।
फहरइ ध्वजा जेहि अति ऊँचे। मन्त्र प्रभाव सजिहु रथ नीचे।।
शोभनि साध हिदय सन्तोषा। जानहि ज्ञान महा शुभ कोषा।।
आसन सुखित कमल हिय शोभा। जो जस करम सु तस पद लोभा।।
धीरज वांध थिरहि बढ ज्ञाना। प्रीतहि जिह हिय खोज प्रमाना।।
सारथि मन आयषु मति दयऊ। संग सखा हाँकय सुख लयऊ।।

दोहा - सत पथ बाढय आश कर, सोचहि ज्ञान गंभीर।
प्रेरित माँ सुइ कर करम, रहै रहित सब पीर।। (224)

चौपाई - सुख दुःख नीति नियम हित सारे। छत्र कृपा जानइ सव प्यारे।।
धीरज रहै बांध थिर एका। जग हित परे सु पूरन नेका।।
दमकइ कान्ति अपन लघु जानी। दूसर परे स्वयं बढ ज्ञानी।।
प्रीतहि परी सकल जग बीचा। पूरहि प्रेम महा जल सींचा।।
दाया बहुर भाल नभ छावे। घनहि रूप तन सुख वरसावे।।
होयहि त्रप्त सु ऐसु विमाना। जिह चित परे सोइ सब जाना।।
सत्यहि प्रगट सु शक्ति सुरूपा। खेचहि त्वरा गतिह हय रूपा।।
मन हिय मेल जेहि गुन नीती। डोरी वंधी शक्ति माँ प्रीती।।

दोहा - स्वयं प्रकाशित बैठ अस, वाढय मंजिल ओर।
सत्य शिखर दमकइ जहाँ, मेलहि माँ सन पौर।। (225)

चौपाई - आयइ लौट बहुर फिर नांही। जातन परे जेहि सत छांही।।
नीति नियम सव सरल सुजाना। वाढय अग्र भेद अति नाना।।
निजहि सुभाव सहज सव अन्ता। दुलहन हिय दीपहि सत कन्ता।।
दै विस्तार दया गुन वानी। भावनि हिय भाषन रस सानी।।
परचित प्रेम सकल भव मांहा। नीतहि कर मंगल घन छांहा।।
रूपहि शान्ति सु सत्य प्रतिष्ठा। शक्ति ओर मोडहु सव निष्ठा।।
सूकक्षम तत्व हिदय विस्तारा। पाय कहा विधि गुनहि अपारा।।
आदि नीति कछु और हितैषी। कही विरंच सकल रह जैसी।।

दोहा - सुइ जानिहु हरि हर समझ, कह चुप भये विरंच।
गावत गुन माँ आदि सत, चले विमानहि मन्च।। (226)

चौपाई - बैठे बीच सहित श्री स्वामी। जगदा धार धरम अनुगामी।।
पालय लोक समहि बढ नामा। आयषु शिव मानहि गुन धमा।।
मन हिय संयम योग विधाना। बैठे वगल व्रह्म हर माना।।

बाणि उमा मेलइ संग नाथा। प्रेमहि किलक धरिहु हरि माथा।।
दमकय सत्य अलौकिक तेजा। प्रगटय अमित लोप हिय सेजा।।
छाया सत्य शक्ति इक अंशा। आगे बैठ भई थिर मंसा।।
शान्ति नीति संयम स्वर वानी। खेंच अद्रश हीतल सुख सानी।।
बढ विमान उठ गयउ अकाशा। प्रीत पुलक भर फेल प्रकाशा।।

दोहा - मन्त्र जपय तिर सुर मगन, विक्सय सरल सुभाय।
छवि देखय चित रोक द्रग, गति कछु वरन न जाय।। (227)

चौपाई - महा प्रकृति सत जोति प्रकाशा। प्रगटी विलय एक तिर श्वासा।।
बाहर पवित जदपि पुन जीया। वासय लौट दमक बढ दीया।।
मोहित सोइ क्षनहि हिल जोती। छन छन भक्ति मात प्रति होती।।
जान अनादि अनन्तहि ऊँची। जननी महा विराजनि वीची।।
भाव सरल चित गूढहि द्रष्टी। देखिहु प्रथम सलिल भर श्रष्टी।।
सीधी भांति नीति सन्केता। जननी कहा समझ निज हेता।।
सकुचहि मूढ भ्रमहि संकोचा। मेटनि सोइ सदा सव रोचा।।
मैं निज द्वीप वसहु विन रूपा। पूरन जन मुहि तीन अनूपा।।

दोहा - मन्तर प्रेमहि नीति मुहि, याके प्रगट प्रभाव।
निरखौ लोकहि लोक सब, शक्ति सुलोकहि भाव।। (228)

चौपाई - कह यह भई मूक मुस्काही। सादर सुना निरख छलनाही।।
हरि हर व्रह्म प्रथम भू लोका। वाढ प्रलय थल ढका विलोका।।
शान्त प्रकृति शुध सत्य वयारा। बहै सलिल कर तरल रकारा।।
उछल तरंग वढै सह शीता। हिम गिर हिदय लौट फिर नीता।।
नीरव नील गगन तन शोभा। भंग तरंगहि फेनहि लोभा।।
बीचहि सुखद तटहि भय भीता। गरजहि उछल फेर गिर रीता।।
ऊंचे शिखर विटप इक पीपर। कोमल पात करहि ध्वनि मर मर।।
पतहि पात परे शिशु श्यामा। शेष सहित अंकित शुभ नामा।।

दोहा - छांह शिला ध्यानहि मगन, बैठ तपस्वी एक।
जानिहु जिह दिव चक्षुसन, देखे प्रलय अनेक।। (229)

चौपाई - मन प्रशन्न हिय पवन प्रहारा। तनहि रूमान्च परस्पर प्यारा।।
वाढा गगन शून्य रथ ढाला। झांका चकित तुरत चल चाला।।
देखी नगर अलौकिक शोभा। कोट फिरा तरू पातिन लोभा।।
महक प्रशून हरनि हिय शोका। फैलय सकल गन्ध सुर लोका।।
उपवन बीच विटप पिक कूका। गूंजहि साान्त सकल सत हूका।।
शीतल सलिल अमल चल लहरा। कल कल गान झरइ तल गहरा।।
सुर सह वाम धोय निज बदना। हरि हिय गान करय गुन सदना।।
देवी शक्ति विजित मन भूपा। देवहि देव अतुल दिव रूपा।।

दोहा - बहुर अगारहि जाय रथ, पहुचो भिन्न प्रदेश।
तवहि विलोका देव तिर, रहहि जंहा देवेश।। (230)

चौपाई - तीनहु देव लोक सुर शोभा। देखी चकित विजित मन लोभा।।
नन्दन वाग विटप बहुं पाती। पारिजात मनु आंकइ काँती।।
देखिहु नाहि प्रथम अस कवहू। सोचहि चेत चलय मन अवहू।।
ऐरावत गज तज मद मोहा। बैठा छांड चपलता कोहा।।
आतम इन्द्र पवित सुर लीका। शची सहित लूटहि सुख जी का।।
किन्नर यक्ष धार वुधि नाना। उपवन बीच नाच कर गाना।।
देवहि लोक विधी हिय वान्छा। लखी सोइ जो होइ अकान्छा।।
हरि हर व्रह्म चकित सुर वासा। लखा सुरेश जंह रहइ निवासा।।

दोहा - कछु सोचय रट नाम मन, कछु जय जननि सुभाव।
बोलय हरषय मात प्रति, प्रीतहि पुलक झुकाव।। (231)

चौपाई - बढा विमान गगन गति वोही। देखा सकल मही माँ जोही।।
गिरि कैलाश पवित शिव धामा। प्रेमहि पुलक सुना हर नामा।।
भगतन भीर असुर सुर सेवा। गावहि गीत जयति जगदेवा।।

पूंजहि भांति बहुर मन प्रेमा। पूरन वान्छ रूकय नित नेमा।।
शंकर तवहि शंकरहि देखा। भालहि परी भ्रमहि लघु रेखा।।
जननी आदि अंश शिव वामा। पति हिय धार रटय हरि नामा।।
आतम शुद्ध भरम सुइ नांही। अचरज वना सहज सत छाँही।।
पंच विटप वट कोमल पाता। जुरे सहज ऊपर तरि ताता।।

दोहा - पंच मुखी प्रभु छाँह प्रिय, ज्ञानहि लगा समाधि।
बैठे देखा नाथ शिव, वढे भाव पल आधि।। (232)

चौपाई - आगे गये लखा हरि लोका। शोभा क्षीर सिन्धु अबलोका।।
श्री पति स्वयं सहित श्री देखा। शान्त शयन सेवहि श्री लेखा।।
भुजा चार शोभहि घन रूपा। अन्तर जग तारन भव कूपा।।
सेज सुखित शोभै तन शेषा। फनहि छाँह छत हरन कलेशा।।
चेत मनहि पुन चकित चितावा। जगदाधार स्वयं निज पावा।।
माया समझ जननि जग आदी। प्रेमहि हंसे सु जान अनादी।।
देखत चले विष्णु निज देशा। छवि नयनन निरखत माँ भेषा।।
हरि हर प्रेम जननि वश जाना। व्रद्ध मती विधि औरहि माना।।

दोहा - श्रष्टि चक्र जिह अन्तरहि, जीव सकल भय लीन।
सुइ हरि दूजे रूप भ्रम, अचरज नेक न कीन।। (233)

चौपाई - रथ गति सत्य स्वरहि गुन्जारा। व्रह्म विलोकभा चकित अपारा।।
विध निज लोक लखा सह वामा। व्रह्म चर्य व्यापित विन कामा।।
ज्ञानहि दीप जलय हिय जोती। विध आचार कवच दिव होती।।
रूचै जैसु जोरहि तस नाता। घेरे दीप जलावनि माता।।
माना सोइ प्रकृति जस प्रेमा। लोक सकल जानय विध नेमा।।
हेतु सुगति विध तन सद भावा। चिन्तन लगे करन गुन गावा।।
माया कृपा प्रीत विध पाई। अचरज मेट सुनीति समाई।।
व्रह्म लोक भावनि मन ज्ञाना। देखा सकल जैसु बुध माना।।

दोहा- मेट सकल भ्रम देव तन, तीनहु भये प्रशन्न।
अन्य लोक जित है सकल, लखे सोइ शुध मन्न।। (234)

चौपाई - गति विमान धीमी भइ आगे। ओर पवन रूक झटकन लागे।।
गिरि विशाल जिह शिखरहि ऊंचा। दूरहि कछू दिखावन नीचा।।
देखा देव हिदय अनुमाना। जो कछु सोइ चरित माँ जाना।।
आय नियर पुलकित हिय देखा। प्रेमहि हुलक नीति सत लेखा।।
देवी महा दिव्य सत दीपा। रूप लघू फेलय सव द्वीपा।।
रथ गति मन्द गयउ पथ भूपै। भीतर कोट रूका स्वर चूपै।।
उतरे देव प्रथम सिर नावा। बहु सुख गावहि जननि सुभावा।।
निज मृदु भाव मात संग तीनौ। पाछे चले प्रीत पथ चीनौ।।

दोहा - ज्योति सत्य पथ जेहि चल, सोइ चले सुर तीन।
जो कछु देखिहु विलग सुइ, लखा नही लय लीन।। (235)

चौपाई - यहि विधि दिव्य द्वीप महिं ईशा। देखत चले नवावत शीशा।।
नाना भाँति नयन छवि वागा। रचना विविध सुकूप तडागा।।
पांत विटप कोटहि चंहु ओरा। शोभा बहुत कहत लग थोरा।।
भांति अनेक विहंग बहु रंगा। वानि बहुर बोलइ बहु चंगा।।
वहइ वयार हिलर तरू पांती। चहकय चिडी उछल उड जाती।।
छाया सुखद रूकै बहु जीवा। गूंजहि गीत सुखी तज सींवा।।
पातहि छिकै फिरै रवि तेजा। चंचल पांति पबन सुख सेजा।।
झलमल छांह विहंगनि गीता। शोभै सुखद पांति स्वर नीता।।

दोहा - कोयल कूकै राग निज, छाया जहां वसन्त।
सब ऋतु शोभा भाव सम, व्यापहि आदी अन्त।। (236)

चौपाई - उपवन बहुत निजहि लह शोभा। सजे विचित्र सुमन मन लोभा।।
धरनी ढकी हरित तृन नीचे। घनहि स्वयं पौध लधु सीचे।।
भिन्न रूप अरू विविध वनावा। खिले प्रशून मुदित चित पावा।।

शीतल मन्द सुगन्धित वायू। सरल बहाव खुले निजनायू।।
ध्वनि झन झन लघु केहनि केरी। गूंजहि सकल मात हित प्रेरी।।
अलि गुन्जार भांति बहु नाना। लोभे हिदय मदन मन गाना।।
उपवन वीच कीट बहु योनी। पाई सकल लखीजित जोनी।।
नहिं प्रशून ऐसा वहां कोई। जो वुधि क्षेत्र और कहुं होई।।

दोहा - लखे सकल तरू रूप सुर, जित तीनहुं जिय जान।
निज निज लोक विलोक सव, रहे हिदय अनुमान।। (237)

चौपाई - सरिता सकल पवित जल पूरी। वरनहु शोभ सुमती अधूरी।।
जलचर सकल योनि सुख पावहि। किलकत रहहि सलिल उछलावहि।।
लहरनि बीच चमक तन मीना। उलटी होय बहुर जल लीना।।
संग सहेलि लहर गुन गाती। उठहि बीच दमकत तट आती।।
शान्ति गीत गावहि तट वासी। कंकर हिलर वयारहि आशी।।
पक्षी सकल वास वट घेरे। देखे प्रेम जियत सत चेरे।।
भानु प्रकाश रोकइ घन धूपा। रवि कर दरश मलिन तन चूपा।।
कमल कुमोदनि कुमुद खिलावा। रक्तिम धवल रूप जल छावा।।

दोहा - रवि किरने मेलहि पवन, चीन खिलावहि फूल।
प्रेरहि प्रीतहि नीति माँ, शोभा वनी निकूल।। (238)

चौपाई - चली दिखावत शक्ति अद्रश्या। छाया रूप बतात रहस्या।।
कल कल झरय सुखद बहु झरना। आये मनहु धौन माँ चरना।।
सुन्दर सुमन पंखरी वीचा। किरने परहि लौट रंग सीचा।।
नीर गुंजार नीत रंग भिन्ना। मिलै अनेक संग बहु छिन्ना।।
इन्द्र धनुष सा शोभै रूपा। लोभे सकल सुलाग अनूपा।।
सत्य नीति शोभे सुख शांती। प्रेम पुलक छलकय दिव कौंती।।
कछु नहिं ऐसु जु होयहि नांही। लोक सकल सब पावहिं मांही।।
जननि जयति गावत तिर ईशा। चले अगार नावत निज शीशा।।

दोहा - भांति बहुर भ्रम मेट निज, गये अगारहि नाथ।
देखिहु ऊचा एक थल, चले सोइ सब साथ।। (239)

चौपाई - भांति अनेक शोभा सब देखी। कहहुं सोइ वरनत नहिं लेखी।।
घूमत चले गये नियराई। देखा सकल बहुत चतुराई।।
रूप अनूप दीप इक सुन्दर। अदभुत जोति मात्र इह अन्दर।।
प्रज्चलित शान्त चपलता नांही। अचरज नांहि प्रकाशित छांही।।
दमकय तेज लगय जुर सीमा। घेरा रूप वनय चित जीमा।।
पवन झकोरहि सुखद सुभावा। जदपि वुझय पर नाहिं प्रभावा।।
दमकय सत्य और कछु नाही। इह आचार वाति हिय मांही।।
सत्य शक्ति निर्मल दिवि जोती। प्रजुलित शान्त प्रकाशहि होती।।

दोहा - पवन जोर सीमा छिकहिं, रूकै वनौ जो घेर।
शक्ति तेज वाती तली, भये चकित सुर हेर।। (240)

चौपाई - जोति तेज सीमा तिर देवा। देखा विलग करै सत सेवा।।
टैका धरनि माथ कर विनती। जोरे हाथ चले गिन गिनती।।
भवन विशाल आगे अब लोका। पहुचे सोई हरत भ्रम शोका।।
ऋषि मुनि योग जपय हरि नामा। शक्ति रूप जानय वुध कामा।।
प्रेमहि नीति जैसु मन माना। नाता सोइ जोर कर गाना।।
देहरी पहुंच दन्ड वति कीन्हा। निजहित हेतु सकारहि चीना।।
समझय सोइ जोर वड भागी। दाया जननि जेहि मति जागी।।
भाषा सरल सोइ माँ मोही। रही सुनाय लिखहु सुन सोही।।

दोहा - प्रेमहि खोये होष निज, उठे मनहु वौराय।
हरषत गावत गान माँ, धसे भवन जी भाय।। (241)

चौपाई - ऊँचे एक सिंहासन साजा। देखत कोटि मदन मन लाजा।।
रतन जटित झालर लग मोती। जगमग दमक कान्ति दिन होती।।
विस्तर विछे सुकोमल भारी। लगा किनार श्री विस्तारी।।

पद्मासीन जननि महा देवी। शोभे नयन तीन सब सेवी।।
यन्त्र श्रवन षट बैठी अम्वा। जानय सकल जगत जगदम्वा।।
काम कला पूरन छवि नेका। प्रगटे भेद मात वस एका।।
जो जिह मति जाननि सो वैसी। छाया जननि करम वुध जैसी।।
रक्तिम वरन छवी तन छाई। सहित शरीर शान्ति रत पाई।।

दोहा - पूरन शोभा श्री सदन, दमकै ओढनि पांह।
रक्तिम तन सुइ वसन रंग, कोटि उदित रवि मांह।। (242)

चौपाई - तेज लिलारहि लोभै ताजा। वुधि धर वानि विचय सुख साजा।।
वैभव पूर रहित कछु नाही। पावा सकल सुनीति सराही।।
श्रवनन दोउ देव सुख दानी। क्षमता सोइ सकल हिय जानी।।
कान अभूषन सत स्वर प्रेरे। जाने सोइ मात पद हेरे।।
लोचन दोउ जननि छवि शाँती। रहइ निहार बदन सह काँती।।
कोप नयन वीचे विच भाला। काली महा विराजित काला।।
आनन सुन्दर शोभहि जननी। अवसर परे वनय खल हननी।।
जिव्हा वानि वुद्धि गुण खानी। वासय रूप जेहि जप ज्ञानी।।

दोहा - श्री वुधि कोपनि मात प्रिय, घेरे आनन तेज।
विजय ज्ञाननी शान्ति शुभ, व्यापहि जननी सेज।। (243)

चौपाई - सौरभ सकल प्रशूनहि तेला। मालिश बदन रमय विन मैला।।
सुमन सुगन्धित शोभिन हारा। कन्ठहि साज सुगन्ध प्रसारा।।
दिव्य अभूषन नेक अनेका। दमकै अंगहि एकहि एका।।
अष्टभुजी जननी महा माया। शान्त प्रकृति निर्मल मन काया।।
धारनि सर सारंग त्रिसूला। फरषा पांस कमल किह फूला।।
चक्र कमन्डल करहि अशीषा। वरमुद्रा जानहु जगदीशा।।
तीनहु देव आदि भुवनेशी। मिले सकल जो जन पर देशी।।
भोग पदारथ जित सव लोका। होयहि सोइ मिले माँ रोका।।

दोहा - भले बुरे जित नाम सब, सकल देवि किह चेर।
माहेश्वरि जप कन्य सुर, रत माँ सेवा केरि।। (244)

चौपाई - मन्त्र आदि साधक बहुनामा। प्रेमहि जपहिं सुशक्ति सुधामा।।
कोटि विभूति माया पहिं राजी। अदभुत दिव्य अभूषन साजी।।
दासी पंख झलावहि कोऊ। प्रेमहि भोग लगावहि कोऊ।।
वाजे भिन्न भिन्न बहु बाजे। निरख कला क्रति देवहि लाजे।।
हरि हर व्रह्म हरष मन मांही। इह विधि गये जननि पद पांही।।
त्राह त्राह कर त्राह पुकारा। चरनन परे जयति गुंजारा।।
पंथ प्रदर्शन छांह तुरन्ता। तेजहि राह मिली तन अन्ता।।
जननी आदि विलोके देवा। पद पहि परे करय मन सेवा।।

दोहा - धायहु अम्वा उठ तुरत, इक संग सुरहि उठाय।
लाययु हिय ममता भरी, प्रेम छलक द्रग आय।। (245)

चौपाई - बोलन चहहि कन्ठ रूध ईशा। छलका प्रेम नयन जगदीशा।।
अन्तर प्रेम भ्रमण सब जाना। विहंसी अम्व विलोकिहु ज्ञाना।।
वानी मधुर भरी ममता से। बोली देवि वचाभ्रम नाशे।।
कहतन एहि भरम सव मेटा। एक एक अंकनि सव भेंटा।।
पूरन शक्ति सत्य परि पूरी। सम सम तीन दई भर पूरी।।
मनमहिं पूजहि हरि हर व्रह्मा। स्तुति बोलहि कर जय अम्वा।।
भाव उठिहि कोमल सन प्रेमा। छाड हिदय अधरहि चल नेमा।।
फडकय अधर वयन रह भीतर। जय ध्वनि शोर वाह्य कर हीतर।।

दोहा - अन्तर वान्छा जान माँ, वोली सरल सनेह।
जैसहि मानो मोहि तुम्ह, भव वैसहि तुह सेह।। (246)

चौपाई - सुनी ऐसु ममता मय वानी। भये क्रतारथ गुन कल्यानी।।
भांति बहुर स्तुति कर जोरी। तीनहु कीन्ह कहा मति थोरी।।
ईशहि सम जसु जननी भावा। वान्छा निज प्रीतहि प्रगटावा।।

कृपा तोहि पूजहि मुहि लोगा। सत्पथ चलहु सु भोगहु भोगा।।
जदपि मोहि भ्रम जानहु तोही। फीकी लगय कहत नहिं सोही।।
अन्तर यामिन वासनि जीया। जानहु सकल प्रकृति तिर कीया।।
कहहु सोइ जिह भ्रम मुहि नाशे। करम वखानहु आत्म प्रकाशे।।
प्रेमहि तोहि पहल निज करमा। भूले हमहि कहहु सत धरमा।।

दोहा - जननीं विहसी सुनत इह, तीनहु लयो उठाय।
जगत गुरू प्रस्ताव प्रिय, भेटिहु हिदय लगाय।। (247)

चौपाई - अंक बिठार संभारहि चोली। देवी महा बचन इम वोली।।
सुनहु ईश तिर गूढ रहस्या। जो कछु देखहु तुमहि सदश्या।।
हरि पद भ्रम हर मेटन केरा। व्रह्म सु ज्ञान वढावन प्रेरा।।
मोहित करिहु जदपि मृदु भावा। द्वीप महा अति ऊंच दिखावा।।
ज्ञानहि द्रष्टि जनहु आकारा। मोनहि रूप जदपि साकारा।।
तुहहि दिखावन भक्ति तुम्हारी। प्रेम विवश अस मती हमारी।।
मै निज नीति सु पन्थ तुम्हारे। चलहि सकल आचार निहारे।।
सत्य रूप जो मैं सो तोही। जो तुहि जीय सुमानहु मोही।।

दोहा - करय भेट जो जीव इह, सोइ निपट अज्ञान।
ऊंच नीच मानय विलग, होइ स्वयं अपमान।। (248)

चौपाई - दीपक सत्य सु जोति मिहारी। प्रजुलित शक्ति सुनीति निहारी।।
तेज किरण दमकै तुहि रूपा। दीख विलग पर मिलय अनूपा।।
सागर सलिल उठय जिम लहरा। दीखै विलग मती तल गहरा।।
मो तुम्हार तिम एकी करना। मैं इक झील सलिल तुह झरना।।
सीमित क्षेत्र द्वीप मुहि नाही। मेटन मोह सु तोही दिखाही।।
शक्ति अद्रश मैं लोकहि सारे। व्यापी भाव समहि सुत तारे।।
दीप प्रकाशहि शक्ति सुनीती। तेजहि मोइ हिदय तुहि प्रीती।।
जो तुम देख विलग निज रूपा। तिय सह लोक रमन मन चूपा।।

दोहा - सोमुहि माया मोह तुहि, देखी निज निज बाम।
अबहि निहारहु देवि तिर, मोहि समाई धाम।। (249)

चौपाई - जीव सकल तुहि पूज अनादी। जानहु मोहि हेतु निज आदी।।
मोप्रति शक्ति प्रीत तुहि नीती। शुभ आचार पन्थ सब जीती।।
प्रतिनिधि मोर तुमहि प्रिय तीनो। उतरे खरे परीक्षा चीनो।।
मुहि सकार मानहु तुम सोई। हित अति तोर सरल पथ होई।।
श्रष्टि रचन ब्रह्मा वुधि साथा। मैं तुहि साथ रहहु मन माथा।।
पालय विष्णु सहित श्री शोभा। पूजित जगत रहइ मो लोभा।।
रच्छहु जगत जेहि मन जैसे। करम धरम सन भोगहि तैसे।।
करहि जुगायन माँ सनमाना। नामनु रूप रखहु तिह प्राना।।

दोहा - अन्तहि शंकर कोप मुहि, श्रष्टि करहि संघार।
पहले याके भाव मृदु, भोला भरइ भंडार।। (250)

चौपाई - गूढ रहस्य तुम भांति अनेका। समझहु सोच सवहि सत नेका।।
कर भरोस शक्ती मम भारी। निज निज करम करहु मति न्यारी।।
एक उघेश्य सब गिरि किह सत्या। पंथ करम वहु भावनि प्रित्या।।
अन्तहि आप मिलै मो पांही। सत तरू साख अनेकन छांही।।
भवनहि पन्थ बहुत जिम होई। मंजिल मिलै अन्त चल कोई।।
सोयहि मोहि सरल शुभ नीती। मारग एक करहु भल प्रीती।।
गुन औगुन भल अनुभल प्राणी। छांटय हेतु जननि सुन वानी।।
नीकौ करम समाजहि करही। विध आचार निडर जग रहही।।

दोहा- सुन सोई सुत सोच हिय, विस्त्रित करहुं बिचार।
जीवहि सम सम प्राणि सब, इह मति करहु प्रचार।। (251)

चौपाई - मो निज तेज भाग सम तोही। तीनहु निडर रहौ वल मोही।।
बिचरहु व्याप जगत बिन देखे। पूजहि प्राणि सकल प्रभु लेखे।।
मोहि कला सो तोहि प्रकाशे। अन्तरयामि सुरहि तिर भासे।।

जाय करहु नित सन्ध्या सेवा। श्रष्टि सिन्धु नावहि तुम खेवा।।
जो जिह भाव तोहि जग माने। प्रगटे शक्ति हियहि पहचाने।।
जीव सकल जानहु सुत मोरे। मो माँ नाम प्रकाशहि जोरे।।
यासे सुनहु कहहु मैं सोई। हिंसा प्राणि रूचे नहिं मोई।।
यहि सव सोच करत मन चिन्तन। गमनहु धाम करम निज करतन।।

छन्द - निज करम करतन धाम गमनहु गीत गावत नीति के।
सत दीप जोत दरशन द्वीप मृदु बोल बोलहु प्रीति के।।
तुहि साथ लै गह हाथ हीयहि वास कर जीयहि भरौ।
सुन बानि ज्ञाननि मात मुख मन मीत महेशहि तरौ।।

सोरठा - सुने बचन सुर तीन, चतुरानन हरि हर पुलक।
परे चरन हो हीन, त्राह त्राह लोचन भरहि।। (252)

चौपाई - जननी तुरत उठा हिय लावा। भांति बहुर ग्रन्थन रस गावा।।
बहु विधि शान्त करिहु चित प्रेमा। बहुर निहार वतावहि नेमा।।
इह समुझाह सुनत अकुलाने। हेरहि मात पदहि सन्माने।।
धाम गमन सुन विलखे ऐसे। नीरहि मीन विलग हुय जैसे।।
सुख अति जैसु मिला माँ देशा। पावा कवहु न औरहि भेषा।।
प्रकृति धाम छवि पुत्रहि पांही। जावहि वलि निज ओट छिपाही।।
धाम पन्थ सह निज निज करमा। भूले सकल एक माँ धरमा।।
तरे सोइ अन्तर तन वाहा। अति कल्याण मिटिहु भ्रम दाहा।।

छन्द - भ्रम दाह मिट माँ ज्ञानहि प्रेम सत प्रगटावही।
कछु और न मनमहि ठोर हित निज मात पद पावही।।
मति जान लोचन ज्ञान सुर अस देवि मन विहंसत भई।
हित लाय नीति ममता महेश भेष शुभ भेटत भई।।

सोरठा - अन्त प्रीत कर फेर, जननि सुझावा धरम निज।
भरे नयन सुइ हेर, माने तवही माथ धर।। (253)

चौपाई - जानय वेद विधी चतुराई। व्रह्म तत्व विस्त्रित निगुनाई।।
बुधि पति मति निज माथ झुकावा। बहु विधि बन्दि चरन गुन गावा।।
बोले व्रह्म जोर कर ज्ञानी। जानहु जदपि कहे नहिं हानी।।
प्रलय प्लावन फैला धरनी। अम्वर तले करहु किम करनी।।
जो मति तोहि वताबहु सोई। बैसहि चलहु मोर हित होई।।
जननी सुना विहंस हिय लावा। बोली सुनहु सु जेहि बतावा।।
जानहु सुखी शक्ति मो पांही। सोखहि सूर्य तेज प्रगटाही।।
हरषउ निडर बिचर विच कमला। डंठल नाभि विष्णु उग अमला।।

दोहा - शोषण होयहि नीर किह, बैठहु शान्त सुभाव।
बहुर करहु सुध शक्ति मो, तप वल श्रष्टि रचाव।। (254)

चौपाई - सुन यहि माथ नवा विध माना। भेदहि विलग कछू नहिं ज्ञाना।।
चुप भयु व्रह्म नयन जल छावा। हिदय प्रशून निचुर रस आवा।।
देवनि विदा मात तैयारी। कीन्ही नीति सत्य हरि प्यारी।।
बैठहि पास विलग समझावा। हरि हर करम बहुर समझावा।।
नवा शीश माने तव दोई। संगहि शक्ति करी सम सोई।।
तिय वन आन समय समझावे। विसरी सुध स्मृति पुन आवे।।
बुधि गुन खान महा शुभ देवी। विधि संग कीन्ह नीति माँ सेवी।।
यहि विधि नाना भांति प्रसंगा। जननी कहे बहुत निज रंगा।।

दोहा - पुन छाया निज संग दै, आई पांहि विमान।
कर प्रनाम तीनहुं विवश, चले जननि सन्मान।। (255)

सोरठा - निज निज आसन लेय, बैठे गावत गुन जननि।
द्वीप महा सुख सेय, मौन भये दिव धार हिय।। (क)

चौपाई - शक्ति अद्रश्य जननि परभावा। शीघ्र विमान तीव्र गति धावा।।
राहहि रही न नेकहु शंका। गूढ रहस्य सरल चित वंका।।
विना द्वन्द मन गाय सुभावा। जननी वोल जयति जय जावा।।

भई न देर थिरहि मन होती। जावहि घ्यान करहि दिव जोती।।
आये जहां कियो तप भारी। दीखी मात्र राह माँ प्यारी।।
औरहि कछू नयन नहिं देखा। दीपक सत्य जलत मन लेखा।।
तीनहु जान हिदय दिव शक्ती। पूरी परी मोर द्रण भक्ती।।
एकहि एक ऊंच दुउ माना। दोवहु प्रभुता तीनहु माना।।

दोहा - आधे पल के काल महि, आये तप अस्थान।
छायी शक्ती साथ रथ, सम सम बैठ प्रमान।। (256)

चौपाई - रथ तर आय भये थिर मौना। नयनन शान्ति प्रतिष्ठ विछौना।।
ऊपर डोर स प्रीतहि डारे। झूला घाल हियहि विस्तारे।।
पलना हीय झुलावहि जीया। मन थिर मेल भयउ सत दीया।।
संग शक्ति जो विलग पधारी। अस विलोक स्मृति लौटारी।।
चेतन भये चकित गिरि ऊपर। हरि हर व्रह्म विलोके भू पर।।
बार बहुर मन अति अकुलाने। बहु सुख द्वीप सोच पछताने।।
एकहि एक परस्पर शीशा। बडा मान नावहि तिर ईशा।।
हरि सह अन्त व्रह्म बहु भांती। नावा माथ जान गुरू भांती।।
जगत गुरू गंगा अहि धारे। नाम रटे हरि शक्ति प्रचारे।।
पूरन जान तपस्या अपनी। दरशन महा द्वीप तन तपनी।।

दोहा - धार कमन्डल व्रह्म निज, शंकर लयो त्रिशूल।
हरि संभार तव चक्र प्रिय, चले भजत माँ मूल।। (257)

चौपाई - हिम गिर खोह भरी तम पूरी। कीन्ह प्रकाशहि तिर तरू मूरी।।
चले सोइ पथ धाम किलाशा। आवा नियर मोह निज पांसा।।
दाया दिव्य द्वीप महा छाया। जननी कृपा पवित हिय काया।।
पुन्य भूमि मोहित सिर टेका। आगे गये रूद्रमति नेका।।
आसन शिला दई बढ दौनू। बैठे वही स्वयं शिव तीनू।।
भांति बहुर मिल यश तव गावा। कथा अनेक सुइ शिवहि सुनावा।।

भये क्रतज्ञ चतुरानन नाथा। निज महि शक्ति सुनायिह साथा।।
आयषु लई अन्त कर जोरी। मांगहु विदा देहु मति मोरी।।

दोहा - शंकर सुन छलके नयन, कीन क्रतारथ आय।
जो चाहहु सो करहु प्रभु, वोले हिय हरषाय।। (258)

चौपाई - शंकर प्रेम लखा श्री स्वामी। कहा विहंस हरि अन्तरयामी।।
कहहु जैसु रोचय सव वैसा। आयषु काल भयउ मुख ऐसा।।
आयषु देहु जनहु अनुगामी। तत्व महा शक्ती रस कामी।।
बीते काल कछुक पुन मिलहै। तीनहु तेज सुमन भर खिलहै।।
आपन जान दया अति कीनी। कृपा तुम्हार हमहि माँ चीनी।।
महा द्वीप सुख सुमरत कहहू। प्रभुता तुमहि एहि सब रहहू।।
किरपा करहु सत्य पथ भावी। मति अस मोर समाहित रावी।।
विना मोह मन म्रदुह सुभावा। चित गंभीर ग्रन्थन अस गावा।।

दोहा - शक्ति तत्व सत सार सब, जानहु पूरन गूढ।
कीन्ह सरल भाषी जदपि, मानहि विलग विमूढ।। (259)

चौपाई - मो भ्रम स्वयं भयउ अब नष्टा। मात्र नयन दूजे हरि दृष्टा।।
जननी दरश दिव्यता धाई। देखहु अन्तर वाह्य समाई।।
प्रभुता नाथ तुम्हारी सारी। सत्य कहहु कछु नांहि हमारी।।
भूलहि कवहुन यहि उपकारा। दान सुभाव सु भाव उदारा।।
स्वयं मती उमडय सुन ऐहा। सुयश वखान सदा करू सेवा।।
बैठहु यही भरहु जिय नयना। शोभा देख सुनहु तुहि वयना।।
कहतन एहि कन्ठ भर आवा। अश्रु व्रह्म सहमती जतावा।।
हरि चुप भये तुरत विध वोले। प्रेमहि तुला बचन शिव तोले।।

दोहा - तात सुनहु मैं जानियहु, तुम्हरो सरल सुभाव।
सेवक प्रति सव भूल निज, रखहु न नेकु दुराव।। (260)

चौपाई - औरहि भांति गूढ तुहि नीती। जानी स्वयं सकल कर प्रीती।।
माना सोइ सवन्ह महा देवा। देव दनुज पूजहिं सम सेवा।।
द्रष्टि शिवहि श्रष्टिहि सब प्रानी। सम अस्थान दिये महा ज्ञानी।।
कहौ कहाँ लग तोरि वढाई। चाहहु कहन सु मती ढिटाई।।
हरि हित साथ कियो हित मोरा। कहौ कौन विधि बहुत निहोरा।।
चाहहुं सदा सुयस तुहि गाना। हरिसंग बैठ करत रहुं नाना।।
आयषु शक्ति करम निज मोहै। सोयहि विवश ऐहि नहिं सोहै।।
हित अति एहि देहु मो अज्ञा। रहहु सदा मैं तोहि क्रतज्ञा।।

दोहा - झूठे वचन न होहि हरि, वीते थोरिक काल।
होवहु क्रत क्रत कर दरश, फंसहु प्रेम तुहि जाल।। (261)

चौपाई - शंकर सुना कही अस वानी। सुमरी प्रथम मनहि कल्यानी।।
कही तुमहि मो अति प्रभुताई। जो कछु सुयश जदपि सुखदाई।।
सो यहि मोहि लाग नहिं नीकौ। मानहु स्वयं महा तुमही कौ।।
किये ऋणी मो आय जगावा। नहिं शक्ती जिह सकहु चुकावा।।
पाए दरस जु वासय जीया। हरि सुइ शक्ति दरश पुन दीया।।
आनन चार वखाने बेदा। तत्वहि एक न मानहि भेदा।।
सोई महा ज्ञान विध वुद्धी। दरशन पाय भइ हिय शुद्धी।।
आश्रय एहि रटहु हरिनामा। पुन बहु सोइ मनोरथ कामा।।

दोहा - कछु प्रभुता नहिं ऐहि मुहि, या महि सत्य प्रताप।
पुरवी वान्छा मोर मन, शक्ति कृपा सव आप।। (262)

चौपाई - आयषु शक्ति विवशता मोरी। जानहु तात सत्य मति भोरी।।
धन्य धन्य तोयहि सत संगा। प्रति क्षन बढय मांझ रह गंगा।।
जाय करहु तुम तुरत उपाऊ। मिलहै सोइ जौन विध पाऊ।।
जौ लौ कथा हरी गुन गाऊ। रहहु समाधि शक्ति भर पाऊ।।
हरि हरषे सुन शिव मृदु वानी। नीति शान्ति बहु भांति बखानी।।

भरे नयन बोले कर जोरी। तात सदा रखना सुध मोरी।।
मैं तुम्हार प्रेमहि अनुगामी। करवहु क्रपा सदा सुर स्वामी।।
शीश नवा चतुरानन कह्यू। अन्तरयामि दया मो रखहू।।

सोरठा - कह यह दोवहु देव, बन्दन कर चरनन लगहि।
जिह शिव चाहहि सेव, चले सोइ सेवा करन।। (263)

चौपाई - राम नाम शक्ती शिव ध्याना। भयु मन लीन समाधिह ज्ञाना।।
बामहि उमा अंश महा देवी। थिर मति भई परम पति सेबी।।
गये हरी सोहत तन श्यामा। वृह्म सहित पहुंचे निज धामा।।
देखा जाय जोह श्री बाटा। पैल पहुच पल युग सम काटा।।
टेके चरन विलोके दूरा। वैभव सकल मिला भर पूरा।।
सहित प्रजापति प्रभु घन श्यामा। बैठत रहा शक्ति भल नामा।।
निज मति कह विध विविध प्रसंगा। मारग पीर मिटी सत संगा।।
भाव सरल पुन करहि विवादा। वीता काल कछुक यहि नादा।।
अन्त प्रलय आवा यहि बीचा। प्रगटी शक्ति सूर्य जल खींचा।।
भरा सलिल शक्ती वन भापा। उडिहु अकाश मिला घन आपा।।

दोहा - नीर रहित धरनी सुखद, तजा प्रकृति भय रूप।
कन्य रूप प्रगटी पुलक, जीव रहित भव कूप।। (264)

चौपाई - तत्व अरूप वह्मम सह तेजा। भयउ अद्रश्य गये हरि सेजा।।
क्षमा शील कोमल गुन धामा। चित अति शान्त चतुर भुज श्यामा।।
विहंसत नाथ ध्यान मय भयये। शोभा द्वीप महा मन लयये।।
सेवा करन श्री सव ओरा। चंचल चित प्रभु चरन सकोरा।।
छाया सुखद शेष फन कीनी। रहा अचल तन भक्ती कीनी।।
भांति सबहि शोभा प्रभु आशा। दमके बहुर परम पद पासा।।
कोमल कमल फूल इक अमला। नाभि उठा हरि शोभित धवला।।
मोहह तन पंखुरि बहु नेका। दमकै खिल जनु नीति अनेका।।

दोहा - लालि अधर अरू लोचनहि, रंगी पंखुरी लाल।
रक्तिम मोहह लोभ मन, आसन रचना भाल।। (265)

चौपई - धरनी सजी प्रकृति श्रंगारा। प्रति क्षन वढा छवी आगारा।।
भूपहि उगे विटप अति सुन्दर। द्वारे सजे वेलि गिरि कन्दर।।
हरित घास साजी तल वसुधा। सत रंग बिन्दु बारि त्रन बहुधा।।
फैली सकल हरीतिम प्यारी। नोकहि हिले मिले जुर सारी।।
पवन त्रिविध फूंकहि नव मन्त्रा। प्रकृति प्रेम तन आवहि यन्त्रा।।
भूपहि सुखद धूप रवि फैली। भांति वहुर शोभा मिल केली।।
खिले सरोवर विविध प्रशूना। छवि वहु नयन प्रगट हुय दूना।।
भांति अनेक प्रकृति तन साजा। लागहि अशुभ मूक सव नाजा।।

दोहा - क्षन सुन्दर आवा नियर, प्रगटे वृह्म प्रशून।
भरे पूर वुधि दीप संग, जुरे रचन भव दून।। (266)

चौपाई - जीव प्रकृति प्रति वुद्धि विलोकी। रची देह सोयहि गुन रोकी।।
तप परि पूर वृह्म कर नेका। नवा शीश जननी वस एका।।
वहुगुन गाय सुमर भुजचारी। आयषु लेहि प्रजाप्रति प्यारी।।
लागे चरन श्रष्टि चहुं यौनी। जो जिह योग्य सोइ दै हौनी।।
जीव वहुत आयषु मति जैसी। रची सोइ रचना विध वैसी।।
जल चर यौनि नियत जित जीवा। बना देह दै श्वासहि सीवा।।
जननी महा तरू जीवहि भावा। गती करम फल वुद्धि प्रभावा।।
शारद रूप सुमति सव दीनी। करम छाड कुगतिह जिय चीनी।।

दोहा - विध संग शारद हाथ बढ, श्रष्टि रचय विस्तार।
जलचर सारे जीव रच, नीरहि कियो प्रसार।। (267)

चौपाई - नभ चर योनि रची विध सोचा। बहुरंग विहंग प्रकृति मन रोचा।।
तन अनूप लघु कीट वनावा। सकहि न देख जिह जगत दिखावा।।
पंख सुकोमल पक्षी नाना। वानी प्रकृति हरष हिय जाना।।

भांति बहुर रोचय मन जैसा। रचना सोइ श्रष्टि तन वैसा।।
कूकी प्रकृति विहंगनि शोभा। छन छन कीट परागहि लोभा।।
खिले सुमन महि सुन्दरताई। धूप सुखद रवि रश्मी पाई।।
हरे विटप वहु साख वढावै। चहकै विहंग वास गुन गावै।।
नाना भाँति योनि नभ सारी। रचना प्रकृति छवी विस्तारी।।

दोहा - कीट विहंग सह सकल नभ, चारनि प्रगटे जीव।
प्रकृति कला संग शक्ति सत्, पूरन चरित सजीव।। (268)

चौपाई - वादहि वृह्म मती बहु चिन्तन। सुमर अनादि अद्रष्टि अनन्तन।।
थल चर जीव सकल कर रचना। स्तुति जननि करी मृदु वचना।।
शक्ति सुमर तन मनुज बनावा। मोह चक्र सुइ प्रगट प्रभावा।।
भावी करय करम जन जैसा। पावहि सोच सकल फल वैसा।।
जैसे करम मती रह वैसी। शारद दई नीति गति तैसी।।
प्रेम प्रसारण गुट नर ऐका। नाम समाज जे भेद अनेका।।
संग सुमति विध करहि विचारा। किह विध होयहि मात प्रचारा।।
शक्ति अंश शारद तव बोली। पंकज जीभ मती शुभ डोली।।

दोहा - जो जन्मय जिह उदर सन, सोई जननी नाम।
क्रिया जेहि रचना बदन, शक्ति महा शुभ धाम।। (269)

चौपाई - कीनी मती ऐसि सब केरी।जननी भाव प्रगट माँ हेरी।।
दायनि वुद्धि रचन विध हाथा। मोहनि चक्र लगा जन साथा।
प्रकृति पुरूष परि पूरन श्रष्टी। जन्मे जुरे प्रीत हित द्रष्टी।।
नर अरू नारि प्रेम संयोगा। पचं तत्व प्रगटे मिल योगा।।
इह विधि भांति सकल छवि साजी। धरनी सोहि प्रकृति मन लाजी।।
पूरन भई प्रकृति निज शोभा। क्षन प्रति दून विवश वढ लोभा।।
नित नित नव नव साज श्रंगारा। नाचैं प्रकृति प्रगट सुख सारा।।
त्रिविधि वयारहि नीति नवीना। करय रूमांच मनुज दुःख छीना।।

सोरठा - रचना सकल वृह्मान्ड, रचविध निपटे भांति वहु।
चला धरनि श्री कान्ड, सोहत मोहय मनुज मन।। (270)

चौपाई - करत प्रजापति स्तुति ध्याना। भये मगन निज हित कल्याना।।
शारद महा जननि हिय सौहै। विचरय वानि पंकजहि मोहै।।
डंठल कमल उखर कर आवा। शोभा नाथं जगत पति पावा।।
भयउ प्रकाशित सुइ विध लोका। जान विलग सो ज्ञान विलोका।।
सुमरत शक्ति सुनीति भवानी। जगदा धार जगे शुभ जानी।।
विष्णु महा आनन्द सुख राशी। थिर मति चंचल नीति प्रकाशी।।
मांह प्रकृति देखी सब यौनी। चलता चक्र श्रष्टि गति हौनी।।
विहंसे मनहि सकल गति जानी। चूकय थोरि वढय वढ हानी।।

दोहा - भू भय हारन नाथ जग, जान मरन महि हाल।
हरिपद दरशन हेतु बहु, विलखय तन वेहाल।। (271)

चौपाई - वसुधा वान्छ प्रवल वहु प्रगटी। आश्रय स्वंय चाह इक श्रष्टी।।
चले जोइ आगे गुण आछे। देख सुपन्थ चलहि सुइ पाछे।।
सोचत सब हरि करत विचारा। शेष शयन तज गुणहि प्रचारा।।
सन्ध्या हेतु चतुर्भुज स्वामी। गये तीर सिंधु अन्तरयामी।।
चिन्तन करत किया सब कामा। सुध अतीत आई भल नामा।।
चाहहि करन तुरत हरि वोही। पावहि दरश धरनि विधि जोही।।
देखहि प्रथम प्रकृति छवि प्यारी। विन पथ प्रजा भटक लख सारी।।
कर विचार निर्णय द्रण कीन्हा। धरनी गमन पन्थ सुख दीन्हा।।

दोहा - जाय धरनि दै दरश महिं, भव हित रोपहु यज्ञ।
छवि अति वाढै मनुज मिल, चले सोइ मुहि अज्ञ।। (272)

चौपाई - सोच सवन्ह विधि करत विचारा। आयहु धाम वृह्म उजयारा।।
देखत उठे हरष विध धाये। प्रेमहि मिले नयन जल छाये।।
नीति कुशल मंगलगुन वाता। पूछी प्रथम वृह्म कछु ताता।।

दयासिन्धु विहंसे मनमांही। बैठे संग प्रजापति पांही।।
चित गंभीर सोचत अस बोले। वान्छ मिलन खैची सुइ डोले।।
चतुर प्रजापति आनन चारा। परखा तुरत प्रभू मन सारा।।
नीति दया महि वुद्धि प्रकाशा। भाव मिलन सहमति मखभासा।।
हिदय उछाह बहुत मुस्काने। परिचय नाथ वृह्म संग जाने।।

दोहा - वहु हरषे मिल हीय दुउ, श्री सुमति संग पाय।
चले लेन आयषु शिवहि, माथ अद्रश्यहि नाय।। (273)

चौपाई - आवा नियर दिव्य कैलाशा। मिलीदोउ बढ प्रेम पियासा।।
हरे विटप शोभै बहु नाना। पन्थ सरहि तट वेलि विताना।।
खग शिव नाथ गीत निज वानी। गावहि प्रेम कीट रस सानी।।
बहय बयार वरन नहिं जावे। कम्प हिदय सुख सकल सुहावै।।
गये पास बन्दन शिव चरना। लागे करन बचन मृदु वरना।।
जननि प्रभाव सुघ पूरव कीनी। शंकर महा सोइ हित चीनी।।
गये समाधि लखे दुउ ठाडे। ईश महा चिन्तन रस गाडे।।
तुरतहि उठे विसर सुध बदना। बोले पवित्र भयउ मम सदना।।

दोहा - इह विधि दन्डहि मेल झुक, भेंटे दोवउ प्रेम।
छिपिहु न शंकर जीह कछु, जांचिहु सकल सुनेम।। (274)

चौपाई - पूछा जदपि जैसु अनजाना। जगपति प्रीत विवश अनुमाना।।
बैठ कहा हरि सकल प्रसंगा। गिरजा सहित सुना हर रंगा।।
मृदु मुस्कान अधर शिव आई। विहंसी उमा पुलक मति छाई।।
रोचा अधिक सुनी हरि वान्छा। प्रथमहि प्रगटी ऐसिय कान्छा।।
सहमति भांति सवहिं शिव दयऊ। गिरजा विहंस मोद मन भरयू।।
जाय करहु तुरतहि यह काजू। बिन बिलम्ब प्रारम्भ कर आजू।।
आयषु पाय चले सुर दोई। सुमरत शक्ति पुनीतिह जोई।।
गये लोक सुर सूचित कीन्हा। हरषत चले देव सुख चीन्हा।।

दोहा - जाय व्यवस्था कीन मख, जोर सकल नर नार।
मति पलटी प्रभु प्रेम किह, सोइ समाइहु सार।। (275)

चौपाई - सुर बिचार पथ सरल बतावा। भोग पदारथ श्रम प्रगटावा।।
संग्रह किये जरूरत जोही। सुखी मनुज जोरहि हित होही।।
गुरू देवन्ह विधिवत विधि कहही। संग्रह सोइ प्रीत मन भरही।।
विष्णु सहित शोभा श्री आई। विध संग वुद्धि सकल शुभ छाई।।
कृत कृत धरनि परसि पद भेंटे। वान्छा बहुत आश दुःख मेंटे।।
सिमटी मिली प्रकृति परि पूरी। स्तुति करय प्रीत कर जोरी।।
दई अशीष बचन तिर हारे। संकट परे सु सदा सहारे।। ।
भई शान्त आनन शुभ देखे। जीबन धन्य सफल निज लेखे।।

दोहा - महि जानिहु बहु शान्त हिय, बोले प्रभु मृदु भाव।
मख मैं चाहहु करन यहिं, वान्छ तुमहि प्रगटाव।। (276)

चौपाई - निज हित हेतु बचन मृदु ईशा। सुन महि पुलक नवावहि शीशा।।
भांति ऐहि सुख मानह धरनी। पुन्य प्रताप सु पूरव करनी।।
प्रभु पद जाय दरश वहु किलकी। हरित विरौनि नयन हिय हिलकी।।
पुन पुन मेल गहय हरि चरना। क्षन क्षन सोइ हरष वढ बरना।।
मिली मनहु मणि विकल फणीकी। जागिहु प्रीत तेहि धरनी की।।
परे जलहि जिम विलखत मीना। तिम भू मेटहि बदन मलीना।।
हरषी हिदय शान्त मन वानी। लघु स्वर कही हेतु कल्यानी।।
सुनहु स्वामि वसुधाइह बोली। चरनन तोहि सदा मैं डोली।।

दोहा - घुटने टेके जोर कर, हरषत हिय मन मांह।
बोली आगे सुमति सन, ऐसु दून सुख पांह।। (277)

चौपाई - सहमति सहित झुकी पद पांही। हरष हिदय हरि तुरत लगाही।।
जो निज सौप शरण सुइ राखा। पालक जगत सरल मृदु भाषा।।
शोभा प्रकृति बढावत स्वामी। आगे गये मिले अनुगामी।।

सकल देव चरनन सिर टेका। हरि अति शान्त दयो वर नेका।।
संग्रह भोग पदारथ सारे। आन धरे हरि सन्मुख प्यारे।।
देखे हरष प्रशन्सै देवा। श्रमबहु मनुज संगठन सेवा।।
पन्थ सुखित सुर धारय मनुजा। सत्य नीति प्रगटय यहि तनुजा।।
अचल महां आँगन प्रभु गयये। बेलि बिटप सोहे पद नयये।।

दोहा - उत्तर दिश मख हेतु चुन, संग मनुज सुर ईश।
नहिं ऊँचा नहिं नीचु बहु, आँगन सुखद गिरीश।। (278)

चौपाई - मानव निरख ऐसु गुण धामा। भये चकित चाहनि सब कामा।।
सुमरत जेहि प्रगट हुय सारे। चलय सोइ जन ईश इशारे।।
दरशन मिलय मिटय दुःख भारी। बानि सुनय पुन पुनहि पुकारी।।
पूरन वान्छ पन्थ सत कीन्ही। धाम बसन धन उतपति लीनी।।
कहह मनुज इच्छा लग जोई। पुरवय सकल मनोरथ सोई।।
एक समाजहि जन कर करमा। सम सम भाव मान इक धरमा।।
आयषु ईश बहुत श्रम करयू। भोग मनोरथ अन्तर तरयू।।
मख हित हेतु सोइ प्रस्तावा। जोर मनुज तब सुरहि सुनावा।।

दोहा - अति हरषे सुन वानि अस, देन कहियु सहयोग।
श्यामल छवि खींचहि सबह, सुर जन जुटे संयोग।। (279)

चौपाई - जो जिह योग्य जुटे सुइ कामा। सीखी कला विविध भलनामा।।
लागे करन यज्ञ तैयारी। धूम मची मृतुलोक मंझारी।।
क्षन शुभ जान ईश बुलबाबा। आयु कलाधर शीश नवावा।।
आशिष देय चतुरता केरी। निर्मित करहु मंच मति मेरी।।
गयउ लेय आयषु निज स्वामी। जैसि कही तस कर अनुगामी।।
संग स्वामि पालक जग गयये। मनुज सहायक श्रमकिह भयये।।
यज्ञ मंच विस्त्रित थल भारी। रचना हेतु स्वच्छ विस्तारी।।
निर्मित कीन जैसु प्रभु भावा। देखत हरि अति पडिहु प्रभावा।।

दोहा - केरहि खम्बा ऊंच सज, छाया सुखद प्रकाश।
बांधे गुच्छा फूल चहुं, फहरह धुजा अकाश।। (280)

चौपाई - मांझहि चौक भरे बहु रंगा। सोहहि सन्मुख गिरिह सुरंगा।।
पासहि कुटी विविध बनवाई। हरित घास फूलन सजवाई।।
सर अनूप सोहइ मखपासा। बहु रंग खिले सुमन सत श्वासा।।
उपवन तटहि इन्दुधनु भाँती। शोभे बहु सुन्दर लग पाँती।।
तरू अति हरे तरे सज दूवा। बाढी छवी प्रशूनहि छूवा।।
झरना नियर शोर वढ लोभा। मोहह नयन निरख अस शोभा।।
सकल फूल फल ऋतु सबराजी। भये सुलभ जननी मति साजी।।
मति अति थोरि मंच छवि भारी। कह न सकहु कौनहु विधि सारी।।

छन्द - विधि सारि कौनहु पन्थ कैसहु भाख नहिं जैसी लखी।
ऋषि ज्ञानि मेघा बोल ऐसहि जैसु मति मांही रखी।।
सुइ प्रीत मुहि मन देख शारद मात इह विस्तारही।
सुन सोइ आंकिहु लेख महेशहि नीति कविता गही।।

सोरठा - दयो वृह्म सहयोग, रचना भव जित बिचित कर।
ज्ञानि महा गुण योग, तिय सँग मेले क्षेत्र मख।। (281)

चौपाई - सहित महा श्री प्रभु घनश्यामा। गये बिलोकन मंच ललामा।।
लखी ऐसि शुभ सुन्दर ताई। फैली सकल प्रकृति छवि पाई।।
रचना वेद विविध चतुराई। अन्तर कला निरख निगुनाई।।
मंडप यज्ञ सुमन हरियाली। सींचहि बेलि ओर चहु माली।।
चंचल प्रकृति मती थिर नेका। प्रगटी निरख नीति सत एका।।
सकल व्यवस्थित वस्तु बिलोकी। बैठे सोइ एक चित रोकी।।
शंकर महा समाधित ज्ञाना। शिबहि बुलावन थिर भगवाना।।
शक्ति प्रताप नीति सत नेमी। हरषत चले जगावन प्रेमी।।

दोहा - आयहु सन्मुख प्रगट भय, सुमरत हिय हरि नाम।
उठे तुरत आकुल हरष, मिले शिवहि गुण धाम।। (282)

चौपाई - आसन दयउ शिवासह शंकर। जेहि शरन दुःख मिटह भयंकर।।
गये लिवाय आतुर मख मंचा। मिले संग मति रचनि प्रपंचा।।
शोभा सकल निहारी ऐसी। रचना विविध बनी बहु जैसी।।
गिरजा सहित महा शिव दानी। भये मुदित मोहनि हिय जानी।।
अबसर जान कहियु भगवाना। सुनहु तात विधि वेद पुराना।।
अस मति मोर जगत गुरू तुमही। शक्ति नीति सम भूपहिं हमही।। ।
गुरू पद महा संभारिहु ऐहू। सो विधि भांति दीक्ष मो देहू।।
आयषु देहु बहुर मति जैसी। करबहु सोउ व्यवस्था वैसी।।

दोहा - सुनअस शंकर मान सुख, हरि मृदु भाव विलोक।
बोले शिव ज्ञानी सुगम, संग सुमति निज रोक।। (283)

चौपाई - यह पद योग्य जदपि हम नांही। बैठ सुगति तुहि नीति सराही।।
भांति बहुत कह कथा अनेका। पूरन करहु यज्ञ शुभ नेका।।
सेबन चहहु संग तुहि शक्ती। तीनहुं करहु मेल माँ भक्ती।।
रूची मोह सो कही सुनाई। गुरू पद सरल सुरूप सुहाई।।
सो सब भांति तोहि मैं माना। एक हरी औतारहि नाना।।
विष्णु सुना शिव मति अस वानी। आवहु वृह्म सुमर कल्यानी।।
विधि बल वेद पुरानहि भाषा। सुना शिवा शिव मति सव राखा।।
मानहि सोइ एहि प्रस्तावा। गुरू पद सत्य प्रगट पर भावा।।

दोहा - बोले हरि शिव सन पुलक, छलके दोवउ नैन।
नाथ संभारहु काज सब, मो अब जीयहि चैन।। (284)

चौपाई - शिव सुर सोच सभा इक कीन्ही। वानी मधुर नीति निज दीन्ही।।
मिले विलग सुर मानुष सारे। कारज दये वांट विस्तारे।।
भेंटे बहुर शिवहि देवशा। आवहु सोइ धरनि सुर देशा।।

ऋषि मुनि योगि तपस्वी ज्ञानी। मेले कुटी साधु हित जानी।।
पवन प्रचार वानि तरू यज्ञा। सूचित करय सकल हिय लग्या।।
आये मनुज भांति जुरपानी। वरसय बूंद मिलय सर आनी।।
हरि आदेश दूत रथ साजा। रचना विचित मदन मन लाजा।।
लैन पुरोहित पैदर ईशा। पहुंच संग रथ नावा शीशा।।

दोहा - अंश वृह्म बहु ज्ञानि मुनि, जान कीन अगवानि।
हरिझुक चरनन जाय परि, परसे पद सन मानि।। (285)

चौपाई - योगि वशिष्ठ ऋषि मुनि साधू। शक्ति प्रताप वसय तज ब्याधू।।
गये लिवाय सादर निज धामा। आसन सन्मुख देय ललामा।।
क्षेम कुशल मंगल कर वानी। प्रीतहि नीति पूछ ऋषि ध्यानी।।
हरि सुइ समय सुमंगल जाना। सहित प्रसंगहि सकल बखाना।।
सुखमय वानि मधुर सुन ऐसी। विसरिहु भरम पूर्व मति जैसी।।
हरि संग चढे रथहि ऋषि हरषे। तन हरि परस नयन जल बरसे।।
यज्ञ भूमि आयी नियराई। उतर चले सुइ हरि चतुराई।।
देखत विविध भांति बहु शोभा। जनहि व्यवस्थित मंचहि लोभा।।

दोहा - सुर संग मेलत ध्यान ऋषि, गाबत हरि गुन गान।
पहुंचे वासहि मंच मख, देख करिहु कल्यान।। (286)

चौपाई - आश्रम एक सुशोभित पासा। दयउ रूकाय ऋषी हरि दासा।।
पूरन वान्छ कीन सब केरी। जो जिह चाह हेतु मख हेरी।।
आयषु लेय पुरोहित पांही। तीनहु चले नहावन ध्यांही।।
संग सकल सुर ऋषि मुनि ज्ञानी। करी तैयारि शक्ति सत जानी।।
भांति सबह हित कर छवि छाही। चुने सुमन मंगल मति आही।।
तिय संग आय वचे सुरजोई। रूकै बिमान होय हित सोई।।
स्वस्ति बचन मंगल मृदु वानी। गावत फिरे ईश तिर ध्यानी।।
भरम भंयकर मनहि सुरेशा। परखा हरिमति मेट कलेशा।।

दोहा - सकल भाग सुर देय सम, बने तीन यजमान।
प्रतिनिध सोइ शक्ति पद, बांटिहु प्रथम सुदान।। (287)

चौपाई - जगद गुरू पद मान महेशा। मख महि मान दयो मृतु देशा।।
वृह्म तत्व निरगुन साकारा। बुधि पति वने यज्ञ आकारा।।
श्री पति स्वामि सकल संसारा। अन्तर यामि हिदय विस्तारा।।
ऋषि वशिष्ठ शक्ती सत जानन। भांति वेद विधि पूरन मानन।।
निज मति और विलग कछु ज्ञाना। नीती बहुर जुरी सत माना।।
श्री मति सोहहि सदा भबानी। नहिं कछु भेद विलग कल्यानी।।
क्षन शुभ गुन जोइ मति सोई। मंगल चार वेद विधि होई।।
आयषु पाय पुरोहित संगा। मंचहि चढे बुलावत गंगा।।

दोहा- आवाहन कर गंग सन, कीनिहु गणपति ध्यान।
विध्न बिनाशक नाम शुभ, करय सदा कल्यान।। (288)

चौपाई - शिब आचार्य स्वयं सत दीक्षा। दीनी दोउ भांति बहु शिक्षा।।
शुद्धि आचमन मन्त्र उचारा। सत्य रूप वुधि दीप उजारा।।
लै संकल्प पुरोहित अज्ञा। सुर सम भाग मिलय सब यज्ञा।।
वेद विधी अस सोइ मती सौ। प्रारम्भ शक्ति प्रतिष्ठ मतीसो।। ।
विप्र वेद ध्वनि मख सनवानी। बोलहि मन्त्र गुणी बहु ज्ञानी।।
गंग सलिल शोभै घट मांही। दिश चहुं दीप अनेक जलाही।।
कलश प्रधान कन्चन मख वीचा। तापहि दीप जलत घृत सीचा।।
भांति बहुर निर्मित बहु दीपा। मख चहु लगय जेमि सिंधु सीपा।।

दोहा - मन्त्र उचारय नीति गुन, वेद विधी विस्तार।
आवाहन पूजय सकल, शिव हरि बहु औतार।। (289)

चौपाइ - ऋतु फल सुमन भोग विधि वेदा। अर्पित किये शक्ति बहु भेदा।।
प्रगटी अगनि बुलावा जवही। सादर दयो सोइ थल तवही।। ।
द्वीप महा जस देखिहु तीनौ। सुइ आकार रचिहु मख चीनो।।

दीप महा कल्पन कर सत्या। निराधार जोती जल प्रित्या।।
कीनिहु प्रगट चौक मति भावा। ध्यान कियो प्रतिष्ठि प्रभावा।।
हरि हर वृह्म मगन दिव ध्याना। देखहि जुर सुर सकल प्रमाना।।
प्रजुलित जोति भई दिव सोई। कछुनहि भेद लखिहु इह वोही।।
हरषे सोइ मात हित जानी। दन्डहि झुके प्रनामहि ज्ञानी।।

दोहा - जानी हितकर जननि निज, आयषु मानहु देह।
रहय संजोए प्रकृति जो अर्पित कीन्ही सेह।। (290)

चौपाई - कलप विटप पूजित सुर धेनू। कोष कुवेर वरूण विधु चेनू।।
बढी प्रकृति पूरन छवि सीमा। सो सुख मात्र समीरहि सीमा।।
जानिहु सोइ सकल लै श्वांसा। प्रेरिहु करम सुप्रीत पियासा।।
जो छवि शेष मात संग रहही। प्रगटी सोइ दीप चहुं भयई।।
एकहि वार बहुरनिज रूपा। दीप चकोतहि विहंस अनूपा।।
हरि हर वृह्म दीप तिर कोना। ध्यानहि रहहि सुनीति विछौना।।
भांति सकल मंगल गुन खानी। पूजी विविध अनादिह मानी।।
नित नव नीति गूढ परि पूरी। तरू बहु साख एक माँ मूरी।।

दोहा - मन्त्र उचारय हवन हुय, आहुति आवहि लेय।
ऐसे पावन परब महि, निज निज योगहि देह।। (291)

चौवाई - मन्त्र ध्वनी गूंजहि नभ मांही। उठिहु धूम मख परत विछांही।।
घुमडिहु धूम ढकिहु रवि गगना। वाधा परी एक लख मगना।।
छटय बयार बिलोकइ सोई। मूंदहि बहुर सु ध्यानहि होई।।
धूम बरस घन नीति सुधा की। पूरन गोद भरी बसुधा की।।
हरषित मनुज ऐसु नहिं कवहू। भयउ जैसु धूंयहि भर अवहू।। ।
बसन धाम भोजन बहुं भांती। लघु श्रम मिली ऐसि शुभ शांती।।
चले जोइ सुर पन्थ गहावा। परिहु हिदय सब शक्ति प्रभावा।।
रोज आचमन शुद्व विधिसौ। कीनिहु यज्ञ सफल निज निध सौ।।

दोहा - इह विधि प्रीतहि विलग मन, विष्णु महा शुभ नाम।
शिवा शिवहि सह वृह्म ऋषि, पूजे वुद्वि सकाम।। (292)

चौपाई - बार बहुर जननी वहु नीती। पूजी सोइ विलग कर प्रीती।।
शुद्धि पांहि लेपन तन गन्धा। वन्दन पूर सुमन सुभ गन्धा।।
अर्पित भोग कीन्ह लै नामा। एकहि गयउ अन्त परनामा।।
आहुति सकल नाम सब दयऊ। विप्र पुरोहित मंत्र उचरयू।।
पूरन अन्त पवित पुन परमा। आहुति पूर शक्ति सत धरमा।।
कीनी हरष हिदय मति सोहा। पुलकित देव प्रकृति मन मोहा।।
पूरन भयउ यज्ञ विधि वेदा। परिहु न लख कछु देवहि भेदा।।
भरिहु हिदय सोहहि सन्तोषा। सम सम मिलो सवहि सुख कोषा।।

दोहा - कोह घृणा माया मनहु, जाय छिपे इह काल।
जननी अन्तर जीत रह, रहिहु दमक सत भाल।। (293)

चौपाई - शोभा सुखित शान्ति विस्तारा। प्रीत पुकारहि नीति प्यारा।।
स्तुति काल समय शुभ आयहु। घुटने टेक माथ तिर नायउ।।
जिह बशिष्ठ आज्ञा मति दीनी। स्थित सोइ वदन निज कीनी।।
कर कुहनी जोरे झुक माथा। करिहु सोइ स्थित तिय साथा।।
योगि बशिष्ठ हरि वेदि प्रधाना। आसन सुखित सजाइहु नाना।।
चुने सुमन रत्नहि जट साजे। भांति अनेक मोह शुभ साजे।।
हरषित स्वंय ऋषी अनुमाना। भावी क्षनहि दरश दिव जाना।।
वरनय बेद सुयश जो सोई। स्तिुति करय मगन हिय होई।।

दोहा - तनमन स्मृति विसर सब, इन्द्रिय जीयहि खींच।
द्वीप महा सुख देवि पद, प्रेम हुलक द्रग सींच।। (294)

चौपाई - अश्रु जिनहि नयनन झर जाँही। सत्य प्रेम वाढय छलकाही।।
हिय घन भरय भाप सतशक्ती। पूजय शान्त सरल दृण भक्ती।।
सुध वयार जननी छवि भयऊ। भूतन बरस त्रप्ति हिय वयऊ।।

दामिन घनहिं खुले कछु नयना। तडकय जोर रूकय मृदु वयना।।
स्थिति देव बरन नहिं जाई। ध्यानहिं लगे हरी गुन गाई।।
देख सुखी सुर मानुष यूथा। हेतुहि घिरे विलोकहि जूथा।।
भाव समहि सब सारी यौनी। देखी शान्त प्रीत अन हौनी।।
पूजे भाव देव सुइ पावा। ईश महा तिर मातहि गावा।।

छन्द - गावहि मात गुन गात पुलकहि जीय रस छलकावही।
सुइ भाब योगनि रूप भोगनि भोग भव हित आवही।।
तिर ईश तन हिय प्रीत कांपय भाव पुन पुन ज्ञाननी।
जस भाव कर तस रूप प्रगटी मेल हिय सत सांगनी।।

सोरठा - शक्ति मन्त्र मख धूम, प्रगटी आसन जननि शुभ।
पाय शक्ति पद चूम, चरनन सुत अंकहि गहय।। (295)

चौपाई - मुदे नयन ध्यानहि थिर वदना। मानुष मात्र चकित गुनसदना।।
प्रगटी जननि जान गुरू ज्ञानी। अकुला चरन लहे सिरआनी।।
जानी विलग प्रीत जग स्वामी। नीति देवि गुन अन्तर यामी।।
रोकी श्वांस सोइ दृग खोले। माँ निहार भावहि वह डोले।।
आनन चार ज्ञानि मति प्रेमी। प्रीतहि विवश विसर सुध नेमी।।
विनाकार वांधिहु तन रूपा। लोचन विकल चरन चित चूपा।।
जननी पैल पुरोहित देखा। ममता हाथ फेर कर लेखा।।
भाग उदित तब ऋषि निज जाना। कृत कृत होय शरन सुख माना।।

दोहा - देव सकल सह ईश तिर, बहुर विलोके सोइ।
धन धन मानुज मनभयउ, छवि क्षमता सुख होई।। (296)

चौपाई - गति अनूप परिवर्तन भेषा। हरि हर वृह्म हिदय मख देशा।।
उदित भानु सम आनन शोभा। मनहु कोटि छवि लाजित लोभा।।
यौवन पूर गठिहु तन तेजा। शौर्य सुखित सोहहि सत सेजा।।
शोभा कहत मती मति छाकी। शारद स्वंय अंश इक जाकी।।

वानी मधुर नीति गुन प्रेरी। माया महा शील निधि हेरी।।
दीप महा मख वीच प्रधाना। दिव्य चकोतिह प्रगट विधाना।।
जैसु भयउ शारद जस आंका। बोलिहु बहुर लिखिहु तस वांका।।
प्रगटी रूप भई जिह देवी। विलग नीति वरनहु पद सेवी।।

छन्द - पद सेवि वरनहु बीच मख माँ नीति बहु रूपहि सजी।
तन बरन तापित भांति स्वरन सोहहि बैठ आसन सजी।।
रंग ऊंच दीपक जोति होत दिव दै केश चमका अती।
सज ताज सोहहि भाल सुमनहि हाल जनु रचना मती।।
जिह ओर चहुं निज तेज शोभित श्वास गति हीयहि वसी।
प्रकृति श्वांश शरीर मारूत नीति सुमन मौतिन कसी।।
रवि कोटि मानहु काल ऊषा लालि आनन सोहहै।
नयनन कोरि किरपा विरौनि करूणा छवि दिवि मोहहै।।

दोहा - श्वासहि नाशिक सदन सब, श्रवनन शक्ति सुरूप।
क्षमता सुन चाहहि निरख, लेय समझ भव कूप।। (297)

चौपाई - विहंसत अधर दया गुन खानी। क्षमता हँसी सकल हँस जानी।।
शौर्य भुजा जननी वल ऐसी। सीमा परे पिछारहि जैसी।।
अनभल भले तत्व हिय सारे। अन्तर भरे छिपे मतवारे।।
अबसर जैसु तैसु तन धारनि। भांति बहुर भगतन भव तारनि।।
साजी विविध अभूषन माता। जित सव सोच शुभै सुइ गाता।।
व्यापहि सकल भेद बहु नीती। वान्छ मनुज पूरन इक प्रीती।।
चरनन जेहि सत्य पथ जोती। सुमर चलय दृष्टी दिव होती।।
सकल कोप भालहि दिव रच्छा। भव गति दुःखी करम किह इच्छा।।

दोहा - जो कछु जैसौ लोक सब, अन्तर वासिहु सोह।
सकल सुलक्षन धाम छवि, प्रगट सकारहि होइ।। (298)

चौपाई - कंचन बरन मनोहर सारी। सोहहि रक्तिम जडी किनारी।।
आसन सुखित बैठ जगदम्वा। फैकहि दृष्टि दया मय अम्बा।।
हरि हर वृह्म पुरोहित संगा। गावत पदपरि सुयश प्रसंगा।।
जननी तवहि तुरत हिय लावा। थिर मति दई सुधीर प्रभावा।।
मति संकेत पुरोहित पावा। वेगहि संग पूज प्रति भावा।।
पद पखार गंगहि सनमानी। सुइ वढ भाग जगत गुरू ज्ञानी।।
गन्धहि दिव्य लेय हरि कीन्हा। पद बहुवार परसि हित चीन्हा।।
अर्पन किये फूल विधि नाना। बहुर सुगन्ध वुद्धि हित ज्ञाना।।

दोहा - निज मति नैविद योग ऋषि, व्यंजन कंचन थार।
सोहित अर्पित वेद विधि, सेवि सकल विस्तार।।(299)

सौरठा - लीन सकल सह प्रीत, स्वीकृति दीन्ही फेर कर।
जान हिदय हरि नीत, तेज विधी सह सरल शिव।। (क)

ध्यावत सारे देव, भावहि सम जानहु प्रकृति।
धन्य धरनि भासेव, प्रीत मनुज परखिहु विलग।। (ख)

चौपाई - शान्ति व्यवस्थित हिय सब केरी। पूरन पैठ जान माँ हेरी।।
भरिहु मंच मख ऋषि मुनि योगी। साधु सुरहि मानुष वढ भोगी।।
जो जिह योग्य भाव तिह पांती। बैठिहु शान्त निरख दिव कांती।।
मस्तक जेहि मती वुधि कोटी। विचरय वास चढी चित चोटी।।
निजहि प्रशन्स करूण भर दृष्टी। गति अबलोक करम जन श्रष्टी।।
लोचन चितय तिरछ कर भौहै।। दाया बरस वेदि मख सो है।।
पूरित प्रेम सहज मृदुभावा। बोली जननि हरी मति लावा।।
सुनहु सकल धीरज हियधारू। आवनि मोर धरनि संसारू।।

दोहा - पूजे हरि हर वृह्म मुहि, मान सकारहि भाव।
हेतु श्रष्टि व्यापहु सकल, परय न शक्ति अभाव।। (300)

चौपाई - मानुष जगत धरनि हित सारे। कीनिहु यज्ञ विष्णु भव प्यारे।।
अस उपाय हरि नीति सुचाली। सुध हमार जीयहि सत पाली।।
आवन मोरि भयउ यहं सोई। भावहि रूप प्रगट हिय होई।।
वृह्म तेज अरू शिवहि सरलता। वासय नीति रहस्य चपलता।।
गूढ गम्भीर चित्व शिव ज्ञानी। जानय सकल विश्व महा दानी।।
वृह्म तेज निरगुन भू व्यापे। पूरे लोक वुद्धि संग भांपे।।
मती स्वयं भावी मुहि नामा। मानय विप्र सकल गुण धामा।।
जीव सवहि जो हिय गुन धारे। पूजेहि मोहि सु नाम उचारे।।

दोहा - गायत्री मुहि नाम प्रिय, सन्ध्या पूजहि देव।
ईश तीन बहु भेष धर, भूल न मोयहि सेब।। (301)

चौपाई - मख रचना मोहित मैं भयऊ। प्रभुता स्वामि श्री सव लयऊ।।
मति सुइ पूर व्यवस्थित श्रष्टी। भरहु सत्य सन्तन सुत दृष्टी।।
क्षमता भेष वहुर जस मौका। धारहु जगत तेज मो रोका।।
भू भय भगतन कष्ट अनेका। हरहु जाय भावी जग नेका।।
सुत मुहि मनुज समहि तुहि प्यारे। सुनहु सोह पालहु हित सारे।।
पूजहि जोइ नाम तुहि प्रेमी। पूरन वान्छ होइ तन नेमी।।
आवय सहज सत्य पथ मोही। संसय नांहि धाम मम जोही।।
शक्ति महा लेखत जो नेका। नहिं कछु भेद ईश तिर एका।।

दोहा - जानय एकहि भेद बहु, भेद बहुत मिल एक।
पूजय कौनउ भाव हरि, कबहु न भेद अनेक।। (302)

चौपाई - सन्ध्या करहु पूज मुहि नामा। सो सव नीति पूर्न हरि कामा।।
भई प्रशन्न भांति सब तोही। सशंय नाहि शक्ति तुहि सोही।।
निरगुन तेज प्रजापति नेमा। वृह्माचार व्याप भू प्रेमा।।
शिव अस गुणी महा मति धीरा। विना वान्छ निरमोहि शरीरा।।
हरि उपकार ऋणी जन यौनी। पूजहि सदा हेतु शुभ हौनी।।

पूजा मोहि स्यंम हरि जीया। हरि संध्या सेवहि निज लीया।।
स्वयं रूप शिव और न दूजा। हरि गुन गाय शक्ति सत पूजा।।
नाता जननि मान जो प्रानी। ममता मिलय तीन गुन खानी।।

दोहा - सुर पूजा जग स्वामि सन, विष्णु पुजारी मोह।
हरषत थापत अन्तरहि, शक्ति हमारी सोह।। (303)

चौपाई - विप्र भाव जघपि भल भारी। सेबहि मोहि ज्ञान मति सारी।।
मन्त्र प्रधान तनहि आधारा। प्रविषै जैसु वृह्म आधारा।।
करम गती वान्छा बहु प्रानी। सुमरहि राम जोर जुगपानी।।
पुरवय सोइ मनोरथ पूरे। निन्द धरम बहु वनय अपूरे।।
तीनहु देव सुनहु धर ध्याना। मति अनुरूप भेष करनाना।।
खल वध हेतु शक्ति मम पाई। धरनि शोक दुःख सकल नशाई।।
पूख पुन्य जनम कुल ऊंचे। करम खोट होयहि मति नीचे।।
सुजन साधु सन्तन दुःख सारे। नाशहु प्रगट करम खल मारे।।

दोहा - मति निज चाहहु जब कबहुं, प्रगटहु तीनहु तेज।
रहहु आश कर ध्यान मम, खल बध नीतिह भेज।। (304)

चौपाई - अस कह भई मौन खल हननी। सतो गुणी आसन शुभ जननी।।
सुने बचन मृदु मोहनि हीया। कृत कृत कीन सवन्ह सत जीया।।
शिशु समान हरिप्रश्न अनेका। कानिहु मिले अन्त सत एका।।
वृह्म मती निज प्रेम भवानी। पूजे ज्ञान गुणी वढ जानी।।
महा देव भृम कछु नहिं माना। झुके सप्रीत सरल मन दाना।।
प्रेम पुरोहित परखिहु माता। मृदु सन भाव अमर ऋषि गाता।।
संग सकल सुर मानुष चैना। कीन्ही वान्छ पूर का कैना।।
ध्यानहि लगे करहि सब सेवा। दरशन मात धन्य भय देवा।।

दोहा - स्तुति कीनी भांति बहु, वरन न जायहि सोइ।
अनन्त अनादि अगोचरहि, रूपहि दरशन होय।। (305)

चौपाई - देबि महा सन्तन हित कारी। जयति मती जननी गुण कारी।।
गूंजहि नीति प्रकृति भर पावा। सुन्दर सुखी छवी मख भावा।।
वेगहि वार बहुत छवि देखी। आनन मात सुखित भर लेखी।।
धरनी टेक माथ सब जीवा। कीन्ह प्रनाम सहज सुख सींवा।।
तीनहुं देव झुके पद पांही। रहियु हिदय कछु शशय नांही।।
जननी सोइ महा मति माया। जानहु सकल दृष्टि निज दाया।।

दोहा - पूरन मख धरनी तलहि, कीनिहु माँ महि आन।
सुख उपजावत ओर चहुं, निमिषहि अन्तर ध्यान।। (306)

चौपाई - व्यापी सकल भाव सम नीती। निरगुन ज्ञान जान रट प्रीती।।
श्याम बरन सुन्दर तन स्वामी। जानिहु रहस अदृष्य अनुगामी।।
गुरू पद परे गुणी घनश्यामा। नाथ स्वयं शिव हरिह ललामा।।
तेज वृह्म सहमति दुउ दीन्ही। हरषित हिदय शक्ति हिय कीन्ही।।
दीने दान वसन न्यवछारा। धन उपजाय शान्ति व्यवहारा।।
श्रम संग दीप वुद्वि सहयोगा सकल जनाइहु पूरन योगा।।
भये चकित जन धन वल पावा। वसन धाम वुधि गुनहि बनाबा।।
एकहि शान्त प्रतिष्ठ समाजा। धरम एक मानय हरि राजा।।

दोहा - जान सकल जन वान्छ हिय, विंहसे हरिमन मांह।
चित गंभीर सहमति विधिह, अंशप्रगट निज छांह।। (307)

चौपाई - जैसहि जोहि यज्ञ हरि आवा। दै सन्मान सवहि सम भावा।।
कीनक विदा सफल मखजानी। हरि वहु भेद मिले सुख दानी।।
मख सुख सुमर सहित सुर वामा। पावत भाग गये निज धामा।।
क्षन शुभ समझ झुकिहु पद इन्द्रा। माथ नवाय मेट भृम तन्द्रा।।
गययु धाम आयषु सुर लोका। विष्णु विदा दीन्ही हर शोका।।
ऋषि मुनि योगि तपस्वी सारे। धरनी रहे अमर पद प्यारे।।
विदा सकल कीनिहु हरि हरषे। देखे जुरे अन्त जन तरसे।।
शिव सन बैठ सुमति निज संगा। कहिहु श्रष्टि जन सकल प्रसंगा।।

दोहा - बैठ पुरोहित पास तव, जोरी शिवहि समाज।
नत बहु वैठे भूप हरि, रहहि करहि यहि राज।। (308)

चौपाई - शिव सुर कहिहु हरष रहवानी। सहमति वृह्म प्रचारहु ज्ञानी।।
क्षन शुभ साथ लखत मुहि रहियो। नाना चरित संग मुहि गहियो।।
ऋषि वशिष्ट महा मुनि योगी। गुरू तुम्हार महि मो मति भोगी।।
पूजहु कवहुं मोहि मैं तोही। जानय गुनी विलग नहिं कोई।।
बोले वृह्म बहुर कह ईशा। मात्र मोहि इह देहु अशीषा।।
निज मति सहित वास कर तोही। एक गुनी हरिजग हित होई।।
शक्ति तेज निरगुन गुन धारा। मतिह अरूप रूप विस्तारा।।
भयउ विलग जननी कर करमा। होउ समाहित तोयहि धरमा।।

दोहा - शारद जननी रूप जो, मान सुतहि किह नात।
तिह मुहि शक्ति अंशसुइ, करय पूर तिह वात।। (309)

चौपाई - मीत मनोहर मंगल वानी। सुनी ऐसु पालन जगप्रानी।।
बोले सोइ करम निज माना। स्मिृति कृपा शिवहि सव जाना।।
सुनहु तात शक्ती यहि अज्ञा। पूरन भयउ दया तुहि जज्ञा।।
करम मोह अब पालन श्रष्टी। शक्ती दयी दिव्य निज दृष्टी।।
वुधि वल सोइ कठिन श्रम जोगा। धन उपजाहि नीति संयोगा।।
शान्ति प्रीत करूणा प्रति जीवा। पावहि गुणहि नेम मुहि लीवा।।
आयषु आप सु वृह्म सलाहा। मति संग चलिहु मेट दुःख दाहा।।
रहत करहुं बहु तन निज लीला। संध्या शक्ति सेहुं गुण शीला।।

दोहा - मो अनुगामी जगत वन, चलहि मोरि आचार।
मैं पूजहि मातहि हियहि, हौहि जगत उद्धार।। (310)

चौपाई - हरि प्रस्ताव सकल मतिभायू। शिवासहित शिव चित सव लायू।।
आनन चार पदहि तन श्यामा। परे विकल गावत गुन नामा।।
शंकर नीति प्रीत मय प्यारी। समझिहु हरी वृह्म तन धारी।।

उठे पदहि नायहु निज माथा। माझिहु लयउ साध शिव हाथा।।
नाना भांति भई वहु वाते। जानहु सकल गृन्थ सुत नाते।।
अवसर जान विदा प्रस्तावा। देव महा मृदु भाव जतावा।।
कह न सके कछु हरि बहु भारी। भये विवश लोचन भर वारी।।
भांति बहुर तन शिव समझावा। हेर प्रजापति विलग बतावा।।

दोहा - नेम चतुर्भुज चेत चित, दययु विष्णु किह धीर।
शेष सुखी सम्पति रहह, बहु गुन एक शरीर।। (311)

चौपाई - इह विधि विवश विदा हरि दयऊ। गये धाम शिव मति हरषयऊ।।
तवहि प्रजापति प्रकृति सुभावा। हितमय वानि हेतु जन गावा।।
सुनहु मनुज मोरे उपदेशा। कहहु जैस मानहु तस वैसा।।
श्रष्टि रचइता नाम हमारा। मैं हितैषि वढ हेत तुम्हारा।।
कीनिहु करम मोर जस होई। पालक जगत विष्णु अब तोई।। ।
करहु आचरण विष्णु समाना। पिता एक तुम सब सन्ताना।।
भूप तुम्हार श्यामल तन भयये। जिह तुम चाह सोइ मति लयये।।
व्यापहि सकल सवन्ह हिय मांही। विन छल झुकंहु सोइ पद पांही।।

दोहा - मानुष सुन हरषे मनहि, धन्य धरनि पुलकाय।
जय स्वर गूंजहि मंचमहि, सन्त सुजन सुख पाय।। (312)

चौपाई - बोले बहुर वृह्म मुस्काने। सुनहु जोहि हिय कपट दुराने।।
चलय न पन्थ जुभूप वतावा। दृोही सोइ दन्ड गति पावा।।
कपट कुभाव मती निज द्वेषा। जन मत मेट प्रमुख वन देशा।।
बलबहु धार सतावहि संता। खल तिह नाम नाश हुय अन्ता।।
मारग जोहि वतावहिं श्यामा। चलंहु सोइ पूरन धन धामा।।
जो विरोध सोचहि हरि जाने। विगडे करम गती दुःख पाने।।
जैसहि जेहि करम करवावे। विन विरोध करवहु सुख पावे।।
करूना मयी शान्ति गुन नीती। हरि उपजाय धरम धन प्रीती।।

दोहा - बहु समाज भाषा विविध, होयहि हरि वहुरूप।
जो जस भावहि मान तस, सुमर तरहिं भव कूप।। (313)

चौपाई - जन सुख पाय भरम कछु नांही। प्रानि प्रजापति मनहि सराही।।
ऋषि मुनि योगि तपस्वी भावा। छाड अमर पद मनुज कहावा।।
नीति सरल आकर्षन स्वामी। चहहि अगारि मनुज अनुगामी।।
नील गगन सम निर्मल वदना। वानि मधुर नेमी गुनसदना।।
बोले स्वामि प्रथम प्रति धरनी। सुइ मति धन्य सुनिहु क्रत करनी।।
वढ सहयोग सुनहु मुहि तोरा। भयउ सफल मख सोयहि मोरा।।
अब मैं रहन चहहुं भव हेता। आपन करम करन मति चेता।।
सद मति शक्ति सुमारग श्रष्टी। देह दिखाय धरम धन दृष्टी।।

दोहा - सुख मानिहु वहु धरनि मन, परी विकल पद आन।
सुन प्रेमहि बोली मधुर, भयउ मोर कल्यान।। (314)

चौपाई - मनहि शीश नावा गुरूपांही। हरि नर रूप चरित भू लांही।।
कृपा सिन्धु मेटन दुःख ईशा। दीन जगत पति धरनि अशीषा।।
माया वहुर नीति विस्तारी। सुत पित मात मोह भव प्यारी।।
बन्धन मुक्त करन आधारा। निजिह जतावत शरन पुकारा।।
जन समूह सम्बोधित करयू। संग सुमति वानी अस कहियू।।
सुनहु सकल तुम सन मुहि मेला। दीप किरन वहु विलग सहेला।।
भोगहु भोग छिपे जित भोगा। कारन मूर सकल भव रोगा।।
चक्र भवहि नियमित सत चाला। चलहु पिछार वचहु मृतु काला।।

दोहा - करह द्रोह जो मोहि सन, भये प्रक्रित प्रतिकूल।
दायनि दुःख करमन गती, पावइ जीवन शूल।। (315)

चौपाई - कर अनुशरन मोहि जो नीती। चलय सुंपथ मिलै जग प्रीती।।
जो विरोध कर मोहि समाजा। नाशहु तेहि हेतु जन काजा।।
पालहु सवहि विचार हिय प्रानी। वुधि श्रम भोग पदारथ आनी।।

जो जस योग्य करम तस करयू। सुनहु वताहु मुदित मन भरयू।।
बरन चार रच विध कह भाषे। जानहु सोइ जाति जन राखे।।
विध आचार विप्र गुननीती। जीवय जान सकल जग रीती।।
भाखय नियम जैसु जग हेता। मति शुध शान्त सरल रति सेता।।
बाढय वेलि विप्र गति पीढी। जात जतावत मोक्षहि सीढी।।

दोहा - बरन क्षत्रि तनशौर्य सत, श्रृद्धा विप्रहि वानि।
नीति नियम मति पन्थ द्विज, राज सदा सन्मानि।। (316)

चौपाई - वैश्य वरन पथ सत्य समाजा। कर व्योपार नीति श्रम साजा।।
भांति बहुर एयहि उघोगा। करहि मनुज भोगहि सुख भोगा।।
कर विश्वास भूप द्विज पूजा। करवहु जान न मो वह दूजा।।
निन्दय वेद नास्तिक धरमा। द्विज अस जेहि रहित निज करमा।।
समझहु तेहि शूदृ तै नीचा। दान न पुष्ट करम गति कीचा।।
पूरव पुन्य वली यदि होहू। मारहु तेहि वंश नहिं रोऊ।।
जीवन वान्छ विविध जन होई। एकहि सकल पूर नहिं कोई।।
करहि लेहु पीढी चल कामा। जीवहु जेहि जाति तिह नामा।।

दोहा - शूदृ सुगति एयहि सुखद, पूरन वान्छ समाज।
ऊंचा नीचा कोउ नहि, सेवहि विलग सुराज।। (317)

चौपाई - निज हितैषि सुन जनहि समूहा। जय स्वर शोर भरय सुख रूहा।।
भांति भांति पुन विधि हरि नीती। जनहि जताय गुनी मति जीती।।
ईश चलहि अग करम वतावा। जन पिछार जावहि सिर नावा।।
ऋषि मुनि योगि तपस्वी ध्यानी। हरि विलोक अन्तर पहचानी।।
संग रहहि देयहि निज योगा। विलग समाज सुधारहि लोगा।।
जान सकल तव दीन विदाई। नावत शीश चले गुन गाई।।
विपनहि जाय वसे त्रन गेहा। ध्यावत रूप चतुर्भुज नेहा।।
हेतु रहन प्रभु नगर वसावा। सोहहि बहुर विचित्र बनावा।।

दोहा - भयउ नाम जानय जगत, ईश मनू महि पाल।
मोहनि माया संग रह, कीन्ह राजबहु काल।। (318)

चौपाई - आदि कथा हरि सुनय जिसन्ता। विन श्रम कूप भवहि तर अन्ता।।
सुनहु सुरथ मंगल यहि गाथा। गाई हेतु तुमहि सह साथा।।
वान्छ हियहि अव देहु वताई। कहहु सोइ मैं तोहि बुझाई।।
चरित अनन्त शक्ति हरि मेला। वुधि गुन रूप करहि बहु खेला।।
भूपति सुना हरष सुख माना। पुलके प्रेम विकल दृग साना।।
दशा समाधि वरन नहिं जाई। करहि सलाह सुरथ मति भाई।।
नावत शीश सुमेघा पांही। वान्छ वची जिम द्रोहि नशाही।।
कही सुरथ अस कहहु प्रभावा। मति समाधि मन मोह मिटावा।।

दोहा - सुन मेघा हित जान जग, कहियु चरित सन्मान।
जिह धर रूपहि मार खल, कीन्ह सुरहि कल्यान।। (319)

चौपाई - देवि महा सन्तन सुख दाई। ताप त्रिविध हारनि सिर नाई।।
सुमति वोल वानी कर कविता। निज हित हेतु बखानहु पविता।।
चरित अनन्त गुन मात अपारा। सुत महेश माँ सबहि सकारा।।
कही प्रजापति मुनि संग एंही। गावत रहे सुमेघा सेही।।
मैं मति रूप मात जस भाषा। अंकित करिहु प्रवन्धहि राखा।।
गावहु सोइ सुनावहु वोही। माँ पद प्रीत रखय जन जोही।।
भव्य रूप भावनि हित करनी। गूढ नीति दानव मति हरनी।
अति रहस्य गुण विविध सुनीती।काम क्रोध मद लोभहि जीती।।

दोहा - कोप करिहु वहु विहंस रह, मारिहु दानव वंश।
अनुभव जीते तत्व सब, रही मेल सत अंश।। (320)

चौपाई - हरि आदेश श्रष्टि गति नियमा। भूपति पंथ चली सत दियमाँ।।
प्रकृति सुभाव कुभावनि लोगा। प्रगटित तत्व भये भव रोगा।।
मति मुहि जोहि बहुत सन्माना। अन्तर सोइ होय अभिमाना।।

मद खर्वन नाशन कुल सोई। प्रगटित मात कोप तिर होई।।
तेजहि संग सकल सुर मेला। तन विस्तार कीन वहु खेला।।
असुर करम वल पुन्य प्रतापा। मति मद पूर देव दुःख दाता।।
धरय भेष निशचर वहं, भाँती। माया असुर जीत दिव कांती।।
नाशय जवहि वढय अघ सीवा। दुःख मय धेनु परे सुर जीवा।।

दोहा - भयउ सोइ दानव नृपति, महिषासुर जग नाम।
तिह वध माया वानि माँ, कहहु कथा गुण धाम।। (321)

चौपाई - वहु बल शालि शक्ति शिव कीनी। कर प्रशन्न वर वान्छहि लीनी।।
निर्भय होइ सोइ महि विचरा। जीतिहु सकल रूप रन निखरा।।
साधु सन्त ऋषि मुनि सन्यासी। गये गेह तज गुहर प्रकाशी।।
चारहु दिशा फिरिहु वर जोरी। मिलिहु न कोउ धरनि सम जोरी।।
भये विवश कछु मनुज कुभावा। पाछे चले सैन वनवाया।।
पथ निशंक धावा सुर लोका। अगनित सैन निरख सुर शोका।।
कीन असुर छल वल चतुराई। आश्रित ईश शान्ति नहिं भाई।।
भांति मनुज सुर भटके धरनी। तिय संग शरन राज हिम परनी।।

दोहा - मात्र सुरेशहि राज भय, हेतु निजहि अधिकार।
सुर जोरे कर खोज सब, मानी मनहिं न हार।। (322)

चौपाई - खेत रनहि आयहु सज इन्द्रा। कम्पित वदन पदहि भय तन्द्रा।।
लागी हियहि कछुक नहिं सोचा। कीन तुरत रन मति यह रोचा।।
प्रथमहि असुर सुनिहु सुरशक्ती। ईश महा वल राखय भक्ती।।
पूजिहु सोइ इष्ट निज प्रीती। रहिहु जदपि असुरहि पथ नीती।।
सन्मुख गयउ संग दल भारी। माया पूर अभय अनुसारी।।
लरे सुरेश चले सुर रीता। छल कर असुर लरय रन जीता।।
कौनहु जतन लखिहु नहिं हेता। होइ पराजित देव सचेता।।
चले छाड ग्रह निज निज सोई। विलखत नारि देव संग रोई।।

दोहा - इन्द्र महा पद छीन पद, महिषासुर सुर राज।
जीत रहिहु अधिकार सब, धर सिर देवहि ताज।। (323)

चौपाई - आई विपति दुःखी भय देवा। असुर वाध्य वाधक हरिसेवा।।
भेद नीति चल पंथ कुचाली। जीवन यहह सकल पुर पाली।।
तीनहु लोक विजित इह भांती। माया वली छलहि भइ कांती।।
धेनु द्विजहि अरू सन्त समाजा। वहु दुख देय धरम तरि लाजा।।
काल कुजोग धरनि अघ भारा। धसय अन्तरहि चाह सहारा।।
धरम लुप्त कहुं जज्ञ न होये। गावत नाम असुर सुन सोये।।
लच्छन पूर देव विपरीता। भये दुष्ट दानव मति नीता।।
माया मदहि भरे खल वाढे। वसुधा विकल नयन दुःख काढे।।

दोहा - प्रति पल बाढय मान खल, होइ सुमति अपमान।
सहन न सोई शारदहि, खल वध मिलिहु प्रमान।। (324)

चौपाई - ऋषि मुनि दुःखी बचन सुध आई। योगहि वीत करिहु नियराई।।
ध्यानहि सकल सन्त महि कन्दर। खोजत गये साध चुप अन्दर।।
हरि मृदु भाव गीत कुउ गावा। दया सिन्धु दरशन सुइ पावा।।
शक्ति नीति हरि व्यापहि मांही। सेवहि तेहि कवहु दुःख नांही।।
अस सुन चले मिले मग देवा। वंधी आश वाढै संग लेवा।।
जहं नहिं छाह असुर गति जांही। रूके सोइ सव हरि गुन गांही।।
हिय गिरि खोह नियर सुर ईशा।पायहु ध्यान सोच नत शीशा।।
पासहि जाय लयो संग लाई।सह निजवाम सकल मति भाई।।

दोहा - अचल महा महिं देख इक, आंगन सुखद विशाल।
मति मानिहु हिय तेज सब, रूके नियम सत चाल।। (325)

चौपाई - मंजन मनहि वानि हिय कीन्हा। भये शुद्ध आतम सत चीन्हा।।
जो जिह भाव जान सत रूपा। पूजे सोइ इष्ट मन चूपा।।
हरि हितैषि कोवहु निज जाना। कोउ प्रजापति प्रभुख प्रमाना।।

काटन विपति कोउ शिव पूजे। ज्ञानि महा शक्ती पद दूजे।।
भांति मती निज स्तुति सीमा। कीनिहु प्रीत पुलक भर जीमा।।
तुरतहि प्रकृति मिली अनुकूला। जानिहु सत्य नांहि विन कूला।।
करूणा मय माया पति स्वामी। आसन चलित जान हिय गामी।।
शिव समाधि उत टूट जनायू। वुधि पति तेज रूप बन भायू।।

दोहा - संग एक मिल ईश तिर, भये प्रगट सुर वीच।
पूछिहु बहु विधि प्रीत कर, कैसु परिहु महि कीच।। (326)

चौपाई - जो मति शान्ति मुनी गम्भीरा। अर्पित प्रथम सु कीन शरीरा।।
आदर दयउ पुनहि बहु पाछे। मनहु रोगि पावत सुख आछे।।
बोले बहुर जेहि मति धीरा। चतुर नीति मेटत तन पीरा।।
सुनहु नाथ मैं तुमहि वताहू। पूछहु आप कहन मैं चाहू।। ।
भांति कवन यह मोहि सुहाई। जान सकल हिय व्याप वुझाई।।
महा असुर महिषा सुर चाला। धरनि भोग आपति दुःख काला।।
सुर पुर छीन कुगति कर देवा। गति हमार यहि नहिं कर सेवा।।
भांति बहुर पूरन भव हाला। कहि सुनाव खल विविध कुचाला।।

दोहा - सुन सोचिहु शिव संग हरि, वृह्म तेज प्रगटाय।
एकहि एकहि हेर तिर, मति कछु ऐसु सुभाय।। (327)

चौपाई - प्रथम महा शिव मंगल वानी। सुर सभीत धीरज दै ज्ञानी।।
बोले बहुर सुरेशहि कहयू। निर्भय होइ वचन मम सुनयू।।
पद भय चूक कीन्ह रन पैला। सोचहु सोइ हरषु मन मैला।।
सुन तन झुके इन्द्र शिव चरना। क्षमहु भूल स्वामी निजशरना।।
कोमल भाव दया हरि आई। ला निज हीय प्रीत द्रढताई।।
तुरतहि तवहि शम्भु सुख माना। प्रेरिहु शक्ति सुरेशहि जाना।।
भय भ्रम मेट सुमर निज स्वामी। शक्ति सुनीति सत्य अनुगामी।।
नाथ प्रभावहि रिस हिय आवा। आयषु मिलै कहत सिर नावा।।

दोहा - विध जांचहि भय हरहि हरि, शक्ति प्रेर शिव काम।
निर्भय होयहि तेज सत, पूरन ऋषि मुनि काम।। (328)

चौपाई - बेगहि शम्भु सोइ कर जोरे। भये ठाड लोचन भर कोरे।।
हरिहिय हेर शीश निज नावा। शक्ति अद्रश्य रहस मय भावा।।
नीति गूढमय प्रीतनि पूरी। मनुज निन्द मो चित्त अधूरी।।
माया महा चतुर्भुज वामा। सहमति तुरत उद्त गुन धामा।।
वृह्म तेज तिय नीतनि केरी। भांति सकल हित हेतनि हेरी।।
शम्भु उमासंग हरि निज माया। महा वृह्म वुध सगुनहि काया।।
महा ईश तीनहु रिस वाढी। थिर मति रहे प्रीत कर गाढी।।
मुख भयु लाल काल सम नैना। भ्रकुटी टेडि कोप भर पैना।।

सोरठा - करहि शम्भु उर कोप, व्यापित दिक दिक दाहकहि।
वृह्म हरी रिस रोप, प्रेर जलावहि वाढ भर।। (329)

चौपाई - हिय घन धार सलिल रिस आई। भरी प्रकृति जिय सुरहि समाही।।
भावनुकूल सुरेशन्ह कोपा। कीनिहु विकट भयउ भय लोपा।।
इन्द्र वरूण शिव चन्द्र दिनेशा। धरनि वरून कालहि रिस भेषा।।
भयउ कोप वाढिहु मिल सीमा। दिक दिक कम्प पवन रिस जीमा।।
तेज अतुल शिव संग्रह भयऊ। विध हरि संग मेल प्रगटयऊ।।
मिलिहु एक हरि शक्ति प्रकाशा। शिवा सुमति मोहनि संग आशा।।
माया महा मोह विस्तारी। परणित तेज भयउ इक नारी।।
प्रेरिहु सोइ सवन्ह सुर कोहा। वन्दहु जननि जेहि खल मोहा।।

दोहा - तेज महा शिव आननहि, शिवा समाहित चाल।
रचना विचित विशाल मुख, छावत कोप कराल।। (330)

चौपाई - काल कोप कर केश वनावा। निज पथ प्रकृति सुरंग रंगावा।।
जगदाधार स्वामि हिय तेजा। मोहनि मेल भुजा वन भेजा।।
स्तन दोउ तेज शशि सोहै। छवि अनुकूल प्रीत मन मोहै।।

कोप सुरेशहि कटिमध भागा। पूरन सव्य भरिहु मन जागा।।
वरूण घोंटु जांघहि रिस राजे। छवि अवलोक मनोजहि लाजे।।
तेज महा महि दोउ नितम्वा। बने सोइ धारन तन अम्वा।।
वृह्म तेज मति संग सुराजा। चरनन जोति प्रकाश विराजा।।
तरजनि चरन वनी रिस भानू। कीनिहु कोप सकल जग जानू।।

दोहा - अंगुरि भुज रिस वसु वनय, नाशिक तेज कुवेर।
दन्त प्रजापति प्रगटयउ , शक्ति रूद्र हिय हेर।। (331)

चौपाई - पावक कोप नयन तिर वनयू। जननि दाह दुष्टन हिय दहयू।।
निशा दिवस मेलहि दुउ भौहै।। फैली सकल सुरन्ह मन सोहै।।
पवन तेज श्रवनन वन क्षमता। मोहनि महा सुनय गुन ममता।।
देवन्ह पूर भिन्न निज कोहा। मातहि अंत दयउ जित जोहा।।
भई प्रगट दायिन घन जैसे। ताडित कोप विलग हिय वैसे।।
जननी महा शक्ति सुख दानी। भांति गाज असुरह तरू आनी।।
खल हिय दाह नीतिमय गूढा। करम दुःखी शठ चंचल मूढा।।
ममता पूर भरी सुत हेतु। विध तिय संग मेल हिय चेतू।।

दोहा - शक्ति शिवा शारद मती, मेली मोहनि मांह।
तेज प्रमुख तीनहु प्रथम, रहिहु कालि मिल छांह।। (332)

चौपाई - जननि केश घन घटा अकाशा। विखरी सिर जनु तडित प्रकाशा।।
प्रेर नीति सत मती समीरा। छवि अनुकूल गुथे रिस हीरा।।
लोचन ज्वाल थाप दिक दाहा। दन्त महा कालहि मुख राहा।।
मनहु क्षनहि भक्छन सब करही। खल अस नाम सुनत मन डरही।।
उदरहि जेहि पूर पुर देखे। नाशय असुर सहज मति लेखे।।
चाहह करन चरित कछु ऐसा। मारहि खाय खेल खल भैसा।।
समरथ भांति सवहि जो जननी। मोहित करय हेतु खल हननी।।
ऊषा वरन दयउ वढ शोभा। ढाकिहु वदन लालि लंग लोभा।।

दोहा - शिव निरखिहु शोभनि जननि, दयउ निजहि त्रिशूल।
शीश नवा कर जोर पुन, बैठिहु प्रीतहि कूल।। (333)

चौपाई - स्वामि महा मधु सूदन भावा। जननि रूप निरखिहु सुखपावा।।
दयउ चक्रअर्पन कर माता। प्रीतहि पुलक कम्प रह गाता।।
वृह्म देख सत दीप जलावा। जोति कमंडल करहि थमावा।।
नीतहि गुनी देख सहयोगा। भयहिय मेंट प्रीत सुर भोगा।
शंख वरून दीनिहु महा माता। करिहु शोर दुष्टन दुःख दाता।।
पावक शक्ति दई निजसारी। लोचन जननि सोह सुर प्यारी।।
धनुष वान भर तनकस वायू। दीनिहु सुखित माथ निज नायू।।
दयउ वज्र इन्द्रहि सह कोपा। लीनिहु अम्व प्रीत हिय रोपा।।

दोहा - वहुर सुरेशहि घंटगज, अर्पण आयुध साथ।
भय विन नीतहि गायगुन, हरष झुकाइहु माथ।। (334)

चौपाई - काल दन्ड दीनिहु यम राजा। लययु सोइ दुर्गे कर साजा।।
वरून पांस मृतु कठिन कराला। दयउ सुखी मोहनि भर जाला।।
सजी माल रूद्राक्षहि सोहा। अर्पित करिहु प्रजापति कोहा।।
देवि महा सोहनि सव रूहा। भरी भानु रश्मी दिव जूहा।।
तेज खड्ग दमकत वहु ढाला। भय तज दयउ प्रीत निज काला।।
सिन्धु क्षीर अन्तर मति अमला। दयउ हार सोहइ रंग धवला।।
दिव्य महा चूडा मडि कुन्डल।संग वसन दुउ सज महि मंडल।।
दयउ सिन्धु धारे महा माया।नाशनि असुर हेतु सुर दाया।।

दोहा - दीनिहु सुर शुभ चन्द्र अध, वाहुन वाजूबन्द।
पैरहि नूपुर काम छवि, वुधिसंग गूंजय मन्द।। (335)

चौपाई - रतन जहित कंगन वहु भांती। धारिहु मात धरनि दिव कांती।।
फरसा विश्व करम निर्माना। सोपिहु मात करहि रति जाना।।
भांति भांति वहु शस्त्र अनेका। अर्पन किये सवन मति नेका।।

सिन्धु महाशोभा कछुलाजी। कमलहि माल अमल माँ साजी।।
दये सुमन जित अन्तर राखे। हरषत लये सुमारग भाषे।।
प्रकृति प्रेम छवि हार बनाबा। मनअति सकुच सुकन्ठ वढावा।।
विविध प्रशून पवन पुन पोऐ। खिले सुमन सौपहि हिय होऐ।।
भानु उदित रश्मी छवि छाई। मन प्रशन्न पद सुन्दर ताई।।

दोहा - सौपिहु तवही शेष अहि, एक महा मणि हार।
कन्ठहि शोभय ऐसु मनु, विन्दु स्वरन त्रनतार।। (336)

चौपाई - अचल महा गौरव हिम धामा। शरनन परे सुरन्ह हित कामा।।
अंकहि प्रगट जननि महा माया। देखिहु पाय पुन्य मय काया।।
जडी बूटि धारय हिय सारी। यन्त्र तन्त्र सव सहज पुकारी।।
पूरन पवित सुअर्पन करयू। रक्षा हेतु जननि जिय भरयू।।
देखहु बहुर जननि पद चाला। वेगहि सोइ सिंह सम काला।।
सौपिहु करन मात असवारी। नीति महा गुन मोह पुकारी।।
सुर कुवेर संचय मति लयऊ। कंचन कलश अमिय भर दयऊ।।
हरषी अम्ब सकल स्वीकारा। नीति गुनी गति बक्र रकारा।।

दोहा - आयुध सौपें जोहि वच, सुरमति नीतहि प्रेम।
अन्तहि शारद दीप वुध, दयउ शक्ति सन नेम।। (337)

चौपाई - भाँति सबहि जननी अस साजी। सकुच विलोक कोटि छवि लाजी।।
महा दिव्य चरनन सत जोती। प्रगटित पीर हरन भव होती।।
भरिहु रोष नयनन खल हेतू। जदपि सन्त सुत ममतहि चेतू।।
रिस भर पूर अस्त्र अस दमके। मनहु माघ घन चपला चमके।।
मनुज कुमति सुनतन भय तन्द्रा। प्रगटय जैसु छिनय पद इन्द्रा।।
माँ सुत सन्त सुनय लग नीका। समझह सोच चरित सत लीका।।
तिरछे नयन खलहि डरवाने। शरनहि जोइ सोइ सन्माने।।
हरि तिय रूप सकल रिस मेली। भई प्रगट जगदम्व अकेली।।
रिस भर नयन कुटिल कर भृकुटी। सुत हित हेतु रूप मां प्रगटी।।

छन्द - प्रगटी रूप अरूप अम्व हित हेतु सुत सुख दायनी।
सुर तेज सोहहि सेज सत महि मोह मोहनि मायनी।।
सम भाव समरथ भांति सब गुन नीति रिस जीयहि भरी।
सुत मात ममत्व महेश भर सुर सेवि स्तुति करी।।

- जय जयन्ति जिय जन भ्रान्ति मेटन शान्ति भूभय हारनी।
जय रूप सोहनि मोह असुरन सन्त शरनन तारनी।।
जय जीय ज्ञाननि हीय गामनि नाम बहु तन एकही।।
जय जोति पद छवि होत सत दिय देय हिय सुत नेकही।।

- जय मात जग सुख दात तन सुत खींच अंकहि राखही।।
जय वीण धारनि धाम धन सह ज्ञान वेदहि भाखही।।
जय माय मोहनि मीत जोहनि जीत जीवहि हीयही।
जय जयति जननी गात विजया फांस खल सोहत रही।।

- जय जेहि आयुध भांति वहु कर सोह शोभा देयही।
जय अम्व दूर छल दम्भ मोरि कह जोर कर सेवहि।।
जय धाम धरम धन काम पूरन नाम जय शुभ पावही।।
जय वरन शशि सम प्रीत पद कर नीति जीयहि गावही।। ।

- जय कोप पूरन हेतु खल वध मात क्षन शक्ती भरी।
जय नीति करूना नयन ममता हेतु पद भक्ती भरी।।
जय शोर गूंज महेश मति अति थोर सुइ सिर नावहू।
जय प्रीत पावहि दाय मायाकाम निर्मल गावहू।।

दोहा - कीन्ही स्तुति भांति इह, नाये पद पहि शीश।
प्रेम पुलक प्रीतनि महा, हरषत दई अशीष।। (338)

चौपाई - भये देव निर्भय वर पावा। बैठ सुमति पद गुन वहु गावा।।
महामात सम्पति वुधि प्रेरी। भयउ प्रशन्न सुरन्ह पहि हेरी।।
गुनी नीति भर गूढ प्रतापा। अति रहस्यमय द्रष्य सुभांपा।।
प्रगटी प्रकृति कोह ऋतु राजा। छवि निज सौप स्वयं पद लाजा।।

सुसमय सान्ध्य गगन रवि पाछे। डूवत चलिहु स्वरन तन आछे।।
रक्तिम कोटि शान्ति सनमानी। उदित इन्दु तन खल हिय जानी।।
ग्रीषम भानु कोप सुर कीने। ज्वालहि रूप लयउ भव चीने।।
वढिहु सीम आयहु तट लागा। सुर मति विकल सोइ कढ जागा।।

दोहा - ऋतु वरसा सुइ सींच वुध, संयमित कीनिहु आन।
जननी शारद संग मन, प्रेरिहु नीति सुजान।। (339)

चौपाई - वुध घन वहुत हिदय माँ उमडे। मात्र हेतु सुत सन्तन घुमडे।।
बैठी शिला संभर वहु वदना। पद पहिंराज गजहि वल सदना।।
ऋतु छवि निरख सवन्ह मति मोहे। रूप महा मति घन नभ सोहे।।
चलय वयार कंपय तन रूहा। मृदुमन मीत काम छवि छूहा।।
कीचर परियु महा तल नीचे। भरिहु सलिल सन्तन गुन ऊंचे।।
खींचय सोइ शरद वुधि भानू। करय प्रतीक्ष आन ऋतु जानू।।
हरि मृदु भाव विहंस अनजानी। तिय सुइ नाथ सन्त पहचानी।।
भाव गूढ कछु सरल प्रसंगा। छेडिहु जननि महामति संगा।।

दोहा - कहियु अम्व सुन देव मम, निर्भय होइ सुराज।
महिषासुर मर्दन करहु, तुरत वनावहुं काज।। (340)

चौपाई - राजसि रूप प्रगट क्षन ऐही। महि मति मेल श्रमहि सव सेही।।
मोहनि नाम जगत जन जाना। प्रकृति दुष्ट माया हर माना।।
जननी आदि जनहु सब मोही। कर गुनगान सुगति तन होही।।
गावत गुनहि मोहि नहिं पूजे। पूंजहि स्वयं मती निज दूजे।।
मति श्रम करम करय शुभ सांचे। आवत मोह सदन सुइ जांचे।।
धरम रहित कर करम कठोरा। मिलहु कवहु जन नाश सकोरा।।
निरगुन रूप जनहु मम माया। नाशनि असुर चरित धर काया।।
मोहनी प्रीत फँसे भव प्रानी। छूटय वन्दभाव सम जानी।।

दोहा - माया अंशनि सत्य मैं, काया सोहनि काम।
सुत मुहि अंकहि भगत पद, रहय रहत शुभ नाम।। (341)

चौपाई - सुनहरि हर विध प्रीत प्रभावा। सुखित मनहि चरनन सिरनावा।।
देव सकल सोहनि पद परसे। त्रसित प्रीत रस अन्तर तरसे।।
सुन विध वानि शंक मुनि आयु। कहिहु तुरत सुइ रोक बुझायू।।
विध कह ऐसि मधुर मति वानी। सुनहु मुनी श प्रीत रससानी।।
भरा सलिल घट सिन्धु समाये। जनहु भांति किम वोयहि पाये।।
मान महा निशचर वढ माया। करन चूर मद तेजहि काया।।
धारे रूप विलग मिल दोऊ। जननी पदहि माथ धर सोऊ।।
लच्छन श्री मिली दिव काँती। प्रेरित मात मती शुभ शाँती।।

दोहा - वृह्म तपी मति जान भृम, कीनिहु मुनी निशंक।
वहुर सुनहु अव धीर धर, चरित लक्ष्मी वंक।। (क)

शारद भारवय प्रीत सुत, लखिहु जैसु रह संग।
मैं निज हेतहि हेतु जग, कहहु गाय परसंग।। (342)

चौपाई - गूढ वचन वहु विध कहमाता। मोहनि नीति भगत सुखदाता।।
सिर धर चरन रहियु रति शरना। तीन महा सुर गाथहि वरना।।
अन्त प्रकृति प्रेरित अस वोली। संग सुमति मृदु प्रीतहि डोली।।
सुनहु देव विन भय निज गेहा। जावहु संग तियहि रति देहा।।
माया निजहि खेंच खल लेहू। धरनी लरहु तुमहि सुख देहू।। ।
तज निज खेद लखहु मम करनी। करहु चरित मेटहु भय धरनी।।
यहहि देन देवन्ह सहयोगा। कहिहु नांहि सकुचे मति योगा।।
गामिन हीय सकल मन वान्छा। जानत पूर करिहु शुभ लान्छा।।

दोहा - वान्छहि पूरन पूर सुर, करहुं श्वास प्रगटाय।
आन समय हिय खेंच सब, लरहुं नीति जग भाय।। (343)

चौपाई - भये सुखी सुन गावत गाथा। चले लोक सुर नावत माथा।।
बहुर सुजन ऋषि मुनि सुत साधू। देखिहु मात हरिहु तन व्याधू।।
करत ध्यान गावत गुन मनही। लोचन वारि वहय तर तनही।।

सरल सनेह प्रेरित मन करयू। माँ छवि उदित मोद मन भरयू।।
टूटिहु ध्यान परिहु पद पांही। सत्य कहियु माँ सम कुउ नांही।।
करूण नीति नयनन भर नेहा। करिहु कृत्य रूपहि जस सेहा।।
बोली बहुर सुनहु चित लाई। पूरन जान भाव जस गाई।।
जावहु सोइ लखहु मम चरिता। आंकहु गाथ शान्ति मति सरिता।।

दोहा - गावहि वीते काल यहि, गाथा वेद पुरान।
जे गावहि सुन सेवि मुहि, ते न परय भवआन।। (344)

चौपाई - बरनत वनय न जस ऋषि करमा। वडे भाग पावहि अस धरमा।।
रक्षा निजहि मात्र अभिलाषा। पूरन करियु तुरत मन राखा।।
जाय करियु पुन विपिन निवासा। योग नयन भर तीव्र प्रकाशा।।
माँ खल खेल विलोकइ जोई। अंकित करियु गुनी मति सोई।।
सव गयु वचे शेष तिर देवा। ईश महा गुन पति विध सेवा।।
बैठे शान्त मती थिर जेही। नित नव कीर्ति चरन चित नेही।।
वहु कर प्रेम सु अवसर जानी। अंकहि लयहु खींच कल्यानी।।
वेगहि कहियु सुनहु मम प्यारे। जानहु एक चरित वहु न्यारे।।

दोहा - जाहु चले निज धाम अब, रहित सोच सन्देह।
निरखहु गावहु गीत मम, रहहु सुखी सत गेह।। (345)

चौपाई - इह विधि भांति वहुर समझावा। गूढ रहस्य निज नीति वतावा।।
पुन उठाय हिय रस दिव जोती। नयनन जली चली नव होती।।
करूणा मय माँ नीति सुहाई। गई समाय भाव सम पाई।।
सो निज हीय मृदुल रस पीया। कम्पित शीत तनहि सत लीया।।
आयषु लेय नवा निज शीशा। चले नीति गावत तिर ईशा।।
निज निज धाम ध्यान भगवाना। करय सुमर जननी मति माना।।
आतम शुद्ध संग तिय भावा। अंश स्वयं वच शेष प्रभावा।।
आसन सुखी सुमति दृणताई। लयउ मनाय भाव मृदु लाई।।

दोहा - निज निज धामहि संग तिय, सकल देव अवलोक।
देवि असुर रन नीति लख, मेटहि हिय भृम शोक।। (346)

चौपाई - अचल महा गिरि राजहि कन्दर। वची अकेलि अनन्तहि अन्दर।।
वाहन वली वशहि गज राजा। संग जननि वश जीत कुराजा।।
यौवन भर मद चढिहु शरीरा। चली जननि मेटनि सुत पीरा।।
साजै सिंह जननि असवारी। वरन काल कोटिक सुर प्यारी।।
मोहित करय सवन्ह निजमोहा। मर्दन असुर हेतु चढ कोहा।।
हिम गिरि खोह वाहरहि आई। भव विलोक अन्तर नियराई।।
धन्य धरनि अम्वर छवि सोही। वैठी मुदित मनहि निज मोही।।
जेहि कमंडल गंग निवासा। सहज सलिल क्षन नीति प्रकाशा।।

दोहा - काल वृह्म आवत भयउ, निरगुन रूप सुरूप।
करन चरित सन्तन सुखद, तारन जन भव कूप।। (347)

चौपाई - रूप वरूण सुइ पुन्य प्रतापा। गंग विलग मिलअंक प्रभाता।।
जडी वूटि मिश्रण हिम सानी। दया सुनीति वहय मृदु वानी।।
मंजन करिहु विहंस महा माया। निरखिहु रूप सुरूपनि काया।।
वहु प्रशून खिले लघु झीला। देखत छोटि रहह नस लीला।।
लयउ तोर अंजलि भर गन्धा। वहु रंग महकत बहुत सुगन्धा।।
शान्ति क्षनहि अनुभव कर जननी। मूंदे नयन मती खली हननी।।
फूल अदृश्य अंजलि भइ सूनी। वेगहि लखी कन्ठ छवि दूनी।।
सुमन पराग निचुर कर आयहु। तन सुइ फेर मती शुभ भायउ।।

दोहा - महके कर मनु कोटि छवि, परय लजित उघान।
सुइ मुहि मातहि वीच कलि, फेरिहु मो पहि आन।। (348)

चौपाई - अम्व प्रथम निज वस्त्र संभारे। निरख अभूषन कन्ठहि सारे।।
आयुध भांति वहुत निज देखे। उचित हाथ शेषहि हिय लेखे।।
पुन सनेह मय गगन निहारा। शोभित क्षार घनहि भुनसारा।।

इन्दु तेज शीतल महिं साजे। कम्पित गात पुलक जिय राजै।।
दमकय नखत सुचिन्ह प्रभाता। परय जोति विधु संग प्रपाता।।
शोर सुखद कल कल गति लहरा। चलय उछल शशि चमकय चहरा।।
निवल नखत छिप इन्दु प्रकाशा। निरखिहु जननि गूढ माँ हाँसा।।
त्रिविध वयार मंगल गिरि छांही। वहय पन्थ दुइ सवन्ह सराही।।

दोहा - गगन रूप मनु सिन्धु भर, आँगन नियर प्रभात।
मन मलीन विधु तन भयउ, पूर्ण प्रतापहि मात।। (349)

चौपाई - ऊषहि गोद गयउ पुर काला। वरनत वनय न अस शुभ हाला।।
जागय भोर अलस तज जोई। जानय काल छवी मति सोई।।
नयनन तिरछि करिउ दिश प्राची। पुतली कोरि लालि लग साँची।।
सिन्धु रूप घन होयहु छिन्ना। उठिहु रंग रक्तिम मति भिन्ना।।
पूरव लालि गगन घन छाँटा। कामि अलस मद लागिहु काँटा।।
विहंग चहक तरूपातिन प्रेरी। वहु रंग वोलि वहुत सुन हेरी।।
करय सान्ध्य भगतन मति भावा। जननि प्रभाव सुतहि चित लावा।।
अनुभव शान्ति सदा सत होई। करय जोइ जानय सव सोई।।

दोहा - लालि चढिहु जित अम्वरहि, वरन तेहि माँ होय।
ताप हरन मंगल करन, सारि वयारहि सोह।। (350)

चौपाई - ऊषहि छवी छाय पद लाजी। ज्ञाननि जननी जान विराजी।।
पूरन गोल सनिहु रंग लाला। रजनि वीच भयु प्रातहि काला।।
उदित दिनेश गमन नभ कीन्हे। सुसमय गती परख लख चीने।।
रश्मि रंगित रक्तिम गुन एका। प्रथम प्रीत गिर अंक अनेका।।
तनहि अम्व रोमहि विध सोहै। तपे स्वरन सम मोदहि मोहै।।
कालिम पाछि प्रष्ठ गुथ केशा। इन्दुकिरन प्रीतनि अग भेषा।।
तरू तरि कालि भयावन छाहा। मेट मोह मोहनि निजमाया।।

भानु भरिहु तरू तरल प्रकाशा। निशा रूप त्रन कीनिहु नाशा।।

दोहा - हरे विटप त्रन नोक महि, प्रेरित हरित सुहाय।
ओस भरय किरनन रवी, सत रंग विन्दु वहाय।। (351)

चौपाई - धीरज धरनि मात्र क्षन ऐहू। मेल प्रकृति सह नीत सनेहू।।
गये विहंस पोषन निजपेटा। मात प्रीत प्रेरनि हिय भेंटा।।
चलिहु भानु अम्वर पथ धीमे। भरिहु ऊष्ण तापनि जगजीमे।।
कल कल शोर प्रपातहि गाजे। नूपुर मेल मती स्वर साजे।।
ऐसु उदित रवि सम मुखमाता। दमकय ऐसु चढय नभ गाता।।
वीतत समय विखर जस धूपा। वाढय तेज महा तस रूपा।।
श्वासहि डोरि सरीरहि सारी। सुमरन वांध सुमात सहारी।।
रहिहु शरन माँ अंक चढावा। आंचल ढकिहु मती मम भावा।।

दोहा - सुत पितु ममता मोह मम, घेरे चारहु ओर।
कलि चादर ढाकहि जदपि, करहु मात जय शोर।। (352)

चौपाई - होयहि सोइ भला मम भारी।नातहि नीती जननि निहारी।।
माया ऐसी फँसे सब जाला।ग्रसित मती वांधय वध काला।।
तजय न तोउ सुमर सत माता।मोहित परे शयन मृतु गाता।।
प्रीत निरख सुत फासय जैसे।नीति ग्रहस्थ मती ग्रस तैसे।।
नेह करहु मोहनि माँ रीती। पंथ सुनीति सकल जो जीती।।
माया सोइ संग्रहित ऐहा। करय भांति पालय वस गेहा।।
जनहुं सीम एयहि नहिं राही। पथ श्रम कठिन करहु गुन छाही।। ।
प्रगट पदारथ होवत भोगा। वांटहु समहि भोग भव लोगा।।

दोहा - सुइ उपकारिन अम्व सत, शक्ति महा प्रगटाय।
धनपति धन निर्धन वंटय, रहह सकल हरषाय।। (353)

चौपाई - असुर प्रवृति जन वलहि सहारे। छीन निवल श्रम भोगहि सारे।।
वने भविष धनपति जो ऐसे। कितलौ टिकय कुमति गति कैसे।।
जनम स्वतन्त्र मरन तस होऊ। जोर धरिहु धन अन्त न जोऊ।।
सोइ सुमति सोचय उपकारा। नीति सहज मृदु भाव उदारा।।
कीरत धुजा ऊंच यश नामा। गावहि दीन दुःखी धन धामा।।
सुखी करम विन लोकहि कोऊ। कुउ कर करम कठोरहि रोऊ।।
नीति न सोहत अस मृतु लोका। देख वुझाइहु मोहर रोका।।
जीवहि जियन देहि सम भावा। सरल मती सुख दुक्ख प्रभावा।।

दोहा - एक समाजहि संग सव, करवत करम कठोर।
ठेस न लागय धरम पथ, दया माय सुर शोर।। (354)

चौपाई - स्वारथि तत कछु वीच समाजा। सोच संकुचित सम्मति लाजा।।
संग्रह मोह सुपन्थ न जाँही। सुनहु भूप ते तुरत नशांही।।
रूप मनुज मति दानव धारे। जे जन कोटि नीचि पगधारे।।
चलय सुपन्थ जनम कुल नीचा। जानहु तेहि भाल जग ऊंचा।।
श्रद्धा भक्ति करम निज करमा। भाव समहि सव आपन धरमा।।
समय परे सेवहि जगदीशा। सन्त सुपथ चल ईश अशीषा।।
सुमति क्षैत्र विस्त्रित वुध जीवा। सोचहि भूप वतावहि लीवा।।
चलहि राज सत पंथ सुहावा। तीवृ गती उन्नति गिर पावा।।

दोहा - महि पति पावय मान भव, करम वान्छ जन जान।
मोहनि माया मीत गुन, भोग प्रगट सह ज्ञान।। (355)

चौपाई - स्वारथि भूप हेतु निज ऐसा। सुमति सीख विक्सित नहिं देशा।।
करय करम मनमानि कुमंसा। विना जान जन वान्छ प्रशन्सा।।
आश्रय वलहि मान भव पावे। राज मदहि द्विज सेव करावे।।
गरव निजहि जानत छल माया। निशचर रूप विक्रत पल काया।।

निज हित शिद्धि नियन्त्रित मनुजा।दुःखित प्रजा भूपहि मति दनुजा।।
विवश प्रजा भय विकल पुकारी।नीति महा मोहनि पग धारी।।
सहज भाव भय वश जन कांपे।सुमति मौन अन्तर हिय भाँपै।।
होहि विरोध वल सन्त समाजा।करत अकाज न आवत लाजा।।

दोहा - खान पियन मांसहि सुरा, अलस मोह मद मेल।
नांहि संचलित राज हुय, नाशय मोहनि खेल।। (356)

चौपाई - महा असुर महिषासुर सोई। विजित लोक जीतन सुर होई।।
धरम करम नहिं करय विचारा। धनी कोष कर कुमति सहारा।।
ऋषि मुनि योगि यती अपमाना। करय सहित नित चरित गुमाना।।
वानि कटू सन्तन दुःख दाई। बोलहि भूप धरनि विलखाई।।
भोग पदारथ पूरहि कोषा। सकय न मांग निवल भय रोषा।।
श्रम कर कठिन प्रजारह भूखी। भूप सुखी रति नीतहि रूखी।।
मान न धेनु पुजहि नहिं देवा। उलटे कुमति करावहि सेवा।।
दानव ऐसु कुमति वल शाली। जीत सकल महिं चलय कुचाली।।

दोहा - नाशनि तेयहि शक्ति सत, प्रगट मोहनी रूप।
सद भावनि सद ग्रन्थ यहि, सहन न होयहि चूप।। (357)

चौपाई - निशचर ऐसु करन वध माया। समरथ सहज व्याप विन काया।।
वासनि जीव जगत वहु नाते। त्रषा मोह सम्पति अति पाते।।
वुझय न तदपि वढय लग आयू। काल मरन मूरख हिय लायू।।
रही न ऐहि गहय इक कवहू।। भरम हीय मेटन सुन अवहू।। ।
सेवत ऐहि धरिहु घर जोरा। स्वारथ सोच भाग वढ मोरा।।
अन्तहि काल गये कर रीते। चले न संग सकल जित जीते।।
का भरोय सुत मति जस भावी। पितु धन पूर कुपूत नशांही।।
निधन सुपूत हुनर सदभावा। पालय गेह सु ग्रन्थन गावा।।

दोहा - जीवन सम्पति जोर श्रम, पंथ धरम उपकार।
करम करावहि पूत सन, वनय सुद्रण संसार।। (358)

चौपाई - सुनहु भूप मेघा अस कहयू। शिशु गुन ध्यान नीति हिय लयऊ।।
पालन धरम प्रमुख निज कामा। सीख स्वयं पोषन प्रिय धामा।।
सकय न पाल अपन परिवारा। अपयश सोइ नरक तन जारा।।
पोषण पूत सुनीति सिखांही। सुयश जगत जन स्वर्ग दिखांही।।
सुत मति पिता परख गति भावी। तरू शिशु भांति मोड सत आवी।।
आयषु पिता धरय सिर पुत्रा। ममता जननि सकल जगमित्रा।।
भाग वडे सुत पिता कहांही। स्वय नीति निज सुतहि वनाही।।
सुतजन जैसु पिता सन्माना। पावहि तैसु भविष मितु माना।।

दोहा- सुत पितु नाता मोह भव, करन पूर कर्तव्य।
ममतहि माता चोलितर, पावहि पालन अज्ञ।। (359)

चौपाई - विचित मोह ममता सुत माता। भांति रखहि अंचल सुख दाता।।
डांटय पिता शरन माँ जाही। सुत वड भाग खेंच हिय लाही।।
सुत प्रति मात प्रथम शुभ कामा। हेर सुनाम सिखाय प्रनामा।।
पोषन प्रेरि नीति पथ धरमा। सेवत ईश करय निज करमा।।
प्रीत सुरीति पुष्ट तन करयू। कोशिश भारि सुमति सुत परयू।।
करय न ऐसु सुतहि कर ध्याना। गामनि नरक जननि अपमाना।।
सुत वड भाग सोइ पद माता। सेवहि सदा सुनीतहि गाता।।
पूछय पुलक प्रथानिज नाते। भव पथ रीति सुमति सुन वाते।।

दोहा - सेवहि जननी चरन मति, सुख सम्पति भर पूर।
आयषु माँ विन सोच हिय, वाल कुमति कर चूर।। (360)

चौपाई - चलय न जोइ सुपंथहि ऐसे। तरय कूप भव ते कहु कैसे।।

मोहनि पांश कुंपथनि माया। फांसय काल मरन नहिं दाया।।
सद गति हेतु अन्त हरि नामा। भाव जननि सुत करहु प्रनामा।।
शान्ति प्रीत आंचल दिव जननी। ढाकिहु नीति दया खल हननी।।
सुमरन ईश मुक्त हुय माया। वेद गती विधि मेलहि काया।।
धावत तेज रहिहु पथ पाछे। चलय पीढि आवत गुन आछे।।
गहय न पंथ ऐसु सत नेही। मूरख सोइ नशावहि देही।।
प्रकृति कुभाव कुमति विस्तारी। क्रूर असुर किन्ह माँ ललकारी।।

दोहा - खल मद बाढत देख माँ, आवत विविध स्वरूप।
तिनहि नाश उपहास जग, तारइ सुत भव कूप।। (261)

चौपाई - नर अरू नारि रती भव रचना। सुन नृप सोइ सरल मम वचना।।
प्रीतहि पुरूष सुप्रेरि अनंगा। ॠतु पथ मैथुन मेल प्रसंगा।।
सत समाज विध वेदहि पूजा। वीच करय मंडप मति दूजा।।
कन्य कुँवर पकरे पति वांहा। मनहु शक्ति सत मेलनि छाँहा।।
जस मनि शक्ति दमक रह अन्तर। विलग एहि दुःख शेषहि ककंर।।
तस नर नारि समहि अस्थाना। होत विछेद तुरत अपमाना।।
विषय वुझावनि कामिन माना। ते जन कामि लुप्त मति ज्ञाना।।
आयषु ईश मात पितु भागा। नारि प्रंसग सुनीतिह लागा।।

दोहा - प्रीत सतीत्वहि नारि कर, मनुज पत्नि वृत राख।
काँधै काँधै जोर सत्, चलय करम वढ साख।। (362)

चौपाई - कामिन सती सुमति अपमाना। अशगुन हौहि जनहु सत ज्ञाना।।
महा पुरूष प्रीतहि सत गामी। सम्मति नारि भाग वढ स्वामी।।
होत विछेद कलह ग्रह भयऊ। जनम सुफल असफल पथ गयऊ।।
गतिपथ विलग चलय नरनारी। भेष असुर सुइ कुगति पुकारी।।

नाशनि तेहि जननि वहु भेषा। होइ प्रगट लख कालहि देशा।।
सोइ अम्व गुन मोहनि रूपा। गावहु प्रीत तरहुं भव कूपा।।
निशचर महा वली छल माया। भटक सुपंथ क्रूर क्रत काया।।
नीतिगूढ रूपनि महि सत्या। मार असुर सन्तन कर प्रित्या।।

छन्द - कर प्रीत गावहि नीति मोहनि रूप छवि सेवत रहै।
जन जेहि जीतहि हीय माँ मुख सोइ सुख देखत कहै।।
प्रगटत मात सुगात दायनि चेत चरित सुन गावही।।
नर तेहि विन श्रम कूप भव तर पार महेश पावही।। ।

दोहा - पथ कौनहु मैं नाहि लख, कलि गति कठिन कुचाल।
मात चरित सुइ गाय कहु, कथा महेश सुचाल।। (363)

।।श्री गणेशाय नमः।।

।।श्री सत् शक्ति सुहावनी जयते।।

(द्वितीय सोपान - प्रतिष्ठा सोपान)

छन्द - विध तेज रूपनि योग चेतनि भोग हरि माया मही।
कलि कीच सोखनि लाल पोषनि भानु शरदहि सोहहीं।।
मुख मात रक्तिम कोप नयनन प्रेर असुरन्ह मारिऊ।
आयुध भांति महेश काँति दिव शाँति सुत हित धारिऊ।।

दोहा - श्री माँ चरनन प्रीत सुख, आयषु जीयहि बानि।
गणपति गौरी शम्भु पद, करय सदा कल्यान।।

सोरठा - प्रेर हिदय गुरू नेह, मात पिता ममता पुलक।
सानह जीयह गेह, , लोचन छलकिहु हुलक रस।।
जिहवल पाइहु सीख, शक्ति कवित जाग्रित भयउ।
मांगहु तेयहि भीख, हठहि पूत अंकहि रहह।।

चौपाई - हरि तिय चरन मनावहु प्रथमा। चलहु संग वुधि मेलहि पथ माँ।।
गुन मति शम्भु मेट सन्देहा। प्रनवहु सोइ जगत गुरू गेहा।।
शंकर सम गुरू नहिं संसारा। शरन तेहि मैं दीप उजारा।।
जोति प्रकाशहि प्रीत पियासे। विषय रहित जुर एक जियासे।।
गामिन पंथ जगत सत वीचा। मती महा सोखनि कलि कीचा।।
प्रेरित भयउ पूर सव भाँती। वन्दन करहुं महा दिव काँती।।
वृह्म तपी वृद्ध पिता हमारे। पूजहु सोइ नीति पद प्यारे।।
दायनि जनम अंक माँ रखनी। प्रेरनि प्रीत गयउ मिल भखनी।।
अन्तर प्रीत छलक दृग आई। तत्पर भयउ आयुषहि पाई।।
तुरतहि लिखिहु मात कह जैसा। जननी चरित भविष वन वैसा।।

दोहा - ज्ञाननि मोहनि मीत हिय, जीतन असुरन्ह चाल।
भई उघत गति गूढ पथ, खोल भवहि मुख काल।। (1)

चौपाई - दैन प्रकृति सुख शरद सुहाई। पून शशी छवि वल विपुलाई।।
पुलक हेर गामनि वुधि हीतल। लखत शोभि कम्पित तन शीतल।।
बढिहु गगन पथ कालहि अरूना। माँ दृग भरिहु हेतु सुत करूना।।
जानिनि सकल लखिहु दुःख धरनी। परखिहु मात गुनहि खल करनी।।
रिस भर सोइ मेल वुधि संगा। भुज उठाय प्रन कीन प्रसंगा।।
भरिहु कोप पुलकावनि मेला। चाहइ करन चरित गति खेला।।
दीन नयन करूनहि मृग राजा। पद परि तुरत वनावनि काजा।।
फेरिहु हाथ मात पुचकारा। ग्रहन जननि कर भाव उदारा।।

दोहा - दुम हिलाय धर शीश पद, पुन पुन शरनहि नाय।
प्रीत जतावन राज पशु, पीठहि मात चढाय।। (2)

चौपाई - वाहन नेह विना छल हेतू। प्रेरिहु मात जीत नव चेतू।।
दाय भाव पावत वढ भागा। पैर पटक गरजन रिस लागा।।
गूंज पवन पथ अस भयु शोरा। कम्पित भये दशहु दिक कोरा।।
वधिर असुर तापित हिय सुनयू। श्रवन सुन्न विलखत मन गुनऊ।।
कम्पित भूमि देव अकुलाने। मूंद नयन माँ तन सनमाने।।
चेतहि चकित चितावहि जननी। पीठहि तेज कुचालहि हननी।।
घंट तुरत तव मोह वजावा। नीति गुनी गुन शोर पठावा।।
महि विश्वास सुखी भयु देवा। सन्त मुनी ऋषि मातहि सेवा।।

दोहा - खलहि कलह मोहहि असुर, कम्पन दिक भय दूर।
लखहि सुनीतिह भेष रन, करन क्रूर मति चूर।। (3)

चौपाई - बहुर डोरि प्रीतहि कटि छोरी। वाँधिहु घन्ट विहंस मति भोरी।।
पशु पति कन्ठहि गांठ लगावा। परिउ ढील अवसरहि वजावा।।
मले हाथ प्रगटत मल भांपा। गुनहि विलोक शिला तन चाँपा।।

पावन नीर वहत कर धोये। बहुर फेर मति नीतहि पोऐ।।
वाहन चुस्त चहह माँ अज्ञा। करन चरित रूक हौन क्रतज्ञा।।
अचल महाँ प्रांगन पहि अम्वा। भई शान्त शीतल जगदम्वा।।
अंजलि कर मुख अम्वर ओरा। भयउ सहज हिय वसन सकोरा।।
विस्त्रित भाल सिकुड मिल भृकुटी। नयन तरहि अध खुल जिय प्रगटी।।

दोहा - नेकु अधर फरके क्षनहि, लालि दमक दिव जोति।
भानु अंशु आभूषनहि, चमक लजित मन होत।। (4)

चौपाई - मुदित मगन होयहु क्षन एका। वरन न जाय शोभि यह नेका।।
मोहनि विश्व नाशि कहि चोला। सकल मोह मन लालि कपोला।।
ग्रीव तनी केशहि पर पीठा। छविह शरद सींचह रस मीठा।।
अद्रभुत पुंज तेज पल आधे। आवत लखिहु जननि मति साधे।।
व्यापिक दिक दिक करत प्रकाशा। निकल मती खल नीति पिपासा।।
विन आधार स्वरूपनि लीया। कहइ न जाय वरन अस कीया।।
भाव सहज पुन चुटकी बाजी। आदि महासत नेहनि साजी।।
भांति सवह कर निज तैयारी। जगत मती चेतन हुन्कारी।।

दोहा - धनु टंकोर कर कोप हिय, लीनिहु वसन संभार।
खलअचेत सुध वुध वधिर, सुनिहु विकट हुंकार।। (5)

चौपाई - अचरज बहुत खलहि संदेहा। अवसर ऐसु अचेतन देहा।।
मिले परस्पर सोचहि भारी। कारन कौन सु फैल मंझारी।।
होयहि कैसु भांति दुउ हेता। भयउ निशंक कुमति चित चेता।।
मन्त्रि प्रमुख निज नीति सुझाई। वेगहि दूत लयउ वुलवाई।।
निशचर स्वामि भयउ अति तापित। विकल हूक दुःख जीयहि कापित।।
रहिहु सोच सुर अस मन मांही। लखीन जाय गती विध छांही।।
आयहु दूत चरन सिर नावा। सोइ असुर कटु बचन सुनावा।।
जाहु पुकारहु चाल तुरन्ता। नायक सैन सजहि खल हन्ता।।

दोहा - दन्ड भयहि सुन दूत तव, चलिहु देय आदेश।
एकहि एकहि देय कह, फिरिहु जीत जित देश।। (6)

चौपाई - चिक्षुर चतुर असुर महा चाला। नायक प्रथम सैन गति काला।।
चामर वली सैन चतुरंगा। साजिहु तुरत महारन रंगा।।
विसी तीन सज सैन हजारा। निशचर सजिहु उदग्र हुंकारा।।
असुर महा हनु कोटिक सैना। कही न जाय तेहि वल वैना।।
पंच कोटि खल लै असि लोमा। चलिहु लरन वल मद प्रति रोमा।।
लाख साठ वष्कल दल दनुजा। हय गज साज रूप चल मनुजा।।
सारथि कोटि जेहि रथ जानी। सजिहु सोइ वृत खल अभिमानी।।
आधि कोटि सह कोटिक एका। कजा सैन रथ साज अनेका।।

दोहा - आये सज सज सैंन संग, रूके असुर पति द्वार।
जाय वताइहु दूत तव, मन्त्री कहिउ पुकार।। (7)

चौपाई - महिष असुर अस प्रकृति कुभावनि। भृकुटी रिस कटु वानि भयावन।।
दल वल भेष विक्रत चतुराई। विन सोचहि मति चल उथलाई।।
खान पियन घूमन कर शयना। नियम नांहि वोलन्ह के वयना।।
भक्छन अभछ वुझानि पिपासा। पीवहि सुरा भरी जय आशा।।
निज अति फल भय जेहिन भांपे। स्वारथि भूप प्रजा दुःख काँपे।।
दुष्ट उदन्ड असुर महा ऐसा। चाहह जैसु करय भव वैसा।।
सचिवन्ह कहिहु साज दल आयू। समरथ सवहि जीत रन पायू।।
राज दनुज अस सुन चल आवा। दल अनूप लख धीरज पावा।।

दोहा - वेग वुलावत स्वामि दल, खल अस कहत वुझाय।
भा भरोस अव मोहि सुन, जीत सकहु रन जाय।। (8)

चौपाई - सुनहु सकल तुम वहु वलधारी। नेकुन संसय एहि मंझारी।।
रहहु सचेत तम्वु निज जाऊ। आयषु मोर सु तत्पर पाऊ।।
अपन कटक रन रीत प्रभावा। जाय वताहु सवन्ह जस पावा।।

खेतहि हेतु वीर मति केरी। पलटहु पूर विरूध जहं हेरी।।
ढील न नेकु परय अस वाता। विजय परे कर विचरन राता।।
सुनी वानि हिय भय सव पाये। चले तुरत चरनन सिर नाऐ।।
निशचर बहुर कटक वहु देखा। स्वयं लखिहु रन सूरनि लेखा।।
करत गरव पुन चलिहु निशंका। तम्वु महा दलपति गुन वंका।।

दोहा - चतुर मती आवत लखिहु, धाय कीन्ह अगवान।
चल अन्दर आसन दयउ, वैठ असुर अभिमान।। (9)

चौपाई - दीन वचन पुन कह दल स्वामी। कहहु कैसु आवन कर नामी।।
नाहिं कोउ कहि इहतिर लोका। जीतहि जोर तुमहि रन रोका।।
व्यर्थ कटक वहु एहि वुलावा। थोरिक वात स्वयं चल आवा।।
गति विधि हाथ न कोवहु पाई। फेरहु दल सव होइ सहाई।।
स्वयं जाउ देखहु चढ राजा। आय विरोध न आवत लाजा।।
शोर महा तापित कहं भयऊ। कौन चिनौति आज मुहि दयऊ।।
पारहु सोइ सकल विध पारा। होयहि हित जिह भांति पियारा।।
छाडहु सोच भवन अव जाऊ। रन महि पार अवश तुम पाऊ।।

दोहा - सुन समुझिहु निज कुमति नृप, हरषिहु वहु मन मांह।
चतुर कहिहु सव जान नहिं, गूढ सु ज्ञाननि छांह।। (10)

चौपाई - वोलिहु वहुर धीर धर भारी। मैं मति जान तुमहि हित कारी।।
जावहु सोइ चतुर मति माया। देख सकल अवसर कर काया।।
चाहहु जैसु सोइ सन्देशा। भेज देहु तन मुहि छल भेषा।।
फेरहु तवहि तुरत दल भारी। रोकहु अवय रहय हितकारी।।
मानिहु सकल सुनिहु अस वोली। असुर महा चिच्छुर मति डोली।।
गययु धाय नृप निज रह भाँती। माया वान असुर मिल शाँती।।
सैन कछुक चिच्छुर सह साथा। चलिहु वेग सुमरत निज नाथा।।
करत खोज आँगन हिम आवा। शोर अधार नियर तव पावा।।

दोहा - जान जगत मति चाल खल, मोहनि कीनिहु रूप।
बैठ विलोकहि कोप भर, राज महा गज चूप।। (11)

चौपाई - जाय लगे रजनी चर नयना। प्रथम प्रकृति छवि आंगन छयना।।
गिरि चहुं वनी सरोवर शोभा। खिले प्रशून भांति वहु लोभा।।
धरनि हरित त्रन नोकनि छाई। निर्मल नभ तन छटा सुहाई।।
वहय समीर लहर सर आनी। उठय ऊंच गिर उछल सुहानी।।
झरय प्रपात करय मृदु शोरा। रंगहि फुहार रंग सत कोरा।।
छायहि झांक अंशु कछु भानू। कह न जाय निशचर अस मानू।।
शिला ओट तरू तनहि दुरावा। इक टक देख सुमोह प्रभावा।।
तरू अनेक पाँती वहु भांती। सोहहि शान्ति सदा दिव कांती।।

दोहा - वोलि विहंगनि भांति वहु, मेलि प्रपातहि शोर।
झर पराग पवनहि चढिहु, सुनत भृमर मद शोर।। (12)

चौपाई - मोहित भयउ देख इह शोभा। तन सुध विसर रहिहु मन लोभा।।
अवसर प्रथम असुर छन ऐही। पाइहु शान्ति सुखी गति लेही।।
आपन करम विसर मति गयऊ। प्रीत प्रकृति सन प्रेरित भयऊ।।
नाशिक जेहि भरी अस वायू। सौरभ साटि सुमन भर पायू।।
पुलकित रोम हिदय भर शांती। कम्पित गात भयहु वहु भाँती।।
नीति असुर सहजहि गति भूली। वेलि मात चरनन चित फूली।।
प्रेरि सुमन रस अग्रसित चाला। गयउ असुर निज तजहि कुचाला।।
देखिहु सोइ वैठ इक नारी। रिस भर नीति वदन विस्तारी।।

दोहा - कोप जदपि आनन जननि, रहिहु व्याप रन हेतु।
जोति चरन दिव तदपि छवि, प्रेर प्रकृति सुख देतु।। (13)

चौपाई - सकहु न जाय नियर खल ऐसे। सती तनहि कामहि नर जैसे।।
दूरहि रहियु ओट इक शैला। तन छवि हेर रहियु तज गैला।।
माँ मुख देख ऐसु सुख पावा। कीट पतंग दीप मनु धावा।।

चहह प्रीत मिल दीप वुझाना। मिलिहु जोति तन तुरत नशाना।।
रहियु लखत पावत सुख जीया। चहह पूछ कछु धीर न हीया।।
जानी जननि छिपुहि नहिं वोही। कीनिहु कोप वात हित सोही।।
सोच बहुत पूछिहु वस ऐहु। आनन सुभे कौन गति रेहू।।
तापित असुर करन यहि शोरा। कीनिहु तुमहि सु अचरज मोरा।।

दोहा - सुन जननी पुन कोप भर, कहिउ गूढ अस वानि।
जो चाहहु तुम हेतु निज, लरहु सोइ कल्यानि।। (14)

चौपाई - और न हित कर पथ अस दूजा। निन्दित नीति असुर गति पूजा।।
भई प्रगट मैं नाशनि दुष्टा। नीतहि भरी वैठ तन रूष्टा।।
जाय कहहु निज नृप सन सारा। रन मति स्वयं सुहाल हमारा।।
दिव्य वानि रिस भर अस कहही। भई चूप चिक्छुर सुन रहही।।
वोलिहु वाद चतुर गुन भारी। छवि मति प्रकृति सुहेत विचारी।।
विहंसिहु प्रथम बहुर अस वोला। प्रीत पतंग जान गति डोला।।
सुनहु सुन्दरी व्यर्थ वडाई। कहहु नांहि निज नीति दृडाई।।
सैन महा पति जानहु मोही। मुंह संभार वोलहु तुम सोई।।

दोहा - सुनिहु सुमति वोलिहु तुरत, संभरिहु आनन मोर।
जाय संभारहु सैन अव, सन्मुख आवहु तोर।। (15)

चैपाई - दयउ तरेर कहत निज नयना। फिरिहु विकल पर सहिहु न वयना।।
वाहर सीम स्वारथहि सोचा। निज हित प्रथम पुनहि वहु रोचा।।
माया सुइ खल एक पठायो। चला तुरत असुरहि पहि आयो।।
नावत शीश कहियु अस वानी। फेरहु सैन नांहि कछु हानी।।
नारि एक कीनिहु वस शोरा। मारय सोइ सैनपति मोरा।।
दयउ संदेश वहुर दल साजा। चलिउ लौट आंगन हिम भाजा।।
दनुज राज सुन सुख वहु पावा। फेरिहु कटक चलत हरषावा।।
पुन निज गेह गरव कर गयऊ। दुरग महा रच्छित तन भयऊ।।

दोहा - चतुर असुर दुर्गति दुःखित, सोच सुखित हिय वीच।
आवत दल वल पूर निज, चलिहु लरन महा नीच।। (16)

चौपाई - सैन असंख्य चलत पद धूरा। उडत चली अम्वर पथ हूरा।।
धूम भांति छावत रवि ढाँकी। दल पति आगि मदहि रस छाकी।।
सूर महा सोहत मतवारे। जावत चले लरन रन प्यारे।।
छलवल दलहि कहियु नहिं जाई। जीतहु सहज नारि विपुलाई।।
चले वजावत रन वहु वाजे। वांध निशान मनहु घन गाजे।।
सजे सूर अस्त्रहि मति नाना। धारय वसय जीय जो जाना।।
रन मतवार प्रान तज आशा। चले वीर जय जीत पिपासा।।
सैन महा चतुरंगनि भारी। हय गज रथ पद विलग सवारी।।

दोहा - धुजा ऊंच रथ नीच मति, चले होय असवार।
निशा कीट दमकन चहह, रश्मि मनहु रवि पार।। (17)

चौपाई - वली सैन माया छल जेही। भेष विकृत छन तन हुय तेही।।
चले प्रेत सम कुउ पशु रूपा। मुन्ड रहित कुउ खल खग चूपा।।
सन्त साधु कर पथ अपमाना। चले कुचल द्विज वानि सुहाना।।
अशगुन भयउ कहियु नहिं जाई। दल वल दूर अशुभ भय पाई।।
आयषु टार सकल पर नांही। नायक कहत सुखित पर छांही।।
चले सोइ वाजत रन वाजे। जिय निशंक वीरन्ह दल साजे।।
पद तरि धूर फैल सिर आनी। निशा मनहु तमनिज प्रगटानी।।
भय कछु नांहि अशुभ मति होई। निशचर विकट कुगति रति जोई।।

दोहा - सोच वीर पूछहि बहुर, चुपके एकहि एक।
अचरज नारी एकरिपु, जीतन आयु अनेक।। (18)

चौपाई - कर अनुमान भांति दुउ वीरा। जावत लरन कुमति रन धीरा।।
नांहि जेहि छवि प्रकृति प्यारी। विलग मती दुर्गुन वहु न्यारी।।
दूसर ओर मतिह निज जाना। लौटहि नांहि जियत हिय आना।।

सोई आश तज आपन प्राना। चले वैठ रथ वांध निशाना।।
भुजवल शौर्य असुर तन सोहे। जेहि जननि पैलहि कर मोहै।।
नहिं निज आश जियन नहिं चाहे। चिक्षुर चतुर सुगति रान पाहै।।
दल वल देख महा खल गुनयू। कोवहु जीत लोक सुर सुनयू।।
हिय निशंक धीरज धर भारी। करिहु कूच जय शोर सुरारी।।

दोहा - हिम गिरि आवत देख पहि, कहियु चतुर समझाय।
गिरि घेरहु चहुं ओर तै, भाग न अवला पाय।। (19)

चौपाई - सुनी वानि आयषु सव मानी। रनसह जियत नारि वंध पानी।।
सहजहि सकल सुखी जिय पावा। संगहि एक शीश सव नावा।।
खल निज सैन दलहि लघुवांटी। वीर सैन पुर पासहि छांटी।।
वचे शेष घेरन गिर गयये। नारि सहज जनु खोजत भयये।।
छल बल भेष विकृत तन माया। वरनत वनय न वदलत काया।।
चिक्छुर सैन चतुर रखपासा। जीतन नारि सतर्क पिपासा।।
खल वल शोर नियम विन चैरा। सिन्धु थाह पावन सुक तैरा।।
जानत नांहि परत पर पानी। होयहि वान्छ विसर तन हानी।।

दोहा - खोजत असुरन जान निज, सुर हित देख सुरूप।
जननी मारन्ह खलन्ह किह, लखिहु घात मन चूप।। (20)

चौपाई - वानि कटू खल कह बहुतेरे। जहं तहं देख फिरह माँ हेरे।।
मिलय न कहुं खोजत झुझलाने। भयहि हमार गई भग माने।।
मोहनि पाश भरिहु निज मोहा। खेचिहु सवहि खेत हिम कोहा।।
संग्रह कीन सकल रन धीरा। उठी जननि हारनि भव पीरा।।
फेरिहु हाथ प्रथम सिंह पीठा। बहुर स्वयं सेवत रस मीठा।।
चित गम्भीर गूढ कटु भावा। कीनिहु कोप ओट सुत पावा।।
पुन पुन सोच सकल हितकारनि। भई उघत जननी खल मारनि।।
उठत मात कटि वसन संभारा। तिरछे नयन चितह भव पारा।।

दोहा - आयुध लै कर उचित जित, बोलत राजनि वानि।
गुन मय संचित जोति दिव, चली तुरत रिसयानि।। (21)

चौपाई - भावुक स्वयं प्रथम निज शीशा। नायउ हिदय वसन गुन ईशा।।
जोति अभूषन होत अलोका। निरखय देव वैठ विनशोका।।
देखिहु सकल लोक सह सत्या। शान्त मती सेवत कहु प्रित्या।।
तीन महा सुर शक्ति समाई। रिस भर राह सुमति दृणताई।।
पशु पति पीठ करत असवारी। चली अम्व फहरत धुज सारी।।
कोपहि प्रथम सुशंख वजावा। गरज घोर भय दिकहि लजावा।।
आयषु मात पाय मृग राजा। धरनि अकूर संग स्वर साजा।।
कह न जाय होयहु अस शोरा। कम्पित भयउ धरनि प्रति कोरा।।

दोहा - दहलिउ खल वल विसर हिय, रही न क्षन इक चेत।
खोवत बैठिहु होष निज, चतुर मती रन खेत।। (22)

चौपाई - दुम उठाय झालर भर केशा। पीत वरन सिंह सोहन भेषा।।
नयन गोल हिय कोप कराला। दन्त तीख मुख भयउ विशाला।।
स्वरन केश कन्ठहि भर भारी। चलिहु महा मति खेत मंझारी।।
धसी धरनि जग मति वल पावा। दुःखित हियह पद शीश नवावा।।
पशु नख ऐसु सहज खल जीया। तन विदार मारनि मति कीया।।
चलिहु गरज रिस भर हुंकारी। जननि विलोक स्वयं फुन्कारी।।
पांश प्रथम मोहनि दल ओरा। फैकी सैन घेर चहुं कोरा।।
सकय न भाग रन तैं जिम कोऊ। मारहुं तुरत फेर मुख जोऊ।।

दोहा - सोचत यह जगदम्विका, हांकिहु रन वन स्वामि।
रिस भर हेरत काल सम, चलिहु सोइ भर हामि।। (23)

चौपाई - आसन सुखित जेहि सिंह साजी। बैठ संभर आवत रन गाजी।।
धारनि आयुध भाँति अनेका। कर तिरशूल खडग गहि नेका।।
ओढनि शीश लपेटिहु कांधे। विखर केश नीतहि छुट वांधे।।

कस कछोट घट सुधा उठावा। पीय स्वयं पुन सिह पिवावा।।
नयन लाल रिस भरी जॅभाई। लीनिहु मात मदहि तन छाई।।
रहे न ध्यान दया खल हेतू। झूमित सोइ हनन रिस चेतू।।
ऋषि मुनि सन्त सतावनि असुरा। चेत तुरत मन पीय सुरा।।
झुमे खोय होश निज प्राना। भक्छन मांस करत विधिनाना।।

दोहा - बहुर लेय आयुध विविध, मुष्टिक मूसल पांस।
सर सारंग फरसा खडग। सजे रनहि मद हास।। (24)

चौपाई - भांति बहुर दलपति विकलाना। धरिहु धीर अचरज वहु माना।।
पुन अति चेत चिन्त तज दीना। भरिहु कोप अस्त्रहि कर लीना।।
सुरा कीय भच्छन कर भैसा। उठिहु तुरत गरजत खल ऐसा।।
मनहु माघ घन उपल संजोये। चहह करन भोगनि छति होये।।
गुनी जननि जिय जान वरावा। क्षति कहुं नाहि सुहीय समावा।।
जानिहु नांहि भयउ का मोहा। असुर महारन मति तन सोहा।।
वोलिहु कोप भरिहु दुउ नयना। सुनहु वीर दल मोरिह वयना।।
वांधन आश तजहु वश नांही। मारहु घेर सोइ हित रांही।।

दोहा - भागन चाहय जोइ रन, नाशय आपन आप।
जानिहु मैं जीतन कठिन, चतुर मती सन भांप।। (25)

चौपाई - तदपि धीर छाँडहु हिय नांही। घेरहु नारि अकेलन पाई।।
भय कछु नांहि पुरूष तुम होऊ। अवला एक करय का सोऊ।।
छली वली माया हम चाली। रन महि वार न जावह खाली।।
उठहु रोष भर कर तैयारी। वीर वाहु वल घेर मंझारी।।
धीरज वानि वीर सुन भाई। फडकिहु रक्त असुर अधमाई।।
भये उघत जीवन तज आशा। अस्त्रहि साध सुमोह प्रकाशा।।
वीर असुर दलपति जय शोरा। कीनिहु गूंज गगन गइ घोरा।।
जयति जयति वोलत खल सैना। तत्पर हेतु रनहि जिय दैना।।

दोहा - आयषु दल पति ढोल रन, दीन तुरत वजवाय।
जननी जानत आन तव, खेतहि बहुत रिसाय।। (26)

चौपाई - भरिहु क्रोध शोधय तनमाया। रहिहु विवश शारद मन छाया।।
विकल क्षुधा मिउ फूसत जैसे। झपटी जननि मूसकहि तैसे।।
परवश परे असुर रन मांही। सकहि न फिर नहिं आग वढाही।।
जुरे एक संग जनु जिय मरना। आयुध लेय विविध रन करना।।
वाधिहु पांश स्वामि दल पाछे। मरम न जान सकहु कछु आछे।।
रहियु पाछि डरपत मन सोही। दल अगार कर लर वर जोई।।
रूप भयावन तन जिह पुष्टा। धाये संग एक सव दुष्टा।।
रिस सर मनहु फूट वहु पावा। वेग अतुल खल तेज प्रभावा।।

छन्द - परभाव तेज खल वेग दलहि धर अस्त्र धावत भये।
कह जाय नहिं विधि कौन ज्ञाननि वीच खल घेरत लये।।
विन अरथ शोर घन घोर करहि दै हूर मारन लगे।
करभेष कोवहु भांति वहु कर रोष चोरनि माँ खगे।।

दोहा - वीच खलन्ह फॅस मात रन, वरन सोहि यह भांति।
अरून उगत जिम जुगुन तन, भयउ बहुत विन काँति।। (27)

चौपाई-खडग नगन दमकत कर लीनी। चमकित जोति चकोतिह चीनी।।
पकड मूठ रिस रक्तिम नयना। मनहि वार इक पुन सत वयना।।
गावत गुन भर कोप भयंकर। दयउ हुंकार चिनौति लरंकर।।
भर सुइ कोप विविध इक संगा। मारन लगे जननि रन रंगा।।
वेग त्वरहि तव खडग चलाई। अति सतर्क चहुं ओर घुमाई।।
चका चौध खल सकय न देखे। माँ हिय क्रोध प्रगट संग लेखे।।
अम्व महा प्रारम्भ रन करयू। चितय देव हरषित मन भरयू।।
हिय धर हाथ करहि तलवारा। मारत असुर खलन्ह ललकारा।।

छन्द - ललकार सिंह हुरकार दै फुन्कार मोहनि रिस भरी।
सुध पाय नहिं रह माय मुन्डन काट धर सोहनि लरी।।
मृगराज गरजन देह धमकन, रोष भर झपटत भयो।
अम्व महा मन रोप कोप हिय मोह तन रिपटत लयो।।

दोहा - भांति पतंगहि तदपि खल, करहि प्रहारहि जोर।
नाशत देखिय सूर शठ, मरहि झपट मति थोर।। (28)

छन्द - मत थोर वीर प्रहार। कुउ मान नहिं मन हार।
धर जकड वहु विधि अस्त्र। हुय लाल रंग रन वस्त्र।।
मरूमार गूंजहि शोर। खल करहि धावत जोर।
रन दौर असुरन्ह काट। सिंह कोप रक्तहि चाट।।
हिय रकत कोपहि खौल। माँ तुरत शीशहि पौल।
दिय फेक हेर नभ जाय। धड धरनि गिर धमकाय।।
कटु प्रकृति दन्तनि वोलि। मच खेल खूनहि होलि।
रन लसित लालहि भूमि। उठ गरज गूंजहि धूमि।।
मुख शेर कर जिह ओर। तहं मार माँ मन मोर।
लख पास डारहि चीर। खल भूमि विलखत पीर।।
नख दन्त लागिहु लोहु। द्रग कोप वाहन होउ।
नख पकर दन्तन फार। कछु खा लिधोर विदार।।
पशु प्रवृति कूद चिकार। कर झपट लेय शिकार।
धर लात चापहि रून्ड। कर काट माँ दै मुन्ड।।
लै लोथ जिय कर खैंच। धर खाय शेषहि पैच।
मिल धूर खूनहि लाश। महि ढाक पाहहि राश।।

छन्द - महि ढांक पाटहि राश हासहि लाश भर लोटत भई।
सह अस्त्र वस्त्र भुज वदन पानि खल खीन विलखत भई।।
नभ जात फुहार प्रहार खून खग देख मडरा चले।
लै गन्ध नाशिक श्वान सियार जुर वीच खावत भले।।

दोहा - गीध सचानहि काग नभ, लोथहि जावहि टांग।
खांवहि वोलहि भर उदर, छीनहि राहहि मांग।। (क)
आयुध सह भुज लेय चल, कछु ऊपर मुख छूट।
उड आवहि पुन भूमि रन, गिरह मरहि सिर फूट।। (29)

चौपाई - एकहि एक भिडय गिर परही। लापरवाहि कुचल चल मरही।।
दूसर नाहिं कछुक परवाहा। विवश असुर विलखत दुःख दाहा।।
तन दुराय मायहि खल वाढे। कछु पिछार चल मातहि आडे।।
ओटहि अवसर हीय जनावा। करिहु चोट हन जननि पिछावा।।
वाहन तुरत पाछ दुउ पन्जा। रहित रकत चापिहु ठस खंजा।।
मुरी मात वेगहि क्षन मारे। चले सोइ भीरहि अध मारे।।
सन्मुख कर खल वहुत प्रहारा। होय विफल चल खून फुहारा।।
गति अति त्वरहि मोर मुख जननी। मारह असुर वढय खल हननी।।

छन्द - खल हननि मोहनि मार असुरन्ह सोह चल समरहि वढी।
सिर काट सैनहि फैक नभ महि, देह धर सिंहहि चढी।।
अतफरहि शीश सचान झपटहि, काग धर लौचत रहे।
दुर श्वान कोरहि सियार भूमिरन रोप रोवत रहै।।

दोहा - सैन संहारन पूर लख, जननी मोहनि पांश।
चतुर स्वामि दल प्रेर रन, कीन तुरत अट्ट हास।। (क)
चेत चिछुर मन इम उठिहु, स्वपन रहिहु मन देख।
भयउ उघत गह अस्त्र निज, थोरू बहुत दल लेख।। (30)

चौपाई - थोरिक सैन तुरत कर जोरी। सुनु मम नाथ विवश मति मोरी।।
चलय न वश वलशालिन नारी। चलहु लौट सुइ विनय हमारी।।
सुन सकोप गरजिहु ललकारा। कामुख लेय पहुंच नृप द्वारा।।
कर भरोश निज खडग त्रिशूला। भुज वल भारि तुमहि हिय फूला।।
मरहु समर जानहु हित सोई। लौटत नाश कुगति तन होई।।

आयुध विविध वली रन पाटे। लेवहु सोइ तुरत छन छाटे।।
निशचर लखिहु कहत अस आगे। आवत जननि कटन खल लागे।।
वोलिहु सोइ तुरत कटु वाता। लौट धाम निज हित वढ गाता।।

दोहा - अम्व सुनिहु ललकार खल, गरजी जारत गात।
धाई वेगहि पेल पशु, पाटत असुरन पाँत।। (31)

सोरठा- उत निशचर रिसपाय, धावत आवहु सन्मुखहि।
जोति पतंगहि पाय, दौर वुझावहि वेग दिय।।

चौपाई - दिवस गयउ पश्चिम गति काला। लखिहु मात परतन निशपाला।।
कीन्हिु तुरत सोइ रन भारी। जाय नियर निशचर ललकारी।।
लगिहु प्रहार करन वहु भांती। काटिहु सहज मोह दिव कांती।।
परसन्ह चह तन पासहि आवा। रहिहु दूर मां नीति प्रभावा।।
घिरिहु सैन आपन खल पावै। मारहि मात दलहि घवरावै।।
खीचिहु तुरत वीच रन मांही। करहु समर वच वान्छ न जांही।।
वोली ऐसु पुन देय चिनौती। आवत हौनि खलन्ह सिर होती।।
स्वयं वार इक पुनभर कोपा। रूकौ लरन मारन पद रोपा।।

दोहा - चतुर चितय माया अपन, लगिहु करन विस्तार।
पशु धावय दावन तुरत परय न वाहन पार।। (32)

चौपाई - क्रोध अनल लोचन जिह ज्वाला। प्रगटिहु पूर सु तेज कराला।।
उछलिहु सिंह जननि सधराजी। झपटिहु वेग प्रकृति रन गाजी।।
आवत अन्त लखिहु दल स्वामी। सोचिहु लरत समर सत कामी।।
मरन ऐहि करहित कर होई। मारह जोइ आयुधहि मोही।।
वचिहु सोइ माया कर पूरा। वान्छ वाहनहि रहिउ अधूरा।।
देख सु वान्छ पुरवन गति ऐही। नाशत सैन वचायहु देही।।
दूसर पंथ करहि खल चोटा। अन्त करन्ह कैसउ मति खोटा।।
डूवत भानु लखिउ जगदम्वा। खेचिहु मोह खलन्ह हिय दम्वा।।

छन्द- हिय दम्भ खेंचिहु अम्व खल मति खम्व सम समरहि भई।
कर दूर कोपहि भानु देखहि रेख दृग रकतहि लई।।
रवि धवल हुय मनु गोट केशनि ढांक लग लाली लसी।
धर मार वाहन फार स्वरनहि शीश हिल जाली कसी।।

दोहा - मांस भखय खग गगन उड, चलय लौट जनुसांझ।
चिछुर चतुर जीतन चहह, अवहि अन्त रन मांझ।। (33)

चौपाई-छुवत अगनि जिम जन त्रन राशी। चिटकय वीज विकल जिय नाशी।।
भयउ नाश तिम खल महा सैना। लागे नयन चिछुर तन पैना।।
धावत चलिहु उछल महि लाशा। खिसकी वगल विकल वच श्वांसा।।
आवत नियर अम्व खल जाना। दावन चहहि सिंह अनुमाना।।
तुरत छनक सुइ तन महि आई। खंजर लेय उचक अधमाई।।
सिंहहि शीश वैठ भय वानी। दशा हीन नयनन प्रगटानी।।
वाह्य भयहि अन्तर कटु कोपा। खंजर लखय लरन छिप रोपा।।
जानिहु अम्व सकल छल माया। तुरत खडग रिस रूप वनाया।।

दोहा - चोटि पकर पुन काट सिर, धड चापिहु पद नीच।
मुन्ड गयउ नभ सुगति मिल, भयउ परसि तन ऊंच।। (34)

चौपाई - हाहाकार मचिहु रन मांही। वची सैन भागहि फिर जांही।।
खवर करन महिषासुर भूपा। चहहि पठावन स्वयं अनूपा।।
सुइ महा मात पकर प्रति वीरा। घायल करिहु विकल भय पीरा।।
छोडिहु मात खैच निज पांसा। चले सूर भागत भर श्वासा।।
शंख विजय कर हेर वजावा। गरजिहु सिंह सुमात प्रभावा।।
भूप महिष सुन गरज कठोरा। शंशय भयउ अहित पथ मोरा।।
भूमि समर कम्पित भइ धरनी। तजेप्रान शेषहि खल करनी।।
फिरी जननि पुन हिम गिर गेहा। परे रकत कन सोहहि देहा।।

छन्द - कन खून सोहहि देह फेरत गेह कर आनन चली।
सुइ हेर वाहन दन्त नाखुन लोथ लिटुरत चली।।
फटकार पंजहि फेर राहहि फेर मुख लौटत भयो।
भर शेर मद हिल शीश महेश हिय विम्व लावत भयो।।

दोहा - सनी रकत मय खडग धर, उतर वाहनहि संग।
चली जननि मंजन करन, दिवश निशा प्रसंग।। (35)

सोरठा- तन प्रगटिहु चहुं प्राचि, वरन प्रीत पिछ लालि घन।
परिहु धरनि मां आंचि, सोइ प्रकाशहि सांझ मंह।।

चौपाई - मंजन करिहु धोय तन वानी। सुमरिहु सुखद मनहि कल्यानी।।
भयउ त्रप्त वाहन जल पीया। मां तन धौन पुन्यजिय कीया।।
माँ छवि छांह सलिल भर पाहा। कृत कृत भयउ वरून मन माँहा।।
करन चरित प्रगटी मिल माता। परसहु पुन्य पदहि सुख दाता।।
कर ममत्व भर फेर सनेहू। पुलक शेर लोचन भर देहू।।
छलक वारि पौछिहु निज हाथा। धन्य महा पशु टेकिहु माथा।।
चली लौट लेवत गुन नामा। स्वयं प्रसन्न पवित छवि कामा।।
सुनहु सोइ ऊपर सिर वरसे। संग सकल तिय देवन हरषे।।

दोहा - धन्य सुमन मन आय हिय, परे सोह छवि माल।
लै कर मालन आप तव, पहिरायउ पशु चाल।। (36)

चौपाई - जाय रूकी गिर सोहनि खोहा। वैठत शिला भयउ चुप कोहा।।
कथा कछुक गूढनि भर नीती। लागी कहन सुनय पशुप्रीती।।
कम्पित रोम पुलक हुय ठाडे। जागित सुमति सम्पत्ति मिल गाडे।।
शान्त मती लोचन जल धारा। नीतहि प्रीत विवश पशु प्यारा।।
सुमर गुनी मोहनि पुन शयना। कीनिहु कहत अन्त मृदु वयना।।
पद तरि सिंह श्रवन सुख लागे। झुक अधार सुइ निश वड भागे।।

प्रहरी पशु चेतन चित चूपा। वन महि जगिहु भयावन रूपा।।
सकय नकुउ आवय गिरसीमा। द्रष्टि महा योगनि भर जीमा।।

दोहा - सकल अधारनि शयन लख, देखन आयहु चन्द।
लूटिहु सुखछवि मोह तन, वढिहु गगन गति मन्द।। (37)

चौपाई - उत अधमार सूर दलशेषा। गयउ विकल विकलांगहि भेषा।।
वचिहु न वीर ऐसु कुउ देखा। जेहि वदन सावित कर लेखा।।
दुःखी सकल खल जाय पुकारा। भयउ अचेत पहुंच नृप द्वारा।।
दशा देख सन्तरि अकुलाने। लखिहु अहित भूपति पहिआने।।
स्वामि असुर सुन करूणिक शोरा। कर सिर फेर सशंकनि जोरा।।
आवत लखिहु भीत वहु सन्त्री। मन उदार होयउ गुन मन्त्री।।
जिय शंकित निज रूप दुरावा। आवत लयउ विठाय जुरावा।।
धीरज दयउ पूछ पुन हाला। कहहु कैसु आवन यहि काला।।
विचरहु निडर निशा अव आनी। भय हुय कौन विकल मति जानी।।
कहिहु हाल पूरन समझावा। रन चिछुर सह सैन वतावा।।

दोहा - परिउ भूमि विन होष क्षन, सुनिहु अशुभ सन्देश।
रंग राश पर फीक निश, आयु लखिहु दल शेष।। (38)

चौपाई - दशा सैन खल पति अस देखी। हीन निधन सम स्थित लेखी।।
पीर असह विलखहि रन धीरा। रह रह रोय चिल्लाइ गंभीरा।।
देह रकत सन लोचन धारा। खिचिहु मांस दुःख भयउ अपारा।।
भुज विन कोउ नयन विन हीना। विना श्रवन कुउ पदहि विहीना।।
कुउ विन नाक कोउ हुय काने। कीन कुगति अस सकल न जाने।।
वन पति पंज खरौचनि मांसा। लटकहि लोथ भरहि दल श्वासा।।
देख महा खल अचरत भयऊ। नारि एक सव यह गति करयू।।
सोच वहुर वोलिहु कटु वानी। सकल अभागि वचे यह आनी।।

दोहा - लै आयुध वड वीर वन, जीतन गयुरन खेत।
लौट लजावत हार फिर, मारिहु अवला चेत।। (39)

चौपाई - वोलि असुर लागिहु समवाना। तजिहु सोइ तुरतइ कछु प्राना।।
सोचहि कछुक निज दुःख अभागा। मरय न काय सुखीरन भागा।।
कछु तव विकल कहत दुर्वादा। लायक कह मिल करहि विवादा।।
कामिन सहज स्वरूपनि नांही। लखिहु खूव परचित पद पांही।।
वचिहु सोइ सावित कछु ऐसा। तदपि खरौच जनहु दुःख जैसा।।
भल वड मान रहहु अव एही। चलहु प्रात सव कामिन सेही।।
नहिं अब मोह मरन जंह पासा। वचय न कोउ पन्थ हिय श्वासा।।
सहमति दीन्ह सुनिहु दल शेषा। विनय स्वामि मानहु हित देशा।।

दोहा - नीति वचन सुन स्वामि वल, खैचिहु निजहि कृपान।
विन सोचे वहु कोप कर, मारिहु सव छल जान।। (40)

चौपाई - वयन कटू नयनन भर कोहा। वोलिहु रूप भयावन होहा।।
कर क्रपान अशगुन सन्केता। भयउ कुरीत दलन गति लेता।।
हारे स्वयं सिखावन दयऊ। कामिन एक जीत रन लयऊ।।
मारिहु सोइ विवश वचशेषा। भयउ अमंगल खंजर भेषा।।
नांहि मोहि यह कछु परवाहा। होवत प्रात करहु रन जाहा।।
कैसि महा वल शालनि नारी। देखहु सोइ समर विचमारी।।
सके वोल सुन सनमुख ऐसे। पशु पति वीच यूथ मृग जैसे।।
रहे मौन मन्त्री गुन मांही। कौनहु भांति अवहि हित नांही।।

दोहा - जोरिहु मन्त्रिन सन्त्रि सव, दूत सकल वुलवाय।
आयषु खल पति वोल कह, वैठिहु सभा लगाय।। (41)

चौपाई - भवन विधान सिंहासन ऊंचे। वैठिहु महिष सभा जुर नीचे।।
लखिहु शान्त सव सिर महि ओरा। वोल गरज तव वसन सकोरा।।
मुख मलीन भय जिय हुय जेही। त्यागहि सोइ तुरत इह तेही।।

नहिं मैं तेग स्वय खल वोही। मारहु वेग लरय नहिं जोही।।
सोच सकल सव पौरष आनी। भय वहु पाय विवश सह हानी।।
वोलिहु जोर जदपि सव स्वामी। रहहु उघत सदा अनुगामी।।
परिहु सोच मोयहि दुःख ऐहू। कारन कौन नारि वच लेहू।।
महा विकट यह सैन संघारी। संग चिछुर वध गरजन भारी।।

दोहा - मन्त्रि कछुक गुन ऐसु कह, रखिहु सरल प्रस्ताव।
ओट प्रशन्सहि भूप लिय, दीनिहु सकल जताव।। (42)

चौपाई - राज दनुज सुन शान्त सुधीरा। नहिं विरोध कीनिहु कछुवीरा।
सचिव नीति पथ त्याग कुनीती। पंथ समर हेतुन निज प्रीती।।
प्रेरन वानि रनहि चतुराई। ठानिहु जुद्ध कहिउ समुझाई।।
करय जैसु विधना तस होई। सकय न मेट भावी गति कोई।।
सन्त्रि मतिह जनु दूत वुलाये। पास आयु तव भाव वताये।।
जहँ तहँ सोइ समर सन्देशा। देवत चले सुराज अदेशा।।
सोचहि वीर गुनहि गति भावी। फेर प्रथम पुन वहुर वुलावी।।
कारन सोइ समझ रन हारे। जानहु मरन अन्त अव प्यारे।।

दोहा - यहि विधि सोचत पाय भय, भये विवश रन धीर।
पन्थ महिष दल स्वामि वहु, सैन सजावहि भीर।। (43)

चौपाई - सोचिहु असुर स्वयं कर शयना। हलचल हीय अधर रूक वयना।।
वाम नीति गति सुखित सिखावन। समय समझ लगभांति वुझावन।।
यामिन वीत गयउ यहि सोचा। अन्त समर पथ भइहु रोचा।।
तदपि शसंक अचरज मन एका। नारि एक नाशिहु दल हेका।।
रहियु कचोट हिदय तन दाहा। राज असुर रिस कीनिहु वाह्या।।
भयउ भोर वाजत रन भेरी। आयहु सैन सकल रिस प्रेरी।।
करि प्रवन्ध पूरन तैयारी। सजिहु सकल दल स्वामि सुरारी।।
चलहु लेह घेरहु गिर नारी। वाँध रखहु मैं आंहु पिछारी।।

दोहा - आयषु असुरहि पाय सव, चले अचल दिश ओर।
चतुरांगनि वहु सैन सज, महिष महा दल जोर।। (44)

चौपाई - रश्मि प्रभाव पावन तन परयू। आंचल अचल काल विधि भरयू।।
व्यापनि सकल ज्ञाननी माया। जगित नयन पूतहि प्रति दाया।।
करत मात करूणा भर नयना। जागी जननि कहत मृदु वयना।।
सुनिहु गूंज गिरि सुख वहुमाना। धन्य विपिन पति जीवन जाना।।
प्रात क्रिया स्मृति जिय धन्या। कीनिहु अम्व रूप धर कन्या।।
देख चरित मोहै मन देवा। करन चाँह खेतहि सव सेवा।।
गति सर्वत्र सकल जिय लानी। चली लौट सोचत जगरानी।।
विन सदेंह पुर वहु सुर वान्छा। गुनी लरंक नाम गुण लान्छा।।

दोहा - यहि कह आवत लौट गिर, भये सुखी सुन देव।
प्रथम प्रीत भर मात पशु, प्रेरिहु करवन सेह।। (45)

चौपाई - धाय महा हिम रूपहि मनुजा। दीनिहु कन्द मूल फल तनुजा।।
पोषक सकल सु पोषन आपू। प्रीत पिता लख लीनिहु जापू।।
खावहि मुदित मनहि सुध पाई। दै पशु भाग सो धीर वंधाई।।
कंचन कलश सुधा रस पीया। पवित नीर पुन आचनि कीना।।
पूरन काम निपट भयु पाछे। गावत अम्व महा गुन आछे।।
कछुनहि ऐसु जु जननि छिपाही। रहिहु शान्त सत नीति सराही।।
आवत काल हिदय पशु प्रेरा। उठिहु गरज मृतु नयन तरेरा।।
वाजिहु घन्ट महा धुन गाजी। देवि हुंकार आयुधहि साजी।।

दोहा - सुमर नाम सत प्रेर सुर, सुन्दर मोहनि भेष।
चली जननि जग दम्विका, रिस भर भालहि रेख।। (46)

चौपाई - श्वरन केश विखरे पशु भाला। लागय लपट आग सम ज्वाला।।
वाहन सोइ नियन्त्रित माता। कीनिहु प्रेर खलन्ह दुःख दाता।।

रक्तिम वदन अगनि लू श्वासा। रिस भर भरय सु रकत पिपासा।।
गती वेग पशु पति मदमाई। लयउ तुरत रूक पीठ चढाई।।
चलिहु सवार भई जगदम्वा। रूप तरून तन यौवन अम्वा।।
दमकियु देवि सुभाल किरीटा। मोहित सोइ छवि वल कीटा।।
अगनि कान्ड सम असुर विलोके। दयउ दिखाय एक इक रोके।।
चकाचौध द्रग जोति मलीना। भई काहु कछु लोचन हीना।।

दोहा - मूंदे असुरहि नयन निज, सके न सनमुख देख।
जान सुमति रोकिहु कछुक, शारद सनमति रेख।। (47)

चौपाई - राज दनुज दल पति बुलवावा। सैन रोक निज दूत पठावा।।
कम्पित सव नावत निज शीशा। आवत धीर दयउ पुर ईशा।।
कहियु ऐसु जिन जिय अकुलाओ। मैं माया सन तुमहि वचाओ।।
देखहु आगे भय अव नांही। कीनिहु नाश वलहि छल छांही।।
होउ उघत दल वांटहु वीरा। वना व्यूह घेरहु मति धीरा।।
संग रहहु मैं तुमहि निशंका। विखरहु वेग वली रन वंका।।
प्रेरिहु भांति वहुत निज करनी। वाद विजय लालच चित परनी।।
सुध निज विसर जयति खल लोभा। पौरष प्रगट वदन लग शोभा।।

दोहा - भये उघत धर आयुधहि, पट्टिस मूसल तेग।
फरषा धनु सर कोउ धर, धायहु रन महि वेग।। (48)

चौपाई - चामर महा निशाचर घोरा। दलपति महा प्रथम भयु शोरा।।
सैन सोइ चतुरंगनि भारी। करत रक्ष दल रहियु अगारी।।
खल उदग्र दल पति मध भागा। संग सैन रक्षित रन जागा।।
कोटि सैन संग हनु दिश प्राची। राखिहु रक्ष स्वामि जिम कांची।।
असुर महा विन भय असिलोमा। दिशा पिछारि कम्प रन रोमा।।
वषकल असुर वृतासुर मानी। दक्छिन साध कहिउ कटु वानी।।
महिष अधम सह कजा सुरारी। रहियु वीच रन रक्ष मंझारी।।
चारहु दिशा सुरक्षित देखी। भयउ प्रशन्न विजय कर लेखी।।

दोहा - आयहु सज सव सैन महि, वचिउन गढ महि कोउ।
किला कोट पहि नीति सन, सुमति विजय पर सोउ।। (49)

चौपाई - विचित व्यूह रहस मय भारी। अम्व विलोकिहु रचन मझांरी।।
विहंसी मनहि मरम जिय जानी। दन्तहि मीज सुरीति रिसानी।।
धमकिहु प्रष्ठ वाहनिह मेला। सिर हिलाय कीनिहु सिंह खेला।।
वाजिहु घन्ट गरज रन खेता। गूजिहु वधिर खलन्ह दुःख देता।।
क्षनहि अचेत एक इक हाथा। पकर रहे रन टकरन माथा।।
चेत हियहि खलपति जयशोरा। कीनिहु गरज सवन घन घोरा।।
आवत परी श्रवन झनकारा। छेकिहु अम्व पथहि फुन कारा।।
दनुज शोर गूंजहि रन ऐसा। तडक नीर तर ढोलहि जैसा।।

छन्द - जस ढोल ढपली राग भीगहि लाग खल तस गूंजही।
रिस नीर वरसहि हीय सावन शोर मातहि खेतही।।
घन घटा घोर झकोर खोजहि मोर अहि खल मारही।
अस मात पवितहि रूप चरितहि पूत महेश उतारही।।

दोहा - सैन असुर उत शंक विन, यहि मातहि पशु राज।
जुरे दोउ जीतन समर, सुमर आप निज काज।। (50)

चौपाई - सोहहि सिंह गरूण सम खेता। अहि दल वीच निशंक सचेता।।
आभा मुखहि अम्वके ऐसी। नखन गगन विच विधुउग जैसी।।
दुउ कर धार जननि महा माया। मोहनि प्रगट रनहि वहुकाया।।
सुइ यहि काल सवारि अकेली। भेष समर कर चरितहि मेली।।
भांति सकल समरथ जिह साथी। यहि विरोध निशचर हय हाथी।।
करहि काह खल जडता ऐही। कहहि घेर मारहु रिपु नेही।।
सकल अधारनि जिह किह पीठा। सकय कुमार सूर खल ढीटा।।
निर्भय सोइ भवहि कछु नांही। रूकय न रोक लगन झपटाही।।

छन्द - झपटन लाग छटपटहि खलन दल दूर दै मारग भयो।
बलशालि चामर तेज पौरष नैक निज रोकन चयो।।
मति जेहि जड दल सोइ तेयहि तेग धर आगे अडौ।
हिय जान जीवन दान आयशु दैन उड वीचहि पडौ।।

दोहा - वीच समर पशु पति परिउ, सुमर जननि सत नाम।
मोहनि प्रेरिहु शंख धुन, अम्व महा गुन धाम।। (51)

सोरठा- भयउ महिष दल शोर, वोलहि जय जय लरत रन।
घेरिहु चारहु ओर, धावत मारन जरत तन।।

छन्द - तन जरत मारहि वीर। कर प्रहार दै वे पीर।।
नहि कोउ आपन सूझ। जुर एक संग सव जूझ।।
धर रूप नाना भांति। भय देव खल दिवि कांति।।
कह जाय नहिं रन राग। नभ गूंज मारहि मार।।
घिर ऐसु असुरन वीच। खल कोटि वहु मति नीच।।
सध वैठ पीठ भवानि। सत नाम लै रिसयानि।।
कटि वांध शीशहि वस्त्र। कर कोप गहिहु अस्त्र।।
पुन हाथ लै धनु वान। कर शोर प्रत्यंचनि तान।।
सुन शोर व्याकुल वीर। उठ धाय धर हिय धीर।।
रिस तान कानहि रोप। सर सोइ छाडिहु कोप।।
कट रून्ड जावहि लोट। वच कोउ विलखहि चोट।।
नभ मुन्ड काटहि जाय। गिर धरनि वेगहि आय।।
तन होइ खन्डहि खन्ड। उठ धाय कर पाखन्ड।।
भट विकट जुरे चहु ओर। कट कटहि शीश धड शोर।।

छन्द - धर शोर मुन्डहि मोर तोरहि वान तन वेगहि लगे।
मच धूम जगंहि रौन सुन पशु धौर खग आवन लगे।।
लख लाश लोथनि काग वोलहि हेर एकहि एकहीं।।
नभ मुन्ड रून्डहि मेल खेलहि प्रेत जेवन हेरही।।

दोहा - समर भूमि तट साख तरू, झूमय विकट पिशाच।
कटकटाय घूमहि गगन, चूसय हाड निशाच।। (52)

सोरठा- अम्वर रकत फुहार, जावहि कट कट शीश सन।
मानहु करहि पुकार, योगनि आवय नृत्य रन।।

छन्द - रन नृत्य योगनि होय जोयहि खून खरपर लेयही।
लै आन सचान सियार श्वान संग रंग लाल सन देयही।।
नख दन्त लांविह केश कांधिह शेर हेरहि कालही।
जहं चाह ओरहि चारू खैचहि मांस लाशहि हालही।।
खल छूट हूरहि देह धूरहि फेक तन नेकुह वचे।
माँ कोप पीठहि रोप पैरहि जान सव भेदत नचे।।
छल माय सन कर वीर दानव देय भय मारन चहै।
सुइ जान खन्जर खैंच अतफर काट सिर फैकत रहै।।
रन रूप निखरिहु संख्य भुज भइ दून मम अम्वे भली।
कर कृपान मोहनि नीति तिशूलहि जीत मोहहि चली।।
चहुं ओर सोहहि मात असुरन सैन गिर नाशन लगी।
भय खाय भूपहि रूप भैसहि नीच मति पाछे जगी।।
निज फेर चामर कोप मुख सह सैन धावत लर्‌यो।
दिश तीन शेषहि भेष निशचर मौत आवत लख्यो।।
वहुमाय पलटहि काय धावहि धीर वीरहि चोटही।
प्रिय मात चरितहि चाह करवन देख खल वल खोटही।।

दोहा - रिस भर रूक माँ एक पल, प्रीत धरिहु सत धीर।
खैंच श्वास छाडिहु कुपित, प्रगटे गण वहु वीर।। (53)

सोरठा- सकय न गिन कुउ संख्य, सकल अधारनि जननि दल।
रिस प्रेरिहु धुन शंख, आयुध वहु विध लेयकर ।।

चौपाई - भुजा दोउ सव गणहि उठाये। आयुध सह नाशन खल धाये।।
फैली सकल समर महि सैना। जयति मात जय गूंजहि वैना।।
मोहनि दया रूप वहु पावा। खल जस नीति सुतैसु प्रभावा।।
मार चपेटहि घीचहि काटे। मीजहि दांत मही मृतु पाटे।।
वीचहि अम्व लखहि गण खेता। लरय निशंक सकोपहि चेता।।
आनन विविध वसन वहु धारे। वीर महागण सैन संधारे।।
वली विजित विन भय रन धीरा। मारहि चतुर रजनि चर वीरा।।
चाहह कछुक फिरन खल ऐसे। कायर मती कुगति पथ जैसे।।

दोहा - जोयहि सनमुख सोइ शठ, पाछे कायर होय।
विधु सम आनन मात लख, वीर सुगति पथ होय।। (54)

चौपाई - तदपि असुर निज ठीट सुभावा। हटय न पाछ दल सकल नशावा।।
वाढिहु कोप सलिल सम जोरा। मात हियहि सर नीति सकोरा।।
वाहन वीर गरव कर माता। वढिहु अगारि खलन्ह दुःख दाता।।
सधी मात कछु शंक न होई। चामर ओर वढत रिस जोई।।
वाढिहु सोइ कोप भर आवा। रिस भर सारथि रथहि वढावा।।
मारिहु गदा जोर वल भारी। आवत लखी काट महिं डारी।।
लै धनुवान बहुर रिसयाना। खीचिहु तान लगाइहु काना।।
छाडिस वान सहज मध काटे। भयु न भीत वाहन मुख चाटे।।

दोहा - कर उघोग वहु मार खल, वहु विधि करह प्रहार।
स्वामिन माया नीति निज, कर असफल वहु मार।। (55)

चौपाई-शस्त्र वहुर खल करहि प्रहारा। रिस भर काट सहज महि डारा।।
लै धनुवान जननि फुन्कारी। रहु निशान सारथि रथ भारी।।
तिर सर हने खैच निज काना। हय सह सारथि चूर बिमाना।।
रहिहु अकेल लरत रन भूमी। वाढी अम्व समर मद झूमी।।
चामर हूड छली कर माया। गयउ गगन पलटत निज काया।।

माया करहि वहुत विधि भारी। भय दिखाय खल कला प्रसारी।।
वरसिहु समर विकट अंगारा। ढॅांकिहु रवि भयु तिमिर अगारा।।
परहि न सूझ निज निज कै हाथा। भये भीत गन माँ पद माथा।।

दोहा - लख जननी विस्तार अस, धीरज दीनिहु भारि।
चरितहि माया वान इक, समर कीन्ह उजयारि।। (56)

चौपाई - नभ सुइ प्रगट भई जल धारा। वुझे अंगार लख गनहि हुंकारा।।
धाये पुन गति दूनहि वेगा। मारहि असुर छीन खल तेगा।।
हनिहु वान अम्वे इक गगना। भेदिहु जाय असुर सुइ वदना।।
गिरिहु धरनि जिम टूट पहारा। तजिहु प्रान पद सुगति सहारा।।
वान्छ जान जननी गति अपनी। दई असुर चामर चित रूपनी।।
गति अति वेग वढी रिसयानी। खल उदग्र सन्मुख अभिमानी।।
धायहु आय अगारहि रोका। वोलिहु ऐसु जान नहिं मोका।।
सुनी वानि वाहन रिस भरयू। गिरिहु झपट सारथि रथ हनयू।।

दोहा - वचिहु भयहि रथ नीचि पर, मरिहु आप ही आप।
लै त्रिशूल खोजहि जननि, लखिहु वदन मृतु भांप।। (57)

चौपाई - मनहि कहियु मोहनि मति ऐसे। शारद स्वयं वतावहि जैसे।।
मन अभिमान करहि अपमाना। मिटय सोइ मृत मिलय प्रमाना।।
विनसारे मर आपहि जाये। गन सुख मान सुनहि मति भावे।।
करिहु कोप सुइ वहुत रिसाने। माँ हित काज करन निज जाने।।
चामर असुर महादल रंगा। भयहु नाश जिम खोज प्रसंगा।।
वली महा गन जुर चंहु ओरा। आये विकट गरज घन घोरा।।
घूमत फिरे मार सव सैना। दांतन मींज कहत कटु वैना।।
सका न वचु कुउ कैसउ राहा। वध चपेट भयु दारून दाहा।।

दोहा - सैन सहित चामर असुर, भयउ भांति सव नष्ट।
देखिहु हनु दिश पाछि रन, आयहु गाजत दुष्ट।। (58)

चौपाई - भांति भली सव विधि जिह सैना। देखहि महिष रहह जिय चयना।।
आयहु सोइ मरन अव काला। धायहु कहत व्यर्थ वज गाला।।
प्रेरिहु भांति वहुत हनु वीरा। वोलिहु महिष सुनहु रन धीरा।।
वढ भरोस मोयहि रह तोही। मारहु त्वरहि नारि रन सोही।।
विन भय करहु नाश दल ऐही। आवह पास तुरत वध तेही।।
दूरहि प्रेर नियर नहिं आवा। रहिहु पिछारि निज तनहि दुरावा।।
हनु गति वेग सोइ रन धावा। मुखहि फार चह मनु गन खावा।।
गन चपेट एकहि इक देही। भुज वल शालि पकर कछु लेही।।

दोहा - देह चपेटहि पकर कछु, भागे गन अकुलाय।
अम्व ओर चहुं जोर कर, ठाडे भये जुराय।। (59)

चौपाई - विहंसी जननि वान्छ गन जानी। अति लख हनुप्रति नीति रिसानी।।
दयउ शेर निज कोप वढावा। गरज झपट चल चेत चढावा।।
अनल क्रोध दहकत जिह नयना। हेरिहु सोइ वोल रिस वयना।।
वानि सुनत भयु टूक कलेजा। फारिहु हीय वगर जिय भेजा।।
चाटिहु छाति चढिहु वल शेरा। लोचन हीन परियु पद प्रेरा।।
छुवत पैर जननी गति जॉही। नीच कुकर्म अन्त सुख छांही।।
गति लख स्वामि कोटि हनुसैना। डारिहु अस्त्र समर्पण चैना।।
चकाचौंध लख तन माँ नांही। भुज उठाय मौनहि वस राही।।

दोहा - देखत पाछे महिष रन, लखे कायरहि वीर।
धाये जो लौ मात गन, मारिहु सव वे पीर।। (60)

चौपाई - सनिहु खून तन जेहि क्रपाना। चलिहु लौट दिशपाछि गुमाना।।
रहहि लरत जहं वल असिलोमा। कहिहु सुनाय सकल रन सोमा।।
वली महा विन भय रन धीरा। दयउ वुझाय वहुत विधि धीरा।।
सोच रहहु अवही हितमौना। सन्धि करहु प्रगटन सुख हौना।।
सुनी वानि अस गुन मय वोली। लागी हियहि महिष सम गोली।।

वोलि वानि कटु कहहि अभागा। कहतन तोहि लाज नहिं लागा।।
मारहु तोहि अव ऐहि क्रपाना। कायर जेहि वधिहु अपमाना।।
सोचिहु सुइ सुन यहि असिलोमा। पौरष गती समर मिल सो माँ।।

दोहा - कहिहु ऐसु गुन वात प्रिय, पलटिहु निजहि प्रसंग।
लेवन चांहु परीक्षहि, लखहु मोहि अव जंग।। (61)

चौपाई - यहि कहि चलिहु संग दल रोचा। सनमुख गयउ मनहि सुख सोचा।।
भयउ प्रशन्न महा खल महिषा। लखिहु लौट जावत पुन सहसा।।
माया मनहि न शंकहि वदना। मद भर झूम परिहु तट सदना।।
नांहि फिकर जिह सैन संघारा। असुर सोइ वाढिहु अघ भारा।।
कांपहि भूमि जेहि दुःख पापा। हारनि भार धरनि मां भांपा।।
छल वल विपुल महा चतुराई। निश्चर वदन कुगति अघमाई।।
हरि तिय तेज सकल सुर कोपा।प्रेरिहु अशं शक्ति सत रोपा।।
देवि महा प्रगटी भू पांही। जनु सव मोहनि नाम कहाही।।

दोहा - धरम लोप वाढहि असुर, अंक दलहि गिर नांह।
वसन सदन भोजन कमय, भरय पेट गति नांह।। (62)

चौपाई - मोहनि कृपा प्रथम जनु सोई। प्रेरिहु महिष सैन निज जोई।।
स्वयं पाछ आगे कर नैयना। रहिहु लरत शांती जिय चयना।।
असिलोमहि दलपति दे पदवी। भयउ निपट पाछे रति सदवी।।
सैन महा पति प्रीतिह नीती। भावी जान गयउ जिय जीती।।
जिह कामिन दल विकट संघारा। सहज नांहि सुमरिहु सुइ प्यारा।।
चलहु मनावत हिय मां चरना। वाष्य तनहि कोपहि जर बरना।।
कोटि पांच खल पाछ्य लागे। वढिहु सशस्त्र भयउ सव आगे।।
विनरथ पांव न पांवनि पैरे। चकित गनहि देखेचित नैरे।।

दोहा - असिलोमहि खल चेत वुध, करहि न गण पहि मार।
सुइगन पथ वहि छोड पुन, लागिहु करन प्रहार।। (63)

चौपाई - धावत चलिहु जहां रह माता। देखिहु प्रथम जाय शुभ गाता।।
लखिहु वृह्मान्ड कोटि जिह रोमा। तेज मयी दिव कोपय सो माँ।।
रूधिर फुहार सहज पर वदना। रक्तिम सारि सने गुन सदना।।
जननि चतुर्भुज चेतनि दाता। रही व्याप कन कन विन गाता।।
रहियु लखत आनन सुइ अम्वा। उमड प्रीत जनु जीय अचम्भा।।
सनमुख गयउ समय अनुमाना। विन भय जीत अन्त सत जाना।।
ज्ञाननि जान सकल हिय हेरा। करन हेतु रन असुरन प्रेरा।।
भरिहु कोप वोलिहु सुइ वीरा। छलनी महा ठहर धर धीरा।।

दोहा - रही छलत अव तक सवहि, नहिं छल पावहि मोय।
हिय विचार सोचनि जुगति, पंथ सुगति अब होय।। (64)

चौपाई - अन्तर प्रीत वात्स्य रिस राजी।देखि देवि वन पतिह विराजी।।
नयन तिरछि जीयहि कर हेरी। मृदु मन भाव दीप सत फेरी।।
कहियु अम्व दलपति सुन वानी। समझइ नीति रहस वढ ज्ञानी।।
रे खल अवहि कछुक दिन वीते। परी प्रवृति असुरन मन प्रीते।।
भयउ भ्रष्ट सत पंथ न चलयू। छाडिस करम सुनीतहि खलयू।।
रहिहु छलत देवत दुःख देवा। छीन भाग भोगहि लै सेवा।।
भई प्रगट सोयहि तुहि छलनी। प्रथमहि पुन्य मरन गति भलनी।।
कह यहि मात खलहि ललकारा। दयु चिनौति चेतन चित पारा।।

छन्द - चित पार चेतनि देय दायनि लेय खैचहि मोहनी।
विन मोह प्रीतहि शूल लै कर धायु मारन सोहनी।।
कर काट सहजहि नैक हेरहि शेर साधत फेकयो।
गन बोल जय माँ खोल जिय जंह चांह असुरन छेकयो।।

दोहा - समर वेग वाढिहु पुनहि, गयउ पाछि दिश भानु।
रक्तिम छेकिहु वरन तन, चहय करन कल्यानु।। (65)

चौपाई - आभा अम्व कहारनि धारी। नाथनि राज पशू किलकारी।।
उचित शेष कोपहि निज लीनिहु। सुमन सरोज करहि धर चीनिहु।।
पंथ सुगति चल जुगति निहारी। चली खलन कर समर पुकारी।।
आयहु सोइ कम्प तन सामे। ऊपरि कोप प्रीत जिय थामे।।
करिहु वार अम्वे निज खेला। वचिहु ओट गन साम ढकेला।।
भरिहु रोष का मात प्रहारा। सुत पहि शान्त सुमन सम प्यारा।।
दूसर वार चरित नित नीती। परय निमिष नव कीरत प्रीती।।
असुर महा असिलोमहि वारा। वान शतक कर चरन प्रहारा।।

छन्द - चरन प्रहार कर वार असुरनि मौन मूरति सम लख्यो।
सर आन मन मुस्कान ध्यान कर ज्ञान प्रीतहि रख्यो।।
आशीष रूपहि देवि दै वर धीर तुरतहि पारयू।
लघु वेग पैरहि प्रेर शेरहि जाय पासहि मारयू।।

सोरठा- दृग तिरछे मृदु वैन, कर कह फॉसिहु पांस निज।
लयउ खैंच खल चैन, काटिहु सिर उड सारि पर।।

दोहा - धड वल भारी वेग सन, गिरिहु चरन महि आय।
सिर सोहहि कर मात लै, विन श्रम पारहि जाय।। (66)

चौपाई - सुर नर मुनि दुर्लभ गति पाई। मात्र अन्त पद प्रीत जताई।।
भये सुखी सुर देखहि ऐसे। परे मीन गहरे जल जैसे।।
दुन्दभि दयो हरष सुख माने। सुर तिय सुखित सुमन वरसाने।।
सने प्रीत मय शक्ति सु जानी। जडी वूटि पर रस गुन खानी।।
गन तन चोट जहाँ खल करयू। जननी नीति प्रशूनहि परयू।।
शान्ति श्वास सत शीत समीरा। छोडिहु मात तुरत हर पीरा।।
दूत एक वध सुन असिलोमा। चलियु तुरत कम्पित भय रोमा।।
आवत महिष सु पास विठावा। सोइ कहियु सव हाल सुनावा।।

दोहा - वध सुन ऐसहि वीर खल, परिहु धरनि महि आय।
करि उघोग चेतन करिउ, वोलियु सुइ अकुलाय।। (67)

चौपाई - सुनहु हन्त मुहि समझ न आवा। कारन कौनयु ऐसु प्रभावा।।
अधिक आधि तै सैन हमारी। कामिन एक सहज संधारी।।
माया वनी चतुर रन होई। नहिं जनु कैसु प्रगट दल होई।।
होवहि सांझ सु देख दिनेशा। रक्तिम पांहि चढिहु मनु केशा।।
भावहि ऐसु समर तुम जाऊ। साझ नीति रन वन्द कराऊ।।
सोचहु वैठ वहुर सव रजनी। करहु जज्ञ मारनि सुर सजनी।।
सकिहु न कह कछु करिहु विरोधा। लौटिहु झुलस विवश मन शोधा।।
भयउ शिखर ऊंचे गिर ठाडै। वोलिहु वचन रिसहि रिस गाढे।।

दोहा - रन रंगनि कामिन शुभे, वन्द समर सुर नीति।
करवहु सन्ध्या आन जनु, सत पथ ऐसहि रीति।। (68)

चौपाई - वचन मृदू सन कोप समीरा। सुने जननि जीतन मति धीरा।।
शंख महा निज फूंक वजावा। हेरहि पांछि विहंस मन भावा।।
शारद गुनी सुरूपहि भेषा। वृद्ध वयन व्यापिहु मति रेशा।।
वोल कहिहु गन सुन रन रंगे। कृपा नीति सत होयहु चंगे।।
तजहु न पंथ सुरीतहि सत्या। आवहु लौट चलहु गिर प्रित्या।।
सुन माँ वानि फिरी गन सैना। भयु जुट ओर चारू चित चैना।।
खल पति सैन गई फिर ऐसे। अगनि कान्ड ईधन भिग जैसे।।
झुलसे मनहि चोट वहु खाये। लौट दुःखित तट तम्वुहि आये।।

दोहा - फिरत देख दल असुर वच, चली जननि गन साथ।
पाछे गन जय वोल माँ, चलय उठावहि हाथ।। (69)

चौपाई - रूधिर वूंद अरि मात शरीरा। अरूण सुमन सम सोहहि नीरा।।
कारज अम्व करिहु वन स्वामी। मद भर फिरिहु आयुषहि गामी।।
मृदु स्वर चलत घन्ट धुन गूंजे। वीर समर खल जिय जिह भूंजे।।

देवि चतुर्भुज वदन विशाला। गुन मय वृद्ध प्रगट मति भाला।।
सने रकत मय गन तन जेही। पाछे सोइ प्रथम चल तेही।।
जहं तहं वुन्द फुहारनि रक्ता। परियु वदन दल पाछय भक्ता।।
भांति वहुर जय जयति गुंजारा। जीत समर दिन सुखित गुजारा।।
गये लौट खोहहि हिम धामा। गावत गीत जननि गुन धामा।।

दोहा - अचलहि ऑगन आयु पहिं, चली उतर माँ नीति।
जड तन चेतन प्रथम मति, दयउ हाल कह जीत।। (70)

चौपाई - आश्रम सवहि महा गिर दयऊ। दल माँ दरश सुखित मन भरयू।।
आसन शिला ऊँचि माँ राजी। बैठ सकल गन छवि पद साजी।।
प्रकृति शान्त प्रांगन हिम शीता। लखिहु अम्व मोहिन निज नीता।।
वोली वहुर सुनहु गन सारे। विजय समर रवल भयउ तुम्हारे।।
वहु भरोस मुहि तोहि सुचाला। रहे लरन रनवीच कुचाला।।
पंथ सत्य पावन प्रिय धरनी। रहे अचल चल निज निज करनी।।
भई विजय सुइ रन महि आजा। प्रीत नीति मम सकल सु काजा।।
यह कहि मात विविध वहु रूपा। भावनु कूल प्रगट भव कूपा।।

दोहा - प्रति गन प्रेमहि अंक निज, लयहु हिदय सन लाय।
रन थकान दूरहि करन, फेरिहु कर हरषाय।। (71)

चौपाई - वादहि भांति वहुत समझावा। गूढ नीति वहु ज्ञान वतावा।।
पशु अभाव मुख सकय न वोला। अगनि प्रीत धधकहि मरि चोला।।
जरत जीय रस छलकिहु नयना। गयउ सोइ पर वदनहि चयना।।
जान जननि निज साटि संभारी। जाय पास पौंछत सिर डारी।।
विकल प्रीत रस चरनन परयू। रोकहि मात धीर नहिं धरयू।।
पशु अस प्रीत लखिहु गन जवही। भाग धन्य जानिहु वहु तवही।।
जो जस चाह देहि तस शांती। शयन प्रवन्ध कियो दिव कांती।।
विविध रूप कह कथा वुझायू। मोह गनहि सव नीति सुलायू।।

दोहा - पुन चुपके संग वाहनहि, सर तट मंजन हेतु।
खल गति भावी जान सव, चली मंजनहि चेतु।। (72)

चौपाई - सर तट वैठ सुमंजन करयू। धन्य वरूण जीवन विम्व परयू।।
त्रषित शेर पावन जल पीया। सौरभ सुमन भरिहु मद जीया।।
पुन विलोक वैठिहु धर धीरा। परहि परस पद तन विन पीरा।।
पूरन तिमिर रजनि भर आई। मन्दालोक नखत प्रगटाई।।
लहर सरोवर झलमल विम्वा। पूर प्रकाशहि भू गिर अम्वा।।
पंच प्रशून कछुक हिय सोचे। अंजलि तोर लये गुन रोचे।।
करिउ प्रीत पुन पशु वहु भांती। दयउ वुझाय कछुक क्षन राती।।
सकल अधारनि व्यापित नीती। सकय जुजान करय पद प्रीती।।

दोहा - महा पुंज पुन रहस भरि, जगित हियहि वुधि दीप।
आई जननी लौट गिरि, सिन्धु समाइहु सीप।। (73)

चौपाई - जाग्रित नीति जुगति भर शोरा। चरित स्वरूपनि लयउ वसेरा।।
चुने सुमन आचंल भर राखे। कहिउ वेद विधि पूरन भाखे।।
सवहि सुलावनि मोहनि शयना। करहि स्वयं खेलहि मिच नयना।।
वाहन वली चरन चित धारे। जांचत रहे खलहि मतवारे।।
उत यामनिचर चरित वतावा। लरी जैसु वल सरल सुभावा।।
जोरी सभा महिष खल अपनी। बैठ विवाद करहि मति जपनी।।
चित कछु समझ न आवहि अन्ता। वीर विवश चुप असुरन हन्ता।।
सोच वहुत निर्णय इक पावा। सोइ सुखित कह सवहि सुनावा।।

दोहा - वली स्वामि दल तीन अब, वचे सोइ रन धीर।
समर विजय रह ऐहि कर, जानिहु मायहि चीर।। (74)

चौपाई - वषकल कजा वृतासुर शेषा। रखहु वीर सुर लाजहि देशा।।
वलहि तुम्हार गरव मोभारी। जिह भरोष हुय विजय हमारी।।
जावहु सोइ दोइ दल स्वामी। दक्छिन दिशा निशाचर नामी।।

छली निपुन तन रूपहि माया। घेरहु चुपय महा गिरि काया।।
करहु जज्ञ ऐसहि मैं जौ लौ। रहहु छेक कामनि दल तौ लौ।।
विन विधंस पूरन मख होई। सकय न जीत फिर कहु मति कोई।।
सुन अस वचन सवन्ह मति भाई। लगे रचन मख मति अघ माई।।
वष्कल वृता सैन संग साजा। चले वीर चुपके मन लाजा।।

दोहा - सन्मुख छीकत वीर चल, वोलहि पन्थ सियार।
खल गति अशुगुन कुगति रति, विवश आयुषहि प्यार।। (75)

चौपाई - बली दोउ दल राहहि रोके। कहियु वुझाय चरित छल धोके।।
हमहि सकल रजनीचर नामा। चतुर छली माया वल धामा।।
कामिन पन्थ सुनीतिह चाली। सोइ निशंक रहहि खुशयाली।।
भेष विहंग धर नाना भांती। छिपौ घेर गिर तरू तम पांती।।
सकइन जान कैसउ गन रूपा। वाहन थकिहु सहज परि चूपा।।
हित वहु भांति ऐहि हम जाना। जागहि जेहि वधहु चुप नाना।।
मख पूरन होयहि सुइ राता। भये भोर फिर कछु नहिं वाता।।
भांति सकल समरथ हम हो है। कामिन मात्र पन्थ सत सो है।।

दोहा - प्रहर दूज यामिन प्रकृति, शान्त सरल चल चाल।
जहं तहं तट तरू मन्द स्वर, छिपे विहंग छल काल।। (76)

चौपाई - हिले पात तरू पंख कुलाहल। शोर प्रकृति पर परियु निशा छल।।
चेत चकित जिय शेर चितावा। पंज फरक दुउ श्रवन उठावा।।
शंकित भयउ कांप तन गयऊ। रनहि रूमांच उठा दुम लयऊ।।
लोचन गोल भरी मृतु नीती। विवश राज मृग आयषु रीती।।
काल एहि खल दुउ दल स्वामी। मां गन ऊंच गगन छल कामी।।
चले उडत चित शान्त दुरावा। सके न तउ स्वर पंख छिपावा।।
सोचहि शेर मनहि मां ध्याना। खग यहि काल भांति यह नाना।।
आये कैसु निशा अधवीती। विन भय छिपे साझ तज रीती।।

दोहा - नांहि शोर होवहि अवहुं, कारन अवश कुचाल।
विन भ्रम होयहि सैन रिपु, हूक रनहि सुर हाल।। (77)

चौपाई - लखिहु ओर चहुँ पंथ न सूझा। तिमिर उगल मनु अम्वर जूझा।।
इन्दु नखत तन कालिम छाई। जड हिम हीन नयन खलपाई।।
लगे करन सुर वहु विधि माया। लटकै उलट पलट वहु काया।।
कहुं अलोक कहुं प्रगट चिंधारी। विन्दु स्वरन जट मानहुं सारी।।
शेष हियहि भ्रम तुरत नशाना। रिपु दल निश्चित मिलिहु प्रमाना।।
हेरिहु शेर जननि पद पांही। भंग शयन भय टेरहि नांही।।
सोच तुरत दुउ जोरिहु हाथा। करिउ विनय गिरि पद धर माथा।।
जड मति सजह सुनीतिह मेली। अचल महा वुधि प्रीतहि केली।।

दोहा - मलय समीरहि प्रेर तन, त्रिविध हरन तिर ताप।
चलिउ जोर आनन सुखद, सकिहु सु वाहन भांप।। (78)

चौपाई - ओढनि शिशिर विलग पद भयई। तलुवे वाह्य निकर हित लयई।।
लालि सोइ रक्तिम चहुं ओरा। छिन्न गगन धर वसन सकोरा।।
रहिहु चेत प्राची दिश मांही। जनहु सोइ प्रातहि भर छाही।।
चौक उठे सव गन अकुलाने। भयउ प्रात प्रेरित अनुमाने।।
सुमर जननि सुन्दर सत नामा। उठे सकल शेरहि हित कामा।।
जयति मात जय जय सव वोले। पवन प्रेरि कम्पित मद डोले।।
रूप सहज सुन जननी शोरा। उठी मीड दृग पैर सकोरा।।
वहि क्षन सोइ भयउ अंधियारा। आनन लखियु विखर उजयारा।।

दोहा - चका चौध गन चौंक हिय, तुरतहि भये अधीर।
वाहन पद परि हेर गिरि, भई जननि गम्भीर।। (79)

चौपाई - पूछहि अम्व मनहु अनजाना। कीनिहु कैसु अवहि सव ध्याना।।
यामिन अरध धरनि पैसारा। लखहु दमक नभ मांझहि तारा।।
काल एहि कारन किम होई। कियो रूप रन साजहि सोई।।

सुन मति वानि सुमंगल कारी। रहह सदा वाहन हित कारी।।
वोलिहु पुलक छलक गयु लोचन। पोछिहु जननि करन खल मोचन।।
वोलनि वुद्धि हरनि संतापा। पायहु तुरत सु वोलय कांपा।।
रिपु दल रूप वदल गिरि आवा। करय प्रगट सुइ अपन प्रभावा।।
और नाहि कछु वात विशेषा। दया चरन चेतनि जिय रेखा।।

दोहा - सुन विलोक योगहि कहियु, नांहि हियहि अकुलाव।
चलय पंथ सत जेहि भव, कछु नहिं तेहि दुराव।। (80)

चौपाई - छलनि महा फॉसनि खल जाला। फेकिहु तुरत मोह इह काला।।
ढके सकल तरू फंसय विहंगा। भये विवश उड सकय न संगा।।
खल खग छवी वली तरू वांधन। फॉसिहु पांस सुमात शिकारनि।।
कर निशंक गन वहुर सचेती। वैठे शान्त गुनी सत हेती।।
दूरहि धूम उठिहु नभ छावा। क्षन प्रति पवन सुघ्रतहि प्रभावा।।
पूछिहु पशु पति परख सुभावा। हेर तुरत सुइ मात वतावा।।
रन जय जज्ञ महा खलठाना। जाय विधंस करहु सुइ ध्याना।।
पूरन भये सुनुहु वश नांही। मन्त्र प्रभाव सप्रीत दृणाई।।

दोहा - यह कहि आंचल फूल कर, छोरे सत्य सुभाय।
पंच प्रमुख गन प्रेर पशु, जननी दयउ पठाय।। (81)

चौपाई - माँ छवि सुमर नवावत शीशा। मरूत वेग सम पाय अशीषा।।
पंथ गगन खल सकय न रोके। चले गजहि गन श्वानहि भौंके।।
फरके अंग सगुन सुखदाई। हरषत गये कहत जय माई।।
लखिहु जाय खल कजा सुरारी। कोट महा दल जज्ञ मंझारी।।
वांधिहु चुपहि पकर दल स्वामी। वोले नाहि भयहि अनुगामी।।
रूप मशिक धर गन मन भावा। खल मति परे भेद नहिं पावा।।
वहु वल शालि आयुधहि धारे। निज मति चतुर सकल अंधियारे।।
चले निशंक गन पशु किह नीती। देखहि सवहि अद्रश निज रीती।।

दोहा - जज्ञ मंच अवलोक सव, घूमे सकल निहार।
महिष शिला सम थिर मती। करवहि मन्त्र उचार।। (82)

चौपाई - तामस जज्ञ समर जय कारन। करय असुर कामनि सत मारन।।
वलि हित भांति वहुत पशु वांधे। व्यापनि देवि कुलहि आराधे।।
भाव समर्पन सन्मुख शंकर। ध्यावहि हिय तन रूप भंयकर।।
काटन निज सिर करहि कटारी। आसन एक विपति सव हारी।।
नीति शिवहि अस भल निज होहू। सकय न पर भगतन तज कोहू।।
छावन लगिहु तेज तिर शूला। इक चित भयउ हियहि सम फूला।।
भये चकित गन मन अवलोकें। आहुति धूम उमड चल चौके।।
आयषु सुमर वनावन काजा। प्रगटे वीर महा गन साजा।।

दोहा - गरजे जय मां शोर कर, भुजा उठाइहु दोउ।
रूख देखिहु गन कुपित पशु, झपटन लागिहु सोउ।। (83)

चौपाई - सहसा शोर भयावन भारी। सुनिहु सोच सव पर असुरारी।।
देखिहु वीच मंच रिपु सैना। अचरज मनहु स्वपन भर नैना।।
धरहु पकर मारहु सव केही। विन वध वचय न कोवहु देही।।
कह यह यूथ असुर वहु धाये। द्वारहि श्वान भांति रिस पाये।।
मोहनि कृपा अभय गन सारे। मार चपेट करहि मख दुवारे।।
साहस कोउ खलहि यह नांही। फेर करहि मुख जुद्ध जुराही।।
भयउ शोर मन महिष न डोला। रहियु शान्त ध्यावत जिय भोला।।
खेंचहि केश कुचल तन लाता। श्रवनन कूक कहहि कटु वाता।।

दोहा - तदपि एक चित असुर थिर, भयउ न कैसउ भंग।
लख ऐसी दृण प्रीत गन, लीन छुडायहु खंग।। (84)

चौपाई - हवन कलश कर उलट प्रहारा। खंजर मूंद नाशकिह मारा।।
वुझा दीप घृत भरिहु मसाला। रन्ध श्रवन महि करियहु ज्वाला।।
लौन मिरच भर चीरिहु मांसा। दयउ नाश पंथहि द्रग श्वासा।।

असह पीर जीयहि तव भयऊ। हेरिहु तुरत तेज शिव पयऊ।।
सके ठहर सनमुख गन नांही। खम्वनि ओट गहियु परछांही।।
देखिहु भंग भयउ मख सारा। शान्त हियहि दुःख महिष अपारा।।
प्रगट घृणा रिस वहु पछतावा। प्रवृति असुर प्रीतहि सुख पावा।।
सुरा पान भक्छन कच मांसा। करिहु सोइ प्रेरिहु खल श्वासा।।

दोहा - तेज विलीनहि शम्भु रिस, पशु गन भये निशंक।
वंधे विवश वलि छोर सुइ, सनमुख वोलहि वंक।। (85)

चौपाई - कायर महा नीच लघुताई। करिउ जज्ञ खल मति जडताई।।
चहहि उठावन वारहि भीता। तामस प्रवृति कुगति तुहि नीता।।
कह वहु भांति ऐसि कटु वानी। कर विधंस पूरन जिय जानी।।
चलतहि वार गरज वन स्वामी। गूंजिहु सकल करन मां कामी।।
शंकहि असुर वतावहि गैला। लयउ उपार प्रमुख गन शैला।।
ढांकिहु मंच महा मख पूरा। चल विधंस कर खल मति चूरा।।
मारहु पकर धरहु सव वांधे। रहे कहत वस मद तन साधे।।
मात जयति कह कछुहि चपेटा। वांधिहु चोटि कछुक खल भेटा।।

दोहा - कजा छोर वाहन झपट, खेचिहु नाशिक कान।
कीन खरोचहि आननहि, मारिहु पन्जा तान।। (86)

चौपाई - भयउ अचेत निमिष वस एका। चलिहु छोड सुर सुमरन नेका।।
हरषहि शोर जयति जिह मांही। जानिहु कांति सकल दिव पाही।।
भरी करूण पुलकावनि वाढी। वोली अम्व महा सत गाढी।।
करिहु काज सोयहि यह शोरा। आयु अवहि सुन होवहि भोरा।।
ऊषा अंक विहंस भर काला। लालिम प्राचि रंगी सत चाला।।
आये गनहि नवाइहु माथा। पशुपति विकल परिउ सव साथा।।
फेरिहु हाथ गयउ श्रम राहा। वान्छ वहुत गन मिल मन चाहा।।
दयउ धीर प्रीतहि वैठारे। पूछिहु हाल क्रमहि भुन सारे।।

दोहा - निज निज मति गन हाल कह, कथा जज्ञ विध्वन्स।
जननी सुन विहंसी मनहि, सव किह करी प्रशन्स।। (87)

चौपाई - करम नित्य कीनिहु भुनसारे। शान्ति महा मति धीरज धारे।।
अम्वर अरूण उगिहु रंग लाला। वैठी सुमर एक चित भाला।।
कियो गनहि प्रातहि अस्नाना। सुख भर भये मगन मन ध्याना।।
अचल महा आंचल प्रगटावा। धरिहु रूप जन भोगहि लावा।।
वांटिहु अम्व लगे गन खाने। मां कर खाय न कवहु अघाने।।
पायहु स्वयं सु अल्प अहारा। भरे पेट सव लेहि डकारा।।
जूठन गिरिहु वचा लग पाता। चाटिहु शेर सु पूतहि नाता।।
भयउ त्रप्त वान्छा अब नांही। तदपि धीर मन ममत्व सराही।।

दोहा - आयषु जननी पाय गन, आये तुरतहि खेत।
अम्व वजाइहु शंख निज, गूंज दुहाई देत।। (88)

चौपाई - चली देवि खैचनि तरू पांशा। पशु अबलोक मनहि वहु हांसा।।
भये प्रगट खल निज निज रूपा। दलपति दशा कलश जिम कूपा।।
वोले तदपि सुहीय अधीरा। वली नीति नायहि अस वीरा।।
लरहु खेत रन जानहु जवही। कियो विवश कछु कहहु न अवही।।
जननि शिकारनि खल खग माया। नीति दोष मय कीनिहु काया।।
दुष्ट महा अस असुरहि दोई। कहत न सुने वचन कटु होई।।
अम्व विंहस पशु सहन न भयऊ। कर संकेत शान्त तव करयू।।
कहियु ऐसु दानव सुन वानी। पूरहि वान्छ जैसु हित जानी।।

दोहा - कह यहि खैचिहु मोह निज, चले मनहि झुंझलाय।
वोलहि कोवहु काहु नहि, हित निज प्रान वचाय।। (89)

चौपाई - व्यथा कथा सव जाय सुनाई। सुनिहु हन्त जीयहि अकुलाई।।
गयउ तम्वु महिषासुर जांहा। वैठिहु वोल कहियु हित नांहा।।
सुन लख सोच परियु जिय ऐसे। मनि विन फनी विकल हुय जैसे।।

कहियु ऐसु सुन हन्त सुजाना। उठहि हूक हिय मिलहि प्रमाना।।
अन्त समय आयहु मुहि लागा। जानहु सोइ मोइ वढ भागा।।
शक्ति महा कामिन अवतारा। भयउ करन भव मोहि उद्धारा।।
नहिं यहि भांति बली कुउ नारी। देखिहु खोज सकल असुरारी।।
करू तैयारि सोयहि रन खेता। जानहु भांति सकल यहि हेता।।

दोहा - सहज नारि रन जीत वहु, नहिं पुन होय उद्धार।
विन श्रम दर्शन अन्त कर, जावहुं भव वा पार।। (90)

चौपाई - किरन प्रभाव असुर तन छाई। उठिहु हेतु रन खल अकुलाई।।
आगिहु कजा करिहु चल सैना। अंग भंग तन अशगुन नैना।।
नहि परवाह अशुभ शुभ हौनी। महिषा सुर संकेत विरौनी।।
वषकल वृता विवश चल दयऊ। खल दल उमड सलिल सम गयऊ।।
दानव वली विकट गन जूझे। फैलिहु तिमिर रूधिर रन सूझे।।
छल वल भांति वहुत खल माया। करहि समर गन रूप वनावा।।
निपुन महा गन डरपहि नांही। जननि दुहाई जयति गति जांही।।
सरिता रूधिर चली वह धरनी। मरय असुर निरखय निज करनी।।

छन्द - निज करनि छांडहि प्रान जिय अकुलान कछु समरहि परे।
विलखहि पीर अधीर कुचलहि लात मनु नरकहि डरे।।
गन वीर अनीति सुनीति सोयहि ढील खल चोटहि लगी।
सुइ सभर पन्थ महेश सत चढ दून रिस अम्वे जगी।।

दोहा - गण वोलय जय मात पद, खल महिषा सुर जीत।
असुरन्ह देवन्ह जंग लख, जानहु सांची रीत।। (91)

चौपाई - समर घूम कर शेर सवारी। सजी भवानि चली भुज चारी।।
संग्रह रूधिर जोगनी करही। चली नाच कर खरपर धरही।।
भूत प्रेत वहु विकट पिशाचा। संग नृत्य चल आशहि जांचा।।
भखिन मांस खग नाना भाँती। जुरे ओर चहुं दल निज पॉती।।

नाशिक श्रवन कजा मुख हीना। सनमुख प्रथम लरियु सुइ चीना।।
झपटनि शेर सु रोकनि माता। गूढ नीति मय ज्ञाननि दाता।।
प्रेरिहु प्रथम असुर दल ओरा। शक्ति महा सुइ शेरहि जोरा।।
नष्ट भृष्ट कर सैन सघांरी। शेष कजा वच देवि निहारी।।

छन्द - देवी देख रिस रेख भालहि आय शेरहि हूलयू।
मनु झपट अम्वर लागतन गिरि अम्व पीठहि झूलयू।।
मति चूर कजा कर पूर दाव हुय दीन नीचे रह्यो।
क्षन वोहि काटिहु शीश शेषहि होष मर जय माँ कह्यो।।

दोहा - सदगति दै निज धाम तव, हेरी कुपित भवानि।
दिशा दूसरी ओर जह, वषकल व्रता गुमान।। (92)

चौपाई - वृता विलोक इक पार उपारा। भरिहु कोप वाहन पहि डारा।।
कोटिक खन्ड किये मां वाना। अम्वर गयउ उछल कल्याना।।
रूप बहुत पुन खल प्रगटावा। सूझे समर वृतावहु पावा।।
अचरज मनहि वाहनहि आयो। डरये गनहि रूप पलटायो।।
जान जियहि सर मां संधाना। माया हरिहु सु एकहि वाना।।
वृता एक गन वहु वल देखे। स्वामनि सैन संख्य नहिं लेखे।।
जयति मात कह धावत भयये। पकरहि मार चपेटत लयये।।
देख वृतासुर सैन संघारा। कियो समर डट गनहि हजारा।।

छन्द - गन हजार पकर पछार प्रहारहि पटक घायल करे।
अवलोक रन अस रोप असुरहि कोप महि द्वन्दहि लरे।।
कटि फैट वांधिहु मात संभरिहु हाथ खंजर खौंसयो।
रिस कूल विन तिरसूल कर धर फूल हिय अन्तर लयो।।

दोहा- वन पति प्रेरिहु कोप अति, दयउ पैर सन्केत।
चल रिसया कर हेतु माँ, महि मृत पाटन देत।। (93)

चौपाई - वाहन वेग समर अस होऊ। ग्रीष्म तुफान मनहु उठ सोऊ।।
सकय न झेल महा खल पाता। फँसहि फाट झाडहि लग गाता।।
आवत देख वृता मन कोपा। मरन ठान अन्तिम पद रोपा।।
धावत हनिहु शूल पशु भाला। पिछलिहु नेकु भयउ तन काला।।
वृता पुनहि अवसर भल जाना। करिहु वार ओटहि गन नाना।।
तोमर शक्ति सु मूसल फरषा। एकहि एक प्रहारिहु वरसा।।
काटहि जननि करइ निज चोटा। वचन वृता खल गन किह ओटा।।
सकहि न गन कछु करहि उपाऊ। सहह मार गन कटुक सुभाऊ।।

छन्द - कटुक सुभाव तन ताव लोहहि भांति रूपहि रन डटौ।
सुइमात वुझावनि रूप लुहारनि रोष रंगनि पिटौ।।
उठ रूधिर फुहार चिघांर मानुकर चोट वाहर कढौ।
जनु अन्त वोरिहु वारि वोझिहु सोइ शेरहि तन चढौ।।

दोहा - पंजहि लीनिहु दाव तरि, ठसिहु छाति महि खीस।
मोहनि क्षन सुइ तुरत वढ, काटिहु असुरहि शीश।। (94)

चौपाई - वरसे सुमन दुंदभी वाजी। अट्टहास कर ज्ञाननि गाजी।।
हाहाकार मचिहु खल वीचा। छिन्न भिन्न होयहु दल नीचा।।
वषकल आप साध सव जोरा। रोकिहु दौर रूकहि नहिं थोरा।।
फिरे मुरे देखी सव पीठा। गन भयु शान्त सत्य रज मीठा।।
वली महा महिषासुर आगे। फिरी सैन सव रोकन लागे।।
कहिउ अभाग भाग रन जाई। वचिहु कौन पथ मति अधमाई।।
फिरे विवश मारन मन ठाना। डटे लौट आशहि तज प्राना।।
लौटत लखे किलक गन गयये। धरवहु अस्त्र रूप सुध लयये।।

दोहा - धर वषकल धीरज वहुर, धायहु जोरिहु सैन।
मायहि रूपहि रीति छल, रक्तिम रेशहि नैन।। (95)

सोरठा - धायहु दल मां घेर, वीर वहादुर धीर खल।
कायर पाछिह हेर, वोलहि सव जव विवश भय।।

चौपाई - रक्तिम देह रकत मय माता। असुर घेर भसमहि लग गाता।।
आगहि पात सहज जस जरयू। नाशहि तैसु रजनि चर मरयू।।
औरहि चाह संख्य खल भारी। घिरे महागन सव वल धारी।।
अस अवलोक अष्ट भुज भयई। मोहनि रूप कालिकिह लयई।।
आयुध सोइ उचित जित जाना। आये करहि अचम्भा माना।।
मूंदिहु पलक खोल खल नांही। भयऊ ऐसु मरम नहिं पांही।।
चक्षु फार देखिहु सव वषकल। तदपि शान्ति नहिं कोप कुलाहल।।
वोलत रहिहु वचन कटु भारी। करहि प्रहार अधीरहि वारी।।

दोहा - वोलि महा खल गोलि सम, लागिहु वाहन हीय,
माँ पद देखिहु विवश निज, जारिहु रिस भर दीय।। (96)

सोरठा- जननि जान पशु हाल, रोकिहु नहिं निज नीत सत।
खुलिहु मानु मृतु गाल, माँ प्रताप सुमरहि मनहि।।

चौपाई - अष्ट भुजी जननी रन रूपा। निखरिहु सहज सुशोभित चूपा।।
दमकय वदन सु अस्त्र चकोती। चकाचौध दृग असुरन होती।।
लै त्रिशूल तेजहि सत कोपा। भरिहु हिदय मारनि खल रोपा।।
कर दुउ हाथ रजनि चर पकरे। एकहि एक आयुधहि जकरे।।
दावी जिव्ह कढी मुख वाहा। भयउ देह दारून दुःख दाहा।।
वाहन झपट शीश धड तोरा। मनु वगवान विटप फल तोरा।।
हनिहु सोइ हिय मात त्रिशूला। धार धरनि रूधिरहि वह कूला।।
समरहि परे तजे निज प्राना। माँ छवि अन्त करिउ कल्याना।।

दोहा - खल कुपंथ कालहि मरन, लखिहु जननि जग तार।
गयउ शोर गति सन्त मति, भयउ कूप भव पार।। (97)

चौपाई - वध वषकल दल सकल संघारा। वचे जोहि पितु मात पुकारा।।
नाहि कोउ अस सन्मुख आवे। एकहि ओट एक वच जावे।।
वषकल मरन खवर लै हन्ता। महिषासुर पहिं गयउ तुरन्ता।।
छोटिहु वात अरथ वढ भारी। कहियु वुझाय सकल विस्तारी।।
अचरज भरा रहियु दृग फारे। तेजहि नारि सहज सव मारे।।
सुनिहु ऐसु भागिहु भ्रम जीया। सोचिहु शान्त मती सत हीया।।
वोलिहु पुन सुन हन्त सुजाना। मिलिहु मोहि अब सत्य प्रमाना।।
सन्मुख जेहि छली खल सीधे। माया विफल परी तन वीधे।।

दोहा - उठहि हूक हिय उमड चहु, तापित जरय शरीर।
विसरी माया स्वयं मुहि, छल वल व्यापी पीर।। (98)

चौपाई - वहु विधि सोच परिउ दुःख कॉपा। अन्तहि हेतु सुखित रन भांपा।।
अनल क्रोध कामनि प्रति प्रगटा। रूप महा मृतु मारहु दृष्टा।।
भैंस वहुत तव तुरत कटावा। असुर रूप मांसहि कच खावा।।
सुरा पान करतन अस भयऊ। नालि मलहि मनु सरतहि गयऊ।।
धारा रकत उतर दृग आवा। रूप सुरा रिस रेश वनावा।।
तोमर शक्ति परशु धनु वाना। मूसल मुस्टक चक्रहि नाना।।
धरिहु भांति आयुध धर तेजा। रथहि सजावन हन्तहि भेजा।।
जीतिहु जोइ सुरन्ह किह राजा। आयहु सोइ हेतु खल साजा।।

दोहा - समर वसन धारिहु असुर, करिहु सुरा पुन पान।
वानी तोतरि मद वदन, झूम चलिहु अरमान।। (99)

चौपाई - वैठ विमान जुते हय चारा। हांकिहु सारथि असुर इशारा।।
मदी मोह ममता धन राजा। विसरी सुधहि नयन विन लाजा।।
माया वली गरज नृप दनुजा। धुजा ऊँच खल धरतन मनुजा।।
चलिहु लरन सन्मुख माँ आवा। सारथि दशा समर दिखलावा।।
लापरिवाह विलोकत कहयू। दुखद अभाग कायरहि मरयू।।

परिहु वीर इम भयउ कुभावा। जरिहु विकल तन लौन लगावा।।
विलखे विकट कटक रन परये। कैसहि रूप खलहि पथ लरये।।
सुमरय ईश सगुन सुख दानी। निरखहि परे वदन कल्यानी।।

दोहा - विन भय वोले वीर सुइ, कहिहु कदुक दुर्वाद।
खायु लौन सुइ सहत रह, भयउ समर आजाद।। (100)

चौपाई - मद भर वदन कहिउ कछु नाही। सुनिहु सकल सुइ श्रवन उडाही।।
मची धूम जहँ विकट लराई। गयउ सोइ तहं रथहि वढाई।।
भूत प्रेत अरू कठिन पिशाचा। घूम चलिहु लख शंक निशाचा।।
संचय रूधिर योगनी खरपर। गावहि नृत्य करहि धर सिरपर।।
काग सचानहि श्वान सियारा। वोल उलूक भयावन पारा।।
लोथहि छीन चलहि उड अम्वर। देख चकित खग खल सम कन्दर।।
भये खुशी पुन आश लगांही। तिरछ चले नभ उलट उडाही।।
माँ दल देख भयावन भारी। आवत एक रथहि निशचारी।।

दोहा - जुरे ओर चहुं भारि गन, कौतिक लागइ सोइ।
एक जताइहु जाय माँ, जैसहि निशचर होइ।। (101)

चौपाई - नकल गनहि लखु सुन खल हाला। विहंसी अम्व रेख वुधि भाला।।
दुम उठाय वाहन सव सुनयू। हेर सुमति पद सद गति गुनयू।।
सन्मुख महिष महावल धारी। माया वान नीति विस्तारी।।
प्रगट रनहि वहु भयउ अंधेरा। दयउ चपेट गनहि भय प्रेरा।।
भांति वहुर खल धूम मचाई। सकय न जान गन पूर सचाई।।
भरे जीय गन भय मन काँपे। पुन्य प्रताप सुमर माँ भांपे।।
अम्व क्षनहि माया सव काटी। भयउ प्रकाश फहर मां साटी।।
भय विन किये सकल गन टेरे। जुरे सोइ चहुं प्रीतहि हेरे।।

दोहा - कहियु तंरत जगदम्व अस, सुनहु महा गन वीर।
राज दनुज रन मैं करहुं, धरहुं तुमहि अव धीर।। (102)

चौपाई - खल दल वहुत सोइ संघारै। जुरौ सकल दानव सव मारै।।
शक्ति हमार साथ तुहि रहही। रहहु अभय रन राखत रहही।।
सुन अस गनहि महा दल भारी। जयति मात जय जयति हुंकारी।।
धरिहु अस्त्र वहु माँ पद सुमरा। चले सकल नाशन दल असुरा।।
महा समर ठानिहु वहु भांती। गनहि व्यूह वनाइहु पॉती।।
घेरे सोइ सकल खल वोही। मारह किलक वली तन होही।।
कर छल असुर करहि वहु वारा। वचय गनहि सत मात उचारा।।
पलटे वहुर वदन मृतु भांती। मारहि काट सुमर दिव कॉती।।

दोहा - जंग ओर दुउ कठिन ठन, मानहि कोउ न हार।
एकहि एकहि वार कर, करवत वहुत प्रहार।। (103)

चौपाई - सवल सैन निज जननि विलोका। लरहि रूप धर व्यापनि लोका।।
महिषासुर खल धारि विमाना। दूर ऊँच लख धुजा निशाना।।
आवत रहिहु अम्व किह ओरा। रथ चंढु होय जयति खल शोरा।।
जावन चहहि लरन रन शेरा। रोकहि देवि थिरहि रिस प्रेरा।।
एहि काल धावत रथ आगे। रूकिहु आय रोवन खग लागे।।
वानि सियाहु अशगुन भयु भारी। उडहि काग वैठहि भय कारी।।
अशुभ अमंगल रूप दिखावा। विन परवाह ठान रन आवा।।
सनमुख अम्व सहज तन रूपा। लख महिषासुर सोचिहु चूपा।।

दोहा - देह विशालहि भाँति गिरि, होयहि मो वल शालि।
कामिन सीधी निवल तन, आयु लरन सतचालि।। (104)

चौपाई - भांति कवन जीतहि रन ऐही। वन पशु वाहन वली सनेही।।
मारहु सोइ बेध इक वाना। होय विवश तव कामिन जाना।।
लागत दया मारू यह कैसे। पौरष पूर महा तन ऐसे।।
आश्रय सैन लरहि सह नारी। वहु मुहि सैन सोइ संधारी।।
सुध यहि सोच रूप रिस लयऊ। तुरतहि काल वरन तन भयऊ।।

वोलिहु ऐसु वली छल माया। जानी जदपि सकल विन काया।।
कामिन शुभे प्रथम सुन वानी। भेजिहु कौन लरन कल्यानी।।
जानन चहहुं मात पितु नामा। सुता केहि कीनिहु अस कामा।।

दोहा - वानि असुर सुन विहंस मन, वोली सहज गँभीर।
रे खल सुन तुहिमन्द मति, गरवहि अपन शरीर।। (105)

चौपाई - विन हिय वल तन वल वेकारा। हुय जीवन विन पन्थ अधारा।।
आतम वली होइ कुउ प्रानी। विजित सकल नहिं कैसउ हानी।।
देखिहु तोहि निवल तन मोही। परचित वली आत्म नहिं होई।।
सोयहि कियो गरव कछु सोचा। होयहि विफल जान मैं रोचा।।
सुन भ्रम मेट रजनि चर वीरा। करहु खन्ड शत तोहि शरीरा।।
समरथ ऐसु जैसु गज एका। दन्डि सुमन दै तोर अनेका।।
असुर प्रवृति मति अति शठ तोही। जानय सोइ रहस नहिं मोही।।
तुहि मन वात करन मति मेरी। ठिठकहि विवश विवादहि प्रेरी।।

दोहा - विन माँ पितु मैं प्रगट महि, नीतहि सकल अधार।
व्यापनि अन्तर गामनी, मोहनि नाम पुकार।। (106)

चौपाई - राज दनुज हिय माँ किहवानी। क्रोधा नल घ्रत परिहु सु सानी।।
जरिहु जीय खोइहु निज होषा। कम्पित अधर नयन भर रोषा।।
भांति रजनि घन तमहि अंधेरी। भयउ वदन शशि अन्तर चेरी।।
चंचल मनहि नशा तन छावा। पान सुरा कर प्रगट प्रभावा।।
अम्व विलोक मनहि मुस्काही। भेष सहज कर हेर चिढाई।।
प्रेरित सोइ वदन इम भयऊ। वरसहि वुन्द वयर चल लगयू।।
रोष असह हिय नांहि सताना। वहियु फूट द्रग मेट विधाना।।
बोलिहु जोर गरज जिम वादर। वली मनहि ओढे कलि चादर।।

दोहा - सुन सुन्दरि पथ शान्ति मय, कर कोमल कटु अस्त्र।
भई न लज्जित आत रन, पहनत ऐसहि वस्त्र।। (107)

चौपाई - मारहु अवहि निमिष इक वीचा। विहंसन तोरि हिदय मुहि सींचा।।
आवत दया वचाइहु तोही। मगन मोहि मन होयहु सोई।।
हेरनि प्रिय चिढ जननि चिताई। मन्द विहॅस मन खलहि दिखाई।।
कहिउ सोइ सुन मोहनि नारी। सकि न मोह यह विहंसन प्यारी।।
हीय नरम रस मय तुहि खूना। पीवहु वढय मोहि वल दूना।।
सकय न वच सुन सन मुख मोरे। भूलय चिढन नयन जित भोरे।।
आश्रय सैन वली दल स्वामी। मारे मोहि सकल अनुगामी।।
रन सनमुख अव विहंस वताई। स्वयं विवश रन नीति भुलाई।।

दोहा - जो राखहि वल हीय महि, कर लिय प्रथम प्रहार।
मैं पौरष मय पुरष गति, सहहुं तोहि मृदु वार।। (108)

चौपाई-मद भर पूर वानि खल कहही। मोहनि सुनिहु विक्रत तन भहही।।
विहंसत अधर नयन रिस वाढी। फदकय रोष पकिहु खल हाडी।।
जानिहु सोइ अधर फरकाने। मीत मती रिस पशु अनुमाने।।
इक टक निरख रहिहु तन असुरा। लेय कलश कर पान सुरा।।
कीनिहु सोइ सुधा माँ पाना। अन्तर हेरि प्रनाम प्रमाना।।
भरी रोष पुन रथहि चितावा। निमिष एक निज रूप वढावा।।
रथहि दून पशु पति तन भयऊ। प्रगट स्वयं अम्वर सिर लगयू।।
भुज असंक्ष्य आयुध वहु साजे। वेद सुमन गुंजर दिक लाजे।।

दोहा - कोटि भानु घुति कीट निश, सन्मुख दमक किरीट।
तन विस्त्रित व्यापक लखिहु, डटिहु तोह खल ढीट।। (109)

चौपाई - नहि अवलोक विलग कछु माता। अचरज मूढ सिखावनि दाता।।
नयन तीन अम्वे भर ज्वाला। शान्त दोउ तीसर तन काला।।
तेजहि प्रगट असुर तन जारा। झुलस दाग वन भयउ चकारा।।
वरन छिन्न अम्वर घन भांती। काल उदित रवि प्राचहि राती।।
भयउ सोइ वहु खलहि कुरूपा। नील धवल रक्तिम मिल रूपा।।

हेरनि जेहि राज पशु जॉहा। जावहि व्याप ताप रह ताहॉं।।
लोचन मिचे समर दुउ नीचे। ज्वाल महा रिस प्रगटय ऊँचे।।
हरि विधि सींच रहह सुत जीया। माँ तन सोइ सुखित लख हीया।।

दोहा - अम्व अनादिह गरज कर, वोलिहु कम्पित घोर।
तरि ऑंचल माँ परसि पद, सुत महेश सुन शोर।। (110)

चौपाई - दुष्ट उदन्ड असुर पति भारी। सुनहु वानि मम कहहु हुँकारी।।
ज्वलित दीप जिम किरनन गेहा। करय प्रकाश तैसु मम देहा।।
वुझय रश्मि अन्तर खिंच आवे। ज्वलतहि स्वयं रूप प्रगटावे।।
रे खल लख यहि सत्य प्रमाना। दल हमार मैं नीति विधाना।।
यहि कह मात श्वास निज खीची। अन्तर प्रीत नीति सत सीची।।
खिचे श्वास सम वेग समीरा। पात सैन गन ओट शरीरा।।
रूके ओर चहु आनन तेजा। भये विलीन सुनीतहि सेजा।।
रही अकेलि समर महि अम्वा। खल पति भयउ असीम अचम्भा।।

दोहा - धीर तदपि धर हेर तन, माया निज विस्तार।
रूप वढाइहु रजनि चर, प्रगटिहु स्वयं अपार।। (111)

चौपाई - सन्मुख देवि महा खल ऐसे। रूपहि गजहि चीटि तन जैसे।।
धरनि जेहि जननी पद भारा। धसकय विकल सुरूप डकारा।।
लयउ रूप सुइ उचित सुवानी। संभर वैठ वाहन गुन खानी।।
भुज अष्टादस भर रिस नीती। पंथ समर वाढी सत रीती।।
तदपि रूप माँ खल तै दूंना। दमकत रहिहु सनिहु तन खूना।।
खोये होष खल लखिहु विकारा। क्षनहि वाढ क्षन धीम उतारा।।
भुज दश दिशा दशहु लग फैली। भुजी अष्ट सनमुख खल खेली।।
राज असुर दल चारहु ओरा। नाशन जुरी भांति तम भोरा।।

छन्द - तम भोर भांति धर कांति रूप रिस नाश खल करचली।
धर रूप मानव सैन दानव वार कर कोटिक वली।।

कर खन्ड शत दै काट आयुध पाट महिं माँ आवनी।
चहुं ओर सन्मुख शोर महिषा ओर अम्विहि जावनी।।

सोरठा- असुर महा दल वीर, क्रोधानल खल जार तन।
अन्तर तेजहि धीर, हौहि समाहित सकल मन।। (112)

चौपाई - विकट समर रन रंगनि माता। महिषासुर लख कम्पित गाता।।
भरिहु कोप सारथि संकेता। दयउ सोइ सनमुख चल चेता।।
भव्य चकोतिह अम्वे वदना। देखिहु नांहि दया निधि सदना।।
तेजहि पुंज मात्र रिस श्वांसा। हौहि प्रगट जारहि लू लाशा।।
धावहि असुर प्रहारहि करही। वार शक्ति हीनहि इम परही।।
जिम शिशु वेग चढय गिरि पांही। जावत ऊंच सुशक्ति नशांही।।
माँ कर वार प्रहारहि एका। भांति गाज तरि मार अनेका।।
गरजन वधिर करे सव दनुजा। डरपय कोउ तजय तन मनुजा।।

छन्द - तज मनुज दनुज तन धार वार कर ओट पाछे रहे।
गुन यन्त्र रूपहि मन्त्र फूंकहि जन्त्र पथ आछे लहे।।
कर प्रयोग कुजोगहि हेतु वध बहु बार विफलहि परे।
मति मन्द असुर जुर ओर चारू दिश धौर लरतन मरे।।

दोहा - स्वामिन माया पीठ पशु, वल धर वाहन सोइ।
असुरहि माया वीच महि, अभय समर हिय होइ।। (113)

चौपाई - राज दनुज तन झुलसिहु कोपा। ठानिहु जंग जीत सुध लोपा।।
प्रथम भरिहु रिस गदा संभारी। वल भर तान वाहनहि मारी।।
नशा सुरा चढ नयनन छावा। गदा धरनि गिर लक्ष वचावा।।
अनल क्रोध वन पति हिय प्रगटा। वार महा खल प्रेरिहु दृष्टा।।
गिरय सचान झपट जिम वेगा। तिम पशु उछल झपटि दृग तेगा।।
अग्र भाग तोरिहु रथ पूरा। खल खन्दक वच छत्रहि चूरा।।

जुते रथहि हय चारहु मारे। तजे प्रान निज भाव पुकारे।।
सारथि वच तरि भाग विमाना। विकल असुर अन्तहि अनुमाना।।

छन्द - अनुमान अन्तहि काट दन्तहि मन्त्र माया मारयो।
रथ प्रगट पावक होइ ज्वालहि रूप सन्मुख धारयो।।
सुइ शेर हेर भय पाय लौट दुम दाव पाछे हटौ।
कह महेश महिष खल जान यहि धर अस्त्र सामे डटौ।।

सोरठा- जकडिहु रिस कर शूल, मारिहु वेगहि भाल सिंह।
सनमुख माँ तिर शूल, कीन वचाइहु वाह नहिं।। (114)

चौपाई - करय जतन नृप दानव ऐसा। शिशु चाहय चूवन नभ जैसा।।
पंथ दिखावनि हॅसनि माता। करम गती भावहि फल दाता।।
प्रगट ज्वाल रिस भरखल माया। माँ रवि मांह जुगुन किह काया।।
सुत प्रति उमड मात हिय ममता। लोचन छलक सुहेरनि क्षमता।।
झरे अश्रु वह चलइ कपोला। धार सलिल भय हरनि अमोला।।
करहि तृप्त हिय पुत्रहि पूरा। माया ज्वाल वुझावनि चूरा।।
माया तेज जननि सत पुंजा। लखिहु प्रकाश शेर मृदु गुंजा।।
नीति प्रीति मय तत्व विलोकी। वाहन वीर पुनःरिस रोपी।।

छन्द - रिस रोप भय भयु लोप कोपित पीत सिर केशहि हिले।
श्रम वारि विरौनि राज लोचन लाल रंग रोषहि खुले।।
धरनहि अकूर धूर दिश पंज पाछि कर सिंह हेरही।
दुम ऊंच धुजा सम सूचि पंथ खल मानु मृतु टेरही।।

दोहा - क्रोधानल माँ मीत मिल, हिय अन्तर सुत प्रीत।
राखिहु देखन जंग निज, चरितहि परम पुनीत।। (115)

सोरठा- कलि विच पूत महेश, गावहि माँ रन चरित शुभ।
सत्य तेज प्रति देश, फैलय जननी पुन्य तन।।

छन्द - तन पुन्य जननी हननि असुरनि नीति गति करमन भली।
धनु वान धारनि हीय मोहनि पूर भर माया कली।।
सन्धान सर अनुमान खेंचहि कान प्रत्यंचहि तजी।
फनि फुंकार सम शोर ओर चहुं मार रिपु माँ सजी।।

छन्द- माँ साजि समरहि रोष। अरि लरय रन विन होष।।
निशचर महिष कर वार। रच माय वहु विस्तार।।
माँ मार जैसहि वान। गह ओट वच अनुमान।।
जित रनहि मर खल वीर। निज माय जीवत धीर।।
कर शोर महिषा जोर। सर दून रून्डहि धौर।।
जय जयति दानव वोल। रंग रूधिर योगनि घोल।।
कर नृत्य संग्रह झुन्ड। माँ काट फेकहि मुन्ड।।
जुर भूत वोलहि वानि। लख जंग गति गुन खानि।।
वल माय स्वामिन नीति। खल नेकु छल रन रीति।।
तम काट निश मुख भानु। सम उदित मातहि जानु।।
उड लेय चल खग मूढ। सुत जान गति रन गूढ।।
किट किटहि जम्वुक प्रेत। तज मास हाडन हेत।।
कट रून्ड रूधिर फुहार। मनुझर जहं तहं पहार।।
चल उठहि परिमाँ पाय। लर अम्व रक्तिम छॉय।।

छन्द- रक्तिम छॉह सत राह सन्तनि देन सुख सुत मोहनी।
त्रन ढेर जिम जर आग सहजहि तैसु दल असुरन हनी।।
जहँ हेर वाहन फेर मुख निज होय तहं पाटन मही।
तरि पंज विवश खल प्रान तजहि मुर सैन शंकित भही।।

दोहा- रिपु दल भागत देख सिंह, कीन गरज घन घोर।
मूढ महिष खल असह लख, रोकिहु निज दल थोर।। (116)

चौपाई - कहे वचन हिय छेदन हारा। फिरे वीर मैं वधहु कटारा।।
छली वली पौरष तन होई। तदपि वने कायर मुर जोई।।
सुइ नहिं हित रन लौटन हारा। मारहु सकल सु स्वयं प्रहारा।।
भय भरिपरे विवश खल सारे। फिरे समर पथ असुर इशारे।।
विविध रूप छल सकल वनावा। मन्त्रहि मार वधहि अजमावा।।
हौहि विफल माँ तन टकराने। तेज महा सत हीय समाने।।
गती निपुन मति नीति सुझाई। माया छली विविध विपुलाई।।
सोच समझ श्वासहि निज त्यागे। भयउ प्रगट वहुगन दल आगे।।

छन्द - दल आग जानिहु प्रगट झपटिहु दौर दानव मारही।
कछु लाग कौतिक देख खल रथ चोटि चढ ललकारही।।
दल महिष जेतिक दून तेतिक वीर गन आयुध धरे।
धर भेष दनुज जस तैसु मात गन रूप जंगहि लरे।।

सोरठा- सहसा सैन प्रगाट्य, लखिहु महिष अचरज वहुत।
वल माया महि पाट्य, वान्छ वची जीतन समर।। (117)

चौपाई - रच माया निज वदन वढावा। रूप अभद मुख रहिउ खुलावा।।
लगि कुरूप सम गिरि जिम कन्दर। प्रेरिहु मात गनहि गयु अन्दर।।
वचे समर जित भय दिखलावा। सवहि लरन सुख वान्छ भुलावा।।
मन अकुलान सुमर माँ चरना। गन धर धीर हियहि रिस वरना।।
डरपे नांहि जदपि वढ माया। माँ पद प्रीत वली कर काया।।
संग एक धाये सव रोषा। भरिहु जीय मध माँ छवि कोषा।।
रिस माँ दनुज श्रवन वढ राहा। नाशिक भयउ वडी दुःख दाहा।।
हरष कढे जय जयति हुंकारा। माँ पद परसि सकल श्रम हारा।।

छन्द - श्रम हार कर पुन वार धावहि धार धर अस्त्रहि वली।
हर वान एकहि तान माया काट पूरन माँ भली।।

वहुवार वाद विन शंक वंक रन रंग आयुध हने।
धुन घोर गरजन तोर रथ कर चूर चित एकहि गिने।।

दोहा - वचिहु महा खल चोट माँ, कीनिहु वहुत प्रयास।
रथ दूसर पुन बैठ जनु, दुर्गम समर अभास।। (118)

चौपाई - महिषासुर मन कर अनुमाना। चलहिं न वश यहि कठिन विधाना।।
कला निजहि सुइ गनहि वतावा। रूप भयावन स्वंय वनावा।।
उपल वृष्टि होवन रन लागी। दानव मती हेतु नृप जागी।।
जुरे ओर घेरहि गन सारे। वली वीर वच कछु अधमारे।।
विहंसी सुमति सन्त हित कारन। माया असुर जान भय हारन।।
रूप उपल पर सुमन शरीरा। गिरे गनहि नहिं कछु तन पीरा।।
ऊपर खलहि वलहि भर दूने। गिरहि चोट रूधिरहि सर चूने।।
असुर विकल गन हौहि सुखारे। करहि मार खल भये दुखारे।।

छन्द - दुःख वदन मीत खल सदन यतन मेट सक नहिं सोचही।
भिड एक एकहि कुचल चल दल लौट विवशहि मोचही।।
कल्यानि कारनि सन्त तारनि हार भू भय व्यापनी।
यहि मरम ममत महेश विन नहिं कोउ पूरन भाँपनी।।

दोहा - खल कोपिहु लख चकित गति, रन पथ रूपहि दोउ।
सर सँधान खैचिहु श्रवन, दिश चहुं मारे सोउ।। (119)

चौपाई - भये विकल गन असुरहि चोटा। तीर असह सह माँ पर कोटा।।
जान सकल जगदम्व भवानी। सन्मुख लरी समर कल्यानी।।
कोपित हिय खल देय चिनौती। कहियु ऐसु तन प्रगट चकोती।।
ठाडिस दुष्ट वतावहु तोही। छाडिस रीति छली जित जोही।।
मो अगारि छिप कायर रूपा। भागिहु आय यहाँ पद भूपा।।
जित उत्पात तोहि यहि धरनी। वीते छनिक कछुक लख परनी।।

गूंज गरज प्रिय देवहि वानी। झरह शान्ति सोहनि कल्यानी।।
राज दनुज सुन सहन न भयऊ। वानि कुरस मय कोटिक कहयू।।

छन्द - कह कोटि कुरस मय वानि मरन मन ठान पंथहि फिरौ।
तन कॉप दूरहि भाँप मायहि रोष भर माँ दल घिरौ।।
भर पूर वल कर शैल हाथहि माथ छल शेरहि हनी।
लख पांस आतन तडक तुरतहि उछल नभ कौशल धनी।।

सोरठा- परी पंज पहि चोट, धार रूधिर लागी वहन।
रिस माँ कम्पित ओठ, देख उतर घावहि गहन।।

दोहा- झरय अश्रु हिय प्रीत सत, घावहि गये समाय।
साटि फार सिंह वांध पद, लायहु हिदय लगाय।। (120)

चौपाई - सकल गनहि वांधिहु क्षन एही। फिरिहु दुष्ट दानव धर देही।।
ज्ञानहि अम्व गुनी जग माता। कहहि पुकार गनहि वुधि दाता।।
पंज पीर हर करिहु सवारी। सुन गन टेर विपति जनु भारी।।
दहकय हिय जिह क्रोध अगॉरा। जननी सुगति सुव्याप संसारा।।
पंकज दन्डि असुर किह माया। नाशनि अम्व महा गज काया।।
सन्मुख शेर असुर इम भाँती। वीच वनहि यूथहि मृग धाती।।
आयुध तिनहि मृगहि किह सीगा। तोरहि सहज उछल लघु डींगा।।
धरिन धीर धायो लै पीठा। प्रेर प्रकृति मारन खल ढीटा।।

छन्द - खल ढीट पीठहि खोटि मति दै चोटि करगरजत चलौ।
माँ रोक सन्मुख शोक हारनि गन अभय दल छवि पलौ।।
कर काट माया छोटि काया मानवहि महिषा रहा।
हन पंज सिंह खल माथ खेंचिहु मांस रूधिरहि वहा।।

दोहा - रथ टोरिहु चढ चोटि माँ, धरनी गयउ समाय।
महिषा सुर तव अद्रश हुय, रथ तीसर रन लाय।। (121)

छन्द - रन लाय रथ रिसयाय काय कर चार चारहु लरा।
वहु थोर दल पुन जोर भय कर भारि रिस मन महि भरा।।
गन मोर मुख माँ ओर धाये वीर विलखहि घेरही।
हिय जान जीवन दान मायनि हेर गुन पुन प्रेरही।।
सुइ लौट मनु अहि चोट वच वहु वार फन निज मारही।
रथ तोर कोवहु मोर खम्वहि भागि पाछि प्रहारही।।
कर वार आगे मार कोवहु धार लै आयुध चढे।
तन लोथ खेंचहि लौच पीचहि मार मुठकन रन वढै।।
कर घोर गरजन शोर महिषा रोक भागन जे लगे।
खल सोइ कोपित रोप हिय रिस शेष वच समरहि रंगे।।
कर माय अंगार अपार वरस सुइ सकुच ठिठके वली।
पुन सुमर मात प्रताप गातहि धार नीरहि घन चली।।
गन हरष रस मन भींग डीगहि मात जय जय वोलही।
सुन शोर असुरन सैन विसमय वैर तज सव झूलही।।
खग काग सचान विधान श्वान सन खून मुख योगनी।
भर पेट नाचहि वोल हरषहि वधन खल माँ सोहनी।।
सुर तीय जीयहि धीर धर मन जंग जीतन माँ लख्यो।
वढ चढि विमानहि उछल तोरिहु मोर मुख सारथि वध्यो।।
लख काल महिषा भाल भर रिस मार खंजर माँ हन्यो।
परि वांह ठरकी चोट चिंगार ठस दनुज लोचन जन्यो।।
द्रगहीन दशा भइ दीन सुइ माँ चीन आगे वढी।
सिंह प्रेर हेरिहु काल खीचिहु पंजि तरि दन्तनि चढी।।
मन मान महिषा अन्त हिय अकुलान गति सोचहि परौ।
धर भेष भैसहि रूप तन तज दूर गन मारत लरौ।।
पशु देह वहु धर प्रगट कर निज भांति वहु विस्त्रित कला।

सिंह झपट मारहि जोहि तज सुइ वोहि भागत चला।।
माँ देख भारी माय स्वामिन नीति निज सत धारही।
कह महेश कर तव पास फेकिहु वांधि महिषहि मारही।।

सोरठा- सिंह माँ तुरतहि हूल, तरि पंजहि दविहु वदन।
जकड हाथ तिरशूल, हनिहु छाति महि महिष खल।।

दोहा- आयुध कीने धार विन, खेचिहु हिय खल मोह।
विवश सोइ पर भेष तज, प्रगट दानवहि होह।। (122)

चौपाई - जांघन मास सुवाहन खींचा। पंज एक दूसर मुख पीचा।।
चीरिहु फार दन्त नख भारी। विवश गती भर करूण सुरारी।।
दावत कन्ठ हनिहु तिर शूला। वगर रूधिर रिस मात अकूला।।
कढी जीभ करूना भर नयना। दशा दीन वोलिहु अस वयना।।
शक्ति आदि सुन्दर तुहि वदना। मानिहु मीत हिदय गुन सदना।।
मुहि अघ औघ विकट सन्तापा। कटिहु पांस मोहनि खल शापा।।
दिव्य वदन आनन शशि भाँती। परस तोहि तन वुधि मद माती।।
आय मिली मुहि प्रीत प्यारी। लगी कोप सत चितय कटारी।।

दोहा - दनुज प्रवृति पावन प्रकृति, पंथ परसि माँ गात।
चित चरनन शरनन गती, भाव सहज खल आत।। (123)

चौपाई - अन्तर प्रीत जननि पहचानी। पंथ सत्य सद गति सनमानी।।
भाव समहि सुन्दर सत नीती। परवश कीन्ह असुर सन प्रीती।।
बोली सहज सुनहु भल भारी। करहु राज सुर तन अवधारी।।
मती असुर सीधहि सुन डोली। शारद जननि सुगति हित चोली।।
दनुज महा माया वनि भारी। भाँति सवह सन्तन भय कारी।।
वोलिहु सुनहु मिलिहु सव मोहू। वची न वान्छ जीत नहिं जोहू।।
अव गति सुखद देहु हित कारी। कहियु वहुत मैं सोइ पुकारी।।
कह यह तजे छली निज प्राना। भांति सवहि वध दयउ प्रमाना।।

दोहा - अन्त काल गिरधरनि तन, टूटे मनु वहु वार।
हरषित भू सुर सुखित सव, भयउ महिष भव पार।। (124)

चौपाई - जननि शंख निज तवहि वजावा। दुंदभि गूंज गगन जव छावा।।
जुरे सकल गन घेरहि माता। कहहि जयति जय जय सुखदाता।।
अरि दल वीर वचे रन विरले। मिले सैन गन गायन कर ले।।
कीन क्षमा जननी सुइ वोही। आवत शरन वचाइहु सोही।।
घायल परे विलख माँ देखे। गरज गूढ सद मति भल लेखे।।
सत प्रेरित गूंजी धुन भारी। तजे प्रान अधमार सुरारी।।
दिश पश्चिम गति भयउ दिनेशा। साजिहु मात सुखित तन भेषा।।
सनी देह रूधिरहिं छवि लाजी। वरन प्रीत वाहन मति मांजी।।

दोहा - भर ममता रंग लाल हिय, प्रेरिहु पूत महेश।
तरि ऑचल हेरिहु तुरत, भयउ ऊंच सत भेष।। (125)

चौपाई - माया दनुज राज वल तेजा। भयु विलीन माँ हिय सत सेजा।।
दल वल विपुल भरी गुन नीती। परणित माँ तन कीनिहु प्रीती।।
असुर प्रवृति संग्रह इक पुंजा। नीति गूढ विस्त्रित महि कुंजा।।
मनुज जोहि मोहनि तन चरिता। निन्दित करय परय कलि सरिता।।
तेयहि प्रवृति समाहित मीता। तरि अन्तर ऊपर मन रीता।।
सकय न पार जावहि भव कूपा। वार वहुर जनमय त्रष रूपा।।
मोहहि मात अन्त हित नॉही। जीवित जीत चयन चित पांही।।
मिलय न शान्ति कवहुं वा मनुजा। भटकय जगत मीत रति दनुजा।।

दोहा - कीन्ह व्यवस्था भाँति इह, जानिहु मरम न कोउ।
सुमति सुकालहि जान कछु, वैठ वताइहु मोउ।। (126)

चौपाई - श्वान सचान सियारहि कागा। जानिहु अपन वहुत वढ भागा।।
जननि निजहि गुन गावत कहयू। धन्य जनम अस खेतहि भयऊ।।
माँ तन निरख फिरे निज धामा। पूरन भये हेत सव कामा।।

भूत प्रेत रन विकट पिशाचा। भये सुखी सह मरन निशाचा।।
अम्व महा ज्ञाननि दिवि देही। भव्य रूप मोहनि चित लेही।।
भाव विलग निज दल गन गाता। दई शान्ति जीवन सव माता।।
हरिहु समर श्रम हाथहि फेरा। करिहु भेष हित गन सव हेरा।।
वोली वहुर ऐसु शुभ जानी। वानि सरस हिय सुखद भवानी।।

दोहा - सुनहु वीर गन धारि वल, तुय यहि वहुत भरोस।
समर जीत सुइ विजय भइ, मात्र प्रगट सुर जोश।। (127)

चौपाई - कह यह अम्व विलोकिहु सांझा। पूरन करम करिहु रन मांझा।।
जननि वानि सम सरल प्रशूना। गन मन त्रप्त हिदय भर दूना।।
मात जयति लोचन भर वारी। शरन सुखित पद परसि पुकारी।।
मति सन प्रीत करहि निज जोरे। अस्तुति करय भरय मन भोरे।।
शान्ति निकेतन समझ सुकाला। कीनिहु प्रगट मरम मय जाला।।
निमिष एक गन अन्तर ध्याना। देवि प्रशन्स मगन हिय माना।।
वाहन प्रेमि जननि पुच कारा। चितवन दिव सत नीति अधारा।।
समर महा श्रम हेर मिटायो। पशु पति मुदित अभय वर पायो।।

दोहा - चली लौट प्राँगन अचल, मोहनि जंगहि जीत।
माँ अकेलि तन भव्य हिय, करहि देव सव प्रीत।। (128)

चौपाई - भानु किरन अन्तिम घन झाँकी। दमक रूधिर मय देहनि माँकी।।
दिव्य प्रताप सुमर हिय शेरा। आयशु मात अचल दिश हेरा।।
जननि सुयश चल मनहि वखाना। मोह नीति सव समझ प्रमाना।।
अम्व नियर आई गिर पाँही। चलिहु अचल धर तन पद छाँही।।
सुन मनु खवर कीन अगवानी। जानिहु प्रीत सुमति गुन खानी।।
गयउ लेय मोहनि निज कन्दर। शोभनि वेलि सुखित सज अन्दर।।
आसन दयउ महा मति शैला। वैठी अम्व रहिहु नहिं मैला।।
धन्य मती हिम गिर गति धन्या। हरि तिय प्रगट जती रति जन्या।।

दोहा - भावी जीवन नीति मय, सुखी सुमति रिस मेल।
करिहु आश गिरि रहिहु जड, सुता सोहनी खेल।। (129)

चौपाई - सन्ध्या काल सुमति पथ प्रेरी। गिरिह जताय सुगति रति हेरी।।
रोकिहु नांहि पंथ यहि प्रेमी। चली सरहि तट संग निज नेमी।।
तन मल वूंद रूधिर सर धोया। वदन विलोक वरून मन खोया।।
जलचर जीव सकल सुख पाये। आवन मात सुनत सव धाये।।
माँ पद चुटकि भरय मन हरषे। दरशन हेतु सवन्ह जिह तरसे।।
धोवत वदन भयउ वहु देरी। सान्ध्य समय जावन मति हेरी।।
सुइ माँ तुरत लगाइहु गोता। जुरे जीव वरूणहि तन धोता।।
आनन मात निरख सव जीवा। अन्तर तरे प्रीत तज सीवा।।

दोहा - लहर हिलोरहि मात तन, कीडहि मोहनि नीर।
इक टक देखिहु भाव पशु, जुरे जीव चहुं भीर।। (130)

चौपाई - वाहर निकर वसन निज दूजे। नामहि नीति वदल हिय पूजे।।
पद छवि हिदय महा मृग राजा। पुष्ट प्रकृति तन प्रेरनि काजा।।
उतरिहु तटहि सरोवर मांही। माँ तन धौन पान खल छॉही।।
विम्व विलोक नयन जल छाये। पुन्य भाव कल्पन उर धाये।।
सन्ध्या कीन्ह पवित तन करही। अन्तर त्रप्त तपी मन भरही।।
अरथ गूढ सन्ध्या दिव दृष्टी। रन तन मात हरन भृम श्रष्टी।।
पूरन करम धरम पथ कीन्हा। सकल सुनीति चरित हित चीन्हा।।
लौट वहुर गिर तव चलि आई। फरकत अधर वयन मृदु गाई।।

दोहा - ऑगन गिरि आसन सुखित, दयउ मात वैठाय।
भोग पदारथ पन्थ सुर, अर्पित प्रेम वढाय।। (131)

चौपाई - स्वीक्रति दयउ मधुर फल खाये। भये त्रप्त त्रिभुवन मन भाये।।
चारहुं दिशा तिमिर भर आनी। पावन रजनि प्रगट कल्यानी।।
नखत अंसरव्य गगन महि दमके। विन्दु रजत मनु केशनि चमके।।

यामनि पंथ जननि हित प्राची। शीतल अंश प्रकाशहि नाची।।
आंगन प्रथम महा गिरि भरयू। देवि सुखासन आनन परयू।।
जोति हिदय छवि प्रगट चकोती। इन्दु परसि पद मति शुभ होती।।
पूरन गात कला धर शोभा। विखरी धरनि भुवन हिय लोभा।।
निवल नखत धर सुमन शरीरा। सुर कर अमर वरस भर भीरा।।

दोहा - दै दुन्दभि जय मात पद, वरसहि गगन प्रशून।
सुर अवलोकहि संग तिय, प्रगट वढहि छवि दून।। (132)

चौपाई - कर सनमान सकल वैठारे। नावत शीश रूके गुन धारे।।
शीत पवन सोखनि रिस नीती। वहय संग स्वर सुर पथ रीती।।
सकल हीय भावनि सन्तोषा। मेटिहु मात हिदय कटु रोषा।।
आनन भांति शशी सम भयऊ। छाया सुमति प्रगट तन लयऊ।।
भयउ न भेद शारद श्री वीचा। मोहनि वचन महा वुध सीचा।।
वृह्म तत्व तन तेज अकारा। चहुं मुख छावत प्रगट चकारा।।
शुभित प्रकाश धरनि पहि फैला। पंथ कुनीति मिटिहु छल मैला।।
हारनि भूमि महा भय भारी। भई अभय वर माँ महतारी।।

दोहा - धेनु रूप सोहनि धरनि, धर आयहु गिर पांह।
दरशन माँ कर वीच सुर, व्यापी मोहनि छाँह।। (133)

चौपाई - योगी यती तपस्वी आये। सुनत खवर ऋषि मुनि सव धाये।।
सादर सकल सुआसन दयऊ। वैठी स्वयं प्रवन्धहि करयू।।
स्वामि तेज सन्तन सुख देनी। प्रगट हिदय दीपहि सत लैनी।।
लखिहु विलग सव मिलिहु सुरूपा। देवि चरित चिन्तन चित चूपा।।
हिय माँ जोति छवी पद प्यारी। प्रगटे रटत भाल त्रिपुरारी।।
विजित मनहि शिव सदा अकामी। भजय प्रीत हित सरल सुनामी।।
पालन जगत सु दृष्टि भवानी। वीच सकल जन श्रष्टि सुजानी।।
सेवहि वान्छ जननि जस नीती। पंथ सुदृण भव भोगहि जीती।।

दोहा - सोइ वुझावन अम्व मति, जोरी सभा सुजान।
मारग सुर जन सुखद हिय, रहिहु सुमर कल्यान।। (134)

चौपाई - नीति प्रतिष्ठत सव विधि शांती। माँ विलोक सुन गुन मद माती।।
वोली पुलक छलक द्रग वारी। सुमन पराग झरिहु सत भारी।।
पालक धरम सुनहु सुर प्यारे। विप्र धेनु सन्तन हित कारे।।
वसुधा ध्यान सु राखन हारे। नीति अमर सुर पूत हमारे।।
आत्म महावल मती संयोगा। मेटहि सहज रोग भव लोगा।।
तुमहि सुनाहु कहहु मैं सारी। राखहु हिय सत नीति प्रसारी।।
जीवन भावि जागरन काला। ऋषि मुनि मेलि कहन सव हाला।।
पंथ अमर प्रिय वेद पुराना। कर अंकित पुन सहित प्रमाना।।

दोहा - मात वचन भायनि सकल, सुन हरषे सव देव।
माथ नवा कर जोर पुन, सुमर प्रतापहि सेव।। (135)

चौपाई - मोहहि क्षनहि सकल संसारा। पंथ सुमति वस भाव उदारा।।
चंचल नीति जगत पहचानी। रति आकर्षन ग्रसित भवानी।।
दायनि वृद्धि पांस श्रम डोरी। हरि भक्ती गांठनि दृण जोरी।।
फैकहि मोहि स्वयं रह दूरा। फसहुं सोइ पासहि भर पूरा।।
सुमरन ईश हरनि सन्तापा। देवहि दान सुकाटन पापा।।
नीति करम गति धरम सु राहा। मेटहि भाव सहज दुःख दाहा।।
भरे अलस द्रग नीद सुकाला। ग्रसित परय तापित मुहि जाला।।
निन्दय लोक मनुज वह धरनी। अन्तहि मरन करन गति भरनी।।

दोहा - मो विलोक द्रग ओर चहुं, पावनि करम सुचाल।
करहि मनुज भोगहि सकल, भोग पदारथ हाल।। (136)

चौपाई - पथ अनीति संचय मो जोही। त्राषित ताप ग्रसित सठ वोही।।
चित चंचल हिय मोहनि वासा। लोभ कुगति मृतु शयन पिपासा।।
प्रेरनि अन्त नाश जन देहा। विन संयम विन भक्ति सनेहा।।

आत्म महा वल करम कठोरा। करय विजित मन इन्द्रि सकोरा।।
अभय सोइ सन्तन हितकारी। प्रीतहि भाव परम उपकारी।।
परय न कलि सरिता महि कवहूं। चलय सुनीति सुमारग अवहूं।।
दान नीति प्रिय भाव उदारा। करय ग्रहण हारय निज भारा।।
जीव पाप धन जोर कुचाला। दुःखी दीन हित समझ सुकाला।।

दोहा - हेतु निधन धन करय सम, वितरित राहहि दान।
नाम सुयश गायन सकल, हौहि जगत कल्यान।। (137)

चौपाई - प्रथम निधन धन भावहि समता। जीवन हेतु करम पुन क्षमता।।
दृग अधीन श्रम निजहि संतोषा। करम धरम पथ मोहनि कोषा।।
संचय करय सुरक्षित रहही। वृद्धि सदा देशहि हित करही।।
दूर स्वयं संयम वृत धारी। फसय न पांस पिपासनि चारी।।
एकहि पंथ करम इक राखा। ग्रहण धरम इक निजहि सुभाखा।।
विविध धरम साखहि वहु धरनी। सत तरू मूर अन्त इक करनी।।
स्थिति स्वयं सु चंचल मोही। गति सर्वत्र स्वपन सुख होई।।
मो थिर वास करम हरि भक्ती। शान्ति महा वृत जोहनि शक्ती।।

दोहा - होहि संचलित पंथ सत, वृद्धि धरम यश नाम।
नीति सुकालहि सोच हिय, पूजहि हारि गुन धाम।। (138)

चौपाई - प्रगट पदारथि भोगनि भोगा। कोष धरनि सम्पति जनु लोगा।।
आंगन प्रकृति समय शुभ सांझा। विचरन वुद्धि सु चिन्तन मांझा।।
करय प्रीत आश्रय वुध प्रानी। ध्यानहि मुदित भांति मुनि ज्ञानी।।
हियहि प्रथम दायहि वुधि पूजा। धन संचय पथ और न दूजा।।
पालन हेतु अपन परिवारा। पितु ऊपर चढ पुत्रहि भारा।।
सुइ कर्तव्य सरल सुखदायक। नीति सिखावहि प्रीत सुलायक।।
मारग वहुर निजहि कर चाला। हौहि उरन सुत चलन सुचाला।।
संग्रह सौंप व्यस्थित नीती। भावी राह उचित जस रीती।।

दोहा - जन प्रति जीवन हेतु निज, संग्रह मोहनि कोष।
सौप सुमारग स्वयं सत, हुनर पूत लख होष।। (139)

चौंपाई - वसुधा भोग समहि सव भागा। श्रमिक जीव भोगनि महि लागा।।
जिम भव नीर समीर प्रकाशा। देन प्रकृति वासनि सव पासा।।
हीय शक्ति तिम अवनि अधारा। जनम विश्व जनु विविध प्रकारा।।
महि अधिकार सुजीवन हेतू। भांति स्वपन भोगनि रस देतू।।
यहि स्वामित्व उचित इक नांही। सम सम वांट ग्रहण सम छाँही।।
छीनहि भाग निवल वल मनुजा। विनश्रम सुखी दुःखी मन अनुजा।।
करहि श्रमिक वहु करम कठोरा। तदपि विफल फल राह न थोरा।।
सवल एक भोगहि महि भोगा। दूजे निवल दुःखित यहि रोगा।।

दोहा - सुइ मति मोरिह मान अस, सम सम भाग समाज।
भोगहि मोहनि धारनी, राह करम सुख साज।। (140)

चौपाई - भोग पदारथ महि प्रगटावनि। हेतु मनुज वहु राह दिखावनि।।
दृण निश्चय कर भावनुकूला। ग्रहनि एक जावनि भव कूला।।
धन उतपति मति देश हितैषी। व्यापित मेल राज गति जैसी।।
भ्रात गठन दृण वन्धन नाते। वांधहि सकल प्रानि भव भाते।।
सत्य पिता शक्ती सव माता। पूत सकल प्रेरनि सुख दाता।।
प्रगट भोग सुइ भाग वरावर। सव कर हाथ सुनीति सरासर।।
वान्छ निजहि वांटहु सव माया। पालन करन पिता विन काया।।
शान्ति हेतु हिय रूपहि स्वामी। पुरवहु वान्छ सुपूज सकामी।।

दोहा - मैं मोहनि मन चाहनी, थिर संचालित नेमि।
भर्ता वामहि वासनी, कोषनि सेवहि प्रेमि।। (141)

चौपाई - मान मनुज जीवन सुत नाता। सकल समर्पण भावहि माता।।
आयषु मात हिदय सत राहा। चलय अभय मेटन भव दाहा।।
माँ सुत ऐसु शिशू नव जाता। चिन्त विना जीवन चल ज्ञाता।।

वीतहि सुखद करय माँ ध्याना। अंकहि सुरस करावहि पाना।।
विना सोच पीवहि सुत नांही। जननि सोइ स्तनहि दवाही।।
आचल ढकिहु विवश भर पेटा। कछु नहिं करम ऐसु प्रिय वेटा।।
धरम नीति ममता गुन प्रीती। करम सीख जोती जल जीती।।
तेहि प्रकाश चलनि मृदु भावा। डांट डपट चिन्तन चित लावा।।

दोहा - भरिहु हिदय दिव जोति जल, चारहुं सम्पति कोष।
चाहहि पूरन जननि कर, मेट महेशहि दोष।। (142)

चौपाई - भांति प्रकाश पवन अरू पानी। मोहनि व्याप सकल कल्यानी।।
रूपित प्रथम पदारथ भोगा। धन दूजे जोरहि कह लोगा।।
तीजे मनुज संग्रहित माया। पलटहि सोइ विविध धनकाया।।
ग्रसय मूढ मोहनि तन लोभा। द्वार नरक जोहनि क्षन शोभा।।
निशचर भाव अलस के घेरे। जगित रात संचय पर फेरे।।
वली वदन चंचल मन होहू। निशा गमन पलटन तन सोहू।।
कटू कुभाव हुय भेष विकारा। स्वारथ हेतु पंथ धन प्यारा।।
मति सीमा संकुचित महि खेंता। निजहि जोर दूसर दुःख देता।।

दोहा - मनुज ऐसु भव सिन्धु महि, वेलि सलिल सम माय।
हौहि ग्रसित जित पैर कर, चलय सोइ लिपटाय।। (143)

चौपाई - मरय डूव अन्तहि फँस संगा। हिय अकेलि दुःख मीत प्रसंगा।।
पंच रचित देहनि यहि माटी। जलचर भोज कुगति छन फाटी।।
नाशनि अन्त मीत तज काया। काल मरन मति त्रषा फंसाया।।
सुइ पिपास देवन दुःख मनुजा। लोभ प्रवृति पथ प्रेरनि दनुजा।।
ऋषि मुनि ज्ञानि जदपि सव योगी। विधि आचार तपस्वी भोगी।।
पर भोगनि पथ विलग सनेही। नीति शक्ति सत सेवनि देही।।
सुनहु सोइ सुर अमर सुराहा। वचन मोहि मेटन दुःख दाहा।।
मो अनुसार ग्रहण धन कोषा। रक्षित शान्त सुगति विन दोषा।।

दोहा - संयम हिय संग्रह करहु, करम नीति विस्तार।
धरम न छाडहि साथ पथ, वढय न महि अघ भार।। (144)

चौपाई - धरनि धेनु धन धारनि दुग्धा। प्रानि सकल सुत पीवन मुग्धा।।
दोहन करम अवश माँ नीती। अन्त महा फल सोहनि प्रीती।।
मो ममता पर सम प्रति प्रानी। सो सम भाग लाभ अरू हानी।।
भोगहि सकल सुपूत हमारे। सुरपथ चलन भरोस तुम्हारे।।
पथ दरशन मति शान्ति निकेता। जगत चलावनि खेत सचेता।।
सुइ सहयोग अमर सुर पाई। चलय प्रथा पीढी मति छाई।।
विघटन तत्व प्रगट जव होई। परे अती अवतारनि मोही।।
जानहु तवहि वहुत तन मोहा। मारहु सकुल मिलन सत कोहा।।

दोहा - मति मेलनि खेलनि चरित, जगत जताइहु राह।
विजित समर सोहनि सकल, गायन मेटन दाह।। (145)

चौपाई - महिपति कोष सुरक्षित वासा। रहह मोरू लक्षण शुभ पासा।।
सुनहु सुरथ सुइ लच्छन राजा। मात वचन सुर अमर समाजा।।
कहे जैसु भूपति हितकारी। कहहु तैसु शंसय मन हारी।।
धन उतपति देशहि अनुमाना। भाग उचित कर रीति विधाना।।
संचय कोष देश हित करही। वृद्धि सदा प्रेरनि वुधि भरही।।
पालहि प्रजा भाव सम भानू। सवहि प्रकाश सवहि सम ज्ञानू।।
जिम घन सकल करहि जल वरसा। तिम नृप त्रप्ति प्रजा सुख हरषा।।
धनी निधन धन वितरित भागा।धरनि वांट सम चेतनि जागा।।

दोहा - उन्नति गिरि दिशि प्रेर पथ, करहि प्रदर्शन भूप।
प्रजा सकल प्रीतहि गठित, अनुशासन वल रूप।। (146)

चौपाई - हित वढ व्याप विलोकहि धरनी। निवल सवल सम प्रेरहि करनी।।
प्रजा विपति वान्छा जन जानी। पालहि प्रजा स्वभावहि दानी।।
अनुशासन अंकुश भय दन्डा। हेतु मात्र वस दुष्ट उदन्डा।।

जन मति पांहि उचित यहि नांही। होहि हास वुधि भूप नशाही।।
पूरन कोष धनी महि पाला। तदपि दुःखी जन जीवन काला।।
भूपति सुखी दुःखी महि वासी। जनहु तेहि तुरतहि पथ नाशी।।
धनपति कोष नृपति कटु नीती। होहि लुप्त मोहनि अस रीती।।
लोभ प्रवृति संचय हित राहा। वली मीत लेखन फल नाहा।।

दोहा - मति प्रगटन दानव प्रकृति, भ्रष्ट नृपति तन होय।
जन्महि सोहनि रूप वहु, नाशहि करमहि सोय।। (147)

चौपाई - राह विलग दूजे नृप नाशा। हौहि विकल लोकहि उपहासा।।
सुमति त्याग कर धन उपयोगा। पक्षहि प्रीत कछुक सुख लोगा।।
आश्रित मती प्रानि वुध वानी। हुय अमान महिपति पथ जानी।।
ऐसि नीति अपमानित लोका। विवश दवाव विना जिय शोका।।
जनहु सोइ भयु भ्रष्ट नरेशा। अति आवत अन्तहि लख देशा।।
दृष्टि मात जस पूत पियारे। देखन चहह सुखी रह सारे।।
विनाभेद तस प्रजा सुखारी। करहि भूप देशहि हित कारी।।
तज निज स्वार्थ सु व्यापक खेता। सोचहि जीत सुनीति सचेता।।

दोहा - मीत वली जीतइ प्रथम, पुन राजहि विस्तार।
सुखी प्रजा जय भूप रख, पालन सुत सम प्यार।। (148)

चौपाई - नीति ग्रहस्थ प्रवन्धहि ऐही। सुनहु समाधि वचन माँ नेही।।
मेघा कहिहु वैश्य चित लावा। सुइ महेश कर भाख सुनावा।।
सुत शिशु कालहि देहि वुझाई। मात पिता प्रति नीति सिखाई।।
कर कर्तव्य प्रीत सुत ममता। स्वयं मात पथ अर्पन समता।।
संयम नियम नीति वृत धारी। शन्ति सिखावनि रीति सुखारी।।
हौहि मनुज निज पथ तै भ्रष्टा। लखय सोइ सुत करम निक्रष्टा।।
पितु अनुकूल करम सुत भावी। पिता प्रथम मोहनि ग्रस लावी।।
पूत अभय चिन्ता कछु नाही। माँ पितु वान्छ सुममता पांही।।

दोहा - चक्षु ज्ञान निज चूक लख, वचय मोहनी जाल।
श्रष्टि चक्र रति चलन गति, जनु कर्तव्य सुचाल।। (149)

चौपाई - मति मोहनि यहि मेल प्रसंगा। कहिहु वुझाय सभा सुर संगा।।
भये देव हरषित सुन वानी। धन्य सफल जीवन निज जानी।।
शारद वास सुखित दिव भाला। शान्ति नयन शिव कोप कराला।।
शिवा वास पलकहि द्रग मीचे। खुले दोउ अन्तर सत सीचे।।
पथ चतुरानन तत्व अकारा। आनन चारू प्रसार चकारा।।
स्वामि श्री पालन तिर लोका। लखिहु हीय वासनि विन शोका।।
आदि शक्ति संचालन द्रष्टी। तत्व विविध एकहि तन प्रगटी।।
गूढ मरम यहि अरथ सुभावा। करिहु सरल कर कथा सुगावा।।

दोहा - त्रप्त सकल वरसहि सुमति, भीगे अन्तर वाह।
जीत वली मन हीय संग, पंथ अमर सुर राह।। (150)

चौपाई - भोरहि नखत उदित दिश प्राची। परिचय मिलिहु प्रात जनु सांची।।
अस मति संग विगत निश भयऊ। मोहनि वचन हरष सव सुनयू।।
अचल महा वाहहि जड पीठा। अन्तर चेत भरिहु रस मीठा।।
मलय समीर सुरक गति मन्दा। प्रीतहि सिसक मनहु प्रति फन्दा।।
परिहु पॉस मोहनि सत माया। अन्तर चक्षु जगति जड काया।।
रहिहु संजोय सकल सव वाते। गुनी ज्ञानि औषधि माँ नाते।।
वान्छ त्रप्त वाहन सव भयऊ। हिंसक भाव पशू गुन लयऊ।।
युगहि वोहि सत सोइ प्रभावा। परिहु अहिंस परस्पर भावा।।

दोहा - वन विचरय सुइ शेर मृग, वैर परस्पर नाहि।
पीवहि घाटहि एक जल, रहहि अभय सत छांहि।। (151)

चौपाई - उगलय अवनि पदारथ भोगा। सुर श्रम पाछि करम कर लोगा।।
प्रकृति नियम रस आवन काला। प्रगटय मही विविध सत चाला।।
ताप त्रिविध कोवहु नहिं व्यापै। सुखी सकल भोगनि भू भांपै।।

जननी वचन हरनि संतापा। धरनी धन्य कटिहु खल पापा।।
सुने सकल मोहनि सनमाने। तुरत नीति प्रगटत अनुमाने।।
ऋषि मुनि निपुन मतीपद शरना। प्रेमहि परे सुलेखन चरना।।
आंकिहु वचन सकल शुभ जानी। चरित जननि वोलनि कल्यानी।।
सौपत रहिहु पीढि प्रति थाती। आवत चलिहु नीति सव भाती।।

दोहा - वृह्म काल आवत लखिहु, आयशु जननी देइ।
जाहु सरोवर सन्ध्य कर, भाव स्वरूपहि सेइ।। (152)

चौपाई - चले सकल सुर सुमर प्रतापा। सरहि मांझ शीतल तन कांपा।।
झरे अश्रु प्रीतन पुलकावनि। जननि सुरस हीयहि छलकावनि।।
भांति बहुत मंजन अस्नाना। भाव बहुत विध वेद पुराना।।
पूजा किय वहु विलग प्रकारा। सुमन तोर अंचल सर धारा।।
यहि माँ अंक निज शेर विठारा। फेरहि हाथ करहि वहु प्यारा।।
पशु हिय जीत सिखावनि नीती। गूढ तत्व पूरित भव रीती।।
स्वयं अम्व मन हीयहि पूजा। सन्ध्या करिहु सोइ नहिं दूजा।।
अश्रु मात गिर झरनि प्रतापा। धोय वदन लौटे सुर प्राता।।

दोहा - नहि विषाद जनु कोउ मन, सवन हीय सन्तोष।
देव अद्रश तिरत्रप्त तन, भयउ दुन्दभी घोष।। (153)

चौपाई - लौटत लखिहु जननि तन साजी। शोभहि भाँति वहुत गुन राजी।।
सुर जित सुमन चढाइहु स्वामी। अर्पण वस्तु पवित शुभ नामी।।
सुइ प्रशून सव कन्ठहि माता। वृद्धि छवी सोहनि सुख दाता।।
देखे सवहि चेत खुल नयना। सहज विवाद उलझ मति वयना।।
महिमा जननि मान कछु हरषे। छवि पद प्रेमिनि रख मुख तरसे।।
अचरज कोउ भयउ भ्रम भारी। जाननि मात सुसंसय हारी।।
माँ पथ नीति अचल निज राहा। प्रकृति सुभाव सुमेटनि दाहा।।
ग्रहन सोइ सव मोहनि नीती। कीनिहु समझ शक्ति सत प्रीती।।

दोहा - मात चरन सिर नाय सव, दरर्शन आनन प्रेमि।
विन शंसय आसन सकल, वैठे निज निज नेमि।। (154)

चौपाई - माँ विलोक सुर सभा सुरेशा। भयु प्रभाव मोहनि सत भेषा।।
झुके सकल सुर सोहनि चरना। चरित मात हीयहि मन वरना।।
सुखित शरन सौरभ भय गन्धा। लेप दिव्य गिर भरिहु सुगन्धा।।
शिशिर शीत गिर मलय समीरा। कम्पित प्रीत सुत्रप्त शरीरा।।
हीय हुलक रस लोचन नीचे। विन्दु रजत राजय त्रन ऊंचे।।
साटि सुरक्तिम ऊषहि किरना। झरय सुअश्रु अमल तन झिरना।।
पूरित प्रकृति रंगित रस साजी। दिव्य मती देवहि लख लाजी।।
संग सकल सुर अस्तुति करनी। सिर धर धरनि अमंगल हरनी।।

छन्द - जय जयति मंगल करनि हारनि ताप तिर मोहनि भई।
जय जीत जीवन देव देयहि चैन मन नीतहि नई।।
जय प्रकृति अनादिह रूप चरितहि कूप भव उद्धारनी।
जय नाम वहु सत एक प्रगटन हेतु सव उपकारनी।।
जय भुवन पोषन शक्ति सोखन रूप हरि हिय वासनी।
जय जाग्र चेतन खेत रन खल कैटभन मधु नाशनी।।
जय सन्ध्य सोहनि वेद जननी जयति जय जग दम्वके।
जय भार हारनि सन्त तारनि सुमर गुन महि अम्वके।।

सोरठा- जय पोषनि सद भाव, दामनि सम तन दमक घन।
जय परि परम प्रभाव, जयति जगत माँ धरनि महिं।। (155)

छन्द - जय जयति जगत हित धरनि भरनि भोग वहु उगलावनी।
जय प्रकृति पथ निज नीति आवन योग घन सरसावनी।
जय सप्रीत सुवादहि रूप फल ऋतु काल विटपहि लगी।
जय प्रेर वुधि मन हेर खावहि रीति हिय सन्मति जगी।।
जय कोष भूपति वास कर वहु रूप रति नामनि भली।

जय जीत लोभिह हीय हीरहि रजत गति स्वरनहि चली।।
जय बरन शरन सुत हेतु तन त्रन ओस रश्मिह रजी।
जय अंक ऊषहि बंक श्वरनहि प्रीत महि शोभा सजी।।
जय जयति हॉसनि दैत्य नाशनि शेर वाहन वासनी।
जय नयन कोपित हीय करूणा हेतु सुत मम भासनी।।
जय मात मुनि दिन रात ध्यानहि जेहि सुइ आगे लखी।
जय अम्व कह किम भांति स्तुिति नांहि मन उपमा रखी।
जय जेहि चितवन चमक लोचन हीन हेरहि निशचरा।।
जय सोइ हेरन ओर सुत हिय तिरछि सीचिंहु रस भरा।
जय पुंज तेजहि सेज सत वहु वसन आयुध धारनी।।
जय जननि ज्ञाननि रक्ष सुर हित सैन असुरनि मारनी।
जय नीति माँ तुहि प्रीत मैं कर रीति सुन्दर ध्यावनी।।
जय जेहि आनन भांति शशि लख शीत तन दुष्टहि हनी।
जय जयति दुर्गति नाश मातहि दैत्य धामहि निज दयो।।
जय जोर हाथ कह महेश माँ मम मीत आंचल लयो।

दोहा - जय चालनि सत नीति पथ, वासनि धनी शरीर।
जय संग मति सम्पति सदन, करय सश्रम भव तीर।। (156)

चौपाई - सुमर नाम उतरहि भव पारू। अस महिमा माँ सत्य अपारू।।
गावहुं गुन मैं तुहि किम भांती। त्रप्त पूर्न त्रिभुवन दिव कॉती।।
करहि जेहि शिव सदा धियाना। मती अकामि भजन कल्याना।।
दानव वधन हितू रिस मेली। गुन मय गौरि चरित शुभ खेली।।
जयति जयति जय जय जगदम्व। सुत सुमरत मति गुन आरम्भ।।
साधनि श्रम वासनि घर लक्ष्मी। विधि व्यापनि अनुकूलनि सछमी।।
वासनि प्रिय रूपहि प्रति मन्त्रा। चालित श्रष्टि तुमहि पडयन्त्रा।।
करय जज्ञ हवि पावन क्रत्या। तरहि पित्र पुर होयहि त्रप्त्या।।

छन्द - हुय त्रप्त पित्रहि शाप विधि कट मन्त्र माँ उच्चारही।
हिय अभय भगतहि प्रीत नीतहि ज्ञान गुन सुत धारही।।
सुइ रक्ष सव विधि मात मुहि तन जोहि मैं अर्पन किया।
कर भांति यहि वहु पूज जननी देव मति अर्चन दिया।।
यहि मात स्तिुति भांति मति निज हेतु सदगति गायहू।
सुन विहंस मुहि कर थाम ममता हीय झट निज लायहू।।
कर पान माँ रस आन जीवहु जान सुत वहि पालही।
हिय भाव सहजहि सोच जननी शिशु महेशहि हालही।।

दोहा - वढ भरोस विन सोच मै, अभय ऑचलहि जीहु।
क्षुधा सतावन रूदन कर, दौर त्रप्त माँ सीहु।। (157)

चौपाई - सुन अस वचन जननि हरषानी। नाते प्रथम सुतहि गुन खानी।।
दयउ प्रथम अंकहि अस्थाना। ढांक वदन अंचल वहु नाना।।
भोग सुरस सुत पान करायू। मुदित महेश ममता भर पायू।।
छिपा वदन निज किलक विधाना। शान्ति मती शुभ दयउ प्रमाना।।
कलि वयार दूषित नहिं व्यापी। तरि ममता मति गुन सन भांपी।।
कामिन सकल जननि छवि देखी। विवश भेद वीचहि नहिं रेखी।।
मति प्रिय मोहिन मोहि खिलावा। आयषु मात सु अंक डुलावा।।
पायहु सकल कछू नहिं शेषा। उपत कोष धन भेष महेशा।।

दोहा - विधि यहि पालन पूत माँ, पुन सुर सुनय सुवानि।
योगि यती ऋषि सकल मुनि, हेर करिहु कल्यानि।। (158)

चौपाई - अस मति चरनन मात सनेही। गावहि गीत मधुर मन सेही।।
तेहि धरम धन जीवन ज्ञाना। भरय कोष सत पथहि प्रमाना।।
अन्तर समझ कवहुं यहि नीती। करय ग्रहय परिणाम प्रतीती।।
यहि स्त्रोत पाठ करि जोई। परय न कलि गति जनवहि सोई।।
कहहु वहुत लागय मुहि लाजा। व्यर्थ विवाद शठहि मति गाजा।।

गावहि सोच सुचिंतन मांही। वान्छ सकल भर पूर कराही।।
मोहनि मन प्रगटन मति मेला। कहिहु वखान महिष वध खेला।।
करिहु पान सुत सुधा समाना। चरित मात मद चाढिहु गुमाना।।

दोहा - क्षुधा त्रषा मेटनि चरित, सुनहि जेहि चित लाय।
त्रप्त सदा अन्तर रहह, सुध वाहर विसराय।। (159)

चौपाई - माँ प्रशन्न स्तुति सुन देवा। भई पूर्न कीनिहु जस सेवा।।
सुरहि सम्वोधित सोहनि करयू। हेरनि कृपा करूण रस तरयू।।
वचन ऐसु पुन कहिहु भवानी। सुनहु सुरेश प्रथम मम वानी।।
युग सत ऐहि स्वरूपनि तोही। संसय हरहु चलहु पथ मोही।।
आवन काल सुधा सम नीरा। वरसहि घन हारहि महि पीरा।।
धरनि सोइ यहि भांति वुझायू। नीति सकल सत चलन सुझायू।।
प्रेरनि वुध प्रिय कोष कुवेरा। वृद्धि सदा आश्रय मति हेरा।।
देव गुरू गुन मय निपुनाई। शिष्य सुझावनि नीति सुनाई।।

दोहा - राह विलग वहु भांति सव, हियहि भरिहु सन्तोष।
सोचहि गुन सन्मुख प्रगट, होइ महा धन कोष।। (160)

सोरठा- जॉच पुनहि सुर आश, जननि कहिहु मृदु भाव निज।
मांगहु जैसु पिपास, पूरन कर मैं देहु वर।।

चौपाई - दृष्टि कृपा लोचन जल धारा। वहुर भवानि वहिहु मति प्यारा।।
त्रप्त सकल सुर अन्तर जीहा। त्रषित वदन वाहर लख लीहा।।
दरशन जननि नयन अभिलाषा। रही शेष वस शान्ति सुराखा।।
चितहि एक टक लोचन भरही। विम्व जननि वूंदन भर परही।।
समझ सोइ सुर सहमति योगी। ऋषि मुनि ध्यान सकल रस भोगी।।
अमरनाथ गुरू कर निज जोरे। चित गम्भीर वचन कह थोरे।।
देवि अनादि जननि अवतारा। सन्मुख सुइ वढ भाग हमारा।।
व्यापहु सवहि सकल मति जानी। वान्छ सोइ सुर हेतु भवानी।।

दोहा - परे विपति प्रगटहु धरनि, करन सुखी सुरजीय।
वान्छ सुमति दरशन मिलय, घेर वसहु सत दीय।। (161)

चौपाई - जिह चहुं ओर अमर सत चेरे। करहि वास सद गति पथ प्रेरे।।
हीय सकल विचरहु सम ममता। होहि प्रगट सुइ करमहि क्षमता।।
और न वान्छ जीयहि कछु ऐसी। सुमरन होहि चहहु मति जैसी।।
शान्ति सुमति पद दया प्रकाशा। रहहि लाग मुहि जीवन आशा।।
श्री गुरू वचन सकल सन्माने। आनन मात निरख अकुलाने।।
माँ प्रशन्न लख वहु सुर सेवा। आदर दयउ वचन गुरू देवा।।
वोली अस मनु झरिहु परागा। हीय सुमन निचुरत रति लागा।।
नीति सुनहु सुर लोक हितैषी। ऐहि तुमहि प्रीतहि वढ जैसी।।

दोहा - मो गति अस पथ नेहि सत, झुकिहु सदा सर्वत्र।
होहि कुगति जहं वहुत अति, नाशहु वहु तन तत्र।। (162)

चौपाई - चाहु जैसु सोयहि भर पाहू। रखहु आश मैं देइ वताहू।।
अम्व वहुर गिर ओर चिताई। भांति एहि सव कहिहु सुनाई।।
हीयहि वान्छ अचल पद प्रेमी। अन्तर वास्य वसहु मुहि नेमी।।
औषधि रूप सोइ कल्यानी। रोग हरनि वासनि गुन खानी।।
और अधिक दूसर वहु वाते। प्रगटन जनम अनेक सुनाते।।
भांति विविध कर धीर वंधावा। माँ प्रभाव धामहि हिम छावा।।
भयउ शान्त सोचहि वस भावी। जडहि समाधि सु आशहि लावी।।
पुन थिर पुलक सुसत्य प्रकाशा। अन्तर चेत शिखर द्रग हॉसा।।

दोहा - देवि विलोकिहु शेर तन, अन्तर जानिहु नेहु।
कहिहु ऐसु कर फेर निज, पुलक रूमावलि देह।। (163)

चौपाई - दयउ समर मुहि जित सहयोगा। कर भविष्य प्रशन्सहि लोगा।।
सकहुं न कहुं कौशल वढ तोरा। विजय जंग गरजन वल शोरा।।
देहुं वहुत पुन उरन न हौहूं। तदपि माँग वर जीवन जोहूं।।

तोहि सुयश सह मोरिह नामा। सादर गाय सुनहि गुन धामा।।
सुन अस विकल भरिहु रस प्रीता। परिहु चरन सु सेवक रीता।।
गद गद वानि नयन भर वारी। भयउ शान्त मोहनि मति धारी।।
वोलिहु हेर सु मातहि वदना। वची वान्छ जीयहि सत सदना।।
येहि मात्र स्वामिन पद सेवा। करहु सदा राखहु मति देवा।।

दोहा - प्रति अवतारहि मात तुहि, गहहि रहय निज साथ।
क्षन प्रति जीवहि नाम शुभ, रटहु झकाइहु माथ।। (164)

चौपाई - एव मस्तु जननी सुन वोली। शिव सन मेल मती माँ भोली।।
भरी रहस मय अन्तर वानी। दयउ जताय भेद विन ज्ञानी।।
वाम विधी अन्चल तरि राखी। सुसमय अवहि मोहि सन भाखी।।
मोहनि मोह सवहि हिय नयना। गूंजिहु शान्ति सरल मृदु वयना।।
अन्तर ध्यान भई जगदम्वा। भयउ नाहिं कछु देव अचम्भा।।
देखिहु सवन मोहि हिय आनी। भये त्रप्त सुर अन्तर ध्यानी।।
ऋषि मुनि योगि स्वयं अनुमाना। लोचन खुले हिदय वहु नाना।।
गावत ज्ञानि चरित यहि सुन्दर। पूरन वान्छ भरनि मन अन्दर।।

दोहा - सुमर प्रभावहि पंथ सत, गायन चरित सुजान।
गमन सकल सुर धाम निज, कीनिहु प्रगट प्रमान।। (165)

चौपाई - माँ पद धरनि चली मन हरषी। भोगनि सुरस सुनीतहि तरसी।।
आयषु मात दयउ महिं जैसी। चली सोइ सोहनि मति वैसी।।
हरि तिय खेल सुमति सन वंका। तत्व अनादि प्रतिष्ठित अंका।।
लौटे योगि ऋषी मुनि ध्यानी। दरशन भविष सकल शुभ जानी।।
गावत चरित भ्रमण संसारा। कीनिहु वहु विधि मनुज सुधारा।।
जन मति परख सुप्रेम प्रकाशा। प्रेरिहु सकल करम सत भासा।।
हुय उद्धार भव नीति वताई। भ्रात सकल सम भाग द्रणाई।।
वाटहुं भोग धरनि सम सारे। धरम करम निज पंथ पियारे।।

दोहा - वासहु अन्तहि धाम सुर, होहु सकल भव पार।
नांहि भ्रष्ट वहु भोग दुःख, रहहु विलख मझधार।। (166)

चौपाई - आयषु मात दयउ भव जैसी। करिहु प्रचार सुमति भर तैसी।।
दल असंख्य महिषा सुर होई। भयउ संघार वचिहु नहिं कोई।।
संसय नांहि सकल वल वीरा। पौरष पूर डटन रन धीरा।।
हारे तदपि समर तज प्राना। कारन यहि सुर प्रगट प्रमाना।।
नहि दाइत्व धरम नहिं राहा। मन वश करय करम जस चाहा।।
भ्रष्ट सोइ सत पथ तै भयऊ। प्रवृति असुर वल भावहि लयऊ।।
चूकिहु पिता प्रथम निज करमा। भयउ लुप्त पथ प्रेरन धरमा।।
पितु अनुरूप करम सुत लीने। भविष प्रगट तिह लच्छन हीने।।

दोहा - लरिका लच्छन हीन वहु, अंक वढिहु परिवार।
जनम कलह जीवन दुःखद, वने व्यर्थ महि भार।। (167)

चौपाई - पितु कर्तव्य जनम सुत पैला। सोचहि प्रथम हिदय विन मैला।।
विषय सरल परिणाम कुभावा। ग्रसित मोह अन्तहि दुःख पावा।।
वीच विपिन जिम निकरन चॉही। राह प्रथम हित हेतु वनाही।।
पूत जनम तिम होवन प्रथमा। रक्षित स्वयं सुनीतहि पथ माँ।।
जनम ऐसु सुत देवन पापा। सकय न जेहि दिखावहि आपा।।
शत कुपूत पितु नाम नशावा। एक सुपुत पितु कुगति छुडावा।।
वचन पिता सुत मानहि नांही। चूक प्रथम पितु स्वयं सुराही।।
वढय संख्य अस करम विहीना। धाम कलह मूरख मति दीना।।

दोहा - कर श्रम खावहि जेहि जन, छीनहि झपटहि दुष्ट।
गमनि निशा घातहि कुमति, निधन मनी तन पुष्ट।। (168)

चौपाई - दुर्जन ऐसु सुनाशनि माता। प्रगटय धरनि विविध धरगाता।।
सुइ हित जान अवहि सत राहा। आवहि सुजन वचन भव दाहा।।
चरित ऐहि मैं निज हित लागा। मती शान्त चेतन हिय भागा।।

गायहु क्षुधा त्रषा भइ शाँती। भरन पेट आश्रय दिव कांती।।
मोहित सन्ग सकल सन्सारा। होयहि सुइ मां भाव उदारा।।
प्रभुता चरित सुजन यहि जानी। भांति बहुत कर कथा वखानी।।
तिल भर एहि कछुक भ्रम नाही। चरित सुयश सम सिन्ध अथाही।।
जननि वचन कर अंक महेशा। मेटिहु जीवन कठिन कलेशा।।

दोहा - ऋषि मेघा विन व्याधि मति, मात्र हियहि माँ वास।
चरित मोहनी गाय कछु, चक्षु हियहि परकाश।। (169)

चौपाई - दुःखी मनुज जीवन भव रोगी। चरित सजीवन मन रस भोगी।।
हौहि स्वस्थ विन भयहि प्रभावा। सुनहि एक चित ग्रन्थन गावा।।
धन भर पूर भरनि निज कोषा। पढहि चरित चालित मति होषा।।
सुफल मनोरथ होयहि सारे। शुभ परिणाम सुगति पथ प्यारे।।
पूत सुमति सन्तन हितकारी। प्रांगन प्रकृति नयन भर वारी।।
अचल महा धन संध्य सुकाला। रहह संग विस्त्रित गति भाला।।
सकय न लूट विवश मति दुष्टा। विजित सुपूत वली मन पुष्टा।।
शक्ति कवित्व जाग्रित भव हेतु। होयहि तुरत सदन हिय चेतू।।

दोहा - अंश शक्ति तन एक महि, माया मोहनि नाम।
पालनि जगदाधार संग, मेल सुपथ हरिवाम।। (170)

चौपाई - तत्व प्रथम दुर्गति खल माया। नीति उदन्ड विक्रत वहु काया।।
सुइ अनुरूप धरिहु सत भेषा। रूप नारि नर स्थिति देशा।।
दूसर तत्व नरक तिर द्वारा। काम क्रोध लोभिह विस्तारा।।
अति आचार ऐसु महि पापा। वढिहु वोझ अस्सह तन कॉपा।।
तत्व वुरे जीवन अस जननी। मेल उमा मति असुरनि हननी।।
रूपहि तेज महा शिव कोपा। सहज हिदय तिय प्रगटन रोपा।।
जनम जननि काली शुभ नामा। नीति गूढ सोचहु छवि धामा।।
कहहु वखान सुनीति प्रसारा। होहि जगत चढ पवन प्रचारा।।

दोहा - तत्व क्रोध जिह नीति सन, जीतिहु जननी खेत।
सोइ चरित जय होन रन, सुनहु वली वन चेत।। (171)

चौपाई - नयन स्वतन्त्र महा खल जेही। मनहि कुभाव अलस भर देही।।
लोभ प्रवृति तिह असुर कुकामी। कुटिल निलज्ज कुपथ किह गामी।।
अन्त अशुभ फल भय जिह नांही। चलय भोग परतिय पर छांही।।
विस्त्रित सोइ अनेकन नीती। नेह कुपथ कर लोभहि रीती।।
करय अभय जीवन कुविचारी। जान अमर निज रूप सुरारी।।
निन्द वेद विधि सुपथ पुराना। स्वारथ हेतु सुमति अपमाना।।
वाढहि ऐसु असुर कर धरनी। भ्रष्ट भरनि भावी गति करनी।।
हौहिं विलख वहु अवनि संतापा। लुप्त धरम होयहि वहु पापा।।

दोहा - हरहि भार महि सुमति तन, शक्ति प्रगट रिस मेल।
आनन छवि प्रीतहि सुद्रण, प्रिय दायनि वुधि खेल।। (172)

चौपाई - करय जननि वहु विधि मति होही। प्रगटय रूप उमा मिल सोही।।
शुम्भ निशुम्भ वली खल ऐसे। वधिहु सु अम्व चरित कर कैसे।।
सोइ सुमति सन्तन सुख दानी। वरनहु चरित सु प्रेम भवानी।।
सुनहु ध्यान धर सोइ मुनीशा। सुमर स्वामि आपन जगदीशा।।
गुनी वृह्म ज्ञानी मति वेदा। मुनि हिय लखिहु कछुक नहिं भेदा।।
उमा स्वामि हिय सुमर प्रतापा। जपिहु सुनीति हरनि तिर तापा।।
मुनि उत्साह प्रवल विध जाना। सोइ तुरत यह चरित वखाना।।
मिलिहु मोहि सुख हिदय असीमा। शान्ति सुमति जिव्हा भर जीमा।।

छन्द - जिय मांहि जीवन दान देवहि ज्ञान भाखहि वासनी।
प्रिय चरित तारनि वीच कलि कर पकर खीचहि हॅासनी।।
हिय मैल मेटन मीत भेटहि पाय धन गुन गावही।
सुन जोहि जन मन सोच समझहि कोष निज भर पावही।।

तर पार भव हुय खेहि गायन वैठ हिय चरितहि तरी।
निज भाव जपशुभ नाम सोहनि सोइ सव विपता हरी।।
सुत जेहि आयषु मात मोहनि नीति धन संचालही।
वढ भाग तिह मति जाग मातहि भांति महेश पावही।।

दोहा- चरित सुचिन्तन चाल चल, समझिहु स्वयं सुकाल।
गावहु गायन नीति रिस, शारद शन्ति सुभाल।। (173)

सोरठा- ऐहि सगुन विस्तार, सुनय सुआदर सुजनि मति।
कथा अनन्त अपार, कर अंकित माँ सुत लिखह।।

।।श्री गणेशाय नमः।।

।।श्री सत् शक्ति सुहावनी जयते।।

(त्रतीय सोपान - शक्ति सोपान)

छन्द - छवि जेहि आनन हीय कानन सुमन मन अन्तर वसी।
तिह चरन शरन सुख सदन शान्ति कर अंक निज माँ हँसी।।
झर वानि आंचल पान कर मैं त्रप्त विधि तीनहु भयू।
कन कृपा नयन भर मोहि विखरहि मात मुहि ममता लयू।।
सुत शम्भु वदन गज लाज हाथ यहि तोहि पूरन करू।
शिव दानि दे मुहि शिद्धि दानहि विघन सव विपतहि हरू।।
पितु मात प्रीतहि गीत ज्ञाननि नीति सनमति गावहू।
भरवानि लोचन जोर कर निज पार कलियुग पावहू।।

सोरठा - प्रनवहुं प्रथम गणेश, शम्भु उमा शारद सुमर।
माँ पद प्रेमि महेश, आयषु हिय वासनि चरित।।

चौपाई - सुमरन गुरू पद परम प्रतापा। आश्रय पुन्य खुलहि मति आपा।।
वरन कुरूप सुमंगल भेषा। वन्दहि वेद महा मुनि शेषा।।
प्रनवहु तेहि सकल गुन खानी। उमा भवानि करन कल्यानी।।
काली नाम प्रकाशिहु वेदा। शारद रूप नाहिं कहुं भेदा।।
जगत गुरू शिव गुनी अकामी। वन्दहु बहुर हेत सत कामी।।
उमा चरित मैं कहहु पुनीता। शम्भु सहाय सु होय सुनीता।।
जननी जगत उमा वृह्मानी। मो हितैषु स्वयं सह हानी।।
विपति हमार सरल मति काटे। वादहि वहुर भले मुहि डाँटे।।

दोहा - जननि जेहि मुहि पकर कर, चलन सिखाइहु नीत।
माँ अस प्रीतहुं चरित कह, वधन कामि छवि रीत।। (1)

चौपाई - गौर वरन सत तेज प्रकाशा। लखय जोइ सुइ लगय पिपासा।।
वुझय कवहुं नहिं चातक भांती। सुमरय सदा शांति दिव कााँती।।
भव्य रूप भावनि सव केरा। हरनि वोझ तारनि भव फेरा।।
परय न लौट कवहु यह धरनी। हेतु अजन्म करम सत करनी।।
माँ छवि लखहु सुपथ प्रति नारी। तरहु सहज गति जीवन धारी।।
आवन जान चक्र संसारा। मां पथ चल तट तरी अधारा।।
प्रकृति प्रशून पवित मति प्रेमा। विजित मीत हीयहि दृण नेमा।।
नैन नियन्त्रण भाव सुभावा। प्रेर मनहि गति मात प्रभावा।।

दोहा - वन्धन शुभ गांठहि नियम, जोरहु दृणता माथ।
चंचल वांधहु इन्द्रि गुट, हिदय वली मन साथ।। (2)

चौपाई - विजय काम सन पावहु सोई। सादर जगत सवहि हित होई।।
हीय दीप थिर जोति जुवाला। ओटहि इन्द्रि सुद्रण मन भाला।।
कलि झकोर चलइ कर जोरा। चंचल डुलय सहज मन मोरा।।
साधिहु वहुत रहिहु नहिं पासा। चोटहि ओट सु वाढ पिपासा।।
विकल हीय मति सुमर सुजानी। थामिहु हाथ सुगति रस सानी।।
भटकिहु मीत वदन थिर रहयू। मार मनहि सहमति फिर दयऊ।।
सुखी मीत माँ हित पथ साथा। चोटि प्रगति चिन्तन विन व्याधा।।
गहिहु सरल मन जान उपाऊ। जीतन काम चरित चित लाऊ।।

दोहा - रूप स्वयं शारद सुखद, आयषु ऐसहि काज।
दयउ वोल सुइ लिखिहु सुत, वचिहु महेशहि लाज।। (3)

चौपाई - कामहि विघन जनहु मन क्रोधा। धरहि रूप द्वेषहि तन शोधा।।
जावहि प्रान भलहि नहिं सोचा। क्षन सुख हेतु मरन शठ रोचा।।
ऐसु कोप दानव अनुकूला। इन्द्रिन मेल सुचंचल झूला।।
जारय वदन भसम निज गेहा। होइ असंयमित भ्रष्ट सदेहा।।
सदा अहित कर कोप कुनीता। होइ विनाश करम जस रीता।।

भाव सती संग्रह विध शांती। पूरन कोप करिहु हिय कांती।।
मारिहु असुर विकट वल धारी। पथ अनंग पर गति व्यभिचारी।।
कामी शुम्भहि क्रोध निशुम्भा। वधन कथा कहुं पुलक अरम्भा।।

दोहा - शक्ति एक सत आदि विन, प्रगटन रूप अनेक।
मेल उमा रिस वदन छवि, सोहनि शारद नेक।। (4)

चौपाई - मोहनि चरित स्वतः मां नीती। भई प्रतिष्ठ जगत शुभ रीती।।
पूरन प्रीत प्रभावित लोगा। कर सम भोग धरनि सम भोगा।।
श्रषि मुनि ज्ञानि कर करम प्रचारा। भयउ सफल चल सकल अधारा।।
भाव सहज सीधी युग नारी। सुनिहु ध्यान धर ताप विसारी।।
द्रणी मनहि निज करम सु वोली। आयषु मात धरम चल भोली।।
पूरन मान्य ग्रहण वृत लयऊ। कारज ग्रह संग्रह सुइ करयू।।
निश्छल प्रेम करहि निज स्वामी। सती सुनारि समहि अनुगामी।।
पुरूष पत्नि वृत महा संतोषा। पोषनि हेतु भरन धन कोषा।।

दोहा - गन्ध वासना नेकु नहि, प्रकृति पुरूष ऋतु मेल।
चक्र श्रष्टि गति हेतु जन, कर कर्तव्य सु गैल।। (5)

चौपाई - पोषन भरन पिता परिवारा। करम स्वयं पथ धरम अधारा।।
करय सुनीति सहमति संग वामा। संयम नियम कोष धन धामा।।
ध्यान सुमति सुत मारग हेतू। पितु क्षन व्यस्त सुमर सत चेतू।।
कारज स्वामि दिवस जित दयऊ। करहि सुकाल हरषि मन लयऊ।।
पूत प्रगति पथ माँ पितु सेवा। आयषु शीश धरय मति देवा।।
भांति ऐहि जीवन जन प्रेमी। वन्धु भाव वन्धन जग नेमी।।
संयम सकल ग्रहन आचारा। एक पत्नि वृत मानव धारा।।
सुख साम्राज धरनि हिय ताजा। नीति पवित प्रिय सत्य समाजा।।

दोहा - भई मान्य नृप धार मति, सतयुग शोभा वोलि।
वादी सत हरिचन्द्र पथ, शक्ति सु अंचल चोलि।। (6)

चौपाई - स्वामि वचन तिय नीति सुचाला। सुत आदर्श जगत युग काला।।
दयउ सुमारग विन सन्देहा। समझहि गूढ सुजन हिय गेहा।।
नाम अमर जिह यश धुज ऊंची। गावहि सकल समझ मति सीचीं।।
सुत पितु मात करम दृण कीने। जन्म जनहु तिह ऊंच कुलीने।।
माँ पितु भक्त सुआयषु धारी। धुव्र कर करम कठिन हितकारी।।
राह सुगति तप करिहु कठोरा। पंच वरष आयू वहु थोरा।।
मिलिहु परम पद अम्वर मांही। वसय सदा सत शक्ति सुछाँही।।
जीवन धन्य ऐसु पित माता। पूरन भयउ सफल सुख दाता।।

दोहा - मात पिता सुन वान्छ सुत, प्रमुख सु पूरन काज।
विध्न वेदना खेद नहि, ऐयहि जीवन साज।। (7)

चौपाई - परम चरित्र प्रिय श्रवन कुमारा। सुत आदर्श सुपथ परिवारा।।
माँ पितु वान्छ सु लोचन हीना। तीरथ करन चहहि मति खीना।।
सुनिहु श्रवन हिय सुमर प्रतापा। धन्य भाग जीवन वढ भांपा।।
कांवर काठि धरिहु कर काँधे। सुमति मात पितु पूरन साधे।।
तन दुःख ध्यान जेहि नहिं करयू। हरनि कलेश सहज मन भरयू।।
सुइ प्रसिद्ध जग कथा पुराना। गावहि वेद विधी वहु नाना।।
बँध मर्याद स्वयं श्री स्वामी। आयषु पित धारनि अनुगामी।।
नाम राम शुभ चरित अपारा। नर औतार हरन महि भारा।।

दोहा - कीनिहु सुख दै सन्त अति, जानिहु शम्भु सँजोय।
भजय सदा शिव नाम हरि, अन्तर साधन होय।। (8)

चौपाई - सुत आदर्श सत्य युग राहा। मिलय अनेक भक्त पितु पाहा।।
प्रगट प्रमान सुवेद प्रकाशा। गुनहि गीत भावी सत आशा।।
सुत अस करम सती परिणामा। प्रेरनि हिय प्रिय नीति प्रनामा।।
कोटि निकष्ट जदपि पितु नीती। पूत सुनारि सुधारहि रीती।।
जुग प्रभाव कामिन मति प्रेरी। मोहनि नीति ग्रहण कर हेरी।।

सती तेज शक्ती सत राजी। भांति सकल हितकर महि साजी।।
तदपि नष्ट नहिं अनभल करमा। भलहि लुप्त प्रभावहि धरमा।।
कीच अद्रश जिय भरय तलावा। तिम कटु तत्व हिलर तरि पावा।।

दोहा - मेल तटहि सर सलिल रंग, कीनिहु आपन भांति।
मानुष मंजन करन तन, प्रथम प्रविष मल पांति।। (9)

चौपाइ - पुरूष नेह नयनन इक नारी। भयउ हास लिपटन मन वारी।।
अवसर मीत वली मिल घाता। परे दाव चूकिहि नहिं गाता।।
भये भ्रष्ट मानुष वहु थोरे। कछुक विवश वहकावन भोंरे।।
समलित भयउ वांध गुट ऐका। किये वशहि वहु भेद अनेका।।
ऐसु प्रतापि जलंधर राजा। करिहु अमान सुनीति समाजा।।
सती मात्र सोहनि दृण नारी। वृन्दा नाम सुमति भर भारी।।
चली निजहि पथ संयम नेमा। पति प्रति मात्र हिदय वस प्रेमा।।
जदपि भ्रष्ट पति पूरन भयऊ। दानव प्रवति रीति पथ लयऊ।।

दोहा - वृत सतीत्व कामनि सवल, आश्रय दानव राज।
विजय धरनि सुर पुर सकल, कीनिहु वशहि समाज।। (10)

चौपाई - मति मोहनि धन संग्रह करयू। कोष हितैषु सुगति धन भरयू।।
वृन्दा सती प्यारि हरि वामा। स्वामि प्रशन्न स्वयं सत कामा।।
कटु व्यवहार जलन्धर केरा। त्रषित देव स्तिुति मति फेरा।।
हरि अनन्त सुर सन्त हितैषी। दुःखद पुकार सुनी सुर जैसी।।
ज्ञानि गुनी सत गूढ अपारा। चित गम्भीर मति भाव उदारा।।
प्रेरिहु असुर पन्थ शिव ओरा। दिव्य छवी तिय उमा सकोरा।।
झगडिहु जाय घेर कैलाशा। तत्व महाशिव परचित हासा।।
आये समर सुमर हरि चरना। प्रेम प्रकृति मंगल मृदु वरना।।

दोहा - भयउ जंग वहु काल लौ, सके न शिव रन जीत।
रूप प्रगट वहु भांति कर, गये न अन्तहि रीत।। (11)

चौपाई - वादहि समझ सु सनमुख स्वामी। वृन्दा सती सवल सत गामी।।
शिव सहमति आयषु सत आदी। हिय निर्दोष सुपथ विन व्याधी।।
रूप जलन्धर धर निज हाथा। वृन्दा ग्रहण सुनीतिह साथा।।
वृन्दा तत्व सती कर भ्रष्टा। कीनिहु निवल जलन्धर दुष्टा।।
भयउ हीन आश्रय कछु नांही। मारिहु सहज महा शिव छांही।।
दानव सैन तुरत संघारा। भये शम्भु सुर हेतु उदारा।।
शुम्भ निशुम्भ महा वलधारी। निपुन नीत निज प्रवल सुरारी।।
दयउ पीठ सनमुख शिव कोपा। सहज भयउ सुरोष अलोपा।।

दोहा - शाप तुरत तव दयउ शिव, समर दिखारहु पीठ।
वधहि सोइ तुहि शक्ति मम, निपुन जैसु दुइ ढीट।। (12)

चौपाई - करहि केलि व्रन्दा संग नाथा। आँगन विचर प्रकृति गह हाथा।।
दिवस एक प्रभु दर्शन दयऊ। रूप चतुर्भुज सुन्दर लयऊ।।
जानिहु छल वृन्दा अकुलानी। स्वामि मरन दुःख हीय रिसानी।।
जदपि जेहि आश्रम भर तेजा। सुमर सोइ भयु कुपित कलेजा।।
वृन्दा हेर अस वचन उचारा। पति त्रिभुवन तुम सकल अधारा।।
छलिहु मोहि आश्रय निज वामा। रूपहि वाह्य तपस्वी कामा।।
अन्तर कपट रखिहु सन मोही। कियो नांहि भल नीतहि सोही।।
धाम सगुन समरथ हिय आपा। चलिहु दोष पथ हित सुर भांपा।।

दोहा - हेतु अमर मारग दुःखित, विपिनहि नारि वियोग।
शापहि मो सम तोहि तिय, विलखय भोगनि योग।। (13)

चौपाई - वृन्दा शाप सुना भगवाना। वानि भगत भावी अनुमाना।।
सती नियम कछु और कठोरा। चहहि वुझावन मन दृण मोरा।।
येही काल अगनि हिय योगा। भई भसम वृन्दा रस भोगा।।
प्रीत सत्य वृन्दा लख ईशा। मोहित मनहि भये जगदीशा।।
भसम रमा तन लोटहि सोचा। खान पियन जीवन नहिं रोचा।।

वृन्दा तत्व सतीत्व सुभावा। उमा तेज हिय मिलिहु प्रभावा।।
तत्व जलधर अन्तर शम्भू। भयउ विलीन सुइ नांहि अचम्भू।।
देव सुखी मोहित हरि शोका। सोचित सभा सु अनतर रोका।।

दोहा - बोले तव शिव सुनहु सुर, गावहु मोहनि गीत।
सहज सुजोगहि वानि सन, करहु भार्यहि प्रीत।। (14)

चौपाई - सुने वचन शिव स्तुति देवा। कीन्ही भांति वहुर वहु सेवा।।
माँ प्रशन्न मोहनि महि प्रगटी। रूप अनादि अचिन्तन दृष्टी।।
पुंज तेज सोहनि तिर जोती। सर तरंग सम भेदहि होती।।
अंजलि वीज भर तत्व अधारा। रूप विलग पथ तीन प्रकारा।।
कहिहु जाहु वोवहु हरि पासा। होयहि सुइ चहुं सत्य प्रकाशा।।
कारज सफल हौहि सुइ तोरे। शक्ति सुमर अन्तर गुन मोरे।।
अन्तरध्यान एहि कह जननी। भई रीति सोहनि खल हननी।।
बोये वीज चिता चहुं ओरा। प्रीतिह सीचिहुं शान्ति झकोरा।।

दोहा - उगी वनस्पति तीन महि, अंकहि अंशु प्रभात।
हेरहि पातिन्ह ओस कन, हरि आसक्त सुगात।। (15)

चौपाई - रूप सती वृन्दा तन तीनौ। हरि अवलोक हितैषिह चीनौ।।
करिहु अलिंगन निज भृम मेटा। उठे नाथ तीनहु हिय भेंटा।।
हरि निर्दोष गये निज धामा। तत्व एक तीनहु संग वामा।।
तुलसी सुवन मालती धात्री। सुर पुर प्रीत अधारनि गात्री।।
पावन प्रमुख सु तुलसी पूजा। पुन्य ऐसु देयहि नहिं दूजा।।
धात्री मेल वढावन प्रेमा। पूजहि संग सुद्रण विधि नेमा।।
कलि कर दोष नशावन गंगा। भांति पवित यह तुलसी प्रसंगा।।
यहि तरि श्राद्ध करय जन जोई। तारय पित्र सहज तिह सोई।।

दोहा - पालय तुलसी मनुज जे, विपिन लगावहि गेह।
महा ओघ अघ नाश कलि, हौहि पुन्य वृत देह।। (16)

चौपाई - हीतल स्वस्थ श्वास शुभ तुलसी। सींच सुरस प्रीतहि जिह झुलसी।।
आतम पवित वदन वल भारी। चाल सुपथ सन्तन हित कारी।।
विजय सकल यम दूत डराने। रूके सकुच देहरि लग आने।।
सुखी मनुज नहिं यहि संदेहा। पूरन भरन महा धन गेहा।।
तुलसी पत संग भोग लगाना। हरि सन्तोष सन सुजन अघाना।।
नव तुलसी ग्रह हितकर प्यारी। सुमति कोष सम्पति उपकारी।।
तुलसी तेज उमा महा तत्वा। वृत सतीत्व सती मति प्रित्या।।
गुन सत शारद धात्रि प्रमाना। तम गुन मेल हितैषहि माना।।

दोहा - यह विधि तुलसी सकल हित, मानिहु स्वयं महेश।
पूजहि सुर हरि लोक गति, पुन्य सुखित पर देश।। (17)

चौपाई - श्री मद द्वेश वीज निज बयऊ। निन्दि मालती वर्वरि भयऊ।।
तुलसी धात्रि मिलन संयोगा। वुधि वल दान उदर भर भोगा।।
गायहि चरित समझ सन्तोषा। कवहु ह्रस होयहि नहिं कोषा।।
सार रूप यहि नीति प्रवन्धा। वरनिहु पुलक पवित रस फन्दा।।
वाम असुर वृन्दा सत शक्ती। मिली प्रीत दृण आंगन भक्ती।।
रूद्र रोष फल पुत्रहि सिन्धू। भयउ प्राप्त वालक वन विन्दू।।
दोष महा गुन वृह्म बखाने। अन्त मेल रूद्रहि अनुमाने।।
इह विध शम्भु जलंधर मारा। बहुर सुमर हरि भाव उदारा।।

दोहा - गये धाम गिर दिव्य मति, संग शिवा शिव लौट।
शुम्भ निशुम्भहि काम रिस, जुरे वहुर मति खोट।। (18)

चौपाई - निशचर घोर वली खल दोऊ। सैन विपुल क्रमशःसंग जोऊ।।
नाहि जेहि तिय सुमति सहारा। सुत कुपूत सुइ नांहि अधारा।।
पंथ नृपति जिह पालन जीवा। नीति भयावन अंकुश सीवा।।
कटु असीम जिह निन्द समाजा। कर अमान्य हित स्वयं सुराजा।।
धारिहु ऐसि प्रकृति महि पाला। शुम्भ निशुम्भ असंयम चाला।।

धधकत रहिहु सुनीतहि ओटा। शिव तै अभय वचिहु सुर चोटा।।
सिलग रूप धर विकट अंगारा। वढिहु कामि रिस दुःखद अचारा।।
विस्त्रित राज स्वयं चहुं ओरा। कीनिहु असुर जीत मति फोरा।।

दोहा - शम्भु समाधिह उमारत, सेवा सती सुचाल।
कर विचार मन दोउ खल, समझिहु हिदय सुकाल।। (19)

चौपाई - करिहु आक्रमण लोकहि देवा। दरश प्रभाव वली मति सेवा।।
सफल विजय समरथ रन पावा। मन अनुमान अन्य पुर धावा।।
लोक लोक फिर जीतिहु राजा। रिस वल कामि कुनीति अकाजा।।
गिरि सुमेर कन्दर सुर वासे। तजिहु लोक निज जीवन पासे।।
नृत्य करन नारी वश भयऊ। तन विलोक सुन्दर चित लयऊ।।
आदर दृष्टि लोक सुर जेही। माध्यम कामि विषय वन तेही।।
कला पात्र पथ प्रगति सु दृष्टी। वनी धरनि पद काम निक्रष्टी।।
वैश्या नाम समाजहि नीचा। विषय करम गति हीनहि कीचा।।

दोहा - जदपि नृत्यिका नाम शुभ, कला प्रदर्शन काम।
पंथ सुगति स्वर सत्य सुन, सुखी देव निज धाम।। (20)

चौपाई - सकल अमान्य करिहु सुइ रीती। कामी क्रोध कटू निज नीती।।
लक्ष प्रमुख वश शुम्भ कठोरा। विषय त्रप्ति कर तिय वर जोरा।।
रिस निशुम्भ आश्रय वल भारी। जीत विवश कर समर मंझारी।।
भये अभय अन्तर परिणामा। अति आचार वढिहु छल कामा।।
सुर पुर अमर वस्तु अधिकारा। करिहु सकल वहु नीति प्रकारा।।
मन्थन सिन्धु रतन हित जाने। निजहि कोष संग्रह सव माने।।
सुनहि न कोउ वानि ऋषि सांची। मुनि गन साधु सुधीरज जांची।।
आकुल धरनि दुःखित सुइ होई। महि अघ भार कम्प हिय होई।।

दोहा - सभा साधु कर सकय नहि, मन्द सुनीति प्रचार।
फिरिहु दुहाई धरनि रिस, कामी प्रगट अचार।। (21)

चौपाई - वेलि विषय अंकुश अभिमानी। अम्वर अवनि छाँह प्रगटानी।।
अधम तिमिर घनघोर दिखाही। खुले नयन नहिं राह लखाही।।
निराधार ठोकर जन खावा। भटकहि बहुर रजनि चर भावा।।
सकय न साहस कर मन कोऊ। करय विरोध शुम्भ पथ जोऊ।।
दिवस विगत धरनी कर ध्याना। सुमर सत्य अन्तर अनुमाना।।
जननी प्रगट जवहि भइ मोही। दयउ वचन हित कर अति सोही।।
अंशहि रूप धेनु निज धरयू। वचिहु छाँह, निशचर नहिं परहू।।
आकुल हिदय चली गिर राहा। अन्तर धाम नांहि भव दाहा।।

दोहा - शैल महा अगवानि कर, दयउ शान्त्वना भारि।
निजहि सुरक्षित धरनि तव, वोली मनहि विचारि।। (22)

चौपाई - कहहु तात अव भविष पुनीता। होयहि कैसु कवन विध रीता।।
विधि आचार भक्त भगवाना। गये कहाँ सव वेद पुराना।।
वेद प्रचारक सज्जन ज्ञानी। ऋषि मुनि ज्ञानि सकल हरि ध्यानी।।
सत गुन नीति कथा नहिं होई। भये विवश वश चलय न कोई।।
निज निज प्रान वचाइहु लोपा। मो अकेल दारून दुःख रोपा।।
भरिहु मोहि जिय सहिहु न जाही। भावहि बहुर स्वयं हिय दाही।।
आवहि मनहि अवहि सुन ऐही। तरि तल जांहु सुमर सत देही।।
शैल राज सुन वचन मही के। धीरज धरम सहित मति जी के।।

दोहा - जित ऊंचे तित गूढ मृदु, शान्ति वचन अनुसार।
बोले पावन धरन मन, औषधि सत भर प्यार।। (23)

चौपाई - सुनहु सुता प्रिय वचन हमारे। होवन सुइ वहु हेतु तुम्हारे।।
विधि विधान शुभ चारहु ओरा। करहि संकुचित मति जड थोरा।।
धरहु धीर होयहि कल्याना। अन्तर सुमर रहहु भगवाना।।
मोहनि लुप्त रीति रिस आनी। जनहु सोइ हुय प्रगट भवानी।।
ऋषि चिन्तित सुर संग्रह काला। कर सुमेरू गिरि खोह विशाला।।

जानहु जोर सु लावहु मोही। चिन्तन आदि सत्य हित सोई।।
करहुं यहा वढ हेतु सभीका जानहु जनम जननि रति नीका।।
भा विश्वास गई महि माता। प्रांगन पुन्य पवित पर भाता।।

दोहा - गिरि सुमेरू अन्तर पुलक, पहुंची अभय सुराज।
सन्त अमर ऋषि ज्ञानि मुनि, जुरे सकल हित काज।। (24)

चौपाई - आवत धरनि विलोके देवा। सादर दयउ सुआसन सेवा।।
सुर प्रशन्स पुन महि दृणताई। कीनिहु भाँति बहुत विपुलाई।।
भू सुइ प्रथम कहिहु वहु भोरा। सने प्रीत मय वचन कठोरा।।
पुन सुर सत्य मती सन भावा। भाव छलक धरनी तन छावा।।
शान्ति सुमर सह विनय सप्रीती। कीनिहु धेनु महा गिरि रीती।।
शैल सरल प्रस्ताव प्रभावा। कहिहु सु सन्मुख समझ सुभावा।।
भयउ मान्य मति हिय सव केरी। चले प्रीत चिन्तन चित चेरी।।
धाम महा हिम प्रविशय सीमा। सुखी शान्त आश्रय मिल जीमा।।

दोहा - माथ नवाइहु नीति सन, कर जोरेहित जान।
श्वस्ति वचन मन सुमर सव, करिहु प्रगट मन ज्ञान।। (25)

चौपाई - शैल महा आश्वासन पावा। सुर मन हरष जननि चित लावा।।
करिहु प्रतिष्ठ आदि शुभ चरना। विम्व सुमति सोहनि सत शरना।।
पूछिहु वहुर सुनीति सरलता। जुरे सनेह मति शान्त चपलता।।
तन जड जेहि अमल मन ऊंचा। अन्तर सुरस गुनी विन कीचा।।
नीत संजोहन पूर अतीता। मोहनि प्रीत प्रगति छवि रीता।।
कहिहु वुझाय सकल सव काहू। हेतु वचन हिय सहमति भाहू।।
रूप सुमति आकर्षित कामी। होयहि त्रप्त पिपास सुनामी।।
तत्व सतीत्व प्रगट सुइ आनी। आनन उमा रोष कल्यानी।।

दोहा - प्रथम सुमर विधि वाम गुन, गीत मनोहर वानि।
रिस मेलन अन्तर प्रगति, श्रद्धा प्रगट भवानि।। (26)

चौपाई - मन विश्वास हिदय धर धीरा। मो सम कर निज अचल शरीरा।।
इन्द्रि नियन्त्रण दृण पथ नेमा। अंकित नयन छवी माँ प्रेमा।।
करहु भांति सव मेलनि हीया। जानिहु सोइ अभय निज जीया।।
मृदु स्वर शान्ति सुमति झंकारा। सुनहि श्रवन पथ पवित अधारा।।
वानि सुरस मय गावहु गाना। प्रति क्षन पुलक सुखित सर ज्ञाना।।
प्रानि अधारनि नाशिक श्वासा। खीच सुमर प्रति सत्य प्रकाशा।।
कम्पित रूह परसि छवि हाथा। प्रीत प्रतीत अवाहन साथा।।
भये शान्त कह शैल सदेहा। करहि देव स्तुति सुन नेहा।।

दोहा - निर्मल तन सुन्दर वसन, मस्तक शोभित ताज।
उतरहु निज सुत कारनहि, सज धज जननी आज।। (27)

चौपाई - जय जय विश्व व्यापनी माता। जय जननी जय वुद्धि विधाता।।
जय विधि वाम अनाथ नाथनी। जय शुभ सरस सु गिरा साथनी।।
जय दुःख हरन सन्त सुख करनी। जय खल वुधि हर विपता भरनी।।
जय सुख शान्त सदन निवासनी। जयति जयति जय पाप नाशनी।।
जय प्रिय निर्मल देह धारणी। जय जग जन हित दुष्ट मारणी।।
जय माँ श्री सरस्वती भवानी। जय जय वेद मात महरानी।।
जय मम प्रिय कमलासन देवी। जय धर वीणा हरि पद सेवी।।
जय क्रपा सिन्धु सती सावित्री। जय जग जनम दात गायत्री।।

दोहा - जयति शिवा मति क्षमहि सुत, जय खल करनि संघार।
जयति करनि मंगल सकल, जय गति गूढ अपार।। (28)

चौपाई - जय सुवेद सुख सुमन धारणी। जय निज सुत संसार तारणी।।
जय जय हंस वाहनी माता। जय वुध वल यश सुख की दाता।।
जय छवि सदन प्रेम किह दाता। जय सुर नर मुनि पूजित माता।।
जय जय जय तिलोक स्वामनी। जय जयति जय अन्तर यामनी।।
जय जय शारद मात तिहारी। जय जय प्रकृति प्रेम मय नारी।।

जय वुध कोष तिहारा मस्तक। जय दिव लोचन लोक लोक तक।।
जय जननी शरणा गत पालक। जय तरूणी जय खल कुल घालक।।
जय अतुलित वल धाम शीतला। जय वाहन शुभ सरल हीतला।।

दोहा - जय जयंति रक्षनि अवनि, जय पालनि संसार।
जय अनूप तन प्रगट वहु। जयति पवन पैसार।। (29)

चौपाई - जय सत पथ गामनि शोभित चरना। जय मोहित मनतन शशि बरना।।
जय शुभ वसन सजत सुनयनी। जय धर ताज मात पिक वयनी।।
जय कलि दोष दूर जगदम्वा। जय जय तेज अनल मय अम्वा।।
जय तन अमल धवल धर वसना। जय जय पूत जीभ कर रसना।।
जय मन विजित मदन वश करनी। जय सत प्रिय स्वछन्द विचरनी।।
जय माँ चतुर्भजी वृह्माणी। जय शोभित तुइ वीणा वाणी।।
जय सत चित आनन्द दायनी। जय छल रहित मयूर वाहनी।।
जय जय मात तिहारी होहै। जय जय ज्ञाननि जीवन सोहै।।

दोहा - जय अम्वे जय हरनि दुःख, जय मोहनि धन धाम।
जय जग तारन करन सुख, जयति नेह वहु नाम।। (30)

चौपाई - दमकत भाल मात अति तोरा। करहु दया यहि अनुचर ओरा।।
भटकंहु कलि तम निज अज्ञाना। मागहु दान देहु मो ज्ञाना।।
हौ प्रिय सुखमय शरण तिहारी। कर सनाथ ढक अंचल सारी।।
उर सद्भाव कुसुम सम कोमल। विकसत तेज तुम्हारा भूतल।।
काम क्रोध तै मन है तापित। जगत मात मैं हूं अति शापित।।
कर कलि ग्रसित मूढ मन उज्जवल। विध्न समेट वना तन निर्मल।।
नित नित दया रहे मो मन पर। व्यापहि पीर न नेकु वदन पर।।
नियमित रह तन पद रज दाया। रख मुहि शरण निगलती माया।।

दोहा - देहु सहारा सुमति मुहि, डूवहुं भव मंझ धार।
धारनि वर वीना करहि, पारहि करहु अधार।। (31)

चौपाई - यह खल मदन मोर अति व्यापे। जननी चलइ न वश मम यापे।।
शारद सव कछु हाथ तिहारे। दे वर कर दुःख दूर हमारे।।
वाणि वीण मृदु गुन्ज मनोहर। हो विक्सित मम हदय सरोवर।।
हो तुम वल वुधि रूप निधाना। दो अम्वे मुहि अतुलित ज्ञाना।।
वन्दहु नित यह चरन तिहारे। कटय पाप प्रिय वनय हमारे।।
नित नित नव यह जीभ हमारी। गापद गीत प्रिय वनय तुम्हारी।।
कर निर्मल मुहि दोवर ऐसा। है जग मात नाम तुहि जैसा।।
लघु सुत मात महेश पियारा। जननी निकट जगत तै नियारा।।

दोहा - जय जय जननी सरस्वती, जय जय जय जगदम्व।
रटत तिहारौ नाम प्रिय, करहु दया अव अम्व।। (32)

चौपाई - गावहु किम गुन अम्व तिहारे। व्यापनि सुमति अमर सुर प्यारे।।
ऋषि मुनि योगि भजय सव भोगी। पद रज वूटि स्वस्थ भव रोगी।।
नहि समर्थ उपमा कहुं ऐसी। जेहि उचित लागय तन भेषी।।
जननि ज्ञान सुत करन कल्यानी। वन्दहु चरन नमामि भवानी।।
होउ प्रगट नाशहु खल दोऊ। विकट ताप दुःख मेटहि मोऊ।।
शरन तिहार रहहु सुख सीवा। प्रेरनि योनि सकल पुर जीवा।।
संग्रह मति कर कोष विपुलता। मिलय सुमर जय सहज सफलता।।
मैं अनाथ पुकारहुं तोही। प्रगटहु मात सनाथहु मोही।।

दोहा - करहु अभय निज नीति शुभ, शीतल सत्य समीर।
श्वासहि हिय पुलकन हुलक, कम्पित तन आधीर।। (33)

चौपाई - वृह्म अनादि अचिन्तन व्यापा। संग प्रकृति शारद सत भांपा।।
देव सकल हिय हूक पुकारा। सुनी सुमति संग्रह अधिकारा।।
प्रेरनि पूर जननि निज श्वासा। प्राँगन प्रकृति मिलन विश्वासा।।
जिह समीर भर सकल सुगन्धा। मनहु शक्ति रस निचुर प्रवन्धा।।
पीत वरन मन प्रीत प्रकाशा। विखर सुखद मोहनि गति आशा।।

उन्नत भाल महा गिर चाला। पवन त्रिविध पथ प्रेर सुकाला।।
गिर कैलाश शिखर शिव वासा। संग उमा वट छाँह, प्रकाशा।।
सकहि न जान जिह कला सुनीती। माँ अनन्त गुन एक सप्रीती।।

दोहा - शिव हिय वासनि विलग तन, रखन सुमति मर्याद।
अन्तर सुर प्रेरनि पवन, मिलन अभय आवाद।। (34)

चौपाई - शम्भु समाधि फिरिहु सुध आनी। प्रेरिहु हिदय बिचर कल्यानी।।
नयन महा शिव शान्ति विशाला। भरे नीर रस खुलय क्रपाला।।
सुमर सगुन हरि सुन्दर नामा। ध्यानहि लखिहु वाढ रिस कामा।।
आवन सुमति जान मन प्रेमा। करिहु प्रनाम सवल हिय नेमा।।
बहुर उमा तन चितय सनाथा। आयषु शम्भु दयउ मति साथा।।
भेष सहज तन विपुल सु वामा। तत्व सतीत्व उमा सत नामा।।
सुरसरि मंजन करनि वहाना। चली प्रमुख सुर सुखित ध्याना।।
करहि कमंडल लोचन नीचे। स्वामि सुमर उन्नत सिर ऊंचे।।

दोहा - सती नयन नीचे रहह, ऊंचा उठा लिलार।
चित पति छवि लव लीन रह, मार मार कर हार।। (क)
इह विधि प्रेरिहु भांति सव, हिदय उमा भरतार।
आवन चिन्तन सुमति संग, लखिहु सचित सुकुमार।। (35)

चौपाई - शक्ति आदि पथ गामनि सोही। विनय अमर सुर अर्पन होही।।
प्रथम प्रनाम करिहु गिरि राजा। आवत जननि जताइहु काजा।।
सुन सुर शान्त सकल हरषाने। पुलक हीय माँ छवि सनमाने।।
साजी अबनि प्रकृति श्रंगारा। खिले सुमन वहु भांत प्रकारा।।
हरी परत तन सुखित विछावा। आवन मनहु सु आसन पावा।।
सातिक पवन सुमोहनि आगे। मनहु संदेश कहन सव लागे।।
काल शिशिर ऋतु रहहि उतारा।अंक प्रभाव प्रिय सरल अधारा।।
जानिहु सुर मति प्रगट भवानी। करिहु ध्यान स्तोत्र सुजानी।।

दोहा - वानि सुमंगल मात पद, करहु नमन धर ध्यान।
जननी जीतन समर रिस, प्रगट प्रकृति सन्मान।। (36)

छन्द - सनमान ज्ञान प्रमान प्रगटहु ध्यान मम स्वीक्रत करौ।
प्रिय प्रकृति प्रथम निज वचन विगत वर पूर जननी करौ।।
शुभ नीति मोहनि रीति सोहनि अम्व अव शारद मिलौ।
जय माय माया जीत जीवन आहु हिय पंकज खिलौ।।
वहु वार नमन मन मेल होयहि इन्द्रि सहमति वन्दना।
हित हेतु मुहि कर सफल कारज फांस खल छवि फन्दना।।
कर नष्ट दुष्टहि पुष्ट तन माँ तोहि मति समरथ रहै।
भय भीत सुर भव रीति कटु भर काम रिस पन्थहि लहै।।
तन जेहि शक्ति अनादि अखन्ड अनन्त अखिल व्यापनी।
तिह मात चरनन भांति वहु कर नमन सनमति भाँपनी।।
प्रति प्रानि वासनि रूप क्षुधा सु सुधा सुत सरसावनी।
झर वानि रस मृदु शीत शरनहि त्रषा विकट वुझावनी।।
मुहि पाल प्यारहि प्रान चारनि वास श्वासहि रूपही।
हिय सुरस श्रवनहि सत्य स्वर सन तार यहि भव कँपही।।
यहि लोक लोचन दिव्य देयहु दृष्टि पथ दिखलावहू।
मन मार मोचन रीति जननी प्रीत मुहि सिखलावहू।।
विधि वाम वोलनि जिव्ह रस मृदु स्वाद सुत पद पावही।
हित वानि सन गति ज्ञान हाँसनि फाँस सुख फँस गावही।।
द्रग विम्व कामनि अंक कम्पन हौहि तन देखहु छवी।
रति हीय जीयहि दिव्य रूपहि नमन माँ मति नित नवी।।
भव पार अधारनि चेत चित गुन नीति खेवन तरी।
कर वास विश्वासनि रूप श्रद्धा शान्ति विपतहि हरी।।
सत पन्थ प्रेरनि मीत जीतन इन्द्रि हिय वुधि रूपनी।
सन मान मन मर्याद वादनि वीण खोलनि मूकनी।।

धन कोष राजस होष मद माँ मोह मोहनि मम भली।
मुहि हेतु जेतिक जीव जीवन जोर सुइ सुमतिह गली।।
गुन रूप तम मन क्रोध वासनि शोध सत अन्तर मती।
जिय लोभ लाजहि द्वेष रोषहि रूप खल हित वध गती।।
जग जेहि अनभल पूर प्रेरनि वास गति करनी वुरी।
रिस कोष खल मति दोष कामहि विध्न भ्रम भरनी दुरी।।
प्रति नीति प्रकृति कर वास प्रवृति रीति तिर गुन वसी।
अस मात चरनन नमन पुन पुन महेश मति हीय हँसी।।

सोरठा - भाव जननि महि माँह, वासनि त्रन त्रन प्रानि प्रति।
तुष्टि त्रप्ति सुध छाँह, नमन रूपनी वार वहु।। (क)

दिवस निशा रवि इन्दु, गगनांगन महि नखत तन।
तरू सर सरिता सिन्धु, गिर जड चेतन नमन पद।। (37)

चौपाई - अम्व जेहि गुन आलस प्रेरे। निद्रा भरे सकल खल घेरे।।
विनवहुं तोहि चरन वहु वारा। प्रगट भवानि सहज दुःख टारा।।
जननि जोहि थोरिक दृण नेमा। हौहि प्रशन्न जतावहि प्रेमा।।
आवहु सोइ करन हित मोरा। वढ भरोस मुहि ज्ञाननि तोरा।।
रूपहि दया धरम प्रति करनी। करूणा कृपा कीर्ति सत भरनी।।
दम्व कपट छल सकल तिहारे। नीति प्रतीत चलन गति सारे।।
वन्दहु वार बहुर धर शीशा। करहु विनय हिय वासनि ईशा।।
मान मदी यश अपयश हानी। प्रगटन जननि तोहि पहचानी।।

दोहा - भय दानव रिस काम छवि, कोषनि स्वयं सुधीर।
प्रनवहु पावन सदन शुभ, शक्ति सत्य तन वीर।। (38)

चौपाई - स्तुति ध्यान मगन सुर भयये। इन्द्रि प्रान हिय अन्तर लयये।।
अचल महातन नयन अधीरा। मूक अयन वन्धन सत चीना।।
शम्भु सुनीति नियर सुर आई। कला विविध चहुं ओर दृणाई।।

मुदित अमर सिंचित रस देखे। सत परि पूर नयन मति लेखे।।
रूकी चेत इक चित्व निहारा। अविरल प्रेम पिपासनि धारा।।
शीतल सुरस मधुर मय जोती। प्रजुलित दिव्य संग्रहित होती।।
मिलन सनेह सुमति छवि वदना। लखिहु तुरत गुन अंतर सदना।।
आभा प्रकृति वदन विस्तारा। भानु उदित आँचल महि प्यारा।।

दोहा - त्रन कन नोकनि रोम तन, विन्दु रजत श्रम वारि।
चलन सुपद सुकुमार हिय, झलके काँति संभारि।। (39)

चौपाई - मलय पवन तिर भांति प्रभाता। साटि मनोहर सोहनि गाता।।
केश जननि घन नभ छितराने। धुंधर धुमड आनन रवि आने।।
अंशु वरन रक्तिम रंग राजे। साजहि अम्व सुमन द्रग लाजे।।
झरय हीय रस रूपहि झरना। चमक विरौनि पलक पर किरना।।
स्वर मृदु कलकल झरनि झंकारा। गुंजनि वीर सुवादनि तारा।।
कलरव विविध विहंग वहु नाना। स्वर सुन सत्य सु वानि सुजाना।।
गुंजरन मधुप खोह गिरि वेली। फूली सुरस श्रवन स्वर केली।।
आंचल अम्व झरन महि ममता। सुन्दर सुखित सुमोहनि समता।।

दोहा - गति ऋतु आवन चरन शुभ, साजनि करहि श्रंगार।
छवि मानहुं संग एक सव, प्रगटनि सुमति अपार।। (40)

चौपाई - अन्तर यामनि सुमति भवानी। संग्रह प्रकृति प्रगति पहचानी।।
शोभनि जैसु प्रकृति आचारा। तैसु प्रगट प्रिय पवित अधारा।।
मति विकास सुत परहि प्रभावा। सन्त सुजन सुर सहज सुभावा।।
रहह गुनी पेरित यहि नीती। संग्रह भाव सुखी दिन प्रीती।।
श्वांस प्रभात सुखींच समीरा। कम्पित अनुभव मात शरीरा।।
थिर मति देख गगन आलोका। ध्यान मगन चेतन हिय रोका।।
दरशन भाव जननि सव केरे। हौहि सुफल आभा द्रग हेरे।।
नहि संदेह मति नांहि संकोचा। नित नव रूप लखहु जिय रोचा।।

दोहा - एक प्रकृति तै ज्ञान लिह, एकहि काम सताय।
एक वाग महिं दोउ पथ, जुहि भावे सो जाय।। (41)

चौपाई - उमा भाव यह कल्पित नाही। विलग प्रत्यक्ष सुरूप लखाही।।
जिम घेरहि ग्रह निज मधु माखी। तिम वहु कला प्रगट चहुं राखी।।
वसन पीत निर्मल तन ढांकी। चितवन दिव्य मनोहर जाकी।।
पहिरे माल सुमन गुथ नाना। साजहि सुमति सु आंचल ज्ञाना।।
धारनि वेद कमडल हाथा। वादनि वीण कमल कर साथा।।
चतुर्भुजी शोभनि विध वामा। वरन मनोहर सुन्दर नामा।।
वाहनि हंस सरोवर मांही। भव्य रूप भावनि गुन छाँही।।
वानि मधुर झर जेयहि शाँती। सत्य वचन गति मतिह समाती।।

दोहा - वृह्म तत्व तिह प्रगट तन, मोहनि मंगल देह।
लखिहु उमा प्रनवहु पुलक, करिहु प्रनामहि नेह।। (42)

चौपाई - ध्यान प्रशन्स मिलन रिस कोषा। चली निकट निर्गुन विन दोषा।।
कर गह मिली परस्पर दोऊ। जानिहु नाहि मरम यहि कोऊ।।
शारद उमा मिलन सन्तोषा। तेजनि रूप प्रगट मति रोषा।।
शक्ति आदि संचालनि प्रेरी। नहिं तन प्रकृति परिहु कछु फेरी।।
भयउ समाहित कुपित कुलीना। शारद रूप सहन छवि चीना।।
हेरनि एक तिरछि मम जननी। जो जिह भाव तैसु माँ गिननी।।
कोटि मदन चित वन खल लाजे। लखहि पूत पूरन दुःख भाजे।।
प्रेरित जेहि सकल सव यौनी।सफल विफल अन्तर मति हौनी।।

दोहा - सुर सहसा मन ध्यान शुभ, टूटिहु लोचन खोल।
जननी आवनि प्रगट महि, तेजहि विस्त्रित गोल।। (43)

चौपाई - कालिम तिमिर सघन अज्ञाना। उदित भानु माँ मिटिहु विधाना।।
ज्योतिर्मय जग वरन दिनेशा। भरिहु प्रकाश दीप सत भेषा।।
सुर अवलोक सकल हरषाने। ऋषि मुनि सन्त सुजन सन्माने।।

धेनु धरनि द्विज योग प्रकाशा। स्थिति पूर्व सुमति चित हाँसा।।
पूरित तेज भयउ गिरि राजा। क्षेत्रहि सीम असीम सुराजा।।
तन छवि जेहि विलोकइ जोई। लखय मात्र वरनन नहिं होई।।
चहह करन अंकित जो लेखा। लेखनि स्याहि वचय नहिं रेखा।।
सुत महेश जघपि दरशायो। मति वहु थोर बहुत शुभ पायो।।

छन्द - शुभ पाय भायहु रूप देखिहु नयन तन अंकित रही।
सुइ वानि कर यहि पान झर जुहि मात रस अंचल वही।।
भर पूर ममता अंक लै मुहि ढांक तन रक्षित कियो।
कर फेर वोलिहु हेर तिरछहि लिखिहु मैं प्रेरित हियो।।

दोहा - बहु विधि शारद वचन कह, दयउ सुरन्ह किह शाँति।
हित भरोस प्रन नीति निज, सहज करिहु सह काँति।। (44)

चौपाई - माँ पद देश नवाइहु माथा। देव सकल सुख जोरिहु हाथा।।
हौन सफल निज लखिहु सुकाजा। धन्य भाग जीवन मति साजा।।
ध्यान मगन अन्तर सुर भयये। तन अवलोक जननि पथ लयये।।
खान सुमति सम्पति विध वामा। वचन हितैष कहे अस कामा।।
सुनहु देव मति शान्ति सुधारी। प्रीत विलोकहु नीति अगारी।।
काम क्रोध दोवहु खल प्रेरे। देखहु कैसु वधहु मैं धेरे।।
करम जैसु तस भरनि संदेशा। भेजहु खेच नियर निज भेषा।।
मरय स्वयं मारहुं मैं नाही। भ्रष्ट करम अन्तनि दुःख छांही।।

छन्द - दुःख छाँह, अन्तनि विलख पीरहि नीर हीनहि द्रग वहै।
घट पाप फूटहि आप भर अव जानु पथ यह द्रण कहै।।
धर धीर हिय विन पीर सुर सव जगं मुहि अवलोकहू।
मुहि खेल मेलनि नीति विचरन केलि करमहि घोकहू।।

दोहा - वानि हितैषनि सुमति सुन, महिमा गान अपार।
लगे करन सुर प्रीत हिय, डूवत मिलिहु अधार।। (क)

दयउ शान्त्वना धरनि किह, प्रेरिहु ऋषि मुनि योगि।
करम प्रचारक चरित लख, वेद विटप फल भोगि।। (45)

चौपाई - शारद मात मती थिर नेका। शान्त सवन्ह कर भांति अनेका।।
गमनिहु मंजन हेतु भवानी। गंग मिलन हित कर कल्यानी।।
कर अगवानि भगीरथि वाढी। धोय चरन प्रीतिहु रस गाढी।।
हिदय प्रीत चल उछल तरंगा। नील वरन शोभनि तन गंगा।।
अम्वर विम्व हिलर रवि राजे। अंशु उदित मेलनि रंग साजे।।
धोयहु माँ तन धर निज रूपा। प्रकृति सुकामनि अन्तर चूपा।।
स्तुिति बहुर करिहु कर जोरी। सुर सरि धन्य कहहि मति मोरी।।
वान्छित वर दै जननि सुखारी। तटहि वैठ मन करहि विचारी।।

दोहा - तारनि गंगे मनुज भव, नाशनि कलियुग पाप।
कथा पवित अन्तर पुलक, चहह सुनह हित आप।। (46)

चौपाई - कहहि लोग जीवन जड जेही। धन्य भाग पायहु वढ तेही।।
अचल महा तन देखिहु वाहा। चैतनि आत्म जडी वहु पाहा।
समरथ जोहि भाव सव भांती। करय सुचाह जोहि मन माती।।
पुन जिह मिलय कृपा माँ नेहा। दुर्लभ नांहि कछुक तिह गेहा।।
जड तन भाव सहज संचाला। चलय चेत पथ मात सुचाला।।
वूटि जडी शोधन हिम राजा। त्रप्त स्वयं आवन माँ काजा।।
नायहु शीश हितैषनि हेरी। आसन दयउ विठाइहु घेरी।।
हिम हिय धार अंजली लीन्ही। पियुहु सुनीति सकल हित चीन्ही।।

दोहा - मनुज अपरचित मात अस, वहुर हिदय हरषाय।
वोली ज्ञाननि वचन शुभ, नीति सुनीतहि पाय।। (47)

चौपाई - सुनहु तात सरिता जल एहू। भरिहु पुन्य पूरन वृत नेहू।।
जानिहु मैं मंजन कर एही। मल विन परत पवित जम देही।।
अचल समाधि सुनहु तुहि ताता। कारन कहहु एहि सुख दाता।।

वासनि प्रकृति प्रांगनहि तोरे। आवहि गुनी वहुत वढ मोरे।।
तपी योगि ऋषि मुनिह अकामी। तत्व वृह्म वहु नीति सुनामी।।
वासनि वृह्म कमन्डल गंगा। आवनि महि कहु पूर प्रसंगा।।
एहि श्रवन वान्छा वढ मोही। पूरन करहु कहहु मति जोही।।
शक्ति अनादि स्वरूपनि ऐसे। पूछिहु हेतु उचित लग जैसे।।

दोहा - सुमर सदन हिम ज्योति जिय, सुने वचन सन्तोष।
माँ अलोक हित लोक वढ, उगलिहु सुर सरि कोष।। (48)

चौपाई - वली शक्ति तप प्रगट प्रभावा। तेज मयी तन सत्य सुभावा।।
आतम इन्द्रि वदन मन साँधे। शान्त मती सत रूप अराधे।।
सगुनी निगुन वान्छ हिय जैसी। मारण प्रीत पवित गह तैसी।।
हरि हर वृह्म तपहि आधारा। पालन अन्त रचन भव प्यारा।।
ऐसु महा तपसी इक प्रेमी। साधन योग वंधिहु दृण नेमी।।
भूप महा भागीरथ धरनी। भयो प्रताप पुन्य मय करनी।।
पालन प्रजा पुत्र सम प्यारी। विघ्न विपति राजन भय हारी।।
वार प्रथम तर्पन पितु काला। कहिहु पुरोहित पूरन हाला।।

दोहा - सुनिहु सोच पर हीय वहु, पुर्वज साठ हजार।
भसम भये आश्रम कपिल, परे नरक विन पार।। (49)

चौपाई - चरन पुरोहित टेकिहु राजा। पूछिहु रीति सुमति पथ साजा।।
भांति कवन पितु जावहि पारा। कहहु सकल मुहि कर उपकारा।।
कुल गुरू कहिहु तवहि समझाई। वाधा विघन पन्थ कठिनाई।।
सहित सुनीति तपस्वी राहा। करन सुद्रण आंचल हिम पांहा।।
हौहि प्रशन्न विध जवहि तपस्या। तवहि सफल कारज हुय द्रष्या।।
शाप ताप नाशनि सव पापा। सुर सरि आवनि वृह्म प्रतापा।।
समरथ गंग लगावनि पारा। आवहि सुइ वश तपहि अधारा।।
तरहि तवहि सव पुर्वज तोरे। नहिं सन्देह वचन यहि मोरे।।

दोहा - सुन भागीरथ सुखित मन, सौपिहु सुत निजराज।
विधन विपति वाधा पथहि, सहिहु जीत पितु काज।। (50)

चौपाई - अचल चतुर्दिग आंगन मोही। करिहु घोर तप अर्पन सोही।।
निज सर्वस्व समर्पित सत्या। भालहि तत्व वृह्म मति प्रित्या।।
खेचिहु प्रान मीत संग हीया। आत्म सदन अन्तर द्रण कीया।।
हिय दीपक चंचल मन जोती। इन्द्रिन ओट सुमर थिर होती।।
हेतु उदर जीवन कछु प्रथमा। ग्रहन सुरस फल थोरिक पथ माँ।।
बहुर वार इक सलिल अधारा। तजिहु अन्त भोगनि रस भारा।।
संयम आश्रित नियम सुजाना। जीवन श्वास समीरहि पाना।।
करिहु जैसु तन साधन साधा। तैसु त्रप्त मन भयु विन वाधा।।

दोहा - तेज महा विध छाँह, मति, धरहि जेहि मन ध्यान।
तैसनि पुरवन वान्छ शुभ, करन वृह्म कल्यान।। (51)

चौपाई - भाखन वेद चतुर्भुज स्वामी। प्रीत परख हिय अन्तर यामी।।
प्रगटे सन्मुख तवहि नरेशा। ध्यान मगन स्मृित नहिं भेषा।।
तेजनि शक्ति सुमर हरि नामा। अन्तर पट खोलिहु गुन धामा।।
प्रेरित भयउ तुरत तप ऐसे। ईधन मिलिहु भटी वढ जैसे।।
खोल नयन विध लखिहु अगारी। कृत कृत धन्य भयउ वृह्मचारी।।
जोर हाथ अस्तुति वहु करयू। हरष मनहि चरनन सिर धरयू।।
हुय प्रशन्न विध ऐसहि वोले। मागहुं वर अन्तर जुहि तोले।।
सुखित नरेश सुनी विधवानी। कारज सफल भयउ निज जानी।।

दोहा - कहिहु नृपति सुन स्वामि मम, करिहु अनुग्रह जोउ।
देयहु सुर सरि संग तौ, तरय पित्र महि मोउ।। (52)

चौपाई - सुने वचन अस विध मुस्काने। कारज कठिन मनहि अनुमाने।।
बोले वहुर नृपति समुझावा। आवय गंग संभर नहिं पावा।।
समरथ शम्भु सु काजहि ऐही। लीन समाधि अवहि हुय देही।।

जो शिव हामि भरय यहि लैनी। नांहि उजर तौ गंगहि दैनी।।
करहु प्रशन्न तपहि त्रिपुरारी। स्वयं प्रयत्न सफल अनुसारी।।
धीरज दयउ गये विध धामा। वचन महा वर सोच सुनामा।।
भजिहु स्वयं सत तेज निहारा। पंथ तपस्यहि विविध प्रकारा।।
गंग संभारनि सनमुख वाधा। भयु न भूप विचलित क्षन आधा।।

दोहा - निजहि नियम कर दून द्रण, पूरन शक्ति पिपास।
संयम नीतिह प्रीत शिव, आतम सुखित अभास।। (53)

चौपाई - वली मीत सम शक्ति तपस्या। खुल समाधि शिव गूढ रहस्या।।
संभरह शम्भु संभर नहिं पावे। लोचन मिचय खुलय निज पावे।।
अन्तर दृष्टि विलोकिहु नीती। सुसमय समझ हितैषि स प्रीती।।
भये प्रगट जहं भजय नरेशा। नाम महा शिव मन्त्र संदेशा।।
दानि महा पूजित संसारा। शम्भु दया निध कृपा उदारा।।
चाहहु जुइ मागहु सुइ वोही। पुरवहु वान्छ अवहि सव तोही।।
होवत प्रगट भगीरथ पुलके। धन्य हियहि लोचन जल छलके।।
लखिहु वदन शिव श्यामल शोभा। भयू न त्रप्त रहिहु मन लोभा।।

दोहा - कहिहु बहुर अस तात सुन, सुर सरि लेहु संभार।
तरहि पित्र कारज सफल, हौइ स्वयं संसार।। (54)

चौपाई - स्वीकृति शम्भु निजहि तव दयऊ। हरषित नृपति वहुर तप करयू।।
भयउ सूख तन काठ समाना। अन्तर लुप्त ज्वलित दिय ज्ञाना।।
वृह्म प्रगट सहमति शिव पाई। धौन सुमति पद शक्ति समाई।।
सुरसरि विदा धाम विध अपने। दयउ सकार सफल नृप सपने।।
नायहु माथ सुमर विध चरना। चली गंग कलि कृत मल हरना।।
वेगहि इम धाई गति धरनी। मनहु गगन अवनी मिल परनी।।
जोरहि शोर सुना नहिं जावा। पूरन प्रगट सु गंग प्रभावा।।

अन्तर वासनि शक्ति स्वरूपी। मात ममत्व सुरस हिय हूकी।।
सुमर राम मति शम्भु सुजाना। स्वामि प्रीत ममता विध नाना।।
अन्तर सुखित जटा निज खोले। भये सुद्रण धरणी पद मोले।।

दोहा - गंग सुमति आवन प्रगट, केशहि शम्भु विलीन।
भयहु समाधिह स्वयं शिव, ममता जननी चीन।। (55)

चौपाई - बहुर करिहु नृप तपहि कठोरा। वंधन नयन चरन शिव जोरा।।
दुउ कर गहे शम्भु पद राजा। सुध बुध विसर परिहु हित काजा।।
तपी शक्ति कर चरन छुवेसे। योग अगनि हिय प्रेर लुवे से।।
हरषित नयन खोल त्रिपुरारी। भये त्रप्त अन्तर भय हारी।।
सुर सरि वूंद एक नृप हेतू। दई निचोर शक्ति मति चेतू।।
हिदय मोहि अन्तर भइ लीन्हा। जड मति चेत आत्म सुख लीन्हा।।
भयउ त्रप्त सु पूरन जैसे। अचल महा गौरव महि ऐसे।।
वानि मूक मुहि खुली सुरीली। शक्ति श्रवन द्रग औषधि गीली।।

दोहा - काल कछुक अन्तर विचर, हियहि मोहि कर धन्य।
करिहु गमन जहं पन्थ नृप, प्रगटी रूपहि कन्य।। (56)

चौपाई - वहियु धार मैं सकिहु न रोका। अमल सलिल हारन भव शोका।।
दूरहि तै नृप करिहु प्रनामा। करिहु गान गुन सत्य सुनामा।।
चले भगीरथ मारग आगे। पांछहि गंग चलन पद लागे।।
भांति अनेक भगत सुख राहा। पान सुरस मंगल हिय पाहा।।
विविध भांति दै सुख सव केरी। शान्ति स्वरूप सुचालनि प्रेरी।।
आई जहं पितु परे नरेशा। शापहि कपिल भस्सि तन भेषा।।
धरहि कदम सुरसरि कल्यानी। हिय निचोर जल नयन वहानी।।
शाप ताप पापहि इम नाशा। तस विलीन मनु उदित प्रकाशा।।

दोहा - तरे त्रप्त हुय पुन्य तप, पुर्वज सकल नरेश।
पाछे दरशन चरन रज, करिहु पान निज देश।। (57)

चौपाई - वहु प्रसन्न गंगे भई सोई। कहिहु वुझाय नृपति मति जोई।।
कहिहु पुनहि मांगहु वर मोही। रहह वान्छ शेषहि जुहि तोही।।
सुनिहु नृपति सुरसरि हित वानी। धरनि कल्यान जगत हित जानी।।
मांगिहु वचन सकल उपकारा। भूपति प्रिय शुभ नीति उदारा।।
पूंजहि जुहि तुहि कर विश्वासा। श्रद्धा भक्ति मात परकाशा।।
पुरबहु सकल मनोरथ तेही। भाग वढे गति अन्तहि नेही।।
कलि कर कलुष नशावनि भारी। रहह जगत माँ तोहि अधारी।।
श्राद्ध पुन्य मंजन भव पारा। जावहि सहज मनुज तट तारा।।

दोहा - निर्मल वुध तन पुष्ट हुय, करहि जेहि जल पान।
आवन सत पथ लौट मग, हौहि जगत कल्यान।। (58)

चौपाई - अमल सलिल उगलावनि भोगा। हरित सुदेश सुखी करू लोगा।।
जहं तहं करू विश्राम अनेका। देहु जननि जन शान्त सुनेका।।
एवमस्तु जननी कह आगे। करिहु गमन नाशन अघ लागे।।
पन्थ अगारि भागिरथि नामा। भयउ सुनीति शक्ति भल कामा।।
सुखित नृपति निजमाथ नवावा। करिहु पित्र तर्पन हित पावा।।
लौटिहु धाम रीति कुल वाढी। भये भक्त ऐसहि सुत काढी।।
गंग सुतीरथ तटहि विश्रामा। जहं तहं भयउ वहुत शुभ नामा।।
तीरथ तिन भयु प्रमुख प्रयागा। करहि श्राद्ध जुइ सुइ वढ भागा।।

दोहा - सुत अस कर पितु श्राद्ध तट, देहि गंग सनमान।
विन प्रयास ते मनुज भव, तरहि पापि अरमान।। (59)

चौपाई - कहिहु कथा यहि स्वर्ग नसैनी। सुनिहु जननि हेतुन चित दैनी।।
नायहु भाल भयउ गिरि मूका। अन्तर चहल उठय हिय हूका।।
अम्व विपुल कर गंग वडाई। भूप भगीरथ सहित द्रणाई।।
वहुर भांति सव अचल संतोषा। दयउ सौंप ममतहि हिय कोषा।।
लौटी वहुर निजहि अस्थाना। सुमरन सत्य वाद असनाना।।

आँचल अचल शिला इक धवला। विस्त्रित चमक मनहु घन चपला।।
वैठी जननि मनहि हरषानी। करूणा कृपा शान्ति छलकानी।।
सरल सुभाव जननि मम माता। भाव पवित प्रिय नारि सुगाता।।

दोहा - शोभित संग्रह प्रकृति महि, ग्रहनय करमनुसार।
विषय वुझावनि कामि लह, हिय प्रेरनि सुत प्यार।। (60)

चौपाई - आँगन प्रकृति एक उघाना। भये बहुत अंचल महि नाना।।
आश्रय ऐहि साधु ऋषि मनुजा। गुनी सन्त तपसी मुनि दनुजा।।
शरन सुखित रूक पावहि सारे। विविध विचार भरन सव प्यारे।।
सांझ सुवह यहि सुन्दर ताई। रहहि विलोक विपुल छवि पाई।।
कर विचार जन विविध प्रकारा। पायहि हित वढ जैसु सहारा।।
हरित अवनि आसन छवि वागा। मोहनि तरू बैठन पिक कागा।।
वहय समीर जननि शुभ श्वासा। प्रेरित जन वहु भांति प्रकाशा।।
झूमहि पूरित रसहि प्रशँना। सुत माँ नयन कामि मति दूना।।

दोहा - सुत विलोक रस सुमति हिय, लेय सुगंधि हरषाय।
तोरय प्रेरित कामि मद, कामिन केश लगाय।। (61)

चौपाई - क्षन सुख आनन विपति घनेरी। भविष कुनीति कुमारग प्रेरी।।
अलि गुंजार कल्पन मन कामी। प्रेरहि निज गति मधु अनुगामी।।
करय सन्त सुत कल्पन एही। कामि मनहि चंचल चल देही।।
करन हास आतम मति नीकी। सत्य सुवान्छ दयावनि जीकी।।
होयहि प्रेरित साधन जोगी। साधहि कुगति मीत रस भोगी।।
सन्त साधु सुर तपसी ज्ञानी। सुमर नाम हरि गुन हित जानी।।
ऋषि मुनि आसन सुखित समाधी। भये लीन हरि मनविन व्याधी।।
आश्रित ईश सकल कर रक्षा। वचे साध मन देहि सुशिक्षा।।

दोहा - अन्त मात्र सुत शेष माँ, विचरिहु अभय संसार।
भावनि मन जननी नयन, वासनि कामनि प्यार।। (62)

चौपाई - कामि कला मधुकर मन लेखी। कलि कर प्रीत नयन छवि देखी।।
भयउ प्रेर मन विषय पिपासा। तैसु पवन वंधन मन आशा।।
हरित सेज निज पाय अकेला। कल्पित सुख मन मात्र ढकेला।।
हौहि भ्रष्ट सुइ सत्य सुराहा। जावहि कुगति मिलन भव दाहा।।
प्रगट प्रकृति जनु भावनुसारी। कामि क्रोध सुर साधुनि प्यारी।।
आलसि ग्रसय लखय यहि शोभा। हुय सम्वाद विविध वहु लोभा।।
करहि कवहु सतसंग सुजाना। तज कुनीति आंगन यहि ज्ञाना।।
आवनि चेत सु प्रेरनि हीया। यहि उहि जलत लखत सत दीहा।।

दोहा - नहि तौ होयहि कामि अति, तवही विविध शरीर।
प्रगटय जननी जगत महिं, मारहि दै भव पीर।। (63)

चौपाई - कामि क्रोध अरू सुजन शरीरा। साधु सन्त रूपहि इक धीरा।।
सकल प्रकृति विलगहि पहचानी। तनहि मनुज धर सवहि भुलानी।।
मानव रूप सुजन खल दोऊ। जीवय धरनि प्रवृति फल जोऊ।।
कामिह शुम्भ निशुम्भहि क्रोधा। रक्त वीज लोभहि वल शोधा।।
चन्ड मुन्ड जिह दल वल शाली। दूत अभय मन विचर कुचाली।।
वीचहि ऐसु साधु सुत वोही। चुपय शान्त लोचन माँ जोही।।
मन मैं हीन सवल भयु हिय तै। रक्षित बिचर वचे मति जिय तै।।
मरम एहि मन स्वयं न जाना। गुनिहु चरित दृण वन्धन नाना।।

दोहा - सार प्रकृति संग्रह शिला, वैठी सोहनि रूप।
विलग विलोकिहु भाव निज, आभा सकल अनूप।। (64)

चौपाई - मती शान्त आयषु सुत हीया। विचरन अवनि प्रकृति मनु कीया।।
मनहि असंयम एयहि कामी। छवि अवलोक विषय अनुगामी।।
भये कुभावनि राज कुचाला। शान्त सत्य मति वन्धन भाला।।
दूत वली दुउ घूमय धरनी। शुम्भ कुमारग प्रेरनि करनी।।
शैल राज प्राँगन यहि आये। भये विकल सुर देखन पाये।।

गये शरन माँ त्राह पुकारा। रक्षहु मात ममत्व अधारा।।
भावी प्रवृति जननि सव जानी। ओटहि निज सव रखिहु भवानी।।
आंचल हिमहि खोह इक सुन्दर। अंचल तरि निज राखिहु अन्दर।।

दोहा - दूत अभय आंगन गिरिह, आये जननी पांह।
तन माँ देखन नयन खुल, रहिहु खुले सत छाँह ।। (65)

चौपाई - विहंस सुमन सम आनन अम्वा। परिहु मनहि दृग रूपहि विम्वा।।
श्वांस समीर डुलावनि फूला। प्रेरित दूत भ्रमर फंस झूला।।
कुन्डल श्रवन मधुर गुंजारा। वाद विवाद कुनीति झंकारा।।
यौवन रस हित पूरित प्रेमा। त्रप्ति विषय मारग खल नेमा।।
आवन चहह जननि तन पासा। हिय झकोर झूलय मन हासा।।
रहह दूर आवय पुन नियरा। कामि गती चंचल चित जियरा।।
अलि चह वैठन रसन प्रशूँना। सत हिय तेज हटावनि दूना।।
विवश दूत दौनउ खल परयू। मार चोट आहत मन जरयू।।

दोहा - अन्त विवादहि परस्पर, कर निश्चय मन कीच।
फिरे लौट यहि कह मगन, वाद कछुक क्षन सीच।। (66)

चौपाई - दक्छिन दिश कर शुम्भ निवासा। निर्मित स्वरन दुर्ग मद आशा।।
क्रोध निशुम्भ वली तिह भ्राता। निवसय संग रीति इक नाता।।
चन्ड मुन्ड तिह सुरत लगावा। भेष विक्रत निशचरहि प्रभावा।।
पहुचे अन्तर नृपति कुधामा। आदर मिलिहु विचर वहु कामा।।
शुम्भ देख आसन पहि दयऊ। कारज दिवस त्याग मिल लयऊ।।
पूछिहु क्षेम कुशल निज खैरा। कहहु कैसु अनुशासन चैरा।।
मुख तुम्हार यहि कैसु मलीना। करि विरोध कौनहि अस कीना।।
दशा दीन मैं लखहु तुम्हारी। मोह आवरण चडिहु दुःखारी।।

दोहा - कहहु सु पूरन हाल निज, दुःख भयु कारन कौन।
मैं समर्थ सव भांति पुर, निर्भय तोडहु मौन।। (67)

चौपाई - शुम्भ वचन सुन दूतहि लोभा। कंचन सम लोभिह मन शोभा।।
वोले अस मनु पूरन काजा। भयउ निजहि वढ जीवन साजा।।
सुनहु नाथ वल तोहि प्रतापा। दुर्लभ कछु मुहि नाहि खितापा।।
वंधिहु राज अनुशासन वंधा। सकल करम हित कर जुर कंधा।।
नहि साहस कुउ करय विरोधा। उठय अवाज दवय वल क्रोधा।।
करहि सकल मिल तुहि गुनगाना। मैं समर्थ साधिहु हित नाना।।
देखिहु तदपि अचल गिर राजा। आंगन कामनि नखरिह नाजा।।
स्वाभिमान झलकय जिह भाला। झरय पराग चलन चित चाला।।

दोहा - मोहनि चितवन जेहि मन, हेरनि मोहित लाग।
सधिहु न अन्तर गयउ पद, छलक छवी द्रग जाग।। (68)

चौपाई - सुना शुम्भ यहि थोरि प्रशन्सा। इच्छा वान वढावनि मन्सा।।
जाग्रित भयउ प्रेर रम वानी। मनहु ज्वलित पावक घृत जानी।।
वाढी हिदय मिलन निज वान्छा। पूछिहु प्रीत बहुर वहु लान्छा।।
कहहु सकल कामिन गुन नीके। करहु प्राप्त जिम प्रिय मुहि जीके।।
सहमति मुन्ड दयउ तव चन्डा। हिय हितैषि मति जोति प्रचन्डा।।
इन्द्रि स्वछन्द मनहि अनुसारा। कामि तुष्टि हित वानि मंझारा।।
पूरन भेद नारि समझावा। लखिहु जैसु मति विषय कुभावा।।
पालन करन मोहि प्रिय स्वामी। कहहुं जैसु देखिहु अनुगामी।।

दोहा - उतरत आँगन शिखर तै, शोभित शिला विशाल।
शंसय जीयहि मोरि यहि, जानु शिला रंग ताल।। (69)

चौपाई - जिह पर आसन रक्तिम साजी। पंकज रंगित किनारनि लाजी।।
चरन अगारि शिला मुरि ऐसी। हंसनि रूप विचर सर जैसी।।
तरि तट हरित विम्व महि ओसा। तलुवन अंशु रंग वहु कोषा।।
परि प्रशून खिल विहंस अनेका। दमकि शिला वुन्दन रंग नेका।।
समझ परहि नहिं सुनहु नरेशा। चमक सुभागनि चिन्ह सुभेषा।।

आंगुरि आभा शिला चकोती। दमकय प्रभा प्रकृति दिव जोती।।
विटप वगल झूमहि वहु तेरे। हरित पात छाया चहुं घेरे।।
विन ऋतु नियर सु नृत्य मयूरा। साथहि लखहि वसंतहि धूरा।।

दोहा - अचरज वढ मुहि जीय यहि, षट ऋतु संग्रह कोष।
सीम असीमहि भव्य गति, छवि कामिन विन दोष।। (70)

चौपाई - विचरय सकल वढावहि आभा। करिहु श्रंगार प्रकृति निज लाभा।।
साटिक रंग ऋतु राज परागा। पन्छिन पन्ख गोट भ्रम लागा।।
जटी किनार सकल मन मोही। हमहि देख वन कहत न सोही।।
फहरय साटि समीर झकोरा। विखर सुगन्धि दिखिहु तन गोरा।।
नारि सकोरहि वदन लपेटी। तदपि सारि वढ मो तन भेटी।।
कारन जान सकहुं नहिं पूरा। रहहु कवन विधि मैं वहि दूरा।।
दयउ ध्यान जवही मैं आँचल। विवश वंधिहु कामिह मन साकल।।
हिय उतार अति विचित चढावा। चोलि ढकिहु रच सुमति कढावा।।

दोहा - अस विलोक तन मोहि भयु, चित्र लिखित सम सीध।
रहिहु निवारत तदपि फँस, मोहनि वारी वीध।। (71)

चौपाई - हिय शोभनि गुंथ विविध प्रशूना। भरे कलश रस कर छवि दूना।।
कर कंगन का करहु प्रशन्सू। शरद पूर आनन मनु अंशू।।
हीरहि सन जट अंगुरि अंगूठी। जोति नखत दिव परिहु अनूठी।।
विखर परे कागद वहु अंका। शाहि रंगित निश वासर वंका।।
झरहि सुरस हिय भीगहि सारे। प्रेर विलग सव अंकित प्यारे।।
येयहि भ्रम सुइ समझ न पावा। सुनिहु वानि मैं लखिहु अभावा।।
हाथहि वीन वजावहि नारी। झंक्रित स्वरहि सिखावहि प्यारी।।
यहि संदेह नहिं कोवहु पासा। आवन कौन वुझान पिपासा।।

दोहा - लोकहि सुर यहि नृत्यका, लच्छन ऐसहि होय।
मैं जानिहु आवन चहह, शरन स्वरूपनि तोय।। (72)

चौपाई - सीकर श्रम वादनि कर वीना। गुंथन रोम रिम झिम झर झीना।।
यामनि शिशिर मनहु रस कोषा। उगलिहु प्रभा रजत त्रन पोषा।।
भांति उदित ग्रीषम छवि भानू। आनन कामिन दमक स ज्ञानू।।
तत्व स्वरन सम वदन सुशोभा। वरन विलोक मात्र मन लोभा।।
नाशिक ऐसु मनोहर मोही। तैसु नथिह नथ चंचल जोही।।
छावि उज्जवल जिह भरे कपोला। दमकहि मांस विहंस गढु गोला।।
गुन गुन गायन स्वर वहु धीमे। उत्फुल करय भरय मन जी मे।।
तदपि सुनिहु मैं पूरन वानी। रहिहु भाख वहि मोहि अजानी।।

दोहा - कानन कुन्डल श्रवन स्वर, एहु सुनत मैं ध्यान।
वीन मधुर गुंजरन सहज, करिहु मोहि अन जान।। (73)

चौपाई - ज्योतिर्मय प्रिय प्रभा हिमन्ता। धवल रूप दमकन मुख दन्ता।।
पूर्ण प्रकाशित ऋतु श्रंगारा। मधुर अधर विहंसन आगारा।।
हेरनि तिरछि सु प्रेरनि मोही। कहहु कहा कम्पन तन होही।।
भरिहु जीय देखिहु यहि जवते। वंधिहु न धीर क्षनहि मुहि तव तै।।
भालहि वैंदि सिंदूरहि मागा। मनहु लालि सन्ध्या शुभ लागा।।
दमकहि भाल सुताज विशाला। गूढ नीति रश्मिह मति जाला।।
सावन घटा घुमड जिम आनी। केश राशि तिम धुंधर लखानी।।
झरय गन्ध केशहि शुभ ऐसी। वसहि जीय वान्छहि प्रिय जैसी।।

दोहा - हीरे दमकहि ताज सिर, केशहि चपला भांति।
घन घुंघरय मिल सकल ऋतु, सोहनि कामनि कांति।। (74)

चौपाई - कहि न जाय वरनन कछु नारी। त्रिभुवन नहिं कहुं सुनहु सुरारी।।
सुर पुर रतन सकल तुहि कोषा। तदपि नारि विन येयहि दोषा।।
पूरन सजित अभूषन वदना। जेतिक रहह तिहारहि सदना।।
शोभा बहुत स्वरूपनि साजी। थोरि मती कह तन मुहि लाजी।।
औगुन गुन सव व्यापित देखे। भांति अगनि निर्दोषनि लेखे।।
जानिहु मैं पूरन अनुमाना। उचित ग्रहण तोयहि हित जाना।।

कहिहु सोइ मैं सकल वतावा। लच्छन गुन तन भेद सुझावा।।
करहु अवहि जैसहि लग आछे। देन न दोष मोहि कछु पाछे।।

दोहा - कह यह भावन हाल नृप, भयउ मूक तव चन्द।
ढिठक मनहि हरषितु बहुर, सहमति पायहु झुन्ड।। (75)

चौपाई - नारि अपरचित ऐसि प्रसन्सा। शुम्भ सुना आकर्षित मन्सा।।
क्षनहि एक युग सम नृप वीता। सोचिहु नहिं भल कछुक अतीता।।
जोरी सभा तुरत अभिमानी। प्रेरनि मद नहिं मंस अघानी।।
आदर सहित दूत भल दोऊ। आश्रय दयउ धाम निज सोऊ।।
जुरे झुन्ड निशचर चहुं भारी। करहि बाद गति राज अधारी।।
चेत लोभ कर बहुत विवादा। लेयहि सुख सोहनि तन ज्यादा।।
भ्रातहि भवन गयउ गति कामी। दयउ निशुम्भ नीति निज नामी।।
फिरौ लौट मन भयउ सुखारी। दवी सुमति कछु नीति निहारी।।

दोहा - जनु कुसमय हित चूप रह, रोकिहु नहिं नृप राह।
शान्त सवल हिय दुःखित हुय, अन्तर मात्र कराह।। (76)

चौपाई - लयउ वुलाय शुम्भ सुग्रीवा। दूत निपुन वल अतुल असीवा।।
कहिहु ऐसु वहु नृप समझावा। सुनहु सुग्रीव वली मुहि भावा।।
जाहु जहाँ कामनि कर वासा। आंचल हिम कर वोहि प्रकाशा।।
ऐसु नीति सन प्रीत वहोरी। कारज करहु फसय मति भोरी।।
आवहि सहज पास वहि मोरे। जानहु सोइ निपुन गुन तोरे।।
मुहि वढ आश मात्र यहि तोही। परय न काज निशुम्भहि कोही।।
सुन सुग्रीव हित मय नृप वानी। चलिहु नाय सिर मनहि गुमानी।।
कर अनुमान विविध हरषाना। दरशन प्रथम ऐसु हित जाना।।

दोहा - करहुं वात मुंह जोर मै, मो सम धन्य न कोउ।
आसन दूतहि पास थिर, वान्छ जु चंचल होउ।। (77)

चौपाई - ध्यान मगन माँ निजहि विचारा। बैठी शान्त सुनीति अधारा।।
कोष ममत्व सुमति भर जीया। रूप प्रकृति अन्तर मन कीया।।
नयनन जननि मोहनी माया। चितवन कृपा करूण भर दाया।।
गुन गंभीर माँ शील सुभावा। पंथ भविष कर दमन कुभावा।।
शुम्भ दूत आवन जिय जानी। चरित प्रगति पथ हित पहचानी।।
दुष्ट दमन हित जेयहि भाला। वासनि उमा कोप सम काला।।
भई शान्त पथ प्रथम हितैषी। प्रगट स्वरूपनि मोहनि भेषी।।
दूत सुग्रीव विलोकिहु शोभा। स्वयं मुदित मन अन्तर लोभा।।

दोहा - लखिहु न कहुं अस प्रकृति शुभ, ऐसी अद्भुत नारि।
स्वाभिमान वल पुरूष भुज, भर झलकय हिय प्यारि।। (78)

चौपाई - वहु विहंग दुरे तरू पाती। देखिइ गति निशचर मद माती।।
करिहु शोर दै जननि संदेशा। पंछिन प्रीत परख पर देशा।।
विन संयम विचलित सत राहा। निपुन सुग्रीव निरख माँ पाहा।।
दूतहि नाइ दूर निज माथा। देखिहु चरन जोर दुउ हाथा।।
शील सुभावनि माँ स्वीकारा। आवन कहिहु नियर आधारा।।
आसन दयउ उचित जनु नीकी। बैठिहु सुमर भरन निज जी की।।
शान्ति बहुर दै जननि असीवा। मति उक्तावन परख सुग्रीवा।।
दूतहि शान्त करिहु सव भांती। पूछिहु पुन अस कह दिव कांती।।

दोहा - कहहु नाम निज देश सह, आवन कारन काज।
दूतहि तन धर परख गति, नीति नियम अंदाज।। (79)

चौपाई - थोरहि कहिहु वहुत समुझावा। अरथ गूढ मृदु भाव जतावा।।
सुन सुग्रीव भयु अचरज भारी। नीति निपुन गुन पन्थ अगारी।।
सनमुख मात जदपि सव वान्छा। पूरन भयउ छांह शुभ लान्छा।।
कहिहु तदपि हिय जान रहस्या। सुनहु रानि मुहि दृष्टि सद्रष्या।।
नहि कहुं ऐसु वचिहु अस्थाना। जहं न होहि नृप मुहि गुन गाना।।

देश सकल सव वशहि हमारे। मात्र सुछन्द यहि बोल तुम्हारे।।
जानिहु मैं परचित तुम नाही। जघपि मुहि भ्रम ऐहि जनाही
सुनहु सोइ मैं तुमहि वतावा। कुशल वोलि तुहि धीमि सुनावा।।

दोहा - जो सुन पावहि असुर अस, जावहि लेय घसीट।
पालहि निशचर अज्ञ नृप, सोइ विवश पर ढीट।। (80)

चौपाई - कहिहु जननि मैं नांहि डराही। सुनहु अभय नृप जैसि कहाही।।
कहहु हाल पूरन निज राजा। मोमन चिन्त छांड कर काजा।।
तवहि प्रतिष्ठ यश बहु बल धारी। शुम्भ विजित महि वीर सुरारी।।
कियो बखान तजिहु संदेहा। रखिहु वानि चित अन्तर नेहा।।
मोहि नरेश विजित महि शुम्भा। जीत सकल पुर वलहि निशुम्भा।।
भ्रातहि सोइ महा वल क्रोधा। करहि सदा हित कामहि शोधा।।
वैरी अमर छिपे जिह भय तै। विचरय कछुक गान मिल लयतै।।
छीने रतन सकल सुर लोका। भोगहि तिनिह अभय विन शोका।।

दोहा - नहि कहुं सुन मैं ऐसु लख, करय जु वोहि विरोध।
टिकय न कुउ सनमुख समर, आन निशुम्भहि क्रोध।। (81)

चौपाई - मन क्रम वचन पवित तुहि देहा। नांहि कछुक सुन ऐहि संदेहा।।
हिय तुम्हार समरथ सव भांती। वासनि शक्ति सकल तुहि कांती।।
नामनुरूप सुमोहनि चरिता। उज्जवल छवि पूरित तन पविता।।
आश्रित सव आकर्षित नयना। गूंजहि विपिन भटक मृदु वयना।।
सोहहि नहिं सुन हिम पुर रानी। रूपहि मैं जनु नाम कल्यानी।।
चलहु सोइ अन्तर नृप धामा। करहुं क्रतार्थ शुभहि निज नामा।।
आतम शक्ति तोहि मैं देखी। मोहनि श्री मति कोहनि लेखी।।
तुहि विन दशा नृपति मुहि एही। विधु विन यामनि जिम भयु नेही।।

दोहा - भाव पवित तै चलहु संग, करहु क्रतार्थ नरेश।
भाग्य धन्य वढ मोहि जनु, देखिहु जो अस भेष।। (82)

चौपाई - माँ मुहि प्रीत दूत हिय जानी। परख मती सुन वचन गुमानी।।
सुर हितैषि सन्तन उपकारी। सुत द्विज धेनु हेतु तन धारी।।
पंथ कुगति नाशनि माँ वोली। अन्तर जोति दिव्य मति भोली।।
सकल वचन सत तेहि नरेशा। वली प्रतापि विजित सव देशा।।
आयहु लेन मोह जिह रीती। सोच सकल सुइ मारग नीती।।
तोहि मती अब दूसर राहा। अरथ दोउ गति निपुनहि पाहा।।
चलहु संग मैं कहन तिहारे। भाव पवित हिय प्रीत अधारे।।
धाम नृपति लायक नहिं मोहू। सोइ विवश यहि दुर्लभ होहू।।

दोहा - कामि नृपति तुहि देख मुहि, तजय न आपन रीत।
ग्रह कीचर मय सोइ सुन, जावन मुहि नहिं नीत।। (83)

चौपाई - वानि देवि हितकर गुन हीया। कहा दूत सुन विचरन जीया।।
ज्योतिर्मय जल पवित स्वरूपा। नीतहि जवहि विलोकहि भूपा।।
सहज प्रीत कर अवश पुनीता। प्रेरहि निजहि जैसु तुहि रीता।।
करह साफ ग्रह अन्तर अपना। भूलहि पंथ अतीतहि सपना।।
दूत प्रमुख मैं मोरि सिखाऊ। मानय सुइ जुइ नीति सुझाऊ।।
नहि अनर्थ कछु होइ तुम्हारा। देहु वचन मैं तुमहि निहारा।।
विंहसी जननि वचन सुन दूता। सोचन भविष करन हित पूता।।
ऐहि यथारथ वानि तुम्हारी। कहा तुमहि यहि मती हमारी।।

दोहा - हौहि दूत प्रिय ओर दुउ, सोइ क्रपा तुहि मोरि।
मिली सहज मो पथ भयउ, शान्ति सन्धि हित तोरि।। (84)

चौपाई - मानय किन्तु नृपति तुहि नांही। पूरन प्रवति रजनिचर पाही।।
राज असुर प्रेरनि हिय कामी। सुनहि न नीति सिखावनि नामी।।
जाय व्यर्थ जो रीति सुझावा। परय न खल मति कैसु प्रभावा।।
भांति श्वान दुम दानव मन्सा। होइ न सीध सुन ऐसु प्रसन्सा।।
कटहि होइ जवही यह सीधी। टेडि रहहि तव तहि तन वीधी।।

पंगु करहु मैं मार नरेशा। ग्रहन पंथ सत सोइ सुभेषा।।
नीति सरल जस तैसनि राहा। विन भ्रम अभय जनहु मुहि पाहा।।
निज पथ भ्रमन विपिन हितकारी। सनमति सन्त संग हितकारी।।

दोहा - विवश हमहि मारग अमर, तुमही परवश पूर।
निज निज कारज सफल करू, जो जस नीतहि सूर।। (85)

चौपाई - वानि मधुर रस जीयहि झरना। तन मन अमल करन पद शरना।।
भयउ सुग्रीव दरश माँ करयू। पुन पुन निरख सुगति पथ परयू।।
भल अनभल कछु हियहि न सोचा। अर्पन सकल निजहि हिय रोचा।।
बोलिहु बहुर सुनहु गुन खानी। पूरन प्रीत यथार्थ सुवानी।।
लच्छन सकल रजनिचर मोही। पापी कुटिल कुमारग कोही।।
भाँति कवन मैं शरन तुम्हारी। करहुं ग्रहन किम चूक विसारी।।
नीति सुझावन मोरिह काजा। मानय तदपि न कैसउ राजा।।
मूक हौन सुइ मैं मन जाना। आयषु पाल लिवावन आना।।

दोहा - कहिहु सकल मैं नृप बचन, दीनिहु जैसहि अज्ञ।
उरन भयउ मैं आयुषहि, जननी करहु क्रतज्ञ।। (86)

चौपाई - वन्धन वहुर मात सुत नाते। कीन्ह बहुत अम्वे सन वांते।।
जननि सोइ देखइ नहिं ऐही। उंच नीच जन्मनि वहु देही।।
प्रेम हिदय वश अम्व विलोके। कैसहु प्रानि सवहि हित रोके।।
देह असुर मन तै भयु देवा। अन्तर मेल करिहु माँ सेवा।।
सुइ प्रशन्न भइ थोरिह रीती। खेच नियर निज नीति पुनीती।।
प्रीत सरल ममता मय वानी। पुलकन हिय रस छलक सिखानी।।
भयउ पुन्य सुन एहि सुभावा। छवि विलोक पर मात प्रभावा।।
सोइ भाग वढ मोहनी दाया। होयहि तोहि तुरत सुर काया।।

दोहा - ऐसु कहिहु कर फेर तन, कीनिहु सुरहि शरीर।
भयउ पाप पूरन भसम, हीय अभय विन पीर।। (87)

चौपाई - हौहि नियन्त्रण इन्द्रिह पंचा। वन्धन आत्म सुचाल प्रपंचा।।
चलय सीख सन प्रेरनि हीया। प्रेम प्रकृति मति मातहि कीया।।
सोइ सहज वृत पालन सारे। वृह्मचार कर सत्य अधारे।।
दया धरम निज करम सुभावा। तत्व सगुन पर परम प्रभावा।।
चलहु सोइ यहि पथ दृण नियमा। पुरवहि वान्छ पवित मति जिय माँ।।
हौहि उद्धार तरहु भव कूपा। विन श्रम ईश अधार अनूपा।।
सत संग्रहि भर स्वरन सुगन्धी। औरहि जगत मती जनु अन्धी।।
मुहि अधार कर करम सुवानी। वोलन सवहि मधुर रस सानी।।

दोहा - जीवन पोषन मोहनी, भोगनि कर उपयोग।
करय पित्र पावन ग्रहण, आयषु सुख सव भोग।। (88)

चौपाई - सुन सुग्रीव सुत सन्त हितैषी। तजिहु सोचमति पूरन जैसी।।
ममता मय मुहि सत्य अशीषा। मांगहु वर सत सुमर सु ईशा।।
दूत लुप्त इम मनहि कुभावा। विधु अगार जिम नखत अभावा।।
मात्र सवल कछु जननी प्रेरे। रहे उदित विधु आनन घेरे।।
मारग अमर पिपासनि आशा। वढ सुग्रीव पथ सत्य प्रकाशा।।
रहिहु लखत जननी छवि चरना। वोलिहु अभय देव तन वरना।।
चहहु न कछु मुहि मिलिहु सुपूरा। देयहु मात्र दया पद धूरा।।
भविष नीति युग युग मति जीती। विचरन संग वर देहु सप्रीती।।

दोहा - अम्व करूण भर विहंस मन, कहिहु सुतहि समझाय।
संग सखा मर्याद वन, कारज हमहि वनाय।। (89)

चौपाई - तौ लौ करहु अमर पुर वासा। भजन मगन मन जीत प्रकाशा।।
सुर हित प्रगट भई मैं धरनी। करन चहहु सुइ चरितहि करनी।।
शान्ति अस्त्र जीतिहु जुहि कोपा। हीय सवल तिह तेतिक रोपा।।
ऐसु क्रोध हिय हितकर सेवा। धेंनु धरन द्विज सन्त सुदेवा।।
हीय कुपित अस दुर्गति नाही। दुष्ट दमन हितकर सत छांही।।

साधन सत्य मनहि उपयोगा। करहि विजित महि भोगहि लोगा।।
क्रम क्रम नियम दीप सत ओरा। ज्वलित हिदय वन्धन द्रण जोरा।।
आवय करय ग्रहण सुइ मोही। भावहि चाह भोग सुख जोही।।
जेयहि विजित होहि गुन आछे। चलहु स्वयं मैं तेयहि पाछे।।

दोहा - होहि देव हित ऐहि विधि, जाय कहहु सुग्रीव।
निज नृप मुहि वचन यहि, नीति निपुन संग सींव।। (90)

चौपाई - मति अनुकूल करिहु प्रण एही। जीत समर जेयहि मुहि लेही।।
नीति ऐसु जस वेद वखाने। पंथ ग्रहण कर तिह सनमाने।।
आवहि वली प्रतापि नरेशा। सैन सहित सज रन कर भेषा।।
जीतहि मोहि लिवावहि जाही। कारन चहहु वीर वर पाही।।
हुययहि जुइ सुन मोहि समाना। सत वृत धार पुरूष गुन खाना।।
तेयहि संग चलहु स्वीकारा। वुधि वल सम मुहि होइ अपारा।।
जाय कहहु आवय नृप सोई। जीतय जंग जौन विधि मोई।।
नहि मैं स्वतन्त्र विचर संसारा। घर वसाहु मिल जहहि अधारा।।

दोहा - भयउ धन्य सुन दूत यहि, वानि अरथ मय गूढ।
वोलिहु सुन माँ समझ किम, कामि कुचंचल मूढ।। (91)

चौपाई - वानि सरल हित जगत मझांरा। कहु वुझाय निज भेद अपारा।।
नाम निजहि पुर सह पितु माता। जाय कहहु जुइ नृपति जताता।।
हिय निज काज वतावहु मोही। करहुं जाय पूरन मति जोही।।
भयु अचरज मुहि वानि तिहारी। जननि सुनी पद चिन्ह निहारी।।
सकल श्रंगार अंग प्रति साजे। कामिन नीति विवाहित लाजे।।
रूपतरूण यहि चिन्ह सुभागा। शक्ति समाहित पूरन लागा।।
तदपि कहिहु यहि वानि प्यारी। रहहु अवहि मैं जगत कुंवारी।।
ऋतु छवि पूर्ण प्रगट तन साजी। कहहु कैसु वर चाहनि लाजी।।

दोहा - प्रीत चतुरता नीति पथ, प्रेरनि मति संचाल।
पूछिहु पुन पुन दूत कह, हिय प्रशन्स कमाल।। (92)

चौपाई - कह सुग्रीव नायहु निज माथा। विचरन आत्म सुवन्धन साथा।।
अन्तर वाह्य वदन मति ऐका। देवि लखी गति सुद्रण सुनेका।।
देखहि इक टक वदन सुग्रीवा। प्रीत ममत भर हिदय असीवा।।
मृदु मुस्कान सुचंचल नयना। कहिहु ऐसु जननी प्रिय वयना।।
सुरमति सम शुभ प्रश्न तिहारा। उलझिहु भांति वेलि जग सारा।।
कर विवाद कछु मनुज संदेहा। ज्ञानि गुनी वासन इक नेहा।।
सोचहि मात्र श्रद्धा सन भक्ती। करय प्राप्त अन्तर सत शक्ती।।
कर विश्वास मुहि वचन अगारी। तालि खुलन यहि कुंजि प्यारी।।

दोहा - भरम नेह भर तोहि यहि, मेटहु पूरन भांति।
विन विश्वास नहिं सकल जनु, सोचय जन दिन रात।। (93)

चौपाई - निराधार प्रजुलित सत जोती। सकल अधारनि नीतहि होती।।
नीति विविध भल अनभल सारी। शक्ति समाहित अन्तर प्यारी।।
तत्व निगुन सत वन्धन मोही। रहहु परस्पर आश्रित दोई।।
सत विन शक्ति सफलता नाही। विना शक्ति सत नांहि अघाही।।
वास हिदय मैं कर प्रति प्रानी। सत प्रकाश गति आत्म दिखानी।।
नीति विलग वहु पंथ घनेरे। फंसे मनुज माया सन घेरे।।
अनभल प्राप्त प्रवृति खल करमा। वन्धन मोहि परीक्षण धरमा।।
मती सवल चंचल पथ आनी। असफल दुःख मुहि प्रगट लखानी।।

दोहा - मायहि कामी क्रोध मन, द्वेष घृण अरू लोभ।
अन्तहि फल भय नरक मिल, अनुभव जीयहि क्षोभ।। (94)

चौपाई - काज अपन फल प्रेरनि मोही। हौहि चलहि निर्दोषनि जोही।।
दूषित आत्म न होयहि काहू। मात्र मती गति जीवन पाहू।।
जैसु मती फल पावय तैसा। आवहि अन्त आत्म चल वैसा।।
सोइ नीति यहि भयउ प्रचारा। मति कुचाल तज पावहुं पारा।।

कैसउ यौनि जनम भव प्रानी। अन्तर मिलन सुगति पहचानी।।
मीत पुरूष हिय आत्म सुनारी। मिलन प्रीत वन्धन दृण भारी।।
किन्तु पवित जस आत्म सुधामा। तैसु नांहि गति मीत सु नामा।।
सोइ नीति मुहि अन्तर कुआंरी। वान्छ विवाह संजोइहु प्यारी।।

दोहा - जघपि वन्धन मोहि सत, निगुन शक्ति सव रूप।
आत्म सु पूरन सकल रस, तरय भोग भव कूप।। (95)

चौपाई - कामि दूत सुत मोहि सुभावा। भयउ जेहि पथ परिहु प्रभावा।।
सुनयहि सोइ जाय कछु वानी। तजहु कुपंथ जान निज हानी।।
बैठहु धाम निजहि इक वासा। अन्तर प्रथम विवाह प्रकाशा।।
करहु मिलन भोगनि रस जीवा। सनमति वन्धन मन्डप कीया।।
ऐसु विवाह करय जन जोही। ग्रहण प्रथम पथ अन्तर मोही।।
संग तेहि मैं रूप सकारा। वसहु नीति सत विविध प्रकारा।।
प्रथम विजित हिय वहुर सुचाला। कामनि कला श्रष्टि गति काला।।
करय ग्रहण संसय यहि नाही। भोगहि मुहि भावनि जुइ चांही।।

दोहा - हौहुं विवाहित भांति सव, सुजन मती हिय मेल।
आत्म मनहि विच्छेद जिह, तेहि कुंआरहि खेल।। (96)

चौपाई - राज दनुज मति शुम्भ कुकामी। हीय दवावनि भ्रष्ट कुगामी।।
भ्रातहि संग क्रोध मिल पायू। भरन मनहि वल कोष वढायू।।
चन्ड मुन्ड जिह नयन सरीखे। दूत स्वतन्त्र विषय भर सीखे।।
रकत वीज लोभी दल जेही। ग्रसित मती उलझन खल नेही।।
हेतु तेहि मुहि जनहुं कुआंरी। रचिहु स्वयंवर धरनि मझांरी।।
करय शुम्भ जो आत्म विवाहा। विनहि वुलाय सोइ मुहि पाहा।।
आवय समर जु कामि पिपासा। जनहु तेहि निश्चय मति नाशा।।
मिलय आत्म मो सन इम भाँती। विन्दु एक जिम सिन्धु समाती।।

दोहा - हेतु सुरहि मैं गोद गिर, जनमी करन कल्यान।
पिता सोइ मुहि एहि प्रिय, नाम अम्बिका जान।। (97)

चौपाई - प्रकृति सुमति रस कर मैं पाना। मीत ममत्व हिदय अनुमाना।।
जनहु सोइ ममता मय माता। आंचल हिम संयोग सु गाता।।
करहु राज मैं पूरन देशा। जहाँ पहुंच नहिं कामि नरेशा।।
सुनहु सुग्रीव तन तोहि समीरा। रूप पूत मन नृपति शरीरा।।
आयहु मो पहि सहज मिलायो। मनहु कुगन्ध सुगन्धहि पायो।।
जावहु तुरत वुझावहु राजा। वनय जौन विधि नृपति सुकाजा।।
भानु उदय जिम नष्ट अंधेरा। होयहि कर जग सफल उजेरा।।
तिम अज्ञान तम दूत सुग्रीवा। भयु विलीन कर दृण नव नीवा।।

दोहा - हीय ममत्व माँ कोष झर, भयउ त्रप्त हरषाय।
दया तिरछि चितवन वदन, परिहु चरन अकुलाय।। (98)

चौपाई - कामि चाल लख मन भय भीता। भयु सुग्रीव हिय सोच अतीता।।
चहिहु कृपा मां मुखहि निहारा। जावहु अहित कहन विस्तारा।।
थोरिक रूप समझ नहिं परयू। कहत बहुत भय अन्तर भरयू।।
निजहि नीति कर जाग्रित वोही। वढ हित होइ सोइ सुन मोही।।
ऐसु वचन कह जोरिहु हाथा। पुलक पवित मति टेकिहु माथा।।
तुरत मात लै हिदय लगावा। रक्षित तन नहिं असुर प्रभावा।।
प्रीत मतिह पुन जननि वुझावा। जाहु अभय नहिं कैसु डरावा।।
दनुजहि वीच तजहु नहिं हीया। कर सम श्वास प्रीत निज जीया।।

दोहा - विवश असुर जव करहि तुहि, तुरतहि तवही लौट।
आवहु धामहि मोहि सुख, रहित प्रभावहि खौट।। (99)

चौपाई - कामि हिदय इम सकल न चेता। जिम विन आद विगर पर खेता।।
तदपि आश कर वीज किसाना।। वोयहि वाद निराश सुखाना।।

उगय घास अस श्रम परिणामा। कौनहु विध नहिं सुधर कुकामा।।
आवय दूसर साल सुसंगा। मिलय वरस घन वानि प्रसंगा।।
अंकुर वीज निकर तव आवा। वीचहि घास प्रकाशित पावा।।
निपुन सतर्क निरावहि ध्याना। अन्तर अंशु सीच रस ज्ञाना।।
हुय कल्यान मात्र यहि राहा। महि हितैषि कछु दूसर पाहा।।
करमन खेति नष्ट मन घासा। आत्म फसल कर रक्ष प्रकाशा।।

दोहा - वानि सुरस वहु नीति सुर, पालय पूरन भांति।
मिलय सीघ्र श्रमफल तवहि, राशि राज सुख शांति।। (100)

चौपाई - शुम्भ कामि देवन्ह पथ बैरी। सम्भव नाहि सोइ हित प्रेरी।।
हुय प्रभाव पूरन विपरीता। रच्छहि घास उखार पुनीता।।
नीति सुलभ सन जावहु सोई। करहु काज देवन्ह हित होई।।
सुन सुग्रीव कर प्रगट अभारा। आयषु मात सकिहु नहिं टारा।।
मन प्रशन्न वर मांगिहु रच्छा। लयहु वैठ वहु जननी शिक्षा।।
वन्दनि कर पद सुमर प्रतापा। शंसय हीन चला विन खापा।।
हरिहु वोझ मन कष्ट कुचाला। माँ हितैषि पोषन वृत पाला।।
दूत मीत तन देव समाना। लावन सुपथ कामि अरमाना।।

दोहा - दूत समय शुभ जान मन, कीनिहु दुर्ग प्रवेश।
राज सभा महिं गमन कर, कामि शुम्भ आदेश।। (101)

चौपाई - छांड सिहासन आदर कामी। त्रषित नयन कर पंथ कुगामी।।
मूकहि दूत शान्त गम्भीरा। सिर नवाय बैठिहु गुन धीरा।।
मन अकुलान कामि तव पूछा। हिय अधीर परखत गुन छूछा।।
नारि कौन कर कहू निवासा। भयउ कैसु यह छविह प्रकाशा।।
चंचल नयन मती कहु कैसी। चहिहु मिलन मोसन किम भेषी।।
नहि फिर नारि सुभाव मनाही। करहुं विचार लिवावन जाही।।

एकहि सांस सकल कह रूकयू। हंस मुख आश मिलन मन फुकयू।।
शंकित चहह देन उपहारा। प्रस्तुत धन कर काज अधारा।।

दोहा - जोति रतन हिय पवित लख, कामि कलंकित होय।
धीरज मति प्रिय वचन हित, कहिहु रहस सत सोय।। (102)

चौपाई - हौहु शान्त सुन नारि प्रशन्सा। वैठी स्वयं सुमेलनि मन्सा।।
रूपवती युवती गुन खानी। उचित तेहि संग मो हिय जानी।।
मिलय अवश नहिं नेकु संदेहा। करहु आश अन्तर ग्रह नेहा।।
गिरिह निवासनि हिमपुर देशा। शैल राज पितु मात सुभेषा।।
पोषन प्रकृति करिहु शुभ कामा। व्यापित सकल अम्व किह नामा।।
किन्तु नाथ वाहर तुहि द्रष्टी। रानि सकल कर राजहि श्रष्टी।।
दूत वचन अद्रभुत नृप सुनयू। हीय फुलावन हित मन जनयू।।
विहंस कहिहु अस मद भर कोषा। धन्य नाहि कोवहु कछु मो सा।।

दोहा - भेजहु हय गज रथ विविध, कामनि लाहु लिवाय।
गान सुयश मुहि संग कर, भोगय रति सुख पाय।। (103)

चौपाई - वचन नृपति नहिं दूत संतोषा। उलट जदपि हिय प्रगट सुरोषा।।
जनु कुसमय निज कोह छिपावा। वानि हितू कह नृपति भुलावा।।
सुनहु वचन प्रिय सुन्दर मोही। विन वुलाय आवय घर तोही।।
रीझहि देख रजनिचर भारी। कारन कोमल शोभनि नारी।।
चाहहि शान्ति वरन वहु गोरा। वर भविष्य वृत सती सकोरा।।
सुनहु वोहि मुहि सकल जतावा। व्यर्थ तुमहि यहि नीति वुलावा।।
गूढ वानि अन्तर वहु उलझी। चहिहु निवारन नहिं मति सुलझी।।
वोलु शुम्भ तव जाहुं अकेला। रह इकान्त कर वन्धन लैला।।

दोहा - भयउ दुःखी सुन वानि नृप, कहिहु सकल समुझाय।
सुनहु प्रथम मुहि नीति हित, करहु वहुर जस भाय।। (104)

चौपाई - मन तै तजहु लिवान विचारा। नांहि दूर वह मिलन अधारा।।
करहु साफ राखहु ग्रह जेही। वासनि अन्तर आतम नेही।।
मिलय एहि मुहि वरन कुचाला। परय अंशु कामनि रंग काला।।
हुय विलीन हित नारि सुरूपा। सकु न भोग विधि कौनहु भूपा।।
अस अनूप कामनि कल्यानी। सत गुन कोष हेतु सुर जानी।।
भई प्रगट जद्यपि तुहि हेतू। करन उद्धार नृपति अव चेतू।।
जिह सहचारनि आतम अंशा। सुनी मात्र सुइ रूप प्रशन्सा।।
संयम मन कर मडंप हीया। अन्तर व्याह करहु सत दीया।।

दोहा - नीति कुचालहि तुरत तज, सज धज इन्द्रिन सैन।
व्यायहु अन्तर मीत संग, वशी भूत कर नैन।। (105)

चौपाई - कामनि सोइ स्वयं सुन आनी। छवि दुगनित संग होइ भवानी।।
वान्छहि जेहि सुलभ तिह राहा। भोगहि मोहनि मेटन दाहा।।
क्षमा सुशील शान्त वृत धारी। कर उद्धार हिय आतम प्यारी।।
करहु ग्रहण सुइ प्रथम सुचाला। वचहु एहि भव वन्धन जाला।।
दूत वचन परणित उपदेशा। क्रम क्रम भयउ जताय नरेशा।।
सुने नृपति सुइ मन झुझलाना। शंकित नयन लखिहु अकुलाना।।
चिढिहु मीत आलस भर द्वेषा। विक्रत तुरत भयु कोपित भेषा।।
मद भर लोचन कोह तरेरे। डरिहु दूत खल असुरन घेरे।।

दोहा - विषय प्रेम मन कुटिल गति, जावहि मंजिल ओर।
वीचहि वाधा वारि लख, कामि क्रोध कर जोर।। (106)

चौपाई - सकिहु न कह कछु वात सुग्रीवा। चुप गंभीर चिन्तन सत लीवा।।
सतगुन वीज रजनि चर भावा। परियु अनेक शांति सुख पावा।।
विचलित दल वल होवन लागा। वोलनि पिक कर कोशिश कागा।।
विचरन इत दोऊ पर वाधा। फिरे तुरत कामी मन साधा।।
हौहि प्रभावित दल सुर नीती। पर न जान कारन कछु रीती।।

साधु सुग्रीव तन निर्मल रूपा। प्रथम विलोक जताइहु भूपा।।
चन्ड मुन्ड किह वचन पियारे। सुने सुरोच निज देखन हारे।।
भा विश्वास भरम भयु सांचा। एहि ज्ञान स्वारथ हित जांचा।।

दोहा - क्षुधित बाघ सम चक्षु नृप, मृगयहि दूत शरीर।
लागे इकटक वधन फल, अविरल मती अधीर।। (107)

चौपाई - हौनि वानि वोलिहु कटु शुम्भू। असह अनीति भरन छल दम्भू।।
नांहि सुनन चहुं तोरिह ज्ञाना। देख मोरि यहि धार क्रपाना।।
मात्र मोहि यहि देहु वताई। तुहि सन कामनि जैसु कहाही।।
राखय जिय जो कछुक छिपावा। वधहु तुरत शंका जहं पावा।।
जननी सुमर वचन सव सुनये। स्मृति अभय निजहि हिय गुनये।।
शीघ्र क्षनहि इक वहुतहि सोचा। निश्चय अन्त कहन रन रोचा।।
खायहु मैं रजनीचर लौना। कहिहु सिखावन हित अव मौना।।
कौनहु भांति न मानय कामी। व्यर्थ जाय कहि मोहि सुनामी।।

दोहा - संभर सोइ विहंसिहु मनहि, वोलिहु वात वनाय।
करिहु परीक्षण हांसि कर, थोरिक श्रम वहि पाय।। (108)

चौपाई - भाँति अपन वर चाहहि नारी। जीतहि जंग जोहि वल धारी।।
संग सोइ सुन करहि विवाहा। करिहु ऐसु प्रन शन्सय नांहा।।
हो समर्थ जो जीतहुं वोही। कारन व्यर्थ डरावहु मोही।।
भयउ मूक कह कटु अस वानी। दूत हिदय भर गयउ गलानी।।
सुर सम दूत प्रकृति जनु राजा। परखिहु मनहि कुपित हुय गाजा।।
वानि दूत लग वान समाना। आहत मीज दाँत रिसयाना।।
भांति उलूक पुन कटु अस वानी। कहिहु कामि अपशकुन लखानी।।
नाहि दूत तू दुश्मन होई। रे खल ठहर वधहू अव तोई।।

दोहा - प्रथम कछुक पुन कछुक कह, शिशु सम मोहि पढाय।
कहिहु न कछु निश्चय परियु, देवन्ह रीति चिढाय।। (109)

चौपाई - चाल तोहि मैं परखिहु सारी। सन्धि स्वयं कर मोहि सुनारी।।
देयहि मोहि ऐहि अव सीखा। करहु भजन लै सुर तै भीखा।।
मुहि भय छिपे जेहि गिर कन्दर। सुर पुर रतन कोष मुहि अन्दर।।
तिह अगारि मो होवहु हीना। जाहुं जता स्थिति निज दीना।।
सकय होइ अस सोकहु कैसे। सवल भांति सव समरथ ऐसे।।
उलझ वाद मन वढिहु विचारा। क्रोध हास हुय विविध प्रकारा।।
जोहि शरण जननी गह राखी। विपति तेहि नाशय माँ साखी।।
पलटिहु सुमति मती खल कामी। वध विचार विसरिहु अति गामी।।

दोहा - झुंझलिहु नृप मन द्वेष भर, हेर प्रवृति सुग्रीव।
कहिहु जाउ यहि तै अवहि, पालय जो तुहि जीव।। (110)

चौपाई - ऐसि प्रकृति जग मानहि नीती। मान्य समाज सुलभ चल रीती।।
रहित प्रभाव श्वांस सत गन्धा। हौहि हीन पर कोष कुगन्धा।।
सुइ सुग्रीव हित जानिहु नाही। फिरिहु लौट सुख सत तरू छाँही।।
कारन प्रति क्षन परय प्रभावा। असुर प्रथम वहु खलहि कुभावा।।
लायहु हिय माँ आवन दूता। दोष सकल तै रहिहु अछूता।।
प्रेमहि निज पहि मात विठारा। दयउ भांति सव दूत अधारा।।
भेद सकल तव नृपति कुधामा। सनमुख पूरन कहिहु सुनामा।।
प्रथम बखान कामि सह भ्राता। नीति विवश वल क्रोध कुगाता।।

दोहा - सैन असंख्य पुन कामि वश, कल्पित वली अपार।
कहिहु सुपूरन हौहि जिह, विजित कुपित आधार।। (111)

चौपाई - चन्ड मुन्ड वल विचरन भेदा। कहिहु सुग्रीव अभय विन खेदा।।
तिन संग सोचन शक्ति कुनीती। धूमहि लोचन खल कटु रीती।।
रूधिर वीर्य यामिन चर नामा। लोभ मती जोहनि वहु धामा।।
प्रगटय दनुज बूंद इक खूना। गिरहि भांति निज वल वढ दूना।।
खलहि प्रकृति गढ गूढ कुराहा। गुप्त विविध ऊपर हिय पाहा।।

समझ सकल जननी पुन पूछा। रहिहु कैसु यह सत तै छूछा।।
कथा विगत सुइ सुखित सुनावा। दनुज जलंधर नृपति प्रभावा।।
कामिन सती सत्य वृत धारनि। सुगति पूर सत सदा विचारनि।।

दोहा - भूप कामि वल तेहि वढ, भयउ विजित सव लोक।
धेनु मही सुर सन्त सव, परिहु रात दिन शोक।। (112)

चौपाई - वृन्दा सती महा वृत ईशा। करिहु भंग प्रेरिहु जगदीशा।।
मारिहु शंकर सोइ जलंधर। भये सुखी सुर महि रस कन्दर।।
रौद्र रूप शिव कोप कराला। सनमुख डटे न एहि कुचाला।।
नहि अधार तिय जेहि सुनीती। ग्रहण सुलभ कर कायर रीती।।
फिरे समर तै शिव अवलोके। रूके न कैसु जदपि गण रोके।।
दयउ शम्भु तव ऐसहि शापा। वधहि तोहि कामिन मुहि आपा।।
भई प्रगट सुइ जननी जानी। रहिहु संजोय हियहि सनमानी।।
शम्भु शाप सुन शुम्भ निशुम्भा। भये अभय विचरन छल दम्वा।।

दोहा - कुगति वाढ रति राज कर, जीते सकल निहार।
नारि निवल मन जान दुउ, भाव हंसी भव पार।। (113)

चौपाई - रहिहु विवश मैं भर नृप हामी। निज वचाव लिपटिहु गति कामी।।
अजहु विलोकिहु शक्ति अनादी। शान्ति मती कोपनि सत आदी।।
क्षमहु चूक वढ भयु मुहि भूला। लगिहु अबहि सरितहि भव कूला।।
रखहु शरन मुहि जान अनाथा। निज स्वाभाव कर हियहि सनाथा।।
विपति बिदारनि सन्त हितैषी। सुत हित मात सुमति सत भेषी।।
करूण कृपा कोष हिय ममता। पालन सवन्ह भाव निज समता।।
दूत सुग्रीव वहि माँ अपनावा। गंग सलिल मृदु पान करावा।।
भये भसम रजनीचर पापा। सुगति मीत मेलन भयु आपा।।

दोहा - भांति देव सम शान्ति पद, सुर पुर राखन धीर।
दयउ प्रतापहि प्रीत कर, सत पथ नीति लकीर।। (114)

चौपाई - वहाँ शुम्भ खल धूम्रहि नयना। पहि वैठार कहिहु अस वयना।।
मो हित साथ सैन निज लेहू। शैलहि जाहु लिवावन नेहू।।
आवय नहिं जुइ सन्धि विचारा। तवहि समर कर सैन अधारा।।
केश घसीट वांध तन अम्वा। लावहु तुरत नीति छल दम्वा।।
देखहि देव जुहौहि सहाई। तिन तै छल कर कठिन लराई।।
प्रथम प्रयत्न ऐसु तुम करयू। कामनि सहज हामि जस भरयू।।
करिहु गरव सुन वचन नशीले। लोचन धूम्र कामि रस गीले।।
सहमति दै निज शीश नवावा। अज्ञ नृपति लै सुख मन पावा।।

दोहा - तुरतहि दल वल सहित सज, भुज वल निजहि निहार।
राज दनुज लख ठाट वहु, करिहु प्रगट आधार।। (115)

चौपाई - धूम्र नयन कल्पन कर शक्ती। चला सोच लावन वहु युक्ती।।
आतम नाहि नेकु जिह शांती। वाहर करय बनावट भांती।।
विजित सकल जो प्रेरनि जननी। प्रगट पंथ सत असुरन हननी।।
जीतन चलिहु तेहि वश भावी। खल नहिं अशगुन विवश करावी।।
आवत देख अम्व अनुमाना। धूर गगन छावत पहचाना।।
सोचिहु जिह अब मान न कामी। नांहि उदित सत सीख कुगामी।।
सुर हित हेतु लरन रन शोभा। भइ हिय शंक वैरि दल लोभा।।
प्रथम सोच पुन चिन्ता ऐही। झुझली सुमति चेत इक देही।।

छन्द - इक देहि चेतनि चिन्त मन कर अन्त निर्णय पावही।
गुन सदन प्रथम तन गौर वरन रंग सांवलहि छावही।।
कर कोप रोप हिय रूप विक्रत कर लालि मिल सांवरी।
स्वरूप अनूप कुरूप आनन मूक विवशहि भांवरी।।
प्रगटहि क्रपालनि सन्त पालनि हेतु सुत सुइ प्रीतही।
हिय ध्यान सहमति मीत संग लै रूप भावनि रीतही।।

प्रिय प्रकृति रंग शरीर रंगनि जंग हित उघत भई।
नहि उचित वर सत क्वांरि कन्य कामि अति नाशन नई।।

सोरठा - धारनि मात्र कटार, तन रंग देखिहु नांहि निज।
हरनि धरनि अघ भार, दिव्य ज्योति जननी हियहि।। (क)

दोहा - सत दिय ऊंची जोति सम, कालिम मिल संग पीत।
मूरहि संग तिह नांहि तज, रूपहि तामस नीत।। (116)

चौपाई - सत प्रतीक श्यामल माँ वदना। सुमति नीति कालिम गुन सदना।।
उलझे केश कपोलहि आये। ढके श्रवन प्रष्ठहि वहु छाये।।
दमकनि हिय सत जोति चकोती। आनन चहुं आभारत होती।।
निजहि प्रशन्सित रूप विलोका। निर्णय नीति विलग हर शोका।।
सहसा विहंस सधिहु नहिं हाँसी। चिन्तन सुमति सती दुःख नाशी।।
सांवरि दमक दन्त नख नयना। खुले अधर वोलनि सत वयना।।
तनहि वुन्द श्रम सीकर सूके। अम्वर नील मनहु घन रूखे।।
करिहु वसन्त भानु अगवानी। प्रकृति रूप शोभनि पहचानी।।

दोहा - दिवस मांझ रवि ग्रीष्म लघु, शान्त सुखद आकार।
प्रति दिन प्रति क्षन वढन गति, शीत त्रप्त उजयार।। (117)

चौपाई - धूम्र नयन निज सैन संभारी। करियु प्रवन्ध कामि हितकारी।।
चला मनावन प्रथम अकेला। नारि लिवावनि सोचत गैला।।
आयहु नियर गिरहि पहि जवही। दरशिहु रूप सुशोभनि तवही।।
तन विलोक क्षन पलक गिरावा। भेष विक्रत लख बहुर उठावा।।
अचरज सो कछु कहिहु न जाई। उलझा मनहि निजहि अधमाई।।
शंकित जीय पास तव गयऊ। पूछिहु कहाँ स्वरूपनि छिपयू।।
शुम्भहि सैन महा मैं स्वामी। जानय जगत जेहि यश नामी।।
निज परिचय तू देयहि मोकू। हौहि प्रान जो प्रिय सुन तोकू।।

दोहा - सुने गंभीरहि वचन कटु, कहिहु हिदय धर धीर।
मो सिवाय नहिं कोउ यहि, खोजहु कौन शरीर।। (118)

चौपाई - व्यर्थ न छेडहु सुन तुम मोही। जाहु पंथ निज सुइ हित होई।।
मो परिचय पूछन नहिं लाभा। भयउ मोहि मुहि श्यामल आभा।।
मनहु धूम्र सपने तै जागा। देखिहु हाथ कछुक नहिं लागा।।
व्याकुल घृणहि मनहि झुझलाना। चाल कुरूपनि वहु अनुमाना।।
भरा रोष जननी तै वोला। वता नारि जिह लाल कपोला।।
पीत वरन तन तलु वन लाली। पता तेहि मैं पूछ ऐ काली।।
वोहि सुकामनि सनमुख लाहू। वहुर देख रिस मुहि मन छाहू।।
मार उतारहु तुहि मृतु घाटा। सोच अवहि हित जस जिय घाटा।।

दोहा - माँ विलोक अति वोल बहु, धूम्र न होयहि चूप।
रोकिहु सुइ पुन वार इक, समझहु समर अनूप।। (119)

चौपाई - कहहु सत्य सुन सीख हमारी। मो अतिरिक्त नांहि कुउ नारी।।
हौहि अवश तौ भाग तुम्हारा। नांहि ऐसु जिह देखन हारा।।
पैलहि वरन होहि मो गोरा। रहहु वसन सुन शान्ति झकोरा।।
पुन मैं सुनी तोहि नृप वानी। गरज घोर कटु जीयहि जानी।।
भयउ सहन सुइ सुन नहिं मोही। अन्तर सिकुर शान्ति मति जोही।।
कामि क्रोधि लोभी दल भारी। नांहि उचित सुइ पावन नारी।।
चाहहु जैसु पैल मति मोरी। शान्ति सन्धि हित शोभनि भोरी।।
सो नहिं पूर करिहु तुहि राजा। मोहि विवश कर हेतु कुकाजा।।

दोहा - सुइ मैं नहिं सुन हीन अस, हौहु सहज वश तोय।
नीति नृपति जस रूप तस, निरखहु नायक मोय।। (120)

चौपाई - होहि हिदय जो शक्ति तुम्हारे। जीतहु मुहि निज वलहि अधारे।।
लेय चलहु पुन मुहि नृप पासा। वांधिहु वैठ जोहि ग्रह आशा।।
अस कुनीति पथ सकहुं न जाई। जैसिहु सोच करिहु द्रण ताई।।

हुय परिणाम जैसु कटु नीती। हौहु प्राप्त तिह तैसहि रीती।।
धूम्र नयन निज जनु अपमाना। देख यथारथ नारि गुमाना।।
मन उक्तान वदन मद छावा। संभरिहु नांहि ओर माँ धावा।।
वानि कुपित भर गगन चिलावा। भयउ कैसु वह रूप अभावा।।
पालन कर मुहि तुरत अदेशा। दुष्टनि संग चल रूप सुभेषा।।

दोहा - नहि पकरहुं मैं केश तुहि, लै घसीट मग जाय।
मारहु रच्छनि तोहि जो। मोरिहु सन्मुख आय।। (121)

चौपाई - श्यामल रूप सुमंगल माता। सुमरिहु सत्य अधारनि दाता।।
करहि विवश धावहि खल जोरा। गरजिहु शक्ति कुलोचन घोरा।।
आवत लखिहु जननि अनुमाना। बोलत वानि भरिहु अभिमाना।।
तुरत सोइ मां ऐसि चिताई। मनहु सतीत्व जोति भर पाई।।
कालिम ऊंच चढावनि पैचा। प्रेरनि अम्व अनादिह खैचा।।
काला वरन जोति हिय नयना। दमकिहु नीति सुमति सह वयना।।
रे अभागि नहिं भाग तिहारा। परसहि जो यहि गात हमारा।।
चक्षु विषय भर शक्ति कुगन्धा। आसुरि प्रकृति भयउ तुहि अन्धा।।

दोहा - हौहु भसम सुइ पूर रह, निजहि प्रवृति परिणाम।
कहि यह कोपय देख माँ, अन्तर अधरहि नाम।। (122)

चौपाई - क्रोधानल जल ज्वाल समूहा। सत झकोर लपटहि उठ रूहा।।
धूम्रहि केश फहर विखरावा। शान्तालोक सत नाहि लखावा।।
धूम्रहि लोचन भर द्रग धूमा। रूकिहु तुरत विचलित पथ झूमा।।
बारहि वहु खल नयन मिचावे। हिय रस असुअन रूप चुआवे।।
झरे अश्रु मनु वर्षा आई। धूम्र महा घन हिदय सुहाई।।
आत्म मनुज दुःख अंसुअन रोई। तज संकोच मां संग कह सोई।।
अन्त हिदय रस मति कर पापा। उतरे रूप रकत माँ शापा।।
जरे जोति ज्वालहि उफनाने। खल कल्पन मनु तरू झुंझलाने।।

सहिहु न चक्षु असहनीय पीरा। रूप जेहि निर्मित भयु नीरा।।
रहिहु न नेकु निकर सव आवा। शक्ति विवश भा कोमल भावा।।

दोहा - सकिहु न धाय सुइ एक पद, नयनन नाहि दिखाय।
अचल वदन महि विवश पर, भई निवल मन काय।। (123)

चौपाई - क्षनहि ऐसु रिस केश संभारे। मनहु पवन घन करय किनारे।।
नभ श्यामल माँ ऊवत भानू। दरशिहु जोति हिदय सत ज्ञानू।।
मिश्रित अंशु कोप गरमानी। आत्म शीत लख वदन सुखानी।।
खैंचिहु सिंचित शाँति झकोरा। प्रेरिहु पुन रिस ज्वालहि थोरा।।
तन जर भसम भयू क्षन ऐका। मिली आत्म सत मीत सुनेका।।
चितवन वहुर गूढ माँ हेरी। तरू झुलसे कल्पन दल प्रेरी।।
शित वयार भर पूर तुषारा। चली श्वांस सत शान्ति निहारा।।
कामि राज शिशु विटप अनेका। फूलहि जोहि आश फल ऐका।।

दोहा - झुलसे तरू कटु सुमन झर, वीचहि फलन न पाय।
सनमुख माँ कर कामि रति, होयहि गति अस जाय।। (124)

चौपाई - सैन प्रकृति सींचत रस ऐसी। फलित कामि पथ तेहि हितैषी।।
नायक करय कामनी राजी। काज अपन रन परय न साजी।।
जाय कहहुं तव नृपति अगारी। लावन नारि वानि वहु भारी।।
होहि सुखी सुइ कर विश्वासा। वाँटय मो कर तुष्टि पिपासा।।
भोग पदारथ विन श्रम सारे। भोगहु जीवन भर हितकारे।।
सुन मुनि सुइ मोहनि अपमाना। संग्रह जोहि कामि अरमाना।।
माँ ज्ञाननि जाननि श्री प्रेरी। प्रगटी सोइ प्रथम तन घेरी।।
शस्त्र सुसज्जित सोहनि अम्वा। नाशन चली खलन्ह जगदम्वा।।

दोहा - मुष्टक पट्टिस परसु धर, धारनि धनु अरू वान।
साजहि वाहन स्वामि वन, कोपित खलहि अजान।। (125)

चौपाई - खंग त्रशूल तोमर अरू शक्ती। धारय माँ मारन वहु युक्ती।।
पीत वरन वाहन माँ लाली। दहकय ज्वाल मनहु मिट काली।।
धूम्र सैन त्रन ढेर समाना। क्षनहि जरिहु नभ भसमि उडाना।।
रूप चिंगार वुझय संग छाडे। भये विवश रजनी चर ठाडे।।
शीतल सन्ध्या शान्ति समीरा। गिरे ज्वलित निज वहुर शरीरा।।
तिलगन प्रगट भये वहु टूका। फूकय उडय प्रवृति निज मूका।।
ऊपर अम्व रूह लिपटावै। सोहनि मती सोइ नहिं भावै।।
कोपित अंसुवन रजनी ओसा। निशचर भस्मि सनी रस कोषा।।

दोहा - इह विध लोचन धूम्र सह, भस्म सकल कर सैन।
जननी मोहनि श्यामलहि, फिरी मिलन हिय वैन।। (126)

चौपाई - यहाँ शुम्भ इक दूत पठावा। दूज गुप्त पुन पाछि लगावा।।
आय विलोकिहु जंग रहस्या। सकिहु न लख भ्रम समर सदृष्या।।
विन साहस चुप पाछहि लौटा। समझय किम मति दानव खोटा।।
जाय सुनाइहु जानिहु जैसा। सुनहु हाल रन नाथ नरेशा।।
नाहि पता कहुं लोचन धूमा। गयउ कहाँ छिन कैसहि ऊमा।।
सैन विकट सोवत रह तम्वू। विचरनि झूमि नशहि टिक खम्वू।।
आयहु कोउ लगाइहु आगा। नहिं वच पाइहु कोवहु भागा।।
जरे सकल तन भयये राखा। मैं अनुमान ऐहि तुहि भाखा।।

दोहा - होयहि कारन और कछु, सो मैं जानिहु नांहि।
जैसहि समझिहु तैसु कह, भय भारी वहं पांहि।। (127)

चौपाई - संभर शुम्भ सुन ऐसहि हाला।उ लझिहु वीच परिहु मनु जाला।।
काल वरन सम हेरिहु ऐसे। विध विधान पलटन चह जैसे।।
चन्ड मुन्ड तव तुरत वुलावा। पहिं कर पूरन हाल सुनावा।।
कहिहु बहुर अस खल अभिमानी। चतुर तुमहि वल कहा सिखानी।।

जवरन जाहु लिवावहु नारी। प्रमुख उघेश्य ऐहि सुख कारी।।
पुन कर पता धूम्र जस चाला। जरिहु कैसु दल दालहि काला।।
जीवित बांध कामनी लाहू। बलहि न वश यहि ऐसु लखाहू।।
तुरतहि मार जान तै वोही। जीत समर लौटहु विधि जोही।।

दोहा - निज लोचन मद निरख भुज, बिषयनि कामि पिपास।
चन्ड मुन्ड निज नायु सिर, संकुच स्वारथ आश।। (128)

चौपाई - सजिहु दोउ दल वल चतुरंगा। आयषु कामि चले हित जंगा।।
दोवहु एकहि वल इक दूने। प्रकति पन्थ सत पूरन सूने।।
प्रेरित द्रग कामिन वन विम्वा। सोचहि असुर विषय रति अम्वा।।
जननि जोइ माध्यम सव प्रेरी। तिह सन कामि कुमति पर हेरी।।
लोचन कोमल हौहि सुभावा। पालित दल वल कल्पित पावा।।
मन कठोर कर कुपथ कुसंगा। क्षन सुख सोचहि विविध प्रसंगा।।
हाल सवल पुन निन्द समाजा। वाद मरन गति लोक अकाजा।।
लज्जित हौहि जीय नहिं सोहा। मन निलज्ज निश्चय कर कोहा।।

दोहा - आत्म गलानी हौहि दुःख, स्वीकृत प्रायश्चित मीत ।
करय न तोवहु प्रीत हिय, परय विवश सत नीत।। (129)

चौपाई - भविष दशा सुइ शुम्भ कुकामी। पावय मनुज विषय अनुगामी।।
सुन मुनि मोहि वचन उपकारी। कारज करहु ऐसु हितकारी।।
सकय न हौहि जिह आत्म ग्लानी। हिय प्रतिष्ठ कर सदा सिखानी।।
भावहि तै चंचल मन होई। लोचन प्रमुख जेहि संग जोई।।
होइ सवल सुइ कल्पित कामा। विस्मृत सुध यश अपयश नामा।।
हिदय सिखावन सुरत दिलावा। भय भर पूर नयन भर पावा।।
कारज विफल विलोकहि मीता। प्रेरहि चक्षु लोभ तव नीता।।
मोहित चंचल चांहु चिताये। तन्तु आश आकर्षन छाये।।

दोहा - वांधिहु सुइ तन शक्ति मन, साहस दयउ बंधाय।
कर अमान हिय नीति प्रिय, कारज कुपथ कराय।। (130)

चौपाई - चन्ड मुन्ड सुइ खल वढ दोई। शुम्भ कामि मन लोचन होई।।
वनिहु विम्व माँ सोहनि रूपा। माध्यम विषयहि कामि अनूपा।।
करिहु वोहि सुइ प्रथम पठायो। क्षेत्र नीति निज काज वतायो।।
ऐसु कुसंग पर चंचल नयना। भयउ दून मन तै वढ वयना।।
भांति सकल द्रग मीतहि जोरे। हिय लगाय खीचहि चल घोरे।।
आत्म सुपथ द्रण रासि लगामा। तदपि प्रकृति पशु असुर कुकामा।।
महि तन आत्म अमर मनु दनुजा। रहिहु होत रन रूपहि मनुजा।।
आदि काल तै दोनउ वैरा। भयउ न शान्त कवहुं यह चैरा।।

दोहा - गावत सोइ सुनिहु सव, घोकिहु ऋषि मुनि ज्ञान।
पायहु जय जो मीत पहि, रचना वेद पुरान।। (131)

चौपाई - ऋषि मुनि वानि चतुर गम्भीरा। कहिहु भाख निज हेतु शरीरा।।
तैसु रहस्य मय अंकित लेखा। करिहु हेतु आवन निज रेखा।।
एकहि चित कर गुरू विश्वासा। आये समझ युगहि परकाशा।।
सत त्रेता द्वापर प्रिय तीनू। गुनी गंभीर निपुन सत चीनू।।
आयहु अव कलि कठिन कठोरा। कलि मित मीत मिलन रति थोरा।।
परे सुलभ सुइ लोचन वशही। लज्जित काल लखे खल हँसही।।
नांहि कछुक जिय जानय लाजा। करय अभय संग कामि कुकाजा।।
माँपितु पथ बन्धन मर्यादा। अनुभव करय मीत जिय व्याधा।।

दोहा - धाम वदन मन भेदिया, रिपु कलियुग अरूकाम।
अनुज आलसहि भ्रात हुय, पूत नयन वल धाम।। (132)

चौपाई - पावहि नहिं हिय सत्य संजोहा। युग प्रभाव इह व्यापिहु कोहा।।
लोभ प्रवृति संचय कलि रीती। जिह आधार प्रभावित जीती।।
निज हित लाग सरल सुइ भाषा। जोहि सुमति हिय मोहनि राखा।।

गायहु प्रेम चिपट माँ जीया। हिय रस पान मती वश कीया।।
कहहुं कथा सुइ प्रवन्ध वनावा। इन्द्रि चक्षु वश जिह मैं पावा।।
प्रथम प्रवल होयहि जिह ऐही। सोच घ्रणा कम्पित हुय देही।।
नीति नयन दुउ कलियुग पूता। शुम्भ रीति कामी खल दूता।।
एहि वान्छ माँ नाशिहु जेही। विधि सुइ भाख सकल कहुं तेही।।

छन्द - तिह कहहु सकल मैं भाख जौन विधि नयन वश जेयही।
सुइ हेतु सत आधार माँ कर वृह्म चारहि देयही।।
नर नारि जे ग्रह नीति जानहि तेहि माँ हित मानही।
सो नेह पूजहि आत्म हीयहि चरित जननी गावही।।
मति कोप सत प्रिय मेल वरनन कालि प्रगटन गायहू।
यहि चरित जन्महि मात साँवरि भांति सव सुख पायहू।।
इक वास कर वुधि शान्त अनुभव जीत मन गुन काढही।
कह महेश गायहि हेतु हित मैं इन्द्रि द्रग जय वाढही।।

दोहा - कामि कुकल्पन प्रेर मन, रचय नयन षणयन्त्र।
प्रगट जननि कालिम कुपित, करय विलग परतन्त्र।। (133)

सोरठा - सोइ कथा विस्तार, जीतन कामी क्रोध दृग।
गावहु कहहु अगार, संग्रह माँ मति प्रीत कर।।

।।श्री गणेशाय नमः।।

।।श्री सत् शक्ति सुहावनी जयते।।

(चतुर्थ सोपान - दृष्टि सोपान)

छन्द - हिय ऊँच सिंहासन शोभ सदन हित मात आसन सजी।
सुत तोहि हौहि अनाथ विन तुहि नाहि जिव दुन्दभि वजी।।
गुन गान जोरहि शोर कर मैं चक्षु छवि माँ धारहूं।
कलि चैर वैरहि भाव बधिर सुइ नाहि सुन कछु पावहू।।
प्रति मोहि लोचन जेहि ममता कोष पोषनि हीयही।
मृदु वानि ज्ञानि स्वर श्रवन मो पर त्रप्त तन होयही।।
हिय सवल भीगन आत्म बन्धन गांठ वाँधन मति भई।
नहिं मुक्त मन भयु युक्ति कोनहि खिचिहु जस फॉसत लई।।
सुइ ध्यान जननी एक चित कर शान्ति वासनि बैठही।
निद्वन्द वन्दनि चरन वुलावन मात कर पहि पैठही।।
परिपूर प्रीतहि काय निर्मल माल कमलहि धारनी।
धर हाथ वेदहि वीन वादनि शीश विधि शिशु सारनी।।
सत किरीट साटिक पीत लिपट मन शुक संचालनी।
ऋतु षट सुमन रस लेप तन कर दिव्य आवन हालनी।।
जिह चरित कला वहु रूप वरन विन दोष वासनि मती।
तिह महेश माँ मातंगि शारद ध्यान करू निज सद गती।।

दोहा - आवनि वासनि मन्च हिय, पुलकन कम्प शरीर।
स्वर मृदु ममता पूर मति, वोलनि छलकनि नीर।। (शुभ)

दोहा - प्रनवहु शक्ति सप्रेम शुभ, सतो गुनी मति नेम।
चन्ड मुन्ड नाशनि जयति, गुन तम पथ सत रेम।। (शुभ)

चौपाई - पितु आशीष सु आयषु माता। श्री गुरू चरन नमन सुख दाता।।
करहु ध्यान धर चरन गणेशा। शम्भु उमा सह शक्ति सुरेशा।।
श्री हरि रूपकला क्रति नेका। वन्दहु पूरन प्रगट अनेका।।
विध आचार करन कल्यानी। ऋषि मुनि योगि ग्रहण कर ज्ञानी।।
वन्दहु तेहि परम हितकारी। जे प्रसार कर सत उपकारी।।
सुनय जोहि तज निजहि कुराहा। सहचर सोइ जगत अस पाहा।।
जानहु जदपि हौहि दुइचारा। तदपि आश मो तेहि अपारा।।
भा विश्वास द्रग चाहुं प्रकाशा। आहि सुलभ सव शन्ति पिपासा।।

दोहा - सन्त सरल उर ज्ञान अति, ऐसे जग महि वीर।
आत्म पांस प्रेमी कठिन, रहत वाँध मन धीर।। (1)

चौपाई -समझय चरित सुअवसर जाने। हरन शोक भ्रम नीति वखाने।।
हित संसार सुजन समुझाही। विचलित मनुज राह सत लाही।।
गावहु मैं वन्धन दृग मीता। हौहि विवश किम ऐसु पुनीता।।
प्रथम कथा यहि प्रवृति प्रभावा। करय कुकाज कस हिदय दवावा।।
भरी कुनीति वल कामि अनीती। विजय परय सुइ चंचल रीती।।
तत्व अनेक ऐसु अनुसारा। जवरन विम्व नारि मन प्यारा।।
खीच ओर निज विन मर्यादा। नहिं भय जेहि भविष भव वाधा।।
वढ कुकामि वसुधा नहिं धीरा। चक्षु विलोक अन्तर भइ पीरा।।

दोहा - सोइ प्रकृति रिस विलग शुभ, हौहि प्रगट दरशाय।
वान्छ बुरी नाशन नयन, कैसहि अन्त मिलाय।। (2)

चौपाई- बहुर कथा गायन यहि सोई। आत्म सैन संगनि जिम होई।।
करहु भांति वहु सवन्ह सुनाहू। अन्तर कोष सुरस मैं पाहू।।
आतम शक्ति सवल किम सैना। कियो विकार प्रकृति वश नयना।।
चिन्तन राह साधु यहि गुनही। सुख संसार सुमन गति जनही।।
करय भोग विचरत भय नाहीं। वसय सदा सन्तन सत छांही।।

मनुज सधारण सुन यहि चरिता। होयहि हाल अवश मन पविता।।
वाह्य देख रस पूरन कोषा। पावहि नाहि करम किह दोषा।।
रहहि सोच यहि सदा विचारा। खोजहि अटपट अरथ अधारा।।

दोहा - नांहि ग्रन्थ अस गूढ यहि, समझय नर नहिं जोय।
रूप सुलभ प्रेरनि करम, सुपथ समाजहि होय।। (3)

चौपाई - विम्व नारि नयनन प्रति परयू। प्रेरनि प्रकृति सवन्ह हिय भरयू।।
सोचन शक्ति विलग सव प्रानी। संगनुकूल प्रवृति पहचानी।।
माँ पितु सुत जिह नाहि संचाला। चूकहि वाल क्षमहि लघु जाला।।
करन ध्यान सुइ शिशु हित मानी। होयहि हठी भविष अभिमानी।।
जीवन तरी सिन्धु संसारा। परी वढन पितु मात अधारा।।
बाल भूल तरि छेद समाना। वनय खोल गल डुवहि विमाना।।
सुइ कर्तव्य प्रथम पितु ऐही। मूंद उलीचहि दुर्गुन जेही।।
नहि तौ सुन तुम भविष समाधी। तुहि गति हौहि सवन्ह मति व्याधी।।

दोहा - मोहहि ममता मात सुत, पिता विलग दुःख रोय।
पुत्र न पूछहि काज रत, झुझलन मन लख होय।। (4)

चौपाई - भ्रष्ट प्रथम पितु होयहि राहा। सोइ सुलभ सुत भावहि पाहा।।
संयम निज कर जीवन पैला। पूरन कुपथ हटावहि मैला।।
वहुर सीख दै सुत निज नीती। करय विवश सुइ पूत सप्रीती।।
लोचन रीति विदित सव काहू। सोइ ध्यान अति देहि सुपाहू।।
माँ मर्याद सिखावन कामा। करहि पिता चेतन शिशु नामा।।
सुन्दर नीति सुविस्त्रित सारी। देहि सीख छवि प्रकृति निहारी।।
बीज करम सिंचन कर धरमा। वोयहि पिता वास इक धरमा।।
सीख अंकुर संग दुर्गुन घासा। उगय नेमि पथ रोक प्रकाशा।।

दोहा - सोइ निरावहि मात जनु, हित सुत करय सुकाज।
नीति सुलभ सुत पाय वढ, वच चल तजय कुकाज।। (5)

चौपाई- सोच जोहि नहिं करय विचारा। पावहि दुःख वहि भविष अपारा।।
पितु कलंक पावहि सुत खोटा। मोहहि तदपि खाय हिय चोटा।।
देयहि सीख तरूण सुत होई। सुनय उलट कटु वोलन सोई।।
शिशु चालहि तरू मोरहि ढाला। फूलहि सुइ अंकुर जस पाला।।
उगय नांहि विन बोयहि वीजा। ऐसु सत्य सुन खेत नतीजा।।
धास तदपि उगयहि विन बोये। रहह निरावत सोयहि होहै।।
तिम जानहु सत वीज प्रभावा। वोउ नांहि सुइ ऐहि अभावा।।
दुर्गुन घास विन नीति वताये। शिशु तन लिपट चाहुं मति छाये।।

दोहा - कुपथ असर शिशु तुरत गह, वौना युगहि प्रभाव।
पालय पितु सुइ वोय सत, उगतन घास अभाव।। (6)

चौपाई - सुत मति खेत पिता जो सत्या। वोय वीज नहिं क्षमय कुकृत्या।।
सोइ कुगति हुय सुनहु नरेशा। वंजर भूमि विक्रत पर भेषा।।
अन्तर जदपि जेहि रस भारी। पालन सत क्षमता हिय धारी।।
सत्य नीति तै हौहि अजाना। सोइ विवश पर वीज सुखाना।।
अन्तहि आदि शक्ति सत अम्वा। हौहि प्रगट कर काज अचम्भा।।
जोतहि दुर्गुन घासहि खेता। आत्म सुरस ऊंचय कर चेता।।
पूरन भांति नष्ट कर घासा। देय आंच निज नीति प्रकाशा।।
सीचहि बहुर सुमति झर पानी। वोयहि आद वीज कल्यानी।।

दोहा - उगय सुपालय मात पुन, पूरन घास निराय।
सूखत सिंचन ममत दै, फसल दून फल पाय।। (7)

चौपाई - माध्यम नयन मनहि जो प्रेरा। होहि कुपथ कल्पन शिशु घेरा।।
माँ पितु देख पूत पुचकारे। अंक विठार कर शांति सहारे।।
वोहि प्रसंग विम्व शिशु सारा। अति सतर्क संदर्भ पियारा।।
ऑगन जिह सुत प्रेरित भयऊ। तिह कर अरथ मात पथ लयऊ।।
नीति प्रकृति परचित कर प्रेमा। धीरज सुपथ वतावहि नेमा।।

बाल सुभाव न साहस ऐसी। करहि अमान जो पितु कह जैसी।।
गहय तुरत शिशु सुन सत राहा। वृह्माचार सहज सुत पाहा।।
संगति सुरति अवश पितु राखे। प्रवृति भूल स्वीकृत संग भाखे।।

दोहा - सोइ नाहि भय बहुर कछु, शक्ति जगत नहिं कोय।
करय जु विचलित भविष पथ, चलन सुगति शिशु होय।। (8)

चौपाई-पितु समान शिशु करय अचारा। विधिह नेम चल मात अधारा।।
शक्ति सु चेतन शिशु जव आये। द्रणता साथ पिता पुलकाये।।
तवहि विचार तुरत पितु करही। गुरू किह दीक्ष पठावनि परही।।
सुख सन्तोष सीख सुत देही। वास इकान्त वहुर कर लेही।।
गुरू संयम जुहि विधह अचारा। करय सुपरचित सत्य प्रकारा।।
शान्ति क्षमा जिह दया निवासी। जीवन पाल परम प्रभु आशी।।
सकहि सिखावहि जो सुत प्रेमा। करम धरम पालन दृण नेमा।।
सुइ उपयुक्त हौहि गुरू नामी। चिन्तन करय सदा सत गामी।।

दोहा - गुरू ग्रह भेजय सोइ सुत, भांति बहुर समझाय।
गुरू ज्ञानी पद नमन कर, जन जीवन सुख पाय।। (9)

चौपाई - होयहि लोचन जो वश माही। चलिन जोर तौ मन झुझलाही।।
कर उघोग वहु भांति कुचाला। खीचहि निज पथ जोरनि भाला।।
समरथ स्वयं होइ सुत जवही। भयहु सयान विवश मति तवही।।
रहि स्वतन्त्र लोचन जिह छोटे। भरे विचार मती महि खोटे।।
सकहि न जीत सुइ मीत भविष्या। रहय अपरचित सत्य रहस्या।।
जानहि नहिं वह नियम वंधाना। पर प्रभाव नहिं सत्य प्रमाना।।
जवरन परहि जवहि सत संगा। तवहि न सुधरय नयन प्रसंगा।।
रहहि कुद्रष्टि श्रष्टि बिच आभा। सत कर भोग करहि मति लाभा।।

दोहा - आय सकय नहिं पन्थ सत, कौनहु कैसु उपाय।
भोगहि क्षन सुख अन्त दुःख, तोउ न ऐहि अघाय।। (10)

चौपाई - तन महि इन्द्रि प्रमुख हुय नयना। प्रथम सोइ वश कर जिह चयना।।
शुम्भ कामि मन निशचर राजा। चन्ड मुन्ड लोचन दुउ साजा।।
जननि विम्व अंकित द्रग मांही। करिहु प्रशंसित नृपति सुनाही।।
सहिहु स्वयं नहिं आनन तेजा। आश्रय गयउ कामि मन सेजा।।
प्रेरिहु तिनहि वहुर सुइ आगे। दोउ लरन रन आय अभागे।।
आयषु मन उघत दल भारी। जीतन आयु मनहि हिय नारी।।
ऋतु वसन्त शोभा अगवानी। प्रारम्भ काल जननि पहचानी।।
स्वीकृत करत काल विधि जानी। ऊषा अंक वढन छवि लागी।।

दोहा - जेहि काल माँ जाग चल, गंगहि मंजन हेतु।
तेहि समय खल तम्वु महि, अलस परे गिर खेतु।। (11)

चौपाई - करय प्रतीक्ष होहि भुनसारा। फैलहि सकल भानु उजयारा।।
चलहु सोइ वोलहु सव धावा। वांध सुकामिन वीर कहावा।।
शौच करम जिह नहिं अस्थाना। भटकहि भोर असुर अभिमाना।।
ऐसहि वीर मीत द्रग केरे। ऊंधय परे मिचय सुख घेरे।।
आलस भरे सफल यहि काजा। कवहु न पूर दनुज पथ साजा।।
विवश हौहि निज प्रकृति कुभावा। सकय न कर कारज खल पावा।।
छावहि मद अंखियन पर पाहू। अनुभव भोर दुःखी खुलवाहू।।
सीख विवश कर यदहि जगाये। उठहि भेष कोपित भर पाये।।

दोहा - अशगुन तुरतहि हौहि सुइ, शान्ति रहह नहिं मीत ।
भटकहि दिन परिणाम यहि, विगर छोटि की नीत।। (12)

चौपाई - ऐसहि दोष पिता किह होई। निष्क्रिय स्वयं हीन गुन जोई।।
पिता स्वयं कर्तव्य विहीना। लरिका सुइ सव लच्छन हीना।।
वालक भाव प्रीत मन मोहा। करहि क्षमा सुइ गति सुत कोहा।।
प्यारहि भोर जगावहि नांही। पितु प्रनाम सुत नाहि सिखाही।।
विन संदेह शिशु दमकन हीरा। कांकर कर जन पलट शरीरा।।

क्षन सुख हेतु पिता शिशु भानू। करय भविष जुगनू तन जानू।।
आलस भर सुत जगत हठीला। अरूण उजेर महि झूम नशीला।।
विन मंजन कर भोज उघोगा। करहि न ध्यान लाड वश लोगा।।

दोहा - सकहि क जान ते भविष महि, सत्य इष्ट गुरू नीति।
धरम करम किम सीख सक, वचपन उल्टी रीति।। (13)

चौपाई - संयम नियम वृह्म आचारा। तिन्ह किह दुर्लभ सकल अधारा।।
इन्हहि कठिन वन्धन भव भ्राता। मति व्ययोहार संकुचित नाता।।
मां पितु आदर विषहि समाना। वढहि लगहि कर रीति अमाना।।
प्रवृति असुर चंचल अभिमानी। गुन तम धारन पूर्व अजानी।।
संग्रह जदपि करय सव ज्ञाना। जानहि रीतहि वेद पुराना।।
चलय न पथ वुहि सो किह कामा। मनहि असंयम हिय गुन धामा।।
यहि सुयोग विन वाल सुभावा। हुय नहिं कैसउ परय प्रभावा।।
बचपन कोमल विटप लचीला। मोरहु जिह नावहि तिह गीला।।

दोहा - यौवन सूखे काठ सम, झुकय न कैसउ भांति।
वचपन जैसहि नाययहु, तैसहि जीवन जाति।। (14)

चौपाई - सुन मुनि अव यहि नयन प्रभावा। किम हुय चंचल सत्य अभावा।।
जानहि शिशु नहिं अपन पराया। सत अरू असत अपरचित पाया।।
पूर्ण पवित हुय द्रग सुन तवही। चेतन शक्ति जीव जिव नवही।।
क्रमशः शक्ति सुचेतन वाढी। माँ पितु प्रेम मिलन पर गाढी।।
परचित सुइ भयु मात पितातै। नयन मिलावन हेरन ताते।।
भिन्न वनावट कारज भिन्ना। लखय अचम्भित सुत मति खिन्ना।।
ऐसु काल हिय चेतन साथा। चेतय विस्त्रित कल्पन माथा।।
सोइ एक चित माँ पितु काजा। देखहि ध्यान तैसु कर नाजा।।

दोहा - देइ न गौर कुउ भाव शिशु, भरिहु पूर परिवार।
चितहि चेत चित एक हुय, प्रति क्षन ग्रहन अधार।। (15)

चौपई - भयउ तवहि कछु और सयाना। मगारूढ निज चलन अजाना।।
देखिहु पिता लगी जव फीकी। दी ललकार सीख सत नीकी।।
व्याकुल भयउ अचम्भित वानी। सुनिहु सोच तुरतहि उलटानी।।
जन्य हॅसिहु तोतरि कटु सुनयू। कहिहु न कछु मोहहि सुत जनयू।।
दैन जवावहि आदत आई। काल कछुक यह रही सुहाई।।
वीते दिवस कछू पहचाने। सुत किह प्रकृति वुरी अनुमाने।।
दन्डित का तव भयहि दिखावा। झपटिहु डांट तमोगुन पावा।।
कोशिश प्रथम ऐसु सुत करयू। देख उलट मारन कै परयू।।

दोहा - सहय पिता जो चूप हुय, तिन कै कहा कहाउ।
जो कठोर हुय सोइ भय, दूसर परहि प्रभाउ।। (16)

चौपाई - नयन पिता के चलहि वचावा। काज अपन इक वास रचावा।।
आवय शक्ति समझ सुत जैसे। पुष्ट मीत द्रग स्थित ऐसे।।
होवत गययु हिदय तै हीना। अन्तर उलझ आत्म गुन वीना।।
भयउ सवल मन कर प्रति काजा। वाढन शक्ति सु चेतन लाजा।।
निन्दित करम विलोके ऐही। पितु तै छिप निर्भय कर जेही।।
नहि अस्थान समाजहि पावा। सुत स्वतन्त्र मति जैसु प्रभावा।।
कर उघोग जिह टोकन कोऊ। छिपिहु सकल तै उघत होऊ।।
हौहि भविष सुइ गति मति शोधी। वीच समाजहि तत्व विरोधी।।

दोहा - दयउ न पितु अस सीख सुत, व्यापित हरि सर्वत्र।
किम त्यागहि कुकरम निजहि, वासहि यत्रहि त़त्र।। (17)

चौपाई - सुनहु सोइ भय होइ समाजा। अवश डरहि सनमुख कर काजा।।
नहि भय होहि वोहि भगवाना। व्यापनि नीतिन जानय ज्ञाना।।
आवन पुन सुत नयन किशोरा। यौवन प्रथम प्रभावित थोरा।।
मद भर लोचन झूम चलावा। चादर कामहि मनहि ढंकावा।।
वीच प्रकृति नहिं नेकहु दोषा। दूषित जन हुय खोयहि होषा।।

जिह विलोक संयम अनुमाना। प्रेरित अनुभव रूप स ज्ञाना।।
तेहि वीच अवलोक न ऐसी। होहि कामि गति असुरन जैसी।।
नहि वन्धन जिह लोचन हीया। तिहकर प्रवृति कुमति सन कीया।।

दोहा - वास इकान्तहि प्रकृति छवि, कर जन कल्पित ऐसु।
भाव सहज तै भृष्ट हुय, पावन सोचन जैसु।। (18)

चौपाई- विस्त्रित क्षेत्र प्रकृति सुन्दरता। सुखद स्वरूपन आभा पविता।।
पूरित पूरन सुमन परागा। गन्धहि पवन वंधी सत धागा।।
समरथ जेहि देन हिय ज्ञाना। कर प्रशन्न परचित भगवाना।।
कल्पन शक्ति स्वयं आचारे। परम पुनीत हिदय आधारे।।
नाशिक पथ तै भरिहु सुगन्धा। चली पवित कर दोवउ रन्धा।।
कोवहु भांति आत्म नहिं ऐसी। जड मति जानहि तेयहि जैसी।।
हिय सर तै चल झरिहु प्रपाता। मति सोचन कल्पन शुभ आता।।
वॉधिहु सुइ मन छेकहि वांधा। रूकै सुमति हिय सीख सुरांधा।।

दोहा - झर कीचर जो वनइ तरि, मन सुइ नयन वताय।
सोचय निज मति जेहि वल, आपन काज बनाय।। (19)

चौपाई - प्रेरहि मन लोचन गति चंचल। कामनि विम्व कामि वंध संकल।।
भोगहि सुइ सुख विषय सुहावा। विक्रत समझ सत प्रकृति प्रभावा।।
भृष्ट करम कर पैलहि छिपही। पर तिय छांह ग्रहण कर रूपही।।
बहुर समाजहि सनमुख आये। चंचल प्रवृति वानि दरशाये।।
हौहि सोइ सव परचित लोगा। जानय सुजन ऐसु तिय भोगा।।
परय प्रवृति अस कुमति प्रसंगा। तजहि न आत्म ऐहि पथ संगा।।
जैसहि विम्व नारि पर नयना। प्रेरे जेहि वंधे मन वयना।।
मति देयहि तव तुरत अदेशा। ग्रहण करन सुन्दर अस भेषा।।

दोहा - हिय रोकहि अस राह अड, भाव विनम्रहि पैल।
सुरत कुकारज निन्द भव, अपयश जीवन गैल।। (20)

चौपाई - सकुचय चक्षु एक क्षन नीचे। मन विलोक जवरन कर ऊंचे।।
भरे मदहि तिरछे अबलोके। वढय विवश जघपि हिय रोके।।
आत्म सखी सुख कल्पन शोभा। सकहि स्वतन्त्र न होवहि लोभा।।
लगय ठेस ठिठकय मन भारी। स्वयं निराश लखन इक धारी।।
देखहि वदन वंधहि नहिं धीरा। लोभित चंचल मनहि शरीरा।।
यौवन संग मदन सहयोगा। वाल भाव तै विचलित लोगा।।
साहस करहि वढई द्रणताई। विस्मृत सीख सुधहि अधमाई।।
क्षन यहि आतम सहहि न चाला। मोड रोक हिय जान सुकाला।।

दोहा - लोचन चंचल पन्थ जिह, सोचहि तिह परिणाम।
हौहि कलंकित देख कुउ, अन्तहि लाजनि काम।। (21)

चौपाई - परिहु विघन यहि मन कै राहा। सीख सुपथ वाधा मति पाहा।।
कामि मनहि भुज वल संग कोपा। भय कछु नांहि पन्थ निज रोपा।।
चक्षु तदपि भय मीतहि सोचा। सत किह नीति प्रभावित रोचा।।
निज अस्थान रहे थिर क्षनही। द्रग रूक आछि लगी नहिं मनही।।
दमकनि छवि कामनि दुहराई। क्रत अनंग कीचर चमकाई।।
कियो अभय कह निजहि प्रतापा। दाविहु रीति सुनीतिह आपा।।
ओर चांहु आभा अनुमाना। सन्कुच मन सन करिहु गुमाना।।
वल प्रताप सुख भोग अधीरा। छलकिहु द्रग तै वैभव नीरा।।

दोहा - ऐहि मनहु दुःख आंसु हिय, मन लालचि कै लार।
एकहि राहहि दोउ अरि, विलग अरथ द्रग धार।। (22)

चौपाई- ओरहि दोउ गोल वंध राशी। खेलहि वाल खेल हित हॉसी।।
खीचहि दोउ ओर श्रम करही। दिश विपरीत अपन जय परही।।
वल वहु ओर लगइ जिह जावे। भांति सोइ जवरन द्रग पावे।।
पुष्ट जेहि छोटे तै होई। परय जीत खेलहि सुइ वोही।।
पन्थ समाजहि खुले विरोधा। चलिहु ओर नहिं मीतहि शोधा।।

कामि सोइ मन के दुउ प्रेरे। ओर अपन खीचे खल हेरे।।
तदपि भीत भय कीचर भरही। भयउ न दूर पूरन यह मलही।।
निज चहुं ओर चितावहि भयतें। भ्रम पर डरिहु कछुक यह जयते।।

दोहा - चले चौक आयषु मनहि, गहिउ पराई वांह।
भ्रष्ट मीत क्षन भोग सुख, सुरत भविष फल नाहि।। (23)

चौपाई - मदी भाव विचरन खल रजनी। करहि निरादर हिय किह सजनी।।
असुर ऐसु निज वलहि अधारा। विवश विम्व कामिन मति धारा।।
भ्रष्ट आचरन करय अन्याया। झूमत रहै भरी मद काया।।
काज ऐसु अति भई कुनीती। सकल न वोल विरोधहि रीती।।
शक्ति आदि सुइ रूप सकारा। नाशन यहि सत पन्थ अधारा।।
जन्मी जननि जगत कल्यानी। सत्य रूप जगदम्व भवानी।।
प्रेरन देव कला मय रूपा। धरिहु अम्व तन छवी अनूपा।।
जीतन सोइ दूत दुउ आये। ग्रसे मतहि द्रग रूपहि छाये।।

दोहा - राह कुपथ भोगन चहह, जननी सुन्दर देह।
दल कल्पन संग ऐसु खल, परे समर तज गेह।। (24)

चौपाई - चाहहि करन विवश निज कोपा। सीख स्वरूपनि करहि अलोपा।।
पावहि किम सनमुख तव शोभा। तमोगुनी तम आश्रय लोभा।।
प्रथम चरन प्रारम्भ ऋतु राजा। सौरभ वहय उदित रवि साजा।।
ऑगन गगन कालिमा लाली। छिन्न सिन्धु सम लहर सुचाली।।
हरित रूह संग चमकनि ओसा। वरन प्रकृति पालन छवि कोषा।।
वहु प्रशून रस शीत समीरा। फहर साटिका लिपट शरीरा।।
क्रमशः नखत प्रकाश मलीना। होयहि भानु चढत पथ चीना।।
हिदय हूक पिक वानि वुलानी। मंजन गंग मात कर आनी।।

दोहा - शान्ति अस्त्र तै जीत रिस, तम गुन सत्यहि सार।
संग्रह जननी सन्त हित, वैठी साटि संभार।। (25)

चौपाई -अम्वर नीरव खग रव भरयू। गूंजिहु वोलि मधुर वहु परयू।।
महि हुय त्रप्त दवय छवि भारा। श्यामल सोहह राज पहारा।।
हीतल मृदु सर शीत झकोरा। रंग सुमन नाना रंग जोरा।।
शोभा प्रकृति पवित रस रानी। जिय प्रशन्न कर ऋतु अगवानी।।
गुन गुन वाल वसन्तहि गीता। आवहि धरनी वानि पुनीता।।
पॉवडि हृत महि तुरत विछाये। स्वागत हित वहु सुमन गुंथाये।।
पूरन खिलै लहै कर ठाडी। प्रकृति प्रतीत सुमानहि वाडी।।
घूंघट नभ रवि मलिन प्रकाशा। प्रीत जतावत प्रकृति पिपासा।।
वहय पवन गति मन्द सुहानी। तरू पल्लव स्वर आन वखानी।।

दोहा - गोदि वसन्तहि आज क्षन, नांहि प्रकृति कछु सोच।
दवी शोभ सन सकल सुख, भोगनि महि जिय रोच।। (26)

चौपाई - ऐसु रहस्य मय मंगलकारी। द्रष्य दिखावन आवन नारी।।
सुधि वुधि प्रेम मगन सव भूली। प्रीत प्रगति पथ ममता फूली।।
अनुपम कृपा झरन सर प्राता। नीति दया गुन खान प्रपाता।।
कर मंजन तन पुलकित कांपी। शुभित वसन्त दरश द्रग भांपी।।
सेवा करन दिवस रत होऊ। आभा सौप रजनि निज दोऊ।।
करन श्रंगार संभारिहु वासर। आसन दयउ अंशु लग झालर।।
कसर कछुक नहिं ग्रहणी राखी। सेवा सुमन सुरस झर पाखी।।
झलकिहु मानहु वदन पसीना। आनन जोति दमक द्रग छीना।।

दोहा - चक्षु विलोकहि विम्व छवि, भावहि चंचल जोउ।
सुध अनेक कर लाजि मन, अरथ अभय वहु होउ।। (27)

चौपाई - सुइ सेवा रत सोच झंझानी। मूक मुखहि जिह माँ सनमानी।।
जाय सहह नहिं शोभ वसन्ता। साहस मनहु वरन चह कन्ता।।
स्वयं राज ऋतु रहिहु न दूरा। लगिहु भाव विन प्रकृति अपूरा।।

चहिहु मिलन पर कहिहु न कछुही। रहिहु चुपहि रीतहि सत रूचही।।
आदि शक्ति प्रेरनि दुउ साधे। नेम अचल प्रेमहि हिय वांधे।।
पावन मिलन ऐसु सुखदाई। सॉवरि स्वयं न रोक लगाई।।
नेकु न गन्ध वासना जेही। जीयहि मिले परस्पर तेही।।
दयउ वधाइ जननि यहि मेला। विहँसी देख मधुर अस खेला।।

दोहा - द्रष्य संयोग यहि जनम सुत, जननी लयहु खिलाय।
देखिहु आंखन शोभ जिय, सत पथ मती चलाय।। (28)

चौपाई- पुन्य मिलन अस प्रकृति विवाहा। राज ऋतू संग भोग सुराहा।।
मृदुता मदन विलोकत भोगी। भयउ न त्रप्त रहिहु मन रोगी।।
मीतहि चाल लयउ सह योगी। धन्य करिहु नहिं लोचन भोगी।।
तरून दोउ सुत कामि पठाये। जीतन समर सुकामनि आये।।
धुंधले भानु प्रकाशहि भोरा। भयउ दूर आलस कछु थोरा।।
जागे चन्ड मुन्ड दुउ वीरा। चंचल मती कुपथ रन धीरा।।
रचना मन्डप प्रकृति श्रंगारा। देखिहु दुलहिन प्रकृति अपारा।।
संग वसन्त क्रीडहि गह हाथा। विषय हीन भोगह रति साथा।।

दोहा - अस विलोक वाहर निकर, करिहु परस्पर वात।
सुन्दर कैसहि समय अव, हेतु हमारहि आत।। (29)

चौपाई - सैन सजिहु सुइ देइहु आज्ञा। कारज वनहि हमहि यह यज्ञा।।
बहुत विचार उठन मन लागे। सहमति दोउ सजे सव जागे।।
भुज उठाय वाजी रन भेरी। जुरे वीर सव चारहु नेरी।।
दाहिन दिशा चन्ड संकेता। दयउ चलिहु दल जोरहि देता।।
धूर धरनि उठ ऑखन छाई। जमे विरौनहि कण अधमाई।।
मनहु चिनौति धूर दै अम्वा। भयउ प्रकृति जिह ऐहि अचम्भा।।
भागहि अग्र सैन रह चन्डा। चलिहु पाछि रजनी चर मुन्डा।।
सैन असंयम विचलित स्वामी। आये नियर अचल पहि कामी।।

दोहा - मन अनुमानिहु मात अस, आये खल इतराय।
कीचर प्रानी कैसि रह, दूधहि कोटर पाय।। (30)

चौपाई - करहि कुगन्ध ऐसु उघोगा। दूषित चहह करन सत भोगा।।
लखहि सोइ खल गन मतवारे। वली विविध आयुध रन धारे।।
गोदि हिमालय यौवन तरूनी। बैठी जननि सुपालन धरनी।।
हिम सन कहिहु वानि अस माता। जावहुं लरन सुनहु अव ताता।।
करहि विवश अव ऐ खल मोही। मैं समर्थ सुन सकहुं न सोही।।
आपन रीत कुपन्थ यह दनुजा। जीतन चहहि धरे तन मनुजा।।
नाहि हीन मैं होवहु ऐसी। करहुं कलंकित तोयहि भेषी।।
आयषु देहु मोहि अव नीती। मन कुल कामि वधहु सत रीती।।

दोहा - हिय लगायु प्रेमहि अचल, वहियु चक्षु तै नीर।
रोवत सौपिहु देवतहि, रक्षनि सुता शरीर।। (31)

चौपाई - जानहि जघपि शैलहि राजा। प्रगटन अम्व करन सुर काजा।।
भयउ तोउ अचरज तन देखा। शंकित परी लिलारहि रेखा।।
तरूनी ऐक छवी छवि भारा। सोहनि जीवन सत्य अधारा।।
सम प्रसून कोमल जिह वदना। शान्ति सुहावनि सनमति सदना।।
डटय समर सनमुख किम ऐसे। सॉवरि मोरि सुकोमल कैसे।।
खल अनेक कामी वल दोऊ। दक्ष लरन रन होयहि सोऊ।।
यहि विचार गिरि भयु भय भीता। कहिहु सुनाय सोइ यहि नीता।।
जानहु मैं हुय समरथ तोही। कारज सकल करन लग सोही।।

दोहा - प्रेरे सव सुन कन्य तुहि, समर बहुत आसान।
कारज कोवहु ऐसु नहि, सकहुं न कर जिह जान।। (32)

चौपाई - यहि विश्वास सु पूरन मोही। भांती सकल सफलता तोही।।
तदपि जनम लयु मोरिहु अंका। निरखिहु मैं मोहित तन वंका।।
भेजत समर सोइ नहिं वनही। शंकित होइ सुनहु मुहि मनही।।

वली देव किह लेयहु साथा। जात अकेलि रूचय नहिं माथा।।
विहंसी मन गिरि धीर वंधायू। कारन केहि भरम यहि पायू।।
हौहु न शंकित सुनहु सुताता। कहिहु वुझाय बहुर जग माता।।
मैं अकेलि यहि त्रिभुवन मांही। संगहि तोहि वान्छ वल पांही।।
सत वृत साहस हिदय वंधाये। होहि कौन भय जोहि डरावे।।

दोहा - करहु न कछु मन चिन्त अब, आयषु देयहु मोहि।
सोइ सफल सुर काज हुय, विचरय निर्भय सोहि।। (33)

चौपाई - सुन गिरि मूक भयउ गंभीरा। प्रीतनि रीति मती गति धीरा।।
करिहु प्रथम वहु वात विचारा। बहुर वचन वोलिहु कह सारा।।
सुता यथारथ तोहि सुवानी। कहिहु नांहि सुइ पैलहि जानी।।
सुन संम्वाद सु पूरन मैने। सनमुख दूत कहिहु जस तैने।।
भयउ प्रभावित शरनन तेरी। गययु न छाड पद भक्ति घनेरी।।
हेरनि तेरि भसम भयु दनुजा। अचरज एहि मती जड मनुजा।।
जड तन चेतन मती हमारी। अनुपम कृपा सुवासनि सारी।।
करिहु विश्वास सुन सत सम्वादा। सोचिहु भविष निजहि मर्यादा।।

दोहा - हौहि वदन तै देख जड, मति तै मानय लोग।
सोइ सुभाषनि सोच मुहि, जुग जुग निन्दित जोग।। (34)

चौपाई - शैल वानि प्रिय भव हितकारी। हितू प्रपंच परम उपकारी।।
सुनी जननि जानिहु मुस्कानी। क्रोध वेलि करूणा रस सानी।।
माँ मुहि ऐसु जेहि मुख कोपा। हिदय सत्य ममता मति रोपा।।
ज्ञानहि कोष कवहु नंहि खाली। कैसहु परहि चाह मत वाली।।
क्रोधहि संग न छाडहि ज्ञाना। विदित नीति अस वेद पुराना।।
नीति प्रमानहि प्रगट कहावा। वोली सुमति शान्ति झर आवा।।
जिय तुहि सोचन सत्य सुभाऊ। रीति भविष भव चलन प्रभाऊ।।
तात सुनहु यहि भेद रहस्या। मति चेतन जो देखिहु दृष्या।।

दोहा - कारज कैसहु ग्रहण कर, नहिं काहू ते दूर।
वासहुं मैं अन्तर विचर, देवहु फल भर पूर।। (35)

चौपाई - जैसु करम तस फल परिणामा। प्रगटन स्वर्ग नरक सव धामा।।
पूरे तत्व प्रविष्टहि मोही। मैं प्रविशहु पूरन हिय सोही।।
देहु तुमहि मुहि जेहि भरोसा। तेहि संचलित मुहि तै पोषा।।
तीनहु सुर संग वाम सुरेशा। मोहि शक्ति वासय निज देशा।।
करूं विस्तार विलोकहु सारे। लेखे विलग जेहि मतवारे।।
और अन्य भल अनभल नेमा। देखहु तुष्टि होइ मन जेमा।।
कह यहि सहसा जननी रूपा। वाढिहु मति गति दून अनूपा।।
भले बुरे जड चेतन नामा। लोक सकल वासित हिय धामा।।

दोहा - अचल राज लख नयन मिच, सहिहु न तेज चकोति।
वढइ दिव्य छवि भानु इम, पैच चढावत जोति।। (36)

चौपाई - बुरे तत्व कालिम सिर केशा। प्रति पल दून प्रगट लख भेषा।।
जोति हिदय प्रेरनि सत शक्ती। देखे चिपटत नेहन भक्ती।।
तेज असह गिर व्याकुल करयू। चरनन मात सुमर सुइ परयू।।
माँ तन सन्मुख हिम पुर ऐसा। गिरि अगारि इक कंकर जैसा।।
कहिहु पुकार अचल चिल्लावा। वानि प्रीत मन मधुर सुहावा।।
तम अजान नाशन सत प्राता। भानु उदित जिह अंशु सुज्ञाता।।
शरन तोहि मैं राखहु लाजा। तजहु रूप यहि मो हित काजा।।
मति वहोर कर बहु गुन गाना। धन्य जियहि वहु भॉतिह माना।।

दोहा - तजिहु जननि तव रूप निज, गति प्रिय गूढ अपार।
सत्य समाहित अन्तरहि, सांवरि सनमुख सार।। (37)

चौपाई - जोरहि हाथ मूक गिर राजा। रहे शान्त चिन्तन वश काजा।।
कहिहु वचन नहिं कैसउ वानी। धन्य निजहि हित आतम जानी।।
वालहि दोष सुधारनि माता। पितु सुभाव परखिहु सुख दाता।।

विहँसत अम्व वचन सन्तोषा। चलन अधार हितैषनि कोषा।।
वानि जगत माँ करन सुरीली। पीत वसन तरि वहन रसीली।।
माँ प्रिय मिलन वृह्म सहयोगा। वशी भूत मन हिय रस भोगा।।
वासनि कमल विराजनि मीता। डुली जिव्ह अस बचन पुनीता।।
कारज ऐसु करहु हित तोरे। हौहु अभय निज सोच सकोरे।।

दोहा - संग जोहि विधि हौहि हित, सुर प्रिय सन्त सुजान।
करम सोइ मैं ग्रहण कर, प्रथम पुरूष सनमान।। (38)

चौपाई - मुहि सन लरहि सत्य गुन सारे। विजित क्रोध जिह शान्ति अधारे।।
रूप सकार वाहन निज भावा। आयुध विविध धरन पर भावा।।
आवहि बीच समर साकारा। रच्छ रूप मुहि देन सहारा।।
प्रकृति भाव सन कोमल नारी। पुरूष पाछि गामनि छवि प्यारी।।
नांहि किन्तु कम कौनहु भाँती। सम अस्थान मिलन पथ शाँती।।
पुरूष बली भुज वल जिय पावा। प्रकृति शक्ति वृत धारन लावा।।
प्रकृति पुरूष जीवन रथ चाका। चिन्तन चल मति थिर सम जाका।।
ऊंचय नीच परस्पर भेदा। रेख हीन वल प्रगटन खेदा।।

दोहा - सुनहु तात सुइ साँचि मति, नाशय असपरिवार।
मो हित चाहहु जोउ तुम, हरषउ हिदय अपार।। (39)

चौपाई - सुता भेद जिन ऐहि वताहू। हीन प्रकृति जे सन पथ पाहू।।
भीतर परधि सुसीमित नारी। नांहि कवहु हुय सकय प्रचारी।।
एक कुकामि द्वार ललकारे। वैठहु किम अति वलहि तुम्हारे।।
सुता तुम्हार सती वृत ग्रहनी। करय योग्य सम प्रनपति वरनी।।
नांउ शीश किम सनमुख कामी। कारज कुभल वली रति गामी।।
मैं निर्भीक अचल सन्ताना। सहहु कैसु यह सुर अपमाना।।
साहस सत्य अटल निज नेमा। धीरज धरम करम जग प्रेमा।।
समरथ हौहु सफल कर काजा। ऐसहि नीति न तोयहि लाजा।।

दोहा - रूप चरित मुहि ऐसु जग, करहि न निन्दित तोय।
निर्भय आयषु सोइ दै, करहु क्रतारथ मोय।। (40)

चौपाई - हुय निशंक गिर सुन हरषाने। सुता वचन सादर सनमाने।।
उज्जवल भविष्य सुता अवलोका। धीरज धरिहु भये विन शोका।।
आयषु तुरत फेर कर दयई। हरषित मात शीश निज लयई।।
गिर किह अंक हिमासन शोभा। मेटिहु जननी पितु हिय क्षोभा।।
माँ अकेलि साटिक कर कांधे। शीशहि केश संगठित वांधे।।
वरन श्याम सुख दायक सोहै। ताम्र रोम दमकनि मन मोहै।।
करिहु अलिंगन प्रकृति हंसानी। संग सहेलि हितैषनि जानी।।
अचरज कछुक भयउ ऋतु राजा। भौंह कुपित कैसहि यह साजा।।

दोहा - पूछिहु चुपकिहु रानि सन, प्रकृति कहिहु समुझाय।
नीति निजहि विपरीति खल, नाशनि कोपनि पाय।। (41)

चौपाई - सुनिहु क्रोध भर स्वयं वसन्ता। द्रष्टि ज्ञान निरखिहु गति सन्ता।।
भयउ उघत विपरीत प्रभावा। खल विलोक चंचल अकुलावा।।
गुनी सन्त सुत समझ सुमाना। ऋषि मुनि अमर लखिहु हित ज्ञाना।।
पितु तन ऊंच सुशीतल छांहा। वैठ सुरक्षित सुता सहारा।।
भांति सकल खल दुउ मन संगे। आये नियर विहंस रस रंगे।।
रोक हिदय अचरज छवि श्यामा। देखिहु दोउ जान छल कामा।।
किन्तु तेज आभा तन वैसा। लखिहु सुपूरन पैलहि जैसा।।
मात्र वरन तन विक्रत लखावा। रूप तरूण रस निचुरत पावा।।

दोहा - खल मति सीमित सकुच मन, करिहु ऐसु अनुमान।
भये तरून रह क्वॉर पन, चिन्त सोइ रंग पान।। (42)

चौपाई - बैठि शान्त वश मात निहारे। खल अनुमान कुमति अनचारे।।
विचरन निज हिय सत्य विचारा। अन्त भ्रमण कर गूढ अपारा।।
कर संकल्प सुनिश्चय ऐही। जानिहु असुर लखिहु थिर देही।।

आयहु चन्ड प्रथम वढ पासा। त्रप्त विषय मति वढन पिपासा।।
नाम निजहि सह मारग राजा। कहिउ पूर वल पोषित काजा।।
छाडहु चिन्त चलहु संग मोरे। मेटहु पूरन जो दुःख तोरे।।
दयउ न ध्यान जदपि माँ सुनयू। नयन नीचि शाँती हिय गुनयू।।
हौहि प्रभावित शीत वयारा।नीति नारि सन सत्य अधारा।।

सोरठा - नहि चन्डहि मन चैन, चलिहु अधीरहि आग पथ।
उठे नेकु माँ नैन, नीचे पुन कर लयउ प्रिय।। (43)

चौपाई - सुइ अनुमान रजनि चर करही। मो नर रूप निरख यहि डरही।।
कामिन सिकुर सुनी पद चापा। सुइ भय कछुक नांहि अव आपा।।
गयउ पास निर्भय वल धारी। पकरिहु हाथ सम्वोधित नारी।।
दयउ संकेत तुरत संग हेतु। झुकिहु चन्ड कम्पन मन चेतू।।
खल अनीति अति निरखी माता। जानिहु हित रन अवगुन ज्ञाता।।
बुरे भाव सन पूरन हाथा। परिसिहु जैसु करन निज साथा।।
भयउ सहन नहिं शान्ति विचारा। मन रिसानि कर क्रोध सहारा।।
सहसा उठी साटि कर लहये। झटकिहु वॉह चक्षु रिस भयये।।

दोहा - वरन श्याम लालिम लसिहु, कम्पित भयउ शरीर।
तलुवन चोटी झार कढ, खौलिहु खून अधीर।। (44)

चौपाई - रेशे रकत तरून दृग छाये। हेरनि ज्वाल यूथ घुमडाये।।
झरे अंगार कोप घन केशा। विखरे मनहु समूहहि भेषा।।
प्रथम पवित सत नाम वखाना। दोष असुर कर नीति सुजाना।।
चिन्तित त्वचा रेख पर भाला। सिकुरन भेष प्रमानित काला।।
सत वृत धारनि शक्ति भवानी। वली हिदय तै जननि रिसानी।।
भरे क्रोध सन अटपट बयना। झटपट कहिहु खुले रह नयना।।
दरसे विन्दु वारि श्रम सीना। झरे वयारहि साटिक झीना।।
आनन लाल काल दरसाना। प्रगटन मृत्यु पंथ पहचाना।।

दोहा - कोप अगनि परभाव तै, सूखे अधर मलीन।
दिव्य मधुर रस जिव्ह किह, घ्रत रूपहि गिरि चीन।। (45)

चौपाई - कोपित प्रति क्षन मात प्रतापा। वढिहु निरन्तर रूहनि कॉपा।।
कोप अगनि विच श्यामल वरना। भयउ लाल पर दहकनि झरना।।
जिह प्रकाश भर धरनि अकाशा। तापित प्रानि दिगंतनि श्वांसा।।
भानु रश्मि लाजित नभ वाढी। परी हीन मनु वसुधा काढी।।
पीत वसन माँ रक्तिम चोली। धवल प्रकाश विलग रस घोली।।
वोली जननि जोर सत नामा। प्रगटन शक्ति कोप हिय धामा।।
अमल प्रकाशहि अम्वर रूपा। घिरे विचित घन मनहु अनूपा।।
दिव्य जोति विन कालिम रंगा। रहह जलत थिर शांति प्रसंगा।।

दोहा - मनहु चढाइहु पैच कुउ, धू धू कर लौ कालि।
कढी लहर सिकुरन सिरहि, अन्तर मेलनि लालि।। (46)

चौपाई - सन्मुख संग्रह विलग प्रकोपा। धुमडिहु घन रंग रूप अलोपा।।
वढइ निरन्तर हिय गति क्रोधा। सकय न कुउ कर ज्वाल विरोधा।।
क्रोधानल तै कम्पित जननी। होहि चली थिर निशचर हननी।।
कोष कुपित प्रगटन इक आगे। रूपनि मृत्यु अंग प्रति जागे।।
रक्तिम पीत कालि रंग रूपा। मिल भयु विलगहि कोप कुरूपा।।
असि अरू पाश धारनी माया। प्रगटी सनमुख कामिन काया।।
गौर वरन सुइ अम्व मिहारी। चेतन शान्त सुनीति निहारी।।
देखिहु तम गुन रूपहि प्रगटी। जैसु विलग कोपनि रंग दृष्टी।।

छन्द - रंग दृष्टि संगनि मात कोपनि रूप तम गुन कालिका।
भइ प्रगट जीतन मीत पूतहि रीति जननी घालिका।।
जिह वरन कालि अनूप रूपनि तेज मंगल दायनी।
नहि भेद कछु कर वेद वरनित ऊंच पंडित गायनी।।
सिर केश उलझन निकर विखरन प्रष्ठ आनन चारहूं।

माँ भाल कालहि ज्वाल जालहि रोष पोषनि धारहू।।
रिस रानि तन मृतु आनि धारनि वाघ वस्त्रहि चर्महीे।
हुय लाल लोचन काम मोचन करन अम्वे मर्महीे।।
माँ मोरि समरथ भांति पूरन प्रगट रिस आगे भई।
सत शक्ति क्रोधनि जिव्ह जेही लहर कढ अधरहि लई।।
द्रग मात तीसर पीस दन्तहि खोल सुइ सन्चालही।
मिल अंशु यूथहि रूप महेशहि नीति दरशन पालही।।

दोहा - पाश खडग धारनि जननि, सनमुख दिव्य स्वरूप।
नायहु अपयस माथ निज, दोवहु मिलन अनूप।। (क)

नीति अम्विका रोष गति, पोषनि क्रमशःधीर।
आयषु दीनिहु वानि इम, वाढन चन्डि शरीर।। (47)

चौपाई - जाहु तुरत तुम नाशहु दोऊ। मन सुत वली हौहि विध जोऊ।।
कारज वश यहि मात्र तुम्हारा। दो सहयोग समर संसारा।।
दल असंख्य दुउ वीर प्रतापी। करिहु विरोध विवश सन्तापी।।
अति भयु सोइ तोहु प्रगटायू। कोप अधारनि काज वनायू।।
तरू तरि ऐहि रूकहु मैं जौ लौ। मारहु दोउ सैन सह तौ लौ।।
करहु प्रतीक्षा आवन तोरी। रन जय सफल अशीषहि मोरी।।
अम्व वचन सुन चारहुं देखा। चन्डी महा प्रतापनि लेखा।।
निकरय जिह मुख तेज विशाला। प्रगटय लोचन कोप कराला।।

दोहा - रिस पावक जिह ज्वाल विच, जरिहु चन्ड झुंझलाय।
भागन चाहिहु पीठ दै, तप्त मनहि अकुलाय।। (48)

चौपाई - कालि झटक तव पकरिहु हाथा। कोपित चली समर दिश साथा।।
घसिटिहु चन्ड खिचिहु संग जननी। वान्छ दनुज प्रति माँ खल हननी।।
विसरिहु सुध रन लरन ढिटाई। विम्व वरन द्रग जोर जुटाई।।
लखिहु कुरूप कुपित रंग लाली। जोति ज्वलित व्यापित वल काली।।

भानु ग्रीष्म द्युति कोटि समाना। माँ मुख रौद्र तेज हिय आना।।
ज्वाल जूथ तन चारहुं ओरा। लपटन रूप स्वरूपनि जोरा।।
रिस चिंगार वासर रवि मांझा। हिय चमकन तापित लग झाँझा।।
रानि प्रकृति ऋतु राज वसन्ता। तरू तरि रूकन अपन सह कन्ता।।

दोहा - चन्ड विवश माँ हिय सवल, गयी खीच रन ओर।
सहसा प्रगटन वीच दल, अचरज दानव शोर।। (49)

चौपाई - देखिहु मुन्ड तुरत उठ वीरा। फँसिहु चन्ड आपति महि पीरा।।
आवत रूप कुरूपनि कामनि। प्रगटन मनहु अमावसि जामनि।।
भयउ अधीर वरन तन देखा। रच्छनि दिव्य सहेलनि लेखा।।
सुइ रन हेतु पकर मुहि भ्राता। आवहि मो दिश रिस भर गाता।।
यहि मन सोच रोच रन राजी। भयउ मुन्ड सैनहि निज साजी।।
दै अदेश दल करिहु तैयारा। वजिहु संकेतहि समर नगारा।।
सजिहु स्वयं नहिं लाग विलम्वा। सनमुख उघत जावन अम्वा।।
माँ झकोर छाडिहु खल तवही। वान्छ मुन्ड मेटिहु सुइ अवही।।

दोहा - कटि सन खैचिहु खडग तव, जकडिहु कर तन काल।
पांस खौस पट वांध हिय, वाढनि निर्भय चाल।। (50)

चौपाई - सजी सैन सनमुख माँ धाई। लरी जननि रिस कौतुक नाई।।
धाये निशचर आयषु मुन्डा। घेरिहु ओर चॉहु दिश झुन्डा।।
मुर्छित चन्ड चेतना आई। वधिहु धीर भुज वल विपुलाई।।
करिहु शोर दुइ भुजा उठावा। आश्रय मुन्ड वली रन धावा।।
मुन्ड निरर्थक जोर चिल्लावा। दल सुन शोर भीत अकुलावा।।
वढे विवश खल मीत कुभावनि। पोषनि जैसु लरन मन राखनि।।
दल बल संग दोउ रन जूझे। छावहि तम महि सकल न सूझे।।
सजे समर विच दोउ विमाना। बैठे संभर विजय अनुमाना।।

दोहा - वान्छ कुमति पूरित नयन, विम्व प्रथम आधार।
कल्पन रच्छनि कलि वध, वाँधनि शोभनि सार।। (51)

चौपाई - मति मनु क्षेत्र विषय रति धरनी। राह निक्रष्ट ऊंच निच करनी।।
दृष्टि जेहि रथ दोवहु चाका। धुरी शक्ति कल्पन वल जाका।।
लोभन काम कुपित अभिमाना। चारहुं अश्व जुते रथ माना।।
वन्धन चारू कुभावनि आशा। मिलन अगारि मद मलिन प्रकाशा।।
विम्व नारि द्रग सारथि जनयू। पकरहि रासि चलन खिच तनयू।।
दायनि प्रान प्रकृति सुख दैनी। अदभुत अरथ अंकुशहि पैनी।।
हॉकहि सारथि आयषु मीता। क्षन सुख शान वतावनि रीता।।
सुन्दर प्रकृति सुशोभनि चोटी। साजिहु भांति बहुत मति खोटी।।

दोहा - धुजा सफलता चाह खल, फहरह पल सध लम्व।
भोगनि रति आसन सजित, माल सुमन सज खम्व।। (52)

चौपाई - बैठ संभर मन आयधु धारे। हेतु तेहि सारथि संसारे।।
सुरस प्रशून सुगन्ध वयारा। शक्ति अमित हय सोच अचारा।।
चलहि हौहि आकर्षित कामा। वशी भूत मति भाव कुधामा।।
लोचन ऐसु कहे रह मनही। रथहि सवार असुर रन जनही।।
मोहित होहि संग्रहित कोषा। धन कर खरच कुगति पथ पोषा।।
आश्रय ऐहि अस्त्र वहु भावा। बल दुउ असुर समर इतरावा।।
प्रीत विषय चंचल निज राजा। हेतु उघत रन करन कुकाजा।।
दल असंख्य जिह वरन न जावे। हेरहि जहं तहं सहमति पावे।।

दोहा - घेरिहु चारहु ओर दल, रही अचल विच मात।
प्रकृति पिपासनि रूधिर जनु, कालि कुरूपनि ज्ञात।। (53)

चौपाई - खल दल मांझ घिरी महा काली। कम्पित गात भयावन लाली।।
अधरन नयन जिव्ह फरकानी। वीच समर श्री जननि रिसानी।।

गरज अम्व रिस दीन दुहाई। गूंजिहु चहुं मारन खल धाई।।
भये वधिर रजनीचर सारे। दन्तनि घुति द्रग भयु अधमारे।।
दिक दिक विकल भयउ भय देवा। मन अकुलान करन दिवि सेवा।।
दयउ शान्ति शोभनि समझावा। कहिहु भांति वहु निजहि प्रभावा।।
जननि शरन सुर निरभय भयये। मति अति खोटि असुर नहिं झुकये।।
भय सन संग कछु प्रात समीरा। सन्धि रूप सिंचित खिच तीरा।।

छन्द - खिच तीर सिंचित चीर स्वरनिम मूक स्वर हरितन मिले।
माँ श्वांस सारनि सुखद पावन सुमन नव अंकुर खिले।।
नहि मान खल कछु कुमति पूरित पात तरू लहरावने।
कह महेश वासर मांझ आवन भानु सुइ दहकावने।।

दोहा - भानु राज ऋतु मात रिस, विक्सित जोति जुवाल।
हेरनि खल खोलय मिचय, लोचन लख रन काल।। (54)

चौपाई - तरूपातनि मनु पीरनि रोगा। जरिहु वदन व्यापिहु खल लोगा।।
मूर कुमति तव तुरतहि सूखी। झॉझनि झोक तपी रिस रूखी।।
चली झकोर झरे तरू पाता। भये न मीत हिय जो विध प्राता।।
तिन कर चर चर वदन चराना। लपट चिंगर पद तरि पर आना।।
काल तेहि काली सत अंशा। उघत कुमति रति मारन मंसा।।
खडग पॉस धारनि जगदम्वा। कियो समर नहिं कछुक अचम्भा।।
हिय दिय जोति प्रकृति तम ऊंचे। मात्र अकेलि मिलन सत नीचे।।
सुमति प्रताप रोष शिव वामा। सह द्रग तीसर पोषहि धामा।।

छन्द - हिम धाम पोषित रोष कोषहि मीत सुमरन मेलनी।
सत नीति गावनि गीत प्रथमहि अन्त समरहि खेलनी।।
द्रग खोल पल इक खेल पूरन भंग कर खल कल्पनी।
जय हीम उचार अपार तेजनि नाश कर मति अल्पनी।।

दोहा - शक्ति सुचालनि पैच रिस, चढिहु मलिन पर पीत।
लपटनि धावत लालि लौ, कालिम वरन प्रतीत।। (55)

चौपाई - विकलन स्वर दिश चारहुं ओरा। चलिहु समर विच तप्त झकोरा।।
मन अकुलान रजनिचर लागा। दल विचलित छाया तरि भागा।।
जिह तर करहि आश नियरावै। तिह तरू झरन पात पथ पावै।।
धमकनि क्वार घटा ऋतु जैसे। ग्रीषम तप्त वसन्तनि तैसे।।
रूधिर पिघल वारी वन भापा। वहियु कपोलन ताप प्रतापा।।
सूखहि धार कवहु सर सानी। जिम जिम जननि आग उक्सानी।।
सुत मति धीरज प्रकृति वंधावा उगन पाति नव वीच दुरावा।।
पिक हिय कूक लुभावनि रानी। भावनि मति दायनि फल प्रानी।।

छन्द - फल प्रानि दायनि रानि प्रगटन लरन रन सनमुख लगी।
असि कोप जारनि श्वॉस पॉसनि वांध दल नाशन जगी।।
जस भाव खल तिह विक्रत तन कर देहि फल झुलसावही।
निज ओर खीचन झटक झकोरहि पीच गति कुलथावही।।

दोहा - काली कोपित समर महि, रोपित पद इक ठौर।
मारहि चारंहु ओर खल, निर्दोषनि सिर मौर।। (56)

चौपाई - निज हित काज विफल दल जाना। तरू तरि छॉह रहित अकुलाना।।
भये विवश तन पौछ पसीना। मन निराश आनन पर हीना।।
कान्ति मलिन पर रोच कुभावी। विषय प्रीत पल प्रगट न जावी।।
वीर स्वयं दुउ हौहि कुकामी। चचंल कहे पूत वहु नामी।।
जानिहु सुइ मन जीत न होई। घ्रणा क्रोध कर मिश्रित सोई।।
शक्ति सुपूरन हित अजमानी। विफल मरन हित कर मन ठानी।।
भरिहु रोष आयषु दल दयऊ। संग ऐक जुर सुइ झपटयऊ।।
माँ अकेलि धारनि असि पांसा। नाशनि खल अस नयन प्रकाशा।।

छन्द - परकाश नयनन मास मधु रस साटि धारनि तरू चढी।
सत रूप शोभनि मोह आशहि वान्छ मन नाशन वढी।।
वंध धीर असुरन सोइ जीवित तेहि दल आश्रय रहे।
लख प्रभा प्रकाशनि प्रीत अशुचि रस लोक लोचन गहे।।

दोहा - टोरहि पातहि डार महि, सिंचित आशहि गात।
काल अजा भूखन लखहि, आवन उदर समात।। (57)

चौपाई - ज्वालहि काम जलहि खल सैना। विवश निराश घ्रणा द्रग पैना।।
रहे लिप्त दन्तनि घुति अंशू। नयन चितावन विषय प्रशन्सू।।
चितवन ऐसि वरन वहु गौरा। रति हित वन्धन पावक जोरा।।
शोभ लुभावहि दमक अंगारा। मति कर काम छुवन तन जारा।।
सकहि न चेत विसर सन्तापा। मिलन काज होवन खल कॉपा।।
क्षन सुख हेतु पुलक हुलकाने। पर तिय गमन अगनि झुलसाने।।
खल दुउ लोचन सैन असीमा। करन कुकल्पन दाहनि जीमा।।
धायहु चारहु ओर अगारा। अस्त्र विविध कर दौर प्रहारा।।

छन्द - कर दौर मार प्रहार मारहि अस्त्र द्रग धारनि अती।
हिय नेक वस माँ एक तन तै भिरन असुरन दल मती।।
संग नेक सैन अनेक जननी धीर साहस वांधयू।
हुय उघत पुन पद वढन प्रति क्षन साटि कॉधन साधयू।।

दोहा - चक्षु खुले मनु खोल माँ, कोपित धाम किवार।
रही एक टक देख दल, चमक हाथ तलवार।। (58)

चौपाई - तमोगुनी मति मेल सुमति सन। हिय समर्थ पथ मारन असुरन।।
फडके अधर चढिहु तन रोषा। लोचन लाल सवल तन पोषा।।
दन्तहि काट अधर रिसयानी। कढी रसान रोष दहकानी।।
संभरिहु अम्व विसारिहु दाहा। धूरंग लिप्त रचित माँ काया।।
शव्द हूय उच्चारन जोरा। चन्ड मुन्ड मति दाहनि शोरा।।

भयउ गूंज भारी प्रति कौने। धुन तिह मनु मृतु परे विछौने।।
दमक अंगार धूम विन जोती। चन्डि अकेलि सहेलनि होती।।
रच्छित संगनि कर निज ओटा। झेलहि स्वय वाह्यं तन चोटा।।

छन्द - तन चोट वाहहि झेल खेलहि खेल कोपनि फागही।
कर कृपान करन कल्यान मान सत शान शुभ लागही।।
जिह अन्त करूणा कृपा बहावनि धार सुत लग पानही।
हुय त्रप्त तिर विध ध्यान धर रस लेख सोहनि छानही।।

दोहा - पूर्न प्रतापनि क्रोध भर, शोधनि मति संचाल।
पुन पुन सुमरन सत्य गुन, अन्तर सद चित पाल।। (59)

चौपाई - ऑगन प्रिय पावन ऋतु राजा। भानु गगन पथ माँझन आजा।।
वढिहु करिहु महि पूर्ण प्रकाशा। तप्त रश्मि शोभनि रिस श्वासा।।
झरे विटप ऊंचे तै पाता। उगे सुकोमल नव तरि गाता।।
तिह मघ दुरी वानि पिक प्यारी। कूकै दाहनि मीत सुरारी।।
माँ पद चेर सुरक्षित सोई। विचरन अभय पवित मति होई।।
महा कोप राजनि तन काली। क्षन यहि सुत निज अंचल पाली।।
शठ जिह विलग मान संसारा। पूजहि करम असुर आचारा।।
तिह कर चरित पवित सत मेला। वरनहु पुन्य करन प्रिय खेला।।

छन्द - प्रिय खेल वरनहुं मेल माँ सन कालि अन्तर लालि सौ।
शुभ वरन कालिम हीय स्वरनिम जोति जीवन जालि सौ।।
तन लसि रकत मन वसन मोहनि पवित वलि विन स्वामनी।
दिवि द्रष्टि श्रष्टिह सन्त सुर हित दुष्ट असुरहि धालनी।।

दोहा - भालहि घुंघरित केश जट, कढी जिव्ह रिस लाल।
धस लोचन अन्तर ज्वलित, मनहु विलग तन काल।। (60)

चौपाई - सैन असंयम चन्डहि मुन्डा। अबर्नीय चारहु खल झुन्डा।।
सनमुख करहि फँसावहि पांसा। काटहि शीश करहि दल नाशा।।

वदन विशाल खडग चमकाना। शक्ति सुचालनि निकर रसाना।।
निशचर हीन चकोतहि परयू। चमक चिरंतन लौ रन जरयू।।
चरम चीर धारनि जग रानी। कटिह लपेट समर रिसयानी।।
मात्र क्रपान कठिन सज हाथा। दूसर शोभहि पांसनि साथा।।
भालहि कालि सिकुर श्रम सीकर। झलकन वाष्प तप्त रस हीकर।।
हेरहि जहं तहं होहि सफाया। दल असंख्य जस तैसनि काया।।

छन्द - दल जैसु तस कर काय तामस माय मति वीरांगना।
लै क्रपान काटहि शीश भेटहि भूमिह ऋतु आंगना।।
दै हूह धावहि जोर कर खल जुटय अस्त्र प्रहारहीं।
माँ काट असि सन क्षनक क्षन महि हीम क्लीं उच्चारहीं।।
हिय वीज यहि पर चक्षु तीसर पीस दांतहि खोलहीं।
सुइ अंशु अनेक अकाश अंकुर कोप विस्त्रित होलहीं।।
अति क्रोध सोधिहु वोध कर मन पांस कन्ठहि डालहीं।
पुन एक कर तै पकर चोटिह कोटि सिर असि घालहीं।।
लग ढेर जहं तहं रून्ड मुन्डन खन्ड शत शत होयहै।
पद कुचर पीचन कीच रूधिरहि सान माहुर मोहहै।।
हिक श्वांस हिचकी हीक हिय किह असुर गन प्रानहि तजे।
स्वर खडग खच खच गूंज रन महि कुमति द्रग कल्पन लजे।।
सिर कटन फुहार रूधिर पहार अकार परन तन वहे।
रंग कालि तन पर लालि धारनि उदित रवि मनु घन लहे।।
मुख हँसित श्वासित सरल कोपित ग्रसित रति मति अंशुनी।
भाव मृदु माँ मान नयनन नीति नित मीत प्रशन्सनी।।
नभ श्याम जिम नव भानु उगतन चमक सन भर जावहै।
तिम कुपित माँ मम कालि लालिम दमक खल मर जावहै।।
रूधिरहि रसानहि धार ऑचल चोलि भीगन शोभहीं।

मनु निकर रश्मिह हीय पिघलन झरन कन दिव लोभहीं।।
कन एक माँ तन परसि नेकनि आग वन चिन्गारही।
गुन गुनहि प्रगट हुय नीति राशि त्रन मिलन फुनकारहीं।।
दै श्वास फूंकनि जरनि ज्वलित खल यूथ पूरन भये।
सुमहेश माँ मुर ओर चन्डहि चलन कर राहहि लये।।

दोहा - चन्ड चकित अवलोक दल, पूरन भयउ संघार।
शोकित सनमुख विवश परि, आयहु मुन्ड अधार।। (क)

झुन्ड कछुक तरि नत नयन, छिपिहु मुन्ड किह ओट।
तिरछि विलोकिहु भाग सम, तत्पर झेलन चोट।। (61)

चौपाई - आयहु वल दल चन्ड रिसाना। लखिहु वढन भ्राता अनुमाना।।
सैन हीन साहस मन मांही। रहिहु वांध चंचल चित छांही।।
आयषु सारथि हॉक विमाना। धायहु सन्मुख ढाल लगाना।।
रच्छित अबसर रूचित हितैषी। मानी मदी तमोगुन द्वेषी।।
पलक प्रत्यन्च दृष्टि नाराचा। खेंच कुमति छाडिस विन आंचा।।
तीर सहस्त्र वार इक छाडै। फनि फुंकार युग संग रन वाढे।।
गरूण रूप रूधिरहि दृग रेशा। खावन सकल हीन सर शेषा।।
सुइ माँ सनमुख करे कृपाना। फनि मनि छीनिहु करिहु दुखाना।।

दोहा - खडक चमक अग हीन सव, परे धरनि सर खन्ड।
पलट सती तत दृष्टि रिस, करिहु प्रहारहि चन्ड।। (62)

चौपाई - वढी मात मुठिका हन ऐका। भयउ चूर रथ खन्ड अनेका।।
लघु अधार धन कल्पन लोभी। निष्क्रिय जिम कर संचित शोभी।।
ध्यान मगन आनंद वश ऐही। सुख असीम मन मानहि लेही।।
सुख अस हीन करम परिणामा। कारन अन्त नाश धन धामा।।
टूटत ध्यान लखहि निज हीना। सम सुख स्वपन जगय मति खीना।।
तिम रथ कल्पित कामुक नयना। माँ सत आंच नशायहु दयना।।

ध्यान हीन कामिन कर विम्वा। देखिहु विलग ज्वाल जर अम्वा।।
मीचिहु नयन आंच सह नाही।ढाकित पलक पिछर पग जाही।।

दोहा - वरन गौर पावक तवहि, दहकति कोपनि मात।
रही सुहावनि रूप सन, आकर्षित खल आत।। (63)

चौपाई - वन विमान मति बहुत गुमाना। नहिं संग कोउ तदपि हित माना।।
खोल नयन तन लखिहु अनूपा। आश्रय मात्र लुभावन रूपा।।
चहहि करन छल पकरन लाली। समर भूमि देखिहु विन काली।।
मति अति मन्द न जान रहस्या। कालिम लुप्त लालि पर दृष्या।।
धायहु गदा लेय निज संगा। छल वल चतुर चकित चित भंगा।।
निज अजान वश कामुक दनुजा। शक्ति सत्य निर्भय गिरि तनुजा।।
पूरन अस्त्र वीर संग वांधे। गति सम श्वान चलन पद सांधे।।
गयउ नियर मोहित विम्व कामी। आशहि श्वास कुमति अनुगामी।।

दोहा - साध गदा कर एक खल, झपटिहु पूर्ण अधीर।
परिहु माँझ नाशन लगिहु, विम्व वान्छ रति चीर।। (64)

चौपाई - विषय पिपास वुझावनि लोचन। ऑच सुमति सत कीनिहु मोचन।।
परिहु पावकहि प्रगटन काली। लपटन ज्वाल ढकिहु कर जाली।।
चन्ड सोइ जनु आपति आनी। जरिहु वान्छ मनही अकुलानी।।
मारिहु गदा खैच खल तवही। जानहि दुष्ट निकर चह अवही।।
भयउ विफल ज्वाला अति वाढी। लाली लुप्त कालि सन गाढी।।
रहिहु कुपित कर अस्त्र प्रयोगा। सकिहु न छूट चक्र दुःख जोगा।।
प्रति क्षन ज्वाल कालिमा प्रेरी। प्रगटित पूरित चारहुं घेरी।।
लालि अधारनि मात्र रसाना। लप लप लहरनि अगनि प्रमाना।।

दोहा - क्रमशः सुइ मन विवश पर, मिल नहिं कछुक अधार।
मीत विषय द्रग कलिमा, अन्तर लालि अपार।। (65)

चौपाई - सत्य स्वरूपनि तामस तत्वा। लसित कुरूपनि भच्छन कृत्या।।
अनल ज्वाल निर्दोष प्रमाना। जरय सकल नहिं अशुचि विधाना।।
सत पहि भयउ कुमति आचारा। अति आवन रति विविध प्रकारा।।
शक्ति सत्य सुइ प्रगट प्रकाशा। फूंकिहु ज्वाल रोष धुम श्वांसा।।
वाढहि लौ नभ लपटहि छाँही। धूम कालिमा तन प्रगटाही।।
झपट लपेटिहु विलग चली माँ। मेलित अन्तर आवत ही मा।।
तन कामनि रिस शक्ति भवानी। रूधिर पिपासनि जिभ कढ आनी।।
वान्छित चन्ड विफल निज करमा। मति आत्रप्ति पूरित रति धरमा।।

दोहा - जरिहु वदन पूरन निवल, विस्त्रित वान्छा भोग।
कान्ति उदित अन्तर तवहि, प्रगटन आत्म निरोग।। (66)

चौपाई - तेज सुमति सोखिहु सव खूना। जेहि कुमति पूरित मद दूना।।
मध्य ज्वाल असि चमकन हाथा। वढिहु क्षनहि काटिहु खल माथा।।
करिहु विलग अन्तर तै मुन्डा। वधिहु जननि वढ वान्छित चन्डा।।
कटिहु शीश लग रूधिर फुहारा। झरिहु मनहु महि विषय पहारा।।
रंगित रसान परियु इतरावा। करिहु पान इम तुरत सुखावा।।
जिम रंग प्राचि अद्रश हुय प्राता। सोखित अंशु पवित रवि गाता।।
नभ जिम चिन्ह वुन्द रंग भिन्ना। तिम खल खून दमक वुंद छिन्ना।।
वन्धन आत्म अमर सत जोरा। मिलन सप्रीत देह संग छोरा।।

दोहा - यहि विधि मारिहु चन्ड रन, करिहु जोर अट्टहास।
धाई मुन्डहि ओर तव, लैकर हाथहि पांस।। (67)

चौपाई - भ्रात मरन लख मुन्ड रिसाना। अदभुत कामनि कैसु गुमाना।।
नेकु न सहमह सनमुख आये। मारिहु भ्रात मोहि पै धाये।।
चिन्तित कछुक सवल पुन सैना। बाम भाग आश्रय मति नैना।।
हीन भ्रात तै मूर्ख महाना। असुर रीति रन कर अभिमाना।।

झगडिहु कोप कुमति कै थोरा। गरजिहु जान अपन वहुं जोरा।।
विकट समर जय कामनि पाई। वधिहु चन्ड सारथि मति छाई।।
भयउ विफल भय भारी व्यापा। सारथि तप्त भीत पथ कांपा।।
कंम्पित खैचिहु अश्व लगामा। हुय जिह जाहि समर्पन कामा।।

दोहा - हय द्रग उल्टी रीति जग, खैचत चलय अगारि।
जिम खैचिहु तिम वढिहु अग, मिलिहु मुन्ड आधारि।। (68)

चौपाई - सोचिहु मन सारथि वलवाना। हांकिहु सुइ यहि मोह विमाना।।
रथ गति तीव्र सुसन्मुख धावा। सारथि दुःखित हीन निज पावा।।
पलक कवच कर आपन रच्छा। आकुल हॉकनि गूढनि शिच्छा।।
दयउ न ध्यान लखिहु वश वाहा। कोपित मुन्ड गयउ तन दाहा।।
दूरहि तै कर बहुत प्रहारा। धायहु धीर समर रिस धारा।।
रोष जननि वन प्रगटन ज्वाला। जरनि सकल तरू शोकित हाला।।
कछु तरू धारनि वुन्दन वारी। चहह वुझावन निचुर मंझारी।।
भरे नयन खल आंचहि माता। अश्रु झरन निर्वल पर गाता।।

दोहा - असफल आयधु समर पर, गिरे होइ शत टूक।
घेरिहु जननी साटि चहुं, तपित मुन्ड विच मूक।। (69)

चौपाई - एक हुंकारहि चढी विमाना। पग इक रथहि दूज महि जाना।।
खैंच मुन्ड पटकिहु घड धरनी। रथ कर चूर वोझ पग करनी।।
सारथि स्वयं प्रान निज तजये। मति अर्पन अन्तिम क्षन लयये।।
अति सन्तोष विसर सन्तापा। माँ पद परसन मेलन आपा।।
माध्यम कुमति मूर तै नाशन। चालित मुन्ड वान्छ अध भासन।।
पकर चोटि कर आगि उठावा। काटिहु शीश नशानि कुभावा।।
रून्ड मुन्ड तै धार रूधिर की। वहियु विषय संग सर कीचर की।।
परय धार सोखित तन साजे। कर वध मुन्ड जननि रन गाजे।।

दोहा - लपटन झपटन सैन कछु, मारिहु अम्व रिसाय।
कछुक किनारहि क्षेत्र तज, गये असुर घवराय।। (70)

चौपाई - चन्ड मुन्ड दल नाशित पूरा। लोचन दृष्टि कुमति तरू मूरा।।
करिहु जननि जय समरहि पाई। गरजिहु जयति गगन शहनाई।।
अरि विन खेत मात अबलोका। रोष वढन गति आपन रोका।।
सहज सुभावहि शान्ति सुहाई। शक्ति सुपूरित सत्य दुहाई।।
भई सकल स्वामिन जयकारी। शुम्भ कुगति व्यापनि भय भारी।।
करिहु कालि माँ शोभनि काजा। फिरी फेर मुख पावन साजा।।
रंग वसन्त वाघनि तन चीरा। लिपटी अम्व सुहान शरीरा।।
सुमति लुभावनि श्यामल कारी। तम तन तदपि सत्य वृत धारी।।

दोहा - भाल सुविस्त्रित संचलित, सोहनि आयषु डोर।
तेजस्वी सत शक्ति कर, पकरे इक माँ छोर।। (71)

चौपाई - केश राशि विखरित सम घनही। घुघरित सघन संयमित मनही।।
सत स्वर शान्ति झकोरहि फेरी। फिरी सगुन गुन गावत हेरी।।
शुभ्र वदन सत सदन भवानी। जान रहस्य समर जग रानी।।
दयउ सुआदर सनमुख आसन। नीति नवी हित नाम प्रकाशन।।
पूछिहु बहुर जुद्ध किह हाला। पायहु किम यह विजय विशाला।।
तुरत सोइ सिर कालि नवाइहु। कृपा तोहि यह जय मैं पाइहु।।
वादहि सकल हाल विस्तारा। गूढ रहस्य अति पूर्ण अपारा।।
चन्ड मुन्ड जिम मारिहु दोई। कहियु सुनाय सकल तिम सोई।।

दोहा - करनि कृपा चितवन सुखद, विहंसी सुन रन हाल।
श्वांस सुशीतल चैन हिय, पवित क्रोधनी चाल।। (72)

चौपाई - प्रीत विलोकिहु कालि शरीरा। कोपित अबहि कछुक रन पीरा।।
झोक पवन कम्पित द्रग लाला। होयहि रोष पूर्ण भर भाला।।
करूणा सदन स्वामनी देखी। तिरछि भौह ओझल नत लेखी।।

सोइ निपुनता पूरन भांती। ताकिहु अम्ब द्रष्टि दिव कांती।।
धीरज ऐसु शान्ति मय हाथा। जेहि विजित रिस समरथ साथा।।
फेरिहु जननी हरिहु थकाना। धीर उचित जनु मीत वंधाना।।
आयषु शान्ति रहन कै दयऊ। विन विरोध तामस तज लयऊ।।
कहिहु मात सुन मोहि सहेली। मो प्रिय अंश वार खल झेली।।

दोहा - मोहि वचाइहु ओट निज, स्वयं समर रिसयाय।
चन्ड मुन्ड मारिहु प्रवल, मोरिह लाज वचाय।। (73)

चौपाई - करिहु कृत्य तुम मुहि संग ऐसा। सुइ सुभाव सत सुन्दर भेषा।।
यहि उपकार तोहि वढ मोही। कौन सुपथ सन फेरहु तोही।।
सकहु न कर कछु तोरि प्रशन्सा। मिलन सहेलि प्रीत अस मंसा।।
मो प्रिय अति यह वदन तुम्हारा। हित तुहि अर्पित प्रान हमारा।।
प्रेमहि हेतु वनायहु काजू। मागहुं सोइ देहु भर आजू।।
मानहु सत्य भेद कछु नांही। दिव्य एक मो तुम लख छाँही।।
वधिहु वीर दुइ चन्डहि मुन्डा। नाम प्रकाश होइ चामुन्डा।।
आपति काल सुमर जग जाने। पूजित तुरत विजय सनमाने।।

दोहा - सुनहु सहेलनि नाम तुहि, संग सुयश संसार।
सुमरय सद मति सत्य पथ, विजित ध्यान साकार।। (74)

चौपाई - सत सर सलिल अमल माँ वानी। झरनि सन्ध्य ऑगन अगवानी।।
निर्मित शान्त मयूखहि पैला। तटहि सुहावन पावन गैला।।
करिहु कालि मल तन अस्नाना। आत्म पवित अन्तर माँ ध्याना।।
नायहु शीश परसि पद माता। प्रीतनि माँझ समाहित गाता।।
कालि विलोकिहु आपन वरना। मिलन लालि संग भेद न परना।।
माँझहि अंशु अनेकन भानू। आनन सत्य दमक कल्यानू।।
चन्डि रोष परणित नभ सॉझा। मलिन मिलन लालिम रवि मांझा।।
मेल स्वरूपनि धरनि सुहानी। करनि नीति पथ कीर्ति भवानी।।

दोहा - अति अनुरागहि मात मुख, हेरिहु चन्डि चकोति।
उज्जवल आभा रमन चहुं, सजित प्रकृति रज मोति।। (75)

चौपाई - सुख कर अनुभव हरषित माता। रूप अमंगल मंगल दाता।।
निज कर जोर कहिउ प्रिय वानी। मृदु स्वर शान्त गूढ गुन खानी।।
स्वयं न परचित मैं अपने तै। किम सन्जोग जनम किम कन तै।।
आपन प्रकृति तरूण सुध सहसा। आयहु मोहि न जान रहस्या।।
निज ते वढ मैं देखिहु तोही। भाव हितैषनि अंकुर सोही।।
पोषित वदन मोहि मन सीचिहु, तुहि लै आयषु असुरहि मीचिहु।।
आयहु लौट बहुर तुहि आगे। वांधिहु भाव प्रीत द्रण धागे।।
संग तुहि काज ऐसु मैं करयू। मांगहु अवश चुकावन भरयू।।

दोहा - निज खेतहि मैं सोच पर, चहहु पदारथ जौन।
पावहु अन्तर लीन तिह, स्मिृति प्रस्तुत हौन।। (76)

चौपाई - मोहि अभाव जरूरत तोरी। मिलकर दोउ करहु यहि पूरी।।
अन्य ऐहि वान्छित मैं होई। सुनहु हितैषनि पूरन सोई।।
करिहु करम जो निन्दित जग ही। कैसि सुयश भव फैलहि मगही।।
मन तामस हिय ऐहि अशांती। हौहि गलानि घ्रना पद माती।।
शरन तेहि सत सर यहि कीचर। परियु मोहि मन अनभल हीचर।।
विनय सोइ स्वीकृत कर मोही। सोखहु ऐहि विषमता कोही।।
देखिहु नाहि तोहि मैं भेदा। तदपि कैसु उपजन मति खेदा।।
यहि अतिरिक्त समर प्रति साथा। देहु वचन मुहि लै चल हाथा।।

दोहा - भई मूक कह वानि मृदु, विहंसी सुन जगदम्व।
कह समुझइहु एक दुइ, मूरख लगित अचम्भ।। (77)

चौपाई - मारिहु जो तुम दोउ प्रतापी। रूधिर रसान अशुचि लग ढांपी।।
कारन जेहि भयउ तुहि खेदा। सुनहु शान्ति सुइ सतशुचि भेदा।।
नहि सन्देह करम तुहि निन्दित। करिहु मोहि हित सोयहि वन्दित।।

करन प्राप्त जय असुर अचारा। मो तिह आपहि प्रगट अपारा।।
शक्ति तामसी खल अनुकूला। जन्मिहु ज्वलित झार जुर कूला।।
दैत्यहि रकत लसित तन रह्यू। वधिहु सकल विस्म्रित निज लरयू।।
तदपि सुनहु सत मोरिहु वाता। छुविहु न नेकु अशुचि तुहि गाता।।
क्रोध अनल तन जारहु आंचा। तुहि तें विलग जुरिहु मो सांचा।।

दोहा - गठित बरन तुहि मोहि सन, तामस पूरन तेज।
जावन रन लै आंच मुहि, आवन सेवहि सेज।। (78)

चौपाई - धरहु शान्ति वन भसमि अंगारा। अनुभव मिलन अपन मुहि सारा।।
करहु प्रीत सन पावन जीया। अन्तर ज्वलित सत्य हिय दीया।।
शुचिता पूर्ण विलोक प्रकाशा। भैटहु मोहि सहेलि निश्वासा।।
बहुर भाव तुहि मैं रन खेता। लरहु योग तुहि आपति चेता।।
भूमि समर यहि और अलावा। पावहु अपन रूप रिस भावा।।
लोभित तत्व विकट अनचारा। दैत्यनुरूप सवल साकारा।।
वढइ अधिक जव दानव वीरा। वीर्य रूधिर सन संख्य शरीरा।।
आपन रूप निरख रन तवही। करहु संग्राम रमित मो अवही।।

दोहा - सुन भेंटिहु उठ कालि झट, चिपकिहु सोहनि छाति।
छाया रूपनि विलग रह, जिह माँ शून्य न भाति।। (79)

चौपाई - द्रष्य सुहावन भावन मनही। कालिम धवल कालि तन जनही।।
तप्त श्वांस भइ शीत समीरा। वहियु सुमति सन सन्ध्य शरीरा।।
लौटे विहंग धाम निज कलरव। गूंजिहु गगन धरनि माँ रव।।
अस्त दिनेश भेष प्रिय भयये। विखिरिहु तिमिर निशारंग लयये।।
उदित तुरत विधि नव दिश प्राची। भयउ सुशीतल मती सुऑची।।
लै संग चन्डि चली गिर ओरा। भाव सहेलनि कालिक गौरा।।
सुमति कलाधर किरन सूमहा। परनि मात तन दमकन रूहा।।
कोमल नव तरू अंकुर पाता। आंचल प्रकृति छिपिहु पिक गाता।।

दोहा - कूकहि निरखहि चाल माँ, विखरन पीत प्रकाश।
मन्द झूम गति तरून रस, निचुरत धरनि अभास।। (80)

चौपाई - बैठी जाय गोदि हिम राजा। प्रथम सुनायहु जय कर काजा।।
विजित दिवस भयु कृपा तुम्हारी। वृत निज पहि दृण वढन अगारी।।
मिलिहु भाव तै आपन राहा। शक्ति सहेलनि समरथ पाहा।।
करिहु जुद्ध मारिहु खल दोऊ। आयहु लौट संगनी जोऊ।।
यहि विधि परिचय जननि कालिका। दयउ ग्रहण कर धरनि पालिका।।
सुनिहु गिरीश सुता सन्देशा। दृष्टि गूढ देखिहु दुउ भेषा।।
हेतु सुता जय वान्छ गिरीशा। पूजिहु मनहि सुमर जगदीशा।।
फरकित अधर अश्रु द्रग आने। ध्यानित मूरत शिव सनमाने।।

दोहा - अम्व विलोकिहु पितु नयन, पौछिहु कोमल हाथ।
खुलित ध्यान रस झरनि सत, संभरिहु सुमरन नाथ।। (81)

चौपाई - संगति साहस शौर्य विपुलता। प्रथम सरायहु योग सफलता।।
बहुर सुता वृत धारनि शक्ती। कृत्य पवित रिस सोचन युक्ती।।
शैल राज संयम हित स्वामी। अन्त व्यवस्था सत पथ गामी।।
हित पाहुन कर पूरन भांती। सुता समान सन्त मति कांती।।
रानि प्रकृति ॠतु राज सुहाने। स्वागत हेतु सजित गिर आने।।
मृदु फल विविध विटप तै टोरे। प्रीत विवश हालहु धर जोरे।।
सन्ग कन्त सनमुख धर माता। अर्पित करे सकल सज पाता।।
रूच रूच खायहु संगनि संगा। करिहु प्रशन्सित पवित प्रसंगा।।

दोहा - प्रकृति खिलाइहु पेट भर, सुर सरि जल लैकन्त।
आयहु जौ लौ हरष हिय, छलकनि सुरस वसन्त।। (82)

चौपाई - सोइ सलिल मृदु सुधा समाना। प्रेमहि नीति करिहु जल पाना।।
होहि त्रप्त आश्रय दुइ दयऊ। रोकिहु हेतु विश्रामहि लयऊ।।
वन्दिहु चरन दोइ वश प्रेमा। रहिहु सीख सन पथ दृण नेमा।।

भोजन वाद कालि सह अम्वा। बैठी करत विवाद विलम्वा।।
हंसित नीति मर्यादित माना। सत्य सुमारग साखहि नाना।।
ज्ञानहि भेद एक अनुरागा। वर्णित वेद वँधित विधि धागा।।
छॉटन मैल मीत किह धारा। हरन सुपूरित सुखित अपारा।।
कथा अनेक सुविस्त्रित कहही। चन्डी सुनिहु ध्यान धर लयही।।

दोहा - भई प्रभावित प्रेम पथ, सुन वेदहि सत सार।
जननि तेहि भाखिहु सकल, जानिहु जनम अधार।। (83)

चौपाई - करिहु विश्राम बहुर संग दोई। प्रहरनि प्रकृति दयउ चहुं सोई।।
शान्ति सुमति मृदु शीत वयारा। फिरिहु कोट चहुं सुदृण अपारा।।
सवहि सुलावन चेतन देवी। सोवहि चरित सुखद सुत सेवी।।
नेत्र सहस्त्र निरख ऋतु रानी। शयन करत शोभनि कल्यानी।।
सोरभ अश्रु पुलक द्रग झरये। हंसित प्रशून कपोलहि ढरये।।
सेवहि प्रकृति जननि पद दावे। प्रेम मगन नहिं पौछन पावे।।
परे ढुरक माँ चरनन पाही। तरे नयन नहिं देख अगाही।।
आयहु झीम अलस क्षन एका। शून्य प्रकृति पर भावनि नेका।।

दोहा - क्षन सुइ चेतन मात मुहि, जागित आलस त्याग।
देखिहु जिह रस तरून तन, लोचन पूरित लाग।। (84)

चौपाई - चक्र समय पथ शशि गति गगना। वढनि निरन्तर निरखन अंगना।।
क्षन प्रति रजनि विगत सुन्दरता। विक्सित धरनि रश्मि रंग रंगिता।।
छवि अति प्रति पल दून वढाई। विधि रति धाम मती निपुनाई।।
आंगन जेहि सुहावन धामा। शक्ति सुमंगल सुन्दर नामा।।
वसय सकारनि सत्य सुरूपा। वदन लुभाभित तरून अनूपा।।
तिह छल किम छवि रहहि अभावा। सो पूरित लोचन भर पावा।।
विम्व विचित्र द्रग हिय सनमाने। शोभा प्रकृति प्रेम माँ जाने।।
द्रष्य अनेक प्रभावित राहा। मति अनुरूप सुआंकन पाहा।।

दोहा - प्रवृति असुर पूरित मनहि, कामुक विषयनि भोग।
विम्व तरून द्रग नारि पर, माँ अनुमान निरोग।। (85)

चौपाई - प्रकृति द्रष्य तै प्रगट प्रभावा। सुमति अरथ जे मनुज लगावा।।
वान्छ कुमति द्रग नाशित जेही। माँ प्रताप पावन हिय नेही।।
तिह कर द्रष्टि द्रष्य युग सारे। लखय सहज सव मात अधारे।।
वायु वसन्तहि रति उकसावा। वरनित सकल प्रानि यहि पावा।।
मिलन संयोग हौहि यहि काला। स्वयं प्रकृति सत गुन संचाला।।
भोगहि सन्ग कन्त सुख पूरा। अन्तर जुरहि अन्त सत मूरा।।
दोषित सोइ नाहि यहि होई। जो नर सोच समझ चल सोई।।
परन न देह मलिन सत जोती। लेयहि सुख भोगनि रति होती।।

दोहा - हित माँ साधन करन जग, सुख भोगन ऋतु काल।
चक्र श्रष्टि कर्तव्य कर, संयम सुर मति चाल।। (86)

चौपाई - कहहु कहा तिह दुर्लभ जगही। चलय सदा जो सत वृत मगही।।
वरन मनोहर कामिन गोरा। विम्व धार द्रग हिय किह ओरा।।
सत्य नीति मति मृदुल सुहाई। सहमति दयउ मेट जडताई।।
अरथ सहज ते आतम मन्सा। नीति सहित परमात्म प्रशन्सा।।
प्रगट दीप वुधि हिय सनमाना। मीत प्रकाशित पूरित ज्ञाना।।
भाव पवित तै जननि हंसानी। अंक सुममता भोग सिखानी।।
हौहि उचित जिह नाहि कलंका। विचरहु धरनि अभय विन शंका।।
चक्षु वशी मुहि हिय तरि ढाला। विम्व अरथ मति सहज सुचाला।।

दोहा - जावहि सुइ वह हीय सर, सोच सुशक्ती वांध।
झरय न नेकहु वंधय द्रण, मात सुमति सन रांध।। (87)

चौपाई - स्थिति अस पूरित कलि रीता। मिलय न अवसर सोचन मीता।।
जदपि विलोक सकल युग कामा। हीन प्रभावहि तदपि सुनामा।।

देहि सदा वहि हिदय तलावा। सुधा सुरस तै भर लहरवा।।
आपहि आप भयउ मन मन्जन। ओरहु चारू शक्ति सतरंजन।।
कैसहु वान्छ कुमति कै नाहीं। विम्व नयन तुरतहि माँ छाँहीं।।
मिली न कौनहु राह रसीली। थिर मति सुखित जैसि जिय गैली।।
मल तै हीन मीत रति चामा। माँ जिहु पूरन सत हित कामा।।
बहुर सुसंयम समरथ ईशा। नियमित ध्यान झुकावन शीशा।।

दोहा - प्रवृति प्रकृति के ज्ञान तै, सुमरन सत्य सकार।
प्रगटित जननी जय करनि, जाहि सिन्धु भव पार।। (88)

चौपाई - पौरष पूर्ण तरून तन होई। यौवन रस रति यतन संजोई।।
करय साधना जननी केरी। दोनहु राह सफलता चेरी।।
द्रग मर्याद सत्य अनुकूला। हौहि हिदय करूणा रस फूला।।
सवल सकल विधि समरथ सोहे। प्रानि जगत प्रतिभा पहि मोहै।।
अनाचार पहि ऐयहि लोचन। ज्वलित कोप प्रगटित खल मोचन।।
करय प्रगट हुय दीप समाना। खल पतंग आकर्षित आना।।
यहि प्रति प्रीत पतंगहि राखे। औगुन खल आपति फंस भाखे।।
रीति कटुक निज जरय कुभावा। होहि न दूषित सन्त सुभावा।।

दोहा - सुइ प्रतिष्ठ पौरष प्रवल, सवल सुयश संसार।
विजित सकल खल दमन कर, वरनित हरि औतार।। (89)

चौपाई - नहि सम्भव यहि विन मर्यादा। लिप्त तरून जानइ का स्वादा।।
सीख सुलभ सुइ वचय न देही। माँ पितु अनुभव भारहि लेही।।
करय नियन्त्रित कर्म विश्वासा। कर्मठ भविष्य सत्य परकाशा।।
नाहि अकर्मन धर्म कि राहा। पालित किन्तु करम संग पाहा।।
जन जुहि होइ निलज्ज नयन तै। हुय तै किम सनमान वयन तै।।
माँ प्रताप अंजनि मुहि नयना। परियु सुमन मंजन मृदु वयना।।
निज कर ममता अंक विठारा। रांजिहु करन दृष्टि दिव चारा।।

दुउ पथ तै ऋतुराज प्रभावा। परियु मोहि पहि निज निज भावा।।
किन्तु जेहि मति माँ कै ममता। आंचल सुखित ढकिहु पहि समता।।

दोहा - तिह कर का भय जगत मुहि, सुइ मुहि कछु नहिं व्याप।
आनन्द दोवहु राह किह, अन्तहि राखिहु आप।। (90)

चौपाई - जैसिहु विम्ब परिहु मुहि लोचन। जिह विधि भयउ मार मति मोचन।।
वान्छा कुमति जेहि विधि नाशी। हीय सवल जस विजय प्रकाशी।।
सुन्दर कथा जनम महा काली। वरनिहु सोइ मिलन हिय लाली।।
लोचन विजित ऐसि शिव केरे। शक्ति कोप भर मारहि हेरे।।
भयउ भसम सुइ तुरत अनंगा। विदित सकल जन एहि प्रसंगा।।
उनहि नयन महि किरपा दाया। वासित प्रीत भगत हित काया।।
दान कृपालु दुःखी हित सारा। करय प्रेम लख हित संसारा।।
दनुज मनुज ऋषि मुनि सुरसारे। पूजित रीति महा शिव प्यारे।।

दोहा - औगुन प्रगटहि जेहि महि, होहि सवल संसार।
तिह कर आपन नाश हुय, माध्यम विविध प्रकार।। (91)

चौपाई - शुम्भ कामि मन दानव राजा। राजहि राह दूत सुत साजा।।
चन्ड मुन्ड सुइ वध रन भयऊ। मानहु हीन नयन तै भयऊ।।
तदपि रीति छल कैसु उघोगा। लोभित संग्रह कामिन भोगा।।
करय असुर सुन सुर झंकारा। कल्पित नारि करन आकारा।।
आश्रय क्रोध लोभ संग लीनिहु। किम मति भांति चिनौतिह दीन्हौ।।
सोइ मनोहर चरित भवानी। करनि समर जय लरन कल्यानी।।
कहहु गाय गाथा सव हेतू। राखु हिदय महि अन्तर चेतू।।
गायहु जोइ सोइ कर अनुभव। अंक जननि पा तर गयु यहि भव।।

दोहा - मो अनुरागहि मात कर, विचित भविष किह भेद।
भच्छन खल कर कालि प्रिय, वरनित पवित सु वेद।। (92)

चौपाई - अन्तर नीति रीति जगदम्वा। चन्डी महा समर तन अम्वा।।
शक्ति देव सह माँ सहयोगा। हरि हर वृह्म लरे संग जोगा।।
जननि विजयनी वासनि हंसा। विचरनि स्वछंद शान्ति सत अंशा।।
अन्तर धाम मोहि कर वासा। भरहु हिदय दिव वुद्वि प्रकाशा।।
नावहु भाल आपन माँ चरना। चरित्र भविष चिन्तन चित परना।।
वरन गौर रन अंकित नयना। वरनित जीभ मृदुल मति वयना।।
अम्व कालिका प्रिय असि धारनि। मारनि असुर भगत जन तारनि।।
जनम दायनी आत्म सुसंगा। अन्त विजयनी रूप अनंगा।।

दोहा - चरित सोइ वरनन चहहु, जीतन चंचल चित्त।
माँ प्रताप विचरहुं जगत, भाव समहि सम मित्त।। (93)

चौपाई - इन्द्रि नयन तै विजित निशंका। निरखिहु आवन माँ हिय वंका।।
पूछिहु आपति धीर धरायहु। जान वान्छ जिय सफल करायहु।।
प्रीत जननि मा निर्भय भयऊ। तदपि विश्राम विवादहि कहयू।।
मो भय मात्र एक मन होई। सुनहु मात सुइ राखहु जोई।।
पवित तुम्हार प्रगति रिस चरिता। तन कुरूप हिय सत झर सरिता।।
प्रभा प्रकाशित सोहनि वदना। मिश्रित मीत सुमति गुन सदना।।
येहि रूप कै असुर संवोधा। करहि अपावन शव्दहि वोधा।।
तिह कर वरनन किम मैं करयू। स्वयं भ्रष्ट होवन हिय डरयू।।

दोहा - जानहु यहि मैं भांति सव, निन्दा माँ किह पाप।
सुनहु जोइ जन शान्त रह, तिह कर कोटिक ताप।। (94)

चौपाई - लेख अमिट विध जदपि मिटाये। जो जन दुःखी शरन शिव जावे।।
कोटिक कलप नरक किह शापा। देयहि द्विज जो भोगनि तापा।।
मिटय सोइ हरि कृपा महाना। पालक भगत विप्र विधि नाना।।
कौनउ काज न धरनी ऐसहु। वनय न जोहि होय यहि कैसउ।।
शिव पद पूजहु प्रीत हिये की। सोइ सुपूरन वान्छ जियेकी।।

वादहि ऐहि मात अपमाना। वरनय जान वूझ सुन ज्ञाना।।
तिह कर लोक तिनुह को राखे। विन माँ क्षमहि नांहि कुउ भाखे।।
करन क्षमा सुइ अशुभहि वानी। देहु प्रथम कर पवित कल्यानी।।

छन्द - कल्यानि पवित कर प्रथम कवित प्रिय चरित सत होयही।
सुइ आंहि अपावन शव्द चाहि क्षमहि गति दिहु मोयही।।
सुन वानि निपुन मोहि प्यारनि आंचलहि सहलायहू।
भर सुयश थापर डाट आयषु सत्य दयउ महेशहू।।

सोरठा - विजित चरित तै माय, जीतिहु लोचन इन्द्रि युग।
तिन कर पावन काय, जे नर जानहि अरथ विम्व।। (क)
कथा सुमंगल ज्ञान, गावहि सनमुख ध्यान चित।
धरनि तेहि सनमान, धाम वसय हरि सुखद नर।। (95)

।।श्री गणेशाय नमः।।

।।श्री सत् शक्ति सुहावनी जयते।।

(पंन्चम सोपान - सत्य सोपान)

छन्द - त्रन त्रन किरन कन कन सुमन गन प्रानि प्रति वस चेतनी।
तिर सुर शरन जिह मार वेदनि तत्व रूपनि हेतनी।।
परिपूर सत तिय शक्ति सुन्दर सदन गुन भव तीनहूं।
सुइ जननि जीवन जान दाया आन हिय मैं चीन हूं।।
प्रनवहु प्रेम प्रकृति सुनेम संयम ध्यान दरशावही।
वुधि ज्ञान दीपक मात हिय मुहि रूप शारद पावही।।
विधि वाम जिय कर वानि परचित रीत सत गुन एकही।
सनमान तिह कर जेहि जननी अंक लह सुत नेकही।।
हित पूत आंचल जेहि स्तन तंग तरि ममता कसे।
सुत भूख ध्यानित नीति नित नव झर सुरस समता लसे।।
तन तरून यौवन वरन रक्तिम रजित छवि स्वरनिम मही।
भर करूण किरपा काय निरमल चल पकर कर साथही।।
द्रग विजित विम्वहि अम्व सनमुख नारि प्रति झलकावही।
सुख मान दै सनमान माँ पद माथ निज मैं नावही।।
मन सुमर भवानि भजन भंजन ताप तिर पूरन करे।
यहि वात सुइ संग सुजन मैं कहुं नीति निज सुख सन तरे।।
सुर ईश शक्ति गणेश बन्दहु देव तिर गुन तीनही।
सह मात सन्ध्या प्रात माँझहि काल जीवन चीनही।।
सर चाप अंकुश पांस धारनि खडग शूलनि कालिका।
दिव चक्षु तीसर रोष शिव रन नारि आनन पालिका।।

दोहा - प्रनवहु पूरन भांति सव, सकल शक्ति वहु रूप।
कामिन जननी अन्त इक, पद परि भोग अनूप।। (शुभ)

सोरठा - जिह मति चेतन आग, उक सायहु चिन्तन सुपथ।
गुरू पद सोयहि लाग, धर सिर विनवहु वार बहु।। (शुभ)

चौपाई - पितु पद रज धर माथ सुहानी। माँ अनुकूल मुहि चलन सिखानी।।
हितकर वन्धन जग मर्यादा। ऊंच विचार भेष वहु सादा।।
मैत्री पांस सखाहित कारी। निन्दिहु सोइ मोहि उपकारी।।
करिहु टिप्पडी लागिहु सोचा। चिन्तित चिंतन ऊंचय रोचा।।
सव तै प्रिय अस सखा हमारे। मानहु तिनहि भांति गुरू प्यारे।।
गुन हितैषि तिह हीय निवासा। मो मति अनुभव सत्य प्रकाशा।।
धन्य तिनिहि मुहि राह दिखायहु। भटकिहु मैं जग भूल सुझायहु।।
भयउ चूर मुहि कवि अभिमाना। दयउ सौइ मैं तिन्ह कै माना।।

दोहा - ग्रन्थ तदपि कविता रचिहु, रूचिहु सुमति सनमान।
भाख सहज तै भाव निज, मात्र कहिहु मैं जान (1)

चौपाई - वात अपन सत कहुं यहि भागा। प्रथम प्रमुख हित रूचिकर लागा।।
होहि क्षोभ निन्दा मुहि जेही। नहिं सन्तोष हिदय कछु देही।।
कवहु कुटिल मन कोपित होई। निपटन चहहु तेहि सन सोई।।
एहि उचित नहिं जनु मुहि हेतू। कवहुं न साहस दयऊ खेतू।।
किन्तु रीति चिन्तन विपरीता। ग्रहण करायहु पालन रीता।।
धीरज सोइ सुलभ भयु राहा। दरशित हीय जननि सुख पाहा।।
हीय सवल द्रण वढन अगारी। आत्म प्रकाशित नयन मझांरी।।
भ्रष्ट करन वान्छा द्रग द्रष्टी। वुद्धि दीप नाशिहु तम श्रष्टी।।

दोहा - सखा कछुक जिह पैल मै, मानिहु वाधक राह।
मारग मुहि ते अवहि प्रिय, संग हितैषिहु पाह।। (2)

चौपाई - तिह कर वानि नीम नव पाता। कटु रस ग्रहण घ्रना मति दाता।।
सोइ सुभावहि सहजहि मोकू। वानि कटुक लग धीरज रोकू।।
तिह प्रभाव नयनन तै आजू। जानिहु पूरन सनमति साजू।।
वन्दहु सोइ तेहि गुन सारे। माँगहु क्षमा भूल विस्तारे।।
स्वीक्रत करहुं चूक मैं अपनी। क्षमहु मोहि पैलहि मति तपनी।।
अबहु कामना सनमुख तोही। सत्यहि रूप जतावहि मोही।।
जैसु भाव जधपि उन केरे। जानिहु सोइ सकल माँ चेरे।।
नाहि मात तै पूछिहु ऐही। तदपि वताइहु अन्तर सेही।।

दोहा - ऐहि रहस्यति बाद अब, वाहहि मिल सनमान।
अन्तर ईर्ष्या दाव हिय, जान समर्थ न मान।। (3)

चौपाई - औगुन तिनहि गुनी भयु मोही। का मुहि लाभ विवेचन सोही।।
अन्तर आत्म प्रशन्सहु प्रेमी। मात्र हितैषि द्रष्टि पर नेमी।।
मो शुभ चिन्तक अन्तर जेही। कियो संतोष मान दयु नेही।।
तिह मति वान्छ अपूरित रहही। ऊंच चढिहु नहिं गिरत न गहही।।
मनहि संकुचित चारहु घेरे। बाधक मान ज्ञान पथ मेरे।।
सुनहु सोइ वढ वोहि हितैषी। जिह मुहि करिहु अलोचित भेषी।।
देन मान जन नांहि विरोधा। जदपि तेहि सन कछु नहिं वोधा।।
बहु सनमानित मुहि तै सारे। कारन मो थिर तेहि दुःखारे।।

दोहा - झेली संग सुइ विपति मुहि, सखा हितैषि हमार।
दुरजन प्रेमी संग ते, सनमानित संसार।। (4)

चौपाई - बीज पवित मर्यादित बन्धन। परियु नयन जुहि मित जग गन्ठन।।
गॉठिहु सकल चतुरता चिंतन। प्रथम प्रीत पद सेवन सन्तन।।
सतसंगहि किह अतुल प्रभावा। परियु तुरत सो मो हिय आवा।।
सत्य जदपि मैं आपन राहा। हीन ऐहि तै जीवन पाहा।।
सखा सुसंग कुसंगहि दोनू। मिलिहु मात्र वुध अध्यन जोनू।।

दया सोइ अनुभव माँ ऐका। वास इकान्तहि अरथ अनेका।।
एकहि प्रकृति भेद यहि कैसे। भाव सखा कटु जीभई जैसे।।
शान्ति सुधीरज चिन्तन कृत्या। सफल सुपंथ सत्य हित सत्या।।

दोहा - गूढ अरथ कर हेतु निज, अहित न दूसर होय।
सुख कर जीवन सुजन महि, जिवहि समाजहि सोय।। (5)

चौपाई - सत विन सुलभन जानहु ऐही। सोई अवश आश्रित हुय नेही।।
छॉह शक्ति वहु रूपित आछे। एक ग्रहण कर वाढय पाछे।।
सहज सुन्दरहि अन्दर जगही। जगय सोत तै पावन मगही।।
दुर्लभ सोइ वस्तु कछु नाही। चलय जोइ सत पवित सु छॉही।।
स्वयं प्रभावित हित कल्याना। वहुर हेतु जग संग्रह ज्ञाना।।
करय प्रदर्शन अवसर जॉचे। हीन उघोग कवहुं नहिं सॉचे।।
सदा प्रयत्न हेतु सन्सारा। शान्ति प्रतिष्ठित प्रेम सहारा।।
प्रथम राज निज द्रष्टि विलोके। सत्य उचित अनुशासन रोके।।

दोहा - बहुर सुनहु नृप राज गति, यतन चलावन रीति।
विप्र मन्त्रणा नियम जनु, पालित प्रजा प्रतीति।। (6)

चौपाई - द्रष्टि सुधार भूपति निज राजा। वाल भाव परिवर्तित काजा।।
प्रोढ पिता किह भूप सिखावे। पूत भार पितु पांहि जतावे।।
ऐसु संसथा सुमति समाजा। हौहि संचलित सत्य सुराजा।।
माँ पितु पद परसनि मर्यादा। सुत किह अवश सिखावन ज्यादा।।
विषय हीन तै लोचन प्यारे। प्रगति तरून पथ मात अधारे।।
पुष्ट वदन पुरूषत्व प्रमाना। बृह्माचार ग्रहण कर ज्ञाना।।
वालक ऐसु भविष महि वीरा। रच्छहि देश धरम रन धीरा।।
सेवा करन समाजहि भागा। वहु भू प्रमुख सकल हित लागा।।

दोहा - करहि ध्यान अति उचित यहि, पोषन वाल प्रवन्ध।
विन संग्रह सम्भव सुखद, पुष्ट तत्व नहिं गन्ध।। (7)

चौपाई - मो अनुसार नीति यह संग्रह। शिशुहि सिखावहि अध्यन ग्रह।।
संग्रह सम्पति अरथ न लोभा। हौहि पतित जिह सद गति शोभा।।
प्रवृति आसुरी लोभ कुनीता। सुनहु येहि संग्रह मति रीता।।
जोर कोष धन करम अनेका। मात्र उघेश्य संग्रहित एका।।
हेतु स्वयं जो नहिं उपयोगा। पर हित होत तेहि हुय रोगा।।
धरय जोर वैठे वन स्वामी। तदपि अग्रसित लोभ कुकामी।।
का हितैषि यह सत पथ हेतू। समझहु सकल भूप जग चेतू।।
ऐसि रीति खल धरनी साँची। लोभ कुगति पथ नाशित जाँची।।

दोहा - स्वयं न खावहि लोभ कर, खावन अन्य न देहि।
तिह के लोभी मान मै, धरिहु जोर घर सेहि।। (8)

चौपाई - कहह साधु सम्पति कै माया। वरनिहु सत्य सकल यहि छाया।।
ज्ञानी गुनी जोर तप धारी। वचे न कुउ यहि फंसन मंझारी।।
मनुज सधारण फंसिहु सुभावा। चिन्त व्यापनी वस्तु अभावा।।
दुःखी सदा तिह कर जग राखे। शयन काल मृतु पासहि भाखे।।
परचित सत तै सकइ न होई। चाहि उघोग कोटि कर जोई।।
संग उनहि हितकर संसारा। दन्ड विधान सुनीति सहारा।।
सकिहु न कुउ सम्पति कै वाँधी। ऐहु सकल कै वासित साँधी।।
सोइ प्रभावहि सम सम भोगा। भोगहि उचित राह सत लोगा।।

दोहा - वन्धन लोभहि नृपति खुद, पूरन रहह स्वतन्त्र।
दुःखी दीन हित यतन कर, हौहि न यहि परतन्त्र।। (9)

चौपाई - निशचर भाव संग्रहित जोई। तिह कर नाश सुनिश्चित होई।।
विकट सैन स्वामी खल शुम्भा। सुइ समान भट भ्रात निशुम्भा।।
रकत वीज सह नायक भारी। निवसत मीत निःशंक सुरारी।।
कैसहि क्रमशः आपन नीती। मात करिहु मन नष्ट अनीती।।
मंगल धाम प्रवन्धहि गाथा। युद्ध रूप माँ काली साथा।।

गावहु हाथ जोर सनमाना। वलि तै रहित कालि गुन खाना।।
निर्णय सुजन अन्त यहि करही। अध्यन पूर्ण पवित मति तरही।।
शेष सैन दुउ वीर प्रतापी। जुहि वच रन तै भग भय कॉपी।।

दोहा - सोइ पुकारिहु जाय नृप, व्याकुल खल अधमार।
विजय असम्भव मोहि लग, शक्तिन अम्ब अपार।। (10)

चौपाई - शुम्भ सुना शॉती सव दयऊ। वल प्रताप आपन मद कह्यू।।
धरहु धीर कहु समर हवाला। होष अभय रख मैं महिपाला।।
चन्ड मुन्ड रन वरनन करहू। जिह भरोस सुन महि मन भरहू।।
कहिहु एक जिह तुमहि भरोसा। सुनहु सोइ संभरहु निज होषा।।
परे मरे रन दोवहु वीरा। खन्ड खन्ड शत भयउ शरीरा।।
खौलत रूधिर वनिहु दुइ पानी। काटिहु शीशहि सहज भवानी।।
आइ न सोहनि समर मंझारी। संगनि एक लरी तनु धारी।।
काला रूप कुरूपित आगे। देखिहु आभा आनन आगे।।

दोहा - निवल प्रथम वादहि सवल, भई वदन तै पुष्ट।
भये सकल नाशित दनुज, जस जस जंगहि रूष्ट।। (11)

चौपाई - धसे लाल द्रग उलझे केशा। छायहु तन यौवन मद भेषा।।
हाथ जेहि चमकत तलवारा। पॉस काल किह साथहि धारा।।
जिह पद वोझ धसय महि नीचे। चलन जान गति पावन सीचें।।
निकरहि अधरहि जेहि रसाना। लपलपान जव रोष रिसाना।।
चाम वसन सन तन जो ढांके। ऑचल भिंगित चोलि छवि जाके।।
ऐसि रूप एकहि सव मारे। जिम अंगार त्रन ढेरहि जारे।।
दूरहि तैं मैं देखिहु ऐसा। झार अपन सन भेषित जैसा।।
देन तुमहि यहि ऐसु संदेशा। आयहु कर छल धर मैं भेषा।।

दोहा - रन विचित्र जघपि करिहु, दानव शक्ति लगाय।
अन्त विवश मर समर पर, पार न कोवहु पाय।। (12)

चौपाई - शुम्भ सुना अचरज मन भयऊ। टारिहु प्रथम जान सत चहयू।।
जातुधान दूसर जो संगा। वचिउ समर तै कहियु प्रसंगा।।
भा विश्वास सोइ खल स्वामी। सुन वध सत्य दोउ अग गामी।।
भयउ दुःखी कछु कहिउ न जाई। लगी ढेस अति मुर्छा आई।।
लायहु चेत मन्त्रि उपचारी। जागिहु हीन दशा नृप भारी।।
हेरिहु इम मनु नयन विहीना। अस्त व्यस्त मन लच्छन हीना।।
कहहि कवहु क्रोधित अस वाता। मनहु मृत्यु डरपहि लख गाता।।
कवहु दशा हुय ऐसहि दीना। लोभी हुय जिम सम्पति हीना।।

दोहा - दयउ धीर सव मन्त्रि मिल, गति हौनी समुझाय।
हौन चहह सो मिटय नहि, आयहु जोहि लिखाय।। (13)

चौपाई - करिहु कोउ यहि केहि विरोधा। कहिहु कछुक नहिं तोरिहु वोधा।।
सुनहु भूप मैं सत्य वताहू। हौनी नहिं यहि नाहि लिखाहू।।
करम तुमहि जनु यहि परिणामा। सोच संभर कर हित शुभ धामा।।
अबहि बहुत हित होयहि तोही। करहु सन्धि मिलकर जो वोही।।
करहु विश्वास जोहि तुम ऐसा। कहियु येहि विध लेखहि जैसा।।
सोइ सुनउ मैं कहयू सांची। आयहु कछुक तुमहि हित जांची।।
आंगन शैल नारि जुइ वासी। निर्विवाद सुर सत्य प्रकाशी।।
विध मानय कह नारी जैसी। होहि हेतु तुम मानहु ऐसी।।

दोहा - कोउ झूठ येयहि कहियु, आपहि वात सुझाय।
सुनहु भूप मैं कहहु सत, औरहि रहस वताय।। (14)

चौपाई - उचित नांहि यहि सन्धि सुझावा। का दरशाव दीन अग भावा।।
होहि पुरूष सुन नृप सह सैना। वल असीम विजयी जग पैना।।
बहुर वीर भारी रन धीरा। दक्ष समर तै कठिन शरीरा।।
जाने जित पुर जीते सारे। रहे शरन तुहि आपन हारे।।
युद्ध तुम्हार प्रशिद्धिह धरनी। सवल भांति सव सैन विचरनी।।

कुउ कहुं पौरष साहस नाहीं। जेहि स्वछंद रोकहि गति छॉही।।
धरहु धीर यासे मुहि वानी। मैं अनुकूल सुझावहि जानी।।
का समर्थ नारी इक राखे। डटय जु सनमुख वानी भाखे।।

दोहा - बात मान रन करहु नृप, यहि कर्तव्यहि वीर।
हीन हौहि जो जाहु अग, कायर मृतक शरीर।। (15)

चौपाई - एक विचित्र निज मतिह जतावा। विध पुर जीतन हौनि वतावा।।
कारन जेहि हौनि भइ ऐही। धाहु सोइ मैं जीतहुं तेही।।
धरहु वांध वृह्मा निज धामा। भाल कराहु चाह मन कामा।।
सुलभ कालि वध होयहि तवही। तुहि अनुकूल कार्य विध जवही।।
मन्त्री ऐसु विविध दयु धीरा। चहिहु हरन दानव नृप पीरा।।
शोकित नृपति एक नहिं सुनयू। ठोकर खाय चतुर खुद गुनयू।।
चन्ड मुन्ड वध भारी शोका। ब्यापिहु शुम्भ असहनिय रोका।।
शासन अन्ध सकल नहिं देखा। आवत विपति अपरचित लेखा।।
मुहि विशेष मन जिह विश्वासू। सोइ अजहु अव मोहि निराशू।।
विचरय स्वछंद अभय मन चांही। चंचल जान जतावहि आही।

दोहा - कौन बतावहि आहि अब, आवत आपति काल।
लखहु सोच नहिं हेतु निज, राज्य चलहि किम चाल।। (16)

चौपाई - चिन्तित शुम्भ विचारिहु ठेसा। निश्चित विपति फॅसिहु अब देशा।।
अनुभव अवसर जीवन पैला। रिसहि पठाउ दोउ रन गैला।।
सोइ समय मुहि ऐसहु लागा। शासन दृष्टि मलिन प्रति भागा।।
भयउ सुपूरन क्षेत्रहि जाना। जवहि चकित संसय कछु माना।।
क्हह कोउ कछु कोवहु मूका। कोवहु मात्र मोहि दै हूंका।।
मैं मद भर सूझिहु नहिं कछुही। अम्वे प्राप्त करन रति रूचही।।
सोइ करिहु अस धोखा खावा। ऐसु कुफल भोगन अब पावा।।
अचरज सोइ हमहि यहि वाता। कैसु घटिहु यहि समझ न आता।।

दोहा - ऐसु भयंकर रन लरय, भयउ न तवही ऐसु।
यह अनहौनी प्रथम अजु, घटित दुःखित संग कैसु।। (17)

चौपाई - जिह निशुम्भ क्रोधी संग भ्राता। सोयु निवल लज्जित मनुराता।।
आश्रय का पुनि खल पति होई। विवश सन्धि हित सज्जन सोई।।
नीचे नयन भाल नत धरनी। देखहि अपलक धस तरि परनी।।
अश्रु पूर्ण दुःख आवहि नेत्रा। सूखहि सहज विषम पर क्षेत्रा।।
करहि उघोग निज वदन संभारा। विवश तुरत पर नाहि सहारा।।
चाहहि शीश समाज उठाना। नाहि उचित रन काहु पठाना।।
स्वयं निराश्रित रहिहु न क्रोधा। सकहि होइ का सैनहि वोधा।।
नयन विहीन मनुज मुहि हाला। मैं वताहुं का औरहि चाला।।

दोहा - यहि विचार वीतिहु समय, मन्त्री भये निराश।
सैना पौरष हीन सव, लेवहि आपति शांस।। (18)

चौपाई - आयहु तेहि समय अनजाना। रूधिर वीर्य अतुलित वलवाना।।
दनुज नृपति निज चिन्त दुःखारी। देखिहु रूप दीन अनुसारी।।
पूछिहु कैसु मलिन यह काया। कौन सु कारन दुक्ख समाया।।
सोच वशहि अनुसुनि खल कीना। रहिहु वैठ चुप स्थिति हीना।।
नृपति मूक लख अचरज माना। वहु आकर्षित भयऊ ध्याना।।
सोइ जतायहु मन्त्री एका। कारन हौन दुःखी वस जेका।।
दृष्य भयावह गूढ रहस्या। दुक्ख असह पथ क्रोध अद्रष्या।।
जाय नियर बैठिहु पहि राजा। नवा शीश निर्भय महि गाजा।।

दोहा - वात अवस दुःख करन किह, लगय न ऐसहु आछ।
काहि मलिन यहि कायरहि, पिछरे लाजित पाछ।। (19)

चौपाई - करहु न का तुम मोहि भरोसा। कारन कौन मोहि अस दोषा।।
का दुर्लभ जिह संग्रिहु नाही। जानय जगत कोउ नहिं थाही।।
जैसु प्रशिद्ध यहि नाम हमारा। परचित जगत प्रवल आचारा।।

एकहि एक खून किह वुन्दा। हुय पर्याप्त स्वार्थ मति फन्दा।।
स्वयं प्रताप कहहु सो थोरा। का बखान करू जड मति मोरा।।
लरन हूक सुइ निकरय सारी। चाहहु समर प्रत्येक मंझारी।।
नाहि वीर कुउ सनमुख आवा। जीतिहु जिह हुय मोहि प्रभावा।।
मो वश भयये वैरी हन्ता। सन्धि समर्पन करिहु तुरन्ता।।

दोहा - क्षेत्र जेहि मैं गमन कर, विजय तहाँ सनमान।
तोवहु स्वामी आज दुःख, लखिहु सुअचरज मान।। (20)

चौपाई - कामिन एक अकेली काली। रूप भयावन जिव्हा लाली।।
निश्चय शक्ति वान वहि ऐसी। भेषित सत्य सुनिहु मैं जैसी।।
सुनहु नाथ सो और वताहू। जानिहु तुमहि न अव तक थाहूं।।
मात्र नाम मो जानिहु तुमही। अन्य अपरचित मानिहु हमही।।
जैसु नाम तस हमरिहु कामा। जानहु सत्य संग्रहित दामा।।
कौनहु काज परिहु नहिं कवहूं। देतु प्रदर्शन कर मैं जवहूं।।
आयुध निज पहि नाप रकारा। एकहि वार करत रहु धारा।।
चुभिहु आंगुरिहु बगरिहु खूना। वुंद दोउ इक टपके छूना।।

दोहा - करिहु तुरत उपचार हम, वहिहु बहुत नहिं सोइ।
रकत न रोकन पाहु कि, सनमुख अद्‌भुत होइ।। (21),

चौपाई - ठाडे चार लखे मैं वीरा। चारहु घिर विकराल शरीरा।।
क्रोधित होत आयुधहि संगा। हुय समर्थ गरजे हित जंगा।।
जॉचिहु समय सुधीरज धारा। पूछ नाम का धाम तुम्हारा।।
उछले अम्वर भुजा उठावा। करिहु संवोधित मोहि सुनावा।।
तोहि रूधिर तै जनम हमारा। देन संग तुहि काज पियारा।।
धाम हिदय तुहि मोहि निवासा। मोवल तोहि समर जय हॉसा।।
करिहु कष्ट तुहि निकरिहु खूना। सोइ विपति रिस मो वल दूना।।
लरहु केहि संग देहु वताई। नाहि रोष मुहि तोहि चवाई।।

दोहा - मैं हित जानिहु सोइ तव, भिरिहु संग रन चारू।
काटिहु उन कर शीश मै, वहियु खून वहु धारू।। (22)

चौपाई - तिन से सैनिक प्रगट हजारा।देखिहु सनमुख सवल अपारा।।
कॉपिहु मन सुइ साहस नाही। करहुं कोप जो अस्त्र उठाही।।
जोर हाथ मैं विनती कीन्ही। सुमर इष्ट निज रच्छा चीन्ही।।
एक प्रमुख दल नायक आगे। शेष रोष सन चारहुं भागे।।
भयउ प्रशन्न देन वर चाहूं। मागिहुं प्रथम सोइ यह थाहू।।
बहुर शान्त कर आपन कोपा। रच्छनि हेतु मोहि मन रोपा।।
वर कराल शिव भक्ती तोरी। माँगिहु तुमहि सैन मिल मोरी।।
नाहि पराजय कवहुं तुम्हारी। सहयोगहि यहि सैन हमारी।।

दोहा - मात अंक रच्छित रहिहु, निकरन पायु न खून।
स्वयं तोहि विस्मृत सकल, मात्र रहिहु वल दून।। (23)

चौपाई - देहु डार तुम निज हथियारा। हुय दल सुइ यहि शान्त हमारा।।
दिश चारहुं पुर पूरन भाजे। जाय वसय जहं शिव नहिं राजे।।
जहं न नीति शिव कै उपकारा। जहाँ न मंगल भाव उदारा।।
वसहु सोइ वहि सव अस्थाना। खीचत मनुज ओर निज नाना।।
दल असंख्य मैं रूपहि सारा। मुंह खोलहु द्रग मीच अचारा।।
होहु समाहित अन्तर तोही। सहित तेज जय आयुध मोही।।
सुनहु भूप सो वहि अनुकूला। करिहु काज सव विन प्रति कूला।।
जिन डरपहु सो दुःखी न होहू। हरहु सुपूरन संकट जोहू।।

दोहा - चन्ड मुन्ड वध मूल्य मै, लेवहु काली प्रान।
होहु अभय वैठहु सदन, यह प्रन कहयू ठान।। (24)

चौपाई - मारहु कालि अम्विके वांधू। जीवित सन्मुख तोरिह लादूं।।
करहु बहुर जैसहि मन चाहा। समझहु सत यहि संशय नाहा।।
मुहि प्रताप देखहु भुनसारे। वीते यामनि कामिन हारे।।

रकत वीज वानी सम घनही। वरसिहु झुलसत कामुक मनही।।
नयन खोल मन विहंस चितावा। आशा तिरछ श्वास सध धावा।।
उठा तुरत निज हीय लगावा। मन किह शोक संदेह मिटावा।।
सौपिहु भार अपन किह रच्छा। करिहु प्रवन्ध शयन हित अच्छा।।
निशा विहंस अनुभव अस करयू। नारि जीत मनु जय हित परयू।।

दोहा - शुम्भ अशंकहि कर शयन, वयन कल्पना ताल।
गूंजत स्वर श्रवनन रहिहु, आवन कामिन चाल।। (25)

चौपाई - भयउ भोर नहिं कीन्ह विलम्वा। आयषु सैन सजावन दम्भा।।
दयउ स्वयं तुरतहि चल आवा। रूधिर वीर्य पहि वहु समुझावा।।
कहिहु वचन मैं देवहु तोकू। होहु अभय यहि लाजहि मोकू।।
विहंसा मनहि वानि सुन ऐसी। कर प्रवन्ध पुन भॉति हितैषी।।
लरन उदायुध तुरत छियासी। नायक असुर कम्वु चौरासी।।
कोटि वीर्य सन्तावन वन्शा। शीघ्र सजायहु संग प्रशन्सा।।
पंच सहस्त्र धूम्रकुल भारी। सजे वीर रवल विकट सुरारी।।
वालक दौहृद वन्श मयूरा। काल कवल कुल अतुलित सूरा।।

दोहा - सजे सकल निर्देश नृप, तिह संग सैन हजार।
स्वारथ साधन राह बहु, जिम वल लोभि अपार।। (26)

चौपाई - दम्भ द्वेश छल खल चतुराई। कपट अविद्य जोर अधमाई।।
वीर सवल प्रति संग्रह हेतू। सीम संकुचित स्वारथ खेतू।।
रूधिर वीर्य आयुध सव वांधे। शक्ति अद्रश्य कुलाहल कॉधे।।
करिहु प्रनाम शुम्भ किह चरना। आयषु भांग अमंगल परना।।
खिन्न मनहि खल दीन्ह बिदाई। वाह्य रोष भर नीति वनाई।।
रूधिर वीर्य दल भागहि आगे। वानि मधुर द्रग दीन अभागे।।
आय समर पहुचौ दल प्राता। जुहि प्रसिद्ध पूरन तै आता।।
पूर्ण रजनि श्रम रीति कुचक्रा। संग कछुक विक्सित गति बक्रा।।

दोहा - प्रातहि ज्ञाननि सोइ माँ, जागित ऊषहि अंक।
निपटी करमहि नित्य प्रति, आलि सोहनी वंक।। (27)

चौपाई - वोली जननि विहंस मृदु वानी। मो मन शंकित होहि अजानी।।
आवहि हिय मुहि आपति लागे। शान्ति सुपथ पहि वाधा जागे।।
शान्ति सत्य मारग यहि वाधा। विपति रूप परचित मन साधा।।
समुझहि सन्त साधु जिह भेदा। वरनय ऋषि मुनि संग्रह वेदा।।
निशचर प्रवृति जोर घर धरयू। नतु खुद नाहि दूज हित परयू।।
यहि उपयोग रीति सुर दाना। भाग सकल सम हित धन खाना।।
स्वयं देव यदि निशचर राहा। संग्रह सुयश लेन जग चाहा।।
सपनिहु नाहि ऐहि साकारा। उलट भ्रष्ट अपयश आकारा।।

दोहा - होहि प्रगट धन कोष जुर, वाढय होवन नाश।
जो लोभी चंचल चलन, स्वारथ संग्रह पांश।। (28)

चौपाई - अति भइ कामि संग सुइ लोभी। आयु अभल आकर्षित शोभी।।
लोभि सदन सम्पति वहु जैसे। रूधिर वीर्य दल संग्रहित वैसे।।
भयउ समर विच आयुध धारी। सोमुहि विघन परिहु पथ रारी।।
जाहुं लरन मैं आज अकेली। करहु विश्रामहि सुनहु सहेली।।
पथ सहयोग स्वयं मो वारी। कौतुक देखहु समर मंझारी।।
धवल श्याम तन तिरछि विलोका। सखि अकेलि जावत माँ रोका।।
कहिहु मधुर मंगल मय वानी। चलहु लेय मो संग कल्यानी।।
नहि तौ शंकित हेतु तुम्हारे। रहहु आलि यहि चित्त हमारे।।

दोहा - सहज त्रिकाल वश जेहि रह, शारद सोहनि ऐसि।
कौतुक मय ज्ञाननि चरित, भासित भावी भेषि।। (29)

चौपाई - दायनि वुद्धि विच्छेदित गौरी। निर्णय अन्त सुनिश्चय जोरी।।
भांति विविध निज नीति वुझावा। गूढ चरित संक्षिप्त सुनावा।।
सत गुन परिचित परम प्रभावा। देव सहज भर नाम सुभावा।।

तत्व लोभ अनभल खल रीता। जीतहि सुर किम रहह पुनीता।।
जदपि समाहित अन्तर सत्या। काज सकल फल पूरन क्रत्या।।
तदपि असुर सुर भेद प्रशिद्धा। आदि काल तै जनु इन युद्धा।।
प्रति सत काज देव हितकारी। जोर सुयश सम्पति उपकारी।।
निशचर रति मति घातक होई। पूजित क्षेत्र भृष्ट पथ जोई।।

दोहा - करहुं न ऐसउ जोइ मै, रहह देव सन्देह।
सकय न चिन्तन अन्त कर, विचलित होयहि ध्येय।। (30)

चौपाई - जान देहु मुहि करन लराई। यहि कह भेटिहु छाति समाई।।
काली मिली करन सहयोगा। हरष उछाह पठाहु संजोगा।।
प्रमुदित जननि दान वुध अम्वा। माँ उपकार करत अविलम्वा।।
देवि कृपालनि भाव उदारा। सुमर सुनीति सु तेज अपारा।।
चली मात मुहि रन दिश राजी। अंशु प्रभात वसंतिह साजी।।
उदित भानु रक्तिम दिश प्राची। भावनि विजय प्रकृति गति जॉची।।
रूप रजत संग्रह निश ओसा। राखन सदा असुर यहि कोषा।।
चाहहि खल यहि भोगहि नांही। जोर चक्र यहि प्रवृति फंसाही।।

दोहा - सपनिहु यह कहुं सॉच नहि, होवहि जवही भोर।
सकय सुरक्षित करय जो, ओस निशा तव जोर।। (31)

चौपाई - प्रात प्रकृति साटिक श्रम शोभा। संग्रह स्वरन किरन रज लोभा।।
ओढनि धवल हरीतम ढाके। उचित निशा ऊषा हिय जाके।।
भ्रमण वाह्य सुख अंक प्रभाता। रति शुचि त्रप्ति आत्मिक ज्ञाता।।
नित्य पवित प्रिय करम सुनीती। निरालस्य जागित पितु रीती।।
अनुभव प्रीत परम कल्याना। वन्धन भ्रात परस्पर ध्याना।।
नियम प्रकृति सम सम्पति भोगा। करहि शान्ति सुख भोगनि लोगा।।
सीमित स्वार्थ अपन हित एका। जो नर संग्रित राह अनेका।।
तिन किह दशा निशा सम ओसा। ऊषा विगत लुप्त यहि कोषा।।

दोहा - नियम प्रकृति सुइ सहज यहि, सकय न कुउ कर फेर।
भानु उगत आवत गगन, नाशित चारहुं घेर।। (32)

चौपाई - असुर प्रवृति सुइ वान्छा जयकी। जोर कोष धन विपता भयकी।।
सैन असीमित स्वार्थ असीमा। मति अनेक उलझी गति जीमा।।
कृतनुरूप तिह बहु परिणामा। दल अनेक नायक सुइ नामा।।
रकत वीज अनुशासन सैना। वंधी विवश अंकुश जय पैना।।
वल वखान कर गौरव शाली। तेज वढावहि वहु रन चाली।।
गरज निशंक मदी वल वीरा। धर वहु आयुध उघत धीरा।।
दिशा चाहुं प्रभुतत्व वढावा। वीच सैन निज धुजा चढावा।।
गुप्त राह वहु सैन व्यूहा। चक्र रचित खल रच्छित हूहा।।

दोहा - असुर कुभावहि ध्येय अस, चाहहि फॉसन वीच।
क्षन सुख भावी पन्थ पहि, चह युग संग्रह नीच।। (33)

चौपाई - नेम अटल गति नियमित नाना। पाल प्रकृति मति वेद पुराना।।
नाश सहज लोभी धन ऐसे। भये भोर निश ओसनि जैसे।।
प्रॅागन प्रात अबश सज आने। प्रमुदित उचित प्रतीत सुहाने।।
आयषु समति काल यहि प्रानी। भोगहि सम सम वरनित वानी।।
भानु चढत नभ सूखत सारे। अन्त विवश निशचर श्रम हारे।।
परचित जननि प्रकृति तै पूरी। पहुचि अकेलि मात्र सत मूरी।।
कर धर धनु तरकस सज कॉधे। द्रष्टि रश्मि सम संयमित वांधे।।
वल समर्थ जिह पूरन भांती। शक्ति अतुल भर पुष्ट सुहाती।।

दोहा - रूधिर वीर्य सह सैन वध, करन महा गुन खान।
आई समरहि शोर कर, घोर गरज भय वान।। (34)

चौपाई - देव सकल सह तिय निज धामा। देखहि पवित परम माँ कामा।।
हरषित स्वर मनु मृदु घन गाजे। आनन उदित भानु चहुं साजे।।
छवि आकर्षित निरख सुहानी। ध्यान मगन सुर मिलन कल्यानी।।

अन्तर त्रप्ति वाह्य सुख मेला। अनुभव विचित रचित माँ खेला।।
माया महा स्वरूपनि संध्या। प्रात पूज पावन जुर वन्ध्या।।
आन समर गाजी जगदम्वा। नाम वतावत आपन अम्वा।।
मात चरित समुझय वस चिन्तन। भाव सहज नहिं पावय अन्तन।।
सोइ करन क्रमशःसत नीती। बहु पुनीत विस्त्रित रन रीती।।

छन्द - रन रीति विस्त्रित गीत पावन गान भावनि मैं कियो।
कर वानि भरोसहि कोष वुध हिय पोष आश्रित जियो।।
खल असुर अनेक अकेलि माँ लख तुरत आयषु घेरही।
दल गरज चारहुं सार संग्रह वीच अवला हेरही।।

सोरठा - झुन्ड रजनिचर भारि, घेर सँभारहि घुंघर जट।
तम चहुं समर मॅझारि, विकस भयावन रोष खल।। (35)

चौपाई - एक निमिष महि आनन माता। ढकिहु भानु जिम घनसिह प्राता।।
अंक सुमति ऊषा सुख दानी। निकर जननि भव शान्त दिखानी।।
रोष रेख द्रग दरश लिलारा। प्रति पल गति नभ तेज अपारा।।
भय कछु ऐसु मात कै नॉही। जदपि खलन्ह तै घिरी लखाही।।
शान्ति श्वास सत शीत समीरा। सहज सुशील सुभाव शरीरा।।
यूथ असुर कालिम घन छाये। छिन्न भिन्न सहसा विखराये।।
काल चक्र क्षन किन्तु अंधेरे। ढकिहु विलोकत प्रकृति घनेरे।।
देव सकल यहि विपता जानी। स्वयं तिसुर आतम भयमानी।।

छन्द - भय मान कर अनुमान धाये धीर धर शक्ती निजी।
सहयोग देवहि जोग योगनि वैठ वाहन चल सजी।।
रन गगन लख खल सघन घन घुमरित शुभित रवि माँ कृपा।
सुर सुपथ सहमति प्रकृति प्रॉगन दैत्य दल तै मुख ढपा।।

सोरठा - शक्ति भक्ति तै कोप, रूप सकारहि आयु रन।
कछु खल वीच अलोप, आवत भयये पवित पथ।। (36)

चौपाई - हंसाकृति रथ सनमति राहा। शक्ति वृह्म शारद सज आहा।।
कन्ठ रूद्राक्षनि मोहित माला। करहि कमंडल रूप विशाला।।
चितवन चक्षु कृपालनि प्यारी। अंश हेतु माँ रोष मंझारी।।
जोति दीप वुधि प्रजुलित नामा। सुयश वृह्माणी भेष ललामा।।
तेज अरूप सकल जिह छाया। तत्व वृह्म प्रगटित मति माया।।
दैत्य यूथ संग्रह धन लोभी। माँ प्रतिकूल जदपि सव शोभी।।
वाहन गरूण परम प्रिय जेही। रज गुन शक्ति सवारनि तेही।।
महा चतुर्भुज श्री सुरूपा। दिशा चारू गति व्यापि अनूपा।।

छन्द - गति व्यापि अनूप लख रूप प्रति पथ करम नृप धर जुरी।
पितु नीति तज सुत यतन वहु कर दरश स्वारथ भव दुरी।।
हित लोभि शोभित मात्र मोहनि समर आवत संगनी।
धनु सर गदा असि शंख आयुध चक्र धर रन रंगनी।।

सोरठा - शक्ति महा शिव स्वामि, संघारनि तिरशूल कर।
शिद्धि प्रतापनि नामि, वैल वासनी जननि सज।।

दोहा - आत भवानी कोप कर, माथ मलिन विधु रेख।
महानाग कंकड शुभित, प्राप्त अतुल बल लेख।। (37)

चौपाई - अन्तर दया तमोगुन ऊंचे। आदि विधान स्वयं नत नीचे।।
भले बुरे कारज हित जेही। रच्छ हेतु सत लिप्त सदेही।।
दया खान शिव शक्ति कराला। जिह पद माथ नवावहि काला।।
शक्ति तेहि अतुलित वल पूरी। धाई तजत विषमता दूरी।।
कार्तिकेय कौमारी अम्वा। माँ सम रूप सकल जगदम्वा।।
श्रेष्ठ मयूरहि वाहन वासी। प्रथम प्रगट चालित मृदु हॉसी।।
यूथ असुर अहि विविध कुचाली। कोपित जननि वरन तन लाली।।
माँ समर्थ नहिं नेकु डराही। आवत खेत खीच खल लाही।।
शक्ति यज्ञ ईश्वर बाराहा। देवि महा वाराही आहा।।
तेज अतुल सुन्दर तन लाजी। आवत तुरत जोर महि गाजी।।

छन्द - महि गाज लाजित साजि सिमटी सार मिल हित चेतनी।
मुहि मात स्थित एक गातहि देख प्रातहि श्वेतनी।।
हरि रूप इक नर सिंह शक्ती युक्ति रूप धर नर सिंहनी।
तन काल केशनि पीत लालिम मानु लपटन अंगनी।।

सोरठा - शक्ती महा सुरेश, ऐरावत गज वासनी।
ऐन्द्री यौवन भेष, चक्षु सहस्त्रनि झूममद।। (38)

चौपाई - ऐन्द्रि हाथ लै वज्र कठोरा। कीनिहु प्रगट गरज रन घोरा।।
शक्ति सकल प्रगटित क्षन एका। असुर कुलाहल मांझ अनेका।।
माँ दिश चाहुं अनेकन देवी। छवि पद जोति शीश घर सेवी।।
आनन अभय सुहावन जननी। सत्य सुरस समरथ रिस सननी।।
दिश प्रिय प्राचि ऐन्द्री रानी। रही विलोकत विम्व भवानी।।
देवि वारूणी अस्ताचलही। जय माँ कह डट सनमुख खलही।।
उत्तर दिश माँ किह कौमारी। रोषित समर पांस कर धारी।।
दक्षिन दिश तै माँ वाराही। घेरिहु अम्व यतन रिस पाही।।

छन्द - रिस पाय घेरिहु हेर माँ तन फेर मुख खल ओरही।
तिर देव सेवन्ह शक्ति सनमुख आदि संग तिन कोरही।।
लख मांझ आनन एक पौरष फांस चहु तिह शुभ गती।
हिय जेहि अनन्त अपार उन्नत आत्म रूपित सत सती।।

दोहा - गूढ गंभीरहि वानि माँ, रन किह सव कुहु रोक।
शम्भु संवोधित टेर पहि, खीच राशि धनु ठोक।। (39)

चौपाई - धनु टंकोर सुन असुर अचेता। भयउ सकल दल वेसुध खेता।।
माँझ ऐहि माँ रहस रचावा। कहिहु शम्भु सन शुम्भ वचावा।।
जाहु दूत वन अवसर ऐही। घटय न मान सुपथ पर सेही।।
जाहि बनावहु आपन कामा। स्वयं चतुर तुम कला कि धामा।।
वाहन वृष प्रिय शान्ति सुहानी। कहिहु कछुक नहिं जननि हँसानी।।

अम्व भवानि वानि पथ अम्वर। हीय हूक प्रगटी शिव अन्दर।।
शिव कह यहि निज माथ नवावा। जयति अजन्म अनादि प्रभावा।।
माँ विधान संग मो हित सोई। चहह हौन जुइ सनमति होई।।

दोहा - आयषु तदपि न टार सकु, जावहु शुम्भ दुवार।
समुझावहु शुभ नीति गति, बानि स्वरूपनि सार।। (40)

चौपाई - गन किह एक धरिहु निज भेषा। चले महा शिव शुम्भ कि देशा।।
विघन विपति निश्चय वहु राहा। किन्तु हेतु माँ रह पथ काहा।।
बहुर स्वयं शिव विध्न विनाशी। सुमर राम गुन हिदय प्रकाशी।।
तिन के जगत विपति महि कैसी। गज पथ पॉति कमल कै जैसी।।
चले गात गुन पावन रामा। ध्येय एक वश पूरन कामा।।
वदन विशाल ताम्र वहु रूहा। कालिम श्याम मिलत छवि छूहा।।
हाथ मुष्टिका आयुध वीरा। वली छनक तै चलिहु सुधीरा।।
कियो प्रवेश शुम्भ खल सीमा। धीर हिदय धर विचरिहु धीमा।।

दोहा - माँ प्रताप पावन मनहि, नयन संचलित हीय।
बहु युवती यौवन जगित, लख अन्तर सत दीय।। (41)

चौपाई - नीति कुटिल पथ मन अनचारा। सीम विलोकिहु कामि रकारा।।
जोइ प्रथम तै जानय शम्भू। वान्छ असम्भ अनूपहि शुम्भू।।
दल कुचाल खल क्रत रति काजा। लिप्त दनुज पति कामि निलाजा।।
देखा सुना सवहि हुय जोही। आदि महाशिव वचे संजोही।।
जातु धान महि मात प्रचारक। दूत शक्ति सत श्वांसनि धारक।।
दूत मात के कामि प्रभावा। रहिहु रहित सन्देश सुनावा।।
मन हिय संयम पौरष तनही। सवल समाधि शक्ति द्रग सनही।।
नयन जेहि तै कामि सुरूपा। प्रगटय लोपित पलट अरूपा।।

दोहा - श्यामित तन भासित परम, ताम्रित मिश्रित रूह।।
वरन गौर पावन धरम, जोति नयन पथ हूह।। (42)

चौपाई - नाम राम सुमिरन शिव वंका। एक अनादि अधार निशंका।।
गयउ द्वार दानव भयु ठाडे। जननि दूत तरू मूरहि गाढे।।
प्रहरी परन श्रवन रति शोरा। भोग विलासन चंचल चोरा।।
वली दोउ धुन विषय विसाने। नृत्य करनि झन्कृित मनमाने।।
सुनिहु शोर अद्भुत गुंजारा। आदि प्रकृति सत स्वर संसारा।।
लय मद गान गन्ध रति केरी। जिह स्वर मिश्रित सकल घनेरी।।
मृदु हिय वानि विषय सर सानी। प्रगटित पलट रहित अनुमानी।।
विक्रत विषय मिश्रित लख आती। आतम त्रप्ति आन्तरिक पाती।।

दोहा - काम पास सत कामनी, लुभित ग्रहन कर वाम।
दूत भेष गन वृह्म पथ, त्रषा त्रप्ति हिय धाम।। (43)

चौपाई - बली दोउ अचरज भयु प्रहरी। देखिहु दृष्टि संयमित ठहरी।।
गये तुरत नृप जाय जतायू। लखिहु दूर तै रहस वतायू।।
आयहु कोउ विचित सुर एका। जिह जिभ गुंजरित अरथ अनेका।।
करम अपन पर वोहि अभावा। क्रत निज प्रगट पूर्ण मैं पावा।।
सुनिहु साज आसन मन ऊँचे। रहित नयन चाहिहु सुन सीचे।।
स्वीकृत त्वरा दयउ वुलवावा। मात दूत गावत गुन आवा।।
वनि मधुर सुमरन दिव छाया। मोहनि विलग छवी जनु माया।।
अकुला शुम्भ जरिहु मन तापा। सुन निज अर्पन आत्म प्रतापा।।

दोहा - कलि मन पथ प्रतिकूल धुन, सुन तन आलस आन।
तौ किम भाँतिह कर स्वयं, भजन शरन कल्यान।। (44)

चौपाई - श्रवन सतर्क ओर निज खीचें। कलि स्वर लिप्त कामि मति कीचे।।
पूछिहु नाम धाम अरू कामा। कारन कौन निःशंक अकामा।।
वानि मधुर माँ गूढ रसाना। स्वर गन गूँजित युग चहुं नाना।।
सोइ भेष जस तैसइ वाता। कहिहु सुमर शाँती सत गाता।।
जिह पहि द्रष्टि विषय तुहि वान्छा। हेतु प्राप्ति मति आशनि लान्छा।।

ठानिहु समर चाह जय हेतू। मति संदेह पहि लालच चेतू।।
बुरौ काज फल अनभल ऐही। होहि विनाशित लोभनि देही।।
कारज ऐंहि करन कल्यानी। जेहि संजोइहु श्वासनि रानी।।

दोहा - अम्व प्रचारक दूत मुहि, जनु यहि कहन संदेश।
हित विचार रति रीति सत, केलि थली हिम देश।। (45)

चौपाई - यह कहि शान्त सुआसन अपने। वैठे द्रश्य लखे मनु सपने।।
बहुर कहिउ वानी समुझावा। हेतु स्वयं कह काज वनावा।।
मान प्रथम मद वली प्रसन्सा। कहिहु सुमर दिश मोर कुमन्सा।।
जोशनि स्मिृति रिस उक्सावा। निज प्रसंग पथ प्रगति वचावा।।
पूरन धाम जीत जित जाने। सवहि विवश निज देशहि माने।।
वसुधा देवि कंपय भय तोही। हौहि वशहि लर सनमुख जोही।।
तौहु कहहु हित तोहि विचारी। जाउ तुरत तज धरनि मंझारी।।
जाय वसहु पाताल तुरन्ता। नहिं सुनु आयहु अब तुहि अन्ता।।

दोहा - वली सुभट स्वामी तुमहि, वल धर नृपति कहाउ।
वात अवश मैं मान यहि, ध्यान तदपि हिय धाउ।। (46)

चौपाई - मात दूत अति चतुर चितावा। वात कहत निज जॉचत पावा।।
निजहि प्रसन्श शुम्भ सुन हरषा। भयउ मगन मति वान्छित तरसा।।
विसरिहु दुःख तै जो रन रोषा। सुध सुइ तुरत संभर भयु होषा।।
जोश प्रगट मद नयन तरेरे। सहज विजय रन निज पथ हेरे।।
भ्रकुटी चढी कोप मति छावा। प्रभुता अपन कोष भर पावा।।
प्रवृति लोभ अव सकय न नाशी। जान सोइ हित दूत प्रकाशी।।
सुनहु स्वामि खल निश्चय वानी। वात मोहि नहिं वन अभिमानी।।
जिह भरोस हुय तू वल धारी। तिनहि वाह्य लख मो अनुसारी।।

दोहा - होवत देखहु नष्ट सव, अन्तर निवल तिहार।
तवहि समर कर कैसु सक, हीनहि आत्म निहार।। (47)

चौपाई - मोहि सीख मानहु नृप यासे। आत्म सवल कर हुय हित तासे।।
भाव अहं तज मति धर धीरा। कर विचार फेरहु दलवीरा।।
जाहु शरन जिह ठानिहु रारा। निज कर अर्पन सकल प्रकारा।।
अम्व क्रपालु सुशील सुभावा। क्षमहि सकल निज सहज प्रभावा।।
राज अभय कर पुन संसारा। शरन न दुर्लभ प्राप्तहि प्यारा।।
चलहु लेहि तुमही संग अपने। भूलहु चूक भॉति निश सपने।।
वानि दूत मृदु मंगल कारी। करन कल्यान मीत भय हारी।।
स्वार्थ संकुचित नृप के घेरे। रोष अनल खल जड मति चेरे।।

दोहा - रहित प्रभावहि कुमति रहि, सुन वाढिहु मन क्रोध।
शिव शक्ती वानी स्वयं, हिदय प्रकाशित शोध।। (48)

चौपाई - स्वामि दनुज गरजिहु अस कह्यू। मूक तुरत शांती शिव सुनयू।।
चहहुं न तुय सम हित उपदेशक। सैन स्वयं सह समरथ वे शक।।
रूधिर वीर्य सम नहिं वलवन्ता। वीच तिपुर रन सकय जुहन्ता।।
मैं रहस्य जानिहु वल वीरा। बुन्द रूधिर दल अगनित धीरा।।
मो भरोस जय निश्चय होई। नाहि कोउ कहुं मारय जोई।।
सुइ विलोक कौशल अनुमाना। आनन शुभे हिदय अकुलाना।।
भेजिहु सोइ समझ मुहि आवा। मुहि सन सन्धि पलट प्रस्तावा।।
सुनरे दूत जान हित अम्वा। भेज पास मुहि पथ जगदम्वा।।

दोहा - सुन यह बोलिहु मात गन, रूकय न जो चह हौन।
सोइ समझ मुहि मन रहह, हित अति हौवन मौन।। (49)

चौपाई - यहि कह शम्भु दूत कै नाई। फिरे मात दिश मन मुस्काही।।
विध पथ तेज हिदय आचारा। शान्त सन्तुलित मीत उदारा।।
सिन्धु कृपा शिव महा गंभीरा। आयषु माँ मर्यादि सुधीरा।।
सभा भवन खल निशा कुरीती। विस्त्रित चाहुं सीम तम नीती।।
रहे बैठ शिव सोइ प्रकाशित। ऑगन भवन पंथ शुभ भासित।।

शुम्भ रजनिचर अन्ध अजाना। दिवस निशा सुइ एक समाना।।
अनुचर तैसु सकल मति पाछे। सके ग्रहण कर नहिं गुन आछे।।
दयउ पीठ शिव बाहर आये। सुमर स्वामि गुन वहु मुस्काये।।

दोहा - रहिहु दैत्य दल एक गति, अति मति रति अनचार।
कुपित नृपति विहंसत मनहि, अर्पित अम्व दुआर।। (50)

चौपाई - चले शम्भु निज काम वनावा। माँ संदेश पथ एक सुनावा।।
अबसर येहि अम्व गुनकारी। वहु चहुं शक्ति देवि विच प्यारी।।
मंगल खान वानि मृदु माता। सत तरू साख भेद वहु पाता।।
वात विविध कर संग विवादा। खुलित रहस्य गूढ सम्वादा।।
मिलिन शक्ति सत विलग लखाने। प्रकृति पुरूष परचित सव जाने।।
सत्य सरोवर पूरित नीरा। सुमति तरंगनि वुन्द शरीरा।।
कीच असत तरि अद्रश उछाला। घुलित जदपि शुभ दृष्टि सुचाला।।
सरिता महा तरंगनि एका। रूपित वुन्द संजोहि अनेका।।

दोहा - झरित सुमति वल काल धर, चली धरनि निर्द्वन्द।
लोक सकल स्वामिन स्वयं, अविरल सत गति मन्द।। (51)

चौपाई - सलिल सरोवर सरिता साखा। नाम विविध वुंद रूपित राखा।।
रूप सकल सर आन समाने। शक्ति प्रकृति पथ पुरूष पुजाने।।
सुनहु यासि सम सम नर नारी। श्रष्टि रचित पथ दोउ अधारी।।
आत्म महा वांधय तन दोऊ। अंश भेद मेलित इक होऊ।।
प्रान मनुज तज निज तन धामा। सकय न जान कोउ ग्रह कामा।।
यहि उपदेश परम उपकारी। संग तर्क वहु मात मंझारी।।
भयउ जवहि संशय कछु देवी। पूछिहु मधुर बितर्कहि सेवी।।
सत्य सोइ सुन्दर विस्तारा। कहिउ प्रताप शक्ति संग सारा।।

दोहा - बहु देवी भय भ्रम मिटिहु, भई उघत रन हेतु।
आयहु अबसर ऐहि शिव, सोचित शक्ति सचेतु।। (52)

चौपाई - लखिहु मात आवत निज दूता। सवन्ह सफल निज कारज कूता।।
सती महा वृष वाहनि रानी। दयउ सुआसन कर अगवानी।।
चित्त विजित शिव महा कृपालू। हेर सती तन विहंस दयालू।।
बैठे चरन मनावत माता। भरिहु अंक निज पुलकित गाता।।
पूछिहु स्वामिन मन मुस्कानी। कहहु भांति किम नीति वुझानी।।
शुम्भ महा खल का मुहि हेतू। चहिहु हौन अर्पन सत चेतू।।
बहुर संदेश समर हित दयऊ। कहहु सोइ जस मति खल भयऊ।।
सुन शिव पुलक छलक दृग आये। जननि बचन सन शन्ति सुहाये।।

दोहा - दैत्य मीत नहिं बिबश भयु, तदपि नयन तै हीन।
रहिहु शोक छावत सुतहि, विम्वहि अश्रु मलीन।। (53)

चौपाई - प्रहरी अवश सचेतहि द्वारा। पायहु रति ध्वनि लिप्त अपारा।।
मुहि पद चाप प्रताप तुम्हारे। गुंजर नाम हरि मुखहि हमारे।।
सुनिहु सोउ विचलित भयु दोऊ। गये कहन नृप आवन मोऊ।।
प्रथमहि नीति अपन हित काजा। तुहि संदेश संग गुंन्थन साजा।।
कहिउ वचन जुइ वान्छा तोही। निजहि प्रयत्न शुम्भ हित सोही।।
सुयश समर्पन सुख परिणामा। कहिहु भांति सव पावन नामा।।
सीमित जड मति उलट विचारा। वानि अरथ विपरीत उचारा।।
रहिहु मूक सुइ सुन अस वानी। अग्र विवाद खेत रन जानी।।

दोहा - माँ सुन वाहहि कुपित हुय, अन्तर शिवहि हंसाय।
सवन्ह संचलित स्वयं सह, संयम रज्जु फँसाय।। (54)

चौपाई - सकल संवोधित करिहु भवानी। करहु भरोस सवन्ह हित आनी।।
होहि समर संशय यहि नांही। कठिन कराल काल गति छांही।।
कहहु सोइ सव सोच विचारी। उघत हेतु रन वानि उचारी।।
कौनहु काज जगत नहिं ऐसा। जेहि पुरूष कर नारि अंदेशा।।

सोच तुरत सहमति दिहु मोही। करहु काज सुर जय जस होई।।
शक्ति सकल सुर सुन माँ वानी। जयति मात कह भुजा उठानी।।
मन क्रम वचन सहित संग मोरा। आयषु देहु गुंजर अस शोरा।।
कह यहि सकल झुकी माँ चरना। शान्ति सुमति माँ मंगल शरना।।

दोहा - आपन वश जानिहु सकल, क्षन यहि परम पुनीत।
भयउ शान्त विचरित हिदय, छलकय द्रग विधि नीत।। (55)

चौपाई - भरे नयन रस ऑसु अंजाने। धार कपोलहि कालिम आने।।
पौछिहु खैच आंचलहि छोरा। आनन झलक मिलित रिस गोरा।।
शुभ गुन रूप दविह द्रग लाजा। कोमल वुद्धि कठिन रन काजा।।
सहज सुभावहि चाहहि शांती। सत संसार प्रकाशित कांती।।
नीति नियम पथ वेद विधाना। सत गति तामस मिलन कल्याना।।
यघपि अम्व अन्त सव आदी। जान सवन्ह मति पूज अनादी।।
तदपि चरित हित गुणहि प्रचारा। पुरूष प्रकृति नहिं लान्छ अचारा।।
लख निज सैन यूथ वहु नारी। अवला आपन नीति विचारी।।

दोहा - हेरिहु जननी ओर शिव, हर हिरदय सन्ताप।
मैं अकेलि अवला उघत, चहहु हरन महि पाप।। (56)

चौपाई - सतो गुनी तन शान्त सुभावा। जानय जदपि जगत पर भावा।।
अति कर असत तत्व उमडाने। जानहु मानि न शान्ति सुझाने।।
तामस रूप सोइ रन भेषा। चाहहु तत्व तेज तुहि जैसा।।
कहहु सोइ का वान्छ तुम्हारी। करहु तैसु मैं समर मझारी।।
सुन शिव सोच सुवाम चिताये। सहमति तुरत हरष हिय पाये।।
हेर मात पद परम पुनीता। वन्दन विनय जोर कर प्रीता।।
मंगल वचन कहिहु त्रिपुरारी। मीत विजित माँ जय गुन कारी।।
मैं उघत आयषु जुहि माता। रखहु वचन मुहि जनु सुत नाता।।

दोहा - अंश तेज तामस सकल, अर्पित चरन तिहार।
प्रवल प्रकाशित समर विच, करहि दैत्य संघार।। (57)

चौपाई - माँ मुस्कानि वचन सुन शिव के। निज पद लखिहु परिहु गुन तमके।।
करहि सुकोमल लयउ उठावा। हेरि तिरछि निज हीय लगावा।।
अम्व छाति चिपकी शिव वामा। सकल विलोकिहु रूप सकामा।।
अद्रश तुरत क्षन एक समाई। जननि वैठ चित जनिहु द्रणाई।।
कहिहु शम्भु सन सुनहु सुजाना। मैं समर्थ विध वेद पुराना।।
जाहु धाम निज संशय नांही। मारहु दनुज सुनीति सुराही।।
तोहि बचन रन राखहु सारे। शिद्धि सांच जग सकल पियारे।।
हरष कृपालु शम्भु उठ धाये। परे मात पद प्रीत भिगाये।।

दोहा - लैकर प्रेमहि पुलक हिय, करिहु सवल शिव हीय।
द्रणता धीरज नीति सत, जननी प्रेरिहु जीय।। (58)

चौपाई - सत निचोर माँ सीचिहु प्रेमा। दया सुरस तरू शिव हिम नेमा।।
शील सुभाव शान्ति बहु साखा। दया पात अगनित मति राखा।।
प्रात राज ऋतु प्रकृति प्रभावा। भालहि लाल रूमान्च ढंकावा।।
श्वास सत्य आंगन हिम आनी। दया विटप चंचल पतियानी।।
झरहि पात तरू तै वहु दाना। पाहि सकल सुख शिव तै माना।।
आयषु मात माथ शिव धरयू। हेर वार वहु फिर पद परयू।।
करिहु विदा माँ शम्भु निशंका। चले स्वामि गुन भज वल वंका।।
राह हिमहि पूछिहु अकुलावा। कहिहु नाथ सव हाल वुझावा।।

दोहा - भये शान्त हिम जान गति, सुता उचित रन रीत।
चक्रकाल नियमित चलन, विजित अवश सत प्रीत।। (59)

चौपाई - तुरत प्रवन्ध अपन दल माता। कीनिहु पूर्ण यतन सन ज्ञाता।।
साजि सकल आयुध धर देवी। जो जस जोग सु तस गुन लेवी।।

स्वंय जननि धनु वानि कटारा। घरे कटाक्ष कुदृष्टि रकारा।।
कौतुक करन माय माँ राजी। हरि तिय रजस सुमोहनि लाजी।।
खैचिहु मोह सकल खल चेते। जिम धन क्रपण गये फिर लेते।।
खोलहि नयन भये भय भीता। समर विलोक विपक्ष विजीता।।
कछुक मूढ मन अति खिसयाने। गरज भुजा वल आयुध ताने।।
देहि कछुक धीरज निज स्वामी। फिरहु कल्यान समर्पित नामी।।

दोहा - रूधिर वीर्य सुन गरज रन, दीनिहु दल कै हॉक।
लरहु स्वामि हित हेतु सव, जुरहु ओर चहुं रॉक।। (60)

चौपाई - सकय न टार कुउ नायक वानी। सोइ विवश दल वढ अभिमानी।।
जुर अनुशासन खल सनमाना। वली महा आपन अनुमाना।।
उठा भुजा चहुं शोर मचावा। भिरे सुभट सव समर रचावा।।
सैन जननि जय अम्व दुहाई। दीनिहु देवि सकल रिसयायी।।
जातुधान जय शुम्भ सुनाही। पिछरहि कायर सकुच पिछाही।।
असुर कछुक वल वीर गुमानी। वढहि अगारि तमोगुन आनी।।
वान्छ दोउ दल जय किह लहही। निज हेतु भिरे रन करही।।
मानहि कोउ न कैसउ हारा। देवि खलन्ह विच समर अपारा।।

छन्द - समर अपार पारनि पार माँ मन लोभ जीतन चली।
सुर नारि सकल सत अंश सवल सुमति गति पूरन भली।।
मति लोभ भेदहि क्षोभ स्वारथ घेर आपन हित लग्यो।
जुर सुभट कटक झट भिरिहु लिपट पट चोट सह फिर भग्यो।।

सोरठा - हौन लगी बहु मार, झपटहि धावहि एक इक।
कौतुक गुन आगार, जननि विलोकिहु दूर सन।।

दोहा - पिक प्रिय पावन गगन रवि, छवि रश्मिहि महि तप्त।
श्रम सीकर सुर नारि तन, चढ रंग रोषहि रक्त।। (61)

चौपाई - भई कुपित दिश चारहु ओरा। शक्ति सैन सह देविह जोरा।।
कान्ति दिव्य निज कोप प्रभावा। कृपा अम्व आश्रय बल पावा।।
धरनि कमंडल वेद वृह्मानी। दृष्टि आदि माँ करनि कल्यानी।।
हूक हिदय रस मिश्रित पावन। कुपित वीच रिपु सैन सुहावन।।
परिहु खलन्ह तन शक्ति नशानी। तेहि पान मति सुत हरषानी।।
अग्रभाग दल मात जनावा। अभय देवि कर सकल सुनावा।।
मुहि प्रिय देवि सुनहु हित वानी। जिन सकुचहु यह असुर अजानी।।
सकल तुमहि प्रगटित सत नीती। यूथ सकल खल जनम कुरीती।।

दोहा - नेकु न मानहु लाज भय, दीन दुःखी हित काज।
डटहु कुकर्मी क्रूर अग, तेज पुरूष हिय साज।। (62)

चौपाई - सुर तिय तेज सतीत्व सुभावा। प्रगटित हिय वल परम प्रभावा।।
सुन माँ वानि महेश्वरि रानी। धर त्रिशूल कर समर रिसानी।।
काट शीश खल झुन्ड अनेका। रोषित रूप रकारहि एका।।
वचहि दैत्य कछु करहि प्रहारा। अस्त्र भांति वहु विविध प्रकारा।।
करहि खन्ड शत क्रीडहि देवी। कुपित कराल भेष रन लेवी।।
भानु वसन्त माँझ मनु अम्वा। गौर वदन कालिम जगदम्वा।।
परियु प्रगट जस जसहिय कोपा। आवत तप्त आदि पथ रोपा।।
श्वास मनहु नाशिक तै ज्वाला। खल त्रन राशि भसम रिस ज्वाला।।

छन्द - रिस जाल गति तन काल कर रन रश्मि तेजहि जारही।
हुय कुपित पूरन कोप सारनि शम्भु अंशनि मारही।।
तिरशूल कर लै हूल असुरहि काट शीशहि फेकही।
प्रति पलक लाखहि कोटि कोटिन पात गाजहि नेकही।।

दोहा - महा प्रतापनि देवि अस, ठानिहु रन विकराल।
दैत्य सभीत चितवत सकुच, आवत मानहु काल।। (63)

चौपाई - भये विकल खल पीठ दिखावा। वान्छ समर तज प्रान वचावा।।
भगहि डार आयुध निज सारे। जातु धान दल खल वल पारे।।
निपुन सोइ मोहनि सव जॉचा। चक्रहि साध सुमोह खरांचा।।
अरि दल करिहु अकर्षित खेता। भांति लोभि धन वहु पथ चेता।।
जैसु कीट रेशमि रच जाला। मरहि फॉस आपनि वह पाला।।
तैसु सकल दल दैत्य नशाही। जननि वैष्नवि चक्र घुमाही।।
भिरहि विवाद परस्पर भारी। उलझि खैचि माया महि सारी।।
चहह मुक्त होवन यहि पॉसा। तस तस उलझ करहि निज नाशा।।

छन्द - निज नाश कर मृतु श्वांस हॉसनि हास हुय जग जानयो।
चहुं ओर शोरहि होहि माया लिपट खल हित मानयो।।
कर समर मोहनि सुमर स्वामिन साटि निज फहरावही।
दल कोटि असुरन्ह आहि खिच खच तुरत चक्रहि मारही।।

सोरठा - अस कौतुक मय खेत, सूझहि मारहि मार सव।
जननि मोहनी चेत, संभर संघारहि असुर दल।। (64)

चौपाई - धारनि शक्ति सहायक रानी। माय महा कौमारि भवानी।।
करहि क्रोध संग मोहनि माता। अरि दल नाश करहि अज्ञाता।।
सकहि न निशचर देख अकारा। अतुलित तेज शक्ति नस सारा।।
परहि सैन रिपु होयहि नाशा। प्रभा समर कौमारि प्रकाशा।।
निशचर स्वयं रहहि नहिं पाछे। भांति कृपन भिर वाढ अगाछे।।
तोमर शक्ति मुष्टिकन भाला। करहि प्रहार रूप कर काला।।
डरहि न नेकु वढहि मिल सारे। समर न सनमुख कोउ सहारे।।
जननि अद्रष्य कोतुकहि लरही। चकित रजनिचर परवश मरही।।
धावहि ऐन्द्रि वज्र धर हाथा। करहि प्रहार कुपित रिपु माथा।।

छन्द - रिपु माथ मारहि वज्र माँ रन गाज करदै चूरही।
सुन गरज औंधहि धरनि पर कछु जाहि मिल खल धूरही।।
कछु कुचर चपिट कटु कहहि वानि मन हीन विलखावही।
हुय बसन रहितहि सहित आयुध अपंग आपन पावही।।

दोहा - धावहि सनमुख ऐन्द्रि माँ, कोपित कठिन कराल।
वीर न कोवहु ऐसु रन, सकय रोक जुइ चाल।। (क)
देवि विपुल वल शालिनी, क्रोधित रन वाराहि।
दिशि आपन तै झपट झट, मारहि असुरन्ह पाहि।। (65)

चौपाई - नर सिंहनि सिंहासन क्षीरा। सजित संग पिय शक्ति शरीरा।।
कुपित खेत विकरालनि भेषा। लरी प्रवृति पशु विखरित केशा।।
आयुध धार मनहु नख दाँता। लोथ लाल रंग परणित प्राता।।
सिंहनि शक्ति खलन्ह सन भिरही। करूण पुकार रजनिचर करही।।
झपटहि काट मांस टपकाही। नखन खींच रन देवि रिसाही।।
असुरन्ह तन तै धार रूधिर की। मास कीच वह दुर मति सर की।।
विलखे वीर परे हत धरनी। तजहि प्रान सुमरहि निज करनी।।
अधिक आधि तै सैन संघारी। सिंहनि शक्ति समर किलकारी।।

छन्द - किलकार मार ललकार धौर धर पकर असुरन्ह भिरी।
हुन्कार दै नख दांत लौंचहि काट लोथन्ह महि परी।।
जुर श्वान आहि सियार वोलहि प्रेत प्रेतनि झूमही।
खग झपट चोटनि खोट लोथहि खाय हरषय खूवही।।

दोहा - शक्ति विविध दिश चारू तै, माँ संचालनि राह।
जुर भिर मारहि यूथ खल, जहँ जहँ जीवित पाह।। (66)

चौपाई - रूधिर वीर्य दल व्याकुल भयऊ। फिरे वीर निज निज हित लयऊ।।
छिन्न भिन्न सैना भइ सारी। लखे मात्र मृत समर मंझारी।।
साजित स्वरन कमल महारानी। रही विलोकत चरित भवानी।।

प्रकृति नियम पथ सत्य प्रतीता। अति अनीति पहि विजय सुनीता।।
वहु दल स्वामि विविध मनु राहा। संग्रित कोष विजित खल चाहा।।
लोभ त्रषा मति पूरित वीरा। रकत वीज देखिहु रन धीरा।।
सोच मनहि मन कर अनुमाना। सकल नियन्त्रित नायक नाना।।
वधे सैन संग देखहि खेता। अनुचर कछुक रहे वश चेता।।

दोहा - मचिहु कुलाहल मोहि दल, खलवलि परी लखाय।
डारहि आयुध वीर रन, भागहि प्रान वचाय।। (67)

चौपाई - किम धर धीर वंधावहु सैना। जोर त्रषा मति चेतन नैना।।
कर विचार निश्चय मनमांही। आतुर तुरत हेतु निज आंही।।
रोकिहु दल कह वचन कठोरा। फिरहि जोइ वन्धन मुहि जोरा।।
तेहि जगत महि कहुं हित नाही। दुःखमय मृत्यु पिछर पछताही।।
कोष कृपन जिम जात विलोके। भांति अनेक विपति सह रोके।।
रूधिर वीर्य तिम सैन संभारी। गयउ कुपित अति जननि अगारी।।
शक्ति संग्रहित बज्रहि वानी। हेरनि पैनि वरछि अगवानी।।
सनमुख मात गरज अस वोला। हीन उपल जिम वादर गोला।।

दोहा - ठीटनि कारन एक तुहि, दल हमार भयु नाश।
भाव सुरूपहि वाह्य शुभ, अन्तर अशुभ अभास।। (68)

चौपाई - करहुं विवश वॉधहु तुहि पांसा। चलहु लेय जग तुहि उपहासा।।
निजहि स्वामि पद सौपहु तोही। विश्व विदित प्रन पूरन मोही।।
सुन यहि वचन जननि मुस्कानी। शान्त रूप सद्भाव भवानी।।
महा विजय अबतारनि माया। स्वरनिम देह सहज दृग दाया।।
सुरस वानि शारद सन्तोषी। मृदुल वचन घृत पावक रोषी।।
वोली अम्व क्रपालनि वानी। अरथ सार मय शून्य अज्ञानी।।
जिह मति जैसु गुनहि तिह तैसे। आश्रित सत औगुन गुन जैसे।।
करू विवाद नहिं भल कछु कामा। रूचय जोइ सुइ कर संग्रामा।।

सोरठा - अम्व वचन अनमोल, रूधिर वीर्य सुन रोष चढ।
मति संकोचि हित तौल, धायहु क्रोधित मात पहि।। (69)

चौपाई - रोष रकत नयनन पहि छावा। रूधिर वीर्य वांधन माँ धावा।।
वल भर वज्र प्रहारिहु भारी। सम प्रशून पावन परिसारी।।
मति थिर चिन्तन सत्य विचारे। लखहि सुचेतन साटि संभारे।।
खल विलोक नहिं कछुक प्रभावा। क्रोधित मूढ कुचंचल भावा।।
हरिहु जोर मुष्टिक वहु कोपा। परसि मात तन छार अलोपा।।
करिहु न कछु नहिं कछु माँ कहही। ज्ञाननि मूक मात्र रिस लयही।।
देखि जननि चुप खल रिसयाना। करिहु प्रहार भांति वहु नाना।।
आयुध विविध असर नहिं नेका। अति गंभीर चित गूढनि एका।।

दोहा - शक्ति सुअंशनि देवि बहु, विजय प्रकाशहि खेत।
जय माँ ध्वनि मन विकृत फिर, देखिहु माँ दिश चेत।। (70)

चौपाई - हरि अंशनि गुन राजसि राजी। द्रष्य विचित देखत मन लाजी।।
सनमुख मोहि स्वामनी मोरी। सहह प्रहार सुभावहि भोरी।।
हुय न शान्त खल विवश कुचाला। हिदय सोच रिस प्रगटी ज्वाला।।
धर असि हाथ सुमोहनि धाई। देवि सकल संग सहमति पाई।।
वशीभूत रिस राजस गुनही। संग एक आयुध सव हनही।।
अम्व महा साजनि मघ शोभा। व्यथित चोट झपटह वश लोभा।।
सुइ विलोक विक्सित भइ काया। गुनहि तेज छायहु मन माया।।
झट अगारि कर ग्रहन कृपाना। काटिहु शीश लक्ष कर ध्याना।।

दोहा - किलक क्रोध हुन्कार कर, फैंकिहु मुन्ड अकाश।
सुर तिर संगनि सकल मिल, करिहु उछल अट्टास।। (71)

चौपाई - सत समाधि साधन चित शांती। शक्ति ध्यान थिर आनंद कांती।।
अम्व आदि विचलित सुन शोरा। हूक हिदय अस्थिर हुय थोरा।।

नयन खोल माँ तुरत चितावा। आपति आवत द्रष्य जतावा।।
चेतन चकित विचित तन परयू। विधि माँ सोच जतन किम लरयू।।
गयउ मुन्ड नभ भांति पहारा। गिरिहु रूधिर मनु झरिहु फुहारा।।
धार रूधिर धड तै इम आई। मनहु गंग वल भर उमडाई।।
सुइ अशीष सत भयउ सकारा। लखिहु समर वहु वीर अकारा।।
वुंद रकत जित तेतिक वीरा। भये प्रगट अतुलित रन धीरा।।

दोहा - विस्मित देवि विलोक रन, अरि दल वाढिहु दून।
अविरल प्रगटय दैत्य दल, टपकय जस जस खून।। (72)

चौपाई - जानिहु समय सुधीरज दयऊ। वानि मात्र साहस सव लयऊ।।
सव हुंकार जननी जय वान्छा। भिर इक कोटिक असुरन्ह लान्छा।।
लगी संघारन अरि दल भारी। मात चकित वश खेत निहारी।।
नारि सिंह माँ महि कौमारी। मोहनि एन्द्रि महा विस्तारी।।
आयुध धर वहु माँ वाराही। जुरी सकल संग कोपित दाही।।
जातुधान दल जुर संघारा। नष्ट भ्रष्ट कर विविध प्रकारा।।
कौतुक कला रजनिचर एका। क्षन असंक्ष्य दल प्रगट अनेका।।
कहि न जाय सैना कित वाढी। लखिहु जननि विस्मित रन ठाढी।।

छन्द - रन ठाडि विस्मित जननि देखिहु रेख भालहि सोचनी।
प्रति पलक पालक मात कौतुक दैत्य यूथहि मोचनी।।
दल जातु धान अजान अचरज भाज क्षन क्षन वाढही।
जित वुन्द रकतहि समर तेतिक सैन कोटिक दाडही।।

सोरठा - बाढहि रिपु दल खेत, जिम लोभिह व्रध त्रषा मति।
अंश शक्ति सुर हेत, करहि दलन मिल सकल चंहु।। (73)

चौपाई - दैत्य एक वध खन्ड शरीरा। प्रगट सहस्त्र शस्त्र सह वीरा।।
लरहि भिरहि नहिं नेकु डाराही। मरहि वढहि छल कपट दिखाही।।
खल असंख्य दल करिहु संग्रामा। वचिहु न खेत धरनि तिल नामा।।

अस विलोक सव देवि रिसानी। साहस शौर्य शक्ति पति ध्यानी।।
हठहि हटी नहिं पगहि पिछारी। कर संघार वढ कुपित अगारी।।
देवि सकल रिस इम हियवाढी। हेतु लोभ माया मनु गाढी।।
रूधिर वीर्य सुन सैन वढाही। हरष मनहि मन नैन चढाही।।
वढे वीर ऐतिक रन मांही। परे लखाहि एक इक पांही।।

छन्द - इक पांहि एक अनेक प्रगटहि नेकु दल नहिं घाटही।
दल वाढि खल भयु ऐसु ऐतिक मानु देविन्ह पाटही।।
सुइ खाय भय हुय विवश अचरज देवि सव दिश माँ फिरी।
वश एक चेतन हेतु पूरन जोर कर चारहु घिरी।।

दोहा - त्राह त्राह कर सकल मिल, परी शरन जगदम्व।
स्वामिन विपता हरन मम, रखहु लाज रन अम्व।। (74)

चौपाई - कौतुक कला सु पूरन रानी। शान्त सतोगुन ज्ञानि भवानी।।
मोहनि चितवन विहंसत माता। राग मधुर मुखरित मनु प्राता।।
सहज सुखद हिय भयु सव केरी। मिटिहु मीत भय मृदु माँ हेरी।।
लखिहु वीर दल अम्व पिछारी। जानिहु मनहि फिरी सव हारी।।
अट्टहास सुइ गरजिहु खेता। विजय घोष मध वनिहु विजेता।।
माँ पहि तुरत गयउ खिसयाना। चढिहु मान मद जय अभिमाना।।
वानि अमंगल कटु कुविचारी। भरिहु रोष खल ऐसि उचारी।।
करहि शान सत देखिहु कैसा। सौपहु तोहि अबहि असुरेशा।।
सकहि न सह मां सत्य कलंका। चढिहु भ्रकुटि सुन वचन निशंका।।

छन्द - सुन वचन निशंक माँ देह दाहित अंक आनन लसे।
तन वरन गौर भयु लाल ज्वालिम कोप वंधन मन कसे।।
सत हेतु प्रेरित नीत जय हित रीत पावन रोषनी।
हिय कुपित क्षन छनक आवन जोति जारित होषनी।।

सोरठा - सत दिय शक्ती पैच, जोति ज्वलन गुन काल तम।
कुपित सु अंशनि खैच, रोष महा कलिम चढिहु।।

दोहा - जोति दमक तरि लाल तन, वरन माथ घन भांति।
आदि अकेलहि मांहि रन, ज्वलित दीप सम कांति।। (75)

चौपाई - जदपि क्रपालनि करूण सुभावा। शान्ति जननि मति सहज दिखावा।।
बहुर भवानि वरन भयु काला। रक्ष हीय शुभ मन रिस ज्वाला।।
ज्वलित वदन सम कोटि पहारा। वढहि रोष मन विविध प्रकारा।।
रिस असीम तम गुन नभ घूमा। संग्रित भयउ स्वछंद तन झूमा।।
भयउ क्रोध साकार शरीरा। ठाडिहु विलग सुसमरथ वीरा।।
रौद्र रूप श्यामल तन साजे। तत्व महा क्रोधानल गाजे।।
शक्ति रूप परणित माँ वान्छा। करि प्रवेश हिय कामिन लान्छा।।
वृष वाहनि स्वामनि शिव वामा। भई प्रगट हेतुहि सुर कामा।।

छन्द - सुर काम हित अबतरित जननी जयति जय कह स्वामनी।
तन कांप कोपहि सकल तापित सोच खल पर जाननी।।
दिय जोति होति तम ऊंच कालिम लालि तरि राजसि रजी।
तरि लाल गुन सत गौर हीयहि आदि प्रिय पावन सजी।।

दोहा - अम्व सहेलनि कालि प्रिय, सहज झुकायहु माथ।
मिली बहुर भेटित हिदय, पूछि कुशलता साथ।। (76)

चौपाई - प्रथम रूप सत वहु पछतावा। थोरिक वानि बहुत समुझावा।।
रक्षित सत्य सु शान्ति अधारा। मति अहिंस पथ देवन्ह प्यारा।।
जदपि स्वयं वलि हित सत शॉती। हितकर प्रीत नीति अपनाती।।
बहुर ऑच आवहि सत पांही। नाँहि उचित बैठन घर माँही।।
आश्र शान्त सनमुखहि हितैषी। आवहि प्रीत प्रभावहि जैसी।।
विफल शान्ति होयहि रन जवही। जुद्ध उचित सत राहहि तवही।।

कियो सोइ मैं पाइहु पूरा। तज तुहि संग अनुभवहि अधूरा।।
हौहि नष्ट जिह विध खल ऐही। करहु काज सुइ तुरत सदेही।।

छन्द - सह देहि तुहि रत हौहि मृतु तन तुरत मुखरन खोलहू।
गुन रानि रज कल्यानि माया फॉस दैत्यहि पोलहू।।
हुहि काल रूपहि समर विस्त्रित पान रूधिरहि भक्षहू।
थिर मान मति मैं सत्य अन्तर यूथ सुर पथ रक्षहू।।

दोहा - मात वचन सुन समय लख, शंक न नेकुह कीन।
आयषु जो कहि उघत भइ, कियो न हिरदय खीन।। (क)

कुपित राजसनि आयुधहि, सनमुख तेजहि धाय।
आदि आयुषहि काज निज, करन उघत हरषाय।। (77)

चौपाई - मात सुमोहित शस्त्र क्रपाना। सहित पांस सज हित कल्याना।।
हरि तिय भांति अनेकन माया। कीन्ह प्रगट रन अगनित काया।।
सजी सकल धर आयुध भारी। रूप रजोगुन तत्वनि सारी।।
वली वीर तेजनि मति धीरा। दक्ष कला रन पुष्ट शरीरा।।
संगनि श्री महा जिह काली। तन अभद्र रसना रस लाली।।
क्रोध अनल तन जिह महि व्यापी। ज्वलित कालि पाती सम कॉपी।।
रिसहि रसान अधर लट कानी। मनहु प्रभाव रजोगुन आनी।।
भ्रकुटि टेडि केशहि घुंघराने। नयन रकत मय रूप डराने।।
मद मति भ्रष्ट तमोगुन गाजा। सोइ शक्ति तन प्रवशित साजा।।
मृतु मुख खोल समर हुंकारी।खल कीटन्ह नागिन फुंकारी।।

छन्द - फुन्कार नागिन भांति माता कालि दै रन धावही।
मुख खोल माँ जय वोल विन कछु सोच स्वामिन ध्यावही।।
महि काल केवल चक्र नियमित अन्त निशचर आयहू।
सुइ हेतु हाथन्ह कालि कौतिक आदि तम पहचानहू।।
गुन राज राजनि साज जननी शौर्य तन छलकावही।

जस मात कह धर शीश आयषु पीस दांतहि आवहीं।।
लख दैत्य दै रन हूह चारहुं घेर मायहि जुर भिरे।
दल मात गन कछु शक्ति निज सह सहज संग सनयुख लरे।।
मृतु रूप गुन तम सैन कालिह नैन रोषनि आवनी।
विच समर मानहु मौत मुख खुल रूप वहु भइ योगनी।।
संग्राम चेतनि चन्डि समरथ भेष विकरित निज कियो।
हित नाश निशचर योग आपन जेहि भावन सो दियो।।
मति आदि पथ जस चाह तैसहि रूप देविन्ह भेजहू।
मिल सकल समलित सैन मातहि आयुषहि सत सेवहू।।
सुर शक्ति पूरन कोप काटहि शीश असुरन्ह फेकही।
दल कालि अगनित खोल मुख तरि खून झरतन देखही।।
कर पान वुन्दहि मुन्ड झर जित वीर प्रगटित भक्षही।
रिस साध खरपर रून्ड रूधिरहि भांति पूरन रक्षही।।
श्री रानि मोहनि काट मुन्डहि भेट कालिह देयही।
हुय मात विस्त्रित मौत रूपहि विहंस प्रीतहि लेयही।।
कर नृत्य योगनि पान रूधिरहि विचर वीचहि चीखही।
धर खून खरपर संच शोभहि नीति ज्ञाननि सीखही।।
रिस ज्वाल काल कराल केवल लालि जीभहि कालिका।
बहु उलट लपेट पलटन पलक वैरि पूरन घालिका।।

दोहा - अंशु भानु रूधिरहि रंगित, शुभित कालि तन पूर्ण।
मुन्ड रूधिर रून्डहि सहित, परहि दन्त तरि चूर्ण।। (78)

चौपाई - चर चर ध्वनि चिंघार भवानी। नाशहि वीर रूधिर नव प्रानी।।
वहित रसानहि रूधिरहि धारा। सनहि चोलि हिय साज अपारा।।
परय वुन्द तन तुरत झझांने। सुनहु सांचि अन्तर नहिं आने।।
भक्षि मॅास पशु पक्षि निराशित। रहे दिवस लौटे जहं वासित।।

शवहि हीन भयु पूर्न संग्रामा। वधिहु सकल दल हित सुरकामा।।
रूधिर वीर्य वस देखिहु एका। वचिहु अकेल संजोहि अनेका।।
धावत सोइ गयउ महा माया। मुंह पसार संगनि मृतु काया।।
लखिहु रजनिचर आवत माता। धायहु कुपित अभय मति पाता।।

दोहा - कामिन सनमुख देख दुउ, क्रोधित करिहु प्रहार।
बल भर फेकिहु तुरत पहि, शैलहि ऐक उपार।। (79)

चौपाई - शैल खन्ड कोटिक किय माता। सोइ रजनि चर कम्पित गाता।।
शस्त्र अनेक किय विविध प्रहारा। भये विफल सव मात अगारा।।
परख काल गति जननि रिसानी। फेकिहु पांस कुपित महारानी।।
फांस त्रषा मति रथ तै पटका। खीचिहु निज पहि एकहि झटका।।
चकृहि बहुर चूर्ण रथ कीना। सारथि अश्व तुरत हन दीना।।
पुन मन सुमर सु अम्व प्रतापा। तेज तत्व शिव व्यापित कॉपा।।
रौद्र रूप मोहनि विकराला। शक्ति ईश मिश्रित रज काला।।
क्षनहि एक कर कठिन कृपाना। कियो प्रहार लक्ष संधाना।।

दोहा - तुरत शीश कट गयउ नभ, गिरी रकत किह धार।
प्रगटित मारग वीर वहु, गरजित भयउ अपार।। (80)

चौपाई - कालि महा तव वदन वढावा। अम्व सुमर नभ नयन चढावा।।
खोलिहु मुख निज तुरत विशाला। प्रगटित अनल कुपित वहु ज्वाला।।
नये शीश नभ पहि माँ काटे। मनहु अवनि तज अम्वर पाटे।।
मालहि रूप गुंथे वहु मुन्डा। लियो रूधिर खरपर जित रून्डा।।
जेतिक शीश खुले मुख तेतिक। माँ विशाल वन्धन सव नेतिक।।
खाइहु सकल रकत कर पाना। लालि ज्वालि कालिम कल्याना।।
निशचर हीन रूधिर तै भयऊ। शक्ति क्षीन मति त्रषा मिटयऊ।।
जरियु रजनि चर कोपित आगा। मात्र रूप कौतुक माँ लागा।।

दोहा - भांति एहि भयु अन्त खल, कीनिहु माँ जय घोष।
रोष अगनि सत सोइ खिंच, आयहु कालिह होष।। (81)

चौपाई - जयति घोष सुर भयउ सुखारे। समर सुमन वरसे हित प्यारे।।
दुन्दभि दयउ गगन तै देवा। मंगल वानि प्रसन्शित सेवा।।
भेष मनोहर मोहनि काली। फिरहि खेत तै सांझहि लाली।।
दिनकर रश्मि महा घुति संध्या। सोहनि रीति रंगित मनु वन्ध्या।।
वह समीर सुख पूर्न परागा। शोभहि प्रकृति सत्य मति लागा।।
तेज रजोगुन रवि दिश पाछे। कालिम श्याम सघन तम आछे।।
राज महा ऋतु वानि सुरीली। कूकहि करहि प्रसन्शित केली।।
हरष दोउ गयु अम्वहि पासा। मनहि संजोयहु दरश पिपासा।।

दोहा - अम्व विराजहि शैल इक, करहि प्रतीक्षा दोउ।
क्षन तिह दोऊ जयति कह, माथ झुकायहु सोउ।। (82)

चौपाई - प्रीतहि दोउ जननि वैठारा। छाति जुडावन हिय उजयारा।।
पूछिहु काल समर पुन पूरा। जदपि ज्ञाननी सत सव मूरा।।
कहिहु सकल सुइ श्री वतावा। रूधिर वीर्य विध हाल जतावा।।
सुन शुभ सुखद संदेश भवानी। कियो प्रसन्श दोउ हरषानी।।
दयउ वहुर आयुष हित सन्ध्या। जावहु सर कर करम सवन्दया।।
गई सोइ दुइ नायहु माथा। प्रीत परस्पर मेलित हाथा।।
मंजन कियो करम नित भांती। भाव पवित सुमरन दिव कॉती।।
हरि तिय देखिहु तिरछि विरौनी। मंजन कालि सलिल रंग छौनी।।

दोहा - रूधिर मिलित जल देख श्री, अचरज कीनिहु मांह।
मनहि घ्रणा उपजिहु तुरत, कालि सभा सुर नॉह।। (83)

चौपाई - कहिहु न कछु लागिहु भय भारी। माँ पहि फिरी मूक हरि प्यारी।।
ताडिहु कालि मनहि सव भेदा। हीन दशा निज विचलित वेदा।।
सत्य उचित मैं नहिं सुर राहा। काज निक्रष्ट कियो मैं पाहा।।

सोचत पहि सत प्रति मति जागी। जाय सुमति पद मूकहि लागी।।
अन्तरयामिन माँ सव जाना। हेतु सोइ यहि चरित रचाना।।
माँ सन सकुच कछू नहिं कहयू। मात्र माथ श्री चरनन धरयू।।
एक ओर श्री दूसर काली। पास प्रेम सन मति दुउ पाली।।
लखिहु मात मोहनि मन खिन्ना। पूछिहु सोइ प्रथम किह भिन्ना।।

दोहा - कहिहु विवश सुइ वाम हरि, पूरन मन किह हाल।
क्षमहु मोरि जुइ होइ भृम, प्रीत कहहु सत चाल।। (84)

चौपाई - सुन यहि वचन सुमंगल जननी। हेरि कालि मुख सत रस सननी।।
मन उदिग्न चित भरिहु गलानी। कालि दशा लख हीन रहानी।।
पूछिहु अम्व कौतुकहि सारा। गति तुहि पायहु कौन सहारा।।
कहिहु सोइ नहिं नेकु छिपावा। स्वयं ऐहि अनुभव मैं पावा।।
नांहि दोष कछु देहि सहेली। मैं निक्रष्ट मति मोहि अकेली।।
सुरन्ह सभा महि साहस नाही। जाहु जोइ मैं पवित कहाही।।
कारन एहि स्वयं सत जाना। सुर महि नाहि मोहि अस्थाना।।
करम निकृष्ट भृष्ट मुख भयऊ। रूधिर मांस असुरन्ह उर गयऊ।।

दोहा - विचलित वेदन्ह पन्थ तै, गति मुहि दैत्यहि भांति।
निन्दहि देवहि वेद द्विज, पावहु किम तौ शॉति।। (85)

चौपाई - कारज एहि करिहु जिह तेजा। थिर मति बोहि सुखित सत सेजा।।
सोइ पास जावत भय मोही। हिय संकोच रोचिहु नहिं कोई।।
आयषु तोहि तदपि यहि कामा। कियो सोइ विन सोच संग्रामा।।
चहि न हौन कछु भय यहि मांही। हित अति रहिहु सफलता पाही।।
तदपि तेहि वुधि जाग्रित भयऊ। सोच सोइ मति खिन्न रहयऊ।।
मैं निर्दोषि दृष्टि तुहि पावन। विन तुहि कोउ न एयहि आवन।।
सकल सोइ मुहि कहहु वुझाई। नीति धरम पथ सरल सुझाई।।
मिटहि सकल भृम स्वयं निशंका। अमल चरित प्रिय भांति मयंका।।

दोहा - विहंसत सुन यह वचन मृदु। कालिह कर अति प्रीत।
आदि जननि जगदम्व सत। विस्त्रित शक्ति सुनीति।। (86)

चौपाई - सुमति सुरस कर मोहनि पीठा। फेरिहु अम्व झरिहु रस मीठा।।
नेह सरल हिय कालि लगावा। नेम आदि पथ अंक विठावा।।
प्रॅागन पवित दृष्य हिम राजा। प्रकृति श्रंगार सान्ध्य शुभ साजा।।
घिरे गगन अस्ताचल श्यामा। सघन तिमिर तरि लालि ललामा।।
मन्दालोक सुहावन लागे। ऋतु समीर सात्विक मति जागे।।
शोर सुखद झन झन झंकारा। करहि कीट मधु मृदु गुंजारा।।
विविध प्रशून महक महि राजी। तरू नव पाति उदित ऋतु साजी।।
हिय सचेत हिम धर कल्याना। सुन विवाद हित मय अनुमाना।।

दोहा - दृणता आतम पवित मन, तन शुचि मन्जन मांह।
सुमर सतोगुन ज्ञाननी, वैठिहु हरषित छॉह।। (87)

चौपाई - पन्थ सुगम सत सुसमय आवा। शक्ती आदि प्रताप प्रभावा।।
जग हितैषि मृदु मंगल वानी। यहि संवाद शुभ मात वखानी।।
भ्रान्ति मिटावन नाशन द्वेशा। सुनहु सुजन हिय हरन कलेशा।।
सुनहु कालि हित मोरिहु वाता। मन क्रम वचन शुचिह तुहि गाता।।
निन्दित वेद जदपि कृत नीचा। पूज्य तदपि यह मानित ऊंचा।।
मतिह सुजन सुर दानव भांती। होहि भृष्ट तज निज पथ कांती।।
भलहि होहि सम्भव कृत ऐही। नाहि कछुक अचरज मति देही।।
सकइ न हुय पर ईश सुभावा। विक्रित दनुज सम मीत प्रभावा।।

दोहा - अन्तहि मैं जुहि ईश तै, रहहुं परे अति ऊंच।
तिह अंशनि तिर हिदय पहि, सकल होइ किम नीच।। (88)

चौपाई - खेतहि करिहु जोहि अस कामा। भयउ नाहि तुहि कर कछु नामा।।
कारन सुनहु सोइ यह सांचा। नेकु न तोयहि दोषहि आंचा।।
नाहि शक्ति साहस तुहि मांही। करहु काज जुइ ऐसु पिछाही।।

समर जोइ समरथ यदि होती। कियउ तौर किम नांहि चकोती।।
शिव तिय रूप समय वस जवही। सनमुख बैठ रूप सुइ अवही।।
रूधिर वीर्य मति त्रषा भयंकर। खूनहि तै वहु होइ लरंकर।।
वढिहु त्रषा अति रन अनचारा। शक्ति सुदेवन्ह सकल अपारा।।
बहुर विफल सव फिरी पिछारी। त्राह त्राह मुहि आन पुकारी।।

दोहा - खैचिहु सुइ सव किह हिदय, दयउ भांति वहु धीर।
सुत शिव वानी सत्य हित, भयउ सुता तुहि पीर।। (89)

चौपाई - रच्छित सत्य हेतु दिव शक्ती। शोर्य तेज साहस गुन युक्ती।।
मात्र कोप मुहि तत्व विशाला। रूप सकार शक्ति तन ज्वाला।।
खेतहि काल पवित तुहि हीया। सहित सतीत्व वास मुहि जीया।।
वोहि समय तुहि तन चित मोही। प्रगटित भयउ वाद मिल सोई।।
कहहु अम्व यहि कारज कैसे। सकय कोउ कह तुहि सन ऐसे।।
येहि वात यदि तुहि संदेहा। तोउ सुनहु यह नीति सनेहा।।
मोहि क्रोध परणित भयु आगा। ज्वालनि जाल लपट वहु लागा।।
देखिहु सोइ अहित कर सवके। रोकिहु रूप तोहि गुन गन के।।

दोहा - भयु प्रगाट्य तम गुन परम, सुइ हित कर संसार।
कियो वुद्धि सत संचलित, रच्छित जोति उजार।। (90)

चौपाई - भ्रान्ति हीन मन करहु तुरन्ता। मानहि मति शुचि तुहि सुर सन्ता।।
शिव कृत सहज श्रष्टि संघारा। ऐहि प्रथम प्रभु परम उदारा।।
सरल सुभाव जगत यश जाने। किन्तु कृत्य निज तम गुन आने।।
उचित सोइ तिय तेहि प्यारी। वृत सतीत्व घुति हिदय निहारी।।
वानि महा शिव सत्य प्रतापा। वनी दैत्य दल दाहित शापा।।
हेतु येहि यह काज तैयारी। कियो पुष्ट वृत सत हित कारी।।
दैत्य महा दल अगनित वीरा। रिसहि भसम भयु सकल शरीरा।।
नांहि ऐहि महि तुहि कछु करनी। कियो जोइ सुइ सव मुहि परनी।।

दोहा - होहु अभय सुइ सोच यहि, नहिं कछु तोयहि आंच।
ऋषि मुनि सज्जन देव द्विज, पूजहि माँ शुचि जॉच।। (91)

चौपाई - रहहि देइ तुहि मुहि सहयोगा। सुइ सहेलि वन्धन सन्जोगा।।
जदपि सती वृत समरथ होई। सकल नाश कर दानव सोई।।
गुन गंभीर शिव निपुन सुजानी। हरिहु तोहि सत हिय निज ध्यानी।।
शक्ति तमोगुन प्रेरिहु अपनी। सुमर मोहि रिस अन्तर कंपनी।।
यहि विधान किय कौतुक हेतू। बहुर विजित निज कोपहि खेतू।।
कछु नहिं प्रभुता हित संग्रामा। कियो न रन तुहि नेकुह नामा।।
रही मात्र थिर चक्र समय तै। वरतहि सकल गुनहि गुन जिय तै।।
अन्त नियम मृतु अपन सुभावा। माध्यम तुहि यहि काज करावा।।

दोहा - मुहि संचालित काल मुख, प्रगटित कोपहि ज्वाल।
प्रेरनि वान्छा मोहि तुहि, कर कृत होवन काल।। (92)

चौपाई - दैत्य महा दल गुन परिणामा। त्रषा वृद्धि स्वारथ जुर धामा।।
शक्ति अपन यहि कियो प्रयोगा। त्रप्ति कामि हित इन्द्रि कुजोगा।।
लोभि एक जस सम्पति अपनी। खरचय कुपथ समझ सुख रूपनी।।
अन्त जात सुख अति पछतावा। दोवहु गये न एकहु पावा।।
तस मति रूधिर वीर्य गुन लोभी। कियो सुनिश्चित अन्तहि क्षोभी।।
होइ कहा पर हाथ गये तै। मिलय शांति फल भोग लये तैं।
दुर्गुन कुफल दैत्य वस नाशा। विवश सोइ आयहु मृतु पासा।।
सुमति ह्रास कछु सकय न सोचे। दनुज भृष्ट मति युद्धहि रोचे।।

दोहा - क्रोधा नल साकार तन, प्रगटिहु काल तुरन्त।
गुन वश भावी सकल दल, भयउ दैत्य यहि अन्त।। (93)

चौपाई - अशुचि अनल होवहि नहिं कवहूं। करहि भसम जघपि हिय सवहूं।।
गंग सलिल सुइ पवित विधाना। परहि चाह मल अमल सुहाना।।
पति वृत कामिन सतित्व सुभावा। रहहि रहित गति दृष्टि प्रभावा।।

जनहु ऐसु सत वानि हमारी। पूरन पवित कालि मति प्यारी।।
वयन मधुर सुन मोहनि माता। प्रेम हुलासहि पुलकित गाता।।
भयउ हरष मन मेटिहु शंका। हिय पछतानि भूल दिव अंका।।
झुकी चरन यश दिव्य वखाना। पार न पावहि वेद पुराना।।
क्षमा मॅाग कातर कर जोरे। हेतु कृपा चितये द्रग भोरे।।

दोहा - जानत रहि माँ पैल सन, वहुर प्रीत द्रण देख।
हुय प्रशन्न हिय लाय श्री, क्षमहि भूल लिख लेख।। (94)

चौपाई - पुनहि मात गुन कालि चिताई। सुनह मूक जुइ मति निपुनाई।।
कृपा नयन सन चितवन भोली। पूछिहु अम्व महा अस वोली।।
कहहु विचार का मन अब करहू। रहिहु शेष का कारन परयू।।
निःसंकोच सकल सुइ सुन्दर। करहु प्रगट जुइ किय घर अन्दर।।
नाहि अन्तयहि चिन्ता परही। जिह सन तन यहि जीवित जरही।।
वहुर सकय नहिं छिपा हमहि तै। होइ जोइ सुइ विदित तुमहि तै।।
उचित अधिक चिन्तन मुहि राहा। अन्तर सोच व्यर्थ जिह दाहा।।
प्रति प्रयत्न सम्भव भर सांचा। करहु सफल तुहि आहि न ऑचा।।

दोहा - आश्वासन माँ कलि लिह, भयउ अभय विन शंक।
निज मति गुंथन कहिहु तव, मन भयु भांति मयंक।। (95)

चौपाई - दुइ भृम हिरदय मोहि कचोटा। भावी विकृत भयउ भय खोटा।।
गुनी ज्ञानि सुर अरू तुहि दृष्टी। भयउ पवित मैं पावन श्रष्टी।।
गति सर्वत्र वहुर मुहि स्वामी। कृत मुहि सकल सहज हिय गामी।।
सकहि न छिप नेकहु कृत भेदा। परचित स्वयं सुवरनित वेदा।।
आवहि चित पुन दूसर वाता। ऐहि सोइ मुहि अति दुःख दाता।।
ज्ञानी गुनी सुजन द्विज वेदा। ऋषि मुनि देव करहि नहिं भेदा।।
मानहि मुहि मति भाव प्रथम तै। करू सतसंग प्रकाशित तम तै।।
किन्तु सरल जन जानहि काहा। सुनहि नाम कृत आवय नाहा।।

दोहा - शिव तिय रूपनि शान्ति जुइ, जानत रहहै मोहि।
आय अभय मुहि मान माँ, माँगय जस चित सोहि।। (96)

चौपाई - अबहि वोहि निन्दित जग माने। सरल सुभावहि सीधहि जाने।।
तिनहि करहु मैं किम उपकारा। सहज न जानहि मोहि उदारा।।
भयउ भयावन विक्रत रूपा। हौहि भीत लख फिरवहि चूपा।।
कर प्रयत्न जावहि जो पासा। भगहि जान मुहि कारन नाशा।।
नहि विश्वास करहि वो मोही। सकहु न जाहुं पास उन सोही।।
कहहु यासि हितकर मुहि राहा। भांति कवन यहि भृम मति जाहा।।
भरी मोह भोरी मृदु बानी। आदि शक्ति सुन मन मुस्कानी।।
सत्य दृष्टि संशय यहि सांचा। जग हितैषि जीवन सुख जाँचा।।

दोहा - व्यापनि जिय जन भ्रान्ति तन, जननी करन कल्यान।
तिह मति कालिह हरन भ्रम, कहिहु अम्व पहचान।। (97)

चौपाई - समझिहु सकल मती तुहि जैसी। भयउ घ्रनित रन तै गति ऐसी।।
कौनहु भांति उचित सुइ नाही। विचलित सत तै करम नशाही।।
स्वतः पतन हुइ आत्म प्रकाशा। मति भ्रम पुन साकार अभासा।।
यासि गिरहु तुम तत्वहि ईशा। करहि न ग्रहण सहज जगदीशा।।
करहु जु विचलित रन तै मीता। होहि भ्रष्ट पति वृतहि पुनीता।।
रहहु सोइ किम कै तव प्यारी। भटकहु जग निज हीन निहारी।।
अवश निक्रष्ट सरल जन सोचे। भोरि भाव तुहि तज मन रोचे।।
करहु सोइ यहि दूर संदेहा। सकल तोहि सन करहि सनेहा।।

दोहा - कियो काज आयषु हमहि, हित उपकारहि लोक।
धरम सु मारग सत्य नख, सुर किन्ह हरयहु शोक।। (98)

चौपाई - मीत सकल मैं वासहु भ्रांती। युग अनुकूल करम फल काँती।।
सरल जोहि जन तोहि भरोसे। रहे प्रथम सुइ अवहू पोषे।।
रखहि न हिय भय तुहि सै नेकू। करहि समर्णन सर्वस ऐकू।।

मान सहज जननी हित पाला। तुहि पहि आवहि आपति काला।।
जिह जन निन्दक अस्थिर भावा। भरे कपट छल स्वार्थ प्रभावा।।
लखहि सदा जो दूसर दोषा। आपहि आप महा मति पोषा।।
ते न प्रथम तुहि मानिहु तवही। भविष न मानहि औरहि अवही।।
मुहि मति सन वे सदा दुःखारी। गुनहि स्वतः फल नरक अधारी।।

दोहा - गुनहि प्रगट गुन वरत महि, गुन गति होयहि नाश।
यघपि ऐयहि तोहि पद, वचहि जगत उपहास।। (99)

चौपाई - छिपिहु नाहि पुन शिव तै कछुही। सांचि शंक तुहि मन मुहि रूचही।।
किन्तु वीच मुहि अरू जगदीशा। भेद प्रगट हुय यहि सन ईसा।।
मुहि जुइ रूप सोइ मन शंकर। वान्छनुरूप श्रष्टि प्रलयंकर।।
भृमित तोहि मति समझिहु भेदा। गति अनूप लख मूकहि वेदा।।
वढिहु तमोगुन मति पहि छावा। सत प्रताप रज संग अभावा।।
स्मिृति सुमति शक्ति सव नाशी। केन्द्रित पति पद सकुच प्रकाशी।।
जदपि स्वामि तिह सहमति तोही। दयउ सौप यहि कारज मोही।।
पति पद परम हितैषहि प्यारे। सत गुन हित सम तरी अधारे।।

दोहा - मिलहि सु भावी सुगम पथ, करू कारज पति पूर्न।
नहि जीवन तरि धार मंझ, डूवहि दुःखित अपूर्न।। (100)

चौपाई - कठिन कलेश हरहि जव वसुधा। वरसित सकल सुनीति सुधा।।
होहि अभय सुर नर मुनि सन्ता। सुजन सुमारग धरम धरन्ता।।
सम सम जियहि सकल अधिकारा। प्रीत परस्पर पथ उपकारा।।
दुःखी दीन नहिं कोवहु हीना। शान्ति समाजहि हिदय कुलीना।।
कारज निज पैत्रिक हितकारी। वर्णाश्रम नहिं हीन निहारी।।
भाव मधुर सम ऊंचहि नीचा। खिचय प्रानि प्रति भृष्टहि कीचा।।
तेहि समय सुन मोहि सहेली। रहयहि तू यहि भांति अकेली।।
शुचि पथ तू शिव तै नहिं पाछे। मात्र तमोगुन ढाकहि आछे।।

दोहा - अमृत मय मृदु बानि प्रिय, झरिय जननि सर जीह।
कालि कुरूपनि त्रप्ति हिय, भयउ प्रकाशित दीह।। (101)

चौपाई - तदपि तमोगुन पूर्ण प्रभावा। भयु न रहित भांतिह मल छावा।।
जिम कर मंजन मंजय शरीरा। तिम मन कालि अमल सत नीरा।।
बहुर वाद आवहि तन छॉही। भांति सोइ यह मन प्रगटाही।।
मलिन कालि हिय मात विलोका। पूछिहु पीत पवित मति रोका।।
कहु अव जोहि रहिहु मन शंका। करहुं तुरत सुइ तुमहि निशंका।।
सुने वैन अस हेतुक काली। वोलि नीति नैतिक पति पाली।।
प्रथमहि कहत रहह मुहि स्वामी। एकीकृत तुहि अन्तरयामी।।
कृपा तोहि जाग्रित मति भयई। सुध कछु हमहि सोइ यह भयई।।

दोहा - करहु अम्व स्पष्ट अव, मात्र वान्छ हिय एक।
बहुर उघत मैं काज करू, आयषु जैसहि नेक।। (102)

चौपाई - देवि महा सुन निश्चय करयू। कारन वैन प्रथम हित दयऊ।।
दयउ चक्षु दिव अन्तर काली। उठी अम्व सत सारनि चाली।।
वरन पीत निज साटि संभारी। प्रकृति सकाम सुरूप निहारी।।
क्षनहि मात्र महि तन विस्तारा। विकसिहु व्यापित विश्व उजारा।।
चरन हिमांचल शीश अनन्ता। लगिहु सुशोभित लिपट वसन्ता।।
सकहि न गिन कुउ आनन अम्वा। ज्वलित जोति सत हिय जगदम्वा।।
गौर वरन प्रिय रक्तिम साटी। रजोगुनी श्री सोहनि जाटी।।
प्रकृति प्रेम आभूषन साजी। सुरभित सुमन छवीउर माँजी।।

दोहा - घुति आनन मनु कोटि रवि, भये उदित इक संग।
जगत प्रकाशित विहंस मृदु, कर धर खर पर खंग।। (103)

चौपाई - करहि अन्य धर वेद कमन्डल। अंकुश पंस रूद्राक्ष सुमंगल।।
कहि न जाइ कित ज्ञाननि हाथा। भरे सकल शुभ अशुभन साथा।।
शक्ति आदि वहि रूप विशाला। मति अनुभूति मात्र सत ज्वाला।।

मिले सत्य रज तम गुन सारे। घिरे ओर चहुं तेज अधारे।।
तिह मघ पीतहि पवित निवासा। लिप्त सकल गुन सदा प्रकाशा।।
झांकिहु कालि विलोकिहु सत्या। प्रकृति दृष्य पति प्रेमनि प्रित्या।।
स्वामि एक मति लीन समाधी। लखिहु सुनिश्चित शान्ति वियाधी।।
सहित रूप निज देख अनेका। वृह्म विष्णु वुधि मोहनि नेका।।

दोहा - सुर समाज ऋषि मुनि मनुज, सहित सुजन वहु खोट।
मृतक दनुज सह जियत सव, देखे असुरन्ह कोटि।। (104)

चौपाई - गुन फल भोगत अगनित जीवा। भृष्ट मनुज दुःख प्राप्त असीवा।।
सुख अनेक सेवा निज करमा। देखिहु दृणता धर निज धरमा।।
तत्व अशुभ मन घ्रणा गलानी। क्रोध कामि लोभिह अभिमानी।।
दम्भ कपट छल त्रषा पिपासा। स्वार्थ कुसंग अशुचि उपहासा।।
सहित सकल इन तम गुन छाये। शिवहि चांह दिश तन प्रगटाये।।
इन प्रभाव शिव किह नहिं व्यापा। देखिहु जदपि सकल पति ढांपा।।
अर्घ रूप निज कालि विलोका। गयउ सोइ जिय पूरन शोका।।
सुमति जाग्रि देखिहु चहुं ओरा। मचिहु मात्र गुन फल जन शोरा।।

दोहा - रज गुन राजस रूप वहु, हरि सौ देखिहु लिप्त।
रहिहु अभावहि अन्तरहि, आत्म सतोगुन त्रिप्त।। (105)

चौपाई - वृह्म तत्व विकसित वुध शांती। दमकति जोति सत्य दिव कांती।।
स्वयं आदि तन प्रथम सुरूपा। विहंसित तेज विलोकिहु चूपा।।
गुन लच्छन उत्पत्ति विकासा। हौन नियन्त्रण भेदनि पॉसा।।
जहाँ चाहु वाहहि शिव साजे। तत्व तमोगुन लिप्त विराजे।।
अन्तर सुइ गुन सत्य सहारा। भेद सहित पावन उजयारा।।
अशुभ तेहि सन हीन प्रभावा। मंजिहु कालि मन पर वन भावा।।
श्रष्टि लोक तिहु क्रिया कलापा। लाभ हानि फल हरष विलापा।।
जियन मरन यश अपयश नियमा। प्रकृति नियन्त्रण व्यापित हिय माँ।।

दोहा - दृष्य प्रकृति पूरन पवित, देखिहु हिम छवि धाम।
योग सुमति जन भाव सम, त्रप्त हिदय रति काम।। (106)

चौपाई - लखिहु कालि पूरन सन्तोषा। जगित पुन्य प्रथमहि मति कोषा।।
विध किह तत्व महा सत सुन्दर। शक्ति असीमित वुध शिव अन्दर।।
कियो प्रनाम प्रथम शिव चरना। बहुर शक्ति स्तुिति मृदु वरना।।
प्रकृति जेहि आगे कछु नाही। अम्व आदि तिह सहजहि पांही।।
कृपा स्वामि हिय प्रीत पुरानी। वेदनुरूप बखान भवानी।।
गामनि हिय नियमित संसारा। रचित सुपोषन अन्त सहारा।।
विविध रूप प्रगटित मुहि माता। पुजित ज्ञाननी मंगल दाता।।
दुःखद दोष माँ मेटन हारी। संशय हरनि परम हितकारी।।

दोहा - धरम प्रतिष्ठत करम पथ, व्यापित स्वर्ग सनेह।
पथ सत पावन चलन जन, पावहि जननि सदेह।। (107)

चौपाई - अति अधर्म नाशन प्रगटाही। हरहि भार वसुधा गरू आही।।
करहि सन्त सुर निर्भय सारे। शरन गये सुइ प्रानन प्यारे।।
सौपहु मैं तुहि आपन करमा। आयषु मान करहुं कृत धरमा।।
क्षमहु मोहि वढ भूल कल्यानी। शरन तोहि भइ सुता भवानी।।
तजहु रूप यहि महा विशाला। होहु प्रगट प्रथमहि सम चाला।।
देखिहु मैं जिय पूर्न प्रकारा। क्रोध रूप हिय तोहि अकारा।।
कछु समर्थ नहिं मुहि रन खेता। जो विन तोहि लेहु मैं जीता।।
कृपा तोहि क्रोधानल प्रगटी। क्रत निक्रष्ट भयु भसमहि प्रष्टी।।

दोहा - सुन स्तुति प्रीतन विहंस, तजिहु भयंकर रूप।
भई भांति कामिन प्रगट, काम कला अनुरूप।। (108)

चौपाई - श्याम वरन घन नभ छितराये। प्रकृति सुहावन आंचल पाये।।
दिशा प्राचि विध उदित सुहाना। सौरभ सुमन विहंस महकाना।।
मन्द पवन महि मलिन उजारा। शुभित आम्र तरू पाति अपारा।।

पाति रहित तरू वहु हरषाये। उगित सुकोमल तन भर पाये।।
ऊंच हिमाचल दमकित शोभा। शुद्ध हिदय मति माँ रस लोभा।।
तत्व महा विध प्रॉगन भासित। वुधि वल सत्य शान्ति परकाशित।।
मधुर कीट मधु मास अनेका। कर गुंजार धुन विलग प्रत्येका।।
मनहु सकल मति निज निज सनही। करहि प्रशंसित जननी मनही।।

दोहा - महा देवि श्री कालि संग, कहिहु प्रसंग अनेक।
पंथ विविध विस्तार कर, कथा सु मंजिल एक।। (109)

चौपाई - दूसर निशा पहर जगदम्वा। कहिहु कालि सन ऐसिहु अम्वा।।
गई रात वहु सुनहु सहेली। करहु शयन मैं जगहुं अकेली।।
सुनिहु वानि हिम सुता भवानी। परी चरन महि मन घवरानी।।
दुउ भुज ज्ञाननि दोइ उठावा। संग एक दुइ छाति लगावा।।
आदि विलोकिहु प्रीत द्रणाई। पान हिदय कर तुरत अघाई।।
हिय वहोर साहस अरू धीरा। शान्त सुचेतन कियो शरीरा।।
वोली कालि हाथ निज जोरे। आयहु जैसु वचन मृदु भोरे।।
कारन मोहि होहि तुहि कष्टा। चित तुम्हार जधपि सव द्रष्टा।।

दोहा - स्वामिन प्रहरनि तोरि मै, सेवा करहु तिहार।
आयषु तिह कृत हित उघत, उजवल भाग हमार।। (110)

चौपाई - मोहनि स्वयं बहुत हठ कीन्ही। सुमति सोइ द्रणता मन चीन्ही।।
प्रेम विवश कह सकी न माता। कौतुक करय शक्ति सुख दाता।।
सकल सुलावन सोवत अजहूं। विवश प्रीत प्रेमनि मन मॅजहू।।
मोहनि पुन कह कालि सुलावा। घ्रना परस्पर सहज भुलावा।।
मानिहु पूज्य हिदय तै काली। मोहनि माथ धरिहु पद चाली।।
जगित सतोगुन शिव पद दाया। प्रेमनि आपन मानिहु माया।।
कालि शयन श्री हठ तै कीना। मात्र सुमोहनि समरथ चीना।।
सोये सकल श्री जग ऐका। प्रहरनि रूप जगित मति नेका।।

दोहा - सवहि नचावन मोहनी, रच्छित सत्य अकार।
जाग विचर चहुं शक्ति दिश, तम गुन लिप्त अपार।। (111)

चौपाई - सोइ सुरथ सुन मोहनि ऐसी। मोहित करिहु समाधिह जैसी।।
जेहि प्रेम वश आदि भवानी। कियो शयन कौतुक पहचानी।।
जाग्रित मात्र एहि जगदम्वा। मोह सकल वन योग अचम्भा।।
वशीभूत माया सव काहू। जनम जेहि वसुधा पहि आहू।।
संग्रह सार रजोगुन राजी। सहज सकल मन मोहित साजी।।
सकिहु न वच यहि तै महि कोई। ऐसु भोग शुभ अशुभहि जोई।।
रज गुन ऊंच गुनी तम ढाके। तरि सम्वन्ध सत्य हिय जाके।।
वान्छित मति सव चारहुं ओरा। धावहि श्री पथ सुन सुख शोरा।।

दोहा - विना तमो गुनि विजित किय, रजगुन सम्भव नांहि।
मिश्रित पावन सोच सुख, अनुभव अरथ न आंहि।। (112)

चौपाई - विजय तमोगुन भांति चढाई। सहन कष्ट हित हीय द्रणाई।।
संयम नियम प्रेम आधारा। चिन्तन सीढि शान्त आकारा।।
शक्ति वुद्धि अनुभव सत ओरा। खिचित सहज चढ जावत जोरा।।
तम गुन विजित रजोगुन राहा। सम उतार सीधहि मति पाहा।।
पूर्न महा सुख राजस भोगा। भोगहि सरल शान्ति सहयोगा।।
सुनहु समाधि सत्य मुहि वाता। कवन भांति पुन सत गुन पाता।।
प्राप्त रजोगुन जीवन प्रानी। रहित तमोगुन राजस ध्यानी।।
सुखी अधिक अनुभव सत करही। स्वतः स्वभाव रजोगुन भरही।।

दोहा - धरम नीति पथ जान मन, करम सुसंगति प्रेम।
वैन मधुर मर्याद द्रग, इन्द्रित मन सत नेम।। (113)

चौपाई - अधिक उतर तरि सत्य सरोवर। वान्छित शान्त सुखी सोभर।।
पूर्न प्रभावित आतम संगा। सत भेदहि अनुभूति प्रसंगा।।
रज तम सहज चाहुं तिह आपा। देखिहु प्रगटित यूथहि व्यापा।।

तदपि रहित वहि ऐहि प्रभावा। रहहि सुखी आश्रित सत पावा।।
नाहि कछुक दुर्लभ जन तेही। पायहु सत्य सरोवर जेही।।
सुन समाधि सुख शांतिहि इच्छा। पूछिहु प्राप्त करन विधि शिक्षा।।
जोरे हाथ गहियु ऋषि चरना। प्रथम वानि सुन मति हित परना।।
कहहु स्वामि अव विधि सुइ पावन। भांति जेहि मोहनि मन भावन।।

दोहा - सत गुन ज्ञानी सुमति ऋषि, वरनिहु हाल अगारि।
क्रोध काम जिह विधि विजित, दायनि सुक्ख अपारि।। (114)

चौपाई - त्रषा स्वार्थ मति पूरन जीता। सहित नियन्त्रण इन्द्रिह नीता।।
खैचि इन्द्रि चहुं तै वश मनही। भांति प्रथम जीतिहु गुन जनही।।
साधन शक्ति बहुर कल्याना। होहि उघत धीरज धर ज्ञाना।।
लच्छन महा तमोगुन प्रथमा। वुधि विवेक वल आश्रय पथ माँ।।
जीतहि क्रोध जदपि दुःख ढाये। अन्त सहज जीवन सुख पाये।।
फली भूत अनुभव सत हीया। दरशहि सुइ क्रोधानल दीया।।
दशा ऐसि मति महा स्वतन्त्रा। वनहि क्रोध अनुचर परतन्त्रा।।
हित मय कथा विजित जस क्रोधा। खल निशुम्भ पथ असुरन्ह सोधा।।

दोहा - सुनहु भांति लख आत्म प्रिय, करिहु दनुज संघार।
जिह भय व्यापित सुरन्ह मन, वशहि जेहि संसार।। (115)

चौपाई - दया मात जस विधि मन मोही। भयउ प्रभावित आतम सोही।।
शरन महा सत शक्ति सुखारी। गहियु प्रीत पावन भय हारी।।
दयउ सुधीरज वुद्धि विवेका। साहस करन कृत्य यहि नेका।।
विधि जिह यतन सफल भयु मोहू। गाय कहहु सुइ हेतुक होहू।।
मुहि सन किये विना हित कामा। पावहि नाहि मनुज सत धामा।।
श्रद्धा हीन कथा कर गायन। विन क्रत किय असफल सत पावन।।
सुजन सुसेवा सकल भलाई। नीति अहिंसनि प्रीत निभाई।।
भांति देव सुइ जन उपकारी। तरहि सिन्धु भव शक्ति अधारी।।

छन्द - आधार शक्ति पद भक्ति ईश्वर देह नाश्वर पावही।
संग धरम पालन करम कर सत देह सह जन आवही।।
प्रति प्रानि प्रेमहि भाव गावहि गीत ज्ञाननि शांति से।
हिय तेहि पूरित मीत मन्दिर भांति महेश कांति से।।
निरव्याध द्रग मर्याद मृदु वयन वोलनि रसना सनी।
जन हेत जीवन गार आपन शक्ति सेवहि ज्ञाननी।।
सत पन्थ शुचि आचार सुर सम दमन तमोगुन लक्षही।
सुख भेद दुःख सन मेल वेदहि वाद पावहि शिक्षही।।

दोहा - कालि चरित शुचि मय परम, करन नाश तिर ताप।
करय समर्पन स्वयं जुहि, हरहि तेहि सव पाप।। (116)

सोरठा - मिलन सुमति शिव वाम, शक्ति सुचालन सुपथ पहि।
वधिहु त्रषा मति धाम, कथा क्रोध जीतन कहहु।।

।।श्री गणेशाय नमः।।

।।श्री सत् शक्ति सुहावनी जयते।।

(षष्टम सोपान - विजय सोपान)

छन्द - धर घ्यान वन्दहु वाँध कर निज माथ माँ पद नावहीं।
प्रिय पीत साटिक शोभ स्वरनिम गौरि पंकज राजहीं।।
जिह तेज कोटिक भानु भांतिह ज्ञात हिय सत पोषनी।
मति दृष्टि सम माँ श्रष्टि एकहि हेतु दुष्टहि रोषनी।।
प्रनवहु पवित मृदु कवित रस मय धाम वुधि निर्दोष की।
मुहि मात शारद शरद सम मुख जरी जागरित होष की।।
मृदु स्वाद संग रस पान स्तन घोल ज्ञानहि देयहू।
सुत हेतु लख कल्यान जवरन खैंच आँचल लेयहू।।
तिर ताप हारनि दोष मेटनि शक्ति सुमरन हाँसनी।
कलि पाप शाप दुःख व्याप सव कर भसम सुर सुहावनी।।
किरपा किरन कन झरनि जाननि नयन चितवन मन परी।
अनुभूति हिय भइ पूत मैं वन सिन्धु कलि मिल माँ तरी।।
शिव पद परहु पुन पुन करन कृत ध्यान सेवा नीतनी।
सुइ देहु आयषु धीर साहस चरित वरनहु जीतनी।।
दिहु श्वाँस शरन मुहि राख सकहु भाख रसना रागनी।
कृत सफल अर्पित जीव जीवन अंक जननी जागनी।।
धर खडक खरपर कालि माँ सत क्रोध प्रगटन रूपनी।
करू प्रणाम आवहि आँच मुहि नहिं समर समरथ यौवनी।।
हरिवाम काम वनाहि मोहनि राज गुन विस्तारही।
जय जयति सुमरन साथ पति रति करहु कलियुग पारही।।

दोहा - गुरू ज्ञानी पितु मात पद, प्रति मैं सदा कृतज्ञ।
वनिहु सफल जीवन यतन, जुहि वानी दिहु अज्ञ।। (शुभ)

चौपाई - भांति जेहि मैं करिहु वखाना। कहहुं सत्य यह नहिं अनुमाना।।
प्रभुता नांहि नेकु मुहि ऐही। रचिहु चरित जुहि सुन्दर ऐही।।
जुहि मैं कहुं मति अपन सुभावा। दरशित सत्य विश्वास न आवा।।
कौनहु नियम न नियमित पाला। जुग जस तैसु जगत मुहि चाला।।
हेतु प्रयत्न पवित तन भारी। करहु तदपि मैं अशुचि निहारी।।
मैं निज वचन सकिहु नहिं राखा। फँसिहु कुसंगति असत सुभाखा।।
हुहु अयोग्य निज तै चहुं ओरा। सुनिहु मात्र जन सन मति शोरा।।
हिय विभोर भर वाढिहु वान्छा। वीतिह क्षनहि प्रथम विध लान्छा।।

दोहा - नांहि जनहु किम भांति मुहि, कव हुय वानि पवित्र।
वसहि खैच माँ अंक निज, कर वहि हिय मन मित्र।। (1)

चौपाई - जीतन क्रोध सिखावहि जैसी। सुनहु ध्यान धर वानी तैसी।।
सुनिहु न हाल प्रथम विस्तारा। माँ विलोक कहि चरित अपारा।।
रक्षित काम नाश रिस जैसे। भयउ भांति पूरन विध ऐसे।।
सुना दनुज नृप समर संदेशा। परिहु भूम विसरिहु सुध भेषा।।
त्रषानीति मनु मन तै गयई। दशा सोइ व्याकुल नृप भयई।।
सुखी आत्म व्यापिहु सन्तोषा। विषय लोभ भ्रष्टिहु मति कोषा।।
नियम तमोगुन सहज सुभावा। रति राखन सुइ कोपहि धावा।।
संभरिहु उठा भरिहु अंगडाई। यौवन मदी नयन दृणताई।।

दोहा - विषय वासना कुमति जड, वढ चारहु लिपटाय।
हित अनहित विन सोच मन, जवरन पावन चाय।। (2)

चौपाई - माँ सन सोइ चहह खल कामी। करन कुमति कृत भृष्ट कुगामी।।
असत तिमर मन संकुचित धामा। रति स्वारथ लख वश निज कामा।।

वाधा परिहु धीर नहिं धारा। भेजिहु सैन सकल अविचारा।।
नायक सहित सकल दल नाशे। तत्व तमोगुन मनहु प्रकाशे।।
वधिहु रजोगुन जित संग्रामा। गये कुपथ फल विषय निकामा।।
वचिहु भ्रात संग शुम्भ अकेला। मनहि निशुम्भ क्रोध मनु मेला।।
गयउ शुम्भ भ्राता ग्रह राहा। सुइ निशुम्भ हरषत मिल पाहा।।
पूछिहु आवन कारन काजा। कह वुझाइ सव असुरन्ह राजा।।

दोहा - विपता जैसहि माथ परि, सकल तैसु समुझाय।
हाल सकल सव दैत्य वध, कहिहु शुम्भ घवराय।। (3)

चौपाई - भयउ गौड मति रति सुख वान्छा। प्रथम चुकावन मूल्य अकान्छा।।
जेतिक वधे दनुज रन माही। जाहु लेहु वदला क्षन माही।।
तुहि विन मोहि न कोउ हितैषू। वल तिहार जीतिहु वहु देशू।।
अवहि भरोस समर जय मोही। नहिं सन्देह भांति सव होही।।
उठहु वेग नहिं करहु विलम्वा। जाहु तुरत वध करू जगदम्वा।।
सुन निशुम्भ नहिं नीति विचारा। गहिहु क्रोध भर कुपित अचारा।।
अगनि कोप हिय प्रगट निशुम्भा। उठिहु काल सम संगहि शुम्भा।।
माँ किहु अंश निशुम्भहि क्रोधा। मन अभिमान कामि पथ शोधा।।

दोहा - दुरगुन वरतहि हीन भयु, शक्ति कुफल सुइ छीन।
तदपि कुप्रेरनि भाव रति, भयउ न मीत मलीन।। (4)

चौपाई - चिन्ता करत निशा यहि वीती। भयउ भोर गति काल प्रतीती।।
प्रकृति भांति नित जगत सुहानी। प्रेरित पवन महा मति आनी।।
क्षेत्रहि एक अपन विस्तारा। सवहि सुप्रेरित चाह प्रकारा।।
ज्ञानहि ज्ञान लालसा लोभी। हेतु कामि छवि अदभुत शोभी।।
समय ऐसु आलस जन क्रोधी। मन अशान्त अरू भ्रमण विरोधी।।
भांति और दूसर सव जनही। जो जिह चाह तैसु हुय मनही।।
गगन नील निर्मल प्रिय अंगना। परम शान्त साधन मनु मँगना।।
प्रकृति कियो प्रातः अगवानी। रक्तिम घन मनु सुमन विछानी।।

दोहा - ऋतुहि प्रभावित कीट बहु, करहि मधुर गुंजार।
नृत्य विहंग विटपहि विविध, शुभहि सकल संसार।। (5)

चौपाई - गायन मृदु मति पावन भावा। रानि महा ऋतु गीत सुनावा।।
महक प्रशून तरंगनि वानी। महि मधुमास मिलावन जानी।।
झरना झरित सुशोभन सुन्दर। झंक्रित स्वर लघु लोभन अन्दर।।
ऋतु रूमान्च धरनी अधिकाई। हिय हुलास व्यापित सुखदाई।।
क्षेत्रहि ऐहि एक पथ देवा। विषय मुक्त हित कर सत सेवा।।
दूसर ओर शुम्भ महाकामी। हेतु प्राप्त रति रिस अनुगामी।।
अस उघोग वहि कामिन साथा। व्याप्त जेहि सत चारहु हाथा।।
शक्ति महा प्रभुता सह प्रेमा। रहह साथ वहि जुहि सत नेमा।।

दोहा - ऐसु कुमारग कुटिल मति, गति गुन तम परिणाम।
द्वार नरक दुःखमय प्रमुख, गमन न वुझयहि काम।। (6)

चौपाई - मीत तेहि पहि आश्रित कोपा। भयउ विषय पथ वाढन रोपा।।
तिह कर जाय कहा मति कहई। लयउ जोहि लोभिह मन संगही।।
दुःखद मृत्यु सर्वस निज नाशा। छूटे सकल सु ध्यान प्रकाशा।।
गहिउ न मारग शुम्भ सँचाही। जिह मति जीवन सकल न चाही।।
उदित भानु भयु भरिहु उजारा। तदपि शुम्भ दृग लग अंधियारा।।
आयषु दयउ निशुम्भ प्रतापी। भयउ उघत भय मति सुर भांपी।।
श्रद्धा सहित जोर सव हाथा। स्तुति करिहु सोइ धर माथा।।
महा शक्ति आश्रय सुर दयऊ। होहि अभय हरषित सव भयऊ।।

दोहा - शुम्भ भ्रात साजिहु तुरत, गरजिहु दुर्ग दुवार।
वांध विविध आयुध कुपित, भुज बल निजहि निहार।। (7)

चौपाई-भयु सवार उत्तम रथ पाही। दल विशाल निज सज रन आही।।
अशगुन गैल भये भयकारी। वशीभूत रिस मति अनुसारी।।
सोइ तिनहि नहिं दयऊ ध्याना। चलिहु शान धुज ऊंच निशाना।।

ज्ञानहि लुप्त तिमिर मति व्यापा। वल प्रताप मद आपन आपा।।
आयहु गरज चिनौती दीन्ही। दानव सैन गन्ध रस भीन्ही।।
दल असंख्य वाढिहु उत्साहा। कर अटहास क्रोध मन पाहा।।
उछले सकल दैन सहयोगा। क्रोधित करिहु भेष रन जोगा।।
दल प्रवन्ध पूरन रखवारी। रचित व्यूह मति रूपनि जारी।।

दोहा - वहाँ जननि जागित सुगम, अगम हिदय गम्भीर।
शक्ति आदि गूढित परम, कृत परमारथ धीर।। (8)

चौपाई - सत्य महा छवि रच्छनि हेतू। तिर गुन संग एक मति चेतू।।
हेतु ऐहि जिन्ह कर प्रति कामा। पवित भांति सव सुन्दर नामा।।
प्रेरनि प्रकृति सुहावन लागी। शक्ति मांहि तम रज वुधि जागी।।
सरिता सत्य सुरस भर पूरी। वहति हितैषनि पूरन मूरी।।
मंजन कियो महा मति भयई। शारद स्वयं कौतुकहि गयई।।
फिरी वहुर मिल तीनहु माई। सत कृति सम सम सवहि समाई।।
जननि कृपालनि शील सुभावा। चित प्रशान्त ज्ञानित गुन भावा।।
शान्ति परम सव किह मति छाई। माँ उदार मन आश्रम आई।।

दोहा - गिर राजहि आँचल सुखित, वैठी तीनहु मेल।
हाँसनि हन्स निवासनी, कीनिहु अदभुत खेल।। (9)

चौपाई - वृह्म शक्ति शारद गुन वानी। सत्य सुरस पूरन हिय सानी।।
मधुर शान्ति मय वचन पियारे। नीति निपुन गुन वांधिहु सारे।।
भई शान्त मोहनि अरू काली। मात्र सुमति गति आश्रित ज्वाली।।
वेसुध जिय निज गुन तै दोऊ। देवि दया विधि भावनि मोऊ।।
लख मति शान्त शारदा वोली। वशहि रानि रज तम सुन डोली।।
शुम्भ भ्रात वल धारि निशुम्भा। क्रोधी निपुन कपट छल दम्भा।।
छल अगनित जिह संगहि भारी। एकहि एक वली असुरारी।।
आयु खेत धुज निज फहरावे। जिह विलोक अस काल डरावे।।

दोहा - कहिहु कालि सुन वानि अस, समरथ पूरन आप।
होहि कहा भय तोहि संग, नाम हरनि संताप।। (10)

चौपाई - सहमति श्री दयउ सिर नावा। करिहु प्रगट पुन आपन भावा।।
तुम समर्थ औगुन गुन कोषा। तिन्ह तै रहित स्वयं विन दोषा।।
करहु जोइ सुइ पूर्ण भलाई। प्रति कृत महा प्रशन्स कलाई।।
करन सुसेवा तुहि सनमानी। आयषु मोहि देहु महा रानी।।
तुहि प्रताप जागहि वल मोही। सकल सु का कर दानव कोही।।
वहि समान कोटिक रन आवे। वधहु सोइ नहिं वार लगावे।।
सुमरहु शक्ति तोहि सत सुन्दर। स्मृति जाग्रित चेतन अन्दर।।
कहिहु वचन अस वस हरि वामा। रहिहु शान्त पूरन हिय धामा।।

दोहा - सर्वस्व आपन कालि तव, करिहु समर्पित भाव।
तन पुलकित छलकित नयन, वयन साज सत नाव।। (11)

चौपाई - सकहु न कर कछु आपन प्रभुता। कियो जोइ सुइ नहिं गौरवता।।
कृपा स्वामि पद तोहि प्रतापा। कृत्य प्रेरना मति मो व्यापा।।
करिहु सोइ सुघ कछु नहिं मोही। ध्यान मात्र मन आयषु तोही।।
शंसय करिहु जोहि वश क्रोधा। अपन सोच लघु तोहि विरोधा।।
क्षमहु सोइ मुहि आपन जानी। हुइ प्रशन्न मोपहि शिव ध्यानी।।
जानिहु मैं अव पूरन भांती। विन तुहि डुलय न विटपहि पाती।।
सुइ मैं शान्त शरन वश तेरी। वान्छ नीति तुहि गति मति मेरी।।
कह अस कालि भयउ तव मूका। माथ नवावहि हित निज चूका।।

दोहा - निरखिहु माँ दुउ शान्त मति, जानिहु वनिहु सुकाम।
तवहि सुझायहु सहज पथ, गुनी गूढ चित धाम।। (12)

चौपाई - सुनहु सहेलनि मो प्रिय भारी। वरनित वेद तुमहि हित कारी।।
अमर मोहि संग योग तुम्हारा। सुयश प्रतिष्ठित कृत उपकारा।।
खल निशुम्भ क्रोधित वलवाना। निश्चित धरनि विजित अनुमाना।।

सुक्रत ऐहि पूरव हुय साँचा। सुइ प्रताप ऐतिक वल जांचा।।
यहि उपयोग अनीतिह राहा। पूरव कृत वल जय रन पाहा।।
भयउ क्षीण अव पुन्य प्रतापा। रहहि न जीवन कछु विन तापा।।
आयहु अन्त चक्रगति काला। हेतु नाश उघत खल चाला।।
विमुख धरम तै काम कुसंगा। मौत कुकारन वनहि प्रसंगा।।

दोहा - जो चाहहु मैं वैठ यहि, हेरहु समर रिसाय।
हौहि भसम दल खल सकल, दैत्य निशुम्भ नशाय।। (13)

चौपाई - किन्तु ऐसु हित कारक नाही। कौतुक करन धरनि मैं आही।।
तुमहि नाहि कछु मोहि अलावा। मैं जुहि सोइ सुजन तुहि पावा।।
करहु काज मिल ऐसनि राहा। जिह विध मिटय देव हिय दाहा।।
दनुज निशुम्भ हौहि रन नाशा। विकसहि वसुधा वुद्धि प्रकाशा।।
गुनी ज्ञानि आश्रित जुहि मोही। समर धेनु तै वुधि रस दोही।।
तत्व क्रोध मति दनुज निशुम्भा। भेद विविध नायक छल दम्भा।।
सुइ जीतहि हम जस संग्रामा। सुजन करहि तस पाछि सुकामा।।
नीति ऐसि अनुभव मैं अपनी। जानहु देहि शान्ति मति तपनी।।

दोहा - अन्य क्रोध जीतन प्रथम, निज कोपहि पहि जीत।
उचित अधिक यहि जगत महि, सुगम विजय सत रीत।। (14)

चौपाई - कौनहु राह दूसरहि क्रोधा। भलहि प्राप्त जय हुय मति शोधा।।
सुनहु किन्तु यहि सत्य विचारान। महा कठिन निज शेष सभांरन।।
यहि पहि होहि विजय नहिं जौलौ। वान्छ सुकृत जय दुर्लभ तौ लौ।।
सत्य धरम हित कारज जैसा। करहु क्रोध निज वश महि तैसा।।
आपहि आप क्रोध जुहि चाहू। करन शान्त हुय रिस तै नाहू।।
भृष्ट नीति तै मीतहि ज्वाला। प्रगट क्रोध घ्रत सम यहि डाला।।
कहहु भांति किम सकय वुझाई। करहु जोर तउ रूप वढाई।।
हुय फल ऐसु सहियु नहिं जाना। वचे पास जुहि वुद्धि विताना।।

दोहा - लपटहि झुलसहि सोइ सव, होयहि आतम हास।
केतिक हुय वलवान चह, आवहि पथ निज नाश।। (15)

चौपाई - जीतहि जो निज आपन रोषा। तिह कर नाहि कठिन कुउ कोषा।।
याहि विजय जिह पहि कर वान्छा। होहि अभय पूरित शुभ लान्छा।।
पावन विजय ऐहि विधि ऐसी। करहुं सुवरनित मैं मति जैसी।।
सुनहु सोइ प्रिय धर मन ध्याना। हौहि न लुप्त जेहि सन ज्ञाना।।
आयुध उत्तम वध मन कोपा। चित्त शान्त चुप चेतन रोपा।।
जैसहि वढन करहि उधोगा। तिह विरोध तस शान्ति न भोगा।।
करहि जोर सुन ऐतिक माही। होहि कष्ट नहिं जाहि सहाही।।
सोइ सुधीरज द्रग नत करही। खुलय न मुख सुइ हित अति परही।।

दोहा - जावहि वाढत ऐहि मन, धरहि रहहु तुम धीर।
कछुक काल वीतत तवहि, घाटत देखिहु पीर।। (16)

चौपाई - ऐहि काल मन निर्मल जाना। होवत प्रगट भांति वहु ज्ञाना।।
मलमय जल सम शांत रहे से। होहि अमल मल छाँट हिये से।।
वैठहि मैल तरी महि सारा। शोभहि रूप अमल सव प्यारा।।
रिस कर अनुभव जीयहि ऐसे। सहज मैल जल तरि भर जैसे।।
क्रोध स्वरूप सकल अबलोकू। मनहि शान्त द्रण स्थिति रोकू।।
सोइ न दुर्लभ कछु संसारा। करहि यतन वहु सुजन अपारा।।
सुन माँ वैन मधुर अमरत से। भये दोउ हिय सम सनमति से।।
स्वामिन आयषु जैसहि तोही। भांति सवहि स्वीकृत सुइ मोही।।

दोहा - सुमति सुआगिह समर विधि, कहिहु तुरत समुझाय।
होहि अभय आयुध धरहु, चलहु खेत रिसयाय।। (17)

चौपाई - स्वयं साथ तुहि कौतुक करहू। चिन्तन ज्ञानि गुनी मन भरहू।।
मो अनुसार करहु तुम कामा। आश्रित शक्ति सुमर सत नामा।।
जुहि निशुम्भ रन दिहं सहयोगा। जवरन तिनहि वधहु संहयोगा।।

पुन स्वतन्त्र छाडहु खल खेता। तवहि विलोकहु चरित सुचेता।।
अस कह माँ मति उनहि जगाई। दिये गुनहि रस सत्य भिगाई।।
उठी सोइ दुउ माथ झुकावा। गरजी गगन गूंज भर छावा।।
खडक कालि मोहनि धर चक्रा। सुमति संग गूढनि सत वक्रा।।
यहि लिवाय लै अरूत्र अनेका। भई उघत माँ मति जय ऐका।।

दोहा - नायहु सिर दुउ समति पद, स्वयं वृह्म तिय शीश।
अपन झुकाइहु अद्रश पहि, विदित मरम जगदीश।। (18)

चौपाई - क्षनहि मात्र महि यह सम्वादा। कहिहु सुनाय जताय सुवादा।।
वादहि कर विस्तार सुहावन। समय जान मंगल मन भावन।।
हिय सत प्रीत शक्ति प्रति नाता। मानिहु पूत अपन मुहि माता।।
विधि पूरन सुइ कहिहु सुनाई। शक्ति महासत नीति जनाई।।
वरन गौर शारद तन शोभा। साटिक धवल सु लिपटिहु लोभा।।
सत्य नीति हिय प्रकृति मनोहर। सुमति सुरच्छित सुरस सरोवर।।
वरन लाल रज साटिक रक्तिम। शोभित अंशु सत्य पर स्वरनिम।।
झरहि तेज हिय जे जिभ मोहा। खल दल दलन सु समरथ सोहा।।

दोहा - साटिक कालिम श्याम रंग, यौवन तन चढ जोश।
सत संचालित कालि माँ, संग्रिह क्रोधहि कोष।। (19)

चौपाई - सत्य विजय वान्छित मति तीनो। आई समर कोष गुन चीनो।।
दल निशुम्भ माँ लखिहु विशाला। धायु सहज जुइ दिश तिर ज्वाला।।
कियो शोर गरजे वल वीरा। सनमुख मात भांति निश कीरा।।
भुज असंख्य आयुध चमकाने। कोटि कोटि दानव तमकाने।।
चारहुं ओरनि करन प्रहारा। जातुधान वहु रिस अनुसारा।।
भिरे समर कह जयति निशुम्भा। हित जस विविध पंथ छल दम्भा।।
वहु प्रताप दल कठिन प्रवन्धा। करहि जोर झूमहि रति गन्धा।।
कुपित रानि राजस भइ खेता। प्रजुलित ज्वाल चिंगारनि चेता।।

छन्द - चिन्गार चेतनि खेत जननी हनन दानव सैनही।
भर कुपित रूपित दहक अन्गानि आग प्रगटित नैनही।।
सत शक्ति सुमरित श्वास तेजहि लपट अगनित आवही।
गन मात कोटिक अस्त्र साजित कोप सन रन धावही।।

दोहा - तन निशंक जय मात धुन, व्यापी धरनि अनन्त।
भिरे उठा भुज सकल गन, सुयश सुगावहि सन्त।। (20)

चौपाई - मांहि समर प्रति वीर उछाहा। वान्छ जयति स्वामिह निज पाहा।।
डरहि सुभट नहिं कैसहु रीती। लरहि हूह दिह दानव नीती।।
हौहि निडर झपटहि गन पाही। असुर यूथ चहुं घेर दवाही।।
मूसल गदा परसु कृपाना। तोमर शक्ति वज्र धनु वाना।।
सुरहि देहि भय असुरहि यूथा। मारहि गनहि व्यूयहि जूथा।।
उछलहि चीख मचावहि शोरा। जीतन समर चहहि वर जोरा।।
प्रगटित गन भयु मोहनि हियतै। होहि तिनह भय सो कहु कियते।।
गन प्रत्येक समरथ सव भांती। जिनहि सु आयषु दयु मद माती।।

छन्द - मद माति आयषु पांस दयऊ चक्र दानव पूरही।
रन विचर समरथ साथ सहमति मात पावन मूरही।।
वल वंक वीरहि धीर गन विनशंक सव हुन्कारही।
इक एक शत शत सैन दानव मांहि क्षन सन्धारही।।

दोहा - निज आनहि नृप शान लै, पिछरे पग इक नाहि।
जुर मिल जीवन आश तज, सन्मुख छाति जुराहि।। (क)

एकहि एकहि पकर खल, गन लै गगन उठाहि।
पटकहि पीचहि काट सिर, माँ जय शोर मचाहि।। (21)

चौपाई - राजस रानिस्वयं रिसयानी। वली एक नाहर सज आनी।।
चक्र पाँस अरू धर तिरशूला। अम्व अधारनि कोप निकूला।।

दुर्गा महा दलन खल करही। पशुपति कुपित स्वछन्द रन फिरही।।
पंज चतुर्दिक अरि दल दावे। खैचं खलन्ह कालहि मुख खावे।।
उछलहि फार विदारहि छाती। रूधिर धार वेगहि रन धाती।।
झूमहि माया चक्र फिराहीं। दक्ष कला रन शूल चलाहीं।।
कटहि मुन्ड रून्डहि महि परही। एकहि एक विलख दब मरही।।
गाजहि सिंह हिलावहि केशा। कुपित मात पीठहि सज भेषा।।

छन्द - सज भेष केशहि जननि विखरे तिरछ चितवन रिस भरी।
कर साध साटिक काँध फैटहि भेट मृतु दिह चर चरी।।
झटक झपटहि काट मुन्डहि कर खन्ड कोटिक रून्डही।
विलखाहि पीटहि छाति असुरन्ह नाश वहु लख झुन्डही।।

दोहा - समर सुहावन मोहनी, दनुजहि करहि स्वतन्त्र।
घेरहि खेतहि धौर चहुं, चमकावहि चित तन्त्र।। (क)
पिछरहि कायर पाछि हुय, धरय जुगति सन पांव।
दल पति क्रोधित कुमति पथ, काटहि एकहि घाव।। (22)

चौपाई - महा माय दूसर दिश काली। साधिहु खप्पर खडगहि ज्वालीं।।
कर उठाय महि माथ झुकावा। श्यामित शोभित वदन रकावा।।
दै हुंकार सहसा घुमडानी। धूम प्रगट सत जोति वढानी।।
उछलय झरय नयन तै वारी। सुरस सत्य हिय पौछिहु सारी।।
कहि न जाय तन रोषित वाढा। झरनि सुमति पोषित हिय गाढा।।
अम्वर कवहु कवहु महि आवे। तन मरोर क्षमता चहुं छावे।।
भये चकित खल ऐसु विलोका। डरपे सकल भये भर शोका।।
व्याकुल दनुज अपुन मुख फेरा। सुइ निशुम्भ रोषित रन हेरा।।

छन्द - रन हेर आपहि हार वीरहि फेर मुख लौटत लखे।
सुइ होहि क्रोधित शोध मति खल नीति दानव सव रखे।।
भर चाह प्रेरिहु सैन आगहि जाग जोशहि तन चढा।
सुन वैन शानहि आन खल पति होष कर रन दल वढा।।

दोहा - धाये जुर कछु कालि दिश, भिर कछु मोहनि ओर।
दयउ चिनौतिह मात गन, जयति मचाइहु शोर।। (23)

चौपाई - भिरे सकल निज निज लख जोरी। रही मात्र स्थिति मति भोरी।।
काम कला छवि सुन्दर नामा। अम्व विलोकहि घोर संग्रामा।।
स्वर मृदु झंक्रित शारद वीना। सने सुरस सन वचन नवीना।।
विटप पाति नव सर सर शोरा। सुमति कहिहु सुत जानिहु थोरा।।
चढिहु भानु नभ तन गरमाई। मांहि दिवस उष्मा विक्साई।।
तपी धरनि तप मानहु करहू। तिह कर तेज तप्त जग परहू।।
क्रोधि कुमारग आलस मनुजा। गर्त पवन महि भेषहि दनुजा।।
भृष्ट मीत रन डटे अगारी। हटय न पग इक कोउ पिछारी।।

छन्द - पग एक कोवहु पिछर नाहहि राह जय आशा वढी।
जस जोर अबसर ताक तैसहि रोष रंगति मति चढी।।
कर सोइ प्रहार अपार वल भर काट मुन्डहि फैकही।
गन ऐसु स्थिति मात तन तै तुक्ष वुझ अंशेकही।।

सोरठा - सैन रजनि चर झुन्ड, होहि संगठित शक्ति इक।
भिरे भेद गन खन्ड, आकुल पिछरे मात पद।। (24)

चौपाई - रानि रजस्वनि गनहि निहारा। सनमुख अरि तै पिछर पिछारा।।
तुरत व्यथित सुइ गन वल वीरा। जननि वंधाइहु क्षनहि सुधीरा।।
बहुर कालि तन चितय रिसानी। रोष असीमित वढिहु भवानी।।
कौतुक कियो सत्य मति ऐही। श्यामित वरन कालि भइ देही।।
थर थर कंपय रूपय नहिं क्षनही। रही न शान्त नेकु महि मनही।।
चक्षु रकत मय अधर रसाना। खीचिहु निज पहि असुरन्ह ध्याना।।
शून्य समर खल चित्रित भयये। हिय निस्तेज मात्र चुप चितये।।
खल वल वीर्य मात सव खीचा। तपिहु अगनि तै सनमति सीचा।।

छन्द - मति सीच पवित हित हीय धारहि भार वसुधा घाटही।
निस्तेज निश्चर सैन पूरन चूर्न कर मद चाटही।।
सत शक्ति पुन नव युक्ति द्रणता रोष तम उकसायहू।
भइ कुपित तामस होष विन निज केश सिर फटकायहू।।

दोहा - शक्ति सुअगनित केश सन, प्रगटी समर तुरन्त।
दुउ कर खप्पर खडक धर, पीसहि रोषित दन्त।। (क)
एक अंगारहि क्रोध मनु, कियो आदि माँ चोट।
फूटिहु वहु चिंगारही, गुनहि भेद उंच खोट।। (25)

चौपाई - अगनित योगनि रन रिसयानी। करिहु शोर जय जयति भवानी।।
पुन मिल सकल करहि संघारा। घटहि झुन्ड असुरन्ह सन्सारा।।
रूधिर संग्रहहि खप्पर अपने। करहि नृत्य जीवहि सम सपने।।
रकत पान अधरहि झर आना। भिगित चोलि दरशित कल्याना।।
कटे शीश निशचर नभ छाये। भोजन लखिहु विहंग वहु धाये।।
भक्षि मास पक्षी वहु झुन्डा। कर किलोल चौंटहि झट मुन्डा।।
भर उर खावहि हरष उछाही। भरहि वहुर वहु दूर उडाही।।
धरनि विविध पशु खावन माँसा। आवहि खाहि टांग चलि लाशा।।

छन्द - चलि लाश टांगहि लौट धामहि मांग मारग दूसरे।
कछु जाहि वच कुउ मांस कच लै चौट जवरन वल भिरे।।
रन कठिन कम्पित व्याप भय महि नृत्य लय कर योगनी।
गन मार सह नहिं जाय निशचर मानु पग मृतु रोपनी।।

छन्द - मनु रोप पग मृतु आन। रिस कालि तन कल्यान।
श्री मात महि ललकार। तम देहि गुन हुन्कार।।
धर खडग जकडिहु हाथ। सत तडक पकडिहु साथ।
मुहि मात सज संग्राम। चहुं वेद वन्दित नाम।।

हित करन खलन्ह संघार। हुय शान्त सत सन्सार।
रन रूप कोपित कालि। हिय विजित आवहि ज्वालि।।
जल लिपट लपटहि ज्वाल। मनु होत प्रगटित काल।
झट पकर झपटहि चोटि। लिह खैच दानव वोटि।।
तज देहि असुरन्ह प्रान। हुय पीर करमहि ध्यान।
मति चक्र साटिक फैल। गति अन्त वीरहि गैल।।
छट मैल मेलहि माय। रति पवित निर्मल काय।
कछु वीर कायर पीर। धर नाहि पावहि धीर।।
रह निरख अन्तर नाश। हुय रहहु जग उपहास।
तन प्रान व्याकुल मीत। अपकीर्ति नरकहि नीति।।
मिल पाहि नरकहि द्वार। नहिं होय सकु उद्धार।
वह रूधिर सरिता वेग। वज होइ धुन खच तेग।।
दिश दूज मोहनि चेत। कर विकट संग गन खेत।
सत शौर्य साहस रोष। मनु शक्ति टपकिहु कोष।।

दोहा - सैन सकल नाशित भयउ, कछु अनुचर वच शेष।
लख निशुम्भ रन आयु सज, क्रोध भयेकर भेष।। (26)

चौपाई - नयन काल सम वानि कठोरा। गरजिहु दनुज महा घन घोरा।।
रकत चढिहु तन मीत झँझाना। अति वल शालि खेत रिसयाना।।
आयषु दयउ सारथिह तवही। हाँकित रथ लायउ रन मगही।।
देख जननि गज सम चिंघाडी। वजे जुझाउ चिनौति नगाडी।।
मात सम्वोधित कर खल गरजा। भये भीत सुर महि ऋषि मनुजा।।
दुष्टनि री मूढनि सुन छलनी। अशुचि कालि कामिन तन ज्वलनी।।
देखिहु तोहि वधहु क्षन माही। हतहु वोहि जुहि आहि वचाही।।
ठहर ठहर कर सर सन्धाने। वारहि एक कान शत ताने।।

छन्द - शत वान तानिहु कान छाडिहु जोर वल भर क्रोधही।
सम काल व्यालहि हाल तेजहि व्याप भय सव वोधही।।
हुंकार एकहि काट सव महि पाट शक्तिन युक्तही।
किलकार कालि रार रोपहि हौहि वारहि मुक्तही।।
लख हंसत मातहि चरित चिन्तन पात सम खल काँपयो।
अति क्रोध राँधिहु साध अस्त्रहि हीन निज मनु भाँपयो।।
कर वान वरसित शक्ति तोमर खडग शूल प्रहारयो।
तिर शूल मारहि फैक मुगदर वज्र तेज निहारयो।।
नहि खौप कावहु मान खेतहि आन पहि आपहि चढा।
कर वार वहु विधि होहि निर्भय छाति कर सन्मुख अडा।।
अभिलाष राखहि शान शुम्भहि वांध अम्वहि जीतही।
वध कालि खल वल खेत कर जय राख छवि रति रीतही।।
खल अस्त्र कर निस्तेज पूरन काट दीनिहु कलिका।
पुन वान्छ साहस शौर्य दानव मात लख खल घालिका।।
भइ उघत तामस श्वास लूहहि रानि गुन मति छायहू।
कर साध खप्पर खडग खैचिहु हेर सनमति पायहू।।
दिहु रोक सुइ जगदम्व अम्वहि ध्यान निज नव कौतुकी।
भइ शान्त भ्रांतिह हीय सेवहि रीत सन्तन हेतुकी।।
छवि धाम कामहि सत्य कामिन वढिहु सम्मुख खेतही।
मति विहंस शोभनि रहस गूढनि ठाडि आगहि चेतही।।
कर सोह अस्त्रहि शस्त्र वस्त्रहि धवल धर महि ओढही।
हिय शक्ति सत मति दीप प्रजुलित चाहुं अंशुहि छोडही।।
मृदु मन्द विहंसित वानि स्वर प्रिय ताप हारनि तेजनी।
मुहि जननि साजहि समर शाँतिह रोष चकि महि सेजनी।।

दोहा - खल निशुम्भ देखिहु हंसत अवला अभय रकार।
पहि पहि आपन हास लख, हिरदय जरिहु अपार।। (27)

चौपाई - ठाडी कालि सुमोहनि पासा। मूक करहि द्रग तै उपहासा।।
सिर हिलाय पशुपति गुर्राही। रव नभ गूंज गिरहि अरराही।।
अंगुरि पग माँ दयु सन्केता। भयउ शान्त हुन्कारहि देता।।
वढा क्रोध काली हिय भारी। सतोगुनी चहुं थिर हितकारी।।
मति प्रशान्त कालिम तन प्रेमी। हिय दृण चित अन्तर छवि नेमी।।
योगनि भूत प्रेत वैताला। कहि न जाय इन किह कछु हाला।।
सकल चकित कौतुक अस देखा। चित्रित दुःखित परी चित रेखा।।
खिचे पूर्न चहुं जननी आये। जयति मात कह गन जुर धाये।।

दोहा - वदन मनोहर मन हरन, दमकित रहयू मात्र।
जस भावहि तस दृगहि भर, सोहत सत रस पात्र।। (28)

चौपाई - क्रोधि कुमारगि भ्राता कामी। सहिहु न यहि उपहास सकामी।।
हुय अधीर ऊपर इक ध्याना। धायहु वेगहि निजहि नशाना।।
चढिहु रोष जल मनु मन हाडी। छवि हंसान पावक तरि वाढी।।
तुरत सुखौलिहु आयु उवाला। करे वार वहु भाप हवाला।।
असफल जावहि गगन समाही। सहज उतर महि मातहि आही।।
हंस यहि काल अगनि उक्साही। वार फेर माँ नहिं लौटाही।।
अकुला रिस गति सोइ असीमा। वढिहु वुझावन सहसित झीमा।।
मीतहि हाडि अधर लग फेटे। वहु प्रहार साहस तिन छूटे।।

दोहा - वुधि पावक हिय दहक रह, मन महि खौलहि कोप।
बानि मूक दृग हास भरि, शक्ति शान्त चहुं रोप।। (29)

चौपाई - सुनहु सोइ अस प्रकृति सुभावा। बढ उफान जल जवहि तपावा।।
चहहि सु निकरन खौलित वाहा। वाढ उफान हाडि सह दाहा।।
हुय असफल पुन अस परिणामा। छनकहि तरि जावहि जिय धामा।।
दशा सोइ सुन ऐसु सुरारी। माँ मति खल रिस पूरन जारी।।
भयु निस्तेज नीच कछु रूपा। यहि विलोक अवसरहि अनूपा।।

कहिहु कालि सन सनमति ऐसे। करहु जोर जीतहु अव रेशै।।
शारद वचन सुने प्रिय काली। तुरत भरी रिस लोचन ज्वाली।।
तन ललाम कालिम चढ छाई। भुज उठाय गाजित मद धाई।।

छन्द - धाई धारि तलवार खप्पर धूम घुमडिहु भांपही।
मृतु दनुज दुर्गुन गुनहि फल कटु खोट विकरित नापही।।
वश मात माध्यम चरित हेतुहि करहि जंगहि रंगही।
कहि महेश कौतुक मात अद्भुत उठिहु समरथ खंगही।।

दोहा - हरि तिय तुरतहि तान वहु, छाडिस बिशिख कराल।
तोरिहु छत्रक दन्ड सव, डारे धरनि विशाल। (क)
वहुर हूलयहु राज मृग, सनमुख दनुज प्रकोप।
आयषु माँ धर शीश पशु, उछलिहु भयऊ अलोप।। (30)

चौपाई - बाजहि भांति गिरिहु रथ ऊपर। भयु धुन मनु मृतु बाजिहु नूपुर।।
हय सारथि रथ भयऊ चूरा। धसिहु धरनि महि मेलिहु धूरा।।
नहि प्रहार सह सकिहु निशुम्भा। गिरिहु मूर्छित रति पथ शुम्भा।।
अनुचर तवहि कछुक भयु आगे। लगे करन रन मूढ अभागे।।
गन अगार सुइ छाति जुडाही। शीश एक एक टोर मिडाही।।
श्रोनित धार योगनिह संचहि। हरष उलास झमक झम नंचहि।।
गन कछु देयहि भुजा उपारी। कछु कटि भाग मोर महि डारी।।
पद तरि पग इक दूसर हाथा। पकर कुपित गन फारहि माथा।।

दोहा - काग सचानहि श्वान जुर, सियारहि विविध समूह।
बोल उलूकहि गीध उड, हाड चवावहि हूह।। (31)

चौपाई - भूत प्रेत छल छिद्र दिखाही। विटपहि लटक उलट परछाही।।
पुन समूह द्रुम जोर हिलावहि। भोज अशुच निज योनि खिलावहि।।
लोथहि लोथ चुंवत जिह खूना। होहि खन्ड नभ छायहु दूना।।
वहिहु धार श्रोनित संग्रामा। रून्ड मुन्ड उतरान कुकामा।।

डूवहि उखर दुःखित अधमारे। कोसहि नृपति न कोउ सहारे।।
विलख वीर देयहि वहु गारी। जियत मांस लौचहि नभ चारी।।
जागि मूर्छा दनुजहि तवही। खोयहु सो निज देखिहु खपही।।
गयहु धाम रन तै खल भागा। उडहि वैठ सिर गीधहि कागा।।

दोहा - दूसर रथ निज दिव्य सज, अस्त्रहि विविध प्रकार।
आयु तुफानहि भांति खल, यूथप गन ललकार।। (32)

चौपाई - गन जुहि आश्रय माँ पद रहही। सुइ चिनौति खल सके न सहही।।
संग एक जुर सम्मुख जूझे। रन विन नाहि दूज कछु सूझे।।
धाये एकहि करिहु प्रहारा। भयउ नाद घन घोर अपारा।।
शक्ति प्रचन्ड एक खल राखी। आपति जान भयंकर भाखी।।
करिहु आचमन छाडिस सांगी। कालि लखिहु यहि भइ विकलांगी।।
आवत करिहु विचारहि ऐसे। यहि कर काहु उलंघन कैसे।।
महा प्रतापनि शक्ति प्रकाशा। तेज चांहु भर गयउ अकाशा।।
कम्पित धरनि दग्गजहि डोले। सुरभय भीत परस्पर वोले।।

दोहा - जिह भरोस हिय राख वहु, तिह सो करहि विचार।
शक्ति सु तेजहि आपनहि, करहि गनहि संघार।। (क)

कालि सुअंशनि शक्ति सव, भई समर निस्तेज।
दनुज निशुम्भहि नाद नभ, अनुमानित जय सेज।। (33)

चौपाई - दशा सुमोहनि कही न जाई। खलन्ह शक्ति तन कालि दिखाई।।
कर प्रनाम हरि तिय कर जोरे। क्षमहु अम्व वहु औगुन मोरे।।
स्वामिन दशा देख अस काजा। चित्र लिखित सौ भयु गज राजा।।
कहिहु न कालि कैसु कछु वाता। फिरे लौट गन हा पितु माता।।
शक्ति सकल काली फिरआनी। सुर विलोक सेविहु कल्यानी।।
दल विनाश निज देखिहु माया। सुमति शरन सुइ अर्पित काया।।
कीनिहु अभय भई निज पथ तै। शेष सकल गन सौपिहु हठ तै।।
यहि अनूप संग्राम भयंकर। दूज रूप निज लख प्रलयंकर।।

दोहा - रहस विचित नहिं समझ परू, फिरी शरन जगदम्व।
पाछहि शक्ति भयावनी, तम पिछ्यावहि अम्व।। (क)

थिर शारद सनमति सुगति, नाशनि कुगति प्रकोप।
सत चिन्तन वश शान्ति तन, विपदा करनि अलोप।। (34)

चौपाई - त्राह त्राह हा त्राह पुकारी। तापित सव तन शरन निहारी।।
धीरज सव किह मात वंधायू। कहिहु वहुर अस राह सुझायू।।
महा शक्ति यह दनुज प्रयोगा। करिहु हेतु आपन रति भोगा।।
जदपि रूप तोयहि सत ऐही। मानहु तदपि वैरि सम देही।।
नहि समर्थ तुम मैं यहि जाना। कारन भ्रमित भयउ तुहि ज्ञाना।।
कहि यहि माँ लहि शान्ति श्वांसा। छाडिहु दिव्य हीय परकाशा।।
पुंज तेज तापित तिर काला। प्रगटिहु शिव तन रौद्र विशाला।।
आदि शक्ति गन एक भयंकर। सकिहु न जान कोउ यहि शंकर।।

दोहा - कर त्रिशूल धर तुरत झुक, धर छातिह निज हाथ।
धायहु कोपित पाय वल, ज्वाल प्रगट भयु माथ।। (35)

चौपाई - शिव अगारि शक्ती खल ऐसे। सनमुख भानु कीट निश जैसे।।
सोखिहु तेज सकल निज हीया। आपहि रूप प्रकृति जस कीया।।
ताप प्रभावहि खल वल धारी। शक्ति हीन भयु भय मन भारी।।
जदपि ओट रथ किह निज लहही। तोउ त्वचा झुलसित खल भयही।।
परिहु मूर्छित नत मुख कीना। सारथि रथहि संभारित लीना।।
लच्छन हीन सकल विलखाने। रोषित शिव सुइ माँ पहि आने।।
शान्ति शवद सुइ मात उचारा। शिवहि हीय गुंजरिहु तिन वारा।।
कर प्रणाम सुइ रौद्र सिधाये। हरषित देव सकल गुन गाये।।

दोहा - वसुधा वाँधिहु धीर मन, होयहि अव कल्यान।
शान्ति शारदा सुमति प्रिय, अति हितैषि गुन खान।। (36)

चौपाई - खोले नयन सवन्ह रन देखा। माया कटी मनहु मति लेखा।।
अचरज मोहनि अति जिय लागा। कालनुरूप समझयहु भागा।।
काली अभय भई कल्यानी। आयषु माँ लिह वहुत रिसानी।।
सकी सुमोहनि नहिं रह शाँती। कियो प्रनाम प्रथम दिव काँती।।
गनहि प्रेर पशु दीन्ह इशारा। वहुर स्वयं कर चक्र अचारा।।
रकत धार महि योगनि नाचा। लगिहु हौन पुन योगहि जाँचा।।
क्रुध्धे चले सकल खिसयाने। गन अगार साहस सव आने।।
भयउ चेत खल क्रोध चितावा। भेद सारथी सकल जतावा।।

दोहा - धनु उठाय सर साँध वहु, मारिहु एकहि वार।
आवत देखे मात श्री, काटिहु कठिन प्रहार।। (37)

चौपाई - वहुर माथ पशु तरक सुरारी। वलहि कीन छल गदा प्रहारी।।
छलनी महा जान जग नामा। तिह कर कैसु सकल यहि कामा।।
चक्रहि काट खन्ड वहु कीनी। कुपित पांस पुन माँ कर लीनी।।
डार सुकंन्ठहि गनहि विलोके। चढे रथहि पहि रूकहि न रोके।।
अंग भंग कर तोर विमाना। करहि भांति वहु माँ गुन गाना।।
मुठकन कोउ लात कुउ दाँतन। मारहि मीज देहि दुःख काटन।।
महाछली लख गन वल धारी। भयु अलोप पुन पुन धिक्कारी।।
अम्वर प्रगट वहुत छल करही। गरजहि घोर शोर नभ भरही।।

दोहा - उछल विलोकिहु कालि खल, पटके महि दुउ हाथ।
कंपिहु सु अम्वर मानु रव, गिरिहु दनुज छल साथ।। (38)

चौपाई - रानि राजसनि खैंच सु पांसा। तुरत वनाइहु नापनि फांसा।।
फैकि चेत कर दैत्य अचेता। खैचहि माय वीच रन खेता।।
चलिहु घसिट हुय विवश सुरारी। पांसहि तै कहु कौन उवारी।।
कालहि पै वश चलहि न काहू। कर विरोध माँ फल यह पाहू।।

फंसिहु पांस आयहु कछु होषा। कियो सोइ अकुला वहु रोषा।।
मुंह पसार धायहु इम भांती। जिम पतंग दीपक लौ धाती।।
करहि नाच मृतु शीशहि जेही। तजहि न तौउ असुर हिय देही।।
जननि कालिका खडग संभारा। सुमर हिदय सत प्रेम अपारा।।

दोहा - कालिम तन घन घोर घन, जिव्हा पश्चिम लालि।
घुति दामनि दमकित खडग, साजित शक्ती ज्वालि।। (39)

चौपाई - मोहनि खैच कियो अग काली। सुमति संकेति प्राप्त सत चाली।।
भुज चारनि माँ बदन वढावा। कला लुभावन कालि कढावा।।
कौतुक तै कर पकरिहु चोटी। रहिहु फाँस मोहनि मति खोटी।।
एक वार माँ खडक प्रहारा। विवश क्रोध रति भ्रात चिकारा।।
कटिहु शीश माँ कर निज लीनिहु। हिय तै रिस मति मानहु छीनिहु।।
खप्पर खून संजोइहु भारी। मुन्ड कन्दुकहि खेलन हारी।।
खल निशुम्भ छाडे निज प्राना। हिदय भांति भइ अन्तर ज्ञाना।।
तजिहु कपट सव काल हवाले। कृत गुन कुफल मिले दुःख काले।।

दोहा - खल निशुम्भ असुरहि विकट, क्रोध महा रन धीर।
सत मति रीतहि शान्ति पथ, जीतिहु अस वल वीर।। (40)

चौपाई - माँ कर तै मर दानव भारी। दई सोइ पद भक्ति प्यारी।।
क्रीडा करत मुन्ड तै काली। रचहि मात रज मोहनि जाली।।
पीचिहु रून्ड पदन्ह किह भारा। कढी सोइ अति श्रोनित धारा।।
रचिहु पैर माहुर लग शोभा। रूच रूच मात रजोगुन लोभा।।
उदर पूर्न भोजन पशु पावा। पदहि मात पुलकित खल खावा।।
विजय घोष गूंजिहुनभ माही। टेरिहु गनहि सुहरषित आही।।
वरसे सुमन गगन तै सुन्दर। भयो अभय देवन्ह मन मन्दर।।
करत खेल जननी फिर आनी। आदि शक्ति जहं सुकृति सुहानी।।

दोहा - श्री सुभावनि सिंह सह, घिर गन तै चहुं ओर।
दिव्य प्रभावहि भाव प्रिय, आवत कीनिहु शोर।। (41)

चौपाई - गुनी तामसनि राजस देवी। दुउअन्ह कृत सुन्दर सत सेवी।।
सतप्रति प्रेमहि रीत हिये के। तिर गुन एकहि जोति दिये की।।
विध तिय आवत दोउ विलोका। उठि माँ हित अगवानिह रोका।।
विंहसित करिहु प्रशन्सित दोऊ। हेतु सुरन्ह कृत कीनिहु जोऊ।।
भरे नयन माँ हाथ वढाये। दोनउ किह निज छाति चढाये।।
विहवल प्रेम दशा पशु राजा। झरे बारि दृगवुधि मन मांजा।।
कृपा कान्छ निज नयन संजोये। वढिहु आँसु सन माँ पद धोये।।
सुमति हीक सुइ नाहि समाई। करूणा मय कर फेर चिताई।।

दोहा - वुन्द सुमोतनि विवश झर, सरसित कियो शरीर।
अंगुठा पग चाटिहु किलक, सिंह महा वल वीर।। (42)

चौपाई - घुटवन अम्व केहरहि अंका। भरिहु दोउ कर भैटिहु वंका।।
किलक महा पशु भाग सराहा। सकल आजु मैं भर मन पाहा।।
प्रीत अधिक पशु लखिहु भवानी। निजहि छोर डारिहु गुन खानी।।
भयउ त्रप्ति विधि पूरन वाहन। दयउ धीर भेजिहु वन जावन।।
अति हित देख शीश निज नावा।। अधरहि वानि उचर गुन गावा।।
गयउ हिमांचल वनहि भयंकर। जनहु सु अंश रूप यहि शंकर।।
वहुर फिरी आंगन हिम माई। महिमा महा कहिहु नहिं जाई।।
रज तम साथ सतोगुन दाता। सत्य शक्ति तेजनि दिव माता।।

दोहा - सांझ कदम झम झम धरनि, प्रकृति मनोहर नृत्य।
जड महि चेतन बीज परि, होहि पवित सव कृत्य।। (43)

चौपाई - प्राँगन प्रकृति हिमासन ऊंचा। महा प्रकृति कौतुक सिर नीचा।।
कियो बहुर आंचल शुभ गयई। वोध सुचेतन मनु मन लयई।।
राज तामसनि सहज पिछाही। गई हरष आदिह गुन गाही।।

उन्नत भाल राजगिर देखा। आवत विजय पास निज लेखा।।
सुयश वखान धरिहु मन धीरा। पवित भयउ पुलकानि शरीरा।।
मन प्रनाम कीनिहु थिर रहयू। झुक चेतन मन अन्तर परयू।।
नियर देख हिम पूछि कुशलता। कह संदेश माँ प्रीत सफलता।।
गिरि हरषिहु सुन वात भलाई। आश्रित सकल सुचेतन लाई।।

दोहा - भये अभय सुन वानि जय, कीनिहु सुयश वखान।
स्तुति देवन्ह आन करि, पुन भयु अन्तर ध्यान।। (44)

चौपाई - वहाँ खवर परी खल स्वामी। वली भ्रात वध रति अनुगामी।।
सुन भयु सोच हिदय वहु भारी। परिहु मूर्छित प्रवल सुरारी।।
आयहु होष जवहि विकलाना। पुन पुन करहि भ्रात वध ध्याना।।
रहिहु नाहि कुउ ऐसु सहायक। होहि शिद्धि जोवहु यहि लायक।।
धीर वंधावन वचिहु न कोऊ। पाय विजय जावय रन जोऊ।।
काल एहि कामिन इक आई। मानु भृष्ट मति सुमति सुहाई।।
दनुज राज यहि अवला वामा। हेतु सुभाग्य सती वृत कामा।।
कहिउ वचन अस परम पियारे। भये नष्ट तुहि सकल सहारे।।

दोहा - सुनहु सु मानहु वात मुहि, वहुर कहहु समुझाय।
जिन्ह ठुकरायहु आज लौ, अबहि ग्रहण सुख पाय।। (45)

चौपाई - जिन्ह मारिहु दुइ दूत तुम्हारे। रहे तुमहि जुहि आँखन प्यारे।।
रूधिर वीर्य सम योधा जैसा। वधिहु भवानि सुकौतुक कैसा।।
अति बलबन्त अन्त तुहि भ्राता। मारिहु सहज सुपूरन ज्ञाता।।
अन्य कथा सो वेद प्रकाशी। करिहु भांति जिम अरि दल नाशी।।
महामात अस जिह सव पूजे। जगत भये नहिं सम कुउ दूजे।।
सो मुहि ऐसु यथारथ लागा। कृपा वोहि ज्ञानहि मुहि जागा।।
होइ भला मैं कहहु सुनाई। निज अधिकारहि तुमहि मनाई।।
वैर किये कछु नाहि भलाई। आपन हठ महि देहु ठिलाई।।

दोहा - करूणा मय माँ नाम बहु, क्षमा शील सो भाव।
शरनागत राखन शुभित, हेतु कृपा अजमाव।। (46)

चौपाई - रहहु सुखी मैं तोरिहु साथा। तजहु वैर मैं जोरहु हाथा।।
विनती सुनहु कृपा कर स्वामी। जाहु शरन तज यहि मति कामी।।
हालहि सुन मुनि ऐहि प्रभावा। परिहु बहुत मन हित अति पावा।।
दयउ वचन जुइ कामिन वान्छा। सुनहु सोइ तिह कर अव लान्छा।।
अति कर भाग जगति जनु नारी। कियो सुसेवा दानव भारी।।
धाम जेहि मिल यहि उपदेशा। तजिहु सु वाहर आयहु देशा।।
पछता सती सु रोकिहु तवही। लगिहु जान वाहर नृप जवही।।
कहिहु प्यार भर करिहु बहाना। करहु मात्र मैं शान्ति धियाना।।

दोहा - हेतु भ्रमण दानव नृपति, गयउ सु उपवन माँहि।
इकला वैठ इकान्त रहि, मधुर मलिन तरू छांहि।। (47)

चौपाई - भानु अस्त स्वरनिम आलोका। व्यापित वीच हरित त्रन नोका।।
रश्मि सु रक्तिम दिशा पिछाही। भेष सुहावन प्रकृति संजाही।।
त्रिविध पवन झोकित झंकारा। द्रुमहि पाति नव स्वर गुंजारा।।
लिपटी लता जुरी संजोगा। झुकहि ओट कुंजहि कर भोगा।।
सलिल फुहार सुहावन वागा। वारि विन्दु मोतिन सम लागा।।
शोभित श्याम गगन छित राये। कला प्रकृति आकृित वहु पाये।।
सान्ध्य मास मधु का कहि जाई। लगहि ओर चहुं अधिक सुहाई।।
पन्छिन्ह यूथ मृदुल निज भाखा। करहि गान ऋतु अन्तर राखा।।

दोहा - झीलहि झरना धार स्वर, झंक्रित हाथ पसार।
मिलहि अंक भर सुखित मन, प्यारहि हिदय अपार।। (48)

चौपाई - ऋतु गायनि तरू रही लुकाई। नव पातिन्ह निज रूप छिपाई।।
मति अनरूप अरथ कर गावा। जो जस चिन्तन करय सु पावा।।

कूकन पिक हूकन मति कामा। भयउ विक्रत सत तै अविरामा।।
सकिहु न सह अस प्रकृति विलोकी। रही राज छवि तालहि ठोकी।।
साँझ प्रकृति व्यापित मनु यौवन। झूमहि चहह प्रेमि निज खोजन।।
पलटित मीत भयउ सुइ ऐसे। वरसा गये घटय जल जैसे।।
मनहि शुम्भ रति कीच मचाई।खपिहु स्वयं सुइ निज अधमाई।।
लख प्रशून वहु खिले उघाना। करहि गुंजार भ्रमर वहु नाना।।

दोहा - मडरावहि वैठहि अभय, करहि सुखी रस पान।
वयर चले उड फिरहि चहुं, आवहि पुन प्रिय जान।। (49)

चौपाई - विकस पूर्न प्रशूनहि नीचे। कली एक जीवन निज सीचे।।
वालक रूप कहा कहुं शोभा। गठित वदन देखत सव लोभा।।
ऐहि सखिन्ह लख सवन्ह सयानी। करहि हंसी मेलित कर रानी।।
तन विकास छावत तरूनाई। आकुल भरइ कली अंगडाई।।
यौवन जोश सु लोचन भरयू। विहंस अधर कल्पित मन चरयू।।
अंक पवन भर कीनिहु चुम्वन। उलझ वेलि वाढिहु मन गुन्ठन।।
यौवन चढिहु दृगहि भयु गीले। पंखुरि खुली भिगित रस पीले।।
भांति कलप क्षन एक वितावा। उठहि झुकहि चितवत पथ पावा।।

दोहा - पवन विलोकिहु व्याथित अति, दीनिहु भ्रमर संदेश।
पन्थ सोइ सुनसान हँस, आयहु तरूनी देश।। (50)

चौपाई - अलि मद चाल मधुर गुंजारा। आवहि दूर नियर झंकारा।।
भरे जोश यौवन गुन गाये। जिन्ह मन मेलन भाव जगाये।।
कली वाल मति देखिहु जोगा। सुमन विकास सजन संग भोगा।।
वहु प्रशून रति तै सुख लेही। रच्छहि कली विकासहि देही।।
पोषय प्रकृति रूप साकारा। सो मधु मास वहित रस धारा।।
कली मीत भयु वहु वलवाना। सानंद स्वयं करहि रति ध्याना।।

सोइ सुमन के नयन वचाये। इक टक साजन पन्थ चिताये।।
देखत रही जोइ सुन शोरा। भई सुकन्पित भाव निभोरा।।

दोहा - बाटिक विचरिहु आयु अलि, लगी न सांझहि घात।
लसित रसहि तै मात्र कलि, स्वागत कर हरषात।। (51)

चौपाई - जावत रूकिहु वंधिहु मन धीरा। शन्ति मिली अति श्रान्त शरीरा।।
रूपहि पथिक रूका अलि वागा। कपटी छली निशा भर जागा।।
गति एयहि चंचल चित भांती। देखिहु भोग करत दिव काँती।।
अस अनूप संजोग जुडाना। मन विलोक गति वैठ उडाना।।
शशि स्वरनिम रज विन्दु सितारे। पीतनि व्याप धवल उजयारे।।
स्वर सुरभित वह मन्द वयारा। खिचय सोइ मन कामि रकारा।।
परसहि हिय काँपय भय लाजा। कृम कृम मीत प्रभावित साजा।।
अन्तहि फँसिहु सुभोगनि पांसा। युग अनुरूप ज्ञान उपहासा।।

दोहा - वुधि रस तै भर हिदय कलि, मन अलि प्रेमहि चाह।
चंचल सुइ कर कपट छल, भोगिहु दूसर राह।। (52)

चौपाई - हिदय हास भयु भ्रष्टहि मीता। गये टूट सम्वन्ध पुनीता।।
भये भोर छाडिहु उद्याना। रहिहु लुप्त सत अन्तर ज्ञाना।।
अस प्रभाव सुइ शुम्भहि व्यापा। भोग हिदय कर मति सन पापा।।
उलझिहु रहा सुपूरन रजनी। देखत रहिहु करत रति सजनी।।
निश्चय मन पुन काम समाया। आकृति प्रकृति सु सुन्दर पाया।।
सकिहु रोक नहिं आपन मीता। उतरिहु पथ सुइ दनुजहि रीता।।
बान्छ मोहि का काहु भरोसा। यहि प्रति अन्य जान का होषा।।
कियो वैर सो रोपिहु रारा। का असम्भ जो नाहि हमारा।।

दोहा - जीतहु कामिन लाहुं घर, मैं आपनि वर जोरि।
जुहि सनमुख तिह करहु वध, भोगहु सुर प्रिय गोरि।। (53)

चौपाई - यामनि विगत प्रभात सुहाना। लगे करन पन्छी गुन गाना।।
मलय पवन पुलकावन अन्दर। महिमा जासु जान हिय कन्दर।।
शुभारम्भ कूकनि पिक करही। त्रप्त सुजन सुन अन्तर तरही।।
तिह कर उलट दनुज नृप भावा। काम भोग पथ कर सो गावा।।
मीत भृष्ट जित वान्छ संजोये। तेतिक वीर दलहि तिह होये।।
आश्रित स्वामि सकल वल वीरा। स्वयं शुम्भ भारी रन धीरा।।
ऊषहि अंक वंक दल भारी। तुरत सजाइहु कुमति सुरारी।।
भई तैयारि लगिहु नहिं वारा। हुय एकत्र जुरे दरवारा।।

दोहा - सजित सु अस्त्रहि शुम्भ तव, आयहु मुकुट संभार।
जयति जयति नृप द्वार भइ, भरी गगन गुंजार।। (54)

सोरठा - आसन ऊंच विशाल, भुज वल लख राखिहु दनुज।
मनहु प्रगट भयु काल, वीर संवोधित कर कहियु।। (क)

चौपाई - सुनहु हमार सकल वल धारी। देख तुमहि मुहि साहस भारी।।
कसी कमर वन मोहि हितैषी। भइ सुद्रणता मन मुहि ऐसी।।
सकहि न जीत जदपि पुर सारे। वने सुकामिन चहुं रखवारे।।
पौरष अपन जगावहु वीरा। जीव ऐहि जस भृमर शरीरा।।
करहि पान रस यौवन वदना। लिह निचोर रहितहि कर सदना।।
हीन सुरस तै तन जव होई। छांडहि संग होइ चह कोई।।
प्रान अमर कोटिक तन छलयू। तिह कर नियम अबहि सव चलयू।।
यहि कर मोहि अधिक जग लागे। सोच कोउ मति सके न जागे।।

दोहा - आन समय सुइ मृतु कठिन, करहि न कवहू माफ।
लेहि छीन प्रिय प्रान यहि, देह अगनि हुय साफ।। (55)

सोरठा - तजहु सु प्रानहि मोह, स्वामि हेतु सव करहु कृत।
नाहि जगत सुइ कोह, जोहि आय रोकहि तुमहि।। (क)

चौपाई - दूसर दयउ वहुत उपदेशू। स्वयं न जान काल सन्देशू।।
मृतु वश भावी सकिहु न जाना। महा सुभट झट खैच कृपाना।।
कियो सुऊंच सूर सव देखे। गरजे दनुज कृतारथ लेखे।।
आयषु पाय कियो प्रस्थाना। दल अगारि गज पांतिह नाना।।
सैन महा हय चली पिछारी। किय प्रवन्ध सव भांति सुरारी।।
वहु विमान प्रभुता सन शोभे। चले वैठ दल नायक लोभे।।
अगनित वीर चले पैदलही। करत जाहि मारग वहु छलही।।
मीडहि आंख कछुक आलसही। गिरहि सोइ एकन्ह इक फंसही।।

दोहा - कछुक सचेते खेत पथ, जावहि दृणता साथ।
कायर डरपहि विवश रह, वढहि किये नत माथ।। (56)

सोरठा - उगन्ह न पायहु भानु, सजिहु शुम्भ इक दिव्य रथ।
नित कृत कीनिहु जानु, चलिहु अशुच मन सुरत रन।। (क)

चौपाई - चलत भये जित अशगुन भारी। कहहु कैसु तिन्ह कर विस्तारी।।
दयउ न ध्यान एक पहि अपना। भूलत रहिहु मानु लख सपना।।
भावी वश का करहि विचारा। सूझहि मात्र जुद्ध उजयारा।।
प्रकृति प्रेम छवि प्राँगन प्राता। लगिहु ऐसु मनु आवत राता।।
पद तरि धूर चलत दल उडही। लालिम प्राचि ढांक तम वढही।।
सुन मुनि सुइ भयु ऐसि प्रतीता। सत रज ढांक वढिहु तम रीता।।
लगे बजन बाजे रन केरे। धुजा ऊंच चंचल चित हेरे।।
खल पति चलत डुगी महि भय तै। व्यथित परी सन्देहित जयते।।

दोहा - सुइ हित भृम हारनि सकल, गई धरनि अकुलाय।
देवन्ह सुन खल घोष नभ, रहे विकट भय पाय।। (57)

सोरठा - हारनि माँ हिय ताप, जुर देवन्ह स्तुति करिहु।
भये भसम भृम पाप, सहज सुमति अन्तर वसिहु।। (क)

चौपाई - काल विरंचहि वाम उचारा। शान्ति शवद तिर वार प्रचारा।।
वान्छित जगी तमोगुन जननी। संग सुहावन राजसि सजनी।।
सत प्रताप दुइ शक्तिह तत्वा। हिय लगाय कीनिहु वहु प्रित्या।।
निपट करम तै नित्य तुरन्ता। लगी सुदेखन दिव्य वसन्ता।।
जिय महि भरी छवी गुन कारी। सनी सुरस धुन मन झन्कारी।।
श्री तै कहिउ महा मति ऐसे। जाहु लाहु फल रोचय जैसे।।
विचरी गिरहि सुआयषु माता। चुने मधुर फल माँ सुखदाता।।
वली औषधनि पुष्ट शरीरा। करन संजोइहु वांधिहु चीरा।।

दोहा - जौ लौ आई लेय फल, तौ लौ भयु दुइ मेल।
छाँह सुरूपनि विलग वश, रही सुमति कर खेल।। (58)

सोरठा - श्री मरम न जान, किये सुनीतिह भाग सम।
माँ शारद गुन खान, आपन दीनिहु कालि किह।। (क)

चौपाई - ससुमय तत्व वृह्म वुधि रानी। शुम्भ समर आवन पहचानी।।
प्रेमहि रीत अपन कठिनाई। पूरन भांति जताइहु माई।।
सुनिहु सु काली मनहि गंभीरा। सकी नाहि मोहनि धर धीरा।।
नवा शीश तुरतहि भइ ढाडी। सहज चंचलनि भावनि गाढी।।
श्री जोर कर माँगिहु आज्ञा। रोक जननि कर दीन्ह कृतज्ञा।।
भई विवश कछु सकी न कहही। रही वैठ चुप चरनन लहही।।
कहिहु मात मोहनि समुझावा। सुनहु सहेलनि मोहि सुभावा।।
जुद्ध कौतुकहि कारन ऐही। रचिहु धरनि हारन सन्देही।।

दोहा - वुधि विपरीतहि जदपि रन, चहह शान्ति संसार।
माध्यम तद्दपि समर जन, करहि आत्म उजयार।। (59)

चौपाई - ऊँचहि सवहि तमोगुन होई। जैसु जोति पहि कालिम जोई।।
तन महि महा सुचंचल मीता। काम प्रवृति लोभित रिस रीता।।
रजोगुनी मद रूप विकारा। प्रगट तमोगुन जनहु अकारा।।

सुनहु मोहि तुम सम सुइ आली। विजित तमोगुन शिव तिय काली।।
जाहि भिरहि रन शुम्भ अगारी। तुमहि मोहि रच्छहु अति प्यारी।।
महा कामि जो जय रन पांही। फिरहि राजगुन लौट पिछाही।।
तवहि तुमहि कारज मैं जाना। कहहु जाहु जीतहु धर ध्याना।।
लेहि जीत जो तुम संग्रामा। विधि जस वेद वखानित कामा।।

दोहा - लेहि तेहु तुरतहि शरन, करहुं न नेकहु देर।
जो हठ आपन रीत रन, तिह विनाश विन फेर।। (60)

चौपाई - कह अस हाथ पकर मति काली। करिहु संवोधित ज्वालन ज्वाली।।
जिह विधि क्रोध शान्ति सन जीता। तैसु विजय रति रिस सै नीता।।
जाहु उठहु यह कृत कर सुन्दर। शक्ति स्वामि पूरित तुहि अन्दर।।
रहहु बैठ मैं देखहु सारा। करउ कृत्य पावन उजयारा।।
धीर धरनि दै परसहु पग तै। छाति पवित करू आपन मग तै।।
जाहु होउ स्थिर मति एका। संग तोहि सत शक्ति अनेका।।
सुन भवानि शीतल कर छाती। पुन भर जोश दिव्य मति काँती।।
सिर धर रोष सुपोषन माता। भयउ मीत पूरन तम ज्ञाता।।

दोहा - दुउ कर कालिम साटि सज, कला सुकाला रूप।
खप्पर खन्ग सुहावनी, यौवन चढिहु अनूप।। (61)

चौपाई - विखर केश प्रष्ठहि लहराने। स्तन दोउ उठे दमकाने।।
छलकिहु रस भीगिहु हिय चोली। सुतहि भूख ध्यानित माँ डोली।।
कलश भरे रस दुउ सहलाये। वैठ शिला इक मोहि बुलाये।।
खेलत रहियु फँसिहु मैं कीचा। जिह चह निकरन उत गयु नीचा।।
जोहत वाट भई वहु देरा। कठिन महा यहि कलि युग घेरा।।
माँ सुन टेर विवश मैं भयऊ। गयउ नाहि सुइ खोजत अयऊ।।
देख दशा मुहि दुःख कर माता। कहि न जाय कम्पित भयु गाता।।
ममता विन्दु वारि नयनन तै। हिय पर झरे उचर वयनन तै।।

दोहा - कलि भव तीरहि ठाडि हुय, खैचिहु झटकहि एक।
हौन न पायहु मोहि दुःख, कहे वचन हित नेक।। (62)

चौपाई - ममता सिन्धु भरे जिह वयना। डांटय जननि करूण भर नयना।।
मुहि उवार कीचर तै प्रीता। करहि दूर माँ भावहि नीता।।
हठ कर अंक चढन मैं लागा। दिह उतार माँ मुहि बड भागा।।
खीचहुं सारि पकर दिश कीचर। सो छुडाय झट पकरिहु मो कर।।
हिलक मात मुहि अंक चढावा। कृपा महा हिय पाठ पढावा।।
किलक छिपिहु मैं अंकहि जननी। छोर खैच आँचल रस सननी।।
डार मोहि तन मुख दयु स्तन। कियो पान सुइ पुलकित मन।।
जनम जनम कै क्षुधा वुझाई। तदपि त्रषारहि मुहि अधिकाई।।

दोहा - सनिहु कीच तै मोहि तन, पौछिहु आंचल छोर।
पान करिहु मैं मात पय, भयउ पुष्ट मन मोर।। (63)

चौपाई - सौपिहु पुन मुहि मोहनि अंका। खेलन लगिहु चरित लख वंका।।
खौस छोर आँचल कटि शोभी। जावत माँ लख मति मुहि लोभी।।
कियो प्यार सुइ श्री पुचकारा। दीन्ह दिखाइहु दया उदारा।।
जग जुहि वस्तु प्यारि मुहि पैले। मिली मात सन सुइ हित गहले।।
नीति नियम माँ निज समुझाई। क्रीडिहु सुइ कर जगत मिताई।।
रही सुचिन्तन मति ज्यों पाली। प्रात प्रकृति अंकहि माँ काली।।
किरन करूण वालारूण प्राची। रक्तिम रंग खंग पहि नांची।।
वही वयार विखर गयु केशा। उगित भानु ऊंचहि घन रेशा।।

दोहा - अति शाँतिह महि धरिहु पग, सुमरिहु स्वामि प्रताप।
जवरन जाग्रित शक्ति हिय, करन सत्य शिव शाप।। (64)

चौपाई - चक्षु रकत मय पौरष छाहा। रिस तै परी सकल तन दाहा।।
थर थर कंपय अम्ब खिसयानी। ठोकिहु मूठ कृपान भवानी।।

महा नाद गयु गूंज भयंकर। भयउ भीत मनु प्रातहि अम्वर।।
भये वधिर रजनी चर सारे। व्यथित विवादहि वृथा इशारे।।
शैल राज आँगन विस्तारा। वढी कालि हारनि महि भारा।।
गाजी जननि खेत महि आई। अकस्मात मनु विपता छाई।।
बचहि होइ जुहि एयहि शरना। हित अति पकर हठहि माँ चरना।।
देखिहु खलन्ह सु अवला एका। भये अचम्भित करहै जे का।।

छन्द - जे का करहि हुय एक दल मुहि भारि समरथ शस्त्रही।
अस सोच रोचिहु लरन तुरतहि सुरत साधिहु वस्त्रही।।
लग सुभट ठट्टहि झटट जुर कर जुद्ध हेतनि हूहही।
चहुं ओर घिर घन भांति गाजहि होइ कम्पित रूहही।।

सोरठा - लागे करन प्रहार, जिम वरसावहि सलिल घन।
माँ एकहि हुन्कार, काटहि रच्छित सत्य ग्रह।। (क)
उरवति भांतिह मार, गिरी धार आँगन लखहि।
टप टप वुन्द अकार, जुरिहु झील महि रूप इक।। (65)

चौपाई - सत्यादित्य तेज मुख काली। क्षनहि सुखावहि दमक ज्वाली।।
भयउ कोप केशहि मल अपने। लगे खलन्ह हिय भय सन कंपने।।
छूटिहु केश गिरी मल वाती। प्रगटित शक्ति विविध भइ कांती।।
जिम रवि एक अंशु वहु धारी। तिम विभूति माँ वहु विस्तारी।।
तन अभद्र रिस रूप सकारा। देहि सकल जय माँ हुन्कारा।।
खेतहि ओर चाहुं सव फैली। जननि कालिका मांझहि मेली।।
जुरे रजनिचर शोर मचावा। भिरे भांति वहु अपन वचावा।।
साहस शौर्य शक्ति दिव काली। अंशनि अपन सवन्ह मति पाली।।

छन्द - मति पाल सव किह काल रूपहि देहि कर रन क्रुद्धनी।
सुत देव सन्तन हेतु जननी हननि असुरन्ह जुद्धनी।।

जय मात यहि धुन हौहि वंह जहं जयति खलकर शुम्भही।
कह महेश रोशनि नीति माँ सुर खेत निशचर दम्भही।।

दोहा - शुम्भ सैन चतुरांगनी, माँ दल केवल एक।
निज निज स्वामि वोल जय, भिरे लेहि इक टेक।। (66)

सोरठा - गगनांगन गति भानु, प्रकृति झंझावहि मास मधु।
ग्रीष्म मनहु महि आनु, कालि कल्याननि कुपित रन।। (क)

चौपाई - आनन मात तेज सम दिनकर। वहु खल मीन तडफ परि लघु सर।।
ग्रीषम माँझ झँझाइहु नीरा। भयउ सुपौरष हीन शरीरा।।
दल वल कामि लुप्त आकान्छा। वुधि प्रकाश हुय जिम मन वान्छा।।
तदपि शुम्भ खल वहु वल शाली। नेकु ढील पर हुय मन चाली।।
माँ विभूत जव देहि दवाही। हौहि विवश नत रोक उछाही।।
धावहि शक्ति सोइ रन चाहू। नाशन सैन जहाँ खल पाहू।।
करहि काल तिह वहु उत्पाता। वढा महा दल सुर दुःख दाता।।
सोइ सकल कह जय जय जननी। धावहि वेग महा खल हननी।।

छन्द - खल हननि हाँकहि झाँक भय भरि तेग तेजहि मारही।
सुइ राज दानव शुम्भ मानव माथ सम मन धारही।।
दुर वचहि जांचहि आन अवसर कौन विधि हुहु हावही।
वहु शक्ति मातहि मीत जीतन घेर चारहु धावही।।

सोरठा - होयहि विवश सुरारि, नाहि सैन परतन्त्र हुय।
फिरहि देहि हुंकार, छिन्न भिन्न दल पूर्ण कर।। (क)

दोहा - धुन्ध अजानहि छायु द्रग, छवि कौतुक मति काम।
परिहु सु सोचन सवल भयु, घुमडिहु चंचल धाम।। (67)

चौपाई - होहि कैसु यहि वलहि वखाना। जग प्रशिद्व अतिशय वलवाना।।
दाव पैच महि निपुन सुरारी। वहु निशंक चल निज अनुसारी।।

होहि निरंकुश सचिव विहीना। सदा पतन कृत हित तन सीना।।
छीनन चहह शक्ति हिय केरी। सवल रार रोपिहु छवि हेरी।।
क्रुद्विह अजहु दवावन पूरी। पोषित निजहि धाम जिह मूरी।।
महा कवच तै रच्छित देही। रथहि ऊंच आसन निज लेही।।
भरिहु कोप हेरिहु रन ऐसे। नयन हीन देखहि जग जैसे।।
दृग विशाल खोले भइ देरा। सकहि न देख सत्य छवि घेरा।।

छन्द - छवि घेर हेरहि चाहुं धावहि नाहि मीतहि थिर कियो।
सुइ अन्ध वन्धन एक सीमा धीमि गति सकुचत लियो।।
मति जान आपन तेज जावहि चाह सत सेजहि चढी।
यहि पन्थ सह हित काम मोचन हीय रिस भर माँ वढी।।

दोहा - सनमुख आवत मात जनु, शुम्भ लयउ धनुवान।
श्रवनन लौ खीचत लये, सर छाडे वहु तान।। (क)

चले करालहि काल सम, छाहे सव आकाश।
दम्भ कपट छल कामि मन, रहिहु ऊंच आभास।। (68)

चौपाई - जानिहु माँ नहिं कीन विलम्वा। होहि विमूढहि अधिक अचम्भा।।
काटे सकल क्षनहि महि ऐसे। गिरे धरनि लागहि अहि जैसे।।
वहु प्रकार खल करहि प्रहारा। काटहि माँ मम एक हुंकारा।।
यामनि चर दल चारहुं होई। भिरी शक्ति अंशनि वहु सोई।।
पकर हाथ वीरन्ह महि पटके। चलहि भयावन दै दै झटके।।
भुजा उपारहि काटहि शीशा। शक्ति महा अस सुनहु मुनीशा।।
चीरहि पकर पांह दुउ दावे। फैकहि मुन्ड सु रून्ड फिरावे।।
श्रोनित धार सुहावहि खरपर। दरशित रज मनु धूमहि उड पर।।

छन्द - उड परहि घूमहि घुमड दरशहि जोति रक्तिम मानहू।
धुन खंग खच खच संग सुन खल अंग सूनहि जानहू।।
कछु वीर धीरहि जाग पौरष आश जीवन निज तजी।
धर शूल हूलहि धाय वेगहि पूर्न रीतहि रन रजी।।

दोहा - शक्तिन सनमुख जोइ पर, सोयहि दयउ चपेट।
पीचिहु कछु किह काट सिर, देवहि कालहि भैट।। (क)
खंग फिरावहि चाहुं दिश, खप्पर लयहे साध।
रकत फुहारहि रंगित तन, झरिहु सुराखिहु राँध।। (69)

चौपाई - वहय वयार कंपय सिर केशा। धू धू ज्वाल उठत मनु रेशा।।
रंगित चक्षु रक्तिम तन कम्पित। त्रषा रूमांच मनहु मिल सम्पित।।
कोपहि रोप कदम प्रति वढही। क्षन प्रति दून उछायहि चढही।।
पकर एक इक मसलहि देही। आयुध छीन तुरत तिह लेही।।
मारहि काटहि डारहि लाशा। छिन्न भिन्न तन टपकहि मांसा।।
अस्त्र तिनहि सुइ धर उन ऊपर। चढहि ऊंच तै तरि कर खप्पर।।
कटि झुकाव कर खून निचोरहि। मुन्ड तेहि लै खरपर वोरहि।।
मीजहि माथ पटक महि फोरे। अंक लिखे वाँचहि गति जोरे।।

छन्द - गति जोर तैसहि छोड मग मझ धार विलखत मारयू।
कछु युद्ध योधा मात सेवक सोइ अंशनि तारयू।।
अकुलाय असुरन्ह भाग रन तै जाहि दै निज पीछही।
जिम ज्वाल लपटन देख भागहि झुन्ड तापित रीछही।।

दोहा - आपन आपन प्रान सव, परी बचावन राह।
जननी जोगनि आग सम, सुनय न असुरन्ह आह।। (क)
शुम्भ सैन त्रन ढेर सम, माँ रिस रन चिंगार।
परचिहु अन्तर दहक रह, जर ज्वालहि अंगार।। (70)

चौपाई - दनुज राज जूझत रिह काली। सकल वार खल जावहि खाली।।
विविध उघोग करिहु संग्रामा। सकिहु सोच जुहि हित कर कामा।।
फिरत वीर यहि कालहि देखे। शक्ति न भारि सुसमरथ लेखे।।
सहियु गयउ नहिं यह अपमाना। रोकिहु सैन संभर खिसयाना।।
खेत आन नहिं माटि खिलौना। जो जव चाह वाल सुख हौना।।

खेत कदम धर फिरहि पिछाही। तिन कै तीनहु लोक नशाही।।
हित कछु नाहि फिरहि जो पाछे। कहहि न कोउ तिनहु कछु आछे।।
कामिन तै डर का रन धीरा। भिरहु सुपौरष पुष्ट शरीरा।।
को वलवन्त जगत मुहि भांती। डरहि सदा सुर मुनि दिन राती।।

छन्द - दिन रात सुर भय खात सुन मुहि नाम तज धामहि दुरे।
नृप वोहि वीरहि धीर वे दल देख अवला इक मुरे।।
सुख भोग संगहि भाग सम सम आजु दुःख महि छोडही।
सुन रीत सूरन्ह नाहि ऐसहि जैसु सव मुख मोडही।।

दोहा - सुन योधा सकुचे मनहि, मुख नत कीनिहु लाज।
फिरे सोच मन वात अस, मरन सु हित कर काज।। (71)

सोरठा - दिनभर अम्वर मांझ, दमक विलोकहि खेत अस।
चलय तप्त माँ झांझ, खल मुरझावहि झुलस तन।। (क)

चौपाई - फिरत वीर काली पुन जाने। अन्तर वचन यथारथ माने।।
करहि कृपान घुमात भवानी। असुरन्ह माँझ आयु रिसयानी।।
कला अधिक सो किम कह जाई। कौतुक करहि विचित निपुनाई।।
जूथहि दैत्य संग इक धाये। घेर मात किह वांधत पाये।।
एक पलक महि वन्धन तोरे। जित सव दनुज मिलत रह जोरे।।
माँ हुंकार हिय हीम उचारा। भयू प्रगट सुइ क्रोध अपारा।।
तप्त श्वांस सन अधरहि सूखे। रहि लहरात केश सिर रूखे।।
रिस तै जीभ वाहरहि आनी। कटि पट खौस नांहि कछु जानी।।

छन्द - नहि जान कछु निज मान विस्त्रित मात्र रोषित कालिका।
महि गाज राजित रूप तामस झुन्ड दानव घालिका।।
कर जुद्ध शुद्धिह वुद्धि हिय भर मात सत पथ चालिका।
चक चाहुं चमकत खंग दमकन दिव्य आनन मालिका।।
कह जाय केवल देख जननी दलन करतन दुष्टही।

कर फिरहि विचरहि धूम चारहुं घूम सम माँ पुष्टही।।
इक वार खंगहि संग कोटिक मुन्ड कट लिपटावही।
दिह फूंक ज्वालनि जाल जारनि योगनी छुटवावही।।
धमकाहि भारहि धरा धसकनि गिरा गरजहि जंगही।
असि धार श्रोनित तार तन तै दमक कालिम अंगही।।
जहं हेर आनन फेर आपन देइ देहन्ह काटही।
तहं समर लागहि ऐसु जैसहि धार श्रोनित पाटही।।
खल गिरहि कट कट झपट योगनि लाश झट झट ढोवही।
लिह चलहि डारहि धार माँझहि स्यार श्वानहि रोवही।।
अपशगुन असुरन्ह हौन दिह दुःख शगुन सन्तहि होयही।
भयु मीत कम्पित मानु सम्पति नष्ट जेतिक जोयही।।
तन विशाल चालहि भाल माँ प्रिय वुन्द्र श्रम दमकन लगे।
मनु कालि यामनि अंगन अम्वर नखत वहु छवि सज उगे।।
अब ऐक ऐकहि संग कौतिक मात भौतिक वन कियो।
गह चोटि काटहि शीश खंगहि रंग रंगति रन लियो।।
खल मुन्ड खन्डित रून्ड तै कर तार रक्तिम धागही।
अस सूज मूजहि डार माझहि पांहि शीशहि तागही।।
इक काट फैकहि पाछि दूसर घिसट तीसर पातिही।
मुर तुरत आवहि ओर दायहि माल मुन्डन काँतिही।।
रन कुपित शोभित पलक आधिह माल हिय तै त्यागही।
क्षन सोइ आधिह वहुर अम्वा साज दूजहि लागही।।
रवि मांझ सांझहि आन लागिहु मात जौ लौ रन लरी।
जनु अन्त वारहि दन्त पीसनि दून गति तै जुर भिरी।।
चहुं गगन जालहि रकत छायहु आयु ढांकत भानुही।
दिव धवल सूरज होत खेतहि मलिन रक्तिम जानुही।।

खल दलन होवहि जलन मन पर शुम्भ अचरज देखही।
भयु पिछर लौटन चाह भय सन सोइ माँ हिय लेखही।।
वढ वार एकहि शैल मग तै लीन क्रोधहि डारयू।
रथ तुरग सारथि साथ धुज कै चूर कर हुन्कारयू।।
हुय अद्रश दानव राज छल मति धाम निज पथ फिर गयो।
सुर सन्त सुत के प्रेम होयहि हिय महेशहि भर गयो।।

दोहा - विचलित अरि दल व्यथित भयु, फिरिहु कायरहि भांति।
योगनि गाजित जननि संग, सांझहि फिरहि सुहाति।। (क)

विजित शोर कर घोर नभ, कुपित कालिका चाल।
आई प्राँगन धाम निज, शोभित मुन्डहि माल।। (72)

चौपाई - देख महा सत छाति लगाई। शक्ति अपरमित प्रीत जगाई।।
पूछ कुशल गह पास विठारा। दयउ सैन किह वहुर सहारा।।
हिय पुलकित कह विजय संदेशा। फिरिहु आयु भयु अस्त दिनेशा।।
कछु पूरव के वोहि प्रतापा।व चिहु दया सुइ पूरन आपा।।
मैं प्रन करहुं विगत भयु राता। कृपा तोहि कौशल करू प्राता।।
रन कर वधहु सांझ किह पैले। आयषु जोइ तोहि मुहि मेले।।
सुन माँ प्रीत प्रशन्सा करयू। भयउ धन्य मति कालि विचरयू।।
सांझ करम पथ धरम संयोगा। दये मात पोषन हित भोगा।।

दोहा - वाँटत खाइहु पेट भर, नाना कथा प्रसंग।
पूछिहु कहयू सोच हित, श्री सुमति सत संग।। (73)

चौपाई - काली महा मिली वहु भांती। परी सुप्त योगनि मद माती।।
शयन काल शारद कर फेरा। हरिहु समर श्रम सत्य वसेरा।।
अन्तहि माँ मोहनि तै कहयू। अरि तै सदा सचेतहि रहयू।।
वैरी जदपि भयउ वहु हीना। तदपि नीति जानहु नहिं दीना।।
तिह पै दुश्मन कामि कुचाली। मरहि तौहि भसमी रह चाली।।

जौ लौ सुनहु सोइ मुहि प्यारी। भसम जाय नहिं सरिता धारी।।
तौ लौ हित कर नहिं विश्वासा। कहा वात सुइ चालहि श्वांसा।।
वैरी वडा सदा आपन तै। मानु सतर्क हेतु चेतन तै।।

दोहा - मीत सकल रहि वास तुहि, रखहु सोइ सत ध्यान।
विचरहु राखहु नजर खल, होइ सुरन्ह कल्यान।। (74)

चौपाई - हरि तिय मधुर वचन सुन नीके। धरिहु शीश पद हितकर जी के।।
चक्र संभार वक्र गति माता। रही सचेत चांहु अति ज्ञाता।।
शयन करिहु दल सहित भवानी। दूजहि शिला एक कल्यानी।।
करिहु विचार मोहनी मांही। का खल करहि सु देखन जाही।।
गनहि एक सौपिहु निज भारा। गई अंश इक मति अनुसारा।।
जाय जननि देखिहु खल कामा। चिन्तित हेतु प्राप्त छवि धामा।।
परिहु सोच वहु का कहि जाई। उठत वैठ नहिं आवय राई।।
दल वहु थोर वचिहु अब मोरा। चलय न सुइ अवला पहि जोरा।।

दोहा - कर विचार कछु काल लौ, खोयहु आपन आप।
जड मति कौ लौ सांच जनु, रहिहु सोइ मन ताप।। (75)

चौपाई - अन्तहि मति इक नीति सुझाई। जग्य करन जय हेतु जताई।।
लगिहु करन सुइ वेदी रचना। धर सामान एक दृण वचना।।
जुटिहु भांति सव पूजा कीन्ही। पशु वहु तेर होम मख दीन्ही।।
लगिहु जपन सुइ शक्ति कराला। वैठिहु चित थिर वदन विशाला।।
खल पति वान्छ भांति मन सारी। हारति हिय कलि काल पुकारी।।
आश्रय तिह मख ढोंग रचावे। होहि अहित दूसर सुइ भावे।।
आदि मन्त्र खल करहि उचारा। दृणता भक्ति सप्रीत अपारा।।
अस अबलोक अचम्भव माना। मोहनि महा मतिह सन माना।।

दोहा - करहु विघन जुइ ऐहि मख, हुय तौ माँ अपमान।
रहहु शान्ति नहिं हेतु तौ, होवहि अतिशय हानि।। (76)

चौपाई - फिरी तुरत सुइ आश्रम आई। सोच वहुत कर शीश नवाई।।
जुहि जगाहु तौ हुय अपराधा। नाहि वढत खेतहि वहु व्याधा।।
सुइ कर ध्यान हिदय महारानी। सुमर प्रताप भई थिर जानी।।
सत दिय जोति उजार सुशक्ती। वैठी श्री वंधी द्रण भक्ती।।
मन्त्र मात्र प्रिय सरल रसाना। संयम नियम शान्ति कर गाना।।
रही रोक आपन निज वायू। चंचल मीत विवश हिय नायू।।
भई सोइ जाग्रित क्षन एका। छवि सत शक्ति सुहावन नेका।।
जागी जननि गई सुइ आगे। पूछिहु काज कौन वढ भागे।।

दोहा - पद परि कहयू मीत जस, रहिहु समाई वात।
स्वामिन मैं अनुगामिनी, देखिहु ऐसहि आत।। (77)

चौपाई - सुन माँ विहंस भयउ गम्भीरा। मोहनि दयउ भांति वहु धीरा।।
पुन कह आपन तत्व वतावा। विधि पूजा वहु भेद सुनावा।।
सुनहु सहेलि मन्त्र मुहि साखी। जानहि जोइ जपत मन राखी।।
होइ कोउ कैसहु हुय काला। सुमर पूज कौनउ पथ चाला।।
कितनहु ध्येय कठिन हुय चाहे। पुरवहु भलहि स्वयं दुःख पाये।।
मन्त्र डोरि वन्धन जनु मोही। वांधय जोइ वान्छ मन होई।।
यहि मुहि वात सुनहु सव सांची। भये पूर्न मख हित नहिं जाँची।।
महा माय यह सुन अकुलानी। परी चरन माँ मैं अनजानी।।
अम्व सोइ अन्तर सत भेदा। कहिहु यथारथ मेटन खेदा।।

दोहा - निज महि आश्रित असत सत, प्रगटित शक्ति प्रभाव।
वरनहि माँ मृदु वैन प्रिय, पूरित अन्तर भाव।। (78)

चौपाई - कामि महा मख पूर्ण भये ते। होहि अजय मुहि मान लये ते।।
परहि विघन जुहि हौइ अपूरा। कुशल तौउ देवन्ह कै पूरा।।
जाहु विघन सुइ कर तुम देहू। सुन श्री वहुर चरन गह लेहू।।
मन्त्र प्रताप सुमोहनि जाना। रही सकुच चित एक ध्याना।।

जान अम्व पुन कहियु वुझाई। करिहु अभय चिन्तन दृणताई।।
तुमहि काल यहि भय कछु नाही। हेतु सुपथ सुर काम वनाही।।
बहुर मीत तुहि जीतिहु मोही। पंथ सरल सत तै तप सोही।।
कृत यहि होइ सवन्ह उपकारा। रच्छित सत्य शक्ति आकारा।।

दोहा - जग्य शुम्भ पथ असुर हुय, हिंसा कर आधार।
बहुर अनिष्टहि दूज हित, करन चाहि साकार।। (79)

चौपाई - अवहि सोहि वहि मुहि तै हीना। रहह काल कछु स्थिति दीना।।
वीचहि ऐहि विघन हितकारी। करहि सोइ जो यहि अनुसारी।।
हुय परिपूर्न मोहि तै जोई। व्यापित शक्ति शान्त हिय सोई।।
नहि संकोच समरथ सव भाँती। करय विघन आश्रय दिव काँती।।
वाधा उचित न ऐसहि काजा। जा महि मोहि जात हुय लाजा।।
मन तै विजित जोइ मख करही। सुर पथ सत हित मन्त्र उचरही।।
तेहि पास जावन्ह नहिं हेता। विघन विचार देहि तज खेता।।
शुद्ध वुद्धि मख खल कै नाही। हित स्वारथ वश रट्ट लगाही।।

दोहा - सुइ अनहित नहिं काज अस, वाधा डार तुरन्त।
होहु प्रतापनि तेहि संग, रच्छहु सुर सुत सन्त।। (80)

चौपाई-कह यह कियो शयन जगदम्वा। मोहनि सुइ नहिं कीन विलम्वा।।
हिय प्रताप स्वामी धर ध्याना। नवा शीश रज गुन मन साना।।
कीने प्रगट महा गन पांचा। ठाडे भये सु एक खँराचा।।
अतिशय वली नवाइहु शीशा। समरथ शक्ति तेज जग दीशा।।
माँ किम काज सुआयषु देही। गरज मुष्टि कन मैं कर लेही।।
कहिहु सोइ सव हाल सुनावा। धरपद माथ चले गुन गावा।।
शुम्भ एक चित स्वारथ लागा। करय जग्य मति अन्ध अभागा।।
गये सकल गन डरे न काहू। मख चहुं फिरे देत वलि पाहू।।

दोहा - धाँय धाँय कर ज्वालि जर, वेदिह चारहुं छाँय।
खल जवरन कर दाव पशु, मीतहि हरष हुमाय।। (81)

चौपाई - करूणा चांह चितावहि भीखा। जियत जरहि पशु करवहि चीखा।।
यहि कर काज असुर सुख पाये। परहि कमी वहु तेरि मगाये।।
सके न गन यहि कृत्य विलोके। मख चढ संग एक सव चौके।।
वेदिह देवि लखिहु आकारा। स्वामिन मोरि सजित साकारा।।
भयउ न साहस किम करू वाधा। होवत अबहि विकट अपराधा।।
ठाडे भये कोर इक सोई। करन काज पूछिहु हित जोई।।
करिहु ध्यान माँ किह मन रूपा। भयउ प्रगट सुइ सुखद सुरूपा।।
तुरतहि कहियु गनहि समुझाई। मो यहि रूप मृत्यु दुःख दाई।।

दोहा - पशु केरिन किह काल भयु, विध मति प्रगट विधान।
असुरासन चंचल करहु, मुहि तै दूरहि ध्यान।। (82)

चौपाई - सुन प्रशन्न भयु गन वल धारी। धाँय धाँय माँ साटि संभारी।।
गई समाय वेदि महा माया। सुत किह मीत सोइ प्रिय काया।।
जयति जयति जय गन ललकारा। गरजे उछल दीन हुन्कारा।।
शुम्भ न विचलित भयउ ऐसे। धरनी परिहु पहारहि जैसे।।
नाशिक कान लगय जिम कन्दर। धर लघु रूप गये गन अन्दर।।
भीतर पहुंच कियो उत्पाता। मिली न थाह वढा वहु गाता।।
नशिक गये कान कढ आये। अंश एक हिय का मन पाये।।
वहु उघोग करिहु गन भारी। भयू न चंचल मती सुरारी।।

दोहा - तव कर क्रोधहि नीच तै, नीचहि करिहु व्यवहार।
नीचे तै हन मुष्टि कहि, पाथर ऊपर डार।। (83)

चौपाई - खैच केश गिर तै जिम झाँकर। चलय कडोर लिपट लघु कांकर।।
कह कटु वचन सु रोष चढावे। कछु रन किह कह पाठ पढावे।।
तौवहु सफल भये गन नाही। अतिशय सोइ सकल रिस छाही।।

दीनिहु पटक औध कर शुम्भा। चेतिहु तुरत महा खल दम्भा।।
उठ भयु खडा अधिक रिसयाना। भयउ लुप्त सव मन्त्रहि ज्ञाना।।
गन विलोक दूरहि भयु ठाडे। वचन वान सम पौरष काढे।।
लगे छाति सुइ सहन न पायो। भुज वल देख अपन मद आयो।।
अन्तर दुर्ग शुभित उघाना। गयउ प्रात कै वाट लगाना।।

दोहा - नष्ट भ्रष्ट कर शुम्भ मख, फिरे गनहि हरषाय।
जननी पद धर माथ निज, दीनिहु सकल सुनाय।। (84)

चौपाई - दुउ दल प्रात जुरे संग्रामा। करहि शोर वीरहि वल धामा।।
एकहि ओर शक्ति महा माया। दूजहि शुम्भ वली रति काया।।
सैना महा शुम्भ वहु केरी। मानु रजनि महि प्रगट घनेरी।।
माँ प्रताप रवि प्रात उजारा। व्यापिहु समर सुरश्मि अपारा।।
होवन लगिहु नष्ट मन तमही। मरहि दुष्ट श्रोनित तन जमही।।
जोगनि झुन्ड जुरी चहुं ओरा। करहि नृत्य गावहि प्रति कोरा।।
कर संभार माँ कठिन कृपाना। लगी करन संघार अज्ञाना।।
निशचर जूथ भरे मद तनही। चले झूम प्रेरे गुन मनही।।

दोहा - धावहि चहुं तै क्रोध करि, कह रन मारहि मार।
फिरन न पावहि कामिनी, वधहु वाँध हथियार।। (85)

चौपाई - भिरे सकल छाडे वहु तीरा। मनु वरषा ऋतु घन तै नीरा।।
सत चकोत शुभ काली छाता। रहिहु सुरक्षित पूरति गाता।।
इक हुंकार सवन्ह सर काटे। परे धरनि महिमा महि पाटे।।
मुष्टिक कोउ शूल लै कोऊ। पुनहि मार माँ पहि मिल जोऊ।।
जुद्ध घोर क्रुद्धे वल वीरा। गरजे लरहि महा रन धीरा।।
दानव राज रोष उफनाना। अट्टहास कर मद अभिमाना।।
उठी गूढ ग्रीषम सम भारी। भौंह पवन मन माथ मंझारी।।
रथ सुइ सारथि हाँक चलावा। शक्तिन्ह वीच दनुज चल आवा।।

छन्द - चल आयु वीचहि नीच कृत तै भाग हत सत चावहै।
वहु वान पवनहि भांति चारहु शोर सर सर छावहै।।
विन देख लेखहि माय निशचर वेध तन जोगनि दियो।
अरि जोर दल माँ रोर पातिन्ह उडत थिर अम्वर लयो।।

दोहा - शुम्भ कुपित मन हीन सत, लरिहु समर अज्ञान।
इन्द्रिय लोलुप भाव दल, खल दाविहु सद ज्ञान।। (86)

चौपाई - आतम सैन सुशोभन सोई। फिरी मात पद आकुल होई।।
क्रोधी वीर महा खल भारी। कामुक कला विविध असुरारी।।
दयउ चपेट सवन्ह ललकारा। भयु पुन ठाडि भूधरा कारा।।
माया निज निशचर विस्तारी। धार अंगार वरस रन भारी।।
एकहि फूँक धूम घुमडाना। तम घनेर मघ जिव अकुलाना।।
शक्ति सत्य आतम हिय माही। क्षनहि मीत वश भइ परि छाँही।।
आतम परम शक्ति तिह मारन। जडता मीत लखय जिय तारन।।
यहि विलोक सुर भये अधीरा। सकहि न लख माँ कम्प शरीरा।।

छन्द - माँ कम्प शरीर अधीर देवन्ह नीर नैनन तै वह्यो।
सद मात शरनहि गात कर निज आदि हेतुक सव सह्यो।।
कर जोर स्तुति भांति वहु कर एक चित चिन्तन कियो।
वध शुम्भ अव करू मात तुरतहि प्रीत पावन मैं लियो।।

दोहा - लख हिय पावन प्रेम सुर, जननी भई प्रशन्न।
शान्त अमिय सम वचन कह, भयउ समाहित मन्न।। (87)

चौपाई - भई सुचेतन तुरत भवानी। विधि सव हितकर जान रिसानी।।
क्षनहि एक माया हर लीनी। मृतु तन मीत चिनौतिह दीनी।।
कामी दुष्ट कुटिल अभिमानी। वधहु तोहि अब नीच अज्ञानी।।
कियो बहुत रह जग उत्पाता। करम सोइ तिह मृतु दुःख दाता।।
सकय न राख शरन तुहि कोऊ। जदपि कोटि आरत पद होऊ।।

यहि असंख्य दल कर क्षन नाशा। वधहु तोहि हिय सत्य प्रकाशा।।
अस कह पुन माँ मंगल वानी। दयउ धीर जोगनि कल्यानी।।
असुर सैन सन मुख निज शक्ती। भेजिहु मात नीति निज युक्ती।।

छन्द - निज युक्त पूरन रीति रन सन शक्ति जोगनि रन भिरी।
वहु दनुज दावहि एक पद तरि एक एकन पल लरी।।
खल वार कर वहु वार असफल हौहि चिन्तित देखही।
दल मात कौशल देख दानव मौत निज सव लेखही।।
महि भार मेटनि भैंट मृतु किह देन जननी रन उठी।
क्षन एक लोचन मीत मोचन स्वामि स्मृति हिय जगी।।
चित शान्त चरनन माथ निज धर हाथ हंसमुख जोरयू।
परिणाम प्रेरित कोप प्रगटित आन हिरदय घेरयू।।

दोहा - वदन विक्रित आकृति विकट, कस वाँधिहु कटि छोर।
सुमर सुमति सत मात मन, अन्तर पावन गौर।। (88)

चौपाई - सिमट शक्ति कर अरि दल नाशा। माँ महि लीन भई इक श्वांसा।।
वचिहु समर महि शुम्भ अकेला। कियो सोइ रजनीचर खेला।।
मन जिम पाय समय वढ वान्छा। तिम खल दल आपन कर लान्छा।।
खल उत्पात देख जगदम्वा। वन्द चरन शिव चित धर अम्वा।।
उठी मात रन रूप विलोका। क्रोधित उघत उदित आलोका।।
रथहि सवार शुम्भ माँ देखा। आपन हीन कछुक मन लेखा।।
चितवन सरल हिमालय ओरा। सोइ चिताइहु आनन फेरा।।
रज अभिलाष जान गिर राजा। भेजिहु सिंह एक माँ काजा।।

छन्द - माँ काज भेजिहु राज पशु इक धाम हिम हरषिहु अती।
शक्तिह सवार अपार क्रोधित धाइ रन रंगनि गती।।
खल खेल मिटाय जाय गरजत शुम्भ सन्मुख माँ रूकी।
अबलोक निशचर शोक मन पर भ्रष्ट भ्रकुटी महि झुकी।।

दोहा - सत सेजहि साजहि रजहि, तामस ता पहि रंग।
शक्ति अपरमित संग इक, संग्रित ठानिहु जंग।। (89)

चौपाई - कोटिक यतन शुम्भ खल कीन्ही। किये वार पूरन हित चीन्ही।।
असफल सकल तिनहि अबलोके। भये न एकहि दनुजहि गौं के।।
चौंकित चिन्तित सोचिहु मनही। वचन कठिन अव निश्चय जनही।।
सुइ तज आश अपन जीवन की। भयउ उघत हित वान्छहि मन की।।
सकय न देख शुम्भ माँ ओरा। मनहु ग्रीष्म महि रवि प्रति कोरा।।
दृण संकल्प दुष्ट वध एका। हिदय अडिग मन गहय अनेका।।
सुइ वहु वान्छ शुम्भ कर क्रोधा। वार अनेक किये वन योधा।।
काटे सकल खेल कर जननी। गरजी समर महा खल हननी।।

छन्द - खल हननि गरजी साज सनमति गात कम्पित कोप तै।
अबलोक सुर धर धीर मोहित नीति पावन रूप तै।।
पशु राज पीठहि वैठ ज्ञाननि शुम्भ सैनहि देखही।
वल प्रगट हुय जुइ नाश क्षन महि भाल चिंतित रेखही।।
दृण मात पथ सुइ भाव सद हिय आन अधिकाधिक रहे।
खल विवश सनमुख वान्छ वढ वहु नष्ट जेतिक गह रहे।।
क्षन कछुक विगत वन स्वामि पूरन सैन संघारयू।
नख दन्त झपटन खैंच पटकत चीर कछु हिय फारयू।।
बहि धार रूधिर अपार रन महि कीच मासन्ह शव मची।
बहु भूत पिशाच निशाच हरषित एक योगनि रन नची।।
कर किलोल क्रीणहि पन्छि नाना भांति प्रेमहि गावही।
तट पाहि थल चर जीव जदपि भ्रमित भटक अकुलावही।।
वहु वार असफल शुम्भ अन्तिम शैल इक कर लेयही।
भर शक्ति जोरहि इष्ट सुमरन रूष्ट मन हुय फैकही।।
लख मात आवत वेग सन यहि रूप स्वामिह सांचिहूं।

सुइ उतर पशु तै ठाडि भइ महि माथ नत कर जाँचिहू।।
भयु सहज शीतल रोष शैलहि गैल कर हिय मिल गयो।
सुइ भाल उन्नत मात ज्वालनि हाल रोषित पशु कियो।।
बढ झपट हुय असवार भारहि धरनि वहु धमकन लगी।
असिकर उठाय हुंकार पुन पुन वाहनहि हूलन लगी।।
अति प्रेरि मति पशु पाय उछलिहु काल गुररायहू।
रथ माँझ जा भयु ठाड निर्भय खालि खल तै पायहू।।
पशु मार सारथि खैच मांसहि स्वाद सन खावन लग्यो।
माँ कुपित खोजित भांति मानव शोध कछु नहिं खल मिल्यो।।

दोहा - आकुल भय तै भाग खल, छिपिहु रथहि तरि भाग।
दिवि लोचन अबलोक माँ, खैचनि वाहर लाग।। (क)

भाँति विविध कर कपट दुर, करहि भवानिह चोट।
मति कामुक हिय हीन दुःख, सुख चाहहि कृत खोट।। (90)

चौपाई - खेलहि माँ खल वार वचावे। श्रष्टि नियम पथ जीव नचावे।।
वान्छ दनुज जय यतन अनेका। लरहि विकट रन हीन विवेका।।
वहु किय यतन जननि उँच नीचे। भयु विलम्व खल खिचयन खैंचे।।
सुइ समूह देखहि रन भारी। धीर अधीर हौहि अनुसारी।।
यहि विलोक कौतुक मृग राजा। उछल चूर रथ धुज कर गाजा।।
लगिहु दवन दानव दुःख नाना। धर लघु रूप वाहरहि आना।।
फटी मनहु महि दिगगज डोले। उड डलूक चहु अशगुन वोले।।
भयु अधीर मन शुम्भ डराना। गयउ गगन माया कर नाना।।

दोहा - प्रगटे धरनी शुम्भ बहु, रन महि नाहि समाय।
वीर वली इक एक तै, रूप भयावन पाय।। (91)

चौपाई - कर छल लगे लरन वहु तेरे। कटु कटु वैन कहहि माँ घेरे।।
अस्त्र शस्त्र नाना विधि धारे। जुरे सकल चहुं चीख पुकारे।।

निशचर खेल महा छलमाया। प्रगटित पल पल विकरित काया।।
कह न जाय किम खल बहुतेरे। जनमहि मरहि एक इक हेरे।।
शुम्भ वदन वहु मीत अकेला। अम्वर रहहि करहि यह खेला।।
वहु चोटहि पशु पाहि प्रहारा। कीनिहु दुष्ट विकट हुन्कारा।।
आकुल पशु पति माँ गह चरना। दुम हिलाय रच्छित भयु शरना।।
यहि विलोक माँ वहु रिसयानी। माया सकल मोहनी आनी।।

दोहा - वचिहु अकेलि खल कामि नभ, सुइ पुन माया क्रीड।
मोहनि माया लीन चित, चीनिहु खल गति पीड।। (92)

चौपाई - दुःखित विवश विचरत महि आवा। विविध यतन कर मन्त्र चलावा।।
असफल सकल हीन असुरारी। विद्या सकल सु आपन हारी।।
कर कृपान माँ चाहुं घुमाई। सुसमय समझ दुष्ट दिश धाई।।
जिय वचाय व्याकुल खल भागा। छेकिहु सिंह जाय मग लागा।।
सुइ भव ठाड माँझ विकलाना। जीव त्रषित जिम ग्रीषम पाना।।
तुरत भवानि नियर खल धाई। जस प्रानहि पशु घात लगाई।।
माँ ललकार पकर सिर चोटी। कियो नष्ट पूरन मति खोटी।।
चढिहु सिंह गाजित खल छाती। लख भयु सुख मेलित दिन राती।।

दोहा - मात कृपानहि काट सिर, महि फैकिहु अट्टास।
हीय विदारत सिंह सुउ, उछलिहु हरष अकाश।। (93)

चौपाई - खल हिय कान्ति दिव्य आतम की। माँ पद लीन कीन रति दमकी।।
मन कुसंग तज भयउ सुखारी। हिय पुनीत सत पुरूषहि प्यारी।।
वरसहि सुमन गगन तै नाना। जय जय देव करहि माँ गाना।।
सुसमय शान्ध्य प्रकृति सुन्दरता। सत स्वरूप शक्तिन जग कर्ता।।
काली महा कियो वध शुम्भा। जड मति वहु कर चरित अचम्भा।।
ऋषि मुनि सुर नाना जुर सन्ता। गावहि हरष पुनीत अनन्ता।।
माँ अकेल चढ वाहन लौटी। लिये संग आतम हिय जोटी।।
सुर समूह स्वर जय जय कारा। सुन शारद भा हरष अपारा।।

दोहा - भेजिहु मोहनि मात किह, जाय लेहु अगवानि।
सज धज गायन गीत मृदु, आय लिवाहु भवानि।। (94)

चौपाई - गन अनेक मोहनि तै आगे। आयषु पाय चले वढ भागे।।
निज वैभव सह मोहनि माता। चली स्वयं मन पुलकित गाता।।
गन किय वन्दन वारहि वारा। मिली सहेलि पीत उजयारा।।
लिपट भैंट लौटी जगदम्वा। देखिहु पवित सत्य शिघ अम्वा।।
यथा योग्य सव किह सत्कारा। कीनिहु माँ निज भाल उदारा।।
वैठे सकल हरष अति माने। दृग गिरीश कृत कृत निज जाने।।
काल ऐहि निर्भय सुर सारे। ऋषि मुनि सहित मात सुत प्यारे।।
आये धरनि जुरे चंहु ओरा। शोभा लागि वहुत प्रति कोरा।।

दोहा - तामस देवी कालि प्रिय, पूरन मंगल खान।
हरषित दरशन कर सकल, भये लीन माँ ध्यान।। (95)

चौपाई - शुम्भ भार अससह महि घाटा। कठिन कलेश मात सव काटा।।
सुखी धरनि हिय निज पुलकावन। विन्दु वारि दृग तै छलकावन।।
रूधिर रंगित तन आनन शोभा। सहज विलोक दरश पद लोभा।।
अति सप्रेम शीतल सत छाया। पायहु सकल महा माँ दाया।।
जय जय गूंज गगन महि फैली। नीति मात सत महिमा मेली।।
मृदु समीर सौरभ कलि फूटा। सुरभित साटि याहि सुख लूटा।।
विविध सघन घन वुन्द फुहारा। जटय मोति साटिक उजयारा।।
ओढहि प्रकृति मन्द गति आगे। झुकी मात पद पुन पुन लागे।।

दोहा - कर फेरहि वहु शाँति दिह, मंगल कहयू मात।
माँझहि अवसर मिलत सुख, दरश आयु दिन रात।। (96)

चौपाई - निज मृदु वानि सुशारद माता। काली कथा सु पावन वाता।।
कहिहु सुनाम पवित रह काली। सत प्रकोप तामस तन ज्वाली।।
सकल रहस्य तत्व इक आदी। शक्ति अनेक प्रगट आराधी।।

सत अनेक इक शक्ति अकेली। तिन विभाग यहि विविध सहेली।।
कालनुरूप मोहि अवतारा। दनुज दलन हारन महि भारा।।
नाश अधर्म सुधर्म प्रकाशनि। प्रगटहु तैसु कहावहु नामनि।।
वहु वान्छित पुरवन वहु प्रानी। हितहि नाम पूजहि वृत ध्यानी।।
पुरवहु सोइ न शंसय कछुही। भक्ति जेहि सुमरय मुहि रूचही।।

दोहा - जो जस नाते मान मुहि, तिह तैसहि फल देहु।
मैं अकेलि अवसर विलग, अर्पित पूरन लेहु।। (97)

चौपाई - पुरूष सत्य यहि तीनहि भेदा। वर्णित हरिहर वृह्म सुवेदा।।
शक्ति भेद तीनहि तिय होऊ। उमा रमा वृह्माणी सोऊ।।
अच्छर पुरूष ओम सत एका। शक्ति महा माँ प्रगटित नेका।।
तिह कर भजन सदा हितकारी। द्विज विशेष नारी अधिकारी।।
जुइ सुइ पवित हिदय निज राखे। प्रीत मात सन पूरन राखे।।
तिह कर रोक नाहि माँ पूजा। उह समान प्रिय जगनहि दूजा।।
सुन सुर यहि भयु पुलकित भारी। जयति जयति जय कहिउ पुकारी।।
ध्यान मगन प्रीतहि कर जोरे। करन लगे स्तुति मति भोरे।।

दोहा - शुम्भ हननि ज्ञाननि जननि, नाशनि निशचर सैन।
जयति भवानी जगत महि, गती सकल सम नैन।। (98)

छन्द - जय धरम प्रतिष्ठित प्रीत प्रभा। कर नाश अघर्म सुनीति शुभा।।
महि भार हरनि अवतारनि माँ। सुख दैन प्रगट हित सन्तन माँ।।
मम कठिन कलेश मिटावन माँ। जय जय जगदम्व भवानी माँ।।
मन भिरमित हीय मिलावन माँ। प्रिय प्रेमनि प्रगट प्रकाशनि माँ।।
दुःख दोष विपति सव टारनि माँ। भव सागर सुखित वनावनि माँ।।
प्रति प्रानि ति वन्दित पूजित माँ। कर वान्छ सुपुरन व्यापित माँ।।
हिय विचर स्वरूपनि शगुनित माँ। मन ज्ञान भानु उग अगनित माँ।।
शिधि दायक लायक पालन माँ। सव भांति समर्पित लालन माँ।।

सत नीति सदा मति राखहु माँ। वसु जीभ सुमंगल भाखहु माँ।।
पथ प्रेम प्रभावित पूरित माँ। दृण नेम सुपालन सुमरित माँ।।
सत शिद्धि सफलता वुद्धी माँ। नित नेह नहावन शुद्धी माँ।।
भ्रम भारि भगावनि ज्ञाननि माँ। हित जान जनहि वुधि दायनि माँ।।
वहु अन्ध मनुज मग देवन माँ। शिधि अन्त समर्पन लेवन माँ।।
जन पंगु सुआश्रय शरनहि माँ। किम भांति सुमहिमा वरनहि माँ।।
सुर गाय अनेक सुनामनि माँ। सम नीति त्रिलोकहि गामनि माँ।।
सुत कोटिक भूल विसारनि माँ। हिय लाय प्रीत हरषावनि माँ।।
जय मात कुकृष्ट निवारनि माँ। मझ धार जीव निज तारनि माँ।।
गह शरन जु आवहि चरनहि माँ। तिह मात सकल कर भूल क्षमा।।
जय जयति प्रीत जु सुमरहि माँ। सुइ आश सकल क्षन पुरखहि माँ।।
जुइ गाय सुसनमुख स्तुति माँ। तिह शिद्धि सदा रह जीवन माँ।।

दोहा - यहि विधि पुन पुन माथ धर, कीनिहु स्तुति देव।
तन रूमांच जल छलक दृग, लख माँ कह सत मेव।। (99)

चौपाइ - दीनिहु शांति भांति सुर सवही। सकल सोइ पुन पुन पद नवही।।
माँगहु वर मन जोहि तुम्हारे। देहु सवह सत वचन हमारे।।
सुन सुर सुखी सुधीरज धारा। धन्य भाग सुन मात हमारा।।
देहु वचन मुहि आपन जानी। सुमरत प्रगटहु तुरत भवानी।।
दनुज उपद्रव जव जव होई। तव तव मात रहहु हित सोई।।
देहु भक्ति निज चरनन हमही। मात्र एक अन्तर वश तुमही।।
एव मस्तु कह माँ मुस्कानी। निर्भय रहु सुन सुर समुदाई।।
वढहि अधर्म जवहि वहु धरनी। हौहु तवहि लोकहि अबतरनी।।

दोहा - अति पुनीत यहि काल जनु, भयु प्रशन्न हिम वान।
झुका माथ गद गद गिरा, कीन्ह विनय सनमान।। (100)

छन्द - सनमान विनवहि प्रेम अति सन भांति वहु कर पद गिरौ।
वहु रूप प्रगटन मात एकहि मीत जड चेतन करौ।।
मैं दीन जोरहु हाथ पुन पुन चीन्ह दाया अव करौ।
थिर एक स्थल हीन वुध अति रीति हिय पूरन करौ।।
जय दृष्टि कृपा भर श्रष्टि शोभहि आश सुइ मोयहि लगी।
करू पूर कृत कृत गात होयहि प्रीत तोयहि मति रंगी।।
जग जयति जय जय करहि पूजा दूज कुउ नहिं मानही।
तिह मात सनमुख अंक अपनहि दरश पावन पावही।।
जिह नाम सुमरन काम पूरन सफल जीवन पावहू।
सुइ मात त्रन त्रन गात चेतन रात दिन गुन गावहूं।।
यहि देहु वर मुहि शीश धर कर प्रीत तुहि पद निज रहै।
निज चरित हेतुहि कैसु मानहु मात मैं कह पद गहे।।
हिय एक मुहि अभिलाष श्वासहि जीव जौ लौ तन रहे।
दृग करहि केवल दरश तोरिहु अंक कृत कृत मुहि रहे।।
सुन जननि विहंसित हीय पुलकित राज गिरि पावन कियो।
सत सत्य होयहि वानि कह माँ रूप औषधि ग्रह लियो।।

सोरठा - पुन्य काल सत चाल, श्री सुमति शिव वाम माँ।
एक अद्रश तिर पाल, जोरिहु तिरभुज शक्ति निज।। (101)

चौपाई - ज्योति दीप जिम धूमहि भारी। पैच उतार कमहि अनुसारी।।
तिम माँ एक शक्ति संसारा। वची अकेलि गिरिह साकारा।।
मीतहि सुमति समाहित भयई। मोहनि महा वसन पहि लयही।।
सत्य आदि सह हिरदय काली। वसी जननि जगदम्व ज्वाली।।
एकहि श्वास सकल यहि खेला। कीनिहु मात महा हिय मेला।।
रचन श्रष्टि शक्ती विध नीती। कीन ग्रहण माँ निजहि सप्रीती।।
भर्ता हरता कारज हरि हर। सहज सुभावहि आवन अंतर।।
वरन पीत मंगल मय वानी। प्रगटित प्रेम प्रकाशहि आनी।।

दोहा - चतुरानन श्री पति सहित, शंकर दरशन हेतु।
आये आँगन गिरि पवित, आश्रय जननी लेतु।। (102)

चौपाई - कर प्रणाम बैठे हरषाने। पुन पुन माथ नवा हित जाने।।
सकय न वोल शवद कुउ एका। रहे विलोक मात्र मुख नेका।।
सुइ सप्रीत तीनहु हिय लावा। सुनहु सुरथ अस मात सुभावा।।
कथा शुम्भ वध सनमति कह्यू। सुनिहु सकल सुर तीनहु पह्यू।।
पुलके वहुत विधी शिव स्वामी। मात नीति जनु वन अनुगामी।।
सकुचत रहिहु मात्र भगवाना। कहिउ न कछु जघपि माँ जाना।।
पूछिहु सोइ कपट सव त्यागा। धन्य धन्य जानिहु निज भागा।।
कहु वुझाय जु मीतहि मोही। अन्तर वास मात्र रह तोही।।

दोहा - सुन माँ वोली मृदु वचन, सुनहु सकल सव हेतु।
भुवन भरम नाशन विकट, जानहि ज्ञानहि खेत।। (103)

चौपाई - सुनहु ईश प्रिय वचन हमारे। पूरन शंसय हरन तुम्हारे।।
रहियु व्याप भृम मोहनि ऐही। देखिहु कालि जवहि रन देही।।
सनिहु रूधिर तै वदन विशाला। चक्षु वाह्य लख मुन्डन माला।।
लसित रकत मय लाल रसाना। धार चोलि तर चली वहाना।।
भक्षन करत खलन्ह वहु झँडा। देखा सवन्ह लिये कर मुंडा।।
आसुरि रूप भाँति सव भयऊ। सहज सोइ मोहनि भृम जनमिहु।।
विगत दिवस आश्रम यहि पावन। कहियु वुझाय भेद भृम नाशन।।
जान सुमोहनि हिय सन्तोषी। प्रीत भैट मानिहु निर्दोषी।।

दोहा - गूढ परम प्रिय वानि वहि, कहिहु सकल वहु थोरि।
मति भोरे मानस सरल, नहिं जानहि गति मोरि।। (104)

चौपाई - तिह किह ज्ञान चक्षु दिखलावन। भृम यहि तोहि वहुत हितकारन।।
सुनहि सुजन गावहि मुहि चरिता। विधि पूरन जीतन मन गुनिता।।
जान जेहि चिन्तन सुर करही। सत अनुरूप प्रगति पथ परही।।

मुनि गन गुन जग करहि प्रचारा। भाँति सकल पूजहि संसारा।।
सीधे सरल मनुज कछु थोरे। सुनहि रूप डरपहि कर जोरे।।
आसुरि भोज्य विपति कै काला। करहि समर्पित जीवहि भाला।।
पूजहि भक्ति श्रद्धा सह प्रेमा। सकहु सु टार न उन्ह कै नेमा।।
काज तुरत हित कर मैं करहूं। किन्तु प्रानि वध स्वीकृत नहिहूं।।

सोरठा - जीव हतन महा पाप, करइ जोइ सुइ कुगति फल।
पावहि अपनहि आप, मैं प्रशन्न वश प्रेम हिय।। (105)

चौपाई - कालि महा देवी रन रूपनि। लखहि वाह्य वहु विकट कुरूपनि।।
अन्तर मती सत्य वृत धारनि। शक्ति क्रोध प्रगटित खल मारनि।।
स्वामि सोइ यह अचरज नाही। जानत रहह सदा हिय पाही।।
कलि मानव हित करन कल्याना। पवित जतावन सत्य प्रमाना।।
दयउ लायु अन्तर मैं एका। काली महा सुपावन नेका।।
करहि न शंसय समुझहि पूरा। मति आधिन्ह किह चरित अधूरा।।
कह यह भई मौन जग जननी। गुँजरत रहिहु जयति खल हननी।।
स्वामि चतुर्भुज सुन मन हरषे। छलके नयन पवित पद परसे।।

दोहा - मात कृपा सन देव तिर, पुलकित भयउ शरीर।
लोचन छलकिहु सत्य रस, गुन गायहु धर धीर।। (106)

चौपाई - अति सप्रीत कर विनय वहोरी। परिहु वार वहु गह पद गौरी।।
माँ उठाय एकहि इक कहयू। नीति वुझाय कृपा निज दयऊ।।
कीन्ह अभय समरथ गुन नाना। कहि न जाय किम करहु वखाना।।
मतिह भोरि तिर प्रश्न अनेका। पूछिहु विलग विवादहि नेका।।
बहु प्रसंग मृदु गुन मय वानी। कहिउ भांति वहु नीति वखानी।।
यह विधि तीनहु विविध प्रकारा। वहु सन्तोष दीन्ह सत सारा।।
अति सुख मान सोउ पद परसे। निज कृत सफल समझ जिय हरषे।।
पुनहि जोर कर हीन चिताये। स्मिृति संगनि आन उठाये।।

दोहा - जानिहु जिय शक्तिन परम, अवसर नीति पुनीति।
साखी कर राकेश रवि, सान्ध्य प्रकृति मृदु गीत।। (107)

चौपाई - पावन प्रकृति प्रीत भर साजी। आवत धरनि मांझ पद लाजी।।
सुन अनेक समलित यहि अबसर। भये मुदित मन दृग दरशन कर।।
कहि न जाय हिम शोभा भारी। गावहि गीत मधुर नभ चारी।।
सकइ जु आय जुरे सुइ सारे। अति अभागि वादहि विस्तारे।।
तम सुइ संग अनेकन आशी। जड मति करहि विवादहि हाँसी।।
रहे दूर तै नियर न आवा। सत संग सादा जान भूमावा।।
प्रानि सोउ जग जीवित वोहू। वचे तिमिर महि भटकत रोहू।।
गये जोउ सत संगति माही। तिनहि भाग नहिं जाहि सराही।।

दोहा - मंगल मय माँ पूर्ण सत, शक्ति नारि साकार।
यहि अकेलि जग विदित यश, चरित विचित्र अपार।। (108)

चौपाई - सुमति श्याम तन ज्ञाननि वेदा। अंशहि आदि न सपनिहु खेदा।।
माँ पिछारि निज तै प्रगटयऊ। जिह आश्रय जग जीवन लयऊ।।
विध जस काम सुसंगनि जोरी। लखिहु तैसु सौपिहु मति गौरी।।
सुमति वृह्म संग स्वीकृत दयऊ। सुख दुःख भाग नीति सम लयऊ।।
क्षन अनूप छलकित दृग माया। चंचल चरन स्वरन मय काया।।
साटिक सजित स्वरूपनि शोभी। सुमर सुजन लख चरनन लोभी।।
जस गति चंचल पथ सुइ तैसा। चित वन तिरछ चलय माँ कैसा।।
झुके सकल मोहित पद पांही। हरि वामहि सुइ ठाडि दिखाही।।

दोहा - राशि केश कालिम विकट, गौरि श्यामता भास।
प्रगटित शक्तिन देह तै, मात कृपा कर पांस।। (109)

चौपाई - पकर हाथ गुन तम साकारा। जननि संग शिव कियो उजारा।।
जस लियु रोष सु तैसु फिरावा। पाय महा शिव छाति जुरावा।।
समरथ शम्भु परस पद प्रीती। कहिहु जननि जानिहु मैं रीती।।

विहंस मात मृदु वचन उचारी। सत रज तम तीनहुं अधिकारी।।
शारद सुमति सत्य गुन रूपनि। समकृत विध संग अंश अनूपनि।।
राज निगुन रज श्री प्रतापा। हरि पद सेवि हरन भव पापा।।
शिव भवानि महं भेद न नेकू। सुइ अकाम हर आदिह एकू।।
यहि विभूति तीनहु अनुसारी। मो महि लीन प्रगट गुन धारी।।

दोहा - इन्ह संगहि तुम ईश तिन, पूजित परम प्रवीन।
विछुरय गुन मन होइ तव, हेतु मिलन कै खीन।। (110)

चौपाई - मैं अद्रश्य व्यापहु तिर वीचा। शक्ति सुरस सत भावनि सीचा।।
विचलित होत नीति पथ लावहु। कर मर्याद ओट संग जावहु।।
सव समरथ नहिं अनहित होई। तीनहु पूज्य परस्पर सोई।।
जड मति भेद शंक मन जाँचे। ज्ञानि सुजन मेटहि इक साँचे।।
भव हितैषु अरू वीचहि तीनू। सुमरन नाम सदा सुख चीनू।।
यहि गुन खान गुनी तिर संगनि। कृत सहयोग हेतु सत रंगनि।।
स्वयं चरित कर सुख सुर देही। सो वढ शक्ति मोहि मति लेही।।
नहि अचरज करि स्तुति पतिहू। सकल सुरन्ह सह तीनहु नतहू।।

दोहा - भेष विक्रत हित चरित जव, होयहि शक्तिन देवि।
घट जल मेलित सिन्धु महि, सोइ सकल तै सेवि।। (111)

चौपाई - हरि हर वृह्म सहित निज वामा। सुनत रहे सुमरन मन नामा।।
लोचन झरित जोर कर ठाडे। दरश हेतु द्रग पौछहि गाढे।।
पुन पुन भरहि प्रीत उमडाई। सकहि न देख करहि द्रण ताई।।
शक्ति सुतेजनि आदि अनन्तनि। परख पीत हिय भावनि सन्तनि।।
मति चंचल कुउ चरित न जाना। हरि हर चितय परस्पर ध्याना।।
रचन प्रपंच मात्र पद धाये। सुइ सव समझ शक्ति चित भाये।।
अति प्रशन्न माँ मन मुस्कानी। जानय अरथ गूढ वस ज्ञानी।।
वोली मात हेरि शिव ओरा। माँगु सुपूर मनोरथ तोरा।।

दोहा - सुखी हिदय शिव सोउ अति, माँगिहु हरि पद प्रेम।
रूप जननि तुहि अंश महि, मैं राखहु द्रण नेम।। (112)

चौपाई - मात कृपा मय विष्णु विलोकी। वाढ प्रीत हिय नयनन रोकी।।
धन्य भाग प्रभु जानिहु भारी। पुन पुन परस चरन सुख कारी।।
बोले विष्णु सुनहु महा देवी। जौ अनुकूल सकल कै सेवी।।
तौ मन करम वचन मुहि सवही। हुइ पूजित सिर शिव पद नवही।।
दरशन शिव स्म्रिति तुहि होई। पूजय महा अर्धागनि सोई।।
नित सन्ध्या सुमरन तुहि नामा। करू कृतार्थ निज पावन धामा।।
एवमस्तु कह माँ मुस्काई। करधर शीश सुखित किय माई।।
पुन जिय जान वान्छ विध मन की। चली पाहि पूरन सत गुन की।।

दोहा - अंक लगाइहु खैंच विध, सुइ निध पूरन पाय।
नाहि मनोरथ नेकु मन, मात्र मात गुन गाय।। (113)

चौपाई - पूछिहु मात तदपि हठ कीना। विन विचार दिहु कछु हित चीना।।
कहिहु वहुत विध तवहि विचारा। मधुर वचन यहि भाँत उचारा।।
मिलिहु अंश तुहि सत्य सुरूपा। लखिहु शान्त पुन पूरन रूपा।।
पुन पुन दरश न नयन अघाही। वान्छ एक वश मुहि मन माही।।
सुमरहु सदा करहुं वस तोही। देखु सदा सनमुख विधि जोही।।
कहहु राह सुइ सफल कराहू। सोवत जगत सदा पहि पाहूं।।
वानि चतुर मय हितकर विधकी। सुन माँ आदि जतन सव शिध की।।
लगिहु कहन लख प्रीत दृणाई। सुमति सत्य भर पूर जुडाई।।

दोहा - मैं प्रिय अति मन तोहि कै, सो प्रशन्न वहु होहुं।
निरगुन रूपहि आश दृण, पावहु प्रगटहु सोहुं।। (114)

चौपाई - पुरवहु वान्छ तोहि हित लागे। रहहु सकार सदा तुहि आगे।।
सुमरहु मन्त्र आदि मुहि ऐही। सन्ध्या माहि जपत द्विज जेही।।
वीते काल परीक्षा प्रीती। लेहु सफल कर किरपा रीती।।

सुइ तुहि रूप निगुन जग होऊ। गुन मय मिलय संग सुउ मोऊ।।
सुलभ सोउ मैं सव कै हेतू। जपय जोइ चित चिन्तन चेतू।।
मुहि विभूति पावहि सुर कोई। करय जतन पूरन विधि जोई।।
मन्त्र प्रथम के सुमरन मोही। निगुन ओम जनु मोयहि तोही।।
जपय सविधि सो कहि नहिं जाई। भांति पूर्न सत गुन मुहि पाई।।

दोहा - रज तम दोऊ लीन सत, नर निरगुन विध ओम।
सुमति पूर शक्तिन सकल, व्यापित त्रन त्रन रोम।। (115)

चौपाई - चलहि निगुन पथ भगत प्यारे। आवहि वृह्म व्याप मुहि सारे।।
तिन किह जतन कठिन अति होई। सकय सु कर दुर्लभ जन कोई।।
वुधि अभेद सुर तीनहु माही। रूप सकार पूज मुहि पांही।।
सुलभ एहि अति हित कर सवकी। जथाजोग जय सुख मय जिव की।।
जुग अनुकूल जियन अनुसारा। जय तप जोग भजन पथ पारा।।
सगुन रूप एकहि कर आशा। पूजहि नित्य हिदय विश्वासा।।
सहज सोइ आवन मुहि राहा। भवहि सिन्धु तर विन दुःख दाहा।।
भृमित मनुज भटकत जग जाने। वढ एकहि इक तै तिर माने।।

दोहा - अस वुझाय माँ मौन हुय, जय जय भयु सुर शोर।
सुइ हितैषि स्वामिन सकल, कीन्ह कृपा किह कोर।। (116)

चौपाई - सुनहु देव प्रिय निर्भय होई। विचरहु सकल शंक नहिं कोई।।
आपति काल सुमर हरि सारे। पालक जग प्रभु सकल पियारे।।
हरहि पीर धर विविध सुरूपा। काटहि वन्ध कठिन भव कूपा।।
कालनुरूप निवारन कष्टा। धरहु देह मारहुं सव दुष्टा।।
विध विधान जस तैसहि काजा। सम सुख दुःख हेतुहि जग साजा।।
गूढ वानि किह करन कल्यानी। वरन पीत सत रूप भवानी।।
मूक कृपा मय दृष्टि प्रकाशित। भये सुखी सुर तीनहु भासित।।
झुके माथ मूँदे दृग सवही। हाथ जोर ध्यानित मन तवही।।

दोहा - अर्ध निमिष महि माहि नभ, माँ भयु अन्तर ध्यान।
खुलत विलोचन तेज चक, देखिहु व्यापित ज्ञान।। (117)

चौपाई - जोर हाथ पुन पुन तिर ईशा। संगनि सहित नायु निज शीशा।।
गयउ धाम सुमरत निज निज कै। सुर समूह सुइ गयु मन गुन कै।।
आँगन हिमहि गगन तै भारी। बरसे सुमन हँसी सुर नारी।।
भयु कृत कृत्य जगत गिर राजा। अन्तर अचल सुरस सत साजा।।
नीतनुकूल कूल गह सन्ता। गये पार पा सत्य अनन्ता।।
ऋषि मुनि पथ नहिं विचलित कैसे। उवत डुवत रवि नियमित जैसे।।
सदा सोइ मुहि इक विश्वासा। एकहि शरन सत्य परकाशा।।
सुनहु सुरथ शक्ती तिह पाई। माया महा दया किह माई।।

दोहा - नित सन्ध्या कर करम प्रिय, जानंहु तीनहु काल।
कृपा वोहि मैं पाय वहु, परहु न वन्धन जाल।। (118)

चौपाई - सुलभ सकल कारज माँ दाया। पूजित एक हितैषनि माया।।
लौकिक मोह हरन जग जननी। जपहु स प्रीत मन्त्र खल हननी।।
भांति सवहि शिधि हौहि समाधी। मिटहि मोह मन हुय निरव्याधी।।
वन्धन कठिन कहहि यह भव के। जग निर्मोहि सुखी उन सवके।।
जिन्ह परिवार न राखिहु माना। करिहु उपेक्ष त्याग अपमाना।।
सत्य नीति नहिं मानय जहंवा। बृध जन गुनी न आदर पहंवा।।
तहाँ न क्षन इक रूकय रूकाई। त्याग कुटुम अस सोइ भलाई।।
निज तन रूधिर न निज कै होई। तप तै तुरत सुखावहु सोई।।

दोहा - सुजन वानि गुन मय परम, जो शिशु होय अजान।
बुरा न मानय कहह कछु, राखय जिम निज प्रान।। (119)

चौपाई - समझ सोच सुइ करहु विचारा। हित कृत वोहि जोहि लग पारा।।
मैं समाधि तुहि कै समुझावा। करहु वोहि जो तोरिह भावा।।
स्वरनिम काल न पुन पुन आये। जतन जीत मन करू मग पाये।।

भर हिय प्रीत पुकारहु माता। त्याग क्षुधा त्रष एकहि नाता।।
दौरहि आइ न लागहि वारा। लेहि अंक कहि लाल प्यारा।।
माया महा दया तुहि करहू। सुखी जियत अन्तहि भव तरहू।।
करहु जाय सुइ एक उपाऊ। जपहु एक चित अन्तर नाऊ।।
हित तुम्हार वढ अति सुन ऐही। चिन्तन करहु चरित गुन लेही।।

दोहा - सुन समाधि सुध वुध विसर, हिय उछाहि हरषाहि।
परिहु दन्ड गह ऋषि चरन, करहुं सु दर्शन जाहि।। (120)

चौपाई - प्रन सत ठान रहिहु वस मूका। अति पछतात विगत भइ चूका।।
वारि नयन भर सोच समाधी। सत्य प्रायश्चित मति अति सादी।।
ऋषि जिय जान उठा उर लावा। हित समाधि कै वचन सुनावा।।
भई चूक जो तुहि अनजाना। सो नहिं मात देहि यह ध्याना।।
आतम शान्ति दोष विन होवन। कहहु मात अग आपन रोवन।।
निह संकोच सकल प्रगटावा। क्षमहि मात सो लख पछतावा।।
होइ न चूक कवहुं जिय जानी। करहु कृपा सुइ निज सुत जानी।।
वनहि भूल तै कवहू चूका। करहु सुधार सहहु सव मूका।।

दोहा - अस सुभाव मृदु मात किह, सुत पहि सदा उदार।
सुइ भावहि हित होइ वढ, सुन समाधि उद्धार।। (121)

चौपाई - बहु प्रिय वचन शान्ति ऋषि दीन्ही। कह उपदेश कृपा अति कीन्ही।।
धन्य समाधि सुनिहु मन लाई। आतम अमल हेतु गुन गाई।।
भूपति पहि पुन ऋषि अबलोका। दृष्टि दया मय हारन शोका।।
कथा सार कह पूछिहु वाता। का मन शंक कौन जिय नाता।।
कहहु सकल सो सव भय त्यागे। कहहि भाँति जिम सुत पितु आगे।।
मुहि विवाद तै वढ हिय प्रेमा। करहि धरम पथ जो सत नेमा।।
तर्क वितर्क मति हितकर मोही। चिन्तन प्रगति शंक हल तोही।।
वहु विवाद कर सत तत शोभा। करहि सुजन नहिं कवहू क्रोधा।।

दोहा - जौ विवाद कर नास्तकिह, तदपि न तिह पर क्रोध।
चतुर गुनी चुप होइ सुइ, करहि न वोहि विरोध।। (122)

चौपाई - ईश भगत नर पति तुम धर्मी। नीतनुकूल पंथ विधि कर्मी।।
सत प्रति तोरिह वहुत लगावा। सुना चरित हिय प्रेम जगावा।।
सो विवाद तुहि तै हित कारी। करू जिय खोल सुमंगलकारी।।
सुन भूपति निज मन कै वाता। ऋषि गुन मन जनु अन्तर ज्ञाता।।
दशादीन वहु भूपति वानी। वोलिहु सुनिहु मूक मन ज्ञानी।।
सकल भांति समरथ ऋषि नाथा। कहिहु मनोहर माँ गुन गाथा।।
सुनिहु भांति सव त्रप्ति न होई। दुःखी भांति पूरब मैं सोई।।
राज प्रजा दुःख व्यापा प्रथमा। भटकिहु आहि तोहि सत पथ माँ।।

दोहा - सुन सुन्दर जननी चरित, वदलिहु पूरन राह।
सुख श्रवनन ध्वनि गाथ लौ, शांति दून दुःख आह।। (123)

चौपाई - सुनिहु कथा लागिहु वहु आछी। रही न जिय पय भृम मन माछी।।
चरित मनोहर जननी केरा। सुइ सराहि पुन पुन मन हेरा।।
सुनत सुखी पावहुं दुःख अवही। नहिं स्मिृति माँ किम कृत करही।।
एतिक ध्यान कथा माँ सुन्दर। हरनि ताप तिर भावनि अन्दर।।
दशा सोइ मुहि सुन ऋषि नाथा। पितु सन्मुख सुत जिम प्रिय साथा।।
कहु कहानि कह सुत पितु वोही। कही जु पूर्व लगी प्रिय मोही।।
सो इम त्रषा जीय मुहि वाढे। कहहु सदा हरषित रूह ठाडे।।
करू उपाय सुख कमी न होई। प्रभु दुःख हरन नाम सुइ तोई।।

दोहा - मैं अनाथ हौ नाथ तुम, दया सिन्धु सर्वज्ञ।
हर अजान सनमति करन, मैं मति जड वढ अज्ञ।। (124)

चौपाई - कह यहि पद त्रषि गह महि परही। त्राह त्राह कह विनती करही।।
ऋषि उठाय निज पहि वैठारा। वहियु नयन तै बारिष धारा।।
दुःखी जोइ दूसर दुःख देखे। धन्य सोइ जन हरि कै लेखे।।

दशा हीन नृप मन दुःख भारी। सुउ हिय सोचन स्मिृति चारी।।
ऋषि प्रेमहि कर भूपति शीशा। धरहि सुमर मन महि गौरीशा।।
पुन मृदु वचन सुधा सम नीके। वोले ऋषि मन भावन जीके।।
करहु न दुक्ख माहि मन नेकू। त्याग सोच हिय निजहि विवेकू।।
कछु न काज कठिन जग ऐसा। जो न सकय कर मनुष हितैषा।।

दोहा - धरू हिय धीरज नेम दृण, सुमर सुमति सनमान।
साधु दया संगति सुखद, भूल न कौनहु ज्ञान।। (125)

चौपाई - कीन्ह नृपति तुम्ह वहु चतुराई। कियो प्रश्न सो कहुं समुझाई।।
पाय प्रजापति माँ वरदाना। गये धाम करतल कर गाना।।
संगनि सो दैनिज सहयोगा। गयी जुरावत पथ संयोगा।।
शारद स्वयं हेतु हित जाना। संग वृह्म चिन्तन सत नाना।।
जय धाम वैठे चतुरानन। उघत हेतु तप ताप नशावन।।
अति कर प्रीत सुमति सन वोले। मन मुस्कान गिरा जिय तोले।।
सुनहु समझ जिह अस मुहि आवा। कहहु सूझ जो तुम मन भावा।।
वानि सरल माँ वर दिहु कैसा। सो सव गूढ अरथ जनु वैसा।।

दोहा - समझ सोइ मैं पूज जन, जैसहि भावी होय।
करू विचार निज सूझ दै, अंश अकारहि तोय।। (126)

चौपाई - सुन विध वानि सुमति कर जोरी। सिर झुकाय वोलिहु रस वोरी।।
तत्व आदि तै प्रगटन मोहू। सौपिहु शक्ति निहारहु तोहू।।
सम अधिकार संग सव देहू। सुख दुःख सहहु परस्पर नेहू।।
वर अनुकूल मात साकारा। आप निगुन मुहि सुलभ अकारा।।
सत दिय जोति पीत गुन राशी। तिह प्रभाव घुति घेर प्रकाशी।।
मैं अकेलिअवहूं नहिं पूरी। रक्तिम कालिम हीन अधूरी।।
नारि सुभाव न मोहि ठिकाना। गति कामिन मति जग जन जाना।।
दृण तुम नियम नेह शुभ चारी। सुइ भरोस मुहि पूर्न अकारी।।

दोहा - अवहु सुपूजित चरन तुहि, वन्दहु पुन पुन लाग।
सुमर नाम निरगुन सुखद, जगहि हमारहि भाग।। (127)

चौपाई - क्षमहु नाथ जड कामिन दोषा। विन विचार कछु नहिं मन होषा।।
सुमति वानि सुन हरष विधाता। हिय मति लायु ज्ञान गुन दाता।।
तुम सरीख संगनि निर्दोषनि। पन शुभ नारि प्रान सन्तोषनि।।
सकहि सु को कह कामिन दोषी। वृत सतीत्व सत शक्तिन पोषी।।
वल तिहार तप पथ आरूढा। भयउ सफल कृत करतन वूढा।।
अबहि तोहि पा वढ सहयोगा। माँ सन एक हौन जुर जोगा।।
मैं प्रशन्न मांगहु मन चाहा। काल एहि वश देहु न काहा।।
शारद विहंस कहिउ सुन स्वामी। देहु मोहि यह अन्तर जामी।।

दोहा - वर पावत अंशहि सगुन, अंशहि गुन मय एक।
सेवहु पद जुग जुग जियत, सदा सुशक्तिह टेक।। (128)

चौपाई - जाहि करहु तप संगनि मोहू। जतन जोग सुन होवय जोहू।।
होइ अचल वैठहु एकासन। करहु सुचिन्तन संयम श्वासन।।
मैं चहुं चेत सु देह रखावहु। समयनुसार सलिल फल लावहु।।
भाँति सकल सेवहु पद आपा। मेटि विघन चित चंचल पापा।।
हौन न दऊ दुःख आपन जानी। चिन्त छाँड कर चिन्तन ज्ञानी।।
सदा जान सेवा महि मोही। करहु घोर तप संगनि सोही।।
गुनी ज्ञानि मय गुने विधाना। सो समर्थ सव भांति सुजाना।।
जी भर सेहु वान्छ मन एही। होइ सफल तप समरथ तेही।।

सोरठा - जी भर वोल विरंच, सनमानहु सहयोग सन।
मणि पावहु तज कन्च, सोइ सुहावनि सीढि मुहि।। (129)

चौपाई - विध वरदान देइ हरषाने। लगे करन तप माँ मन ध्याने।।
जपा मन्त्र जग विदित प्रभावा। संग सुमति गुनस्वर मय गावा।।
घोर महा तप कीन्ह विधाता। दुउ पन राख प्रगट भै माता।।

खिचा ध्यान विध देखा आगे। कीन्ह न अचरज पद पहि लागे।।
धरिहु मात कर शीशहि जैसे। कृत अनूप भयु निमिषहि वैसे।।
उचरित ओम मन्द स्वर गगना। गूंजिहु सकल व्याप महि अंगना।।
वृह्म निगुन मय व्यापित लोका। विरले भगत सहह सव झोका।।
जाहि एहि पथ ऐसहि होई। तिन कै भाग कहा कहि कोई।।

दोहा - ऐकहि ऐकहि अंश तै, लौटे विध सह धाम।
सुमति सुलभ साकार लौ, पूरित सत रज ताम।। (130)

चौपाई - सुमरहु सुरथ वोहि प्रिय नामा। चिन्तन मन तै मंगल धामा।।
करू पुन पुन दुःख घटय सहजही। स्मिृति जगय शान्त हिय सजही।।
आनन कान्ति दिव्य परभावा। होइ प्रखर मति सो शिधि पावा।।
शंसय एहि न नेकहु करहूं। भांति सकल मंगल मन भरहू।।
प्रगट सु सन्मुख होयहि माता। जस अगारि भइ हरष विधाता।।
हुय स्मिृति मन कै जिह काला। रूकय तुरत त्रष चंचल चाला।।
चरित जननि जो कहा सुनाई। सो सव भांति सहज मन आही।।
मन गुरू ज्ञानि निपुन गुणवाना। माँ कृत हिय सन करहि वखाना।।

दोहा - सो प्रमान जिय जान सुख, धर धीरज मन भारि।
जपहु जननि कै नाम शुभ, हरयहि विपति तुम्हारि।। (131)

चौपाई-सुन ऋषि वानि सुरथ विश्वासा। भरिहु मानु तम धाम प्रकाशा।।
परसि चरन आशिष नृप माँगी। दीन्ह ऋषीश प्रीत मन लागी।।
नृप समाधि मन भयउ निशंका। पथा रूढ सत दुउ वल वंका।।
सुइ ऋषीश कर हिदय विचारा। देखिहु शिष्यहि भाव उदारा।।
झरत विलोचन सवके पाये। पौछत कढत न प्रीत समाये।।
कंठ रूंधिर कह सकय न कछुही। वोलत विघन हिलक दृग पुछही।।
जिय सनेह ऋषि जान वुझावा। वान्छ अपनि सव मोह वतावा।।
शिष्य एक हुय प्रतिनिध सवका। धर धीरज वोलिहु हित जगका।।

दोहा - असि अचरज मय चरित मृदु, अरथ गूढ गुण वान।
सुनिहु न कवुही आश्रमहि, यहि प्रवन्ध कल्यान।। (132)

चौपाई - जदपि सुनी वहु कथा प्रसंगा। रहिहु सुखी आश्रम प्रभु संगा।।
दया ऐसि वढ कीनिहु आजू। कहिहु कथा सुन वनयहि काजू।।
धन्य भयउ विध तप फल पावा। लोकहि व्याप निगुन परभावा।।
कहहि सुनहि यश जन जश वाना। हौहि जगत पूजित गुन वाना।।
नाथ एक लालस मन हमरे। सोइ सुपूरन किरपा तुम्हरे।।
कीन्ह परस्पर हरि हर पूजा। जानहु जदपि न कौनहु दूजा।।
चहहु सु जानन तघपि एही। किम कर भांति उभय माँ सेही।।
वानि सरल यह कथा प्रसंगा। कहहु सु नाथ करहु सतसन्गा।।

दोहा - ऋषि मेघा मृदु वानि कह, सुनहु सकल मन लाई।
सुर नर मुनि जिह ध्यान किह, ताहि चरन सिर नाइ।। (133)

चौपाई - जदपि प्रसंग यहि कीन्ह वखाना। समझ न आव गूढ मैं जाना।।
सो अव सरल कहहु समुझाई। वेदन्ह तत्व पुरानहि गाई।।
ऋषि मुनि गुनी ज्ञानि कवि भारी। किय वखान सव निज अनुसारी।।
हरि हर नामहि चरित पुनीता। विदित तिलोक उभय सत नीता।।
नेकु न शंक उभय प्रभु आदी। व्यापित शक्ति तिलोक अनादी।।
सो प्रमान सव दयउ वतावा। कहहि लोग सुन गुनहि सुनावा।।
कलि कोविद कवि भेद बताही। दिवस निशा वस परहि गुनाही।।
वेद सार सो सत्य निचोरा। कहु कर विलग विवादहि छोरा।।

दोहा - उलझहि कलि कोविद तदपि, कर कवि कविता भांति।
तोउ न दोषहि नेकु मुहि, सकहि न पावहि शाँति।। (134)

चौपाई - हरि कृत चरित वहुत अबतारा। विदित जगत श्री पति उपकारा।।
गावहि लोग तरहि भव सागर। सुइ प्रताप भयु वेद उजागर।।
सन्त भगत गौ द्विज सुर हेतू। हरि महि प्रगट सुमर वृषकेतू।।

भार धरनि हर सुर कर निर्भय। विविध चरित कर जीतिहु जय।।
राम रूप इक सुन्दर चरिता। कीनिहु हरि हिय धीरज धरिता।।
सो जग जान हरी वैदेही। खोजिहु नारि एक वृत नेही।।
राम भगत शिव स्वयं कपीशा। सव विधि सेहि पदहि धर शीशा।।
कीन्ह सु कर अचरज मय कामा। सुमर राम मन महि गुन धामा।।

दोहा - लै कपि भालुहि सैन सह, गये लंक रघुनाथ।
डार पडावहि वाहरहि, रूके सु लछमन साथ।। (135)

चौपाई - रावन सुना विहँस मन माँही। शिव भगतहि को सकहि डराही।।
वली सदा शिव साघन करही। जपहि मन्त्र तिह पथ अनुसरही।।
सुलभ काज सव सुमरन शिव तै। अस विश्वास निडर जग तिह तै।।
फूंकहि एक मन्त्र कै शक्ती। साखी शिवहि कीन्ह दृण भक्ती।।
तिह वल राम लखन दुउ भाई। दल सह गये अबध नियराई।।
संग स्वय शिव देह कपीशा। प्रीत विवश वस नाइहु शीशा।।
जोर कटक पुन पुन चल आये। निमिष एक सुउ नहिं ठहराये।।
नहि अचरज कै नैकहु वाता। उचित ऐहि अनुकूल विधाता।।

दोहा - कह रामहि मन सुमर शिव, साखी शक्ती आन।
चले सु लौटे नाहि पुन, स्मृिति जाग्रित ज्ञान।। (136)

चौपाई - बोल सवन्ह किह कहा सुनाई। करहु सु जीतन वेग उपाई।।
राखहु कटक चांहु तै भीता। सुन हनुमत अस सुजन सुनीता।।
करहु सु जौं लौ जग्य भवानी। शम्भु प्रताप न अब कछु हानी।।
आयषु धर सिर कपि उठ जावा। जस दल अभय सु कोट रचावा।।
अमल नीर सन शुध कर देही। बैठे राम महा गुन गेही।।
हित पूजन सव धरिहु मंगाई। ध्यान एक मन आदिम माई।।
पूजन सविधि कीन्ह रघुराई। लगिहु करन मख हिय हरषाई।।
मन कृम वचन सु चिन्तन एका। मन्त्र जपत जिय एकहि नेका।।

दोहा - आहुति देयहि दीन परि, पुन पुन शीश नवाय।
ध्येय एक ध्यावहि जननि, दरशहु काज वनायू।। (137)

चौपाई - धूम महा मख चारहु छावा। तरि सत तेज अगनि प्रगटावा।।
आक्रति धूम शिवा अनुसारी। आहुति लेहि हरष महतारी।।
जस विश्वास सु रूपनि तैसी। वर हरि प्राप्त मानु मन ऐसी।।
भइ प्रशन्न नहिं नेक विलम्वा। होवन प्रगट चहह जगदम्वा।।
करत प्रतीक्ष दुरी रहि पाछे। देखत करम राम मख आछे।।
आहुति अन्त काल नियरावा। चितय तिरछ सो तन प्रगटावा।।
बदन श्याम स्वरनिम रंग सारी। कामिन एक स्वछंद जग चारी।।
नयन राम किह मात वचावा। धरा सुरक्षित कमल उठावा।।

दोहा - पुन दिखाय रघुनाथ कै, चली नारि इतराय।
हेतु अन्त आहुति कमल, लखिहु राम घवराय।। (138)

चौपाई - परख विघन देखी प्रभु भारी। लहहि जात पंकज यहि नारी।।
रच माया सन रावन पठही। सो कर चोरि चली अस हठही।।
जो छुडाहु उठ जावहु पासा। आसन भंग होइ फल नाशा।।
लेहु न पंकज जग्य अधूरा। होइ न सुइ सुर काजन्ह पूरा।।
धर धनु वान फूल जौ पावहु। करत रोष गुन दोषित जावहु।।
बोलि कहहु तउ नाहि भलाई। जप गति टूट करहु का भाई।।
रहि चुप साध सधहि नहिं कामा। बोलि भूल वढ स्मृति नामा।।
करि विचार अस वहु मन माही। अविरल हिदय विम्व माँ ध्याही।।

दोहा - विहँसे सहसा सकुच मन, पुन हरषे वहु भाँति।
पंकज आहुति अन्त किह, जावन दै लै जाँति।। (139)

चौपाई - निज ममतहि मम मात प्यारी। कहहि सदा मुहि जवहि निहारी।।
राजिव नयन राम सुत मोरा। होइ तु अंकहि आवहि दौरा।।
सुन माँ वैन किलक मैं धावा। जाहुं वाल गति मात दुरावा।।

सो सव भांति सुरक्षित अवहूं। जननि वचन हुइ मृषा न कवहूं।।
गये सुमन इक दो रहि पासा। तिन्ह महि एकहि रहहि प्रकाशा।।
ऐकिक आहुति अन्तिम देहू। नहिं लव लेश सोच मन लेहू।।
उघत सोइ सर लीनिहु हाथा। नोकहि खैचन लगि रघुनाथा।।
शक्ति आदि देखी प्रभु प्रीती। धन्य राम पूरित सत नीती।।

दोहा - धायहु अम्व अधीर मन, जाय पकरयहु हाथ।
चितय राम चेतत हिदय, दीन्ह झुकायहु माथ।। (140)

चौपाई - क्षमहु जननि अपराध हमारे। सोचिहु जो सो करहु विसारे।।
मैं अनाथ नाथनि तुम होऊ। विन तुम्हार वन काज न कोऊ।।
विनती करहु भांति किम ऐसी। भई प्रगट सनमुख माँ जैसी।।
हाथ जोर पुन पुन सिर नावहु। जानहु एहि एक गुन गावहु।।
भगत काज हित विविध सुरूपा। सो न भेद यह लगिहु अनूपा।।
प्रेरिहु सो यहि करिहु उपावा। नहिं मन दूज न जानहु भावा।।
क्षमहु भूल भारी मुहि एहू। सका न कर तुहि पदहि सनेहू।।
अस्तुति विनती किम कर जानू। भूला रहहु लेय सनमानू।।

सोरठा - भाँति सकल मैं हीन, समरथ जननी सवहि तुम।
करहु कृपा निज चीन, गिरत उठावहु अंक लिह।। (141)

चौपाई - सत रज तम पूरित गुन गेहा। वोली जननि हरनि संदेहा।।
मैं प्रशन्न तुहि प्रीत दृणाई। भक्ति अचल मुहि भेद न पाई।।
माँगहु जो मन चाह तुम्हारे। साजनि रज सव भोग संभारे।।
सुना राम आकुल पद परये। मैं अकेल संगनि वन हरये।।
विदित जगत रावन कै करनी। सुर दुःख दैन दया नहिं परनी।।
साधु सन्त सन सेवा लेही। क्रोधी गुनी शम्भु पद नेही।।
दुर्गम काज जीत रन रावन। सकय कौन शिव शरन हरावन।।
करहु सु माँ अब वेग उपाई। भाँति जौन जीतहुं रन जाई।।

दोहा - क्रोध न सपने हीय मुहि, समर न होयहि सोइ।
दया दीन जनु मात कर, बहुर मनावहु तोई।। (142)

चौपाई - राम वचन सुन जननि हँसानी। रावन कृत गुन तुरत रिसानी।।
प्रीत सुराख अकं तरि चोली। भ्रकृटि कुटिल हेरनि अस वोली।।
कहहु जु जाहुं स्वयं क्षन माही। धरहु देह तम आहुं नशाही।।
कह रघुनाथ न अस लग शोभा। तव पूछिहु कस लागिहु लोभा।।
हेरनि वस तुहि ताम प्रकाशा। हेरहु निमिष होइ रिपु नाशा।।
मिटहि नीति मर्यादा ऐसे। करहु सोइ होयहि हित जैसे।।
तौ कर वसहु तोहि मन माँझे। एकहि वान हतहु सव साँझे।।
दोषित हौहुं होत अस काजा। सकहुं न जीवहु भारहि लाजा।।

दोहा - तौ जिम चाहहु करन सुइ, करवहु खेतहि वैसि।
धन्य निपुन प्रिय धीर गुन, अंशहि हीय हितैषि।। (143)

चौपाई - निज तेजहि क्षन दानव शक्ती। हुय अजान न जानय युक्ती।।
करहुं नाश रिपु जानय पैला। तजहि न सो रन कवहू गैला।।
अंशहि एक क्रोध तम केरा। तुहि मन महि कर निगुन वसेरा।।
पुरवहि वान्छ चेतनी हीया। ज्वलित ज्योति अविरल सत दीया।।
कह यहि मात रावनहि हेरी। गुनित शक्ति रिस दृष्टि तरेरी।।
दहकत आंच तेज दृग जैसे। जाय नशायहु रिपु वल वैसे।।
कर निशंक रामहि यहि भाँती। नीति वुझाय कहन लग काँती।।
साजनि रज तुहि तजय न रावन। सो सव जाहि लोभ कृत पावन।।

दोहा - मन भावनि हेतुक तदपि, प्रीत सीय सन वोहि।
दृष्टि कृपा मय शक्ति लिह, चहहि हरावन तोहि।। (144)

चौपाई - होहु निशंक न जग अस कोऊ। लेहि वचाय राम रिपु जोऊ।।
राम कीन्ह विनती वहुं भांती। जोर हाथ पुन पुन आराती।।
देहु सु माँगे ऐतिक मोही। स्मिृति सदा रहहि पद तोही।।

शिव सन नेह दून दिन वाढे। सादर भैट सत्य रस गाढे।।
एव मस्तु कह अंशहि एका। भई प्रविष्ट राम हिय नेका।।
तुरत मात सत अन्तर ध्याना। शम्भु नवा सिर चरित सुजाना।।
उठे राम भैंटे लघु भ्राता। सुखी भाव मृदु पुलकित गाता।।
जगदाधार शेष अवतारा। भ्रातहि नीति प्रशन्स उदारा।।

सोरठा - वेग वुलाइहु राम, अंजनि सुत आयहु तवहि।
जय जय करूणा धाम, कीन्ह प्रणामहि हरष कपि।। (145)

चौपाई - सकल सोच नीतहि रघुनाथा। वैठ विचारिहु सचिवन्ह साथा।।
कियो जोइ आछे मर्यादा। आवन शरन दिये वहु वादा।।
तजी न गैल मदी लंकेशा। करत कुमन्त्रहि सुरन्ह कलेशा।।
भ्राता तेहि विविध समुझावा। शठ कै मतै न एकहु आवा।।
कर उपहास विभीषन केही। काढिहु नगरहिं फिरत सनेही।।
राखिहु शरन प्रान कै नाई। अस सुभाव रघुनाथ गुसाई।।
कीनिहु वहुर नीति जस साजी। रावन हठ वश मती न लाजी।।
सुइ कर समर विदित संसारा। तजि न राम भृदु भाव उदारा।।

दोहा - जथा जोग असुरन्ह समर, दीनिहु प्रभु निजधाम।
स्वयं रावनहि संग लर, किय कछु अचरज काम।। (146)

चौपाई - ऋच्छहि कपि सन कटक अपारा। कीनिहु रिपु दल विकट संघारा।।
नयनन रोष हिदय मुस्काना। लरहि राम रन रूप सुहाना।।
किये न जुद्ध कौतुक अस कोऊ। गुनहि चरित रामहि किह जोऊ।।
विहंस राम रावन किह मारा। अन्तहि रिपु प्रभु नाम उचारा।।
रावन तरिहु भगत कै नाई। दया करहि अस राम गुसाई।।
सिय सनमिले वुलायहु रामा। विहँसत फिरे नाथ निज धामा।।
जावत आवत काज अनेका। विपिन वास किय चरित सुनेका।।
कर सुर काज भार महि टारा। निज दासन्ह किह कीन्ह उद्धारा।।

दोहा - कर त्रिकाल सन्ध्या सुगम, शिव सन सदा सनेह।
सुमरन जननी नाम किह, समरथ सकल सदेह।। (147)

चौपाई - बहु औतार चरित हरि धरनी। कर तारहि सन्तहि वैतरनी।।
नेह नीत सत तत प्रगटाही। कृष्ण रूप धर सगुन दिखाही।।
कीन्ह चरित जग नाना भाँती। विदित सकल मन मोहनि काँती।।
प्रीतहि कै वश रहि भगवाना। दरशहि सदा करत मन ध्याना।।
धरम नीति पथ दासन्ह योगा। दीन्ह सकल संग जीतिहु भोगा।।
हरन मोह ममता निज केरी। धरम विमुख सपनिहु नहिं हेरी।।
भयउ धनुर्धर मोहित खेता। कुटुम देख रन भयउ अचेता।।
तवहि कहिहु प्रभु अस उपदेशा। लागिहु नेकु न हियहि हितैषा।।

दोहा - विघन परत रन देख प्रभु, सोचिहु विविध प्रकार।
मरम न कोऊ जान जिय, सुमरिहु शक्ति सकार।। (148)

चौपाई - निमिष माहि ऐकीकृत मीता। पूज मानसिक हिदय सुनीता।।
कोटिक वरष भाँति तप भयऊ। वान्छ मात जनु जिव प्रगटयऊ।।
सार तत्व सत करिहु वखाना। हरन मोह उपजायहु ज्ञाना।।
वसि रसान कह हीय निचोरा। वेद सार कढ वचिहु न थोरा।।
कीन्ह कृपा सो कहि नहिं जाई। पूजित यदु सुत शारद माई।।
वादहि वहुर स्वयं कर चिन्तन। कहिहु सु सकहि न पावहि अन्तन।।
सो सव भाँति वडी माँ पूजा। गीता रानि गिरा नहिं दूजा।।
माधव कीन्ह दुरे रह सव तै। पूज सुफल लय अरथहि नव तै।।

दोहा - चरित अनेकन्ह भाँति इह, कीन्हे कृष्ण मुरार।
सुर सन्तन्ह सुख देहि वहु, राखिहु धरम सहार।। (149)

चौपाई - पूजहि हरि माँ प्रति अबतारा। सकहि कुजान सुगूढ अपारा।।
शिव सन प्रीत तजहि नहिं सपने। तदपि प्रगट भल कहहि न अपने।।
हर कै दशा सु यहि तै दूनी। ध्यावहि वैठ सदा जम धूनी।।

कहहु कछुक मैं मति अनुसारा। शान्ति हीय हित सत उजयारा।।
श्रष्टि संघारन पूजत जननी। जान सवहि प्रगटत खल हननी।।
संगनि तन तामस उपजाहै। जाय मीत अति रोष वढाहै।।
सत्य संभर हिय व्यापित आना। शक्ति युक्ति सव क्षन प्रगटाना।।
कर संघार निज निश्चित कामा। नामहि वहुर शील गुन धामा।।

दोहा - पूजन प्रमुख प्रमान यहि, जिह शक्ती कृत पूर्न ।
बन्दि सीय पद भाव इक, कियो मदन मद चूर्न।। (150)

चौपाई - जनक सुता सीता शिव माता। सादर नवहि सदा सुख दाता।।
सिय प्रति एतिक भक्ति दृणाई। भयउ सती कै नाहि भलाई।।
सती भटक भ्रम तन धर सीता। सो शिव दुःखी देख अनरीता।।
आसन शम्भु वाम नहिं दीन्हा। सनमुख देख मात सम चीन्हा।।
तजिहु हिदय कर नीति विचारा। भयु विषाद मन माहि अपारा।।
लीन्ह समाधि सुमर हिय नामा। स्मृत शोक गलानी वामा।।
आपहि भूल सती पछताती। धरिहु ध्यान शिव पद दिन राती।।
मन भा शान्त समाधी खोली। कीन्ह न कछु सो सती न वोली।।

दोहा - अति अनूप कृत राम कै, वरनन लागिहु शम्भु।
घट घट व्यापक राम संग, सीय अनादिह अम्वु।। (151)

चौपाई - सती सुना शिव पदहि चिताई। नीक न मन सो नयन फिराई।।
भई भृमित भावी वश जाना। सो पुन शम्भु कीन्ह अनुमाना।।
राम कथा कह सकल वुझावा। काल कछुक यहि भाँति वितावा।।
कीनिहु दक्ष जग्य तिह काला। हठहि सती गइ भूल सुचाला।।
चली हरष भ्रम किह पितु नाता। कहा न शम्भु भई मुस्काता।।
पन्च महा गन भेजिहु पाछे। चहहि हौन हित मो वढ आछे।।
तजिहु नारि माँ पद सनमाना। राम भगत सिय सुत गुन बाना।।
भा विराग छाँडिहु निज धामा। जहँ तहँ वसहि संग धन रामा।।

दोहा - अति प्रशन्न मन नाम धर, कियो न नेकु कलेश।
सिय पद वन्दित रहहि शिव, गुनी अमंगल भेष।। (152)

चौपाई - सुन शिव दशा नयन भरि नाथा। दुगनित नेह सरायहु साथा।।
तजिहु सती तन प्रायश्चित भयऊ। जनम जाय हिम ग्रह महि लयऊ।।
कीन कठिन तप सो जग जाना। कीनिहु ध्यान राम मुस्काना।।
गये शिवहि सन प्रभु कर जोरे। विनती कियो मिले वहु दौरे।।
घर वसाहु यहि तजहु विरागा। जदपि नीक न शिव मन लागा।।
आयषु तदपि शीश सुख धारी। कीनिहु व्याह स्वामि अनुसारी।।
हिम किह सुता लाय गिर वासे। संगनि जोरि जुरी दुःख नाशे।।
कहत सुनत संग कथा भवानी। तिय मति शान्त सुना हरषानी।।

दोहा - माँ पद प्रति सुन शम्भु नित, करहि जियहि अनुराग।
राम भवानिह भाव माँ, सदा सरायहि भाग।। (153)

चौपाई - एकहि वार भवानी सीता। धरिहु भयंकर तन रन जीता।।
अपन पराव न देखहि काहू। मारहि निमिष जोइ धर पाहू।।
शिवहि वनाइहु तवही काजा। माँ पद तरि सुत कै का लाजा।।
परे भूमि सनमुख सिय आई। रिसहि न कछु अग परहि दिखाही।।
सो चढि छाति ठाडि जगदम्वा। भई रिसाय विलोकहि अम्वा।।
सुमरन राम नाम शिव लागे। धन्य भाग हमरे अजु जागे।।
रिस भा शान्त कूद महि परही। पूछिहु कारन समर विचरही।।
निज कर सन हर हिरदय पीरा। विहँस मात दयऊ वहु धीरा।।

दोहा - कारन एकहि शिव कहिउ, समर विलोकहु मात।
अपन्ह पराये सवन्ह सिर, कटत मरहि विलखात।। (154)

चौपाई - शोभ न जननी ऐसहि रूपा। जिह सन अनहित स्वयं अनूपा।।
माँ विलोक रन मन सकुचानी। तुरतहि तन तज प्रगट सुहानी।।
निज कर सौ सिय अपन जियाये। खोजहि समर सुचीन्ह उठाये।।

शम्भु प्रीत पुन पुन माँ कहही। हित भगतन्ह सव आपति सहही।।
मन कै पूर्ण मनोरथ कीन्ही। कवहु काहु तै रहहु न हीने।।
सिर नवाय शिव आयषु पाई। चले धाम निज विदा कराई।।
मिली भवानि वैठि मुस्कानी। आवत शिवहि माथ पद नाही।।
जान महा शिव कह सकुचाई। कछुक तुम्हार रहहि निपुनाई।।

दोहा - सपनिहु सोचु न नाथ अस, राजनि प्रेरिहु मोहि।
सत्य शक्ति चढ ऊँच परि, भई विवश तव सोहि।। (155)

चौपाई - जाना मरम कछुक त्रिपुरारी। भैंट तियहि बैठे भय हारी।।
करन लगे रघुपति गुन गाना। शक्तिह भेद करहि अनजाना।।
यहि कर भांति परस्पर प्रेमी। उभय पूज दुगनित नित नेमी।।
सत्यहि भेद करहि जड मति के। समझ विलग जन नरकहि गति के।।
शक्ति भेद सत कर अपमाना। दोष न लाग जदपि अनजाना।।
जो जानहि कै करहि विवादा। तिन कै सदा जियत पर वाधा।।
पाय न कछु द्विज गुनी कहाही। मिलत देहि सो जाहि सराही।।
सुजन सुनीति साधु कर संगा। मति अभेद सुन कहहि प्रसंगा।।

दोहा - मुक्ति विजित जे जन जगत, उन कै हित कर तर्क।
सत शक्तिन्ह कृत शंक करि, जाय जियत जन नर्क।। (156)

चौपाई - सो मुनि थाम मनहि मध जीया। भेद न शिव शक्ती कहुं कीया।।
अन्तर व्यापित अम्व भवानी। प्रीतहि निमिष दरश कल्यानी।।
जो चाहहु साकार सुरूपा। तौ कर कछु सत कृत्य अनूपा।।
नाना चरित करन महि आना। दनुज दलन सन्तन कल्याना।।
निगुन सगुन दुउ साधन समके। करहि एक अनुकूलहि दमके।।
सम परिणाम न शंसय एही। जौ कर आश एक गह लेही।।
सकल भाँति सोभित हित कारी। दीन दयालु दानि उपकारी।।
पूजिहु सो फल पाइहु तुमही। तिनहि ज्ञान तै माँ मुहि मिलही।।

दोहा - सो लख मैं कित धन्य पुर, पूजित जगत मंझार।
हेतुक शिधि मन्त्रहि प्रथम, नाम निगुन आकार।। (157)

चौपाई - वचिहु न कछु जौ नाहि वुझाई। यहि सौ नीति शिवहि सन पाई।।
भाषा सरल वोहि लग हेतू। करि अनुवाद सुनायहु चेतू।।
सुन मुनि मान कहा हित मोही। एकहि वार जाहु पद जोही।।
तौ मैं कछु नहिं सकहुं वताई। दरश मात फल जान गुनाई।।
द्विज सुत तुमहि तासि हठ करही। माँ पद पूज दूज नहिं धरही।।
शक्ति एहि समरथ द्विज होई। करहि सविधि जप एकहि जोई।।
शिव पद जाहु नाउ निज शीशा। प्रथम पूज विनती जगदीशा।।
साखी गुरूहि विदित भव ज्ञाना। एक अकामिह कर मनु ध्याना।।

दोहा - माँग सु आयषु शीश धर, पुन सुमरहु मन माहि।
जपहु सविध सन्ताप हर, समझहु चरित अथाहि।। (158)

चौपाई - मति अभेद निश्चय कर होई। मिलहि अबश दरशन माँ सोई।।
जो कर भेद अपन पर प्रीती। तौ सुन सत्य होइ अनरीती।।
दोषित बहुर कोउ ठहराना। सांच अपन कर जनु अपमाना।।
देवि विविध एकहि कै रूपा। ईशहि तीन एक अनुरूपा।।
लोचन सजल मुनी पद परहे। नाथ सकल संकट अब हरहे।।
उपजिहु ज्ञान प्रीत हिय जागी। कृपा तुम्हार नीति मुहि लागी।।
मैं अव जान मात किह मरमा। होइ प्रतिष्ठित पूरन धरमा।।
सो तिह शंसय नेकु न मीता। करहु तैसु वरनिहु जस नीता।।

दोहा - गुरू ज्ञानी आपहि परम, हरिहु मोहि अज्ञान।
शिव स्वामी मैं सेवकहि, तत्पर सदा रहान।। (159)

चौपाई - आयषु लेहि तुरत फिर आवहु। प्रथम जाय शिव पदहि मनावहु।।
धर विध पद सिर विनय मुनीशा। कीन्ह सुवृह्म दीन आशीषा।।
विदा माँग मुनि शिव धर ध्याना। स्मिृति रहिहु सकल हिय ज्ञाना।।

गयउ कीन्ह तप विपिन कठोरा। प्रगटे शम्भु समय लख भोरा।।
सुन मुनि वान्छ सुखी शिव भयये। तुरत उठाय हिदय निज लयये।।
आयषु दीन विदा कर हरषे। मुनि हिय खेत सत्य घन वरसे।।
सरसित चले न कीन्ह विलम्वा। सुमरत मात्र एक जगदम्वा।।
जाय परे पद पवित विरंचा। तुरत उठाय धीर मन सिंचा।।

दोहा - जोर हाथ कर विनय वहु, कीनिहु तवहि मुनीश।
तन पुलकित गदगद गिरा। करिहु कृपा जगदीश।। (160)

चौपाई - सुन विध पूछिहु शम्भु कुशालता। सारहि सुमरत सदा सफलता।।
कहिहु सकल प्रभु करूणा धामा। सुन विध विहंस प्रशन्सिहु नामा।।
कर दीक्षित निज मन्त्र सुनावा। सरल कहिहु सव गूढ गुनावा।।
पुन पुन चरन चित्त निज दीन्हे। हरषित मुनि मन शंक न कीन्हे।।
भाँति सकल जप जतन वतावा। कृत कछु तपहि निषेध जतावा।।
पूरन मुनि सन्तोष सुहाना। किय चतुरानन सो सव जाना।।
अन्तहि मुनि निज वान्छ सुनाई। माँगु दक्षिणा नाथ सुहाई।।
परख निपुनता विध मुनि केरी। अव हित होवन आयहु नेरी।।

दोहा - विहँस विरंच हिय लायु मुनि, वोले वानि गंभीर।
देहु दक्षिणा एहु मुहि, तपहि न होउ अधीर।। (161)

चौपाई - सुखी चाहु मुहि जो गुरू नाते। तौ सुन वचन मोहि मन भाते।।
वान्छ दरश हित करू तप भारी। वृह्माचार नियम नित धारी।।
बहुर जगत हित कर वढ काजा। करू कृतार्थसज्जन मति साजा।।
एहिक ज्ञान जोहि तुहि दीन्हा। देहु वाँट अधिकारी चीन्हा।।
सो सव एकहि एक कहाहे। सुधरहि कृपा मात किह पाहे।।
एकहि कहे न जिह रूचि जागे। तिह किह मन महि जान अभागे।।
कछु कदापि न सांच प्रसंगा। करहि न उन रंगित मन भंगा।।
सो सव भांति हेतु जन आपा। गुनहि साधु चुप हारन तापा।।

दोहा - रहहि जहाँ जो साधु शिध, तौ हठ जाहि सुनाय।
सेवहि पद पुन कर विनय, मन वान्छित फल पाय।। (162)

चौपाई - जाय उपाय करहु मुनि सोई। मैं सन्तुष्ट भांति सव होई।।
सुन गुरू वानि मुनी भर हामी। विघन न देख देख सम नामी।।
वन्दिहु चरन जोर कर दोऊ। भटकत भूल प्रायश्चित रोऊ।।
सुमति स्वामि सो धीर वंधावा। दीन्ह ज्ञान वहु रूदन रूकावा।।
आयषु दीन्ह प्रीत त्रिपुरारी। मैं कृतार्थ प्रभु कृपा तुम्हारी।।
वार वहुर कह चितये ऐसे। श्वाति जलद कै चातक जैसे।।
प्रीत जान विध पुन समझावा। सुन मुनीश भर कन्ठ रूलावा।।
जाहि एक पग दुइ फिर आवे। मुनि अकुलाय माथ निज नावे।।

दोहा - लख अचरज विध मानिहू, मुनि मति कैसी होइ।
जावत आवत किम जतन, समझ स्वयं न सोइ।। (163)

चौपाई - करत विचार जान वहु देरा। कीन्ह ध्यान अन्तर लख हेरा।।
क्षनहि मरम चतुरानन जाना। सकुचत कछुक अद्रश सनमाना।।
तुरत काल तिह वाम पधारी। जथा जोग विध संग उचारी।।
मुनि सिर हाथ धरिहु निज तवही। जाहु सफल कृत निश्चय अवही।।
मुनि कर थाम विदा विध दयऊ। गुन गावत हरषित मग गयऊ।।
तप कर कीन्ह प्रशन्न भवानी। प्रगटित भई जननि कल्यानी।।
माँ सन मांगिहु मीत अभेदा। रहहि सदा गुन तन मन बेदा।।
सो अविलम्व दीन्ह वरदानू। जाग्रित सदा तोहि यह ज्ञानू।।

दोहा - निरभिमान मुनि पुलक तन, छलकत लोचन जाहि।
परे मात पद पाय सुख, जननी चरित सराहि।। (164)

चौपाई - शाँति भाँति सव दीनिहु माता। कीन्ह विदा हुय अन्तर ज्ञाता।।
आय मुनीश शम्भु पद माने। देख विठार बहुत सनमाने।।
मैं भयु सफल स्वामि तुहि कीये। नहिं जग बहुत जला रहि दीये।।

अब करू कृपा ऐसु प्रभु मोही। गुरू सन्तोष काज कर सोही।।
मैं अनाथ नाथहि तुम मोरे। औरहि सन कर जाहि न जोरे।।
सो लख मोरि चपलता भारी। करहु दया अब दीन निहारी।।
नहि समान कुउ तुम उपकारी। दानि अकामि काम मय भारी।।
देहु सकल वहि जो जव माँगे। सुर नर असुर सोइ प्रिय लागे।।

दोहा - अस सुभाव के नाथ तुम, मोहि कुटिल कै नीत।
करहु कृपा निज जान कर, लख छोटिह किह प्रीत।। (165)

चौपाई - का असम्भ सुत तोरिह लागा। आवत वान्छ देहु मन माँगा।।
सो तज सकुच करहु वहि काजा। होई जेहि सन सम्मति साजा।।
मुनि कहि कहन चहहु माँ चरिता। करू सहाय पारहि भव सरिता।।
आशिष दयउ प्रीत उर लावा। धन्य न तुहि सम और अलावा।।
भव हित मुनि सुइ एहि उचारा। परइ भूल वहं शम्भु सुधारा।।
गावत सकल रहे जग माही। तदपि तत्व यहि गूढ न पाही।।
सुइ हित भांति जौन मन माने। शक्ति रूप सुर सकल पुजाने।।
तुमहि लाग तिह कर विस्तारा। कलि जन हेतु तदपि तत सारा।।

दोहा - सभा जोर सुर श्रवन कर, परे सुनिश्चित राह।
मात सु पावन बलि रहित, आत्म समर्पन पाह।। (166)

चौपाई - मन चंचल कर वशहि प्रमुखता। यतन किये वहु तजय न खलता।।
हौन सफल कर वश यहि पैले। हित जानहु जव आतम गैले।।
सुइ उपाय पुन पुन धर धीरा। अविरल करहि जीत मन वीरा।।
हौइ वशी तौ यतन न त्यागे। नेकु उकास परत यहि भागे।।
सदा सुमर प्रिय जननी चरना। जियत सुखी रहि पावत शरना।।
कामिन मात्र भाव लख माता। दरश प्रथम पद पावन दाता।।
जतन जौन जीतहि यहि मीता। करहि मनुज समझहि सत नीता।।
सो सव पन्थ वेद किह प्यारे। मति अनुसर कवि कोविद न्यारे।।

दोहा - मैं जानहु मन जीत अस, जतन सरल सव लाग।
सेवहि सन्तन्ह साधु शिध, जाय नियर भय त्याग।। (167)

चौपाई - कलि महि महा पुरूष वहु ऐसे। कन्दर वस जन मिलहि न जैसे।।
कर विवाद न उलझन चाही। मिलहि प्रान सम जो पहि जाही।।
दया मूर्ति मृदु प्रीत सुभावा। मीत विजित हिय भक्ति प्रभावा।।
शान्त गुनी शिध समरथ होई। देहि शिद्धि सेवहि पद जोही।।
होइ व्यथित लख कलि उत्पाता। जो जन जाहि पुन्य मत नाता।।
जिय निष्कपट भाव निज सारे। कहहि द्वार परि त्राह पुकारे।।
सत्य कथा प्रिय मन उन केरे। शक्ति प्रताप जेहि शिध चेरे।।
सो सुनाय मति शाँति सुशीला। हौन न देहि नेकु मन ढीला।।

दोहा - हरषहि सुइ कढ वाहरहि, मिलहि जाहि लै संग।
सत संगति अस करन कलि, विरले मिलहि प्रशंग।। (168)

चौपाई - सेवहु सफल मनोरथ जानी। विगरे कवहु न होवहि हानी।।
शत्रुहि पर अस शिद्ध महाना। करहि न रिस चुप साध सुजाना।।
शान्त अपन लख क्रोध समाई। जो जन दीन पुकारत जाई।।
सो भय त्याग लाग पद नीके। सुमरहि वैठ दुवारहि जी के।।
करहि कृपा सुइ साधू सन्ता। शिद्ध गुनी द्विज प्रीत अनन्ता।।
देहि ज्ञान अस अद्भुत सुन्दर। जिह पर दया वास करि कन्दर।।
सेवत पद हिय प्रीत जुडावत। सहज सुभाव दया शिधि आवत।।
जैसहि संगति भई हमारी। तैसहि शरनहि सकल संभारी।।

दोहा - वनहि न साधन साधु विन, प्राप्त न साधक शिद्ध।
जो जानहि तिह पूछ कर, हौइ जगत परशिद्ध।। (169)

चौपाई - ऋषि मेघा कह ऐसु प्रसंगा। वैठे काल वहुत सत संगा।।
सुरथ समाधि प्रेम वहु भाँती। उक्सायहु दिव पावन कांती।।
निपुन वैश्य निर्मोही जाना। ऋषि पद परिहु बहुत अकुलाना।।

कहाँ भेज कर नाथ अधूरा। ज्ञान देहि सो दीक्षहि पूरा।।
सविधि सोइ ऋषि शिष्य वनावा। तप हित तुरतहि नियर पठावा।।
भूप कहा प्रभु भूल सुधारन। शरनहि चरन स्वामि कर पालन।।
ऐतिक कृपा कीन्ह पहचानी। सो सनाथ कर मति अनजानी।।
निज हित होइ सोइ प्रभु कीजे। सकुच दीक्ष सो क्षमा करीजे।।

दोहा - सुने विहंस निरपति वचन, कीनिहु अभय ऋषीश।
दीक्षित दीक्षा भगति गुरू, दीनिहु ज्ञान अशीष।। (170)

चौपाई - पुन पठवा कर कृपा महाना। जाहु करहु तप हुय कल्याना।।
चले हरष नृप शीश नवाई। दुःखी न आजु शांति वहु पाई।।
लगे करन तप विपिन मंझारा। साधन प्रचुर जहाँ थल प्यारा।।
सुइ समाधि चुन उचित निवासा। कियो महा जप प्रीत पिपासा।।
सुध वुध विसर एक मन लागा। अन्तर चेत भाँति सव जागा।।
कीनिहु उभय प्रीत दृणताई। सुमरन अविरल मीत लगाई।।
अर्पित आत्म मात किह कीन्ही। हिय धर धीरज गुनिता चीन्ही।।
तुरत प्रगट भयु सम्मुख जननी। मांगु सु चाह देहु फल फलनी।।

दोहा - पुलकित वैश्य न वोल सकु, उठहि भाव अनमोल।
काढ रूधिर सुइ डार पद, हिदय रहस्यहि खोल।। (171)

चौपाई - सेवा हेतु खून कै शक्ती। सदा सचेत रहहि दृण भक्ती।।
जान मूक हिरदय मृदु वानी। प्रीतहि लयउ उठाय भवानी।।
एव मस्तु कह नृप पहि गयई। मैं प्रशन्न तुहि तप तै भयई।।
मांगहु आज सकल मन चाहा। सुन कह नृप पूरन मैं पाहा।।
देहु उचित जनु मुहि अधिकारी। वान्छ निजी जिहुं तोहि अधारी।।
माँ कह क्षत्रि तदपि नृप होऊ। आपन राज फिरावहु सोऊ।।
जीतहु शत्रु जाहि रन माही। शक्ति मोरि रिपु हटय पिछाही।।
नीतनुकूल राज वहु काला। करहु सुखी मन मान सुचाला।।

भय न कवहु मन व्यापे तोही। जौ जिय सदा सुमर रहि मोही।।
तप प्रताप तुहि आगे रहही। मिलय सकल जानहु गति तवही।।

दोहा - यहि कहि जननी अन्तरहि, तुरतहि भई विलीन।
फिरिहु नृपति निज देश किह, मात कृपा अति चीन।। (172)

चौपाई - कीन्ह यतन थोरिक दल जोरा। भयु रिपु तै संग्राम कठोरा।।
नाशिहु सुरथ सैन रिपु सारी। भील कोल भा अचरज भारी।।
चढिहु दुरग नृप समर विलोका। शक्ति देवि समरथ को रोका।।
सो झट उतर सन्धि प्रस्तावा। दै आपन इक दूत पठावा।।
आत्म समर्पन दुर्ग निशाना। देख सुरथ मन हित अनुमाना।।
सादर कर दूतहि सन वाता। भये सुखी सुन राजहि पाता।।
नृपति कोल तव सुरथ वुलावा। क्षमा माँग तिह राज फिरावा।।
कहिहु सुरथ तव मृदु मय वानी। सम हितैषि तुहि औरन जानी।।

दोहा - चाह स्वयं सुइ विनय कै, रही भरी रन पैल।
जननि प्रेम तै रोष वश, करिहु ग्रहन यहि गैल।। (173)

चौपाई - सादर कोलहि दीन्ह विदाई। फिरी नगर नृप सुरथ दुहाई।।
बजी वधाइ गीत मृदु गाये। सुखी प्रजा कह पितु फिर आये।।
रूकिहु तुरत होवत अनचारा। कीन्ह काज नृप सव हितकारा।।
यथा योग सचिवन्ह सनमाना। कीन्ह नृपति निज प्रजा कल्याना।।
भाँति पूर्व तै दुगुन प्रकारा। जुटिहु राज हितकर उपकारा।।
चिन्त क्षुधा त्रष तज दिन राती। करिहु प्रवन्ध प्रजा सुख शाँती।।
सुरथ प्रशन्स भई प्रति खोरी। निरभिमान मति नरपति भोरी।।
करहि न्याय नित नीति कि काजा। चलिहु काल वहु सो तिह राजा।।

दोहा - साधु सन्त द्विज धेनु शिध, पावहि आदर राज।
न्याय नीति कह सत्य कटु, कवहुं न होइ अकाज।। (174)

चौपाई - भूपति राज करत यहि भांती। सेवत रहिहु शान्ति दिव कांती।।
तप प्रताप अष्टम मनु आगे। भये सुरथ वढ भागहि जागे।।
धन्य नृपति माँ दरशन पावा। नित नीतहि निज राज चलावा।।
बानप्रस्थ लह वैश्य समाधी। वसिहु विपिन मन मात अराधी।।
अति कर कृपा मात तिह राखा। मैं हित लाग भाव मृदु भाखा।।
माँ कृपालु कर चरित अनेका। सुख भगतन जग चलन सुनेका।।
दीन्हे मंगल माँगत सारे। भक्ति चरन चिन्तन आचारे।।
व्यापि जगत अघ औघ विनाशन। करत प्रीत प्रगटत कमलासन।।

दोहा - काज एहि अति पुन्य मय, जो कर माँ पद सेहि।
लोकहि पथ परलोक पर, मागत पूरन देहि।। (175)

चौपाई - जाहि पार विन श्रम भव सागर। आदर कृत आदर्श उजागर।।
कृत यह विना साधु शिध प्रेरे। कोटि यतन कर सफल न हेरे।।
सुइ सव भाँति साधु कै सेवा। उचित प्रथम आशीषन्ह लेवा।।
कारज बहुर जगत कै नाना। करहि जान हित अनहित ज्ञाना।।
सामुझि सुन्दर अन्दर प्रेमा। जिह मन वसहि मात द्रण नेमा।।
तिह जिय लाग कथा यहि नीकी। औरहि अचरज हाँसनि फीकी।।
आखर मात्र दोष नहिं देखे। भावतिरेक मात पद लेखे।।
जानत हूँ नहिं तिनहि सुरूपा। मैं अजान साध रहि चूपा।।

दोहा - काल सुखद शुभ वार इक, पूछिहु कलि गुन वान।
देख मोहि उपहास कर, वहलायहु शिशु जान।। (176)

चौपाई - मात क्रोध परिचय मुहि दीन्हा। मन महि मोहि प्रगट भय कीन्हा।।
बलि विरोध कर नहिं अनुकूला। सर्वनाश कर होवत भूला।।
सुन मैं कानहि हाथ थमावा। माँ मंगल मृदु प्रीत सुभावा।।
उठिहु तुरत चल सुना न आगे। नायहु शीश न अचरज लागे।।
विन विरोध माँ सनमुख आवा। कीन्ह रूदन निज भाव सुनावा।।

माँ कहि भव कै अरथ वताना। वात विरोधिन्ह सुउ हित माना।।
कहा मात सो सुना स प्रीती। समझिहु गूढ कछुक सत नीती।।
जननि चरित ऐतिक जगमाही। महि कंकर वहु थोरिक पाही।।

दोहा - कंकर एकहि फोर अध, अधिह कै अध भाग।
तिन्ह आधिह मैं पायु जिय, जियत वन्ध भव लाग।। (177)

चौपाई - यहि महि सोउ न प्रभुता मोही। गुनहु पाछ मन अचरज होही।।
सकहि न हुय अस वुद्धि हमारी। गावा जो जस नीति निहारी।।
निश्चय कृत कहुं दुउ कर जोरा। चरित रचन रहि हाथ न मोरा।।
कारन यहि जनु सत्य प्रमाना। कर न सका ग्रन्थहि मनमाना।।
रहा सोच वश वैठ ढिटाई। परिहु काल वहु करत गुनाई।।
आवा शवद न एकहु जीहा। उठिहु देख मति कहा न कीया।।
मन झुंझलान दहियु तन भारी। सो गयु शरन सुमर महतारी।।
विहंसत वैठ रसानहि वोली। देख अबहि तुहि अन्तर चोली।।
रच्छित भयउ करहु गुन गाथा। सुन झट पद महि टेकिहु माथा।।

दोहा - वेद जननि भ्रम हारनी, भटकत दीनिहु राह।
आँगुरि थामहि संग चल, सो श्रम मोहि न आय।। (178)

चौपाई - होइ दोष अथवा निर्दोषा। नेकु न दाइत ना मुहि होषा।।
पाप पुन्य कर मैं नहिं भागी। सगुन सुमति सनमुख जिहु जागी।।
औगुन गुन मढयहि माँ माथे। मैं जग रहा जननि के हाथे।।
प्रानि सकल भव सुत माँ केरे। नातिहु मान जोहि पद हेरे।।
कियो सोइ आपन हित जानी। जान कहा माँ मुहि पहचानी।।
सकहु स्वयं सुउ नाहि वताई। जवरन आपन प्रीत वंधाई।।
यतन किये पर सका न छूटा। रहा विवश पद नायू घूंटा।।
काल वोहि कलि फिरिहु निराशा। गावत गाथ चलिहु न पांसा।।

दोहा - पकरिहु जवरन वाँध रखि, करवायहु यहि काज।
विगरे वने कि सोउ मुहि, कछू न आवहि लाज।। (179)

चौपाई - सुत कर टेरिहु माँ कह धावा। जावत प्रीत फिरन न पावा।।
रचिहु ग्रन्थ यदि होतिहु मोरा। तौ कहुं सत्य न शंसय थोरा।।
गुनत पाछि आता मद मीता। तदपि भाँति पूरन मैं रीता।।
अस सुभाव जड जनित जनम से। जीवित रहा हीन सत दम से।।
मुहि तै रहे दीन जो जाने। तिह सन सदा रहे अभिमाने।।
किन्तु ग्रन्थ प्रति ध्यान न नेकू। सव प्रताप जानिहु माँ एकँ।।
किया न मद मन गुनतन पाछे। सकहुं न लिख कवहूं अस आछे।।
जतन किये नहिं मिली सफलता। हँसा सोउ मैं लख मन जडता।।

दोहा - नहि अधिकारी मान किह, सुनहु सुजन मन मोहु।
वडा भाग मैं मानहूं, करहु दोष मय सोहु।। (180)

चौपाई - मानहु कहा न माँ कै नीती। मति चंचल मैं सका न जीती।।
तदपि प्रीत कर माँ वहुताई। सोवहु तजहु न निज जड ताई।।
यतन करहि वहु मैं नहिं माना। ममता क्षमहि भूल मुहि नाना।।
कहु अभागि मुहि करहु कलंकित। मृदु सुभाव माँ प्रीत प्रशंसित।।
कोसहु मोहि कहहु कटु वैना। दन्डित होहु सोउ जिय चयना।।
ठुकरहु मोहि जान जग दोषी। ग्रहहु चरित माँ सनमति पोषी।।
सहहि विघन सव माँ सुत हेतू। मैं कुपूत जड तौउ न चेतू।।
मात कुमात न कवहू पावा। सदा लाय हिय दुक्ख भुलावा।।

दोहा - पुत्र मात किह सकल प्रिय, सो सव सदा सुपूत।
मैं अकेल तिन्ह माँह वस, पत्थर भयउ कुपूत।। (181)

चौपाई - भ्रातन्ह वन्धु कहत लगि लाजा। कारन सम तिन्ह मोहि न काजा।।
ते कहि तवहि मरत हित वनही। का मो भाग भ्रात इन्ह गिनही।।
वन्धु प्रीत वस तेहि न छाडा। रहा तौउ कलि माँझहि ठाडा।।

सव तै अधिक प्रीत कर माता। रही निभाय अपन सत नाता।।
मैं न मान ना होइ निराशित। सदा यतन हिय करहि प्रकाशित।।
कलि झकोर सुख जान वहाहू। खोजत मात सु डाँट खिचाहू।।
कर अपराध कहहु ना आगे। जान तदपि माँ क्षमहि सु भागे।।
मात उदर मैं पाथर भयऊ। ममता प्रीत सहज हित लयऊ।।

दोहा - उपल सेव का सकइ कर, जड जनमत दुःख पाइ।
ठुकरत वैठत उठत गिर, पूरन जनम नशाइ।। (182)

चौपाई - करू उपहास लगावहु ठोकर। मैं यहि योग रोउं कर धोकर।।
कह अनेक दुर्वचन कठोरा। तजहु जान यहि हाथ न मोरा।।
कहहु सुनहु शुभ माँ कृत सुन्दर। करहु न शंक नेकु मन अन्दर।।
जो भृम मीत न जाय समाई। करू निकार माथे मढ माई।।
सो समरथ तिह दोष न लागे। दोष लगावन स्वयं अभागे।।
एहि लाग मैं पाथर जनमा। भाँय न कछु मन ग्रन्थहि माँ।।
होइ प्रगट जो पुन्य प्रतापा। तारनि भव हारनि तिर तापा।।
तौ फल पावहि मात सुपूता। का कढि हित मैं उपल कुपूता।।

दोहा - भजहु एक माँ शंक तज, सेवहु पद सिर नाय।
कियो जैसु हित मोहि सन, सो सव सहजहि पाय।। (183)

चौपाई - माँ कर अविरल मनहि प्रहारा। भांति विविध दयु हिदय सहारा।।
मीत उपल मग परिहु भ्रमावा। भटकिहु कलि जहं ठोल लगावा।।
मात उठाहि सुमति कर छैनी। काटिहु छाँट सत्य सुख दैनी।।
पूरन कला मूर्ति तन कीन्हा। हिय चिपटाय पूत निज चीन्हा।।
पुजे सोइ माँ पाथर जगही। पडे रहे जो ठुकरत मगही।।
तेहि उपल अब स्थिति ऐसी। वने मूर्ति सुन्दर लग जैसी।।
शिद्धि जडहि सो मात प्रतापा। रहे न हाथ उपल कै आपा।।
नियम प्रेम दृण माँ पद योगा। सो जग जान शिद्धि लिह भोगा।।

दोहा - ठुकरय पाथर पैल अब, ठोकर दूसर देहि।
जौ नव चालय देख मग, तौ भर पूरन लेहि।। (184)

चौपाई - शक्ति दया समरथ सव भाँती। व्यापित कन कन महि दिव काँती।।
जान सुजन यहि कलि कवि पंडित। सुन गुन यहि मन महिमा मंडित।।
अर्पित करहुं जननि पद एही। चाह जोहि सो माँ सन लेही।।
मैं अधिकार एहि तै बन्चित। करहु न कृत जो सनमति संचित।।
सुनहि नाम माँ महि यह ग्रन्था। प्रेमी भगत पूत ग्रह पन्था।।
दोष न देख देख गुण आछा। सुमर मात मारहि भ्रम माछा।।
कहहि सुनहि सव नीति वुझाई। करहि कृत्य सज्जन मन लाई।।
स्वयं संग साधुन्ह सत संगा। हठ कर सुनहु सप्रीत प्रसंगा।।

दोहा - वृह्म पिता माता सुमति, मैं उन कर जड पूत।
सोइ सहज नहिं हानि मुहि, तरन सुपन्थ वहूत।। (185)

चौपाई - ममता सन माँ मुहि अपनावा। तेहि कृपा निज शीश नवावा।।
खैंच चलहि सुत गह माँ केशा। अति प्रिय लगहि सोइ यह भेषा।।
केश निवार थाम कर खैंचा। ढांकिहु चोलि हिदय रस सैचा।।
सो मैं अभय न डर मुहि काहू। मैं कुपूत माँ सत्य निवाहू।।
मान न आयषु जान न देवा। कीन्ही कवहु न कौनउ सेवा।।
तदपि न अनहित अचरज सोऊ। झुकहु मात पद लौटहु रोऊ।।
दूरहि तै कर पकर पुकारे। अति सनेह सन शान संभारे।।
भावनि मृदु राखनि सुत मैया। पारहि सहज सुजीवन नैया।।

दोहा - सत अटारि सीढी प्रथम, महा कृपा करि मात।
औगुन सनमुख देहुं कह, चढिहु निदोषहि गात।। (186)

चौपाई - औगुन क्षमहि विना कह मेरे। किम कर गाँउ मात गुण तेरे।।
सकिहु न कर सेवा विधि जननी। तदपि प्रशन्न मात खल हननी।।
पूजा विधि कछु रचा न जानू। तोहि पूत माँ यहि अनजानू।।

वनहि न शुध सुमरन मन करही। वाँधत वीर भाग चल परही।।
भयु मैं विवश न वश अब मोरा। मन जय होइ न कृपा विन तोरा।।
एकहि आश अन्त हुय जीहा। जस तुहि चाह सोइ मुहि दीहा।।
मीत विजित हुउ सरल उपावा। हिदय जवहि सत जोति जलावा।।
मैं पाथर जड जागिहु भागा। सुमरन मात मनहि मन लागा।।

दोहा - शिव स्वामी सन प्रीत जग, आतम साखी आन।
तुम सिवाय प्रभु कौन मुहि, करहि जगत कल्यान।। (187)

चौपाई - पठइहु मात मोहि तुहि दुवारा। करहु जान जस हेतु हमारा।।
देवन्ह वाणि न जानहुं वोला। करहु भाँति किम स्तुति भोला।।
पढे न वेद गुनी नहिं वाता। कियो न द्विज कृत मिलिहु न ज्ञाता।।
काज निकृष्ट शूद्र तै खोटा। रहा करत यहि माँ का ढोटा।।
कियो न कवहू संगति साँची। रहिहु फंसिहु वश कलि हित जाँची।।
सो प्रभु मैं भयु आजु भिखारी। पठइहु मात एहि अनुसारी।।
आपहि स्वामि सकल गुन खाना। जान सुभाव जगत कर दाना।।
माँगहु भीख पुकारहु द्वारा। कढ वाहर डारहु मुहि प्यारा।।

सोरठा - माँ पद जागहि प्रीत, मीत विजित हुय साधु संग।
मानहु हिदय सुनीत, सेवहु शिध सन्तन्ह चरन।। (188)

चौपाई - जगत गुरू शिव कीन्ह सनेहा। अति कर हेतुक फेरिहु गेहा।।
फिरिहु अजान मीत झुकलाना। उपजिहु सहज हिदय महि ज्ञाना।।
जान कृपा शिव विहंसी माता। देख कछुक मानिहु सुत नाता।।
सौपिहु काज चरित यहि गावन। सुर नर मुनि सन्तन्ह मन भावन।।
कहिहु मात शिव कर विस्तारा। वोलिहु विध सन चरित अपारा।।
कह विरंच मुनि सन यहि सोऊ। वरनिहु मेघा शिष्यहि दोऊ।।
तिन्ह कर गूढ सरल कर जननी। कहिहु मोहि का सुन्दर करनी।।
सुन मैं गाइ वोल माँ आँके। सुन समझहि मज्जित मन जाके।।

छन्द - जिह केहि मज्जित मीत गीतहि तेहि सुन गुन गावही।
इक नाम मातहि काम गुन मय जान सज्जन ध्यावही।।
मन जेहि विजय चह हेतु तेहि ऐहि चरित विशेषही।
जस मात पद परताप जड भयु सुन सचेत महेशही।।

दोहा - कहत सुनत हुय साधु संग, गावहु सदा प्रसंग।
जे न रखहि रूचि तेहि सन, कहहु न कर मति भंग।। (क)

यहि प्रसंग पावन परम, राखन धरम मंझार।
करम करनि अति पुनय मय, गावहि मिल नर नार।। (189)

सोरठा - सुनतन होइ उद्धार, जाहि पार छुट वन्ध जग।
जननी चरित अपार, गुनतन तुरतहि मिलहि मग।।
कीनिहु पूरन काज, सौपिहु जो माँ मोहि कर।
धन्य भाग भा आज, धरिहु हाथ यहि झुकत सिर।।
शम्भु अमंगल भेष, करन सु मंगल ज्ञानि गुरू।
कीनिहु अजहु महेश, भाँति योग्य सव जोग जुर।।

दोहा - गाय मात गुन गुनहि अब, करहु सु सनमति काज।
आयषु जस तस मान मन, हौन न देहि अकाज।।
जो अनुकूलहि शक्ति शिव, नेकु न जिह सन्देह।
होइ सफल कृत मीत वश, सेवहु सदा सनेह।।
अर्पन हुय यहि माँ चरन, शरन सुखी मैं जीहु।
सुत महेश मन आश कर, माँगे चरनन दीहु।।
शक्ति सत्य यश वरन कर, कवहुं न होवहु मौन।
माँ गुन गावत जीहु वस, हित जानहुं विधि जौन।।

- (इति) -

www.ingramcontent.com/pod-product-compliance
Ingram Content Group UK Ltd.
Pitfield, Milton Keynes, MK11 3LW, UK
UKHW042138021026
15589UKWH00003B/921

9 789388 497411